大学生素养教育

编著 万　红 刘金凤
陈兆云 王雄伟

- 安全教育
- 心理健康
- 学会学习
- 中华美德

图书在版编目（CIP）数据

大学生素养教育 / 万红等编著. -- 湘潭 : 湘潭大学出版社, 2024. 9. -- ISBN 978-7-5687-1551-5
Ⅰ. G640
中国国家版本馆 CIP 数据核字第 2024YX2037 号

大学生素养教育

DAXUESHENG SUYANG JIAOYU

万红 刘金凤 陈兆云 王雄伟 编著

责任编辑：李志红
封面设计：张 波
出版发行：湘潭大学出版社
社 址：湖南省湘潭大学工程训练大楼
电 话：0731-58298960 0731-58298966（传真）
邮 编：411105
网 址：http://press.xtu.edu.cn/
印 刷：唐山唐文印刷有限公司
经 销：湖南省新华书店
开 本：889 mm×1194 mm 1/16
印 张：24.25
字 数：752 千字
版 次：2024 年 9 月第 1 版
印 次：2024 年 9 月第 1 次印刷
书 号：ISBN 978-7-5687-1551-5
定 价：69.80 元

2008 年度湖南省高校思想政治教育研究课题（08C47）

2010 年度湖南省普通高校大学生思想政治教育首批特色建设项目（10T50）

2011 年度湖南省高校思想政治教育研究课题（11C37）

2011 年度湖南省普通高等学校合格心理咨询室建设项目（11X25）

2013 年度湖南省普通高校大学生思想政治教育首批示范建设项目（13SF15）

2014 年度湖南省高校思想政治教育研究课题（保卫工作项目 14C46）

2014 年度湖南省普通高等学校“平安高校”建设项目

2018 年湖南省大学生思想道德素质提升工程项目（18GC40）

2018 年《中华美德研究院》项目

2018 年首批全国党建工作示范高校培育创建项目

2019 年湖南省“平安高校”第二轮建设项目

2019 年湖南省依法治校示范学校创建项目

2019 年国家高等职业院校“双高计划”建设项目

2019 年第四届湖南省教育科学研究优秀成果奖项目

2022 年湖南省职业教育教学成果一等奖项目

2022 年中国石油化工教育教学优秀成果一等奖项目

PREFACE

大学从它诞生之日起就把教育作为自己必须承担的永恒的第一社会责任。党的二十大报告指出“育人的根本在于立德”，“坚持以人民为中心发展教育，加快建设高质量教育体系，发展素质教育，促进教育公平”，“广泛践行社会主义核心价值观”。素养比素质涵养更宽更广。素养是指一个人的品质、修养、良好的生活学习工作习惯。从广义上讲，包括道德品质、外表形象、知识水平与能力等各个方面。在知识经济的今天，人的素养的含义大为扩展。它包括思想政治素养、国防素养、文化素养、安全素养、专业素养、心理素养、美德素养、学习素养等各个方面。素养是由训练和实践而获得的技巧或能力，是大学生在接受相应大学阶段的教育过程中，逐步形成的适应个人终生发展和社会发展需要的必备品格与关键能力。它是关于大学生知识、技能、情感、态度、价值观等方面要求的综合结合体。素养兼具稳定性与开放性、发展性，是一个伴随终生、可持续发展、与时俱进的动态优化过程，是个体能够适应未来社会、促进终生学习、实现全面发展的基础和基本保障。“马不伏枥，不可以趋道；士不素养，不可以重国。”大学生的素养如何关系到国家、民族未来的发展。提升大学生素养教育是促进大学生全面发展的主要途径，是民族振兴、社会进步的重要基石，是对中华民族伟大复兴具有决定性的重要工作。本书根据新时代高等教育的要求，从安全教育、心理健康、学习学会、中华美德四大方面，积极拓展大学生素养教育教学新体系。

安全教育篇：党的二十大报告指出要“坚持安全第一、预防为主”。营造安全稳定和谐的校园环境是大学生健康成长的必要条件。确保安全是大学生顺利完成学业、成功走向社会的先决条件。安全防范，教育为先。通过安全知识和安全技能的学习和实践训练，进一步增强大学生的安全意识，掌握安全知识和防范技能以及应急处置方法，使大学生不仅能识别危险，掌握避险和逃生的技能，提升自我保护的能力，而且能在危急情况下正确、有效地自救与他救。党的二十大报告指出要“增强全民国家安全意识和素养，筑牢国家安全人民防线”，努力弘扬安全文化，严格遵守关于政治纪律的有关规定和要求，切实维护安全稳定和国家安全，不断提升大学生安全素养。

心理健康篇：根据党的十九大精神提出的新任务、新要求，教育部出台了《高校思想政治工作质量提升工程实施纲要》，指出要大力促进心理育人。党的二十大报告指出要“重视心理健康和精神卫生”。心理健康已成为大学生成长、成才的重要影响因素，不仅关系大学生的个人幸福，也关系到国家的未来发展。针对大学生在自我意识、情绪、交际、恋爱等方面遇到的心理问题，帮助大学生树立心理健康的意识，优化心理品质，介绍大学生自己可以运用的心理调适方法和维护心理健康的调适、干预的措施，了解预防及治疗的方法，学会自我调适，正确认识和对待心理疾病与心理危机，学会基本的自助、咨询求助的方法，预防和缓解各种异常心理问题，提高应对挫折的能力和社会生活的适应能力，提高生命质量，提升大学生心理素养。

学会学习篇：党的二十大报告指出要“建设全民终身学习的学习型社会、学习型大国”。联合国教科文组织出版的《学会生存——教育世界的今天和明天》一书中指出，“未来的文盲，不再是不识字的人，而是没有学会怎样学习的人”。学会学习是知识经济时代生存和发展的需要，是学习型社会的新要求。学会学习更是成为人类适应未来社会生存的基础，成为新时代的需要。通过帮助大学生初步认识大学学习的基本规律，大学生的学习也将不再单是掌握专业知识，还应有科学思维方法训练、实际运用知识能力及创新性思维能力的培养，帮助大学生分析影响学习活动效能的因素，选择适合自己的学习方法。科学安排有限的时间，提高学习效率，学会运用学习策略，加强学习品格的修养，克服学习障碍，激发自己的学习潜能，培养自我获取新知识和尝试解决新问题的创新能力，培养和提高大学生的学习能力，提升大学生的学习素养。

中华美德篇：党的二十大报告指出要“实施公民道德建设工程，弘扬中华传统美德”，“推动明大德、守公德、严私德，提高人民道德水准和文明素养”，“弘扬诚信文化，健全诚信建设长效机制”。中华传统美德是中华民族在历史发展中形成的至今仍然具有强大生命力的优秀道德理论、道德规范和道德行为的总和。就内容而言，中华传统美德既有思想观念方面的，又有行为规范方面的。中华传统美德注重知行合一，也就是在重视人的道德教育和培养的同时，努力促进道德意识的实践和力行。“仁、义、礼、智、信”是中华传统美德的核心价值理念和基本要求。中国素有“礼仪之邦”的美誉。加强大学生行为规范教育，帮助大学生了解社交礼仪基本规范和日常行为基本规范，学习、培育和践行社会主义核心价值观，学习文明礼仪知识，躬行文明礼仪行为规范实践，旨在加强文明礼仪行为规范训练，把外在的约束转化为内在的自觉行为，既是大学生树立和培育社会主义核心价值观的基本要求，也是重要的途径和有效的方法。

本书是作者十多年来，主持十多个课题、项目的理论探索研究和实践建设的部分成果。首创了大学生安全素养的安全稳定教育（国防及意识形态安全教育、安全知识教育、心理健康教育、中华美德教育）“三年不断线”特色素养教育教学新模式。加强了大学生安全素养、心理素养、学习素养、美德素养四大方面的素质教育教学课程体系的建设，把安全教育、心理健康、中华美德作为公共必修课，把学会学习作为选修课，进计划、进课堂、进学分，全程设计，分段教学，纳入教学计划和学分体系中，贯穿大学教育全过程，建立多角度的立体化大学生素养教育教学课程体系，积极推进人才培养模式教学内容和课程体系改革。本书还有以下特点：一是具有鲜明的时代特征，紧密联系现代社会对人才的新要求，为大学生素养提升进行了全面的指导，体现了时代性、科学性、趣味性和创新性；二是体系完备、知识面广、内容全面，突出了启发性、知识性和常识性；三是注重理论联系实际，注重必备的理论支撑，注重知行合一，内容深入浅出，贴近生活实际，具有较强的针对性、实用性、实践性和可操作性。思想性和可读性强，特别适合大学生平时阅读和实践。

本书在编写过程中，参阅了相关的著作、教材、论文等研究成果，充分借鉴和吸取了众多学者的相关科研成果。特别是在课题研究以及示范建设项目完成过程中，学院提供了理论研究与实践的平台，刘瑛、王冰婷负责全书的统稿工作，在此一并表示衷心感谢！由于本人水平有限，敬请广大读者提出宝贵意见。也希望与有志于大学生思想道德素质提升工程的同仁，共同挖掘课题，示范建设项目，推广应用的典型经验价值，探索可供广泛学习借鉴的核心内容，进一步提升和完善课题研究、示范建设项目的内涵，做大做强示范项目特色和品牌，切实提升大学生素养，培养德智体美劳全面发展的社会主义建设者和接班人，落实立德树人根本任务。

王雄伟
2024 年 8 月

目　录

CONTENTS

第一篇　安全教育

第一章　高校安全概论 …… (1)

第一节　高校安全概述 …… (1)
第二节　高校安全现状 …… (3)
第三节　高校安全文化 …… (5)
第四节　大学生安全文化教育的重要性 …… (7)

第二章　大学生基本的安全意识、知识、能力 …… (9)

第一节　大学生应具有的基本安全意识 …… (9)
第二节　大学生应了解的基本安全知识 …… (10)
第三节　大学生应掌握的基本安全能力 …… (11)

第三章　突发公共事件及防范 …… (14)

第一节　公共场所安全及报警求助 …… (14)
第二节　公共活动安全事件的应对 …… (17)
第三节　网络舆论突发事件的应对 …… (19)
第四节　突发公共卫生事件的应对 …… (20)
第五节　公共场所生存自救和急救知识 …… (21)
第六节　完善高校应急预案体系 …… (24)

第四章　预防人身财产非法侵害 …… (26)

第一节　人身非法侵害的常见类型 …… (26)
第二节　人身非法侵害的预防 …… (27)
第三节　一般人身意外伤亡的预防 …… (28)
第四节　性侵害的预防 …… (29)
第五节　租房中的人身安全防范 …… (32)
第六节　高校侵财案件及防盗、防抢与防骗 …… (32)

第五章　预防非法传销活动 …… (40)

第一节　非法传销活动的危害 …… (40)

第二节　大学生误入传销的原因分析 …… (41)
第三节　新型传销的特点 …… (41)
第四节　传销犯罪的基本欺骗手段 …… (42)
第五节　非法传销活动的预防及应对 …… (44)

第六章　消防安全 …… (46)

第一节　校园火灾的类型及特点 …… (46)
第二节　校园火灾的预防 …… (48)
第三节　火灾的扑救 …… (49)
第四节　火灾事故中的逃生、自救和互救 …… (51)

第七章　交通安全 …… (53)

第一节　交通安全常识 …… (53)
第二节　交通事故的预防及处理 …… (54)

第八章　防范自然灾害 …… (60)

第一节　自然灾害概述 …… (60)
第二节　地震灾害的应对 …… (61)
第三节　洪水、泥石流、雷电等自然灾害的应对 …… (63)
第四节　冰雪灾害的应对 …… (66)

第九章　教学、社会实践活动及旅行安全 …… (68)

第一节　实验室教学活动安全 …… (68)
第二节　实习教学活动安全 …… (70)
第三节　社会实践及旅游安全 …… (71)
第四节　体育运动活动安全 …… (74)
第五节　心脏病猝死的防范 …… (75)

第十章　预防网络侵害与信息安全 …… (77)

第一节　网络不良信息对大学生的侵害及预防 …… (77)
第二节　上网的生理安全和心理安全 …… (80)
第三节　预防网络违法犯罪 …… (82)

第十一章　校园贷、信用卡等金融知识 …… (85)

第一节　校园贷风险防范 …… (85)
第二节　校园贷常见的陷阱及应对 …… (87)
第三节　洗钱与反洗钱 …… (88)
第四节　校园信用卡及用途 …… (89)
第五节　防范互联网金融支付诈骗 …… (90)
第六节　网络诈骗的主要手段及防范 …… (91)

第十二章　食物中毒和常见传染病的预防 …… (95)

第一节　食物中毒及其预防 …… (95)

第二节　常见传染病及防范 …… (98)
第三节　艾滋病的预防 …… (100)
第四节　饮食与健康 …… (101)

第十三章　遵纪守法，预防违法 …… (104)

第一节　大学生违规、违纪原因分析 …… (104)
第二节　预防大学生违法犯罪 …… (105)
第三节　远离“黄、赌、毒” …… (108)

第十四章　维护高校稳定，构建和谐校园 …… (111)

第一节　影响高校校园稳定的主要因素 …… (111)
第二节　崇尚科学，反对邪教 …… (112)
第三节　恐怖活动的形式及防范 …… (114)
第四节　防止民族分裂，促进民族大团结 …… (116)
第五节　共建和谐校园 …… (117)

第十五章　国家安全 …… (120)

第一节　国家安全概述 …… (120)
第二节　保守国家秘密 …… (124)

第二篇　心理健康

第十六章　大学生心理健康概论 …… (127)

第一节　心理健康与大学生心理健康的含义与标准 …… (127)
第二节　大学生心理发展的特点与影响心理健康的因素 …… (129)
第三节　改善大学生心理健康的途径与方法 …… (134)

第十七章　大学生自我意识 …… (138)

第一节　自我意识的概述 …… (138)
第二节　大学生自我意识的发展和问题 …… (140)
第三节　大学生完善自我的途径和方法 …… (143)

第十八章　大学生人格培养 …… (147)

第一节　人格及大学生的人格特点 …… (147)
第二节　人格偏差的类型 …… (150)
第三节　大学生健康人格的塑造 …… (152)

第十九章　大学生情绪与情绪调控 …… (154)

第一节　情绪概述及其对大学生的影响 …… (154)
第二节　大学生常见的情绪问题及原因分析 …… (155)

第三节　情绪的自我调控 …………………………………………………………… (157)

第二十章　大学生的压力与挫折应对 …………………………………………… (160)

第一节　压力与挫折 ………………………………………………………………… (160)
第二节　压力与挫折的有效应对 …………………………………………………… (166)

第二十一章　大学生人际交往 …………………………………………………… (170)

第一节　人际交往概述 ……………………………………………………………… (170)
第二节　大学生人际交往的特点与问题 …………………………………………… (172)
第三节　建立良好的人际关系的原则和方法 ……………………………………… (174)

第二十二章　大学生网络心理与调适 …………………………………………… (183)

第一节　网络心理与网络心理健康 ………………………………………………… (183)
第二节　大学生常见的网络心理问题 ……………………………………………… (184)
第三节　大学生网络心理调适 ……………………………………………………… (187)

第二十三章　大学生恋爱与性心理健康 ………………………………………… (191)

第一节　大学生恋爱心理 …………………………………………………………… (191)
第二节　大学生恋爱中常见的心理问题及其调适 ………………………………… (193)
第三节　培养健康的恋爱心理 ……………………………………………………… (195)

第二十四章　大学生常见心理问题与防治 ……………………………………… (197)

第一节　常见心理问题概述 ………………………………………………………… (197)
第二节　大学生常见心理问题的类型及表现 ……………………………………… (198)
第三节　防治心理问题的途径与方法 ……………………………………………… (203)

第二十五章　保持大学生心理健康，注意心理安全 …………………………… (207)

第一节　大学生心理问题及其原因分析 …………………………………………… (207)
第二节　大学生心理问题的预防 …………………………………………………… (209)
第三节　大学生的主要情绪障碍及其预防 ………………………………………… (209)

第二十六章　大学生生命教育与心理危机应对 ………………………………… (212)

第一节　生命的内涵及本质 ………………………………………………………… (212)
第二节　大学生生命教育 …………………………………………………………… (214)
第三节　大学生心理危机的应对 …………………………………………………… (218)

第三篇　学会学习

第二十七章　学习新理念 ………………………………………………………… (225)

第一节　转变学习观念 ……………………………………………………………… (225)

第二节　全面学习理念 …… (226)
第三节　自主学习理念 …… (228)
第四节　创新学习理念 …… (230)
第五节　终身学习理念 …… (232)

第二十八章　进行有效的时间管理 …… (235)

第一节　时间管理的概念 …… (235)
第二节　时间管理中常见的问题 …… (236)
第三节　有效管理时间的技巧 …… (239)

第二十九章　大学学习特点和大学生学习心理 …… (243)

第一节　大学学习与中学学习的差异 …… (243)
第二节　影响学习活动效能的因素 …… (245)
第三节　心理健康与学习的关系 …… (247)
第四节　克服学习障碍的策略 …… (248)

第三十章　掌握有效的学习方法 …… (254)

第一节　基础课程的学习方法 …… (254)
第二节　专业基础课的学习方法 …… (256)
第三节　专业课的学习方法 …… (259)
第四节　实践教学的学习 …… (261)

第三十一章　课堂学习与课外学习 …… (267)

第一节　课堂学习 …… (267)
第二节　课外学习 …… (271)
第三节　论文写作和专题设计 …… (277)

第三十二章　开发学习潜能，提升学习能力 …… (280)

第一节　认识你的智力 …… (280)
第二节　培养注意力与想象力 …… (281)
第三节　培养观察与记忆能力 …… (283)
第四节　培养思维与创造能力 …… (285)
第五节　开发学习潜能 …… (289)

第四篇　中华美德

第三十三章　中华传统美德 …… (294)

第一节　中华民族传统美德 …… (294)
第二节　奋进新时代，中华传统美德职教行 …… (296)
第三节　弘扬中华传统美德，塑造职教时代新人 …… (297)

第三十四章　大学校园文化建设 …… (299)
第一节　大学校园文化概述 …… (299)
第二节　大学精神与大学校园文化建设 …… (301)
第三节　中华传统美德与校园文化建设 …… (302)
第三十五章　学习和践行社会主义核心价值观 …… (305)
第一节　大学生要了解大学基本职能和精神 …… (305)
第二节　大学生要学习社会主义核心价值观 …… (306)
第三节　大学生要自觉践行社会主义核心价值观 …… (307)
第三十六章　适应新的大学校园生活 …… (309)
第一节　熟悉新的校园环境 …… (309)
第二节　适应新的学习环境 …… (310)
第三节　处理好师生关系 …… (312)
第四节　处理好同学关系 …… (315)
第五节　处理好个人与集体的关系 …… (317)
第三十七章　大学生文明礼仪概论 …… (320)
第一节　大学校园文明礼仪概述 …… (320)
第二节　大学生加强礼仪修养的主要途径 …… (322)
第三节　同学交往的基本文明礼仪 …… (324)
第四节　大学校园常用文明礼仪 …… (326)
第五节　见面交往文明礼仪常识 …… (329)
第六节　开学、毕业典礼的礼仪常识 …… (333)
第三十八章　大学生社交礼仪基本规范 …… (334)
第一节　大学生社交礼仪教育的重要性 …… (334)
第二节　服饰礼仪 …… (335)
第三节　语言及交谈礼仪 …… (337)
第四节　大学生通信礼仪 …… (341)
第三十九章　大学生校园文明礼仪规范 …… (344)
第一节　大学生课堂文明礼仪规范 …… (344)
第二节　大学生实习文明礼仪规范 …… (345)
第三节　图书馆、阅览室文明礼仪规范 …… (346)
第四节　上下楼梯及电梯文明礼仪规范 …… (347)
第五节　观看比赛、演出和参加舞会活动文明礼仪规范 …… (348)
第四十章　大学生日常行为规范 …… (351)
第一节　大学生进行日常行为规范训练的意义 …… (351)
第二节　遵守社会公德 …… (352)

第三节　孝敬父母，尊重长辈 …… (356)
第四节　不吸烟，不酗酒 …… (357)
第五节　公共场所礼仪行为规范 …… (359)
第六节　大学生站姿、坐姿、行姿行为规范 …… (360)
第七节　网络行为规范 …… (362)

第四十一章　大学生寝室文化建设 …… (366)

第一节　寝室文化建设的意义及主要内容 …… (366)
第二节　文明寝室的行为规范 …… (367)
第三节　建立和谐的寝室集体 …… (368)

参考文献 …… (370)

第一篇　安全教育

第一章　高校安全概论

安全是人类最基本和最重要的需求。安全既是人类努力实现的目标，也是人类在其生存和发展活动中必须遵循的一个重要原则。关于“安全”，《现代汉语词典》的解释是：“没有危险；不受威胁；不出事故。”安全是生命之源、幸福之本。党和国家历来都十分重视大学生安全，各级政府和教育行政部门始终将大学生的安全、大学校园的安宁视为我国高等教育事业发展的最根本的前提条件。大学生的人身、财产安全和身心健康，是大学生在校学习、生活的基本保障，也是大学生成长、成才的先决条件。如果一名大学生因为各种安全事故或违法犯罪案件，造成生命死亡、身体残疾，或是身陷囹圄、学业荒废，不仅个人的遭遇令人感到痛惜，也是国家和社会的极大损失。

第一节　高校安全概述

高校校园是整个社会极为重要的组成部分，维护好校园的安全稳定，事关大学生的人身安全，事关社会治安稳定，关系到国家的长治久安和中华民族伟大复兴。

校园安全稳定工作是一项系统工程，不仅院校要高度重视，而且每一个大学生也应当加强安全意识，提高安全防范能力。只有掌握危急时避难求生的各种技能，在遇到突发事件发生时才能冷静应对，同时能在保护自己的同时尽己所能救助处于危险境地的他人。具有较强的安全意识和较多的安全知识、技能，是大学生顺利完成学业、成功走向社会的先决条件。

从几个发生的具体事件，看看校园安全教育管理是何等的重要。

四川汶川县发生了里氏 8.0 级大地震，共造成 6 万多人遇难，30 多万人受伤，失踪 1 万多人。在这场与死神争锋的战斗中，有一个平凡的名字注定要载入史册，那就是叶志平——成都安县桑枣中学校长。1997 年至 1999 年，他连续 3 年募集资金对实验楼做加固“手术”，将整栋楼的 22 根承重柱子，按正规的要求，从直径 37 厘米的三七柱，重新灌水泥，加粗为 50 厘米以上的五零柱。这栋实验教学楼，前任校长建筑时才花了 17 万元，而他光加固就花了 40 多万元。

他规定每周二都是学校安全教育时间。从 2005 年开始，每学期在全校组织一次紧急疏散的演习。学生知道哪周有演习，但不知道具体是哪一天。等到特定时间，学校会突然用高音喇叭喊“全校紧急疏散”。这时，每个班按规定的疏散路线进行疏散，教室里学生 9 列 8 行，前 4 行从前门撤离，后 4 行从后门撤离；每班的队形为单列，每两个班合用一个楼梯撤离，撤离时要求 2 楼、3 楼教室里的学生要跑得快些，以免堵塞逃生通道；4 楼、5 楼的学生要跑得慢些，以免在楼道中造成

人流积压和踩踏。要求紧急疏散时老师要站在各层的楼梯拐弯处指挥并提供帮助。

由于平时训练有素，当5·12地震来临时，桑枣中学的学生们都按着平时训练的方式疏散。地震波一来，老师喊："所有人趴在桌子下！"学生们立即趴下去。地震波一过，学生们立即冲出了教室，全校2200多名学生、上百名老师，从不同的教学楼和不同的教室冲到操场，以班级为单位列队站好，整个过程用时1分36秒。

桑枣中学所在的安县紧临地震最为惨烈的北川。当其他学校的学生还在忙乱中逃生时，桑枣中学从11岁到15岁的学生都已队列整齐地站在了操场上，老师们站在最外圈，四周是教学楼。学校在这样的重大地震灾害面前实现了零伤亡。是什么原因使得桑枣中学师生在灾害来临的时候表现如此镇定？处理如此得当？那就是叶志平校长在强烈的危机意识下对学校实施了有效的安全教育和管理。在如此重灾面前无一伤亡，创造了生命奇迹，可见学校安全教育和管理是何等重要！要充分认识到大学生的人身安全不单单取决于环境的安全，同时也取决于个人的安全意识和技能。个人的安全不仅是个人生活的重要方面，也是对所在群体、家庭和社会的一种责任。安全知识的掌握不仅能使人识别身边随时可能发生的危险，掌握避险和逃生的技能，而且能在他人危险时给予正确的帮助。

再来看一个血的教训——湖南湘乡市某学校发生的踩踏事故。

湖南省湘乡市某学校发生8人死亡、26人受伤的学生踩踏事故。事发当晚9时10分，该学校晚自习下课，学生们在下楼梯的过程中，因一人跌倒，导致拥挤，引发踩踏事故。发生事故的教学楼大体呈回字形结构，大楼四个方向都有楼梯通达一层，楼梯为水磨石结构，宽度1.5米以上。发生这起事故的楼梯口位于教学楼与学生宿舍最近的一处。

一名参与救治的老师介绍，目睹楼上层层叠叠压着的人，听着刺耳的呼救声，所有赶来营救的老师都惊呆了。半晌，有人回过神来，大声呼喊："快救人！"于是，他们在楼梯上排成了一条"人链"，将成堆的孩子从最上层抱出来，一个接一个地搂着传递下去，将孩子们送上救护车、消防车。经事故调查组调查，导致这次事故的主要原因：一是学校只安排了一名现场看守人员进行安全巡查与现场管理，难以监控全部上下楼梯的学生；二是学生安全意识不强，自控能力弱，在楼梯间拥挤，这也是导致事故发生的直接原因；三是因下雨，大部分学生涌向与宿舍楼靠近的一号楼梯回宿舍，造成一号楼梯人流量增加；四是学校没有开展过类似的应急演练，也没有在楼梯间安装应急灯与警示标志。

可以看出，此次踩踏事故造成了8人死亡、26人受伤的惨剧，主要原因还是学校没有开展过类似的应急演练，学生安全意识薄弱，在楼梯间拥挤。

2020年11月14日清晨6时10分左右，上海某学院徐汇校区一学生宿舍楼发生火灾，火势迅速蔓延致使烟火过大，其中4名女生在消防队员赶到之前从6楼宿舍阳台跳楼逃生，不幸全数遇难。经初步判定，火灾事故是宿舍里头天晚上使用"热得快"，停电后没有拔下插头，第二天早晨宿舍来电后因电流过大引发"热得快"过热并将周围可燃物引燃所致。

2021年10月，南京某高校实验室发生爆燃事故，造成4人死亡7人受伤，教训特别深刻。

从以上事例可以看出学校的安全教育管理工作是非常重要的。

高校是大学生集中学习和活动的地方，是培养人的场所。大学生必须有健康的身体和健全的人格，才能承担起服务社会的责任。但是，在大学生成长的过程中，各种危害身心安全的危险因素始终伴随着他们，各种安全事故伤害了生命，这是令每一位以培养社会有用人才为己任的教育工作者感到无比痛心的。因此，充分认识大学生在成长过程中的不安全因素，认真做好安全防范工作，为他们创设良好的安全学习环境是每一位教育工作者神圣的责任。

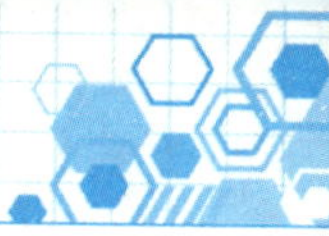

第二节　高校安全现状

近年来，高校校园安全事件时有发生，以至于成为家庭、学校、社会关注的一个热点。有关统计表明，目前我国每年都有数以千计的大学生死于疾病或受到各种意外事故的伤害。因此，我们必须牢固树立“安全第一”的观念，对安全问题不可掉以轻心。

目前，社会安全形势基本稳定，高校校园安全状况总体上也要好于社会整体水平。但是，随着我国经济发展与社会转型的逐步深入，以及教育事业的发展和教育管理体制改革的不断深化，大学生所处的安全环境也在不断发生着变化，大学生面临的安全形势值得关注。

据相关资料的统计，高校发生刑事案件和各类影响校园安全稳定的事件呈上升趋势，各省每年均发生多起因大学生用火、用电或吸烟不慎引发的火灾、火险，多名大学生死于交通事故，还有极少数大学生涉嫌违法犯罪，受到治安或刑事处罚。

一、学校安全事故类型多样

（一）学校安全事故的主要类型

（1）道路交通事故。随着道路交通条件的改善，人们生活节奏的加快，道路上机动车的数量急剧增加，导致道路交通安全事故的危险因素也在增加，大学生在道路交通事故受害者中占相当高的比例。

（2）食品安全事故。由于食堂管理不善造成食物中毒，以及大学生因食欲旺盛而到路边不洁摊贩处饮食，造成食物中毒。

（3）活动安全事故。大学生在学校组织的春游、运动会等活动中由于组织不善造成安全事故。

（4）日常生活安全事故。大学生在日常生活中因缺乏用电、用火、用燃气、用药的生活常识造成安全事故。

（5）暴力伤害事故。造成暴力伤害的事故也有许多种，如教师体罚学生、校园霸凌、同学间情绪失控引发斗殴、社会上犯罪分子劫持学生作为人质等。

（6）学生心理伤害事故。由于过度的教育竞争，大学生在成长过程中会受到来自学校、社会、家庭的种种压力，当教育方式简单造成学生受挫后累积的消极的心理能量得不到有效的释放时，引发学生严重的心理问题，甚至自杀。

（7）高校内发生治安案件、事件呈逐年上升的趋势，在高校发生的恶劣案件中，盗窃和诈骗案高达70%以上。

（8）大学师生参加社会经济活动引发的各类案件、事件显著增多，如非法传销、诈骗、勒索等。

造成学生安全事故的类型还有很多，如校园设施不安全造成的伤害、社会设施管理不善造成的伤害事故等。

（二）学校不安全状况的特点

总体上看，学校不安全状况主要有以下特点：

（1）针对高校师生的刑事犯罪活动有所增加，恶性案件时有发生。过去校园及周边很少发生的杀人、抢夺抢劫、人身伤害等恶性案件近年来有所增多，违法犯罪的恶性程度也越来越高，尽管所占比例较低，但是对高校总体治安形势产生了严重的负面影响，也给社会安定带来了较大危害。打架斗殴现象普遍。少数大学生的个人主义色彩强烈、法律意识淡薄、责任意识差，对公共利益漠不

关心，随心所欲，企图凌驾于周围人之上。如某重点大学法律系三年级两名学生发生纠纷，不通过学校解决，结果两败俱伤，一个被匕首刺入胃部，另一个也被拉力棒击断右臂，双双昏死于厕所。

（2）因治安问题引发的不稳定事件时有发生。近年来，高校因劳资纠纷、管理服务问题、当事人对治安问题处理结果不满等原因引发多起群体性事件。这类事件从表面上看是一部分人对现实不满，或对学校的管理抱有成见，但是一旦事态扩大，容易成为闹事的导火索，影响和危害校园的安全稳定。另外，大学生之间发生矛盾并引发群体性斗殴事件也时有发生。

（3）侵害女大学生的案件不断出现。这类案件的作案人员多为无业人员。高校在发展中，社会化程度日益加深，一些不法之徒看中高校这块“风水宝地”伺机作案，当其犯罪行为被发现或被制止时，有些犯罪分子往往现出其凶残本性，实施杀人、破坏等行为。北方某大学外语系一名女学生与一有劣迹的社会青年邢某交朋友，当邢某提出性要求时，该生不从，邢某便对该生施以强暴，遭到反抗后，残忍地把该女生杀死。

（4）作案手段智能化，网络犯罪上升较快。许多高校都发生了计算机遭受网络攻击以及网上诈骗、诽谤、恐吓、敲诈等案件。网络犯罪由于其作案领域的虚拟性、实施活动的隐蔽性，使得案件侦破难度加大，容易引发社会恐慌。

（5）心理疾病造成在校大学生轻生和出走人数有所增多。由于生理疾患、学习和就业压力、情感挫折、经济压力、家庭变故以及不适应周边生活环境等诸多因素，一些大学生存在一定的心理问题，严重的心态失衡，患上抑郁症、妄想症等心理疾病。近年来在校大学生轻生事件屡屡发生，每年都有多名大学生自杀身亡，还有个别大学生擅自离校出走，给学校和家庭造成很大的精神压力与负担。

（6）诈骗犯罪有增无减。大学生虽然有较高的文化知识，但是缺少社会经验。一些骗子利用他们的无知，谎称自己被窃被扒，有的学生由于同情受骗上当。特别是与同龄陌生青年交往，往往由于“谈得来”而失去警觉，擅自留宿陌生人，甚至借钱给对方，而遇窃遭祸。

（7）教学活动中的人身伤害事故也时有发生。在实习、实践教学活动中出现不少问题。某高校学生在做化学实验时，没有按实验操作流程做，造成化学品烧灼皮肤，导致残疾。某高校学生在工厂实习，不按规定操作，私自带电维修机器，不幸触电身亡。

（8）盗窃犯罪逐年增加，发案率居高不下。现在高校内主要以盗窃现金、手机、电脑为主，直接干扰高校的工作、生活、学习秩序，影响高校的稳定。

（9）大学生交通事故屡有发生，在校园内的交通事故有上升趋势。

二、大学生面临的主要安全问题

大学生与其他社会群体相比，普遍年龄比较轻，社会阅历比较浅，自我保护意识与社会协调能力较弱；应对各种安全问题的经验不足，承受问题的能力有所欠缺。大学生的安全意识、安全素质和安全技能普遍有待提高。当前，大学生面临的安全问题主要有以下 9 个方面：

（1）人身安全。大学生在校学习期间，高校应采取积极措施保障大学生的生命、健康、行动不受威胁，没有危险，营造一个良好的学习环境。人身安全是人类最重要、最基本的安全。人的生命只有一次，生命是顽强的，也是脆弱的。大学生的人身安全也会遭遇不法侵害或意外伤害，个别大学生还由于种种原因而轻生、自残。

（2）财产安全。财产安全是大学生学习生活的基础保障，也是最普遍、最多发的安全问题。大学生财产安全是指在校学习期间个人财物不受侵犯或损失。由于大学生集体生活的特殊性、校园公共空间的开放性和部分大学生防范意识薄弱或社会经验不足，大学生已成为不法分子盗窃、诈骗、抢劫抢夺、敲诈勒索等行为的重点侵害对象。同时，火灾等灾害事故也会使大学生财产安全遭受损失。

（3）国家安全及学校和社会稳定。维护国家安全及学校和社会稳定是大学生的责任。大学生是

国家的未来和希望，也是境内外敌对势力拉拢利用的主要目标。维护国家安全及学校和社会稳定既是大学生应尽的义务与责任，同时也是在保护自己的个人利益免受损害。

（4）防火安全。大学生主要生活在校园，校园又属于人口密集的地方，住宿比较集中、设施状况比较复杂，如果不懂得安全用火用电，很容易引发火灾，从而给大学生的生命或财产造成巨大损失。很多大学生消防安全意识薄弱，缺乏必要的消防安全常识和自救逃生技能。消防安全没有引起他们的足够重视，以至于遇上火灾险情时，惊慌失措，连起码的报警和救火扑火常识都不知道，致使小灾酿成大祸，甚至丧失宝贵的生命。

（5）交通安全。交通事故日趋严重，据交警部门统计，全国每 3 分钟就有一人死于车祸，每分钟有一人因车祸而受伤，学生因交通事故死亡人数占学生非正常死亡人数的较大比例。

（6）生活安全。大学生在校学习期间，会遇到实习打工安全、体育运动安全、食品卫生安全、传染性疾病预防安全、旅游出行安全、社会交往安全等容易造成大学生人身财产遭受损害的问题。

（7）心理安全。一些大学生不同程度地存在心理问题和心理障碍，其中有的患有心理疾病，个别人甚至走向轻生的极端，酿成悲剧。大学生心理安全应当引起高度重视。

（8）反恐安全。大学生在校学习、生活或参加各种社会活动期间，遭遇爆炸、绑架和劫持人质、投毒、恐吓威胁等恐怖活动的案例也时有发生，反恐已成为不容回避的现实问题。

（9）违法犯罪。根据公安机关提供的资料，当代大学生犯罪主要涉及三大类型：①财产型犯罪，如盗窃、诈骗、抢劫等；②暴力型犯罪，如故意杀人、故意伤害、性犯罪等；③高科技、智能型犯罪，如利用网络犯罪、侵犯知识产权犯罪等。大学生，被视为“天之骄子”，他们触犯法律身陷囹圄，不仅使父母师长蒙羞、断送美好的前程，也给社会造成了重大损失。每个大学生犯罪案件都是个人、家庭、学校、社会等多方面因素综合作用的产物，是多方面消极因素的综合体现。因此预防和减少大学生犯罪，需要社会各界的广泛关注和共同努力。

（10）高校校园火灾事故频繁发生。如 2024 年 5 月 2 日 23 时 20 分许，在修缮施工期间的河南某大学大礼堂发生火情。经消防部门全力扑救，火灾被扑灭，无人员伤亡。现场航拍画面显示，大礼堂经过火灾，房顶已经基本坍塌，被火烧过的建筑呈焦黑状。

第三节　高校安全文化

安全文化主体是安全意识，属于意识的一种，是人们特有的一种对安全现实产生的高级心理反映形式。安全文化是人们在从事生产活动中对安全现实的认识，它和安全知识紧密相连，是一种特殊文化。其核心是安全知识，没有安全知识就谈不上安全意识，更谈不上安全文化。人的安全文化意识对人的主观行为具有能动性。安全文化意识对生产活动进行安全操作有调节、指引作用。如大家都意识到在城市车水马龙的街道上随意横过马路是一件危险的事。同时，生产活动也影响人的安全文化意识的形成，也就是平时所言的“吃一堑，长一智”。如春天在某些草丛中被虫咬疼过多次，那么人们就会慢慢地形成一种安全意识，即在春天进行户外活动时尽量避开有虫子的这些地方。

把安全相关的知识、能力当成一种文化，是我们的一种新提法，是新时代高校教育工作所需要的一种新的理念，也是我们高校基层管理者在安全教育管理实践中的思想升华。

一、弘扬大学安全文化

在我国，倡导和弘扬大学安全文化的意义在于：提高大学生安全意识和安全素质，遏制伤亡事故发生，保护大学生能安全、舒适、高效地从事一切校园活动。大学生应有效地提高自己的安全防范能力，以避免安全事故的发生，为自己的成长成才创造更加良好的学习和生活环境。而要提高安

全文化，就需要接受安全文化教育。

安全文化是人类文化的重要内容。安全科学作为安全文化的精华，为人们幸福平安提供了极大的帮助。从更广泛的意义来看，倘若能使大学生抛弃长期存在于人们心灵深处的那种寄望于神灵保佑的安全意识，从迷信中解脱出来，相信科学、尊重科学、应用科学，就有了实现大学生安全的保障。探求实现安全的科技方法，形成群体的安全意识、思维和态度，应该有一个符合自然和社会规律的安全观，就是努力挖掘、弘扬安全文化。只有当安全文化达到了公众化和社会化，即个体的安全文化素质和群体的安全文化效应达到相当的水平时，“安全第一，预防为主”的方针才算真正落实。其中，大学生安全文化的提高将起到十分重要的作用。当代大学生应是安全文化的推动者和实践者。

二、大学生安全文化建设

广泛提高大学生的安全文化素质的重点在于提高大学生的安全意识和大学生的安全科技知识。要从校园抓起，通过安全文化活动的形式，加大力度在校园内对大学生进行持续而耐心的宣传和教育，灌输安全文化知识，增强其安全意识，建立正确的安全人生观、安全价值观，建立安全科学的思维方法和安全行为规范，学会消灾避难、应急自救的本领，为自己也为他人创造安全、舒适、文明的活动环境，这才是安全文化建设、发展和繁荣的目的。安全文化建设是解决大学生不安全行为的最有效的方法和手段，它通过长期、不断的努力，塑造安全人格，实现人的本质安全化。

安全文化既是大学生安全素质的基础，也是整个校园安全工作的基础。安全教育的功能直接指向人的生存质量和人格素质的提高。所以应在课内外，在校园内普及安全文化知识，一点一点地让大学生懂得安全是生活中的重要内容，从客观上促使校园安全文化氛围的形成。对大学生进行安全教育，不仅会使大学生个人受益终身，还会给社会发展减少代价。这样做既具现实意义，又有长远意义。

美国心理学家马斯洛的需求层次论认为，安全需求是人在生存中的第二层次上的需求。安全防灾除了要防止各类产业事故外，更要避免日常生活的灾害，即交通事故、校园火灾、恐怖事件等；此外，还要最大限度地减少自然灾害和环境公害的影响，如地震与地质灾害、水灾等。大学生安全文化建设应重点关注以下几方面：

（1）树立安全第一的大安全观。要在大学生中反复进行公众基础安全文化教育，公众安全才是社会文明进步的特征。安全第一要求社会每一成员任何时候、任何场合、任何事情必须考虑并保障安全。人人树立并懂得“我不伤害自己，我不伤害他人，我不被他人伤害”的准则。

（2）要大力开展大学生对灾情的忧患应急教育。在我国，许多人往往遇事先慌。从安全教育的实践调查发现，目前，大学生一般对安全知识了解的层次太低，对实际技能知识知道得就更少；大学生获取安全知识信息的主要渠道是影视，但这类内容除环保、交通、火灾内容外，其他的都很少。

（3）探讨大学生安全文化教育及其培育模式。安全文化的重要作用之一是在公众中树立良好的安全意识和安全态度，鼓励良好的安全行为和安全习惯；对不良的安全意识、态度和行为予以批评和纠正，创造并维持一个良好的舆论氛围。与普通文化相似，安全文化也具有稳定性及延续性，安全文化在大学校园中的普及与培育十分必要。

安全文化教育的主要内容是传授安全的思维、认识和态度；树立安全的哲理、价值观、行为和道德规范；掌握安全科学的知识、技术、手段和方法；学习现代安全管理方法，建立与当代经济基础相适应的安全工作机制，贯彻执行“安全第一，预防为主”的方针；宣传安全的伦理道德、安全行为科学、安全法制观点，从带有强制性的“要你安全”的方法，变为“我要安全”的行动。总之，以文化教育为学习手段和培养途径，才能最深刻地启发人、教育人、影响人、造就人。通过安全文化教育来改变人的思想意识、思维方法，规范人的行为，树立安全文明的道德风尚，树立正确

的安全人生观和安全价值观，从精神文化和物质文化中，学习保护个人、群体的知识和方法，达到提高全民安全文化的目的。诚然，大学生在校期间是被教育者，但是未来，他们将是安全文化的教育者和引导者，在提高全民安全文化素质方面会发挥极大的带动作用。

第四节　大学生安全文化教育的重要性

安全文化基础是现代社会每一个公民都应具备的最基本的生存素质。加强安全意识教育，对预防和消除意外事故的发生具有更加深远的意义。对大学生的基础安全教育就是培养学生的安全意识，提高学生的安全素质。学校的安全文化教育是创建校园安全文化的主要内容之一。

一、对大学生进行安全文化教育是维护稳定的需要

要保持稳定就离不开对大学生进行安全文化教育，这也是当前安全形势和安全工作的需要，更是提高学校安全事故预防能力的一项群众性基础工作。加强大学生安全文化教育，使他们在政治上保持清醒的头脑，站稳立场，不受诱惑，在思想上提高对安全工作的重视，预防不安全事件的发生，在行动上能自觉地为维护学校稳定、为维护社会稳定做积极的贡献。大学安全文化教育不是一句话、几个动作、制订个计划、上几堂课、开几次会就能完成的，而是要有领导、有组织、有内容、有步骤、有措施才能完成，是一个系统的实施过程。对大学生进行安全文化教育，一方面是维护学校稳定的需要，建立安全稳定的学习、生活、工作秩序是我们每个大学生的愿望，也是大学生得以完成学业的外部环境保证。另一方面，学校稳定健康的小环境又可对社会的大环境发生积极影响，从而使社会秩序沿着良性演进的轨道发展。所以，稳定的社会环境需要大学生安全文化教育，大学生安全文化教育是稳定的前提和保障。

二、大学生安全文化教育是社会治安综合治理的需要

社会治安问题是许多社会矛盾和消极因素的综合反映，对社会治安实行综合治理是解决我国社会治安问题的根本出路。社会治安综合治理的工作范围，主要包括“打击、防范、教育、管理、建设、改造”六个方面。从中可以看出教育是其工作范围的重要方面。而大学安全文化教育则应是教育中的重要内容。对大学生进行安全文化教育，一方面使这些未来社会的主导力量具有自我防范意识和自我安全保卫能力，能承受意外或非意外的不安全打击；另一方面使他们牢固树立法制观念和安全意识，不去做违法乱纪的事情和危害公共安全的事情，并以自己的良好行为影响周围的人，对于深化综合治理的内涵和扩大综合治理的结果有很大的帮助。可以说大学生安全文化教育不但是社会治安综合治理系统工程中不可缺少的重要环节，而且也是这一系统工程的润滑剂，可以推动社会治安综合治理系统工程的良好运转，是社会治安综合治理的需要。

三、大学生安全文化教育是学校安全工作的重要组成部分

在《中华人民共和国高等教育法》《高等学校学生行为准则》《普通高等学校学生安全教育及管理暂行规定》等法规中，均明确了高校对大学生进行安全教育和管理的权利和义务，从而基本上形成了大学生安全教育和安全管理的法规体系，这为高校对大学生进行安全教育与管理提供了有力的法律保障。而要使大学生遵纪守法，把法律规章制度变成自己的自觉行动，深入、全面和规范地开展大学生安全教育则是必然途径。在校大学生在学校安全工作中具有重要地位和独特作用。如果学生安全意识淡薄，缺乏安全常识，在遇到被盗、被抢、被骗及交通事故和火灾等安全事故时，就不能很好地处理。而且自我保护意识差，进行自救互救能力缺乏，一旦发生安全事故，其后果将不堪

设想。因此，要对大学生进行安全文化教育，切实提高广大大学生的安全意识和防范及自我保护能力。

四、确保大学教学生活秩序正常

大学安全保卫工作能够营造一个稳定安全的学习环境，确保教学生活秩序正常。在大学校园中，如果缺乏有效的安全保卫工作，必然造成基础设施不能得到保障、环境杂乱，必然会造成安全管理漏洞百出。在这种环境中，学生自然也就不能安心学习，无法保障教学质量。如果大学的基础设施不能确保安全，可能会出现财物被盗、踩踏事件及火灾等各种安全问题。大学师生成千上万，属于密集型人群，只要出现事故后果极为严重。因此，必须通过安全保卫工作，才能够还校园一个安宁，才能够确保正常教学秩序，为学生学习营造一个良好环境。

五、确保大学健康发展

大学要能够长远发展，必须具有一个安全有序的秩序，这是发展的前提与基础。安全保卫工作顺利开展，能够有效确保良好的教学秩序，有助于大学源源不断培养人才，促进高等教育快速发展。

总而言之，大学必须提高维持稳定能力，只有具有一个稳定环境，才能够促进高等教育快速发展。由此可见，安全保卫工作质量高低直接影响到大学建设的成败。

六、大学期间是开展安全文化教育最适宜的阶段

学校安全文化教育是学校安全管理的重要组成部分，针对学生的各种安全文化教育也是学校安全管理的首要内容。安全管理，重在防范，而让所有学生掌握必要的安全知识，训练过硬的安全技能，是在危险到来时将损失降到最低的前提与保障。大学阶段是学习知识和技能的最佳时期，是人的个性心理品质逐步成熟的时期，所以大学期间进行安全文化教育是最佳阶段。

诚然，大学生在校期间是被教育者，但是未来，他们是社会发展的主力军，也是安全文化的教育者和引导者，在提高全民安全文化素质方面会发挥极大的带动作用。所以，进行大学生安全文化教育是非常必要的。

思考题

1. 简述大学生面临的主要安全问题。
2. 如何开展大学生安全文化教育？
3. 简述大学生安全文化教育的重要性。

第二章 大学生基本的安全意识、知识、能力

第一节 大学生应具有的基本安全意识

高校校园内案件发生率居高不下，且呈连年上升势头，除了犯罪分子活动猖獗以及内部防范工作相对薄弱等原因之外，有些高校学生缺乏安全防范意识是一个重要原因。大学生进入高校，远离父母，逐步开始独立生活，除了要面对学习方法、人际关系、周围环境和生活出现的新情况和新特点外，还必须对社会治安形势和校园安全状况有所认知，具有全方位的安全意识，时刻保持警惕，做好自我保护工作。安全意识是大学生综合素质的重要内容之一。大学生应树立五个方面的安全意识。

一、维护国家安全的意识

国家安全是关系到国家存亡的大事。没有国家安全，就没有和平稳定的建设环境。每个公民都负有维护国家安全的责任和义务。当前我国面临的环境复杂多变，安全形势不容乐观。这主要表现为：境外敌对势力和间谍情报机构为达到分化、西化中国的目的，一方面利用各种渠道，以公开或秘密的方式，传播西方的政治和经济模式、价值观念以及腐朽的生活方式，培养和平演变的“内应力量”；另一方面采取金钱收买、物质利诱、色情勾引、出国担保等手段，或打着学术交流、参观访问、洽谈业务等幌子，刺探、套取、收买国家和单位的秘密。大学生对国家安全还停留在军事、战争、国防、领土、情报、间谍这样一些传统的、局部的认识上。当前，国家安全既包括国土安全、主权安全、政治安全、经济安全、国防安全、国民安全等传统内容，也包括文化安全、科技安全、金融安全、信息安全等方面的新内容。因此，大学生在思想认识上要全方位理解国家安全，增强国家安全意识。

二、对社会治安形势和校园安全状况的认知意识

当前，我国正处在社会主义市场经济体制逐步完善的历史时期。利益的调整、观念的冲击、改革的阵痛，使各种社会矛盾和社会焦点问题不断增多，刑事犯罪活动呈增多之势，犯罪手段暴力化，方式组织化。而当今校园几乎完全融入社会，受社会治安形势的影响，校园犯罪也与社会同步，犯罪种类多样化，安全形势同样严峻。

三、主动的自我防范意识和面对突发事件的应变意识

社会治安形势的严峻和校园现实的安全状况，要求每一个大学生必须有主动的自我防范意识。无论是在日常生活中，还是在社会交往、处理社会事务、外出活动中，首先要考虑到安全，要有自我防范意识，包括防火、防盗、防抢劫、防性骚扰和性侵害、防食品中毒、防交通事故、防诈骗等。要培养自己处理安全问题的能力，掌握涉及社会安全、自身安全等方面的知识和技能，在灾害事故发生时能够采取正确的行动保护自己，采取有效途径减轻灾害事故的危害，包括火灾逃生、应

对暴力、紧急情况下的自我解救等。突发事件一般是指难以预料、突然发生、关系安危的超出常规的特殊情况，具有复杂性、危险性等特点。在当前我国各种应急体系、公共服务体系逐步健全的同时，大学生也必须有面对突发情况的应变意识。

四、遵纪守法的自律意识

遵纪守法是每一个公民的义务和行为准则，更是大学生应该具备的意识。优秀校园文化的熏陶和国家法律、校规校纪的约束是大学生健康成才的两个极其重要的方面。由于目前少数大学生法制观念淡薄，大学校园内违法乱纪现象屡有发生。而随着近年高校办学规模扩大，校园开放程度增大，违纪事件呈现出上升趋势。例如，校园中一直较为突出的盗窃、打架斗殴、聚众赌博以及近年出现的涉黄涉毒、制造计算机病毒等违法或违纪事件，不仅严重影响了学校教学秩序和生活环境，而且也危及社会秩序和国家长治久安。因此，作为大学生来讲，必须严格自律，必须有遵纪守法意识，遵守社会基本准则，依法规范、约束自己的行为。要全面提高自身素质，增强法制观念，自觉遵纪守法，不去侵犯国家、集体的财产和他人的人身、财产安全，不危害社会，不参与违法犯罪活动。

五、积极应对挫折的健康心理意识

挫折是大学生成长中不容忽视的问题。大学生在学习、生活、健康、人际关系等方面均不可避免地面临着各种挫折，它直接影响着大学生的社会化进程及其身心的健康发展。因此，大学生在遭遇挫折时要具备积极应对挫折的心理意识，要树立正确的价值观，冷静、客观地认识挫折、分析挫折、克服挫折，有效地控制自己的情感，提高分析问题和解决问题的能力。要培养健康的心理品质和心理承受能力。只有形成健康的心理品质和心理承受能力，使自己在心理意识上与外部环境取得认同，才能正确认识社会的复杂性、多样性，消除自己在认知社会过程中的心理异常，促进认知结构各要素间相互协调发展，自我调整心态，心胸开阔，克服心理障碍，健康成长。

第二节　大学生应了解的基本安全知识

提高大学生的安全文化，必须先从提高在校期间所需的基础安全文化开始。许多大学生在上大学前从来没有真正独立生活过，一旦离开了家，一切都要靠自己，诸多安全的问题就会接踵而来，这也是父母亲最放心不下的问题。大学生在学习方面可以说个个都是聪明人，文化知识丰富。但生活安全知识不见得都知道，即使已经知道了也不见得能得心应手地使用。

知识就是力量。安全知识是维护安全的重要力量。缺乏安全知识，在面临影响安全的因素面前就会缺少办法和措施，就不容易规避危险，容易遭受损失。相反，掌握和具备一定的安全知识，在学习、生活和社会实践中就能够未雨绸缪，预先采取防范措施，防患于未然。在面临突发的影响安全的事件时，就能依据和运用安全知识，千方百计避免遭受损失。身处灾害和事故中，也能够想方设法争取逃生、自救互救，最大限度地减轻损失。

大学生对外部环境安全与否的判别能力是在成长过程中逐步形成的，而外部环境是人与自然相互作用的产物，如果依靠学生自发地、自然地与外部环境相互关联、相互作用而建立自我防护能力，无疑会使学生面临许多风险，建立在无知基础上的无畏将使学生付出生命的代价。如有不懂灭火知识的大学生参加灭火而身亡，不习水性的大学生下水游泳而淹死等。在大学生的伤害事故中，有许多是大学生缺乏安全知识造成的。做好安全知识教育工作是减少大学生安全事故的有效保障。学生安全知识涉及面很广，诸如参与学校活动的安全知识、与陌生人交往时的防范意识等。

这些知识的普及帮助大学生在遇到危害时总是能进行必要的自我防范，能进行正确的求助，从而降低伤害。据深圳电视台报道，深圳 7 岁女孩元元，发现父母被燃气熏倒，她不慌不忙，应用幼儿园学到的安全知识，首先打开窗户、关掉煤气，然后打电话求助，成功地避免了一场悲剧的发生。这是成功实施安全教育的典型事例，这个事例也生动地告诉了我们这样一个道理：学校安全教育非常重要，是避免或减少学校安全事故的有效手段。

大学生要通过学习和实践，掌握以下几方面的基本安全知识：

（1）维护国家安全、保守国家秘密、维护校园稳定的知识，包括国家相关法律法规的基本内容，西方敌对势力、民族分裂势力、非法宗教势力破坏我国政治稳定的政治目的和活动方式，以及维护国家安全、保守国家秘密、维护校园政治稳定、构建和谐校园、外事纪律、涉外安全等方面的知识。

（2）防范恐怖活动、应对突发事件的知识，包括恐怖活动的现状、恐怖活动的主要形式以及应对各种恐怖活动的方法，公共突发事件的类型及应对方法等方面的知识。

（3）防范火灾、交通事故的知识，包括火灾事故产生的原因和条件，火灾的预防，初起火灾的扑灭，火灾报警，灭火器的种类、用途、使用方法和火灾中的逃生方法；与大学生有关的交通事故的主要类型和教训，行人、骑自行车人、机动车驾驶人应遵守的交通法规，发生交通事故的处置等方面的知识。

（4）维护人身财产安全方面的知识，包括防凶杀、防事故伤害、防盗、防抢夺、防抢劫、防诈骗以及发生人身财产被伤害或侵害后如何处置等方面的知识。

（5）科学使用网络方面的安全知识，包括网上交友安全，抵御不良信息侵害，上网的生理、心理安全以及预防网络违法犯罪等方面的知识。

（6）保障教学安全方面的知识，包括教室学习、自习、实验、实习、社会实践和体育运动等方面的安全知识。

（7）心理安全方面的知识，包括对正常的恐惧、担心、忧伤、愤怒等情绪反应的了解，以及不健康的心理表现，性心理健康知识，预防不健康心理的方法和措施等知识。

（8）预防大学生违法犯罪方面的知识，包括大学生违法犯罪的主要形式和原因以及大学生违反学校纪律的主要表现和原因等方面的知识。

（9）日常生活中的安全知识，包括预防传染病、食物中毒等，发生案件、事故和疾病的报警求助，吃、穿、住、行以及进行社会活动人身财产、生命安全等方面的知识。

值得强调的是，要强化实践性安全教育环节，提高学生专业安全文化素质。在校期间组织的实践性教学环节是学生与生产实际联系最密切的教学手段。实践性教学环节的安全教育与训练，应该从生产实习、专业实习到毕业实习，甚至各门课程的实验教学，都要在教学大纲中加入安全文化教育和安全技能培养的内容。课程设计和毕业设计要纳入安全技术类选题，常规性设计题目要增添系统安全性、可靠性的内容，使学生在安全生产实践中深刻领悟安全的重要性。

第三节　大学生应掌握的基本安全能力

大学生安全教育，是指高校管理者和教育者以党和国家法律、法规、方针、政策为依据，以全面提高大学生综合素质为目标，以安全责任、安全意识和安全知识为主要教育内容，通过入学教育、课程教育和日常教育等多种途径，使在校大学生增强安全意识，全面系统地掌握安全知识，形成基本的安全能力。

一、大学生基本安全能力

1. 大学生防范各类事件和抵御非法侵害的能力

大学校园已由过去封闭型的“世外桃源”变为开放型的“小社会”，治安形势更显复杂和严峻。而安全问题不仅是学生在校学习、生活中经常遇到的问题，也是今后毕业走向社会经常遇到的问题。大学生在校学习科学文化技术知识的同时，应更多地学习、了解、掌握一些法律知识和安全常识，可以依靠法律法规的力量保护自己，维护自己或他人的正当权益。因此，加强对大学生的安全教育与管理，让大学生有针对性地学习必要的安全知识和法律法规，掌握必备的安全防范技能，增强遵纪守法观念和安全防范意识，提高大学生防范各类事件和抵御非法侵害的能力，预防和减少违法犯罪，具有十分重要的意义。

2. 大学生防范各类事故和抵御自然灾害的能力

地震、雷电、洪水等自然灾害都有可能给生活带来危害。虽然有时无法避免，但可以探究其内在规律，有效地预防和规避。对于火灾、公共事故灾难、公共卫生事件等危害，可以通过时刻增强安全意识，全面、系统掌握安全知识，提高大学生防范各类事故和抵御自然灾害的能力。

3. 维护和谐校园，提高保护自己身心健康和救助他人的能力

大学生的安全知识和安全意识提高，不仅能够帮助大学生识别身边随时可能发生的危险，并通过自身掌握避险和逃生的技能在遇到危险时成功自救，把危险和损失降到最低，而且能在他人危险的时候给予正确的帮助，同时也能够使大学生对可能发生的危害有高度敏感性，自觉维护校园公共安全，防患于未然。加强在校大学生的安全教育，能够完善在校大学生的知识结构，维护和谐校园，提高保护自己和救助他人的防灾抗变的能力。

此外，大学生还应具备的基本安全能力包括财产安全、网络安全、消防安全、防疫安全、国家安全等方面的知识和技能。

财产安全：大学生需要警惕校园内易发生盗窃的场所，如学生宿舍、教室、图书馆等，并采取相应的预防措施，如离开宿舍时锁好门窗、不将贵重物品放在显眼处等。

网络安全：面对网络病毒陷阱、感情陷阱和金钱陷阱，大学生应提高警惕，不轻信陌生人，不随意透露个人信息，避免陷入网络诈骗。

消防安全：大学生应了解基本的消防知识，如不在宿舍内使用明火、不私拉乱接电源等，以及在发生火灾时的逃生方法。

防疫安全：遵守学校防疫规定，讲究个人卫生，避免到人群聚集的场所，做好自我健康监测，及时就医并告知近期旅居史和相关人员接触史。

国家安全：大学生应牢固树立维护国家安全的自觉意识，学习和遵守国家安全的法律与法规，切实履行维护国家安全的义务。

通过这些措施，大学生可以在校园生活中更好地保护自己，确保人身和财产安全。

二、大学生安全能力的培养

大学生的安全问题总会在其校内外的学习与生活中遇到。因此，要做好安全防范工作，防止伤害事故的出现，化解遇到的安全问题，关键是依靠大学生自身的防护能力。在大学生学习安全知识的基础上，应该培养训练大学生处理、应对安全问题的能力。因此，大学生避险能力与自我救助能力的提升是学校安全教育的重要内容，具体可在以下方面进行必要的训练：

1. 训练学生学习生活中对设施、用品的安全使用能力

大学生活中的许多因素可以成为危险因素，因此在学校安全教育中应帮助大学生识别危险因素，培养其基本的使用能力，如用火、用电、用水、用药，学会正确使用开关，了解家庭和寝室的

电源布置、总开关的位置，面对复杂情况学会自救与求助等，通过危险情景模拟处理，提升大学生的自我安全防护能力。

2. 培养大学生对环境安全的判别能力

正确地判别周围生活环境的安全性，是大学生重要的自我防护能力的体现。在学校安全教育中应训练学生判别环境的安全性，如校园内外附近存在哪些不安全的因素？什么地方相关危险性高？看到井盖打开了应该注意什么？如要游泳，应具备什么条件？通过对学生生活环境安全的判别训练来提高大学生的自我防护能力。

3. 提高学生的自我防护和安全交往能力

大学生认识世界总是一个逐步扩大的过程。在这一过程中，随着社会流动性的增加，陌生人员进入校园，其对大学生的伤害是重要因素。训练大学生如何与陌生人交往是大学生安全教育的重要内容，其中提高学生的自我防护和安全交往能力是大学安全教育的关键内容，尤其是如何处理与社会不良人员的交往问题、如何自我防护、如何寻找帮助等。

4. 增强大学生耐受挫折的能力

大学生的心理、生理不成熟，有的学生耐挫能力弱，面对难以承受的困难和挫折会形成严重的心理问题。大学生应正确认识学习、生活中的挫折，正视遇到的困难，学会倾诉，学会自我调整，学会主动寻求帮助，提高自我化解心理压力的能力。

高等教育把安全素质教育作为培养合格人才的一项重要内容，大学安全教育是高校学生形成正确安全观念的主要途径。通过教育，大学生能明确安全的含义，确立安全意识，形成安全观念，从而为维护高校和社会的安全与稳定做出积极贡献。可以这样说，大学生安全教育是高校安全工作首要的内容，是高校形成稳定、安全局面的有力保障，也是高校安全工作得以顺利开展的前提和条件。

思考题

1. 大学生应树立哪些方面的安全意识？
2. 大学生应掌握哪些基本安全知识？
3. 大学生应具备哪些基本安全能力？

第三章　突发公共事件及防范

突发公共事件是指突然发生，造成或者可能造成重大人员伤亡、财产损失、生态环境破坏和严重社会危害，危及公共安全的紧急事件。我国公布的《国家突发公共事件总体应急预案》将突发公共事件主要分为自然灾害、事故灾难、公共卫生事件、社会安全事件等4类；按照其性质、严重程度、可控性和影响范围等因素分成4级，特别重大的是Ⅰ级，重大的是Ⅱ级，较大的是Ⅲ级，一般的是Ⅳ级。

自然灾害主要包括水旱灾害、气象灾害、地震灾害、地质灾害、海洋灾害、生物灾害和森林草原火灾等。事故灾难主要包括工矿商贸等企业的各类安全事故、交通运输事故、公共设施和设备事故、环境污染和生态破坏事件等。公共卫生事件主要包括传染病疫情、群体性不明原因疾病、食品安全和职业危害、动物疫情以及其他严重影响公众健康和生命安全的事件。社会安全事件主要包括恐怖袭击事件、经济安全事件、涉外突发事件等。

突发性事件是指由高校的内外因不可预知或不可控制因素引发的危及学生身心健康和生命安全的突发事件，如学生自杀、自残、自虐性事件，学生离校出走性意外事件，学生打架或群殴事件，学生重大失窃事件，学生失踪事件、发生交通意外或其他重大恶性事故等。

在突发公共事件发生后，大学生应首先以健康的心理、平和的心态冷静对待。在事件发生后，大学生要冷静判断，分清是非曲直，不能轻信谣言，要相信党和政府有能力领导人民战胜灾害，要相信学校有能力维护校园的安全。坚信党和政府、服从学校的管理是理想信念及组织纪律的要求。在此基础上，大学生还应采取科学的手段和方法，掌握一定的相关知识，进行科学防范，要重视但不紧张，要胆大但不莽撞，要谨慎但不怯懦。此外，在应对突发事件中，大学生必须树立全局观念，增强大局意识，要克服个人困难，服从学校统一管理，努力为防控突发公共事件做出自己的贡献。

第一节　公共场所安全及报警求助

对于校园而言，公共场所主要是指体育场馆、教学区、图书馆、微机室、大型会议室、食堂、宿舍等人员密集的地方。

一、出现拥挤局面时的应对方法

（1）在拥挤的人群中，要时刻保持警惕，发现有人情绪不对或人群开始骚动时，应迅速找位置撤出人群。切记不要逆着人流前进，那样非常容易被推倒在地。

（2）发觉拥挤的人群向着自己行走的方向涌来时，应该马上避到一旁，不要奔跑；千万不能被绊倒，避免成为拥挤踩踏事件的诱发因素。如果路边有可以暂避的地方，也可以暂避一时。

（3）若身不由己陷入人群之中，一定要先稳住双脚。切记远离店铺的玻璃窗，以免因玻璃破碎而被扎伤。

（4）如有可能，抓住一件坚固牢靠的东西，例如路灯柱之类，待人群过去后，迅速而镇静地离

开现场。

（5）在拥挤的人流中，不要采用体位前倾或者低重心的姿势，即便鞋子被踩掉也不要贸然弯腰提鞋或系鞋带。

（6）当发现自己前面有人突然摔倒了，要马上停下脚步，同时大声呼救，告知后面的人不要向前靠近。

（7）若被推倒，要设法靠近墙壁。面向墙壁，身体蜷成球状，双手在颈后紧扣，以保护身体最脆弱的部位。

二、公共场所安全注意事项

（1）参加大规模公众活动时，入场前要看清楚出口所在的位置和各种逃生标志。切记进入场地时的通道未必是逃生的最佳通道。

（2）如果是在足球场、舞厅、大型商场等人多的地方，除了出入通道，还应事先观察是否有其他逃生途径。

（3）体育场内最安全的地方是球场草地，因此如果发生意外的话，没有必要一定从进出通道挤出去。人散去后再离开是一种安全的选择。

（4）如果观看的是一场激烈的比赛，双方球迷情绪又比较激动的话，看完球赛后一定不要忘记除去身上佩戴的所支持球队的一切标志，以免遭到另一球队球迷的攻击。

（5）观看大型演唱会时，一定要注意看台的踏板是否牢固，不要和狂热的歌迷们一起站在踏板上，以防踏板不够牢固，造成坍塌事故。

（6）如果大型文体活动现场发生意外事故，不要盲目跟随人群拥挤逃窜，稳定惶恐心理后，仔细观察周围场地，寻找逃生机会。

（7）大型商场在打折时同样会聚集很多人，此时在上下自动扶梯时一定要注意站在右侧，抓牢扶手，尤其要注意脚下，不要踏空，以防摔伤。

三、疏散注意事项

（1）保持安全疏散秩序，要防止拥挤、踩踏、摔伤等事故发生。

（2）高层建筑疏散应以事故发生层、以上各层、再下层的顺序进行，以疏散到地面为主要目标，优先安排受事故威胁最严重区域的人员疏散。

（3）逃生中切忌大喊大叫、乱窜乱撞，以免引起疏散人员的拥挤和混乱。逃生时一定要注意自我保护。

（4）疏散、控制事故态势原则上应同时进行。

（5）火灾疏散中禁止使用普通电梯运载人员。同时不要停留在没有消防设施的场所。

（6）注意观察安全疏散标志。

四、各种危险报警求助

发现刑事、治安案（事）件以及危及公共与人身财产安全、工作学习与生活秩序的案（事）件时，及时报警是每一个大学生的义务。当学生遭遇各种侵犯、伤害或危险时，以及水、电、气、热等公共设施出现险情时，务必设法及时报警求助。要树立有危险和困难找人民警察，有突发疾病找120急救的意识。

（一）遇暴力侵害的报警求助、自救原则

（1）处理好安全性和及时性的关系。首先确保生命安全，其次设法及时报警。千万不要激怒违法犯罪分子。由于非法侵害具有暴力性，违法犯罪分子随时可能危害被侵害者的生命，此时报警求助，一定要在能够确保自身安全不会因报警而增加危险性的情况下进行，注意避开违法犯罪分子。

（2）遇险不慌，灵活应变，寻机自救。遭遇绑架、拐卖、非法拘禁、非法扣押等侵犯时，不要惊慌失措，应冷静机智周旋，然后寻机脱离险境。逃脱后应立即向警方报案，提供犯罪嫌疑人的有关情况。

（二）发生非暴力性侵犯财产案件（如偷窃、诈骗、敲诈勒索等）的报警方法

案件发生后，受害人可以先口头报案，然后根据警察的要求在案发现场或者指定地点接受警察的案情询问。也可以准备一份详细的书面材料，到案件发生地的派出所或者刑警队进行报案。书面材料中应包括：受害人的基本资料，侵害行为发生的具体情况，侵害行为人的具体情况（人数、姓名、性别、侵害手段、体貌特征）等。同时，注意妥善保护涉案现场和证据。

（三）报警求助注意事项

（1）认真保护好现场和证据。要根据不同的案件情况确定初步保护的现场范围、人证、物证，以便在刑警人员到达时，能够为其提供尽可能多的线索。

（2）要保持联络的畅通。使用固定电话打完报警求助电话后，要等候一会儿，以备接警人员回电话询问有关情况；使用移动电话打过报警求助电话后，务必使手机保持待机状态。

（3）要牢记各种报警求助电话，灵活选择报警求助方式。常用的报警求助电话有：公安报警服务 110、火警 119、交通事故报警 122、急救中心报警求助 120 和 999。可以选择的报警方式包括本人就近直接报警、电话报警、委托他人协助报警、向巡逻车或巡逻民警报警等。110、119、122、120 等报警求助电话免收电话费，投币、磁卡等公用电话均可直接拨打。

（四）遭遇其他危险的求助报警方法

1. 野外遇险的求助报警方法

（1）呼喊求救。在距离道路或有人居住、活动的地方比较近的情况下，遇险者可以大声呼喊求救，直接喊“救命”；呼救时注意有间歇，以便听清对方回应；同时要注意保护嗓子，防止嗓子受伤失声。

（2）手机报警。用手机拨通 110，你可以尽快得到帮助。用手机拨打 110，不用拨所在地区号，电话接通后要向接警人员报告姓名、遇险情况和人数等；要讲清有无伤亡和需要什么样的帮助；要尽量准确地描述出自己所处位置，如果迷失方向，应尽量描述出附近的景观特征。报警后，要在原地等待救援，不要随便移动位置，当然，前提是你所处的位置比较安全。

（3）烟火报警。如果没有现代通信工具，可以采用浓烟、火光作为求救信号。点火地点应尽量选择开阔、近水的地方。为使烟火效果更加明显，白天可在火堆上放些苔藓、青嫩植物、橡胶物品等使之产生浓烟；晚上可多放些干柴，使火烧旺。燃放三堆火焰是国际通行的求救信号，要将可燃物堆摆成等边三角形。

（4）哨声求救。当救助者离得不是特别远时，可以用哨子求救，哨声能传得很远，也利于节省体力。

（5）反光信号求救。有阳光时，可以用反光信号求救。反光材料可以用镜子、金属罐头盒盖、玻璃片等。进行反光时不要拿着反光材料不动，要对准远处的人或者建筑物窗口轻微晃动，动态的信号更能引起注意。

2. 突发疾病的报警求助

（1）电话求助是首选的方法。全国统一的急救免费求助电话是 120。无论固定电话还是手机，均不用加拨区号，直接拨 120 号码，包括各种公用电话，不需插卡或投币都可直接拨打。电话接通后，要详细讲清病人情况、事发地点，并留下求助人的联系方式；如果事发地点是你所不熟悉的，要尽量描述周围标志性建筑物或景物。求助后应有人在距事发地点最近的路口、车站或标志性建筑物附近接应救护车，见到救护车要招手致意，并引导救护车前往事发地点。也可直接拨打 110 求助

电话，民警会根据需要帮助进行转接。

（2）在校内突发疾病，求助于周围同学、老师是比较直接的方法。大家可以合力将病人送往最近的医院进行救治。但这只局限于一般外伤或病因明确且适宜搬动的病人，对多发性骨折、心脏病等不宜搬动的病人，必须等待医生或救护车前来救援。

（3）目前，许多大学已经建立了“校园 110”报警救助系统，该系统配备了专门的人员和车辆、设备等，所以在校园内发现突发疾病者可向“校园 110”进行求助。还有些大学里设有自动报警求助设施，也可利用其报警求助。

第二节　公共活动安全事件的应对

一、公共活动中常见的安全问题

（1）火灾事故。重大火灾事故一般发生在相对封闭的场馆或室内，火灾的诱因也多种多样，其中不乏众多的人为因素。一方面是消防观念薄弱，防范工作不到位，从而导致火灾隐患在某种条件下演变为火灾；另一方面个别参加大型活动的人安全意识不强，违反安全管理制度也可能成为引发火灾事故的原因。因此，大学生在参加大型公共活动中，一定要严于律己、遵纪守法，这不仅能够展现大学生的文明形象，同时也是保证自己和他人安全的大事情。

（2）群体纠纷。群体纠纷可分为个人与群体的纠纷、群体与群体的纠纷两大类。尤其是群体与群体的纠纷，在大型公共活动中比较常见，危害后果较个人与个人或个人与群体之间的纠纷也要大得多。出现这类安全问题，不仅损害了大学生的良好形象，损害了学校的声誉，妨碍了内部团结，妨碍了学校之间、班级之间、单位院系之间的团结，有时还可能酿成刑事治安案件。大型公共活动属集体生活的一种，同其他集体活动一样，它会对每一个参加者的个人素养、协作精神和集体主义观念进行检验。活动的正常有序进行，与高水平的组织工作固然分不开，同时也有赖于每一个参加人的密切配合，即个人应服从集体、局部应服从全局。而个别人在参加大型公共活动过程中，不注意规范自己的言行，片面突出自己或小团体的利益，做出种种影响活动秩序、引起他人不满的事，从而埋下发生纠纷的祸根。更有个别素质不高的人借大型公共活动之机蓄意滋事，惹是生非，引起他人的强烈反感，极易引发冲突。

二、公共活动中常见安全问题的预防

1. 提前防范，增强预见性

所谓提前防范，是指在事故发生前做好应对异常情况的准备，在事故发生初期能够采取有效的措施预防产生更严重的后果。

（1）要有预见性。入场前，首先要对场内的情况进行基本了解。注意观察所处场所太平门、安全出口、安全通道、安全部位的位置，万一发生突发性事件可以从容脱险。要善于识别事故的先兆，不要参加管理松弛、秩序混乱或存在明显安全漏洞的大型活动。另外，发现周围的同学和朋友正在做有损安全的事，要把其视为对自己和公众的威胁而进行制止。

（2）要沉着冷静，随机应变。大部分事故都有突发性，使人猝不及防。无数经验证明，临危不惧，保持冷静的头脑和理性的状态是能化险为夷、转危为安甚至死里逃生的重要主观条件。以火灾为例，火灾的发生往往是瞬间的、无情的、残酷的。根据火灾现场调查，在各种恶性火灾事故中，80%的死者都是因烟熏窒息而死，这是因为大部分人都缺乏逃生知识。如果不能正确地把握稍纵即逝的逃生机会，沉着、冷静地运用逃生本领，就有生命危险。平时，我们在掌握逃生和自救的知识

和方法的同时，也要加强心理素质的训练。

（3）要准确判断。只有判断准确才能保证采取准确的行动。准确判断要求在极其危险的环境中，在极其短暂的时间内做出。判断内容主要包括：发生了什么事、规模及危险程度；大家及自身处境；能够争取的时间；能够借助的工具、物品等；摆脱险境的条件；群体互助的利弊。准确判断可以减少行动的盲目性、曲折性、无效性，增强其针对性、及时性和有效性。任何大型公共活动中的逃生和自救活动，都是以个人的心理素质和相关知识、技能如何为基础的。

2. 心态平稳，避免过激言行

在大型公共活动的场合，因为人多而集中，人与人之间的摩擦在所难免，在这种情况下，心态平稳、避免过激言行是特别重要的。无论在何种情况下，凡遇到这种情况，首先要保持平稳的心态，心平气和地同对方讲话，以理服人。不强词夺理，不恶语伤人，要文雅，不讲粗话，互相尊重，不讲大话，不盛气凌人。其次，要保持健康的心理，一方面，在参加一些具有对抗性质的大型公共活动时（如体育比赛等），要注意保持情绪平稳，避免偏激的言行；另一方面，在参加大型公共活动时要有所甄别，认识到参加哪些活动对自己有益，哪些活动不利于自己，尤其不能参加社会上举办的某些不良公共活动。

3. 自我克制，防止矛盾激化

矛盾的发生和进一步的激化往往和不能自我克制、不能冷静对待有着紧密的联系。无论争执和矛盾由哪一方引起，都要保持冷静的态度，绝不可情绪激动，要大度些，对于那些可能发生摩擦的小事，要宽容，最好一笑了之。在发生矛盾时，要认真听取他人意见，认真进行自我批评，宽容他人的过失，处理好相互的矛盾。要做到自己绝不用言语先伤害别人，当别人用语言伤害自己的时候，也要能承受得起。

4. 遵章守纪，服从统一管理

首先，大型公共活动一般都有组织者安排专人带队或设有专门的安全保卫人员。他们对现场的情况会有比较全面的了解，也能比较及时地发现场内的不安定因素，同时具有一定的防灾避险知识，一旦发生紧急情况，他们会按照预案进行事态平息或人员疏散工作，从而使事故的危害降至最低点。遇有事故，要在指挥者的命令下有秩序地撤离。大型公共活动中如发生安全事故，指挥人员一般会要求受害群体采取多元、多向紧急疏散措施，所以，大家要克服趋同、从众心理，不要向同一方向狂跑。慌乱的人群高度密集，必然会堵塞通道，形成互相挤踩、人为扩大损失的后果。这样的教训是非常惨痛的。

另外，如果条件允许，要积极协助他人脱出险境。未受伤的要救助伤者，强者要救助弱者，男性要救助女性，青年人要救助小孩和老年人，竭尽全力争取全体成员都脱离险境，这是在群体自救中必须遵循的原则之一。总之，只要大家在灾难面前保持清醒的头脑，采取科学的逃生和自救手段，步调一致，共同努力，大型公共活动中的安全问题是可以预防的，各种灾害、灾难是可以战胜的。

三、大学生应掌握的应对公共活动安全事件的常识

高校大型群体活动较多，活动场所安全控制及紧急情况下人员疏散任务很重，尽管学校采取了一定的安全措施，但突发事故的发生还是会给师生带来生命安全的威胁。此外，大学生还经常去校外公共场所参加活动。因此，具有应对突发群体事件的意识和常识是十分必要的。

（1）参加大型集体活动要穿有利于安全疏散的鞋，尽量穿平底系带的鞋。

（2）进入场地前先观察熟悉公众聚集场所的安全疏散通道等环境，观察了解并找到安全通道、应急出口的位置，一旦发生危险后，可以有目标地脱险。

（3）当身不由己陷入混乱的人群，置身于拥挤的场所中，面对惊慌失措的群体时，一定要保持

冷静，要远离店铺或柜台的玻璃，防止被扎伤；双脚要站稳地面，如果具备条件，可以抓住身边牢固的物品。

（4）在有空间局限的场所，如影院、球场、商场、彩票销售点和车船上遇到突发情况时，个人应听从组织者的安排，在组织者的疏导下有序撤离，做到互相谦让，特别是让老人、妇女、儿童首先撤离到安全的地方。

（5）如果出现拥挤踩踏的现象，应及时联系外援（如拨打报警或急救电话等），寻求帮助。

（6）如果在行进中，发现慌乱的人群朝自己的方向拥过来，应快速躲避到一旁，等人群过去后再离开。如果身不由己被人群拥着前进，要用一只手紧握另一手腕，双肘撑开，平放于胸前，微微向前弯腰，形成一定的空间，保证呼吸顺畅，以免拥挤时造成窒息晕倒。同时护好双脚，以免脚趾被踩伤。如果自己被人推倒在地上，这时一定不要惊慌，应设法让身体靠近墙根或其他支撑物，把身子蜷缩成球状，双手紧扣置于颈后，虽然手臂、背部和双腿会受伤，却保护了身体的重要部位和器官。此外，在拥挤人流中要尽量“溜边”。

（7）现场发生起哄，开始拥挤，切忌凑热闹，应迅速撤出。如明显有坏人捣乱，能扭送公安机关的立即扭送，情况不允许的应设法立即报告。

（8）到公众聚集场所，最好事先能对相关的情况有所了解。如果组织单位不正规，管理较松懈，场所不规范，内容不健康，安全没把握，最好不要参加。

（9）保持清醒头脑，处乱不惊。不论发生何种意外事件，只要条件允许，就要保持镇定，临危不惧，迅速、果断采取有效措施。现场如果有人指挥、组织疏散、撤离，应服从现场指挥，不可慌乱盲动。

第三节　网络舆论突发事件的应对

网络言论不容触犯法律。作为现代社会传播媒介的网络空间，它给人们带来了更广泛的信息交流空间，人们可以通过网络交流思想，获取知识信息，得到娱乐，开展电子商务活动。但虚拟的网络世界并不虚幻，网络舆论突发事件发生时，如果胡作非为、任意侮辱或攻击他人，发生不利于和谐社会创建的行为，要承担法律责任。

一、网络舆论的特征

（1）快速、广泛。世界上任何地方发生的事情可以很快地、大范围传播，甚至可“实况转播”。

（2）图文并茂，不受时间、篇幅的限制，可以用文字讲得很深刻，可以用照片、录像、录音，增强感染力。

（3）互动。通过博客、跟帖、QQ 群、论坛等形成千百万人互动，相互启发、激励、发泄，主题逐步转移到热点话题或有争议的问题上，具有动员群众的作用。

（4）网络舆情的偏差性。由于受各种主客观因素的影响，一些网络言论缺乏理性，比较感性化和情绪化，甚至有些人把互联网作为发泄情绪的场所，通过相互感染，这些情绪化言论很可能在众人的响应下，发展成为有害的舆论。

（5）网络舆情的突发性。网络舆论的形成往往非常迅速，一个热点事件的存在加上一种情绪化的意见，就可以成为点燃一片舆论的导火索。当某一事件发生时，网民可以立即在网络中发表意见，网民个体意见可以迅速地汇聚起来形成公共意见。同时，各种渠道的意见又可以迅速地进行互动，从而迅速形成强大意见声势。

（6）网上与网下关系复杂，虚拟社群和现实社会互动。网上世界有些可能是现实社会的反映，

有的可能是歪曲，有的可能是谣言与真话并存，网络舆论可以对现实社会的人产生强大的压力，称为“网络暴力”。

二、网络舆论突发事件的处置

（1）教育大学生学习和掌握国家的法律法规，增强自身法制观念。引导学生不登录不良网站，要选择官方的、大型的、内容健康的网站。教育大学生树立正确的人生观、价值观，提高大学生综合素质和分辨能力，分清是非、对错和美丑。

（2）教育大学生遵守社会公德、公民道德基本规范以及《全国青少年网络文明公约》，自觉规范个人网络行为。教育学生加强道德修养，提高自律能力，抵制不良信息的消极影响。尊重学生的知情权，该让学生知道的要及时公开，把事情平息在苗头状态。

（3）政府、学校、媒体、学生及时良性互动，做好新闻预案，及时化解舆论难题；及时、权威、客观、实事求是地公布事件实际情况，以理服人，及时消除不良影响。

（4）教育大学生在网上发现不良信息或收到垃圾邮件可向违法和不良信息举报中心举报，向公安网监部门举报，共同维护健康的网络环境。

第四节　突发公共卫生事件的应对

一、突发公共卫生事件的概念

突发公共卫生事件是指突然发生，造成或者可能造成社会公众健康严重损害的重大传染病疫情、群体性不明原因疾病、重大食物和职业中毒以及其他严重影响公众健康的事件。

近年来，世界上重大突发公共卫生事件不断。为了有效预防、及时控制和消除突发公共卫生事件的危害，保障公众身体健康和生命安全，维护正常的社会秩序，国务院于2003年5月9日颁布实施了《突发公共卫生事件应急条例》（2011年1月8日修订），使突发公共卫生事件应急处理有法可依。

二、预防和应对突发公共卫生事件的措施

平时养成健康、卫生的生活习惯，积极做好预防。平时应加强体育锻炼，避免过度劳累，不吸烟，勤洗手，注意个人卫生等。注意保持室内清洁，空气流通，注意饮食卫生，养成良好的卫生习惯，应尽量避免在校外不洁饮食摊点就餐。春秋两季疾病高发期，不去人流多的地方。

在突发公共卫生事件发生时，要妥善应对。要尽可能全面了解有关的信息，做到心中有数，可以通过网络、报纸以及学校发放的宣传资料来了解该种疾病可能的传播途径、最典型的特征、基本的预防方法、遇到感染者该如何处理等，搞清楚在什么情况下该怎么做，最大限度地保证自己的安全。如出现传染性疾病，自己要注意远离传染源，尽量避免在商场、影剧院等通风不畅和人员聚集的地方长时间停留。针对在突发公共卫生事件期间，相关消息的来源很多，甚至很多消息本身还有自相矛盾的情况，在注意信息本身的同时，更应该关注信息的来源。大学生应有鉴别能力，选择性地接收外界信息，了解真实情况。在自己周围发生了突发公共卫生事件后，应保持积极的心态，充分发挥自己的主观能动性。对于任何人，染病的危险都是存在的，恐慌、紧张是没有必要的，更是没有用的，不如按部就班地采取能做到的预防措施，尽量保持正常的学习和生活。可以通过消毒房间、勤洗手、服用预防药物等方法来消除隐患。每一个人都可以根据自身需要，寻找一些无危害的方式来平稳自己的情绪。在疫情面前要树立信心，要保持情绪稳定，按照专业人士推荐的防御方案

积极应对，不要被恐惧吓倒，要冷静面对各种突发公共卫生事件。不管发生任何事件，大学生必须树立全局观念，增强大局意识，要克服个人困难，服从学校统一管理，努力为防控突发公共事件做出自己的贡献。

第五节　公共场所生存自救和急救知识

天有不测风云，人有旦夕祸福。高等院校学生在自己的日常学习和生活中，由于种种原因，一些无法预料或突如其来的意外事故会时有发生。特别是在从事各种体育锻炼活动、外出旅游活动或进行实验、实习时，一些意外伤害事故常常会发生。

一、地震的自救

专家提示，只要事先掌握一定的避震知识，地震来临时抓住时机，冷静判断，正确选择避震方式和避震空间，就有可能劫后余生。

二、火灾的自救

在火势越来越大，不能立即扑灭的危险情况下，如果门窗、通道、楼梯已被烟火封住，确实没有可能向外冲时，可向头部、身上浇些冷水或用湿毛巾、湿被单将头部包好，用湿棉被、湿毯子将身体裹好，再冲出险区。

三、乘船遇难的自救

船艇撞到礁石、浮木或其他船只，都可能导致船体洞穿，但是并不一定马上下沉，也许根本不会下沉。此时，应该迅速穿上救生衣，发出求救信号。如果决定弃船，请听从工作人员的指挥。需要注意的是，穿着救生衣要像系鞋带那样打两个结。如果不得不要跳下水里时，应迎着风向跳，以免下水后遭漂浮物的撞击。跳水时，要双臂交叠在胸前，压住救生衣，双手捂住口鼻，以防跳下时呛水。眼睛望前方，双腿并拢伸直，脚先下水。跳水时，一定要远离船边，跳船的正确位置应该是船尾，并尽可能地跳得远一些，不然船下沉时涡流会把人吸进船底下。跳进水中要保持镇定，既要防止被水上漂浮物撞伤，又不要离出事船只太远，以免搜救人员找不到你。为了节省体力，要脱掉沉重的鞋子，扔掉口袋里沉重的东西。

四、乘火车遇难的自救

一般来说，火车在发生意外事故前，通常并没有什么特别明显的迹象。不过，事发前的瞬间，旅客总还是能够觉察到一些异常现象（紧急刹车等）的。这时，应充分利用出事前短短几分钟或几秒钟的时间，使自己的身体处于较为安全的姿势，而且还要采取一切自防、自救措施。这些措施主要包括以下几项：

（1）离开门窗或趴下来，抓住牢固的物体，以防身体的碰撞或被抛出车厢。

（2）身体要紧靠在牢固的物体上，低下头，下巴紧贴胸前，以防头部受伤。

（3）若座位不靠门窗，就应留在原位，要紧抓固定物，保持身体重心稳定；若座位接近门窗，则应尽快离开。要看清周围环境如何，如果环境允许，则要在原地不动。

（4）如火车出轨向前时，不要尝试跳车；否则，身体将会以全部冲力撞向路轨，甚至还可能会发生其他危险，如碰到通电流的路轨、飞脱的零件，或掉到火车蓄电池破裂而出的残液上等。

五、溺水的急救

（1）应立即撬开溺水者的口腔，清除口腔内的异物，如泥沙、杂草、呕吐物等，并将舌头拉出口外，以便保持呼吸道的通畅。

（2）控水处理。抢救者一条腿跪于地上，另一条腿屈膝，将患者的腹部安放在屈曲的膝关节上，并将其头部放低，然后按压患者的腰部进行控水处理。

（3）如心跳、呼吸停止，应立即进行人工呼吸，一般以口对口吹气为最佳。急救者位于伤员一侧，托起伤员下颌，捏住伤员鼻孔，深吸一口气后，往伤员嘴里缓缓吹气，待其胸廓稍有抬起时，放松其鼻孔，并用一手压其胸部以助呼气。反复并有节律地（每分钟吹 16～20 次）进行，直至其恢复呼吸为止。若仍无效应立即送往医院抢救治疗。

六、身体大出血的自救

伤口大出血是有点可怕的。现场止血的方式，主要有以下两种：

（1）直接压迫止血法。在野外发生意外伤害，如果伤口不大且为表浅，血液流出速度缓慢，可直接用干净柔软的敷料或手巾压在伤口上止血。若此法无效，再改用其他止血方法。

（2）指压法。在现场急救中最快速、最有效的止血法，是指压动脉止血法。此法根据人体主要动脉的体表投影位置，用单个或多个手指向骨骼方向加压，以压闭动脉来止住伤口的大量出血。指压止血只要摸准位置，压迫力度够，就能起到立竿见影的止血效果。该法的缺点是效果有限不能持久，但是在发生大出血时能为寻找急救材料或使用其他止血方法赢得时间。

七、触电的急救

（1）使触电者立即脱离电源。要立即拉下电闸切断电源，如果电闸较远，可用木制品、塑料棍棒等不导电的物品挑开电线，使其脱离触电者。如果此时触电者手抓住电线难以脱开，可用绝缘钳、剪或带木把的斧子将电线剪断或砍断。如果触电者倒在潮湿的地方，救护者应穿上胶鞋或站在干木板、木凳子上营救，千万不能用手直接去拉电线或触电者，也不可用金属、潮湿的物品去接触电线或触电者，以免发生救护者触电现象。

（2）未失去知觉者，要让其在通风处静卧休息；失去知觉但心跳正常者，可创造条件让其呼吸，天冷时要注意保暖。

（3）若触电者呼吸停止，则应立即进行口对口或口对鼻人工呼吸。

（4）若触电者心跳停止，则需要进行胸外心脏撞压等按摩。如果有医务人员在场，则应根据情况注射心脏三联针和呼吸兴奋剂。

（5）如果上述方法不能使触电者呼吸及心跳恢复，则应立即拨打“120”向医院求救，或者立即送往医院进行抢救。

八、中暑的自救

夏天是户外活动较多的季节，如果因环境高热多湿，体温不能正常排汗发散，因而急升，极易引发损害脑细胞的中暑。中暑后应有意识地移到清凉的地方，平卧，可脱去自己的一些衣服，用湿毛巾或水给自己抹身、扇凉等，这样容易降温。另外，多饮一些清水，但不要喝热饮或刺激品如咖啡等；同时，可用藿香正气水、清凉油、十滴水、人丹等解暑。

九、突然呕吐或腹泻的自救

夏天，食物中毒的机会比较多。因为夏天的食物较易腐坏，容易导致食者中毒。此外，因为误吃未煮熟的生菜而中毒在学生中也屡见不鲜。

食物中毒的最初症状是胃部不舒服、想吐，且愈来愈严重，经过很久，就会开始呕吐。此外，还有腹泻、体温增高及头痛等症状。出现这些症状后，最好让胃中的食物全部吐出来，并尽可能多喝冷开水，甚至可以将手指伸入喉咙，以诱导呕吐，来清除胃中食物。

十、心搏骤停（猝死）的急救

心搏骤停在医学上又称猝死。在成人发生的全部猝死中，心脏性猝死占80%以上。猝死可能发生在任何年龄，猝死发生后，争取急救时间和采取正确的抢救措施是挽救患者生命的关键。猝死的临床特征主要是突发意识丧失，大动脉搏动消失，在20～30秒的叹息样呼吸后呼吸停止。猝死发生前可能胸疼、气急，也可毫无预兆就突然发生。猝死发生后，如果在几分钟内没有获得有效的治疗干预，患者大脑就会出现不可逆的损害，时间过长人就死亡了。对于发生于健康成人的猝死，特别是无基础心脏病的心脏性猝死，若救治及时，部分患者可获存活。如发现有人出现猝死情况时，应立即拨打120急救中心电话，同时迅速请校医院大夫现场处置。

十一、急性心肌梗死的急救

专家提示，如高度怀疑患者发生急性心肌梗死，一定要立即呼叫120急救车，因为急救车不仅运输速度快，而且配备了专业救护人员。他们到达现场后，可以迅速判断患者的病情，做出初步诊断，还会对病人进行一系列检查，一旦确诊为急性心肌梗死，立即会给予相应的紧急处理，妥善安排患者去医院。在路途中，医护人员会通知有关医院进行救治准备。另外，若病情发生变化，还可在车上进行抢救治疗。切记，对于高度可疑急性心肌梗死的患者，一定要呼叫急救车护送，尽量不要用其他车辆运送。

十二、休克的急救

（1）使休克患者平卧，下肢应略抬高，以利于静脉血回流。如有呼吸困难可将其头部和躯干抬高一点，以利于呼吸。

（2）保持其呼吸道通畅，尤其对处于昏迷状态者。方法是将患者颈部垫高，下颌抬起，使头部最大限度地后仰，同时使其头偏向一侧，以防呕吐物和分泌物误吸入呼吸道。

（3）注意给体温过低的休克患者保暖，盖上被子、毛毯等。但对伴有高烧的感染性休克病人应给予降温。

（4）必要的初步治疗。可请校医院大夫对因创伤骨折所致的休克患者给予止痛、骨折固定；对烦躁不安者可适当注射镇静剂；对心源性休克患者给予吸氧等。

（5）注意妥善运送。对休克患者的搬运宜轻宜少，应尽快送医院抢救。在运送途中，应有专人护理，最好在运送中给病人采取吸氧和静脉输液等急救措施。

十三、求生守则

当开始心慌意乱时，请牢记以下逆境求生八大守则。这八大守则是由SURVIVAL（生存）一词的八个英文字母分拆开来的，每个字母代表着一项求生守则。总的来说，就是在逆境中不可绝望，永不放弃生存的意念。S（Size up the situation）：迅速评估周围的环境。U（Undue haste makes waste）：冷静、从容地思考下一步的行动。R（Remember where you are）：搞清你身在何处。V（Vanquish fear and panic）：克服心里的恐惧和惊慌。恐惧和慌张是求生的大忌，在一个陌生的环境中，越慌张就越难冷静思考，一旦方寸大乱，那就什么事也做不成。I（Improvise）：灵活地利用周围的资源或材料。V（Value living）：珍惜生命。A（Act like the natives）：好像当地人那样老练，懂得获取所需的资源。L（Learn basic survival skills）：牢记基本的求生技能。

第六节　完善高校应急预案体系

一、健全学校应急管理组织体系

学校的安全工作重在平时的安全教育，贯彻在日常的教育活动之中，要使大学生乐于学习安全知识，培养处理安全问题的能力，必须组织卓有成效的学校安全应急预案教育活动。要开展好学校安全应急预案教育活动，首先，要选择好安全教育的内容，提高教育的针对性；其次，要选择适当的教育形式，精心设计教育活动，要以学生喜闻乐见的方式组织安全教育活动，要尽可能地创设真实情境，让学生在真实情境中演练逃生与自救；最后，学校安全应急预案教育要整合到学校其他教育活动之中，比如在学校的学科教育活动——实验课、实习教学中渗透安全常识，在春游、社会实践、体育运动会等活动中渗透逃生演练等。让学生在日常教育活动中学习安全知识，在潜移默化中形成自我防护能力。总之，学校安全教育要整体设计，分解落实，人人参加，融入学校日常工作之中。

学校的应急预案要放在学校重要议事日程，定期分析学校安全问题，杜绝各种危害学校的安全隐患，同时根据学校安全制度的规定，进一步明确学校的岗位责任，将岗位责任逐条细化，落实到人，并且要签订岗位责任书，建立覆盖所有工作的安全保障体系，进行规范化管理，提高管理水平，做到人人都关心学校安全工作，成为学校安全工作的参与者、宣传者、管理者，形成一支学校安全工作的常规队伍。定期开展学校安全大检查，包括组织学生进行安全教育活动的落实情况、安全防范措施的执行情况、学校安全环境定期评估情况、安全事故处理情况等。通过检查查找学校安全工作的漏洞和事故隐患，及时发现工作中暴露出来的问题，寻找解决问题的对策，认真总结学校安全工作的经验，不断改进学校安全工作的过程管理，提高学校安全工作的管理水平。要建立学校安全工作通报制度和群防群治格局，整合各方力量为大学生筑起可靠的安全屏障。

二、完善学校安全工作应急预案

应急管理工作是当前和今后教育行政部门和学校安全工作的重要内容。科学有效的学校安全工作应急预案，既能确保应急处置工作有序开展，又能降低学校师生生命财产安全风险。因此，学校要根据国家的法律、法规和政策认真制定并不断修改完善学校安全工作应急预案。有针对性地从指导思想、工作原则、指挥调度、紧急疏散、伤员救治、事态控制、善后处置、信息传递等方面制定详细的应对措施。预案中设计的处置流程一定要非常清晰，责任主体一定要非常明确，要具有极强的操作性、针对性、时效性。制定出来的应急预案还要在师生中广为宣传，要充分利用广播、校园网、文化长廊、黑板报等宣传工具，大力宣传应急预案和预防、避险、自救、自护等应急知识，做到尽人皆知，熟练掌握。要积极开展各种应急预案的演练，使师生熟练掌握应急基本知识和技能，增强自我防范与保护意识，提高应对与处置突发事件的能力。

学校安全工作预案主要有：①学校自然灾害应急预案；②学校大型活动应急预案；③学校交通事故应急预案；④学校突发公共卫生事件应急预案（食物中毒、传染病防控）；⑤学校校舍、设施、设备安全应急预案；⑥学校消防应急预案；⑦学校用电安全应急预案；⑧学校重大治安事件应急预案；⑨学校实验突发事故工作预案；⑩学校网络与信息安全类、考试安全类应急预案等。

三、预防突发公共事件的要点

学校要抓好以下几个关键环节：

(1) 抓好隐患排查、整改，做到有备无患。开展隐患排查是促进应急管理从被动防范转向源头管理的有效手段，是有效预防和妥善处置各类突发公共事件的一项基础性工作。要逐步建立健全隐患及时发现、定期排查、定时监测、有效整改的监管机制。

(2) 抓好信息传递，做到早报告、早预警。信息报告是应急处置的重要一环。许多突发事件的预兆和苗头信息，第一发现人往往都是大学生和基层教职工。要着力发展包括大学生在内的基层信息员队伍。

(3) 抓好先期处置，做到及时高效。大学生和基层教职工在绝大多数突发公共事件中处在第一现场，距离近、情况熟。如果能及时见事早、行动快，做好先期处置，就可以将多数事件解决在萌芽状态，为整个事件的成功处置赢得宝贵的时间，从而控制事态发展。

四、突发事件的应急处理

(一) 突发公共事件应急处理的原则

大学校园突发公共事件应急处理依靠政府社会管理、公共服务和高校自身的职能，突发公共事件管理的主体是政府。我国的行政体制为突发公共事件应急处理提供了良好的平台。具有“便于统一指挥，有利于集中所有资源，执行决策坚决有力”等优势。应急处理突发公共事件的原则是：分类管理、分级负责、条块结合、属地为主的应急管理体制，统一指挥、反应灵敏、协调有序、运转高效的应急管理机制。

(二) 突发公共事件的应急处理过程

(1) 信息收集。问题性质、时间地点、损害与风险、当地处置情况。

(2) 初步判断。问题严重程度、事态走向、可能后果、事前准备（人力、物资等）基础。

(3) 应急预案的启动。启动几级预案、主要领导介入程度、应急组织运转、初步措施实施。

(4) 应急决策。分析主要问题、区别轻重缓急、确定急需解决的问题—确定期望目标及可能性，分析有利与不利条件—处置方案的拟订、比较、选择—可能后果及风险评估—处理方案实施。针对应急过程事态的发展，不断解决最紧要的问题，接着解决新的问题，实时决策、滚动递进。

(5) 应急状态结束。形势分析、判断是否能够结束应急状态，应急工作总结，事后管理的建议，其他善后工作等。

思考题

1. 大型公共活动中有哪些常见的安全问题？
2. 简述预防突发公共事件的要点。
3. 简述网络舆论突发事件的处理方法。
4. 简述突发事件的应急处理过程。

第四章　预防人身财产非法侵害

人身安全是指个人的生命、健康、行动等没有危险，不受到威胁，它是人们赖以生存、活动的重要条件，是安全之本。随着社会的发展进步，大学生的生活空间大大扩展，交流领域也不断地拓宽。我们不但要在校园内学习、生活，而且还要走出校园参加众多的社会活动，危及人身安全的危险因素随之不断增多。治安的恶化、自然灾害的无常等危及我们的人身安全，稍有不慎，就会造成不幸，给家庭造成痛苦，给社会造成负担。因此，在校园生活和社会活动中切实保证人身安全，提高防御能力，是大学生安全教育之根本。

第一节　人身非法侵害的常见类型

一、危及生命安全的非法侵害

高校中发生的危及生命安全的非法侵害主要有以下几种类型：

(1) 酗酒后斗殴杀人。校内外人员或者大学生酗酒后，失去理智，由打架斗殴导致大学生被杀害。

(2) 失恋后不能正确对待，报复行凶杀人。极个别大学生不能正确对待失恋，恋爱失败，反目成仇，采取了杀人的极端行为。

(3) 网上交友不慎引来杀身之祸。有的学生上网交友采取了不慎重的态度，没有深入了解对方便密切接触，结果引来杀身之祸。

(4) 深夜单独去娱乐场所等治安复杂地区被歹徒杀害。大学生到一些公共娱乐场所等情况复杂地区活动到深夜，容易被伤害，从而酿成悲剧。女大学生夜间单独行动，具有一定的危险，有的遇到坏人被杀害。

(5) 内部纠纷、矛盾处置不当酿成伤害致死。大学生之间在一起共同生活，难免发生各种矛盾。对矛盾处置不当，激化而引起伤害致死案件。

(6) 缺乏警惕，在社会生活中遭遇坏人，受骗上当被害身亡。大学生在社会上，有的因为不重视安全，缺乏警惕被杀害。

二、人身健康非法伤害

人身健康非法伤害分为精神伤害和身体伤害。校园内的伤害案件时有发生，这些伤害案件给大学生的学习、生活带来了很大的负面影响。

1. 校园非法滋扰对大学生造成的精神伤害

校园非法滋扰是指外部人员通过不同方式对校园内人员和校园内各种秩序的侵犯。一些行为不轨的人混入学校后到处闲逛，他们借一点点小事就会故意寻衅滋事，制造事端，谩骂甚至于威胁他人，常常把学校搅得鸡犬不宁。所以，校园滋扰是对大学生的一种精神伤害。

2. 打架斗殴等治安案件对大学生造成的人身伤害

(1) 打架斗殴在校园内时有发生，有社会人员和校内家属殴打大学生的，也有大学生之间互殴的。打架斗殴的原因很多，有的是喝酒过量，失去控制能力引起的；也有的是个人逞强，因琐碎小事引发的，而受害者往往是在校的大学生。

(2) 防范意识弱，晚间到偏僻地点活动，遭人身伤害。校园内外偏僻地点，特别是到了晚间，往往是不法之徒伺机作案的场所。这些地点容易发生伤害大学生的案件。

(3) 交友不慎，引狼入室，导致人身伤害。个别大学生在社会活动中结交一些朋友，在没有深入了解对方底细的情况下便带进校内，最后发生矛盾被伤害。

第二节　人身非法侵害的预防

人身安全是大学生赖以生存和完成学业的首要条件，是大学生最根本的安全。大学生要充分认识到预防人身侵害的重要性，不断提高防范能力，做好人身侵害的预防。

一、人身侵害恶性案件的预防

恶性案件的发生虽然有一定的突然性和偶然性，但如果大学生有一定的预防人身侵害的知识，防范意识强，措施到位，许多恶性案件是能够避免的。

1. 大学生要增强预防恶性案件的意识

(1) 要积极参加学校的安全教育，认真学习必要的安全知识，了解一些在高校发生的恶性案件案例，提高自己的防范意识和能力。

(2) 要正确认识发生在校内外的学生被害案件，从中吸取经验教训。

(3) 要有社会责任感和公共道德，发现恶性案件的苗头或案件现场，要及时报案并积极协助公安机关和保卫部门破案。

2. 预防恶性案件的主要原则

(1) 发现异常情况，及时采取措施。恶性案件的发生往往是有先兆的。作案人在作案前，在精神上、行为上会出现一些异常情况。如果及时发现异常情况，并向学校老师、领导或者保卫部门报告，采取预防措施，恶性案件在一定程度上是可以避免的。

(2) 及时制止恶性案件苗头的发展。有些恶性案件是由普通斗殴行为发展演变而成的，对同学因矛盾和纠纷发生的斗殴，应及时劝阻制止，控制案件的发展。

(3) 冷静、理智处理人际关系。有些恶性案件是因处理人际关系不善而激化的。大学生要学会正确处理人际关系，同学间提倡相互理解、忍让、冷静和理智。

(4) 努力提高自身的防范意识和防范能力。一些大学生被杀害，往往都和本人缺乏防范意识和防范能力有关。女生夜晚单独去较偏僻的地方活动或晚间乘坐“黑出租车”等，很可能导致被伤害。如果大学生具备较高的防范意识和防范能力，一些恶性案件是可以避免的。

二、人身非法伤害案件的预防

(1) 提高防范意识，增强自我保护能力，晚间尽量不要到偏僻场所，外出时尽量结伴而行。

(2) 在公共场所要远离那些寻衅滋事的人员，遇到别人的挑衅，不予理睬，不感情用事；不为小事和他人发生纠纷，避免受到进一步的伤害；可以报告公安保卫部门。

(3) 要有法制观念，不做违法违纪的事，不侵害他人利益，不影响他人正常学习和休息。

(4) 交友慎重，应避免交一些“不三不四”的朋友，男女之间交朋友更应该慎重。

(5) 克服老乡观念和哥们义气，不参与团团伙伙，不参与打架斗殴，做文明的大学生。

第三节　一般人身意外伤亡的预防

预防一般人身意外伤亡的关键在于采取一系列安全措施，以减少事故发生的可能性。这些措施包括但不限于防触电、防火灾、防溺水、防人身伤害等方面。

一、防触电

严格执行用电规章制度，不乱接乱拉电线。

不使用大功率电器，定期检查电气设备。

对容易引起触电的隐患，应立刻报告学校有关部门，及时检修。

二、防火灾事故

严格执行寝室安全管理规定和各项防火安全管理制度。

禁止使用电炉、煤油炉、酒精炉及其他电热器和不符合安全用电要求的电器设备。

禁止躺在床上吸烟；不得乱扔烟头等火种。

严禁在寝室、教室内焚烧信件、废纸及其他物品；禁止点蜡烛照明。

严禁将各类燃油、酒精及易燃易爆物品带入楼内使用或存放。

外出郊游及野炊时，注意用火安全，做到人走火灭。

爱护楼内消防设施和灭火器材，消防设施和灭火器材不得随意挪用，保障设施器材完好。

三、防溺水

严禁独自一人或相约外出游泳，更不要到不知水情或比较危险且易发生溺水伤亡事故的地方去游泳。

对自己的水性要有自知之明，下水后不能逞能，不要贸然跳水和潜泳，更不能在水中互相打闹，以免喝水和溺水。不要在急流和漩涡处游泳，更不要酒后游泳。

在游泳中如果突然觉得身体不舒服，如眩晕、恶心、心慌、气短等，要立即上岸休息或呼救。

四、防人身伤害

认真学习并严格遵守学校的规章制度，这些规章制度是大家都要遵守的准则，大家都自觉去遵守了，生活中便出现了许多共同点，少了许多纠纷的可能。

在日常生活中，尽量慎重出入治安复杂场所，以远离不法分子侵害，减少伤害的概率。如尽可能不单独到偏僻无人或极少有人活动的树林、山间、沟渠、废旧建筑工地等处活动逗留。

遇事冷静，克制自己情绪；在处理同学关系时，应互相关心、互相照顾、相互谅解，求同存异。大家在一起生活，要互相尊重，要严以律己，宽以待人。要营造一种和谐、和睦的氛围。

及时化解矛盾，不要积怨甚久，导致矛盾激化。同学们在一起生活学习几年，有时难免会产生矛盾，因此，伤害过别人的，事后要主动向对方道歉，赔礼，请对方原谅。被伤害过的人，也可找适当的机会提醒对方注意，表明自己对他有意见。如果不及时化解，就可能天长日久，积怨成仇，一旦有“导火线”，就会火山爆发，矛盾激化，采取极端行为。

总之，人身意外事故并非不可避免，只要大学生树立安全意识、珍爱生命，悲剧或许就不会

发生。

（1）不要在楼层护栏、窗台、楼顶等危险地方攀爬、玩耍，防止坠落。

（2）经常检查寝室、教室、实验室的电线、插座，不人为破坏毁损，避免触电。

（3）遇雷雨天气时，不要在山顶、大树下逗留，高层建筑应关紧门窗，不要收看电视，拨打接收手机，避免球形雷的侵害。

（4）公共场所上下楼梯时应尽量不穿高跟鞋，靠右行走，和前后保持合理距离，防止碰撞跌倒，造成踩踏。

（5）患有先天性疾病的同学不要隐瞒病情，应及时治疗、按时服药，并申请不参加剧烈运动。

（6）遵守交通法规，确保人身安全，不在马路、铁路线上散步，追逐游戏。

（7）在高层建筑物下行走时，要注意观察，迅速通过，不要逗留闲聊，避免坠落物击伤。

第四节　性侵害的预防

在校园中，女大学生正值青春年华，但同时又缺少安全防范意识，她们成了犯罪分子性攻击的主要对象。校园内发生的性侵害严重危害女大学生人身安全和健康成长，给她们的身心造成十分严重的伤害。

一、有以下特征的女生易受到性侵害

（1）作风轻浮、精神空虚、寻求刺激、意志薄弱、难拒性诱惑、无视法纪的女生；

（2）贪图钱财、贪图享受、缺乏观察识别能力、胡乱交友的女生；

（3）文静懦弱、胆小怕事、自卫能力不强的女生；

（4）独处于学生教室、寝室、实验室、运动场或其他隐藏场所，孤立无援的女生；

（5）怀有隐私，容易被他人要挟的女生；

（6）经常出入社会公共场所，装扮入时，行为不羁的女生。

二、女性易遭性攻击的场合和时间

（1）校内。公共场所。如放学后的教室、礼堂、实验场地和上课后的宿舍；偏僻幽静处所。如操场角落、池边、湖畔、假山土墩、亭台水榭、树林深处；偏僻小道、建筑物结合部、夹道小巷；尚未交付使用的新建筑物。

（2）校外。歌舞厅、游泳池；车站、码头附近；大桥、立交桥下；单位的值班室、仓库；无人居住的小屋、陋室、茅棚；公共娱乐场所，如剧院、酒吧；公园假山、树林里。

校园夏季性侵害案件多，主要由于夏季为性侵害犯罪提供了较有利的气候和客观环境。例如夏天炎热，女生夜生活时间延长，外出机会增多；夏季不似冬天寒冷，容易找到作案场所；夏季校园绿树成荫，罪犯作案后容易藏身或逃脱。此外，夏季气候炎热，女生衣着单薄，裸露部分较多，曲线毕露，对异性刺激增多也是一个因素。

三、校园中性侵害案件的主要方式

（1）暴力的方式。主要是采取暴力手段或利用凶器进行威胁，对女生进行性侵害。暴力侵害的主体比较复杂，有的是社会上的犯罪分子，也有些是内部人员。这些人经常混入教学场所、女生宿舍楼或在校园偏僻处伺机作案；也有的本是以抢劫盗窃为目的，见女生过于软弱发展为强奸犯罪。

（2）交友的方式。借交朋友的方式，向女方提出非分的要求。还有的是因恋爱破裂或单相思，

走向极端，发展为暴力强奸。

（3）骚扰的方式。是指社会上的非法人员结伙闯入校园，寻衅滋事，或是校内某些品行不端的人对女生进行各种骚扰活动。一旦有机可乘，就会发展为强迫式性侵害。

（4）胁迫的方式。主要是指某些心术不正者，或是利用受害者有求于己的处境，或是抓住受害人的个人隐私、某些错误等作为把柄，进行要挟胁迫，使其就范。

（5）社交引诱的方式。这种犯罪行为的主体多是受害人的老乡、同学等相识者，与受害人有社会交往，利用机会或创造机会把正常的社交引向性犯罪。

（6）欺骗的方式。主要是指男性用许诺、说大话、说谎话等手段骗取女生的信任，最后达到性侵害的目的。

四、遭遇性侵害时自我保护措施

（1）遇到性侵害时，首先要保持清醒的头脑，保持镇静，不要慌乱。

（2）遇到性侵害时要有坚持反抗到底的信心，软磨硬泡，拖延时间，顽强抵抗。根据周围的环境选择摆脱、反抗、求救的办法。

（3）寻求适当机会和方式逃脱。例如可先假装同意，使犯罪分子放松警惕，然后趁他脱衣，使尽全力将他推倒，及时逃跑，并在逃跑时继续呼救。或者出其不意，猛击其私处，使其丧失侵害能力，趁机逃脱。如果穿的是高跟皮鞋，还可以以此作为武器，当犯罪分子将你推倒在地时，可用鞋尖猛击其头部或私处，再趁机逃跑。

（4）采取积极的防卫措施，利用身边的器物或日常生活用具防卫。当发生性侵害时，要想一想自己身上有无可以用作防卫的工具，如水果刀、指甲钳、发夹等，观察周围的环境有没有可以利用的器物，如棍棒、酒瓶、砖、刀械等，当受到侵害时，用其击打犯罪分子要害部位，如头、眼睛、关节等部位，使其丧失侵害行为的能力，趁机逃跑。

（5）遭遇陌生人侵害时，要努力记住犯罪分子的体貌特征，保护好现场及物证，及时报案。

五、常规性的防范性侵害措施

女大学生预防性侵害，要从我做起，要树立预防性侵害的意识，加强自防自卫。具体要做到以下几点：

（1）若单独活动，尽量避开隐蔽、狭窄、灯光昏暗的道路和场所。陌生场所最好结伴而行。

（2）不要与行为不检点的男性交往，以免受其直接的教唆和潜移默化的影响。行为不检点的男生往往品德缺失。

（3）不要传看黄色、淫秽的书刊、画册、录像、VCD 等，特别是男性给予的。与他人传看淫秽物品的人往往思想不健康。

（4）不要与男性一起谈论涉及色情的笑语、趣闻等，如果是与单个男性在一起时更要杜绝。这是不自重的表现，男性自然也不会尊重你。

（5）与男性交往时，切勿饮酒，更不能过量，以防止酒后失身。

（6）夜间不要单身去男同学或男教师的家中、宿舍或办公室，如果确有必要，要有人同行或者有所戒备，更不能在单身男性家过夜。

（7）夜晚不要与陌生男性同行，如发现有陌生男性尾随或跟踪时，要设法摆脱。

（8）非公共场合，不要轻易接受男性的物品，即使是茶水、饮料也要警惕，以防被人下药。

（9）若发现男性的挑逗、轻浮言行，要态度鲜明，及时斥责，设法摆脱，必要时可向老师、同学求援或拨打 110。

（10）有过错被不轨男性发现后，切莫用性交来“私了”，那样绝对不会“了”，只会“剪不断，理还乱”。

(11) 对大献殷勤的男性要警惕，不要被花言巧语和物质利益所迷惑。当一个男性只对你好时，不要以为是因为自己魅力出众。判断一个男性真好还是假好，得看他对大部分人好不好。

(12) 当患病或有其他原因时，不要轻信神汉、巫婆或者有特异功能的人通过性行为、隐秘部位的抚摸进行所谓的治疗，那绝对是骗人的。

(13) 公共场所不宜穿过于暴露的衣服，也不要有轻浮的举止出现，否则容易成为色狼的目标。

(14) 不要为追求金钱，参与“三陪”活动，那是“送羊入虎口”。

(15) 女性夜间出去，衣着打扮必须适度，特别是不要穿不利于行走的高跟鞋和紧身裙。否则有事想跑都跑不掉。

(16) 不要随意搭乘男性的机动车辆，夜晚一般不要单身乘出租车去郊外。

(17) 尽量少和陌生人交往，具有较强的预防意识，遇有陌生人纠缠应及时报警、尽快摆脱。

(18) 在与异性朋友交往中，要有原则分寸，一般不要与异性在出租房、宾馆、车内、无人的偏僻场所单独相处。

六、女性正当防卫措施

强奸妇女案屡有发生，在此类犯罪现象中，犯罪嫌疑人的主观恶性深度不一样，而女性被害时的情况也不尽相同，这就需女性在遭遇色狼时胆大不慌，依法自卫。

(1) 咬，色狼施暴时常先将女性的双臂缚住，此时在不得已中应抓住时机咬住其肉体不松口，迫使其就范。有女性在被害过程中，遭色狼强行接吻，情急中她“稳、快、狠”地咬住色狼的舌头，致使其疼痛休克，后被捉。

(2) 喊，常言道“做贼心虚”。色狼在实施犯罪过程中，心虚的多。别小看喊声带来风吹草动，它就有可能阻止犯罪分子的主观恶性继续加深。假如色狼正处于犯罪初始阶段，女性应当大声呼救，以求得旁人闻警救助。如一女性在夜晚活动时，被一歹徒突然截住。她不顾一切大声呼喊，色狼惊吓，在逃跑中被闻声赶来的众人抓住。此刻如该女性有所忌惮，不敢呼喊，则必将遭害。

(3) 撒，若只身行路遭遇色狼，呼喊无人，跑躲不开，色狼仍紧追不舍。女性可干脆就地取材，抓一把泥沙撒向色狼面部，这样做可以抢出时间，跑脱后再去调兵擒魔。

(4) 撕，如果撒的办法不起作用，仍被色狼死死缠住，打斗不过。女性可以在反抗中撕烂色狼的衣裤，令其丑态百出，而后将他的烂衣裤作为证据带到公安机关报案。

(5) 踢，面对一时难以制服的色狼，可以拼命踢向他的致命器官，这样可以削弱他继续加害的能力，这一招不少女性在自卫中使用过，极见成效。

(6) 刺，如果遇上色狼手中有凶器，女性仍要沉着，胆大心细，不要慌乱。色狼要行奸，必会自脱衣裤，此时可借机行事。

(7) 认，受到色狼不法侵害时，女性应瞪大眼睛，记住色狼的面部和体形特征，多记线索，以便报案（争取在 24 小时之内）时提供给公安机关。

(8) 抓，使劲撕仍不能制止加害行为时，可以向犯罪嫌疑人面部、要害处抓去。抓时只有抓得狠、抓得死，将其抓破，才能达到制服色狼、收集证据的目的。

七、女生宿舍安全须知

(1) 节假日，其他同学回家，你最好不要一个人住宿。回宿舍就寝时要留心门窗是否敞开，防止有犯罪分子潜伏伺机作案。

(2) 夜间有人敲门时，要问清是谁再开门。如发现有人想撬门砸窗闯入，全宿舍同学要齐声呼救，并准备可供搏斗的东西，做好齐心协力反抗的准备。

(3) 晚上上厕所，要格外小心。如厕所照明设备已坏，应带上电筒，上厕所前先仔细查看一下。

（4）睡觉前，关好门窗，天热时也不例外，防止犯罪分子趁你熟睡时作案。

（5）不管一人或多人在宿舍，当犯罪分子来侵害时，你都要保持冷静的头脑，临危不惧。一面呼救，一面与犯罪分子搏斗。

（6）在校外租房的女生尽量保证两人以上，随时关门，不要让陌生人进入室内。

第五节　租房中的人身安全防范

当前大学生在校外租房居住的现象不少。从主观上讲，大学生租房现象出现的原因是多方面的，有的是为了学习方便，有的是为了打工方便，有的是为了谈恋爱方便，也有的仅仅是为了舒适。

大学生在校外租房有利有弊，但从安全的角度上讲则有百害而无一利，而且容易出现管理上的漏洞。在大学生享受着租房带来自由的同时，一些安全危机也已潜伏下来，而且随时有可能爆发。由于大学生租借的私人住房不属于学校的管辖范围，而且较为分散，学校不好去查，容易形成学校对学生安全管理上的死角。同时，学校对在校外租房大学生的保护也有限。特别需要引起重视的是，多名互不熟悉的人合租以及当前所谓时尚的“异性合租”是大学生在外租房的大忌，其形成的安全隐患最大，造成的危害后果往往也最严重。

另外，大学生由于涉世未深，阅历不足，往往忽略租房过程中的诸多细节问题。很多人由于租房心切，或过于注重房租价格，加之自己的安全意识不够，安全常识缺乏，而将房主的信用程度、合租者的身份背景、房子本身的安全条件以及生活用电和用气这些最平常但最致命的安全问题置于其次。因租房不当引火烧身的，轻者上当受骗，步入陷阱；严重者招致飞来横祸，甚至付出生命的代价。因此，大学生最好避免在校外租房。如果必须在外租房，必须得到辅导员、班主任的同意和学校的批准，经相关管理机构备案，并应从以下多方面考虑安全问题：

（1）租房的位置离学校越近越好，这样既便于往返，也便于在出现意外情况时及早得到学校的帮助；要充分考虑房屋的安全性，优先选择有专门保安人员、封闭管理的小区；检查室内门、窗、锁的防护能力，优先选择装有防盗门、窗的房屋；检查用电、用气方面是否存在安全隐患。特别注意煤气中毒、燃气火灾等方面的防范。

（2）对所租住房所处地区的环境、秩序、人员结构等情况做基本了解，熟记当地公安派出所报警电话，以便在发生问题时尽快求助。

（3）尽量避免与互不熟悉的人或异性合租住房，以有效防止发生各类案件或不必要的纠纷。合租者最好是同学，以便相互照应。

第六节　高校侵财案件及防盗、防抢与防骗

大学生要增强个人财产的保护意识，要牢固树立防盗窃、防抢劫抢夺、防诈骗观念。大学校园里时常有盗窃分子出入，他们的眼睛时时盯着缺乏经验的大学生。学生中也有个别品行不端、实施盗窃的人员。所以，一定要提高警惕，时时处处做好治安防范。

大学生在校园里财产被侵犯的主要形式有盗窃、抢劫、抢夺和诈骗。

一、防盗窃

盗窃是大学校园里的多发性案件。在大学里，大学生的以下三类物品容易被盗：一是现金、存

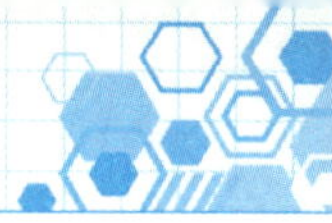

折、汇款单和银行卡等；二是贵重物品，近来被盗的贵重物品是手机、笔记本电脑、数码相机等；三是衣物等生活用品或学习用品。

在大学校园里，学生宿舍、教室、图书馆等公共场所是学生财产容易被盗的重点场所。

1. 学生宿舍盗窃案的类型、特点及预防

（1）从作案时间上分析。一是刚开学或快放假的时段易发案。刚开学时大家都有钱，是窃贼重点行动时期，快放假时大多数同学的钱虽然所剩无几，但大家又一个个归心似箭，所以这时宿舍比较乱，个别人会趁机行窃。二是集中上课的时段易发案。这时宿舍楼内空空如也，很容易给窃贼留下作案时间和空间。还有像学校举行大型活动时、期末考试时、周末等时段，也是易发生盗窃案的时间。

（2）从被盗学生宿舍类型来看，一般有以下几种宿舍易发生盗窃：①居住成员混杂，不同属一个班级甚至不同属一届的学生宿舍。这种宿舍来往人员较多且成分复杂，上课时间交叉，许多人互不熟识，难以互相照应，容易被盗窃分子钻空子。②互不关心，同学关系紧张的宿舍。这种宿舍同学之间关系不稳定，即使发现了一些异常现象，由于事不关己，也会高高挂起，这是窃贼求之不得的。③随意留宿他人或钥匙管理不严的宿舍。④门窗不严、宿舍管理制度不健全及值班学员责任心不强的宿舍。⑤睡觉和外出无锁门的习惯的宿舍。

（3）盗窃分子盗窃大学生宿舍财产的主要手段。一是顺手牵羊。窃贼趁主人不备，将放在桌上、床上的笔记本电脑、钱包、手机、手表及文具或将晾晒在阳台、走廊中的衣服等偷走。二是入室盗窃。窃贼撬门、套锁或翻窗入室，将贵重物品尽数盗走。

针对宿舍盗窃案的特点和规律，做好学生宿舍盗窃案预防有以下方法：

（1）遵守规章制度，做到警钟长鸣。大家要严格遵守学生宿舍管理中心制定的有关规章制度，自觉维护宿舍的安全。班级治保（安全）委员要利用班会等机会经常向同学们讲一些安全常识和具体案例，剖析宿舍被盗的一些特点和规律，以增强同学们的安全警惕性，让大家做到警钟长鸣。

（2）提高道德修养，做到自珍自重。做一个有理想、有道德、有文化、有纪律的“四有”新人和一个德才兼备、知行合一的人，才是人生最大的资本和追求。毋庸讳言，高校学生宿舍中的自盗现象也是存在的。如果学生都能够做到不断地反省自我、提升自我、完善自我，我们期待着的路不拾遗、夜不闭户的那一天就会早一点到来。

（3）强化防范意识，构筑防盗之墙。一是认真保管好自己的钱物。目前各高校的学生宿舍都实施了公寓化管理，住宿条件有了很大改善，宿舍里配备了必要的存放物品的家具。同学们应该将平时不用的贵重物品及时收藏起来，以防被顺手牵羊或乘虚而入者盗走。最好的现金保管方法是及时将现金存入银行，随用随取，千万不要怕麻烦。贵重物品如笔记本电脑、手机等应尽量随身携带，不能携带时最好到学校的贵重物品寄存处寄存。二是严格钥匙管理。钥匙失控是造成宿舍被盗的一个重要原因，有时宿舍被盗后门锁也没被破坏，可同宿舍的人都没有作案的可能，问题就出在钥匙乱扔乱放而被他人盗走或被复制上面。因此，平时一定要注意不把钥匙轻易借给他人；如果宿舍人员发生变化或钥匙丢失了，要切记及时换锁。因短时间离开宿舍不锁门而造成失盗的例子也不胜枚举。三是搞好同学关系，形成一个团结的集体。一个宿舍的同学，同窗几年，大家亲如兄弟姐妹，平时要搞好团结，学习上要互相帮助，生活上要互相关爱，做到有困难大家帮。对那些来宿舍找同学、找老乡的人既要以礼相待，又要提高警惕，尤其是对上门推销各种商品的陌生人，更要加强警惕，一旦发现疑点，要及时通知保卫人员，不给盗窃嫌疑人留下任何作案的机会。四是当同学不在校时，及时收拾代为管理好贵重物品。

2. 教室盗窃案的类型、特点及预防

教室是学生学习的主要场所。大学的学习环境属自主开放式，教室不同于中学阶段，流动性较大，既有理论课又有实践课，既有分班课也有合班课，既有固定教室又有共有的自习室。大学生年级之间、专业之间交叉使用同一教室的现象较为普遍，学生之间互不熟悉，个别同学不注意自我财

产的保护，故而教室盗窃案也会时有发生。同学们的钱物往往随书包而带入自习教室。当你临时离开自习教室，可能是去厕所或去吃东西，就在这短暂离开的时间内，你的书包或钱物就有可能被盗。

教室盗窃案相对宿舍盗窃案来讲，形式比较单一，手段也比较简单，只要同学们提高自防意识，被盗现象是很容易避免的。如长时间离开教室，书包及其他物品一定要随身带走，尤其是现金和贵重物品（确实不方便携带时，请熟悉的同学代为保管），千万不要存有侥幸心理。否则，出事就在瞬间。一般来说，无论是自习还是做实验抑或上网，最好不要携带现金和贵重物品，以免丢失。

3. 校园其他公共场所盗窃案的类型、特点及预防

大学校园有优良的学习环境，同时也有体育馆、健身房、浴室，还有容纳上千人的餐厅、美丽的花园、热闹的操场等，这些场所处处洋溢着大学生青春的身影。可是，当你在公共场所沉浸在欢乐和幸福之中时，防盗的这根弦可千万不要松弛。公共场所盗窃案一般为顺手牵羊者所为。由于来公共场所活动的人员较多也较杂，物品放在公共场所在没有专人看管的情况下，很容易发生失窃，特别是运动场盗窃案。一般体育课或有准备的运动场文体活动很少发生被盗案，因为学生在上课前或活动前都有思想准备，现金及物品已提前放好。往往是那些没有思想准备、即兴在操场运动的同学易被盗。同学们在课间或课后看到熟识的同学正在打篮球或踢足球，于是将衣服和书包往运动场边一放，便狂热地运动起来。等到汗流浃背、一身轻松时才想起自己放置的衣物，这时你的财物可能早已被盗了。

盗窃分子在公共场所盗窃大学生财产的主要手段有：一是顺手偷走。趁学生上厕所、借还书刊、购买饭菜等暂时离开教室、阅览室、餐厅座位之机，将学生留下的手机、书包、学习用品、衣物等偷走。二是翻包掏兜。趁学生人包短时分离之机，或者趁学生在运动场锻炼身体，衣物、书包放在场边之机，翻书包、掏衣兜，将其现金和贵重物品偷走。三是先窃钥匙，再盗物品。先设法窃取学生宿舍的钥匙，然后尾随学生认清他（她）的宿舍，再趁宿舍无人之际用钥匙开门，进行盗窃。

4. 预防盗窃的方法

针对校园及公共场所盗窃案的特点，我们应该积极预防，提高警惕，减少损失。

（1）妥善保管好现金、存折、汇款单和银行卡等。在宿舍里，上述物品不要放在桌上、床上等明处。现金最好的保管办法是存入银行，设好密码。银行卡、存款单据、汇款单据要与身份证、学生证等有效证件分开存放，妥善保管，防止同时被盗走。

（2）保管好自己的贵重物品。手机、笔记本电脑和数码相机等不用时要放在抽屉、柜子里，并且锁好。寒暑假离校时应托给可靠的人保管，不要放在宿舍里，防止被盗。

（3）养成随手关窗、锁门的好习惯。离开宿舍时，即使时间很短，也要关好窗、锁好门，防止窃贼溜门钻窗实施盗窃。

（4）在教室、图书馆学习及在食堂吃饭时，不要用书包占座位，不在书包里存放现金、贵重物品等。

（5）锻炼身体或到公共浴池去洗澡时，不携带贵重物品和现金。

（6）做好自行车防盗。新车要安装坚固的车锁，存放在相对安全的场所；在公共场所将车存在存车处，不要随便乱放。大学生还要注意不买赃车。买赃车是违法行为，而且还会助长盗贼的盗车行为。

二、防抢劫、抢夺及预防

抢劫和抢夺是大学生财产被侵犯的主要形式之一，也是危害大学生财产安全的主要违法犯罪行为。近年来涉及高校师生的抢夺、抢劫案件时有发生。

（一）校园内抢劫案件的特点

受校园环境的制约，校园内的抢劫案件有其显著特点。

（1）时间一般为师生休息或校园内夜深人静、行人稀少之时。

（2）大多抢劫案件发生于校内比较偏僻、人少的地带，一般为树林中、小山上、远离宿舍区的教学实验楼附近或无灯的人行道、正在兴建的建筑物内。

（3）抢劫的主要对象是携带贵重财物的，晚归无伴或少伴的，谈恋爱滞留于阴暗无人地带的大学生。

（4）作案人一般对校园环境较为熟悉，往往结伙作案，作案时胆大妄为，作案后易于逃匿。校园的开放性有时也会招致外来不法分子到校园内部作案。

（5）案件绝大多数同时伴有人身伤害，甚至被害人被杀死、被强奸。

（二）如何避免遭抢劫

注意做到如下几点，就有可能避免成为抢劫攻击的目标。

（1）不外露或向人炫耀随身携带的贵重物品，单独外出不轻易带过多的现金。

（2）尽量不要独自外出，特别是女生，发现可疑人员跟踪后，可以立即大声呼叫同学、老师的名字，注意结伴而行。

（3）不要独自在偏远、阴暗的林间小道、山路上行走，不到行人稀少、环境阴暗、偏僻的地方，避开无人之地。

（4）尽量避免深夜滞留在外不归或晚归。

（5）穿戴适宜，尽量使自己活动方便。

（6）单身时不要显露出过于胆怯害怕的神情；遭遇抢劫、抢夺要及时报警。

（7）发现可疑人跟踪尾随，要提高警惕，可以大胆回头多盯对方几眼，或大叫熟人的名字，并立即向有人、有灯光的地方走。

（8）当在路上骑车突然感到自行车骑不动时，要先抓牢车筐内的物品或背好包后，再下车查看，防止在下车查看车的瞬间车筐内的物品被抢。

（三）校园外的防范

相对而言，校园外遭遇抢劫、抢夺，可防、可控的程度较低。因此，了解和掌握一些必要的防抢技巧，对于保护大学生的人身、财产安全具有更现实的意义。

（1）独自一人外出时，要妥善保管自己的随身物品，提高警惕，留意是否有可疑人员跟踪；若到偏僻场所，最好结伴而行。

（2）只要有可能，就大声呼喊，或故意高声与作案人说话。

（3）防止飞车抢夺。不要把手机挂在胸前；夜间行走不要边走边打电话；背着包时最好在与车行相反方向的人行道上走路；骑自行车时不要把贵重物品放在车篓里，防止不法分子将铁丝缠住后轮，待你回头看望时，趁机抢走物品。

（4）防止色情抢劫。当遇到陌生女子引诱你或是请你到某一娱乐场所玩时，切勿随意跟去。

（5）防止麻醉抢劫。外出时不要轻易和陌生人交谈，不能随意饮用陌生人提供的饮料、抽陌生人递过来的香烟、吃陌生人提供的食物。

（6）银行取款防抢。到银行存取款时，要注意观察周围有无可疑人员追随；提取大额现金最好约请同学做伴；遇到紧急情况应向警察、路人或拨打 110 求救。

（7）外出时不要携带过多的现金和贵重物品。如果必须携带大宗现金或较多的贵重物品，应请同学随行，乘坐出租车。

三、防诈骗

诈骗是指以非法占有为目的，用虚构事实或隐瞒真相的方法骗取金额较大的公私财物的行为。近年来，一些不法之徒盯上了涉世不深的大学生，花言巧语接近大学生，并利用大学生的同情心和少数同学贪图小利的心理，疯狂作案，骗取钱财。高校常见诈骗案类型较多，有的是借熟人关系进行诈骗；有的是通过传销快速致富进行诈骗；有的是以中介为名进行诈骗；有的是以遇到某种祸害急需别人帮助的名义进行诈骗；有的是直接诈骗获取钱财；有的是利用同乡、同学关系诈骗；有的是伪装身份投其所好进行诈骗。最近，又出现了新的诈骗形式——用发短信的方法骗取银行卡持有人的钱财或谎称学生在校突发疾病、出车祸骗取家长钱物等。要有效预防上当受骗，首先必须增强法制观念，搞好群防群治；其次是绝不贪不义之财，不为小利而诱惑。同时每一个大学生都应掌握一些预防对策。

（一）高校校园诈骗类型及特点

（1）骗局主要是利用大家的焦急心理。谎称有很焦急、危险的事情发生，让被害人一开始就情绪紧张，失去正常辨别能力，从而按照骗局设计好的套路让受害者一步一步地陷入其中。如谎称你的家人、朋友、同学出了意外、事故急需用钱。假借公安局的名义通过电话找你调查办案，然后告诉你身份信息被别人盗用，建议你将银行存款转存等。同时也有编造学生在学校受到意外伤害的谎言，对学生家长及亲属实施诈骗。

（2）骗局主要是利用大家之间的友情来进行。在校园最常见的是冒充学校工作人员行骗。这类案件通常发生在新生入学后不久，犯罪分子利用新生入学、人生地不熟的特点伺机作案。如伪装弱者骗取同情，骗子花言巧语，以遇到困难求助为借口，利用学生的善良之心、同情之举，诈骗钱财。有的学生被骗后还以为自己是助人为乐。

（3）骗局主要是利用虚假的或少量的利益相诱惑，让被害人欣喜若狂，觉得有利可图。利用人的轻信、贪心的心态，从而进入骗子的圈套。如以 QQ 中巨额奖为诱惑，要玩家缴纳高额的会员费、公证费、税金、手续费等，一步步小额投入。等你有所醒悟时又顾虑于自己已经投入高额资金无法脱身，从而越陷越深。

（4）骗局主要是利用大学生涉世不深、社会经验不足实施诈骗和勒索。如常见敲诈勒索方式主要有口头威胁、带条子威胁、第三者传话威胁等。无论哪一种方式，共同点都是利用少数同学的某些把柄或弱点，据此威胁而达到索要钱财的目的。

现在行骗技法、种类繁多，花样层出不穷。目前常见的有冒充外出大学生遇到困难求助诈骗、网络购物诈骗、电话诈骗、手机短信诈骗、网络游戏诈骗、QQ 诈骗、推销诈骗、拾物分赃诈骗等。大学生上街后，会经常遇到“神仙算命”“猜扑克牌”“外币兑换”“猜瓜子单双”“象棋残局”“拾物均分”等，极具诱惑力，人们若一时冲动，稍不注意，很容易上当受骗。

诈骗的特点有：一是诈骗案件总体呈现案值不大，但涉及面广、受害人多的特点。对于家庭本不宽裕的学生，给其学习、生活带来很大的影响。二是诈骗者针对学生诈骗的手段一般以惯用伎俩为主，如网上中奖诈骗、购物诈骗等。三是利用现代通信联络方式、工具、专业技术行骗已成为高校学生被骗案件发展的另一个趋势。

总之，在这花样百出的骗局中，避免被骗的关键还是大学生自己要提高警惕，就连平时购买必需物品都要注意，要到正规商店购买，做到货比三家，不急于付款。

（二）防骗措施

（1）提高防范意识。在日常生活中，要做到不贪图便宜、不谋取私利；在提倡助人为乐、奉献爱心的同时，要提高警惕性，不能轻信花言巧语；不要把自己的家庭地址等情况随便告诉陌生人，以免上当受骗；发现可疑人员要及时报告，上当受骗后更要及时报案、大胆揭发，使犯罪分子受到

应有的法律制裁。

(2) 交友要谨慎，切忌以感情代替理智。严格做到“四戒”，即：戒交低级下流之辈，戒交挥金如土之流，戒交吃喝玩乐之徒，戒交游手好闲之人。与人交往要区别对待，保持应有的理智。对于熟人或朋友介绍的人，要学会“听其言，观其色，辨其行”，而不能“一是朋友，都是朋友”。对于“初相识的朋友”，不要轻易“掏心窝子”，更不能言听计从、受其摆布利用。对于那些“来如风雨，去如微尘”的上门客，态度要热情，处置要小心，尽量不为他们提供单独行动的时间和空间，以避免给犯罪分子创造作案条件。

(3) 同学之间要相互沟通、相互帮助。有些交往关系，在自己认为适合的范围内适当透露或公开，更适合安全需要，特别是在自己觉得可能会吃亏上当时，与同学有所沟通或许就会得到一些帮助并避免受害。

(4) 服从校园管理，自觉遵守校纪校规。绝大多数校园管理制度都是为控制闲杂人员和犯罪分子混入校园作案，维护学生正当权益和校园秩序而制定的。因此，大学生一定要认真执行有关规定，自觉遵守校纪校规，积极支持有关部门履行管理职能，并努力发挥自己应有的作用。如按规定戴校卡、校徽出入学校大门和宿舍楼、校内公共场所等。

(5) 识破伪装身份。诈骗分子常常以各种假身份出现：国外代理商、××领导亲属、华侨、军官等。有时用“托”称来人是××首长、乘××高级车等，遇这些情况不要急于表态，不要草率相信，要仔细观察，从言谈话语中找出破绽，辨别真伪。

(6) 识破变化手法。诈骗分子常常变换手法，如改变姓名、年龄、身份、住址等。此地用A名，换地用B名，而诈骗分子一身多职，时而港商，时而华侨，时而高干子弟，时而专家学者，但全是假身份。因此要发现对方多变的现象，从中引起警惕，找出疑点，识破其真面目。

(7) 注意反常现象。如果仔细观察犯罪分子一言一行、一举一动，就会发现有反常现象：别人办不了的事他能办到；别人买不到的东西他能买到；别人犯法他能担保等。这些与常规差距越大，虚假性就越大。因此对这些谎言，要冷静思考识破骗局。

(8) 当心麻醉剂。诈骗分子为了达到目的，有时宴请，有时赠礼，或投其所好，不惜花本，吃小亏占大便宜诱你上当。

(9) 要做到遇事不感情用事，不要被“哥们义气”所迷惑。社会上的一些骗子，有的组成团伙，雇佣一些老人、年轻妇女，租借小孩，编出种种落难的故事，专门骗取善良人的钱，对此要小心分辨。

(10) 切忌贪小便宜。对于意外飞来的“横财”“好处”，特别是陌生人所许诺的利益，一定要深思，不动心。克制贪便宜的心理，就不会被诈骗分子所俘虏，自己的财产也才有安全保证。要记住“天上不会掉馅饼”。

(11) 预防短信骗钱，关键是不要轻信虚假信息，遇事不慌乱。持有银行卡的人，收到陌生人发来的短信时，要保持警惕性，不要轻易相信，必须核实。核实的办法是，打电话到银联或者发卡银行进行查询。

(12) 不随意向陌生人泄露家庭、亲友等情况，包括大学生本人的信息。如大学生的个人信息一旦被骗子知道，骗子往往利用家长联系不便和爱子心切的特点，向家长谎报意外，骗取家长的钱财。不要将手机和银行卡借给陌生人使用。

(13) 积极预防，严厉打击。受到勒索者等威胁恐吓，要摒弃破财免灾的观念，一定要沉着冷静，果断寻找时机，寻求同学、老师和警察的帮助。在积极预防的基础上，对于那些诈骗分子也要严厉打击；同学中一旦有人受骗，其他知情同学应及时向学校保卫部门报案。要如实反映情况，提供真实线索，争取尽快破案。

四、发生侵财案件后的处置

（一）发生盗窃案件后的处置

前面分别介绍了校园盗窃案的类型及预防对策，但校园内盗窃案总是会或多或少地发生，那么一旦发案，同学们应该怎样处置呢？下面做一概要介绍。

1. 遇到盗贼的处置

无论是在宿舍还是在教室或是其他地方，窃贼行窃时都有可能被同学们发现或遇到，这时一定要沉着冷静，见机行事，要分时间、地点、场合采取不同的策略。比如在宿舍发现有生人正在行窃，首先应将其稳住，让同学们能得到消息一起将其制服。因为一般情况下犯罪嫌疑分子突然遇到来人不会马上就跑，而是常常以谎称找老乡、同学等名义搪塞，那么，我们正好利用犯罪分子的这一心理来与他周旋，争取时间，等待援兵，对其形成合围之势，再将其抓获。要相信邪不压正、做贼心虚的道理，有时你的一声大喝，既能把对方吓住又能把援兵招来。但无论遇到什么情况，都应注意以下几点：一是抓获小偷后，强制措施要适度，不可过激，不能殴打辱骂，更不能将其打残致伤，否则，要负法律责任；二是如果不能将小偷当场抓获，一定要记住其主要特征，像年龄、身高、发型、相貌、口音、衣着及其他特点，及时提供给公安或保卫人员，以利有关部门破案；三是要随机应变、注意安全，在援兵到来之前，要和窃贼周旋，谨防其狗急跳墙、行凶伤人，避免不必要的人身伤害；四是在不能制伏盗贼时，最有效、稳妥的方法是反锁房门，及时报警，等待抓捕。

2. 存折或储蓄卡丢失后的处置

要在第一时间先到银行挂失，尽量争取避免损失，然后到公安机关或保卫部门报案。盗窃分子在掌握了存折或储蓄卡的密码后，往往会迅速支取，因延迟挂失而使钱款被盗窃分子盗取的例子很多。另外，即使你已发现钱被盗取，也要及时向公安机关或保卫部门报案，因为现在的储蓄所及提款机已经安装了摄像装置，这样能给案件的侦破提供直接线索，挽回损失是有可能的。

3. 宿舍被盗后的处置

发现宿舍财物被盗，头脑要冷静，不要急于入室查找自己丢失的物品。首先要保护好现场，任何人不要进入室内，并马上报告学校保卫部门或公安机关，请他们来勘查现场。如果发现存折、银行卡或汇款单失窃，要马上去银行、邮局挂失。周围的同学们也不要出于好奇心而进入现场，要等公安机关或保卫部门勘察完现场，取得有价值的线索后，再检查各自的丢失情况。要如实回答现场勘察人员的提问，不可推测、想象，要力求全面、准确，同时还要向公安、保卫人员积极提供各种线索，反映情况，协助破案，任何一个小小的细节，都可能是侦破案件的一个重要突破口。

（二）发生抢劫、抢夺时的处置

一般情况下，作案人是有备而来，并携带刀子等凶器。大学生在既无思想准备，也无防卫工具的情况下，要保持足够的警惕，要尽力保护财物不被抢，更要保护自己的人身安全；在人员聚集地区遭到抢劫，应大声呼救，震慑犯罪分子，同时尽快报警；在僻静地方或无力抵抗的情况下，应放弃财物，保全人身，待处于安全状态时尽快报警。要沉着冷静，尽量记住犯罪分子的体貌特征，所持凶器。如果犯罪分子逃跑，你应大声呼叫，请求周围的群众协助捉拿，迫使其放弃所抢物品。同时要记住逃跑车辆、车牌号及逃跑方向。案件发生后，要尽快向公安机关报案，如果案件发生在校园里，也可向学校保卫部门报案。

（三）发现被诈骗时的处置

在校内发现受骗，要及时报告所在院系领导和学校保卫部门；在社会上被骗，要及时报告公安机关。要克服不愿报案的思想，不能因为顾虑自己受骗情况被公开，个人隐私可能被暴露而不报

案。不去报案，骗子就会抓住你的弱点继续向你行骗，或者继续危害社会。发现受骗后，还要注意保留相关证据，积极协助公安机关破案，最大限度地挽回损失。

思考题

1. 简述人身非法侵害的预防措施。
2. 人身非法侵害有哪些常见类型？
3. 简述一般人身意外伤亡的预防措施。
4. 简述常规性防范性侵害的主要措施。
5. 简述租房中的人身安全防范措施。
6. 简述防盗窃、防抢、防骗的主要措施。

第五章　预防非法传销活动

传销，是指组织者或者经营发展人员，通过对被发展人员以其直接或者间接发展的人员数量或者销售业绩为依据计算和给付报酬，或者要求被发展人员以交纳一定费用为条件取得加入资格等方式牟取非法暴利，扰乱经济秩序，影响社会稳定的行为。由于严重损害大学生身心健康，不同程度地影响高校的和谐稳定，也扰乱了社会主义市场经济秩序，因此传销也被一些学者称为“经济邪教”。由于国家有关部门对传销的严厉打击，加上新闻媒体的多次披露，社会对传销骗局的认识已比较透彻。但近年来，大学生误入传销魔窟的事件仍时有发生。希望通过本章能增强大学生对传销的认识和识别能力，充分认识到其危害性，避免误入传销魔窟而后悔莫及。

第一节　非法传销活动的危害

传销活动从早期校外活动转为向大学校园渗透的趋势。一些传销组织或人员，打着职业介绍、共同致富等幌子，利用同学、同乡、亲朋好友等关系，不择手段地利诱欺骗高校大学生。学生上当受骗，误入传销组织的情况时有发生。西安一女大学生讲述了自己不幸涉足传销黑窝点的经历。当时一个朋友多次邀请她，说自己的舅舅在南方开了一家公司，并称公司里有很多高素质人才，很适合大学生发展，特意邀她去锻炼锻炼。这位朋友还描绘了美好的发展前景，鼓励她放弃学业，“发展事业”。经不住诱惑，这位女大学生匆匆南下到广西合浦，加盟到朋友的公司。但所谓的公司，实际上是一家打着直销旗号的传销黑窝点。她说：“从此我过着非人的生活，每天的饭菜是白米饭、没油水的白菜冬瓜汤，晚上睡觉则在地上铺一张席子……工作是用欺骗的方式把价值几百元甚至一文不值的假冒伪劣化妆品以天价卖给下线。”她还透露，在她待过的那个传销黑窝点，至少有来自西安的大学生一百多人，大部分是民办高校和普通大学的自考生。她说：“这些打着直销旗号挂羊头卖狗肉的传销黑窝点骗钱害人，使不少人家破人亡、人财两空，还有不少大学生因此把握不住人生航向，失去了生活信心，失去了人格尊严。”

此类案件比比皆是。贵州一名大学生被传销团伙通过互联网发布的招聘信息诱骗，因其未满足传销团伙的勒索要求被杀害。河南两名大学生被传销团伙通过朋友虚假信息引诱欺骗到湘潭参与传销。大学生发现上当受骗，觉悟后想逃脱，结果慌不择路，坠楼身亡。

非法传销活动的危害主要体现在以下几个方面：

（1）扰乱经济秩序：非法传销活动违反国家禁止传销的法规，伴随偷税漏税、制售假冒伪劣商品、走私贩私、非法集资、集资诈骗、非法买卖外汇、虚假宣传、侵害消费者权益等行为，破坏市场经济秩序。

（2）破坏社会道德和诚信体系：传销组织通过灌输和“洗脑”，教唆参与者以“善良的谎言”将亲朋好友诱骗参与传销，导致人与人、人与社会之间的信任度严重下降，破坏社会道德基础和诚信体系。

（3）危害社会稳定：传销活动使绝大多数参加者血本无归，一些传销人员因此流落他乡、生活悲惨；部分人员参与盗窃、械斗、卖淫、聚众闹事，甚至引发抢劫、行凶、杀人等刑事案件，给人

民生命财产安全和社会稳定造成严重侵害。

（4）影响家庭和谐：传销参与者被亲戚朋友以介绍工作为名骗至外地，被致富神话“洗脑”，陷入传销泥潭后再去欺骗亲朋加入，四处筹集资金加入传销网络，导致夫妻反目、孩子辍学，甚至家破人亡。

（5）法律责任：根据国家刑法规定，领导参与传销活动，处5年以下有期徒刑或者拘役，并处罚金；情节严重的，处5年以上有期徒刑，并处罚金。

（6）引发社会问题：传销活动把大量资金和劳动力等资源骗入金字塔，有的企业管理者卷入，造成家庭返贫甚至企业破产；同时，引发社会问题，阻碍社会发展。

综上所述，非法传销活动对经济秩序、社会道德、家庭和谐以及社会稳定都造成了极大的危害，参与者需警惕并远离此类活动。

第二节　大学生误入传销的原因分析

传销组织是披着羊皮的豺狼，具有极强的欺骗性。传销组织大多有一个完整的欺骗链条。要把新人弄进传销组织，他们的欺骗步骤大致为：列名单、电话或书信邀约、摊牌、跟进、加盟等。他们会根据你的心态、特长、背景等特点，给你一个甜蜜的诱惑，如每个月要发展多少人，发展到下线后，可以有多少奖金，从而让你走火入魔，欲罢不能，越陷越深。为了掩人耳目，他们把传销换了一个旗号，换成了加盟连锁、人际网络、网络销售，还有框架营销、电子商务等，给大家识别其传销真面目增加了难度，使人更易上当受骗。

误入传销的大学生分析辨别能力不强，容易轻信别人。这里面主要有大学生自身的社会阅历因素、经济因素、心理因素、就业创业因素等。误入传销的大学生都是缺乏理想信念，过分追求物质享受，容易被传销人员抛出的高额回报所欺骗，被其快速致富的谎言俘虏。

家庭、高校、社会管理不到位。大学生在高校校园里，与家庭在时间和空间上的接触相对较少，容易被传销者“亲情管理”和“洗脑”。高校对传销的本质和危害的宣传力度不够，学生对传销非法活动的危害认识不足，学分制的实施及开放性的大学课堂，对学生学习、生活管理不到位。社会上工商行政管理机关对虚假广告的监管、对传销的查处力度，以及公安机关对传销案件的打击力度都有待进一步加强。

价值观与财富观扭曲是学生误入非法传销的根本原因。庸俗价值观使人陷入低级、庸俗物质追求，包括许多大学生在内的广大非法传销人员都认定一条“定理”，“发财就是成功”，这是对财富观、价值观的严重扭曲。他们将金钱作为人生唯一追求目标，一心想发财想暴富。

第三节　新型传销的特点

新型传销的特点主要包括以下几点：

（1）线上传销。利用网络平台进行传统销售传销活动，通过网络推销实物商品和发展下线成员，以盈利为目的。

（2）网络金融理财投资传销。以理财为名，承诺发放原始股、募集基金等方式，诱使人们入会，并通过发展下线获得提成。

（3）电商消费返利传销。建立网购平台，设置购物返利奖励，诱使人们成为会员并投入资金购

买虚拟货币和积分，通过发展下线提升会员等级并获取非法利益。

（4）资本运作（连锁经营）传销。以资本运作为旗号，不限制人身自由，不收身份证手机，不集体上大课，而是利用金钱吸引，让亲朋好友加入，最终导致血本无归。

（5）微信传销和网络传销。利用微信等社交媒体和电子商务平台，通过加盟、代理等方式，设置多种会员等级，发展亲朋好友成为下线，层层拿提成。

（6）“杀熟”策略。传销组织鼓励成员以找工作、网友会面、外出旅游等为借口，诱骗亲朋好友到外地参与传销。

（7）无间歇洗脑。传销组织通过集中授课、交流谈心等方式，重复灌输迅速暴富的理念，使人们对传销事业产生信任。

（8）组织严密，行动诡秘。传销组织通常将人们骗到异地，上下线人员单独联系，组织者远程操控，租用隐秘的据点。

（9）分享会。传销组织通过开展培训和自我展示活动，所谓的成功者讲述简单轻松的成功经历，促使新人加入。

此外，新型传销口号更加时髦，想出了“资本运作”“电子商”“特许经营”等口号，引诱大学生上当受骗；组织更加隐蔽，违法犯罪分子利用网络，多采用一对一的形式，给公安、工商部门的打击行动增加了难度。人群更加高端，受害者逐渐扩展到高端人群，受害人中有大学生、白领、“海归”甚至博士。

长沙市公安局曾成功破获一起有4000多人参与的特大传销案。传销团伙头目虚构长沙“资本运作”“连锁经营”“工程、地铁、服装业务”“绿化工程”，通过“洗脑”、薪酬勒紧机制等措施，刺激参与者发展“新人”。很多传销组织也不再销售产品，而是假借“国家开发工程”“中央秘密项目”等名义诱骗被害人加入，许诺只要交钱入会就能获得分红回报。这种新型传销组织不再扎堆上课，更难防范和打击。

还可能打着“国家扶持”“有政府背景”等旗号，以及利用销售保健品、化妆品等名义，实际上是利用拉人头，以人头数量计算报酬的传销骗局。网络传销的形式还包括注册电子商务企业，以“网购”“网络营销”等形式从事传销活动，以及宣传“免费获利”“增值消费”等概念，实际上是通过拉人头诱骗人们参加传销活动。

第四节　传销犯罪的基本欺骗手段

一、传销五大骗术

骗术一：传销的利润来源不是靠零售产品而是靠下线入会的费用。

传销组织等级严格，共分为会员、培训员、推广员、代理员和代理商五大等级。根据每个人的业绩，由低到高逐级晋升，发展1名下线就可成为会员，按入门费的15%提取报酬；发展3～9人就可成为培训员，按入门费的20%提成；发展10～64人可成为推广员，按入门费的30%提成；发展65～391人可成为代理员，按入门费的42%提成；发展392人以上的可成为代理商，可按其收取入门费的52%提成。

骗术二：暴力与精神双重控制。

传销实际上是有组织的犯罪活动。传销组织采取暴力和精神双重控制，使参加者很难脱离它。不少人被“洗脑”后，深陷其中，不能自拔，对传销和变相传销理念深信不疑。除此之外，传销组织还逼迫参加者发展下线，继续诱骗朋友、同学加入。由于传销人员发展的对象多为亲属、朋友、

同学、同乡、战友，其不择手段的欺诈方法大大降低了人们之间的信任度，引发亲友反目，甚至家破人亡。

骗术三：没有商品的“销售”。

非法传销活动已发展到无商品销售阶段，就是俗称的“拉人头”销售。这些传销以骗来多少人为依据进行计酬和提成，所谓的商品只是作为一个媒介，并没有到消费者手里。

骗术四：利用互联网进行传销和变相传销。

成都市工商局和公安局成功破获了美国互联网基金的一个传销组织。其组织自称通过在全世界发行、融资建立一个覆盖世界各城市（包括街道、乡镇）的庞大商品配送体系。其具体做法是：通过他人介绍，使用介绍人的注册名称和密码，登录网站认购一定的基金，认购后即成为基金的销售会员，三年内可获得一定金额的回报；如果继续介绍他人加入，不断推销基金，还能不断得到报酬。

骗术五：以介绍工作为由骗学生加入传销组织。

传销组织以招工为由，利用年轻人积极向上、渴望成功的心态，掩盖非法传销的事实，加之传销组织采取限制人身自由等手段，导致一些在校学生在传销中陷入困境。

还有一些参加传销的学生对传销组织者宣称的“一夜暴富”观念产生兴趣，或被传销头目提出的“平等”“关爱”等虚拟的东西所迷惑。

二、三种类型的网络传销

第一种，传统传销的“网络版”，即借助互联网推销实物产品，发展下线。这种模式过于明目张胆，已经被逐渐抛弃。

第二种，靠发展下线会员增加广告点击率来给予佣金回报。通过网络浏览付费广告获得积分，并由单一的点击广告发展为点击广告、首发 E-mail、在线注册等多种方式并存。

第三种，所谓的多层次信息网络营销（MLM）模式。目前，我国昆山工商局经检大队查获的利用北京欧亚伟业国际商务有限公司网站传销一案中，当事人采取的传销手段就是典型的 MLM 模式。传销载体是北京欧亚伟业国际商务有限公司的网站，只要交纳一定费用后即可申请到一个用户名，可以使用网站提供的九大平台五年，而且，成功加入该网站后，即有资格推荐、发展他人加入该网站，并可以按照推荐成功加入的人数获取积分，按积分分配奖金。这样，拉人头取代了传统的商品销售方式，但本质仍是以下线交纳的入会费来支付上线的奖金，是一种典型的金字塔式的传销。

特别注意，网络传销更具隐蔽、跨空间的特点。

（1）虚拟性更强。非法传销者借助高科技、电子商务等名义，大搞“空手道”。上述案例中，会员得到的仅仅是虚拟的网络空间（所谓的电子商务包，就是租用该公司的服务器空间），从传销传统的实物产品发展为纯粹以发展会员获得奖金为目的，从而升级为“电子商务化”。

（2）更具欺骗性。传销网站多打着远程教育、培训个人创业、电子商务的旗号吸引人，掩人耳目，掩盖其发展会员（下线）牟利的本质。许多传销人员（包括大学生）陷入网络传销陷阱后，认为这就是电子商务，在被查获后还屡屡强调他们参加的不是传销而是“一种新型消费”。

（3）隐蔽性更强。跟传统传销相比，网络传销发展会员、汇款都在网络上进行，会员必须通过网站才能加入传销，使用的用户名都是假名或者代号，并且都有各自的登录密码，彼此之间的联系主要通过电子邮件或即时通信工具来完成。操纵者由明转暗，传统传销中下线与上线必须见面的“风险”被完全化解，即使下线被执法部门查获后，上线也能马上逃之夭夭。

（4）跨地域性传播。网络传销突破了地域和国界的限制，即使在国内，也是遍地开花。传销骨干人员经常是“打一枪换一个地方”，全国各地流窜作案。由于属地管辖的限制，各地工商部门只能就本辖区的传销活动进行监管，对全国性的传销难以从源头上切断，对捣毁整个传销集团也无能

为力，治标不治本。而对于跨国的网络传销，由于网站注册地在国外，因此面临着法律适用和国际管辖权的问题，取缔难度更大。

第五节　非法传销活动的预防及应对

积极创建“无传销”校园，广泛开展“大家拒绝传销，师生远离传销”宣传教育活动。

一、积极预防，严禁传销进校园

1. 政府和社会预防

1998年国务院有关文件就规定了学生、军人、公务人员均不得参加直销；国务院同时颁布了《直销管理条例》和《禁止传销条例》；教育部、公安部、国家工商行政管理总局联合发出《关于开展防止传销进校园工作的通知》，为打击传销提供了法律和政策依据。政府各级教育行政部门、公安机关、工商行政管理机关一手抓宣传教育和管理，一手抓严厉打击，同时密切配合解救受骗学生，落实“标本兼治，着力治本”的方针。

2. 学校预防

在高校广泛开展禁止传销宣传教育活动，使广大学生认清传销的违法犯罪性质、欺诈本质和严重危害，帮助学生提高识别能力，增强防范意识，自觉抵制传销。加强学校安全管理和学生管理，严禁任何传销组织及人员在校园内进行任何形式的宣传、蛊惑及诱骗活动。及时了解掌握学生思想动态，依托班级、社团、辅导员、班主任等引导学生自我教育、自我管理。针对寒暑假及学生开展社会实践等重点时段，加强对外出实习学生、毕业班学生等重点群体的教育和管理。

3. 学生自我预防

大学生应通过各种渠道了解传销的危害、防范传销的基本知识及打击传销的政策和法律法规，提高思想认识，增强识别传销的能力和防范传销欺诈的意识，并且通过学生群体的自我教育，相互提醒，把抵御传销的客观要求内化为学生的自觉行动。

二、保持警惕不轻信传销

近年来，大学生身陷传销的报道不断见诸报端和新闻屏幕，传销组织采取“殴打”“非法拘禁”等暴力手段，最终致人伤亡，导致很多家庭破碎。虽然传销活动屡被各地政府部门打击，但传销组织也在不断变换应对打击的招式。传销业正将魔爪伸向大学这个象牙塔，传销的对象朝着低龄化、高学历的方向发展。一般来说，传销往往以“高额利润、快速致富”为诱饵，以“介绍工作”“特许加盟”“创业”“做生意”为名将大学生骗至目的地，采取“洗脑”“励志讲课”“思维拓展”等方式进行精神控制，并通过“集中居住”“派人跟踪”等限制人身自由的手段进行非法拘禁。近年出现的新型传销模式还以社会上一些已经叫响的直销或者正在申请直销的品牌为诱饵，让大学生放松警惕，但骗人敛财的本质并没有改变。大学生在找工作时，千万不要受“高工资”诱惑就头脑发热、轻信对方，要先客观衡量一下自己的实力是否应该拿如此的高薪。天上不会掉馅饼，一旦遭遇许诺“丰厚回报”的招聘，要十分小心。此外，如果是久未联系的亲朋好友突然相约旅游或介绍工作，可能存在陷阱。

三、误入传销应冷静应对

传销组织及传销人员不断变换手法，打着形形色色的旗号，挂羊头卖狗肉，骗钱害人。他们租

用民房，化整为零，组建以“家庭”为基本单位的窝点，对新进入者进行“洗脑”，“灌输”致富理论，派人24小时陪护，在欺骗、劝诱的同时，还采取威胁、暴力、限制人身自由等手段使被骗者就范。

大学生如落入“传销陷阱”中，不要轻易与传销者发生冲突，不要不计后果地急于脱身，如跳楼逃脱等，要想办法寻找机会安全逃离传销组织及其人员的控制，或伺机报警，等待政府有关部门的解救。为了防止悲剧的发生，安全逃离传销组织，遭受传销拘禁的大学生要尽量避免与传销分子产生正面的冲突对抗，更不要采取跳楼等激进的方式自救。传销组织都是预先承租位于城乡接合部、老城区内的出租屋，将被害人诱骗到出租屋实施拘禁洗脑。大学生在自救的过程中，要留心观察周围环境，记住自己所处的具体位置，比如街道、楼栋号、门牌号等，设法弄清自己所在的详细地址。如果没有这些标识，可以记下附近的标志性建筑，如饭店、便利店、商场、公园等，一旦有机会发短信或打电话求救，这些信息对解救有极其重要的作用。总之要把保护自己的人身安全放在第一位，不要因为交了“入门费”或购买了物品等经济原因或者年轻气盛、头脑发热而意气用事，以免受到传销组织及其人员的人身伤害。

大学生要深刻认识到传销是一种违法犯罪行为，而不仅仅是违反社会道德。因此，除了被传销拘禁时找机会报警求助以外，假如你从传销组织逃离出来，也要第一时间拨打110报警或拨打12315向工商行政管理机关举报，或者通过其他方式设法与当地公安机关、工商行政管理部门取得联系，尽可能提供详细的线索和信息协助警方捣破传销组织，将传销犯罪分子绳之以法，及时解救其他被传销拘禁的人。

思考题

1. 简述非法传销活动的危害性。
2. 简述非法传销活动的预防措施。
3. 简述非法传销活动骗术的主要类型。
4. 简述误入传销后应对的主要方法。

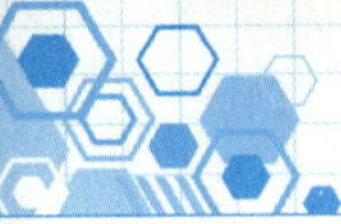

第六章　消防安全

大学校园火灾时有发生，同学们不要做火灾的牺牲者，也不要做火灾的制造者，要掌握消防知识，提高防火技能，履行一个公民应尽的神圣消防职责。不断提高安全防火意识，做好校园的火灾预防工作，以避免和减少校园火灾的发生。

高校校园若发生火灾，其损失和影响巨大。如俄罗斯莫斯科各族人民友谊大学曾经发生火灾，导致近200名学生受伤，41人死亡；其中，中国留学生受伤46人，死亡11人，造成了严重的国际影响。每年我国高校火灾仍时有发生，学生负有直接责任的火灾连年不断。有的火灾使学生受到人身伤害，财产遭受损失，严重影响了学生的学习和正常生活；有的火灾造成了学校财产的巨大损失。火灾不仅影响了学校正常的教学、科研秩序，而且影响了学校的稳定。大学生要充分认识高校火灾的新特点和面临的严峻形势，认真学习消防安全知识，提高防火安全意识，做好校园火灾预防工作。

第一节　校园火灾的类型及特点

一、校园常见的火灾类型

校园火灾从发生的原因上可分为以下类型：

（1）生活火灾。大学生生活用火造成火灾的现象时有发生，屡见不鲜。造成火灾的原因多种多样，主要有：在宿舍内违章乱设燃气、燃油、电器火源；火源位置接近可燃物；乱拉电源线路，电线穿梭于可燃物中间；违反规定存放易燃易爆物品；使用大功率照明设备，用纸张、可燃布料做灯罩；乱扔烟头；躺在床上吸烟；在室内燃放烟花爆竹、玩火等。火灾案例很多，如某校某男生酒醉后躺在床上吸烟，但他很快就睡着了，烟头掉落到床上，引燃床上铺盖及宿舍内的其他可燃物，造成重大火灾事故，教训极为惨重。某校一名学生暑假住校期间，夜间用蜡烛照明看书，突然想起去别的宿舍看望同学，两个多小时后回来，宿舍内的所有物品已化为灰烬。其原因是未熄灭的蜡烛先引燃书本，继而引燃其他可燃物发生火灾。某学生的一台悬于床头的台灯长时间未关，灯泡发热烤着纸质灯罩，引起火灾，烧毁整个宿舍。由于多数大学生缺乏必要的消防安全知识，违章违纪生活用火严重，酿成火灾已成必然。有统计表明，生活火灾已占校园火灾事故总数的70%以上。安全使用生活火源必须引起大学生的高度重视，大学生必须学会自防自救。

（2）电气火灾。目前大学生拥有大量的电器设备，大到电视机、计算机，小到台灯、充电器、吹风机，还有违章购置的电热炉等电热器具。由于学生宿舍所设电源插座较少，大学生违章乱拉电源线路现象严重，学习、生活中不合规范程序的安装操作致使电源短路、断路、接点接触电阻过大、负荷增大等引起电气火灾的隐患因素增多。个别大学生购置不合格的电器设备，也是致灾因素。尤其是电热器的大量使用，引发火灾的危险性最大。

例如，某高校的一名学生上课前没有关断电褥子的电源，由于电褥子的开关接触不良失火，烧毁整个宿舍。某些高校的学生宿舍楼违章使用电炉、“热得快”烧水发生火灾。这些火灾的引发都

是使用者中途遇事离开，而忘记关断电器电源所致。

(3) 人为纵火。纵火都带有目的，一般多发生在晚间夜深人静之时，有较大的危害性。有企图毁灭证据、逃避罪责或破坏经济建设等多种形式的刑事犯罪分子纵火，还有目的在于烧毁他人财产或危害他人生命的私仇纵火等。这类纵火都是国家严厉打击的犯罪行为。另外，还有精神病人纵火，是由于病人对自己的行为无法控制而产生的。所以，精神病人的监护人一定要履行好自己的监护职责。

此外，很多不良习惯也会引发火灾，如 2021 年 12 月 21 日，湖南省长沙市某大学一学生宿舍起火，经消防救援火势得到控制，但是该高校宿舍内学生物品被烧毁。起火原因系学生忘记关闭放在棉被上的吹风机及电插板开关，引起寝室跳闸，最终导致了火灾的发生。特别注意：空气开关跳闸并不能防止火灾发生。

二、校园火灾的特点

高校历来是各级政府和有关防火职能部门高度重视的防火重点单位。不论是哪一类别、性质的高校，都存在较大的火灾危险性，其特点主要表现在以下方面：

(1) 人员集中，疏散困难，往往造成火灾伤亡，社会影响极大。大学生集中居住在宿舍内，宿舍内因违章用电、用火不慎而发生火灾后，火势得不到控制而很快蔓延，造成火烧连营；在人员密度大影响顺利疏散逃生的情况下，会造成大学生的人身伤亡。

(2) 实验室较为集中，各类易燃易爆物品品种繁多。高校的实验室，教工、学生使用相当频繁，因实验需要经常存放品种繁多的化学药品，其中不乏易燃易爆物品，一旦管理不善，即可能造成火灾；实验室内配置有风干机、电烤箱、电热炉等电热设备，由于管理、设置、质量等问题可能直接成为发生火灾的火源，极易发生因线路短路、断路、超负荷等引起电火花的电气火灾；由于进入实验室的人员素质悬殊，个别人员一旦不按实验规程进行操作，极易导致在进行蒸馏、萃取等实验时发生火灾；实验室采用不合格实验设备也是导致火灾的原因之一。工作人员违规违章操作是实验室发生火灾的主要原因。

(3) 教学、科研、实验仪器设备多，动植物标本、中外文图书资料多，一旦发生火灾，损失惨重。珍贵的标本、图书资料是一个学校深厚文化积淀的重要标志，往往经过几十年、上百年的积累和保存，因火灾造成损失，则不可复得，直接影响教学、科研与实验的正常进行。

(4) 具有火灾事故突发、起火原因复杂的特点。学校的内部单位点多面广，设备、物资存储较为分散，生产、生活火源多，用电量大，可燃物特别是易燃物种类繁多，工作人员的管理水平不一，起火原因相当复杂。有人为的原因，也有自然的作用，任何环节的疏忽，都有可能造成火灾。从时间上看，火灾大都发生在节假日、工余时间和晚间；从发生的部位上看，多发生在实验室、仓库、图书馆、学生宿舍及其他人员往来频繁的公共场所等重点隐患部位，这些部位一旦发生火灾，往往具有突发性，容易造成公私财产的巨大损失和人员的重大伤亡。

(5) 高层建筑增多，给火灾预防和扑救工作带来巨大困难。高等学校因自身发展建设以及扩招带来的规模扩大，大学校园的规划发展较快，校园内高层建筑增多，形成了火灾难防、难救、人员难于疏散的新特点，有的高层建筑还存在消防设备落后、消防投资不足等弊端，这些都给消防工作带来了一定难度。

第二节　校园火灾的预防

目前，高校确实存在许多失火因素和火灾隐患，学生们要随时随地提高警惕，预防火灾的发生。火灾已成为威胁人身安全和社会发展的第三大灾害，任何单位和个人都有维护消防安全和预防火灾的义务。防止火灾发生与我们切身利益息息相关。高校一旦发生火灾，势必影响高校的稳定，影响学校的教学、科研、生活的正常进行，给师生造成许多不方便和困难。大学生是学校的主体，人数多，学习、住宿比较集中，而且流动性大，活动范围广，又较缺乏消防常识。因此，要特别加强大学生的防火工作。

消防是大学生在校期间应掌握的一门不可或缺的基本知识。因此，大学生必须掌握一定的消防知识，树立消防意识，排查消防隐患，杜绝违规行为，共同筑就全民消防工程。

（1）要学习《中华人民共和国消防法》等消防法律法规，充分认识校园消防安全工作的重要性，不断增强防火意识。自觉遵守消防法律法规和学校消防安全管理制度以及实验操作规程，无论是在宿舍、实验室或者是在其他活动场所，都要按照防火要求规范自己的行为。

（2）积极参加学校组织的消防安全培训，认真学习消防安全知识，学会火灾报警方法，掌握灭火技能和火灾中逃生自救、互救技能；对教学楼、实验楼和所住的学生宿舍楼的安全通道、灭火器和消防栓所在位置要了解和熟悉，一旦发生火灾，可以利用现场的灭火器材灭火，或利用熟悉的安全通道撤离火灾现场；当遇到初起火灾时，能够利用掌握的消防知识和灭火技能灭火；遇到大火时，能够安全逃生、自救和互救。

（3）学生宿舍防火。大学生宿舍是高校的防火重点部位之一，全面做好大学生宿舍防火工作有极其重要的意义。为了杜绝大学生宿舍内火灾事故的发生，大学生要做到十二戒：一戒私自乱拉电源线路，避免电线穿行于可燃物中间；二戒使用电热器具；三戒使用大功率电器；四戒使用电器无人看管，必须人走断电；五戒明火照明，电器照明戒用可燃物做灯罩；六戒床上吸烟、室内乱扔烟头、乱丢火种；七戒室内燃烧杂物、燃放烟花爆竹；八戒室内存放易燃易爆物品（如汽油、煤油、液化气等）；九戒室内做饭；十戒使用假冒伪劣及质量不合格电器；十一戒使用电器设备，尤其是“热得快”、电炉等；十二戒宿舍内使用明火，夜间点燃蜡烛看书。

（4）实验室防火。实验室一旦发生火灾，财产损失大、人员伤亡大且难于扑救，历来是高校的重点防火部位。因此，对进入实验室的人员提出严格要求是十分必要的。易燃易爆化学药品系指国家标准中以燃烧爆炸为主要特性的压缩气体、液化气体、易燃液体、易燃固体、自燃物品、遇湿易燃物品和氧化剂、过氧化剂，以及具有易燃特性的部分毒害品和腐蚀品。易燃易爆化学药品遇火或受到摩擦、撞击、震动、高热或其他因素的影响，即可引起燃烧和爆炸，因而火灾危险性极大。针对以上实验室的特点，应采取一定的消防安全防范措施。

（5）公共场所防火。随着高校的建设发展，大学生频繁进出的公共场所，如教室、餐厅、电影院、网吧、图书馆、健身房等处，人员往来频繁，人员密度大，防火意识普遍不强，管理较松散，室内装修使用可燃物质、有毒材料多，用电量高，高热量照明设备多，空间大，吸烟者多，乱扔烟头、火种现象严重等诸多因素，都是严重的火灾隐患，这些地方屡屡发生重大火灾，极易造成人员伤亡特别是群死群伤的重大事故。例如，某高校学生张某晚上同朋友一起去校舞厅娱乐，用一张点燃的报纸相互点烟，未熄灭的报纸随手塞入沙发下，时间不长即引燃沙发，并产生大量有毒浓烟，火势随即蔓延，造成整个舞厅烧毁、多名大学生受伤的重大事故。

应特别指出的是，目前高校对大学生开放的机房已成为校园的重点防火部位，有关教训应引起同学们的高度重视。

同学们在公共场所滞留时，应掌握如下防火知识和方法：

(1) 清醒认识公共场所的火灾危险性，时刻提防。

(2) 严格遵守公共场所的防火规定，摒弃一切不利于防火的行为。

(3) 进入公共场所，首先要了解所处场所的基本情况，熟悉防火通道。

(4) 善于及时发现初起火灾，做出准确判断，能及时扑救的要及时扑救，已经蔓延时要立即疏散逃生。

(5) 要具有见义勇为的精神，及时帮助遭受伤害的人员迅速撤离、脱险。火险无时不有、无地不在，只要每一名学生都能以高度的消防责任，科学的消防态度搞好火灾的预防，许多火灾都可避免。

第三节　火灾的扑救

一切防火措施，都是为了防止燃烧的三个条件（可燃物、助燃物和着火源）同时具备，不让它们相互结合、相互作用；一切灭火措施，都是为了破坏已产生的燃烧条件，抑制燃烧的反应。无论采取哪一种灭火方法，只要能去掉一个燃烧条件，火就熄灭了。

一、灭火的基本方法

大学生在校园内遇到火灾时，要灵活运用隔离法、窒息法、冷却法、抑制法等灭火基本方法，对不同的初起火灾，宜采用不同的灭火器或工具进行灭火。如果火势太大，一个人或几个人无法扑灭时，就要报警和逃离火场。

二、扑灭初起火灾的基本方法

火灾的发生可分为初起、发展、猛烈、温度下降、熄灭 5 个阶段。火灾初起时可燃物燃烧速度比较缓慢，火焰不高，火势小，着火面积小，形成的烟雾小，产生的热量不多，比较容易扑灭。扑灭初起火灾的原则是：救人第一，先控制后消灭，先重点后一般。这三个原则是根据火灾特点，分析火场元素的轻重缓急得出的科学结论。根据灭火三原则，应采取以下扑救组织工作：先报警，并向周围人员发出火警信号；就地取材，立即使用火场及附近的灭火器具进行灭火，利用初起火灾的不稳定性，力争将火灾消灭在初起火灾阶段；若有多名人员，应立即组织扑救分工，分头抢险；如有老弱病残人员和贵重物资，首先要疏散到安全地带；如有火场指挥，一定要服从其命令；不莽撞行事；消防人员一到，立即移交指挥权，并做好消防人员交办的各项任务。

在校园发生初起火灾时，应该做到以下几点：

(1) 积极参加灭火。参加初起火灾的扑救是公民的义务和责任。初起火灾容易扑灭，若能及时扑救，火势不会扩大。当火灾初起时，现场只有一个人或少数人，不能见火就跑，应立即向学校保卫部门报告或呼救，同时利用周围的灭火器和其他可利用的工具、物品积极进行扑救。

(2) 要立即切断电源，关闭燃气和其他可燃、助燃气体的阀门，防止火势加大。

(3) 要根据不同物质燃烧情况，选用不同的灭火器材，有效灭火。如果有带压力的容器着火，要边救火，边用水冷却容器，防止高温爆炸。

(4) 火灾短时间未能扑灭，而且火势增大时，要在继续控制火势蔓延和扩大的同时，立即拨打 119 火警电话报警。

(5) 在可能的条件下，要迅速转移火场和火场附近的易燃易爆物品及遇水易燃物品、高压容器、贵重物品和资料等。

(6) 在烟雾不大时，救火人员可在火场较远处用消防水龙带喷水降温，控制火势。

(7) 参加救火的人员亦需防止烧伤，防止吸入有毒气体而中毒，尽量减少伤亡。

(8) 做好火灾现场的警戒，限制无关人员进入火场。保护火灾现场，协助调查火灾事故。

三、几种常见起火的应急处理方式

(1) 电路着火：首先关闭电源开关，然后用干粉或气体灭火器、湿毛毯等将火扑灭，切不可直接用水扑救；电视机着火时应从侧面扑救，以防显像管爆裂伤人。

(2) 油锅火灾：可直接盖上锅盖，使火焰窒息熄灭，切勿用水浇。

(3) 煤气、液化气灶着火：首先关闭进气阀门，然后用湿布、湿围裙或湿毛毯压住火苗，并迅速移开气瓶、油瓶等易燃易爆物。

(4) 衣服、织物及小家具着火：迅速拿到室外或卫生间等处用水浇灭，切记不要乱扑乱打，以免引燃其他可燃物。

四、报火警的方法

“报警早，损失小”已成为人们广泛熟知的常识。由于错误估计自己的灭火能力、怕追究责任或影响声誉而不愿报警、惊慌失措忘记报警及错误认为消防队灭火要钱等，人们不能准确、及时报警，贻误时机，使许多小火灾变成了大火灾，教训极为惨痛。所以无论火灾大小，都要及时报警，不应存在任何侥幸心理。

(1) 准确拨打消防报警电话“119”。同时，要向学校保卫处和“校园 110”报警服务中心报警。保卫处会组织安全保卫人员和义务消防队及时扑救火灾。

(2) 详细反映火警内容。向消防队说清楚：发生火灾单位或个人的详细地址，具体部位；是何种起火物，有没有易燃易爆物品，若有，是何种物品；火势情况，即烟雾、火光火势大小等；报警人姓名及所用电话的号码。

(3) 报警后立即派人到路口接应消防车。

五、高校常用灭火器材的种类、适用范围和使用方法

按照燃烧物质的性质，火灾可分为 A、B、C、D、E 5 类（也称国际统一分类法）：A 类为固体物质火灾；B 类为液体物质火灾或可溶化为液体的固体物质火灾；C 类为气体物质火灾；D 类为金属类物质火灾；E 类为带电燃烧的火灾。

1. 常用灭火器的种类和适用范围

(1) ABC 干粉灭火器。适用范围广泛且较经济实用，可扑救 A、B、C 类火灾，即可扑救固体火灾、液体火灾、气体火灾和电压低于 5000V 带电物体火灾。

(2) BC 干粉灭火器。适用于扑救 B、C、E 类火灾，即可扑救液体火灾、气体火灾和电气设备的初起火灾。

(3) 二氧化碳灭火器。适用扑救 A、B、C、E 类火灾，即可扑救固体火灾、液体火灾、气体火灾及带电物体、精密仪器火灾。

(4) 1211、1301 灭火器。适用于扑救除金属类物质火灾之外的所有火灾，尤其适用于扑救精密仪器、计算机、珍贵文物及贵重物资仓库等的初起火灾，灭火效率高。

(5) 化学泡沫灭火器。适用于扑救一般 B 类中的油类火灾，可扑救油制品、油脂等火灾，也可适用于 A 类火灾。

(6) 空气泡沫灭火器。适用范围同化学泡沫灭火器。

(7) 沙土、石墨粉灭火器。适用于扑救可燃金属燃烧的火灾。

2. 消火栓和水龙带的使用方法及注意事项

（1）消火栓是灭火中主要的水源，分室内和室外两种。室内消火栓一般设在楼层或房间内的墙壁上，有玻璃门封挡，里面配有水枪、水龙带。使用水龙带灭火时，应先将水龙带一头接在消火栓上，同时将水龙带打开，另一头接上水枪头，一个人紧握水枪对准着火部位，另一个人打开消火栓阀门，由近及远进行灭火。

（2）使用消火栓和水龙带灭火应注意以下几点：

第一，使用水龙带救火时，要防止水龙带扭转和折弯，否则会阻断水流通过。

第二，在扑救带电火灾前，必须先断电再用水灭火。

第三，用水灭火还应注意防止和减少给珍贵书籍、精密仪器等造成水渍侵害，有些金属类火灾禁止用水扑救。

3. 手提式灭火器的使用方法及注意事项

（1）手提式灭火器的使用方法如下：右手提着灭火器赶到现场；先用左手拽掉铅封，用右手拔掉保险销；左手握住喷管，右手提着压把；在距离火焰 2 米处，用右手紧握鸭嘴式开关，左手抬起喷管对着火焰左右摆动，进行喷射灭火（如是干粉灭火器，使用前要将瓶晃动几下，使罐内干粉预先搅动）。

（2）使用手提式灭火器灭火应注意：要准确地射击目标，对准火焰的根部，由近及远喷射，快速推进，不留残火，防止复燃；使用灭火器时，一般距离着火点 2～10 米处开始喷射，距离长短要根据火情大小来确定；操作时，操作人员要站到上风处向下风处喷射，防止喷射物随风吹到操作人员身上，影响灭火效果；扑灭油类火灾时，不要直接喷射油面，防止液体溅出；在没有安全保障的情况下，禁止向没有切断电源的电线、电气设备射水，以防触电。

第四节　火灾事故中的逃生、自救和互救

当火灾已发生到猛烈燃烧阶段，被火焰围困的人员要正确选择逃生和自救、互救的方式，及时撤离火场，以保存生命。

一、逃生及自救和互救的原则

（1）确保安全，迅速撤离被火灾围困的人员，要就近利用一切可以利用的工具、物品，迅速撤离火灾危险区。如果逃生通道被封死，在无任何安全保障的条件下，不要采取过激的行为，以免造成不必要的伤亡。要注意保护自己，等待救援人员开辟通道，逃离火灾危险区。

（2）顾全大局，自救和互救相结合，当被困人员较多，特别是有老、弱、病、残、妇女、儿童在场时，要积极主动帮助他们首先逃离火灾危险区，有秩序地进行疏散。

根据消防专家对火灾伤亡情况的分析，浓烟和有害气体是造成被困人员伤亡的罪魁祸首。国内外大量的火灾案例统计资料表明，因火灾而伤亡者中，受烟气直接致死的占 80%，被火烧死的人中还有一部分是先被烟气熏倒后再被烧死的。有关实验证明，人在浓烟中无任何防护器材时的生存极限为 3 分多钟，在有毒气体中生存时间更短。因此，当火灾已经进入猛烈燃烧阶段，特别是处在有毒气体弥漫的火场的人员，一定要互相帮助，尽快共同逃离火场。

二、逃生及自救和互救的主要方法

（1）当火势初起时，立即用灭火器、自来水、湿毛巾灭火自救；当火势已大，要迅速疏散逃生，不要贪恋财物，贻误有利时机。

（2）受到火灾威胁时，要当机立断，披上浸湿的衣物、被褥等由安全出口冲出去。

（3）穿过浓烟逃生时，要用湿毛巾捂住口鼻，并尽量使身体贴近地面，采用低姿势甚至爬行，顺墙根向安全出口逃离。

（4）身上着火，千万不能奔跑，可就地打滚儿，将火压灭；也可用湿物覆盖在着火部位，或用水浇灭。

（5）室外（楼道）着火，门已发烫时，千万不要开门，以防大火窜入室内，应用浸湿的被褥、衣物等堵住门窗，并泼水降温。

（6）若逃生路线被大火封锁，要立即退回室内，用打手电筒、挥舞衣物、呼叫等方式向窗外发出求救信号，对外求援，或通过窗户、阳台逃往相邻的建筑物。

（7）不要轻易跳楼，可利用楼内设置的高空缓降器或救生绳（或室内存放的绳子）缓慢滑行到楼下；或利用疏散楼梯、阳台、雨水管逃生；或把床单、被罩撕成条状扭成绳索，紧系在窗框、铁栏杆、暖气等牢固的物体上，顺绳滑到安全地带。只有在消防队员准备好救生气垫或楼房不高的情况下，或者遇到如不跳楼就会丧命的情况下，才能采取跳楼的方法。

（8）要熟悉校内一些主要场所（如宿舍、实验室、教学楼、食堂、高层楼等）的逃生、自救、互救路线。

（9）当在酒店、超市、体育馆等人员密集的场所遭遇火灾时，不要惊慌失措、盲目乱跑，防止因人员慌乱、拥挤而阻塞通道，甚至发生互相践踏的惨剧，要有序地向安全出口撤离，尽量避免大声呼喊。当逃生无路时，应靠近窗户或阳台，关闭迎火门窗，向外呼救。

例如 2023 年 5 月 9 日，福建泉州某高校一女生宿舍三楼发生火情。监控视频显示，宿舍阳台冒出大火，现场浓烟滚滚，为了躲避大火和浓烟危害，学生懂得消防基本自救知识，小心爬在栏杆外避险。据学校通报称，现场未发生伤亡事故。

思考题

1. 简述校园火灾的特点。
2. 简述扑灭初起火灾的基本方法。
3. 简述校园火灾的预防措施。
4. 简述火灾事故中逃生、自救和互救的主要方法。

第七章 交通安全

全世界每年有120多万人死于车祸，在交通事故中受伤和致残者更是高达数百万人。据统计，全球50%的交通事故受害者年龄在15～24岁。我国每年道路交通事故死亡约10万人。这些非正常死亡者中，大部分可以通过预防措施和紧急处理得以幸免。大学校园内外交通安全形势严峻，不容乐观。近年来，在校生增长了很多，校园内私家车增长了数倍，社会车辆每天进出校园也大幅度增加，校园内交通安全形势严峻，大学生发生的交通事故呈上升趋势。与此同时，大学周边区域发生的交通事故也一直呈现出上升趋势，其中由于大学生自己不遵守交通法规而导致事故的占了相当大的比例。大学生的交通安全问题，必须引起社会各方面的高度重视，尤其应该引起大学生本人的高度重视。确保交通安全，维护自己的人身安全，大学生自身要承担起第一位的责任，必须树立交通安全意识，积极防范交通事故发生。

第一节 交通安全常识

一、掌握道路交通的基本规则

不论校内还是校外，发生交通事故的主要原因是思想麻痹、安全意识淡薄。遵守交通法规是最起码的要求。我国路况复杂，机动车、非机动车和行人都在道路上通行。为了合理分流、减少冲突，我国道路交通有两个基本规则。

第一，人车靠右通行：无论行人还是车辆，如果靠道路左侧通行都是“逆行”，是一种违章行为。

第二，人车各行其道：机动车、非机动车、行人都应在规定的路面范围内通行。在通行中，应当注意观察隔离带、护栏、交通标线等物理隔离标志，不要随意进入路面通行。

此外，还可详细地划分为：

(1) 右侧通行原则。车辆、行人应当按照交通信号通行；遇有交通警察现场指挥时，应当按照交通警察的指挥通行；在没有交通信号的道路上，应当在确保安全、畅通的原则下进行。

(2) 遵守交通信号灯。绿灯亮时，准许车辆、行人通行，但转弯的车辆不准妨碍直行的车辆和被放行的行人通行；黄灯亮时，不准车辆、行人通行，但已越过停止线的车辆和已进入人行横道的行人，可以继续通行；红灯亮时，不准车辆、行人通行；绿色箭头灯亮时，准许车辆按箭头所示方向通行；黄灯闪烁时，车辆、行人在确保安全的原则下可以通行。

(3) 优先通行原则。直行车、右转弯车优先；丁字路口右侧无路的直行车让放行车；优先标志道路车优先；大道路车优先；右侧来车优先；执行任务的车优先。

(4) 确保安全的原则。任何条件下均应确保安全。对于没有具体规定的，车辆及行人的通行，必须在确保安全的原则下通行。

(5) 专用车道。道路划设专用车道的，在专用车道内，只准许规定的车辆通行，其他车辆不得进入专用车道内行驶。

(6) 变更车道和超车规则。变道要加速，超车要果断。在道路上设有专用车道的，其他车辆不得在专用车道内行驶也不可借用专用车道超车。机动车遇到交通警察现场指挥时，应当按照交通警察的指挥通行。在没有交通标志、标线的道路上，应当在确保安全、畅通的原则下通行。

(7) 环岛行驶规则。进环岛不用开灯，出环岛开右转向灯。

(8) 高速公路特别规定。行人、非机动车、拖拉机、轮式专用机械车、铰接式客车、全挂拖斗车以及其他设计最高时速低于七十公里的机动车，不得进入高速公路。高速公路限速标志标明的最高时速不得超过一百二十公里。

另外，还有关于饮酒、服用国家管制的精神药品或者麻醉药品，或者患有妨碍安全驾驶机动车的疾病，或者过度疲劳影响安全驾驶的不得驾驶机动车的规定。以及任何单位和个人不得擅自设置、移动、占用、损毁交通信号灯、交通标志、交通标线等规定。

二、按照交通信号和标志通行

为保证交通安全，道路交通管理部门利用交通标志、标线和指挥信号传递道路信息、维护交通秩序。大学生应当学会理解交通标志和信号的意义，按指示通行，保障自身的交通安全。交通信号灯，俗称“红绿灯”，是每一位公民从幼儿起就熟知的。然而“按灯行走”是关键，很多人都是急于通行，不顾红灯的警示，违规穿越马路而遭遇车祸。

交通标志，是用一定的形状、颜色、符号组成的标志牌，埋设于道路两边或架设于道路上空，向车辆驾驶员和行人传递道路或交通管理信息。如果学会了解它们的意思，就能掌握道路或交通的有关情况。

(1) 警告标志：用于警告车辆、行人注意前面危险地点的标志。颜色为黄色、黑边、黑色图案；形状为等边三角形，顶角向上。

(2) 禁令标志：用于禁止或限制车辆、行人交通行为的标志。除个别标志外，颜色为白底、红圈、红杠、黑图案，图案压红杠；形状有圆形、八角形和顶角向下的等边三角形。

(3) 指示标志：用于指示车辆、行人行进的标志。颜色为蓝底、白图案；形状有圆形、长方形和正方形。

(4) 道路标志：用于传递道路方向、地点、距离信息的标志。颜色除个别标志外，一般道路为蓝底白字，高速公路为绿底白字；形状通常为长方形和正方形。

三、高校校园交通安全管理规定简介

为了防止校园内发生交通事故，保障师生员工的安全，各学校普遍加强了交通安全管理。一方面，在校园内设置了交通标志牌、减速带、隔离墩等交通设施，规划了停车场和车位，施划了交通标线；另一方面，普遍修订和完善了校园交通安全管理规定。在各校交通安全管理规定中，对机动车的规定主要是：凭学校办理的通行证经指定的校门进出；校园内禁止鸣笛；校园内车速一般不超过每小时 20 千米；机动车进入校园，按有关规定收费，在指定地点停放等。对非机动车的规定主要是：进出校门下车推行，接受门卫检查；车辆的铃、闸、锁齐全有效；禁止骑车带人；禁止骑快车、骑车猛拐；在指定地点停放车辆等。

第二节　交通事故的预防及处理

交通事故的发生固然存在偶然因素，但主观注意、个人修养和日常生活中良好习惯的养成，往往决定了人的一生的前途与命运。大学生在出行中，途经复杂路段，能够摒弃侥幸心理，遵守交通

信号，积极而冷静地应对，就会远离险境。因此，预防和应对交通事故的知识是我们亟待学习的内容。

引发道路交通事故的主要原因可分为人和自然两个方面的因素：人的因素属于可抗因素，包括所有使用和管理道路者，如机动车驾驶员、乘车人以及道路工作人员等。自然因素包括车辆因素、道路因素、气候因素等。

一、大学生交通事故的主要形式

大学生交通安全意识比较淡薄，近年来发生的交通事故主要有以下几种形式：

（1）听音乐过马路，要时尚不要安全。很多大学生走路不专心，不注意观察路面状况，却专注于听音乐、聊天、收发手机短信等，造成了交通事故。

（2）路上嬉闹游戏，危险倍增。大学生精力旺盛、活泼好动，即使在马路上也喜欢嬉戏打闹，还有的在路上进行踢球、轮滑、滑板等体育活动，增加了发生事故的危险性。

（3）违规骑车，教训惨重。大学生多选择自行车为出行工具，比乘车自由，比步行快捷。但违规情况也不少，例如购买赃车、二人共乘、骑飞车、双手大撒把或双脚离开踏板、路上追逐等，一旦遇险，后悔莫及。

（4）乘坐“黑车”，因小失大。许多大学内和附近“黑车”屡禁不止，引发的交通事故时常见诸报端。尽管乘坐“黑车”实惠、方便，但与它所带来的危害性相比，大学生应当清醒地认识到，乘坐“黑车”完全没有保障，千万不要贪图小便宜，遇险后只能自食恶果。

二、行人交通安全常识

行人应在人行道内行走，没有人行道的靠路边行走，主动避让各种车辆；通过路口或者横过道路时，应当走人行横道或者过街设施；通过有交通信号灯的人行横道时，应当按照交通信号灯指示通行；通过没有交通信号灯、人行横道的路口时，应当在确认安全后通过。

（1）行人步行外出时要注意行走在人行道内，在没有人行道的地方要靠路边行走。

（2）横过马路时须走过街天桥或地下通道，没有天桥和地下通道的地方应走人行横道；在没划人行横道的地方要注意来往车辆，不要斜穿、猛跑，经观察发现路上无来往车辆时便迅速直穿过马路。

（3）在通过十字路口时，要听从交通民警的指挥或遵守交通信号。

（4）在设有护栏或隔离墩的道路上不要横过马路，不与机动车抢道，不突然横穿马路、翻越护栏，过街走人行横道；行人不得跨越、倚坐道路隔离设施；不得扒车、强行拦车或者实施妨碍道路交通安全的其他行为；不闯红灯，不进入标有“禁止行人通行”“危险”等标志的地方。

（5）不要养成边走路边看书或听随身听的习惯，不要在非运动场所进行体育运动，经过路口、弯道时注意力要集中；不得在道路上追逐打闹，严禁在道路、停车场上使用滑板或溜旱冰等滑行工具。

（6）行人经过铁路道口时，应当按照交通信号或者管理人员的指挥通行；没有交通信号和管理人员的，应当在确认无火车驶临后，迅速通过。

（7）要学会估测来车与自己之间的安全距离，当车辆正在行驶时，你与来车距离 15 米时不要抢道，25 米以上才较安全。通过郊外无人行道线马路时，要与来车距离大于 40 米以上才能通过。

三、乘车人交通安全常识

大学生日常外出和假期回家，经常乘坐公共汽车、电车、长途汽车和火车等交通工具，必须在站台或指定地点候车，应排队上车，且待车停稳后，依次先下车、后上车，不急不抢不扒车，以免踩伤或为小偷作案提供条件。乘车时不可将头、手、身体伸出窗外，不准跳车，以免受到伤害。具

体注意以下几种情况。

（一）乘火车时的安全防范

火车在我国是旅行的主要交通工具。乘火车时应注意下列问题：

（1）当旅客进站上车时，应该走规定的检票口，通过天桥或地道，不可穿行铁路、钻车或跳车。还要特别注意严禁携带易燃品、易爆品和危险品上车。

（2）当列车进站时，旅客和送旅客的人都应退离站台安全白线以外。因为，列车进站时速度较快，风力大，如离得太近就有可能被卷入站台下发生危险。在列车还没停稳时，不要往前拥挤，更不要攀窗而入，应该先下后上，按顺序上车。

（3）当列车开动时，送行者一定不要越过站台的白色安全线，更不可随车向前跑动，不可向车上的亲友握手或递东西。

（4）当列车运行时，不要把手、脚和头部伸到车窗外边，以防被信号机、隧道以及线路旁的树木刮伤。行车架上的物品要放牢，避免掉下来砸伤人。在列车上不宜饮酒，因为喝酒过量，头脑失控，容易碰伤摔伤，甚至造成伤亡事故。

（5）列车停靠站时，经常出现三多，即上下乘客多、找座位的人多、找行李空地的多。此时，要特别注意防范有人浑水摸鱼，要留神看好自己的行李物品。不论白天还是晚上，尤其是夜间，要特别注意防范有人盗走你的行包、财物等。夏季乘坐空调火车时，还应注意防感冒，因为火车在夜间行驶时车厢的温度不到 20℃，只穿短袖衬衫难免受凉，应备好衣服。

（二）乘汽车时的安全防范

（1）乘坐公共汽车、电车和长途汽车，须在站台或指定地点依次候车，待车停稳后，先下后上。要特别注意的是，有的乘客下车后，往往急于赶路，突然从车前、车后走出或猛跑穿越马路，这样极易被来往车辆撞上，轻则吓一跳，重则造成伤亡。为了安全，乘车人下车后，应先走上人行横道，再从人行横道过马路。

（2）乘车人乘坐出租车，在停车后，应观察后面有无来车（包括自行车）再开右侧车门。因为右侧靠非机动车道或人行道，下车后较为安全，左边靠机动车道，穿梭来往的机动车车速快，下车后不安全。如果确需开左侧门，应在确无来车情况下开门下车，并迅速、安全地向人行道方向走，切不可直接穿越马路。

（3）拒绝携带易燃、易爆物等危险物品乘坐公共汽车、电车、出租汽车和长途客车。易燃物品一般指煤油、汽油、香胶水等。易爆物品有两种，一是指爆破器材，包括各类炸药、雷管、导火线、非电导爆系统、起爆药和爆破剂；二是指黑火药、烟火剂、信号弹和烟花爆竹。

（4）乘车人不要同司机攀谈，不应催司机开快车，或用其他方式妨碍司机正常驾驶。车辆行进中，不要将身体的任何部分伸出车外，也不能跳车。

（5）乘汽车旅行需时时刻刻注意自己人身及随身携带财物的安全，尽量不要在车内打瞌睡。汽车内空间相对狭小，一定要看管好自己随身携带的钱财和贵重物品，防止被盗。

（6）预防晕车。如以往有晕车情况发生，应提前预防，可在上车前半小时服用晕车药以防止晕车。

（三）乘飞机时的安全防范

（1）登机前，乘客及其随身携带的一切行李物品，必须接受机场安检部门的安全检查。乘客要按所购机票的机舱类别、座号就座，除上厕所等某些必要的活动外，一般不要随便走动。不要串舱，更不要接近驾驶舱。

（2）熟记空中乘务员做的飞行安全示范。各种飞机机型都有紧急出口，乘客上飞机后应细心聆听乘务员讲解的飞行安全须知，熟悉紧急出口的位置及其他安全避险措施，以免遇到紧急情况时手

足无措。

（3）在飞机起飞、降落和飞行颠簸时要系好安全带。身体不适时，应及时与乘务员联系，可请乘务员帮助调整座椅上方的通风器和座椅靠背，闭目休息。机上备有常用的急救药品，乘务员会在必要时向你提供。

（4）机舱内配有救生设施，乘务员会将这些设施的使用方法向乘客介绍和示范，在发生紧急情况时，由机组人员组织乘客使用；未经机组人员的许可，任何人都不可随意动用。当面临紧急情况时，乘客应保持镇定，绝对听从机组人员的指挥。

四、骑自行车的人的交通安全常识

（一）骑自行车的人首先要对自行车进行必要检查

（1）检查车座固定状态，并在固定前将车调整到自己骑上车后两脚尖能够着地面，双手握把自如，上身稍微前倾为宜。

（2）检查车把与前轮是否已固定为直角。

（3）检查前后车闸是否灵敏有效。时速在 10 千米时，捏闸后应在 3 米以内停车。如不骑行，可在平地将前后车闸同时用手捏紧，推车前移，以车轮不转动为合格；否则，应立即调整前后闸杆与车把之间的行程量，然后调整闸皮与后圈或车轴套的行程量。

（4）检查车铃是否响，安装位置是否适宜，按铃时以手不离把为宜。

（5）检查轮胎内充气是否合适，夏天不要充气太多以防轮胎爆裂。路面有冰雪时，应适当放气，以增大轮胎与地面的摩擦力。

（6）检查自行车的润滑部分，包括车把、前轴、中轴、后轴及后轴的飞轮，及时排除异响和转动不正常的故障。

（7）检查是否装有反射器，反射器是否洁净。如有转向灯，是否好使。为了便于机动车驾驶员在夜间能及时发现自行车，减少自行车被撞的交通事故，一是要保护尾灯的完好，二是应尽可能地在自行车前后设置反光标志。

（二）上路须知基本常识

要在非机动车道行驶，在没有非机动车道的道路上，应当靠车行道的右侧行驶，不抢行、争道；不得骑车打闹，不得醉酒骑车；要严格遵守交通信号灯指示通行；通过人行道时，要注意避让行人；停车等信号时，不要越过停车线；转弯前应当减速慢行，伸手示意，不突然猛拐，超越前车时不妨碍被超越的车辆行驶；不牵引、攀扶车辆或者被其他车辆牵引，不双手离把或者手中持物，不扶身并行、互相追逐或者曲折竞驶；要在规定地点停放自行车，未设规定地点的，停放自行车时不要妨碍其他车辆和行人通行；在通过有交通信号灯控制的交叉路口，转弯的自行车应让直行的车辆、行人优先通行；遇有前方路口交通阻塞时，不进入路口；向左转弯时，靠路口中心点的右侧转弯；骑自行车在路段上横过机动车道，应当下车推行，有人行横道或者行人过街设施的，应当从人行横道或者行人过街设施通过，没有人行横道、没有行人过街设施或者不便使用行人过街设施的，在确认安全后直行通过；因非机动车道被占用无法在本车道内行驶时，骑车人可以在受阻的路段借用相邻的机动车道行驶，并在驶过被占用路段后迅速驶回非机动车道。

（三）骑车要跌倒时的自我保护

骑车不慎将要跌倒时，与其拼命保持平衡，还不如索性摔倒。因为勉强保持平衡，就忽视了自我保护，往往导致严重的挫伤、脱臼或骨折等后果。所以，遇到意外时，迅速将车子抛掉，人向另一边跌倒。此时，全身肌肉要绷紧，尽可能用身体的大部分面积与地面接触。不要用单手、单肩或单脚着地。

五、大学生易发生的交通事故的预防

通过上述情况不难看出，不管是在校内还是校外，不论是行人、骑车人，还是乘车人、开车人，发生交通事故最主要的教训是思想麻痹、不遵守交通法规，缺乏交通安全常识，自我保护意识淡薄。为了预防交通事故，要注意以下几点：

（1）必须认真遵守交通法规。不管是校内还是校外，交通事故都是其心存侥幸、思想麻痹、安全意识淡薄所造成的。只要自觉遵守交通法规，就会少发生或不发生交通事故。相反，如果不遵守交通规则，存有侥幸心理，甚至明知故犯，如违章驾驶，骑车带人、逆行、闯红灯，行人过马路不走人行横道和过街天桥等，就非常容易发生交通事故。

（2）必须掌握基本的交通安全知识。要在新生入学时进行交通安全知识教育，让大学生了解道路通行条件中的交通信号灯、交通标志、交通标线、交通警察指挥手势的含义；道路通行中的一般规定，机动车、非机动车、行人和乘车人的通行规定以及高速公路的特别规定；交通事故处理中的保护现场、抢救受伤人员及物等方面的知识。特别是大学生放假期间、返校途中、参加社会实践活动期间、实习期间，更要及时做好安全教育。

（3）必须增强自我保护意识。让学生了解校内外交通事故的严重性，除了自己要认真遵守交通法规以外，还要了解由于他人特别是机动车驾驶员的违章，结果造成了大学生无辜被撞伤、撞死，这样的教训是十分惨痛的，因此必须增强自我保护意识，要警惕和防止由于他人的过失对自己造成伤害。出行时要精力集中，不仅要瞻前，而且要顾后，眼观六路，耳听八方；发现违章的车辆向自己驶来，要主动避让，防止伤害到自己；不开车况不好的车辆上路，开车不超速，与前车保持安全距离；遇到路况复杂、天气不好时，要处处加以小心，及时避让，以免受到意外伤害。

六、发生交通事故后的处置

（一）及时报案

无论在校外还是在校内，一旦发生交通事故，首先要对当事人进行急救，及时拨打 112 报案，有利于事故的公正处理；千万不能与肇事者“私了”。若在校外发生交通事故，除及时报案外，还应该及时与学校取得联系，若未造成人身伤亡，学生对事实及成因无争议的，可以即行撤离现场，恢复交通；造成轻微生命财产损失，并且基本事实清楚的，学生应当先被送往就近的医院进行检查治疗，再由学校出面处理有关事宜。

（二）保护现场

事故现场的勘察结论是划分事故责任的依据之一，若现场没有被保护好会给交通事故的处理带来困难，造成“有理说不清”的情况。切记，发生交通事故后要保护好事故现场。现在记录的介质越来越多，记录现场也越来越方便，学生可以利用手机、相机等记录现场的声像、音频资料，为后续事宜积累有利证据。记录的重点包括事故发生时的原貌、肇事的车牌号、车辆的品牌种类、肇事司机的体貌特征等。

（三）控制肇事者

事故发生后如无重大伤亡，一定要稳住肇事者，征得其帮助和同情，在交警未到达之前不要与其发生激烈争执，以免激化肇事者情绪。若肇事者想逃脱一定要设法控制，自己不能控制可以发动周围的人帮忙控制，若实在无法控制也要记住肇事车辆的车辆牌号等特征。如果交通事故发生在校内，还可以及时报学校保卫部门和老师，以得到更便捷的处置。

思考题

1. 简述大学生易发交通事故的预防措施。
2. 简述骑自行车的人的交通安全常识。
3. 简述交通事故的一般处理方法。

第八章　防范自然灾害

第一节　自然灾害概述

通常把以自然变异为主要原因产生的灾害称为“自然灾害”，如地震、海啸、暴雪等。尽管任何灾害的发生都有一个孕育过程，但很多自然灾害发生的规律还不被人类掌握，因而无法事先准确预测。自然灾害对人类社会造成的危害往往是触目惊心的。它们之中既有地震、火山爆发、泥石流、台风、洪水等突发性灾害，也有地面沉降、土地沙漠化、干旱、海岸线变化等在较长时间中才能逐渐显现的渐变性灾害，还有臭氧层变化、水体污染、水土流失、酸雨等人类活动导致的环境灾害。学会应对自然灾害不仅能够对大学生的安全起到保护作用，而且能够对其他社会成员起到一定的救助作用。

一、了解学校所在地域的生态环境

因自然灾害引起的突发重大事件包括破坏性地震、突发的大风、暴雨、冰雹、高温、寒潮、沙尘暴、暴雪、洪水、泥石流、山体滑坡等灾害，这些灾害都可能造成房屋倒塌或人员伤亡。由于自然灾害一般具有季节性、地域性，在校大学生首先应当了解学校所在地区曾经发生过的重大自然灾害。

二、掌握气象预警信号的级别及含义

一般来讲，对于这种突发的气象灾害，有关部门会发布预警信号。这些预警信号共有 11 种，分别是：台风、暴雨、高温、寒潮、大雾、沙尘暴、雷雨大风、大风、冰雹、雪灾和道路结冰。每种预警信号又分为四级，按照灾害的严重性和紧急程度，分成四种颜色：蓝色代表一般，黄色代表较重，橙色代表严重，红色代表特别严重。这些信号一目了然，简单易懂。掌握这些预警信号，大家就可以根据气象部门发布的各种预警信号，事先做好相应的防范措施。

三、冷静应对自然灾害

在全国上报的各类安全事故中，有小部分是因为自然灾害（洪水、龙卷风、地震、冰雹、暴雨、塌方）等客观因素。因此学会冷静应对自然灾害事件是对大学生的基本要求。在认识的基础上，大学生还要掌握自我保护和求助及逃生的基本技能。目前我国公众急救知识欠缺，对人工呼吸、心力衰竭急救、包扎伤口等生活中的急救技能的培训严重不足。我国公众对现场急救的认识水平与发达国家相比有很大的差距。很少有人认为急救与自己有关，遇到伤者最积极的行为不过是给 120、110 打电话。

四、牢记八字歌诀

避免自然灾害、减少损失，在一代又一代人的努力下，逐渐总结出了八字歌诀——学、备、

听、察、断、抗、救、保。

（1）学。要学会有关各种灾害及避险的知识。

（2）备。做好个人、家庭物资准备。必备的防灾器材包括清洁水、食品、常用医药、雨伞、手电筒、御寒用品和生活必需品、手机、绳索、适量现金等。

（3）听。通过多种渠道，如电视、广播、手机等，及时收看收听各级气象部门发布的灾害信息，不可听信谣传。

（4）察。密切注意观察周围环境的变化情况，一旦发现某种异常现象，要尽快向有关部门报告，请专业部门判断，提供对策措施。

（5）断。在救灾行动中，首先要切断可能导致灾害发生的电、煤气、水等灾源。

（6）抗。灾害一旦发生，要有大无畏精神，号召大家避险救灾。

（7）救。利用已经学过的一些救助知识，组织自救和互救，在大火、大水中互相帮助逃生；利用准备的药品对伤员进行抢救；注意做好卫生防疫工作。

（8）保。除了个人保护外，还应利用社会防灾保险以减少个人经济损失。

第二节　地震灾害的应对

我国地处世界上两个最大地震集中发生地带——环太平洋地震带与欧亚地震带之间。20世纪死亡20万人以上的大地震全球共两次，都发生在中国，一次是1920年宁夏海原8.5级大地震，死亡23万余人；另一次是1976年河北唐山7.8级地震，死亡24万余人。2008年5月12日14时28分，我国四川省汶川县发生8.0级地震，造成了人民群众生命财产的重大损失，6万多人遇难，1万多人失踪，3万多人受伤。

目前人类还无法避免和控制地震，也无较好的预测方法，但只要掌握一些技巧，还是可以在灾害中将伤害降到最低的。一旦发生地震，千万不要惊慌，要保持镇静，不能拥挤乱跑，应根据所在位置，正确选择避震空间，采取适宜的避震措施。经对唐山大地震的874名幸存者调查发现，72%的幸存者在求生时采取了紧急避震措施。一般从地下初动到房屋开始倒塌时有一个短暂的求生时间，而地震时大的晃动时间约为1分钟，这时冷静判断、正确选择避震空间，就有可能求得劫后余生。

一、地震时的11条须知

（1）为了您自己和他人的人身安全，请躲在桌子等坚固家具的下面。大的晃动时间为1分钟左右。这时首先应顾及的是您自己、他人的人身安全。首先，在重心较低且结实牢固的桌子下面躲避，并紧紧抓牢桌子腿。在没有桌子等可供藏身的场合，无论如何，也要用坐垫等物保护好头部。

（2）摇晃时立即关火关电源，失火时立即灭火。大地震时，也会有不能依赖消防车来灭火的情形。因此，我们每个人关火、关电、灭火的这种努力，是能否将地震灾害控制在最低程度的重要因素。为了能够迅速灭火，请将灭火器、消防水桶经常放置在离用火场所较近的地方。

（3）不要慌张地向户外跑。地震发生后，慌慌张张地向外跑，碎玻璃、屋顶上的砖瓦、广告牌等掉下来砸在身上，是很危险的。此外，水泥预制板墙、自动售货机等也有倒塌的危险，不要靠近这些物体。

（4）将门打开，确保出口。钢筋水泥结构的房屋等，由于地震的晃动会造成门窗错位，打不开门，曾经发生有人被封闭在屋子里的事例。请将门打开，确保出口。平时要事先想好万一被关在屋子里，如何逃脱的方法，准备好梯子、绳索等。

（5）户外的场合，要保护好头部，避开危险之处。当大地剧烈摇晃，站立不稳的时候，人们都会有扶靠、抓住什么的心理。身边的门柱、墙壁大多会成为扶靠的对象。但是，这些看上去挺结实牢固的东西，实际上却是危险的。在四川汶川地震时，由于水泥预制板墙、门柱的倒塌，曾经造成过多人死伤。务必不要靠近水泥预制板墙、门柱等。在繁华街、楼区，最危险的是玻璃窗、广告牌等物掉落下来砸伤人。要注意用手或手提包等物保护好头部。

（6）在百货公司、剧场时，依工作人员的指示行动。在百货公司、地下街等人员较多的地方，最可怕的是发生混乱。请依照商店职员、警卫人员的指示行动。就地震而言，据说地下街是比较安全的。即便发生停电，紧急照明电也会即刻亮起来，请镇静地采取行动。如发生火灾，即刻会充满烟雾。以压低身体的姿势避难，并做到绝对不吸烟。在发生地震、火灾时，不能使用电梯。万一在搭乘电梯时遇到地震，将操作盘上各楼层的按钮全部按下，一旦停下，迅速离开电梯，确认安全后避难。万一被关在电梯中的话，请通过电梯中的专用电话与管理室联系、求助。

（7）汽车靠路边停车，管制区域禁止行驶。发生大地震时，汽车会像轮胎泄了气似的，无法把握方向盘，难以驾驶。必须充分注意，避开十字路口将车子靠路边停下。为了不妨碍避难疏散的人和紧急车辆的通行，要让出道路的中间部分。都市中心地区的绝大部分道路将会全面禁止通行。充分注意汽车收音机的广播，附近有警察的话，要依照其指示行事。有必要避难时，为不致卷入火灾，请把车窗关好，车钥匙插在车上，不要锁车门，并和当地的人一起行动。

（8）务必注意山崩、断崖落石或海啸。在山边、陡峭的倾斜地段，有发生山崩、断崖落石的危险，应迅速到安全的场所避难。在海岸边，有遭遇海啸的危险。感知地震或发出海啸警报的话，请注意收音机、电视机等的信息，迅速到安全的场所避难。

（9）避难时要徒步，应少量携带物品。因地震造成的火灾蔓延燃烧，出现危及生命、人身安全等情形时，采取避难的措施。避难的方法，原则上以市民防灾组织、街道等为单位，在负责人及警察等带领下采取徒步避难的方式。绝对不能利用汽车、自行车避难。

（10）不要听信谣言，不要轻举妄动。在发生大地震时，人们心理上易产生动摇。为防止混乱，每个人依据正确的信息冷静地采取行动极为重要。

（11）室内避震时，身体应采取的姿势为：蜷曲身体、蹲下或坐下以降低重心，抓住桌腿等牢固物体，迅速利用身边的枕头、坐垫、手包、棉毛衣等护住头颈、面部，掩住口鼻防止吸入灰尘或有害气体。

另外，室外避震时要特别注意：地震时如在户外行走，应避开楼房、高大烟囱、水塔、立交桥等高大建筑物和结构复杂的建筑物，不要来回奔跑，以免摔倒或被地震裂缝吞没；在行驶的车辆内遇到地震，要抓牢扶手，躲在座位附近，震动停止后再下车；如果在海边遇到地震，应迅速远离海岸，向高地迁移，以防地震引起海啸；如在野外活动时遇到地震，应尽量避开山脚、陡崖，以防滚石和山体滑坡；如遇山崩，要向滚石方向的两侧跑。

从携带的物品如手机中，把握正确的信息。相信从政府、警察、消防等防灾机构直接得到的信息，决不轻信不负责任流言蜚语，不要轻举妄动。

二、震后被埋自救措施

地震时如被埋压在废墟下，周围又是一片漆黑，只有极小的空间，一定不要惊慌，要沉着，树立生存的信心，相信会有人来救助，要千方百计保护自己。

地震后，往往还有多次余震发生，处境可能继续恶化，为了免遭新的伤害，要尽量改善自己所处环境。此时，如果应急包在身旁，将会为你脱险起很大作用。

在这种极不利的环境下，首先要保护呼吸畅通，挪开头部、胸部的杂物，闻到煤气、毒气时，用湿衣服等物捂住口、鼻；要观察周围有无通道或光亮，分析判断自己所处的位置，从哪个方位最可能脱险，尽量朝着有光线和空气清新的地方移动；如果被地震废墟埋住，应将双手从压塌物中抽

出来，清除头部、胸前的杂物和灰土，设法保障呼吸顺畅；避开身体上方不结实的倒塌物和其他容易引起掉落的物体；扩大和稳定生存空间，用砖块、木棍等支撑残垣断壁，以防余震发生后环境进一步恶化。

设法脱离险境。如果找不到脱离险境的通道，尽量保存体力，用石块敲击能发出声响的物体，向外发出呼救信号，不要哭喊、急躁和盲目行动，这样会大量消耗精力和体力，设法保存体力，不做无用的喊叫。听到有人声时，用硬物敲击铁管、墙壁，发出求救信号。寻找砖头、木头等支撑可能塌落的物体，尽量扩大生存空间。尽可能控制自己的情绪或闭目休息，等待救援人员到来。如果受伤，要想法包扎，避免流血过多。

如果暂时无法脱险，要坚定信心，耐心等待救援，自己设法维持生命。如果被埋在废墟下的时间比较长，救援人员未到，或者没有听到呼救信号，就要想办法维持自己的生命，防震包的水和食品一定要节约，尽量寻找食品和饮用水，必要时自己的尿液也能起到解渴作用。

三、震后救助常识

在唐山地震中，震后30分钟内被挖出者，存活率达到99%，一天内降到81%，两天内则降为34%。因此，一旦有人员被震压在倒塌房屋下面时，应尽最快速度解救被压人员。另外，在解救被压人员时，应先挖出被压人员的头部，再去解救其他人员，这样可以解救出更多的幸存者。

震后救人，应根据震后环境和条件的实际情况，通过了解、搜寻，确定废墟中有人员埋压后判断其埋压位置，用向废墟中喊话或敲击等方法传递营救信号。力求时间要快、目标准确、方法恰当。采取行之有效的施救方法，目的就是将被埋压人员安全地从废墟中救出来。先将被埋压人员的头部从废墟中暴露出来，清除口鼻内的尘土，以保证其呼吸畅通。对于伤害严重、不能自行离开埋压处的人员，应该设法小心地清除其身上的周围的埋压物，再将被埋压人员抬出废墟，切忌强拉硬拖。对饥渴、受伤、窒息较严重，埋压时间又较长的人员，被救出后要用深色布料蒙上眼睛，避免强光刺激，对伤者，根据受伤轻重，采取包扎或送医疗点抢救治疗。具体做法是：先救近处的，不论是家人、邻居，还是陌生人，不要舍近求远；先救容易救的人，这样，可迅速壮大互救队伍；先救青壮年和医务人员，可使他们在救灾中充分发挥作用。在营救过程中，要特别注意埋压人员的安全。一是使用的工具（如铁棒、锄头、棍棒等）不要伤及埋压人员；二是不要破坏埋压人员所处空间周围的支撑条件，引起新的垮塌，使埋压人员再次遇险；三是应尽快与埋压人员的封闭空间沟通，使新鲜空气流入，挖扒中如尘土太大应喷水降尘，以免埋压者窒息；四是埋压时间较长，一时又难以救出，可设法向埋压者输送饮用水、食品和药品，以维持其生命。营救行动，要有计划、有步骤地进行，哪里该挖，哪里不该挖，哪里该用锄头，哪里该用棍棒，都要有所考虑。在营救过程中要有科学的分析和行动，才能收到好的营救效果，盲目行动往往会给营救对象造成新的伤害。在救援队伍未到现场之前进行的互救工作一定要对伤员轻抬轻放，采取最有效的方法，防止对伤员造成二次伤害。

第三节　洪水、泥石流、雷电等自然灾害的应对

目前情况下，人类也许难以阻止暴雨、洪水、泥石流、滑坡等自然灾害的发生，但我们可以根据自然规律来做好减灾防灾工作。在雨季、汛期，学生出行时要特别注意暴雨、山洪、泥石流、滑坡等自然灾害的发生。

一、洪水到来时的求生方法

先躲到屋顶、大树或附近的小山丘暂避，并用绳子或被单等物将身体与烟囱、树木等固定物相

连，以免从高处滑下，被洪水卷走。如你处在峡谷或山地，要迅速驶向高地，并立刻发出求救信号，以争取被营救的时间。

万不得已之时才能用木筏之类的东西逃生，上木筏的时候要试验其浮力。带好发放求救信号的东西及一些食物，最好要穿戴上颜色较为鲜艳的衣物，醒目好辨认，有助于被营救。即使会游泳，也要尽量避免下水，防止暗流漩涡和漂浮物冲击。山区旅游若遇暴雨，少则十几分钟、多则半小时，就有山洪暴发的可能，缺少经验的城里人往往在大雨来临后，还在山沟里游玩、在河水中游泳，旅游车仍在危险地段行进，以致遭遇灾难。因此在山区遇雨，一定要马上寻找较高处避灾，同时要听从管理人员的指挥。

二、泥石流、山体滑坡救护知识

泥石流以极快的速度，发出隆隆巨响穿过狭窄的山谷，倾泻而下。它所到之处，墙倒屋塌，一切物体都会被厚重黏稠的泥石所覆盖。山坡、斜坡的岩石或土体在重力作用下，失去原有的稳定性而整体下滑的现象，被称作山体滑坡。遇到泥石流或山体滑坡灾害，采取脱险的办法如下：

（1）沿山谷徒步行走时，一旦遭遇大雨，发现山谷有异常的声音或听到警报时，要立即向坚固的高地或泥石流的旁侧山坡跑去，不要在谷底停留。

（2）一定要设法从房屋里跑出来，到开阔地带，尽可能防止被埋压。

（3）发现泥石流后，要马上与泥石流成垂直方向向一边的山坡上面爬，爬得越高越好，跑得越快越好，绝对不能向泥石流的流动方向走。发生山体滑坡时，同样要向垂直于滑坡的方向逃生。

（4）要选择平整的高地作为营地，尽可能避开有滚石和大量堆积物的山坡下面，不要在山谷和河沟底部扎营。

三、台风、龙卷风救护知识

龙卷风的旋转速度估计达每小时 620 千米，地面直径为 25～50 米，移动速度为每小时 50～65 千米，所过之处破坏是毁灭性的。

（1）龙卷风到来时，应待在最坚固的庇护所里，如地下室、水泥屋。

（2）远离窗户。

（3）不要待在车里，因为它们可能会被龙卷风吸入空中。

（4）看准龙卷风到来的方向，朝其垂直方向逃跑。

（5）如果无法躲开，最好躲在沟渠中或地面低洼处，用手保护头部。

四、防范沙尘暴的措施

1. 关注气象预报，及时做好防沙尘暴的应急准备

遇有沙尘暴天气，要及时关闭门窗，尽量避免室外活动。必须在室外活动时，要使用防尘、滤尘口罩，戴头巾或帽子以有效减少吸入人体内的沙尘。要戴合适的防尘眼镜，穿戴防尘的手套、鞋袜、衣服，以保护眼睛和皮肤，勤洗手和脸（尤其是进食前）。

2. 在沙尘天气时，应该多喝水，多吃清淡食物

沙尘暴多发季节，天气普遍较干燥，加上扬尘，皮肤表层的水分易丢失，造成皮肤粗糙，尘埃进入毛孔后易发生堵塞，若去除不及时，可能会引起痤疮，过敏体质的人还容易发生各种过敏性皮炎及皮疹。多饮水能及时补充丢失的水分，加快体内各种代谢废物的排出，对皮肤保健和全身健康都是非常有益的。

3. 身体免疫力较差者以及患有呼吸道过敏性疾病者要加强自我监护

沙尘暴天气最好不要外出，一旦发生慢性咳嗽伴咳痰或气短、发作性喘憋及胸痛均需尽快就

诊，求助于专业的医护人员，并在其指导下进行相应治疗。

五、热浪救护知识

在热浪来临时，最重要和最有效的措施是健全公共卫生基础设施、完善热浪预警系统和采取合适的热浪紧急应对策略。对于个人而言，应该有效地采用各种适应措施来大大地减少热浪对健康的可能影响。

(1) 白天尽量减少外出，从而减少太阳照射。使用电扇、空调，但不要过分贪凉导致热伤风。水能带走暑热，可以在家冲个温水澡，使皮肤微血管扩张，增加散热。

(2) 注意饮食。多喝水，一天饮用 2000 毫升以上的水。在炎热的环境中，要经常喝水，不要等口渴才喝。一般情况下喝茶就行了，出汗多时应饮用 0.3%的冷盐开水。平时多食用西瓜、白扁豆、绿豆汤等，有消暑效果。避免饮用酒类和含糖、咖啡因的饮料。因为酒精和咖啡所含成分有利尿作用，反而会加速水的丧失。

(3) 必须外出时，做好防暑准备。戴上太阳镜和遮阳帽。穿上宽松浅色衣服，以免吸热。随时携带防暑药品，如薄荷片、十滴水。

(4) 进行健康检查，凡患有心脏病、持续性高血压、活动性肺结核、肺气肿、支气管哮喘及溃疡病等疾病的人，要避免在高温环境中学习、工作。

(5) 早期治疗。一旦有疲倦感、头晕或觉得身体发热，就应立即到阴凉的地方稍做休息，必要时早到医院就诊，以免中暑发展到严重程度。

六、防雷电击伤

对于雷雨大风和冰雹等强对流天气，雷击伤亡事件也时有发生，如何防止雷电袭击是每个人必须关注的问题。

(1) 发生强对流天气时，如果在室外，应立即寻找庇护所。装有避雷针的、钢架的或钢筋混凝土建筑物，可作为避雷场所，具有完整金属车厢的车辆也可以利用；找不到合适的避雷场所时，应采用尽量降低重心和减少人体与地面的接触面积，可蹲下，双脚并拢，手放膝上，身向前屈，千万不要躺在地上、壕沟或土坑里，如披上雨衣，防雷效果更好。

(2) 切记，如果在野外，千万不要靠近空旷地带或山顶上的孤树，这里最易受到雷击；不要待在开阔的水域和小船上；高树林子的边缘，电线、旗杆的周围和干草堆、帐篷等无避雷设备的高大物体附近，铁轨、长金属栏杆和其他庞大的金属物体近旁，山顶、制高点等场所也不能停留。另外，在野外的人群，无论是运动的，还是静止的，都应拉开几米的距离，不要挤在一起，也可躲在较大的山洞里。

(3) 雷电期间，尽量避免骑马、骑自行车和摩托车；不要携带金属物体在露天行走；不要靠近避雷设备的任何部分；不要打手机。

(4) 注意，当头发竖起或皮肤发生颤动时，可能要发生雷击了，要立即倒在地上。受到雷击的人可能被烧伤或严重休克，但身上并不带电，可以安全地加以处理。

(5) 如有强雷鸣闪电时你正巧在室内，建议无特殊需要，不要冒险外出；将门窗关闭；尽量不要使用设有外接天线的收音机和电视机，不要接打电话。

第四节　冰雪灾害的应对

一、冰雪灾害常识

雪灾亦称白灾，是因长时间大量降雪造成大范围积雪成灾的自然现象。根据我国雪灾的形成条件、分布范围和表现形式，将雪灾分为三种类型：雪崩、风吹雪灾害（风雪流）和牧区雪灾。

雪灾主要影响交通、通信、输电线路等生命线工程；大量积雪可压塌大棚，对蔬菜生产有较大影响。大雪常伴随低温，造成道路冻雪或形成积冰，人们在出行时应注意防止滑倒，车辆应加防滑链，必要时关闭结冰道路，以免造成人员伤亡。

雪灾预警信号分为三级，分别以黄色、橙色、红色表示。

（1）雪灾黄色预警信号含义：12 小时内可能出现对交通或牧业有影响的降雪。防御指南：相关部门做好防雪准备；交通部门做好道路融雪准备；农牧区要备好粮草。

（2）雪灾橙色预警信号含义：6 小时内可能出现对交通或牧业有较大影响的降雪，或者已经出现对交通或牧业有较大影响的降雪并可能持续。防御指南：相关部门做道路清扫和积雪融化工作；驾驶人员要小心驾驶，保证安全；将野外牧畜赶到圈里喂养；其他同黄色预警信号。

（3）雪灾红色预警信号含义：2 小时内可能出现对交通或牧业有很大影响的降雪，或者已经出现对交通或牧业有很大影响的降雪并可能持续。防御指南：必要时关闭道路交通；相关应急部门随时准备启动应急方案；做好对牧区的救灾救济工作；其他同橙色预警信号。

二、冰雪灾害自救

（1）尽量待在室内，不要外出。如果在室外，要远离广告牌、临时搭建物和老树，避免砸伤。路过桥下、屋檐等处时，要小心观察或绕道通过，以免因冰凌融化脱落伤人。

（2）注意收听天气预报和交通信息，避免因机场、高速公路、轮渡码头等停航或封闭而耽误出行。

（3）驾驶汽车时要慢速行驶并与前车保持距离。拐弯前要提前减速，避免踩急刹车。佩戴色镜。将轮胎装上防滑链。非机动车应给轮胎少量放气，以增加轮胎与地面的摩擦力。

（4）出现交通事故后，应在现场后方设置明显标志，以防连环撞车事故发生。

（5）如果发生断电事故，要及时报告电力部门迅速处理。

三、防冻伤

（1）适当运动，均衡膳食，注意营养。

（2）注意保暖和防风，避免在寒冷环境中暴露时间过长。

（3）做好房屋保暖检查及保暖用品储备，在室内保持适宜的温度和湿度，适时通风换气。

（4）出入温暖的室内时，注意温度缓冲，不宜忽冷忽热。

（5）保持皮肤干爽，运动出汗后，要注意脱离寒冷环境，及时更换干燥衣物。

（6）尽量避免长时间户外作业。户外作业时，穿戴防寒工作服、防滑鞋靴。衣物和鞋靴潮湿时，及时更换。了解周围的救援设施和联系方式，如出现紧急情况应停止作业，及时寻求帮助，并尽快进入温暖场所。

（7）一旦发生冻伤，要尽快进入温暖的室内。要用温水（非热水）浸泡患处。要用体温温暖冻伤部位，如用腋下温暖冻伤的手指。

（8）一旦发生冻伤，不要用冻伤的脚走路；不要用雪擦或揉冻伤部位，不然可能会增加损伤；不要使用电热毯、烤灯、火炉、电暖器等取暖，冻伤部位已经麻木，很容易引起烧伤。

冰雪灾害是一种常见的自然灾害，对人们的生活和生产带来了很大的威胁。为了减少灾害的损失，我们需要提前做好准备，听从政府安排，储备应急物资，维护防护设施，避免在灾害发生时外出，保护好自己和他人的安全，利用互联网应用技术，组织大家参与。只有这样，我们才能更好地应对冰雪灾害，减少灾害的损失，保护人们的生命财产安全。

思考题

1. 简述地震后的救助常识。
2. 简述洪水、泥石流自然灾害的防范措施。
3. 简述防范自然灾害八字歌诀的主要内容。

第九章　教学、社会实践活动及旅行安全

第一节　实验室教学活动安全

实验课有利于培养学生的观察能力、思维能力、实践能力和创造能力。但是学生在实验过程中需要使用各种实验器材，要接触酸、碱、电、火以及对人体有害的气体等。在实验过程中，稍有不慎，就有可能发生烧伤、电伤之类的事故，甚至会造成重大财物损失和人员伤亡。因此，进行实验安全教育是非常有必要的。

高校实验室安全事故按其发生的原因可分为 4 种类型：①因人员操作不慎、仪器设备使用不当和粗心大意酿成的事故；②因仪器设备和各种管线年久失修、老化损坏酿成的事故；③因自然现象酿成的自然灾害事故；④因心理失常引发的非法侵害事故（如计算机病毒或黑客攻击等）。在高校实验室里，这些事故的表现形式为火灾、爆炸、毒害及机电伤人等。

一、实验室火灾事故原因及预防

学生在实验室内动火动电，接触易燃液体和气体，如果违反规定和处理不当极易引发火灾。

（一）实验室发生火灾的主要原因

（1）在实验室抽烟并乱扔烟头，接触易燃物。

（2）供电线路老化、短路、超负荷运行。

（3）忘记关电源，致使通电时间过长，电器温度过高和电线发热。

（4）电器操作不慎或使用不当。

（5）易燃物品保管或使用不当。

（6）不遵守实验室安全管理规程，违反操作规则，实验中擅自脱岗等。

（二）实验室火灾的预防

（1）参加实验的学生在实验前要认真检查实验设备的安全性能状况，发现电线及设备存在故障时，应及时报告实验室管理人员。

（2）学生进入实验室应严格遵守实验室管理规定，不得违规在实验室内吸烟或使用电器。进行实验时，严格按实验规程操作，防止因不规范操作造成火灾。

（3）参加实验的学生操作设备时应精力集中，使用易燃易爆物品时更要谨慎小心，实验结束前学生不得擅自脱岗，以防发生火灾事故。

（4）详细掌握实验室内药品的化学特性，严禁将化学性质相抵触的药品混装、混放，实验剩余的药品必须按规定处理，严禁带走或倒入下水道。

（5）参加实验的学生要了解实验室灭火器材的种类、存放位置和使用方法，强化预防火灾的意识，如发生火灾，应立即扑救，防止火灾蔓延、扩大，同时要立即报警。学生还要熟悉实验室的安全通道，以便一旦发生大火时能够迅速逃生。

二、实验室爆炸事故发生原因及预防

爆炸是大量能量在短时间内迅速释放或急剧转化成机械能的现象。高校实验室的爆炸事故多发生在具有易燃易爆物品和高压容器的实验室。

（一）酿成实验室爆炸事故的直接原因

（1）违章操作，没有遵守安全管理规定。

（2）设备老化、存在故障，未及时检修。

（3）易燃易爆物品管理不善，发生泄漏，遇火花引起爆炸。

（二）实验室爆炸事故的预防

（1）了解爆炸物的性能。在接触爆炸物之前，必须了解爆炸物的基本性能，如它在什么条件下会爆炸，有多大的威力，可能造成什么样的伤害后果等。

（2）在与爆炸物品接触时，要做到“七防”：防止可燃气体粉尘与空气混合；防止明火；防止摩擦和撞击；防止电火花；防止静电放电；防止雷击；防止化学反应。

（3）严格遵守各项法律法规和规章制度。对于爆炸物的使用、管理、运输，国家有关部门都有严格规定，单位也有各方面的规章制度。爆炸演示、试验、参观等，未经领导和指导教师允许，不得擅自参加；实验剩余的爆炸物，必须如数上交，不得私拿、私用；不允许私带、私藏、转让、转卖、转借爆炸品；乘坐车、船和飞机，邮寄包裹，托运行李，不得夹带爆炸物。这些规定必须严格遵守，切不可大意。

（4）要严守岗位职责。大学生在进行实验、实习时，常常是分组活动，几个人共同进行操作，这就要严格按操作规程行事，听从统一指挥，协调行动，恪守职责。

（5）要依靠组织，解决异常问题。如发现丢失爆炸物品或有违反国家关于爆炸品管理规定的行为，大学生不要自行处理，更不能听之任之，必须及时报告老师、学校保卫部门或当地公安机关，便于组织上采取措施，防止危害事故发生。

（6）做好实验设备特别是压力容器的定期检验。

三、实验室中毒事故发生原因及预防

高校实验室的中毒事故多发生在具有化学药品和剧毒物品的化学、化工、生化实验室和具有毒气排放的实验室。

（一）实验室中毒事故发生的原因

（1）违反操作规程，将食物带进有毒物实验室或食物与有毒物品共同存放在一起，造成误食。

（2）因管理不善，造成毒品散落流失，引起环境污染。

（3）排风、排气不畅，毒气难以散出，致使未离开实验室人员中毒。

（4）废水排放管路受阻或失修改道，造成有毒废液流出，致使环境污染，引起中毒。

（5）没有按规定穿防护服装、戴防毒面具等进行有效防护。

（二）实验室中毒事故的预防

大学生要特别重视剧毒物品的使用与管理问题。剧毒物品关系到人的身体健康和生命安全，国家和有关单位都制定有严格的储存、运输、使用、销毁等一系列规章和制度。在实验中需要使用剧毒物品的，要严格遵守规定，不得有任何差错。对剧毒物品要按照“五双制”（双人保管、双锁、双账、双人领取、双人使用）的规定进行管理；剧毒物品只能在规定的房间内使用，并且要严格该房间的出入制度；学生在使用剧毒物品时，必须有教师带领；剧毒物品不得私自转借、赠送、买卖；剧毒物品用完后，废弃物要妥善保管，不得随意丢弃、掩埋或水冲，应上交学校统一处理等。对这些规定，每一个人都必须严格遵守并互相监督。只有这样，才能确保自身及他人的安全。

四、实验安全常识

（1）实验开始前应检查仪器是否完整无损，装置是否正确稳妥，在征求老师同意后才可进行实验，不可进行未经允许的实验，因为这些实验可能会导致危险的实验结果。

（2）一定不要单独在实验室做实验，因为一旦发生事故无法使别人知道而做出求救或适当协助。

（3）当所做的实验安全受到质疑时，应该立即停止。

（4）在实验室内做实验时，不允许奔走、跳跃或大声喧哗，这样容易造成意外事故。

（5）实验进行时，不得离开岗位，要注意反应进行的情况和装置有无漏气、破裂等现象。

（6）不要用湿的手、物接触电源。水、电使用完毕，就立即关闭水龙头，切断电源。点燃的火柴用后立即熄灭，不得乱扔。

（7）正确使用生物解剖课上的器具，切忌使用它们开玩笑，以免划伤、刺伤自己或其他同学。

（8）当进行有可能发生危险的实验时，要根据实验情况采取必要的安全措施，如戴防护眼镜、面罩或橡皮手套等。

（9）使用易燃易爆药品时应远离火源。严禁在实验室内吸烟或吃饮食物。

（10）防止实验药品外流，不准私自携带药品出实验室。

第二节　实习教学活动安全

实习是大学生尤其是理工、医、农专业教学计划中非常重要的实践性教学环节。实习环节一般包括金工实习、认识实习、生产实习、毕业实习。无论哪种类型的实习，其共同特点是与生产实际接触，强调学生动手操作，正因如此，生产中存在的种种安全隐患就可能在学生身上发生。

一、实习伤亡事故发生原因及预防

（一）学生在实习中发生人员伤亡事故的主要原因

（1）对实习设备的不熟悉而造成操作失误，从而引发伤亡事故。有的学生对设备的操作不熟悉，在好奇心驱动下容易造成操作失误。如北京某大学学生在一家工厂进行认识实习时，由于对冲床的误操作，造成其右手中指被切断。

（2）安全意识差，违反安全操作规程，引发伤亡事故。有的学生安全意识淡薄，违规操作机械设备，致使发生伤亡事故。如某高校学生金工实习进行金属成型加工，随意脚踩开关，造成左手小指被剪板机剪断。某医学院学生在进行毕业实习时，严重违反操作规程为病人注射抗生素，险些造成病人死亡。

（3）安全知识匮乏，导致伤亡事故。由于学生对安全知识知之甚少，从而造成事故。如机械零件加工过程中对工件尺寸的测量，要求必须在机床完全停止转动后方可进行；加工的铁屑只能够用铁钩清理，不允许用手直接清除。但这些基本知识却往往被学生所忽略。如某高校学生在实验室利用小型车床制作科研实验设备零件时，在机床未完全停止转动的情况下匆忙测量工件尺寸，导致测量工具飞出，击伤手臂，缝合10针。

（4）严格工作服装穿戴要求，切忌随意着装。工作服是实习学生进入实习场地所必须穿戴的服装，不同实习场合着装要求和着装的衣料区别也很大。但是有的学生没有按要求去做，而是随意着装，以致发生事故。如某高校学生进行金属焊接实习时，未戴防护眼镜，并在清除电焊渣壳时违反操作规程，使温度极高的焊渣崩入左眼，造成左眼伤残。某高校女学生因未戴安全帽，低头时长发被卷入高速旋转的车床中，造成头皮撕裂，落下终身残疾。

（二）实习中伤亡事故的预防

大学生在实习中必须树立安全第一的意识，严格执行实习的安全技术规定和参加实习人员各项具体要求；要了解和熟悉操作设备的性能，切勿盲目操作；要具有一些安全常识，一旦实习中发生事故苗头，能够当机立断妥善处置，防止发生大的事故。

二、校外实习安全注意事项

校外实习由于是在社会大环境中进行，学生对环境、试验场所、设备状况和周围人员都不熟悉，社会上存在的安全隐患也对学生产生影响，参加实习的学生除了注意严格遵守操作规程、预防实习事故外，还得增强安全意识，注意实习期间的自身安全。

（一）提高警惕，防止出现安全事故

为避免事故发生，首先，要提高个人防范意识，如乘车时不坐超员车辆、无照运营的车辆等。其次，要提高公德意识，遵守公共道德，尽量避免与他人发生争执。最后，提高应急意识，在紧急情况下学会自救和应急处理。

（二）冷静理智地处理交往中的问题

学生要尽快熟悉实习的环境；与不了解的人员交流应慎重；实习期间外出要向带队老师请假；与社会上人员发生争执时要冷静理智地处理，不激化矛盾、扩大事态。

（三）厂矿、企业实习时的安全防范

(1) 在任何单位实习，都要服从该单位的领导，虚心向技术人员、工人师傅学习，不得违反各项规章制度，确保生产安全。

(2) 在厂矿、企业实习的大学生，应在实习前接受安全教育，学习安全法规，并在专人指导下学习并掌握有关的安全操作知识和技能。

(3) 正确使用和保管个人劳动防护用品，保持工作场所的整洁。准确了解厂矿、企业内特殊危险的工区、地点及物品，避免发生意外事故。

(4) 工作前，应了解掌握需要使用的机器、设备或工具的性能、特点、安全装置和正确操作程序及维护方法，做到安全操作和规范操作。

（四）防止被骗

学生自己联系实习单位或单独外出实习时，要详细了解实习单位的资质情况，严格按照学校的规定实行备案制度，以便学校及时掌握其情况，预防被骗。由于社会经验不足，个别学生在联系实习单位过程中上当受骗。

第三节　社会实践及旅游安全

大学生参与的社会实践活动，比较普遍的就是家教、打工和进行社会调查活动。在开展社会实践活动中，也要特别注意人身财产安全。

一、家教、打工安全注意事项

大学生的家教活动是社会上的一种需要，也是大学生锻炼自己、提高能力的一种途径。据某刊物抽样调查，大学生做家教，因经济原因的占 46.9%，培养教学能力的占 31.6%，增加社会阅历的占 18.4%，打发多余时间的占 3.1%。大学生打工不仅可以锻炼自己，提高能力，为社会做出贡

献，而且又能为自己挣得一笔可观的收入，减轻家庭经济上的负担。但是学生在做家教、打工中应特别注意安全。

（1）提高警惕，防止上当受骗。不少大学生寻找家教或进行打工，是自己到社会上通过中介机构或私下联系而成的，并没有到学校有关部门登记注册。面对社会上中介市场和人员的良莠不齐、鱼龙混杂，部分大学生在做家教、打工过程中就容易发生问题。

针对以上情况，提醒外出做家教、打工的大学生，应争取得到学校的管理、指导和帮助，尽可能到学校有关部门登记注册，并学习、掌握有关的安全常识。

在交换意见、签订协议时，应仔细研究对方提出的要求和协议中的条款，不要匆忙允诺或签字，防止上当受骗，避免劳动纠纷的产生。

（2）遵纪守法，诚信授课和工作。大学生做家教和外出打工，要遵纪守法，要讲诚信，认真教授知识，做好工作，不做违法的事情。对个别受教孩子家长以及打工单位领导人员提出的无理要求，应坚决予以抵制。

（3）大学生做家教和外出打工，来回的路上要注意遵守交通规则，避免发生交通事故。（4）在做家教和外出打工过程中，大学生要注意文明礼仪、自我保护；不得随便动用雇主家的物品；不得住在雇主家里，避免发生意外事情。

二、社会实践安全注意事项

高校每年都组织大学生结合专业到农村、工厂开展社会调查（考察）活动。这项活动大都是由学校组织进行的，一般都由教师带队，学生具体组织安排。由于人员较多，到外地需乘车，并且吃、住、行都需要自行安排。在社会调查中需注意的安全事项如下：

（1）交通安全。在前往调查地和返校过程中，以及在调查地都要乘火车、汽车、轮船、公交车等交通工具，要注意上下车（船）的安全和遵守城市交通规则，避免发生交通安全事故。若发生交通安全事故，要依靠当地交通安全管理部门，依照交通安全法律法规进行妥善处理。

（2）治安、消防安全。我国的治安形势和状况总体是好的，但也时常发生盗窃、诈骗、火灾等安全事故，因此不管到何地、在何时，都要随时提高警惕，做好防盗，随时保管好自己的物品，防诈骗，防火灾，避免发生这类安全事故而影响社会调查（考察）工作的顺利进行。不要露天住宿，要住在安全的旅馆或可靠的人家里，避免发生意外事故。人员走失时，要及时使用电话联系，或事先确定集合的地点和时间。

（3）卫生安全。在外出调查过程中，要注意饮食卫生，预防食物中毒，防止病从口入；不要随便到无照饭馆和小摊就餐；不要购买“三无”食品和食用过期的食品与饮料。夏天尽量不要食用剩菜、剩饭。要自带一些常用药物，如出现一般常见病可对症吃药，严重时应立即到医院医治。还要讲究个人卫生和保持公共环境卫生。

（4）交往安全。大学生开展社会调查，出门在外，人生地不熟，要学会与人交往，谈话态度要好，问路问事要有称谓，进行调查时要讲文明礼貌，问话客气。要注意听被调查人介绍情况，认真记录，要谦逊谨慎。遇到不顺心的事情，受到不公道的礼遇，要忍耐，要善解人意，学会换位思考，不要发脾气闹纠纷，不要争吵斗嘴、相互谩骂，更不能你推我拉、打架斗殴。否则，会损坏大学生的社会形象，影响调查工作的深入进行。

（5）女大学生在社会调查中要注意防性侵害。女大学生本身要注意穿戴不要太奇特、太暴露；夜间外出时要结伴而行，要尽量走明亮、往来行人较多的大道，不到僻静的地方去；尽量不找陌生人带路；就寝时应关好门窗，夜间到室外上厕所要格外注意安全。

（6）一般不提倡个人外出开展社会调查。因为个人身单力薄，力量有限，一旦发生安全事故，难于解决和处置。如果一定需要个人外出进行社会调查，可以事先通报学校，由学校与前往调查地有关单位联系，请他们帮助和协助开展社会调查，并帮助处置有关事宜。

三、出行旅游安全

作为现代人，谁都有出行的时候。即使是老出差的人，出行也都需要处处注意安全。虽然大学生出行机会不是很多，但学习一些出行安全知识，积累一些安全经验，非常必要。

（一）旅游安全常识

（1）不可去的地方。组织者首先明确未开发区、疫区、震区、洪区等地不能去。不能盲目到一些未开发的地区去进行旅游探险。

（2）旅游的目的和行程计划。组织者必须让参加旅游人员明确旅游的目的和行动计划，以及每日行程的目的地、到达之后的行动，以保证旅游安全、顺利地进行。

（3）了解所去地区的天气。出发前了解清楚旅游地的天气，这样，可以携带必备的衣物、用具以保证参观游览的顺利进行。

（4）采用团队的方式。大学生外出旅游最好以组团的方式。由于所到之处人地两生，有旅游团导游带领，不仅参观点具有典型意义，也比较安全；发生问题可以由导游与当地的旅游部门联系解决。

（5）旅游交通安全。选择安全可靠的交通工具，不乘用无运输营业资格的交通工具。如果乘大巴出行，切记到加油站不能用手机，更不能打火吸烟。如果骑自行车，必须遵守交通规则。如果以飞机作交通工具，那么不可带任何刀具；自飞机起飞到降落一定关上手机，系好安全带，不能大声说笑打闹，一切听机组人员的指挥。

（6）住宿安全。旅游途中，每到一处落脚住宿，必须注意防盗防火，出入必须随手关门；要查看灭火器材放置的位置和消防通道的方向，以防万一。另外，还要注意晚间可能有电话骚扰。

（7）饮食安全。每到一处旅游地，都有一些地方小吃，切记“病从口入”，不要随便食用。可以请导游带领去卫生条件好的餐馆品尝。每餐到旅游定点餐馆去，卫生条件比较有保证。

（8）要了解当地的风土人情。去少数民族地区，要尊重少数民族的习俗，务必请导游介绍当地的风土民情，以及语言、行为、购物、饮食等方面的忌讳，以免发生不必要的问题与麻烦。

（9）联系的方式方法。旅游参观行动以团队整体为最好，不可单独行动；不方便的话，可以三五人一组，约好集合的时间、地点。每人的手机号必须给领队，以便集合找人。

（二）外出住宿时的安全防范

（1）外出旅行之前，别忘了带上自己的身份证（学生证）。住宿期间如有贵重物品又携带不便，可交到宾馆或饭店服务台办理保管手续。

（2）不要在旅店房间内使用电炉、电饭煲或电熨斗等。也不要躺在床上吸烟，以防止发生火灾。不要携带易燃、易爆物等危险品进住旅社或酒店。

（3）注意睡觉前关好门，外出时锁好门。如果有不相识的人同住一间房，既要注意文明礼貌、热情大方，又要提高警惕，不要轻信人言。万一发生失窃，应尽快通知服务台。

（4）在旅馆内居住，要注意开窗通风，更换新鲜空气，注意卧具的清洁卫生。入住带有空调设备的旅馆房间，应根据个人的生活习惯和要求调到适宜的温度。外出归来身上有汗或洗热水澡后，应避免冷风直吹身体，以防止出现关节疼痛或因腹部受凉发生腹泻。

（三）旅游突发疾病简易急救法

（1）晕厥。劳累、中暑、饥饿等原因可令人突然昏倒，不省人事。此时可用拇指捏压患者的合谷穴（虎口中）持续几分钟，可望苏醒。

（2）吐血。用中指按压内关穴（位于掌横纹上 2 寸处，桡侧腕屈肌腱与掌长肌腱之间）约 5 分钟，至有酸胀感为度，可以止住吐血。病情缓解后，应尽快去医院诊疗。

（3）心绞痛。当心绞痛发作，一时无法找到硝酸甘油片等药物缓解时，周围人可用拇指掐患者中指甲根部，让其有明显痛感，亦可一压一放，持续几分钟，并应急送医院。

（4）鼻出血。偶然发生鼻出血，可迅速掐捏足跟（踝关节与跟骨之间凹陷处），左鼻孔出血掐捏右足跟，右鼻孔出血掐捏左足跟，便可止血。

（5）胃痛。胃痛时，用双手拇指揉患者的双腿足三里穴（位于膝下三寸，胫骨外侧一横指处），待有酸麻胀感后持续几分钟，胃痛可明显减轻或消失。

（6）抽筋。腿或脚部抽筋时，可立即用拇指和食指捏住上嘴唇的人中穴，持续用力捏几十秒钟后，抽筋的肌肉就可松弛，疼痛也随之缓解。

第四节　体育运动活动安全

学生在运动中受了伤，不仅损害学生健康，挫伤学生进行体育活动的积极性，而且影响学生正常的生活、学习。

专业体育运动中难免出现各种各样的身体损伤，如骨折、肌肉拉伤、皮肤擦裂与软组织损伤等，但对非体育专业的学生却是可以避免的。在大学生的运动项目中，排球、篮球与足球因具有较强的对抗性，软组织的挫伤发生率最高。挫伤中，又属踝关节的损伤最多，其次是膝关节的损伤，皮肤擦伤、裂伤发生率也占有较大的比例。形成运动中损伤的常见原因为技术动作不规范、准备活动不充分和场地不合适等。不同的运动项目可能造成的运动损伤也不尽相同。

一、主要体育运动项目中可能出现的常见伤

（1）跑步常导致大腿后部肌肉拉伤、腰拉伤及踝关节扭伤；跳远与跳高常导致踝关节、腰关节扭伤和前臂骨折或脱臼。

（2）跳马与单杠常导致双上肢的臂部或腋部损伤，下肢的膝部或踝部发生脱臼或骨折。

（3）投掷运动常造成肩、肘等部位脱臼或骨折。

（4）球类运动常导致踝关节部位损伤，软组织损伤，韧带拉伤、扭伤，肋骨损伤等。篮球运动常伴有肩关节、手腕部、手指部损伤；足球运动损伤较多，除了一般擦伤和挫伤外，还可导致头部和胸部损伤。

（5）体操常导致膝关节韧带损伤，跟腱断裂、扭伤。

（6）举重主要发生腕部、肩、腰和膝部损伤，且急性损伤比慢性损伤较多见。

（7）滑冰常导致头后部受伤，前臂与手腕捻挫、骨折和臀部伤。

（8）在球类运动中，不要强迫自己做出没有练习过的动作。要注意防止头顶足球时砸在鼻子或者眼睛上，使鼻子出血、眼睛撞伤；防止打篮球抢篮板球时手指挫伤，打排球传球时手指扭伤等。只要通过锻炼，动作熟练了，球技提高了，就可以最大限度地减少或防止以上各种受伤的发生。

（9）游泳是大学生喜闻乐见的体育运动之一，然而，每个泳季里都有不幸者溺水而亡。溺水的原因有很多方面，如有些人患有不适宜游泳的疾病，如心脏病、高血压和癫痫等；也有的是因为准备活动不充分，贸然下水，尤其是在水温较低的情况下极可能因抽筋而溺水；还有的是因为自身游泳技术欠佳或对水况不了解而溺水；另外，因空腹导致身体热量不足、过度疲劳及睡眠不足等也是造成溺水的原因之一。

二、如何预防体育运动受伤

（1）认真做好准备活动。对训练中负担较大和易受伤的部位要特别做好准备活动。准备活动结束到训练开始不要超过四分钟。间歇时间过长或改练其他部位时，应补做专项准备活动。

（2）做好放松和整理活动。训练后必须做一些伸展放松练习，以加速运动部位的恢复。例如，做完硬拉和深蹲后，可悬吊在单杠上，然后做提膝下放或直腿左右摆动等动作，以恢复原来的机能状态。

（3）大重量训练要适可而止，用大重量训练，如果没有把握，最好请人保护。不要经常借力训练。做动作时速度不要太快和突然启动。间隔时间较长再练时，要减轻重量、降低强度。

（4）加强医务监督和训练场地安全检查。常练健美者最好定期进行体格检查，参加比赛时要进行补充检查，以便及早发现隐患，采取措施。

（5）注意身体的警号，疲乏、焦虑、长期有时断时续的肌肉酸胀疼痛等是身体发出的警示，若置之不理，则小伤会酿成大伤。软组织损伤一般恢复较慢，若处理不当，轻则造成慢性损伤，重则留下不同程度的功能障碍。

（6）认真总结预防伤害的经验。要认清伤害事故发生的原因，找出其发生的规律，从而更好地进行预防。

第五节 心脏病猝死的防范

武汉某学院学生徐某晚上七点十五分左右，在与几名同学打篮球时说有点累，便到场边休息，突然侧身倒地。同学们迅速将其送校医院抢救，并拨打“120”，后经抢救无效死亡。医院下达的死亡结论是猝死。经调查，徐某的心脏原来就有早搏现象。徐某在入校体检时应该知道自己患有心脏病，在日常生活中应该避免过度劳累和剧烈运动，但他忽视了，造成隐疾突发，不治身亡。类似的忽视生命安全，由过度劳累、剧烈运动诱发心脏病造成猝死的情况在高校时有发生，应引起学生的警惕。

为了避免上述悲剧的发生，学生应注意以下几点：

（1）定期到医院检查身体，尽早发现隐疾，及时治疗。

（2）患有可能危及生命安全的疾患，要排除不应有的顾虑，及时报告学校、老师，争取老师、同学的关照。

（3）适度运动，心理平衡。心脑血管病患者一定要避免着急和突然用力。

（4）掌握一定的急救常识，备好急救药品，出现异常情况及时拨打“120”救护。

一、猝死

“猝死”也叫急死，指貌似健康的人或病情经治疗后已稳定或正在好转的患者，在很短时间发生意想不到的非创伤性死亡，往往来不及救治，又称为急症。“猝死”一般在起病后一小时内，因此一些心脏病学家把发病后一小时内死亡作为“猝死”标准。

多数人猝死前无明显预兆。有些病人有过心绞痛发作史，如果心绞痛突然加剧，出现面色灰白、大汗淋漓、血压下降等情况，特别是出现频繁的室性早搏现象，往往就是猝死先兆。也有的表现出诸如显著疲乏感、心悸、呼吸困难、精神状态突变等症状，随后神志不清、高度紫绀、痉挛、瞳孔固定而扩大，或出现几次喘息样呼吸而进入临床死亡。如果不及时发现，及时进行心脏复苏抢救，或抢救无效，病人可很快（4～6 分钟）进入不可逆的生物学死亡。

二、心脏性猝死的原因及预防

人们在参加体育运动中发生心脏性猝死的现象并不常见，但其发生的后果比较严重，可以导致生命受到威胁，直至死亡。自新中国成立以来，在学校体育活动和体育课中，全国每年均有猝死发生，概率统计一般在千万分之一内。

（一）心脏性猝死的原因

正常的人体有一颗健康的心脏，在正常情况下，一般健康人的心脏可以承受较大的运动负荷。安静时人的心率为 70～80 次/分钟，最大强度运动时能够达到 180～200 次/分钟，这种心率变化的

幅度说明人的心脏功能是比较强大的，能够适应人体从安静到大运动量状态的大幅度变化。参加体育运动时一般都不会发生心脏性猝死，心脏功能可以通过体育锻炼来增强。

心脏性猝死是指由于各种心脏原因引起的自然死亡，发病突然、发展迅速，一般死亡发生在症状出现后 1 小时内。病发后心脏停止收缩，失去排血功能，医学上称为心脏骤停。这类心律失常自行转复可能性很小，但如能及时救治，部分患者可成功复苏。

常见的心脏性猝死一般有以下 3 种情况：

(1) 有心脏方面疾病隐患（如冠心病、心肌病等）的人在运动时可能会出现心脏性猝死。

(2) 心脏功能较弱的人参加体育锻炼时，选择了不是自己力所能及的体育项目和较大的运动负荷。在运动时，如果感到身体不适，要停止运动，在休息中让心脏逐渐恢复，一般不会发生问题。但是，往往在运动时，有的学生逞强好胜，不能量力而行，结果导致心脏没有能力供血，造成突然休克，心脏和大脑缺血、缺氧性猝死。

(3) 心脏比较健康的人，在大强度连续工作、“开夜车”没有休息好或患有感冒发烧等疾病后，心脏的疲劳没有恢复，功能已经下降。在这种情况下，参加强度较大的体育锻炼活动时，也容易发生意外，导致猝死。

（二）预防心脏性猝死的方法

(1) 应对自己的心脏功能有一个清楚的认识。通过医学检查，了解自己是否有先天性的心脏疾病隐患。除了医学检查之外，还可以通过人体运动负荷的生理检查，对自己的心脏进行一个评定。

(2) 参加体育运动时应注意观察自己的身体反应，如果没有任何不适的感觉，心率变化稳定，说明处于健康的状态中；如果脸色发白，身体感觉不适，嘴唇发紫，心律不齐，就应该停止运动，避免发生意外。

(3) 参加体育锻炼贵在坚持，量力而行。运动负荷量应该循序渐进，逐步提高。通过长时间坚持锻炼增强心脏功能，有了一颗健康的心脏，就可以避免心脏性猝死的现象发生。

(4) 健康的人也需要很好的休息，保证自己的心脏能够通过休息恢复到最好的工作状态，才能参加激烈的体育运动。

(5) 在参加较大强度运动时，不要突然停止，避免在运动时血液集中在腿部肌肉中较多而使大脑短暂性缺血发生突然昏厥休克。在夏季气候炎热的条件下锻炼，身体出汗较多，要及时补充水，防止体液流失后补充不足造成失水过多后的运动休克。

(6) 多选择一些户外有氧运动，多吸入一些新鲜空气，对保证心脏为人体供血、供氧充足、避免发生运动中的意外猝死也有一定的帮助。

(7) 一旦发现猝死病人，应立即使其平卧在床上或地上，进行现场救护，严禁搬动。一面进行心肺复苏术，同时速请“120”救护车前来救治。只有当病人呼吸、心跳恢复后才能以妥善的方法送到医院继续治疗。

思考题

1. 谈谈教学和社会实践活动安全的重要性。
2. 简述实验室中毒事故发生的一般原因及预防措施。
3. 简述体育运动中常见的安全问题。
4. 简述校外实习、社会实践安全的注意事项。

第十章　预防网络侵害与信息安全

21世纪的地球是一个全球化、信息化的世界，网络安全对于每一个国家来说，都是关系其生死存亡的大事。哪个国家的信息系统不能有效地抵御入侵，哪个国家就会随时陷入灭顶之灾。此前，突尼斯和埃及等国的动荡表明，互联网时代的高速信息传递已成为动荡的导火索和催化剂。因此，抓住机遇、迎接挑战，以安全的意识建构网络世界，以成熟的心智面对网络生活，以娴熟的技术担当网络卫士，不仅是对我们每一个大学生提出的要求，也是每一个中国公民面临的严峻挑战。

第一节　网络不良信息对大学生的侵害及预防

一、网络不良信息对大学生的危害

（一）不良政治信息对大学生的危害

尽管各高校在校园网安全管理方面做了大量工作，但仍不时有人在网上传播不良有害信息，尤其是在国内外重大政治活动和重大敏感事件期间。境内外敌对势力和别有用心的人也千方百计与我争夺这个重要阵地，他们在网上传播虚假信息，造谣惑众，对社会热点和敏感事件进行恶意炒作，误导舆论，危害社会稳定与和谐。

（二）黄、赌等信息对大学生的危害

互联网上各种色情信息的泛滥，涉及网络色情、赌博、毒品等方面的有害信息对青少年心灵的腐蚀令人发指。加上青少年生理、心理正处于发育期，如果缺乏正面引导，很容易诱发青少年进行卖淫嫖娼、强奸或利用网络传播色情牟利等违法犯罪活动。湖南某学院一学生李某以每月500元的价格租用了一个网络空间，在网络论坛开设了淫秽色情栏目。2023年3～6月间，曾某共发帖散播色情淫秽图片282张，以此吸引浏览者点击并牟取暴利。曾某最终落入法网，网络色情毁了他的美好人生。

（三）网上交友不慎的惨痛教训

有些大学生上网，就是为了结识异性朋友，进而产生“网恋”情结。一旦陷入“网恋”，就难以自拔。一些犯罪分子利用上网聊天的机会甜言蜜语勾引异性，以请吃饭、送礼物等理由约女方出来见面，然后就露出丑恶面目，实施诈骗、性侵害等违法犯罪行为。利用网络实施强奸、杀人的案件时有发生。某高校女大学生刘某，上网聊天时结识了一个广东籍男网友，她从约见进而到深陷网恋，乃至发展到与学校、家庭不辞而别。刘某最后受到学校劝退的处理。

网络交友容易发生侵害事件的原因主要有以下几个：

（1）有些人以通过网络骗色骗财为目的。他们利用在校女生以及一些阅历浅、社会经验不足的青年女性渴望了解异性、渴望尝试爱情的心理，处心积虑地勾引她们。一旦达到玩弄女性、骗色骗财的目的，他们就“蒸发”了。

（2）网络色情泛滥，成为导致大学生性错误、性犯罪的重要原因之一。有些大学生上网自控能力弱，热衷于浏览色情、淫秽等不良信息，受到潜移默化的影响。

（3）一些大学生对日益严峻的社会治安形势了解不够，对网络上的险恶状况认识不足，对“虚拟社会”可能产生的真实伤害缺乏戒备，对“网络熟人”——真实的陌生人盲目信任，自我安全防范意识和自我安全保护能力比较薄弱。

二、对网上不良信息侵害的预防

（一）大学生抵御网上不良信息侵害的方法

（1）提高对网络信息的辨别能力，避免网络不良信息对大学生的侵害，主要方法有以下几种：

①安装“网络防火墙”“净网先锋”等比较成熟的网络软件；

②对 IE 浏览器进行分级审查设置；

③学会使用“3721 网络助手”；

④浏览网页时，不要去点击广告窗口；

⑤坚信“天下没有免费的午餐”，对于网络中的“送大礼”“点击挣美元”等诱惑要保持清醒的头脑，不上当、不点击；

⑥在打开网站时，自动弹开的一些广告窗口，应及时关闭。

做到上述要求，可以有效抵御一些不良信息的侵扰。

（2）要上内容健康的网站，不要登录内容不健康的网站，不要浏览充满色情、暴力、凶杀、赌博等有损自己身心健康的内容，以免心灵遭受污染；不要沉迷于网络游戏和聊天。应多搜集了解有益于身心健康和学习的信息，树立正确的世界观、人生观、道德观。

（3）要充分认识网络世界的虚拟性、游戏性和危险性，对网络恋情要多一点清醒，少一点沉醉，时刻保持高度警惕，不要把网络当作逃避现实生活的避风港。网络生活只是现实生活的一部分，它不可能代替现实生活。

（4）要保持正确对待网络的心态，遵守《全国青少年网络文明公约》：“要善于网上学习，不浏览不良信息；要诚实友好交流，不侮辱欺诈他人；要增强保护意识，不随意约会网友；要维护网络安全，不破坏网络秩序；要有益身心健康，不沉溺虚拟时空。”要树立自尊、自律、自强意识，增强辨别是非和自我保护的能力，自觉抵制各种不良信息及违法犯罪行为的危害。

（二）大学生上网的安全策略

目前，大学生安全上网可以采取的措施方法很多，控制浏览内容的技术也不少，成熟且易于推广应用的是内容分级审查系统，因为从 Windows98 开始，微软就在操作系统中实现了内容分级审查系统程序，只要设置应用就可以拥有一个相对安全的网络空间。

1. 要增强自控能力，加强自我保护和约束

上网场所要择优，上网时间要适量，浏览内容要健康。对网络“虚拟社会”，不能过分沉溺，尤其是对“网恋”“网络同居”“网婚”等两性互动活动，切不可痴迷而深陷其中。上网时要保持高度警觉，不要理会陌生人的搭讪，谢绝不良人员的盛情邀请，回避陌生人的无理要求，躲避恶意网站、不良网络游戏、黑网吧、“黑客”教唆陷阱、邪教陷阱、网恋陷阱、淫秽色情陷阱等不良网站，防止遭受非法侵害。特别是一些熟知计算机操作的学生，在利用电脑时，力戒利用计算机进行违法活动的心理。对网上的不良信息或者非法信息，要提高识别能力，认清其害人的实质，坚决进行抵制。不要访问色情网站，这类网站往往会伤害青少年的身心健康。

2. 要加强自我保护，防止遭受非法侵害

合理取舍网络信息，学会分辨其中有害的信息。对“网友”的盛情邀请，要保持警觉，尽量回

避，以免上当。为了达到罪恶目的，有的“网友”会对你海誓山盟，抛出各种诱惑，诱使你与他直接交往，见面后“网友”就会露出其狰狞面目，对你进行偷骗或敲诈勒索，甚至是更严重的性侵害、抢劫或者杀害。因此，防范的最好方法是不要和陌生人随意约会，不给犯罪分子可乘之机。

3. 要加强自我约束、克制利用计算机进行违法活动的心理

努力规范网络行为。计算机违法犯罪所具有的高智能性、高隐蔽性等特点，对青少年具有很大诱惑性。大学生要特别注意克制涉及计算机的违法犯罪心理。

4. 注意躲避网络陷阱

（1）恶意网站。互联网上有许多恶意网站，这里面有色情网站、游戏网站或者打着咨询服务等旗号的网站。当你浏览这些网站时，它要求你下载一种软件，声称用它可以免费无限制使用该网站的资源。实际上，该软件是国际长途电话自动拨号程序，下载后它就自动运行，结果产生高额国际长话费用。有的在你上网时篡改你的注册表，使该网站成为默认主页；有的网站在一些收费项目选择上设置复选框陷阱，误导消费者，看似免费，实际上要扣信息费。扣钱一瞬间，你想取消这项服务却要大费周折。

（2）不良网络游戏。有的游戏以色情、暴力或恐怖袭击为主题，有的暗藏不良政治目的，显然不利于青少年的身心健康。一些大学生因为沉迷于游戏世界，损害了身体健康，荒废了学业，导致最终退出大学生的行列；有的大学生通宵达旦玩游戏，过度劳累，引发精神疾病或猝死。这是得不偿失的事。大学生首先要以学业为重，玩电脑游戏应有选择、有限度，避免损害身心健康。

（3）“黑网吧”。非法网吧不具备完善的安全环境，安全无保障。北京市海淀区“蓝极速”非法网吧曾发生火灾，造成25人死亡，13人受伤。死伤人员中有多名大学生。面对这25条生命血写的教训，明智者应远离“黑网吧”。

（4）淫秽色情陷阱。互联网上有许多色情淫秽网站网页，媒体曾报道过以“博客”方式传播的充满色情的网络音频日记在网上泛滥的问题，令人忧虑。“电子海洛因”具有影响范围广、力度大和危害腐蚀性强的特点，大学生应特别警惕。针对网络色情泛滥、网上黄毒愈演愈烈的情况，国家有关部门主办的“违法和不良信息举报中心”网站（net. china. com. cn）已开通，大家应积极检举和揭发黄色网站，协助政府围剿淫秽色情网站。

（5）“黑客”教唆陷阱。随着互联网的普及和扩大，“黑客”的活动也日益活跃。一些“黑客”成立了组织，建立网站，传播黑客技术。这对一些青少年具有很大的吸引力。大学生对此应慎重对待。

（6）邪教陷阱。网上有一些邪教组织网站，他们冒用宗教、气功等名义，大肆宣传反人类、反社会、反科学的歪理邪说，造谣生事，发展组织，危害社会稳定。

（7）网恋陷阱。网恋在某种程度上满足了人的精神需求。有人同时和许多人发展多角网恋关系，有的人从网恋发展为网上同居、网上婚姻等。网恋的欺骗性、危害性不容忽视。要警惕虚幻的网恋可能造成的真实伤害。

（8）网络同居。有专家指出，部分青少年参与“网络同居”，是他们现实交往能力较低和责任意识淡薄的表现。网络虚拟生活是一种非理性的生活，理想化的网络生活和现实生活之间的落差将造成人格分裂，这对人是一种潜在的伤害。

（9）网络裸聊陷阱。在网上传播淫秽色情的方式主要有两种：一种是建立色情网站，采用会员制收费的方式；另外就是利用网上的视频软件，提供裸体视频聊天。公开的裸聊是违法行为。

（10）其他陷阱。目前所知的有假冒银行网站、网上算命、网络“免费服务”、网络一夜情、网络性交易、网上替考“枪手”、网络窥探隐私、网络教唆自杀等。对于网络陷阱，大学生一定要小心。

第二节　上网的生理安全和心理安全

一、上网的生理安全

（一）上网对生理健康可能造成的损害

大量事实证明，长时间不正确地使用电脑或上网对人的身体健康可能造成多种损害。例如损害使用者的眼睛、颈椎、脊椎、腰部和背部、手指和手腕、下肢以及皮肤等，甚至可能降低人体的免疫能力。因此，大学生应养成科学健康地使用电脑和上网的习惯，积极预防上网对生理健康的损害。

（二）预防上网对生理健康损害的方法

（1）注意保持正确的操作姿势。并注意用眼卫生，预防“电脑眼”。眼睛与显示屏应保持至少60厘米的安全距离，显示屏的亮度应适宜，同时注意环境光线的调节。

（2）注意选用优质键盘、鼠标，保持正确的操作姿势，防止引发手腕和手指疾病。

（3）不要长时间连续上网，最好每隔一个小时休息一会儿，活动身体，预防下肢疾病。

（4）注意电脑使用环境的卫生，显示器的电磁辐射危害人体健康，应尽量选用辐射较低的显示器，或者使用防辐射器材。

二、上网的心理安全

（一）应预防的上网心理疾病

使用电脑或上网要注意心理安全，预防以下几种心理疾病：

（1）计算机依赖成瘾。使用者没有明确目的，不可抑制地长时间操作计算机或上网浏览网页、玩游戏等，每天上网五六个小时，经常熬夜上网，网瘾日益严重。

（2）网络交际成瘾。在现实生活中不愿和人直接交际，不合群，沉默寡言，但喜欢网络交际，经常上网聊天或通过其他网络交流方式与人交流思想情感；一天不上网交际，就浑身不舒服。有的成为博客型网民，恨不能时时刻刻挂在网上。

（3）网络色情成瘾。难以克制地上网浏览、下载色情网页，收看色情影像，收听色情广播，阅读色情文章等，沉溺在色情信息中难以自拔，甚至制作、传播色情信息，触犯刑律。

（4）网络躁狂或抑郁。一段时间不能上网，就会产生失落感、空虚感、焦虑感，烦躁不安，想找人吵架或攻击别人；有的心情郁闷，百无聊赖，产生悲观厌世、自杀念头。

如果发生了上述情况，上网后就可能产生更强的撒谎倾向，变得更加孤僻，容易冲动和狂躁，更加迷恋欣赏暴力血腥，对色情信息沉迷难舍，对学习逐渐失去兴趣，常常感觉除了上网别的都没意思，什么都空虚无聊。此时就要及时进行心理咨询，及时接受心理治疗。

（二）“网瘾综合征”自我诊断方法

有些心理学家提出7项标准可以自我诊断“网瘾综合征”。

（1）是否觉得上网已占据了你的身心？或是否无法控制自己上网的冲动？

（2）是否觉得只有不断增加上网时间才能感到满足，从而使得上网时间经常比预定时间长？

（3）每当互联网的线路被掐断或由于其他原因而不能上网时，是否会感到烦躁不安或情绪低落？

（4）是否将上网作为解脱痛苦的唯一办法？

（5）是否因为迷恋互联网而面临失学、失业或失去朋友的危险？

（6）是否在支付高额上网费用时有所后悔，但第二天却仍然忍不住还要上网？

（7）是否对家人或亲友隐瞒迷恋上网的程度？

如果被诊断者有 4 项或 4 项以上表现，并已持续 1 年以上，那就表明其已患上了“网瘾综合征”。

（三）“网瘾综合征”的治疗方法

首先，要提高认识，正确认识网络。没有人可以拯救你，除了你自己。一旦你对令你着迷的网络所带来的负面后果有清醒的认识，你就会更主动地来约束自己过度上网的习惯。只有合理控制自己上网的时间，才能做到网络为我所用，而不是成为网络的奴隶。一般而言，溺网者经过心理和生理的调试都能恢复过来。

其次，要坚信自己能够战胜网瘾。战胜网瘾的重要一点就是必须坚信自己能够战胜它，能够依靠自己的努力，借助合理的方法而戒除。只有克服自己心理上的障碍，持之以恒，才能够取得最后的胜利。

再次，正视自己，转换角色。假如你原本有心理或精神疾病，或者是出于宣泄而患上网瘾的话，你可以尝试以下做法：①向心理医生咨询，接受必要的治疗，运用精神分析疗法、认知行为疗法、厌恶疗法、家庭治疗、团体心理辅导等，并结合药物进行综合治疗。②不要试图逃避问题。正确看待自己的孤独与烦恼，不要在网上解愁，因为网上消愁愁更愁。努力找出问题的根源，积极想办法解决。③转换角色。网络中的虚拟世界不等于现实世界，应该合理将二者区别开来。同时，不要把网上行为带到现实生活中来。

最后，要树立正确的世界观和人生观。一个怀抱远大理想，有着正确世界观和人生观的青年学子是不会沉迷于网络中的。正确、健康的世界观和人生观有助于我们理性控制自己的行为，自觉为祖国、社会和家庭的发展考虑，做一个有责任心的大学生。

（四）使用计算机应警惕的不良心理

（1）追求刺激心理。掌握了计算机技术，就跃跃欲试，在不断破解别人电子密码、攻破网络禁区中寻求新刺激，乐此不疲。

（2）智力炫耀心理。自恃身怀计算机绝技，把网络当成施展高智商的舞台，解密攻关成瘾，专门挑战保密单位、军事部门或政府机关网站，进行非法入侵窥探、捣乱等活动。

（3）恶作剧心理。缺乏社会责任感和自我约束能力，道德观念淡薄，拿别人开电子玩笑，给人制造电子麻烦，捉弄人。

（4）图财牟利心理。国际有关研究表明，促使犯罪者实施计算机犯罪的最有影响力的因素是个人财产上的获利，其次是进行犯罪活动的智力挑战。侵财案件也是我国计算机犯罪的主要形式。

（5）报复陷害心理。因为达不到某种目的或与人有矛盾纠纷，或者自认为遭受不公正的待遇等情况，对他人实行电子报复或陷害。

（6）法盲侥幸心理。以为互联网无国界、无法律、无警察；以为利用电脑违法无形无影，留不下痕迹证据；以为执法机关精通计算机的人不多，未必能侦查破案。其实，我国和世界上许多国家都有网络警察，其中有许多网络高手，专门打击计算机违法犯罪活动。

第三节　预防网络违法犯罪

我国南方某省一名女大学生，网名叫沙子，在网上结识东北某省一名男青年。临到大学毕业前，沙子的父母准备送她出国继续深造，并为她的留学准备了数十万元。而此时，沙子和男青年的感情越来越深，发展到出国前非要见上一面的地步。按网上的联系方式，沙子只身来到东北某城市。沙子的父母好几天失去了同沙子的联系，非常着急。过了几天，沙子的父母收到来自沙子手机的一条短信，要求他们带好××万元，到东北某地，否则别想再见到沙子。原来那个男青年根本不是同沙子谈恋爱，他是千方百计想发不义之财，当听说沙子父母为她准备了数十万元的学费，便将沙子邀来东北扣下，作为人质，向她父母敲诈钱财。事情的结局是沙子被这名男青年杀害。网上交友的痴情女，被诈骗犯所杀，这个教训非常深刻。

所以网上交友要十分慎重，注意安全。尤其女大学生，更不要轻易赴约，防止上当受骗。

一、利用网络侵犯财产及违法犯罪的主要形式

从具体领域来看，主要从电子商务领域、网络游戏、网络虚拟财产等方面利用网络侵犯财产及违法犯罪，其形式多样。

（1）利用网络进行抢劫犯罪、抢夺公私财物。“网络抢劫”是网络侵财违法犯罪的主要形式之一。

（2）利用网络进行盗窃财产活动。网络盗窃活动形形色色，触目惊心。不法分子有的利用计算机网络盗窃银行巨额资金或者窃取他人银行存款；有的利用网络游戏系统的漏洞，破解游戏系统的账号和密码，盗取上万张在线虚拟包月卡；有的盗取其他网络玩家的装备和游戏币等“虚拟财产”，与其他玩家交易，换取人民币。

（3）利用网络诈骗财物。互联网上发生数量最多的侵犯财产类违法犯罪是利用网络诈骗财物。《北京娱乐信报》报道，病毒、黑客和流氓软件这三个“火枪手”，已经开始拉帮结伙地骗取计算机用户和网民的钞票。

（4）利用网络敲诈勒索财物。在互联网上进行网络敲诈勒索的案件时有发生，其中有涉及大学生的案件。《东南快报》刊登了《大学生拍下与北京女大学生性爱全过程后敲诈》的文章。天津某大学一个25岁的男生，利用“QQ”散布“加入会所、高薪回报”的诱饵，诱使4名女大学生“入会”，然后骗色、骗钱实施敲诈。北京市东城区人民检察院已对该男生以诈骗罪、敲诈勒索罪提起公诉。

（5）网络色情行为。大学生不但是网上色情信息的浏览群体，还在网上制作、传播、售卖色情信息，由网上色情信息的受侵害者变成了侵害者。利用网络制作、传播甚至售卖色情信息是严重的违法行为；直接参与色情交易更是犯罪行为，对大学生的成长与发展危害极大，甚至有可能从根本上毁掉一个学生的一生。

（6）网上侵权行为。这类行为是指不法分子出于不正当目的，利用互联网对他人的姓名、名誉进行恶意攻击、诋毁，或者公开他人的隐私，侵犯他人姓名权、名誉权、个人隐私权的违法犯罪行为。

（7）网上黑客网站行为。它是指不法分子通过互联网对国家军事部门、政府机关和公共服务体系等要害部门的计算机信息系统进行非法攻击和破坏的行为。这种行为的后果是扰乱社会和经济秩序，影响社会安定和政治稳定，甚至危及国家安全。

（8）网络盗窃行为。在网上盗用、篡改网络信息，以获得非法收入的网上盗窃行为。网上盗窃

行为使公民和法人在网络上的隐私安全和财产受到了巨大的威胁。这是严重的违法行为，也是不道德行为，是要受到法律制裁的。

二、网络侵犯财产违法犯罪的预防

（1）要对网络侵害行为保持高度警惕，加强上网的自我安全保护措施，积极预防黑客、病毒和非法软件的侵害，不要使你的计算机成为黑客的网络“肉鸡”。面对网络盗贼“一偷、二骗、三劫持、四滋扰”的行径，大学生要严阵以待，保护好自己的现实财产或者虚拟财产。

（2）不要贸然约会“网友”，如要约会务必慎重选择时间、场所和见面形式。最好选择白天，选择你熟悉而且人流较多的安全场所，并应提前约定“接头”暗号，以便暗中观察陌生“网友”；女生约会异性网友见面，最好请亲友、同学帮助参谋一下。

（3）对有以下特征的网站、网络交易要提高警惕。

①网站刊登虚假信息。在网页上标注的办公地址均属虚构，并在网站上私自粘贴工商红盾标志，甚至张贴虚假营业执照；有的电话接通后，拒绝透露网站办公地址。

②“售价超低”。卖家出售的物品比市场同类商品的价格低很多。对这类商品，务必要谨慎，因为有些不良的卖家就是用低价陷阱蒙骗消费者。你应当上网查看同类商品的信息，多方比较再下决定。

③“评价超好”。新注册的网站，却在短时间内好评如潮。有关专业人士说，网上购物要尽量选信用度高的卖家交易，但也不能盲目相信星级，建议在下单前要查看该网站的注册时间、交易的具体商品以及其他买家的真实评价。

④私下交易。卖家网上同意使用“支付宝”，实际成交时却要求私下交易。如果碰上卖家执意私下交易，务必三思而后行。贵重物品尽量选择同城交易、货到付款或者使用“支付宝”付款。如果你不能到场交易，应尽可能让亲友帮助一手收货、一手交钱。

（4）防范常见的网络诈骗。常见的网络诈骗方法如下：

①骗子通过电子邮件冒充知名公司，特别是冒充银行网站，以系统升级等名义诱骗用户点击进入假网站，并要求用户同时输入自己的账号、网上银行登录密码、支付密码等重要信息；有的甚至通过自设的“报警电话”来骗取客户的密码信息。如果你粗心上当，骗子就可能利用骗取的账号和密码窃取你的资金。

②骗子利用网络聊天等形式，以网友的身份低价兜售网络游戏装备、数字卡等商品，诱骗用户登录其提供的假网址，骗取银行账号、登录密码和支付密码。

③不要轻率下载、打开一些来路不明的程序、邮件等，骗子有可能通过这些程序、邮件等将木马病毒置入你的计算机内，一旦你使用“中毒”的计算机登录网上银行，你的账号和密码就有可能被窃取。

④网络诈骗万变不离其宗，就是要“套出”你的密码和账号。金融卡持卡人对来历不明的短信或电话要高度警惕，在任何情形下都不要轻易向他人透露银行卡密码等账户信息。收到可疑诈骗短信或可疑电话时，应积极向警方报案。如果确有疑问，应到银行柜台办理，或者致电各发卡行的客服热线。

三、预防网络侵犯财产违法犯罪的原则

为了预防大学生产生网络侵犯财产违法犯罪行为，应对其加强相关法律法规知识的宣传教育，坚持依法办事、依法治理。继《中华人民共和国刑法》之后，我国在第九届全国人民代表大会常务委员会第十九次会议通过《全国人民代表大会网络财产犯罪研究会常务委员会关于维护互联网安全的决定》，基本涵盖了目前在互联网上出现的所有犯罪行为，其中对侵害个人、法人和其他组织的财产权利的犯罪行为，已经有了明显的规定。除了继续严惩非法侵入、破坏计算机网络系统的行为

外，加强了对互联网的运行安全和信息财产安全的刑法保护。在刑事诉讼法方面，信息产业部发布了《互联网电子公告服务管理规定》，进一步明确了责任。对于网络犯罪，我国也同世界上大多数国家那样，坚定不移地走上了刑法保护之路。

思考题

1. 简述对网上不良信息侵害的预防措施。
2. 如何防止网络侵犯财产的违法犯罪？
3. 简述预防上网对身心健康损害的方法。

第十一章　校园贷、信用卡等金融知识

伴随金融和互联网的发展，日益丰富的金融产品和支付渠道带来了便利和收益外，也存在诸多陷阱。在校大学生作为社会上一个活跃的群体，虽然在经济收入上未跟上社会，但在消费意识和消费方式上完全与社会同步。大学生在校园贷款、信用卡的申办使用中防范金融风险，已经成为社会关注的热点。大学生金融知识储备普遍不足，也缺乏足够的风险甄别和应对能力。大学生更应该加强金融安全意识，保管好个人信息，注重自身信用问题，提升自我保护能力。

第一节　校园贷风险防范

一、校园贷的概念

校园贷，又称校园网贷，是指一些网络贷款平台面向在校大学生开展的贷款业务。无须任何担保，无须任何资质。有些产品宣称，只要是在校学生，网上提交资料、通过审核、支付一定手续费，就能轻松获得贷款。

校园贷通常分为三类，一是专门针对大学生的分期购物平台，部分还提供较低额度的现金提现；二是 P2P 贷款平台，用于大学生助学和创业；三是传统电商平台提供的信贷服务。虽然我国各高校都有针对学费的助学贷款政策，但是助学贷款申请者必须是家庭困难的大学生群体。对于更多“着急用钱”的普通大学生来说，“短平快”的借钱需求自然催生出五花八门的借贷平台，甚至违法、违规的校园贷业务也大行其道。近年来，学生因向不良校园贷借款而背负上巨额欠款的新闻屡屡被爆出，由此引发的“裸条借贷”等恶性事件也层出不穷。大学生群体和成人群体相比，更容易出现不理性消费，或被诱导过度性借贷，因此需要对大学生借贷者进行保护。

二、校园网贷的危害及防范

（一）校园网贷的危害

对校园贷的主体大学生而言，收入能力与消费水平不匹配。部分为学生提供现金借款的平台难以控制借款流向，可能导致缺乏自制力的学生过度消费。校园信贷已经演变成“拆了东墙补西墙”，借贷者越欠越多，导致无力偿还。裸贷、高利贷、暴力催收等校园信贷市场乱象丛生。

网络贷款会给自身心理产生极大的压力，让生活陷入网贷的泥潭中不能自拔。网贷会促使学生不良消费以及连环贷款，容易使其消费理念及价值观产生偏差。提高授信额度易导致学生陷入“连环贷”陷阱。除了金额较小的普通消费贷款，还打着创业资金、偿还学费等名头向大学生提供超出他们偿还能力的贷款。相比于信用卡，缺乏监管的网络贷款渠道动辄能为学生提供万元甚至数万元贷款，且实际利率惊人。校园网贷管理几乎到了失控、失序的状态。不良网贷平台存在信息盗用风险，个人信息往往被作为催债的筹码。被冒用身份者可能会面对信用记录被抹黑及追债等问题。

网贷的学生在同学及朋友间的信誉受损，影响正常的人际交往。“趣分期”“爱学贷”“借贷宝”等网络借贷平台在全国高校校园内蔓延扩散，各平台以“借钱不怕坑，还款不用愁”“零门槛，无

抵押”等虚假口号诱骗在校大学生透支信用、盲目消费。有的学生为赚取利息差价，将学费或借贷的大额现金投入网络借贷平台中；有的学生甚至充当宣传员，误导更多的同学陷入网络借贷、透支消费，导致数名同学或因网站突然关闭血本无归，或因收不回贷款欠下巨额债务而被迫辍学躲债。

网贷会使原本幸福的家庭陷入网贷的阴影，增加了家庭的经济负担以及父母的心理负担。网贷破坏校园秩序，影响学生健康成长。校园网贷平台的“校园代理，层层分包提成”等发展模式破坏正常校园秩序。一旦发生逾期不还款的情况，就产生高额利息，借贷人便电话恐吓或组织社会闲散人士上门讨债，逼迫学生写高额欠款借条，易引发肢体冲突，上升为暴力犯罪，威胁学生人身安全。而陷入校园网贷陷阱的同学，常常由于无力解决网贷带来的种种问题，无法承担相应的后果而做出极端的事。

（二）校园网贷的防范

1. 加强学生校园不良网贷的教育引导工作

（1）广大学生要增强防范意识，谨慎使用个人信息，不随意填写和泄露个人信息，对于推销的网贷产品，切勿盲目信任，提高自身对网贷业务甄别、抵制能力。开展校园网贷的教育引导工作。要积极开展以“防范非法集资、拒绝校园贷、提高安全意识”为主题的班会，让学生充分认识校园网贷的危害性，提高警惕，防止上当受骗。

（2）理性消费。广大学生要培养勤俭意识，摒弃超前消费、过度消费和从众消费等错误观念，合理安排生活支出，不盲从、不攀比、不炫耀。广泛开展拒绝校园网贷的宣传活动。各学院利用宣传图片和视频，让学生切实明白网络贷款带来的危害及困扰。在学生中积极开展“理性消费、拒绝校园贷”的活动，让学生远离不良网络贷款，树立正确的消费观念。

（3）广大学生上学遇到经济困难时请及时找学校资助部门，解决学费、住宿费问题，以国家助学贷款为主；解决生活费问题，以国家助学金为主；解决突发临时困难问题，以临时困难补助等为主；拓宽帮扶渠道，加大帮扶力度。各学院要加大对困难学生的帮扶力度，认真了解在生活和学习等方面存在困难的学生，对其进行成长帮助、生活帮扶、就业帮带，从而杜绝学生因生活困难而进行网络贷款。

2. 构建多方防范长效机制

（1）积极发挥辅导员、班主任的带头作用，组织学生干部队伍密切关注学生异常消费行为，及时发现学生在消费中存在的问题。

（2）做好全体学生的风险提示工作，让学生认清自身的消费能力，了解高利贷的评判标准，注意详细了解利率、还款期限、逾期后果等信息，全面评估并制定合理的还款计划，坚决抵制高息贷或高利贷平台，树立正确的消费观念。

（3）提醒学生严密保管个人信息及证件，不要将个人信息泄露给他人，不要做贷款担保人。

（4）广泛利用校园网站、微博、微信、校园广播等渠道，向学生推送校园不良网贷的典型案例。

（5）各学院要及时掌握学生的网贷信息，并对网贷学生进行督促、跟踪教育工作，增强网贷学生的风险防范意识和防诈骗意识。

第二节　校园贷常见的陷阱及应对

一、欺诈诱导

目前的校园网络借贷平台，出于抢占市场和竞争的需要，普遍存在虚假、片面宣传的现象。信贷公司在向大学生群体推销业务时，往往不可能如实告知借款的真实风险，不可能详细告知贷款利息、违约金、滞纳金等收费项目的计算方式和可能金额，反而经常以“零首付”“零利息”等低门槛、低成本进行欺骗诱导，致使某些涉世不深、自制能力较弱而又消费欲望旺盛的大学生上当受骗。学生只有到真正签约借钱或产生了逾期后才会意识到问题的严重性。这既侵犯了“金融服务”消费者的知情权、自由选择权和公平交易权，又有欺诈诱导和强迫交易之嫌。

辨别网络借贷平台是否靠谱，首先要了解这个网络借贷平台创始人及高管背景，在网站上找不到 CEO、CRO（首席风险官）个人信息的平台，都要引起高度警惕。其次要看投资界对这个平台的认可度，有独立职业风险投资人（VC）投资的平台一般来说经营风险更低。

二、低门槛的高利贷

校园贷的门槛比较低，诱导学生过度借款。“凭学生证即可在线办理”，诸如此类，很多平台根本不考虑学生的还款能力、还款来源，是一种极不负责任的行为。一般只需要提供身份证信息、电话信息、学信网信息、父母联系信息等就可以贷款，但是其利息一般比较高。除了分期费率外，平台还会收取高额的逾期费率。在大学生分期平台中，超过 55%的分期平台逾期日费率为 1%，最高的日费率达 3%。目前涉及校园网络借贷的平台，借款利率普遍较高，甚至达到了 20%，借款学生要付的年利率至少在 25%以上。对比，我们应关注利率的合理性。金融行业的 ROE（净资产回报率）最高在 20%左右，这个临界利率传导到理财人那里，就是大约 15%的收益率，因此平台过高的利率会带来极大的风险。

三、传销式诈骗贷

传销式诈骗贷是校园贷诈骗的常见类型，主要是指不法分子借助校园贷款平台招募大学生作为校园代理，并要求发展学生下线进行逐级敛财。而判断传销则有三个原则：是否需要上交会费，是否存在诱导发展下线，是否进行逐级提成。大学生可根据以上三个原则，对传销式诈骗贷进行识别。校园贷“刷单”“扫楼”兼职代理过程中，参与学生既是受害者又是作案者，多数学生是在并不知情和利益驱使下被不法分子利用，通过校园贷平台进行刷单兼职并逐级发展下线，同时以代理名义骗取学生信息并进行贷款，每成功一笔贷款将获取佣金，这实为一种逐级敛财式传销诈骗行为。殊不知，刷单公司大都以无力支付后续款项为由跑路，进而导致大学生陷入还款陷阱。

使用贷款平台时要知道其担保及安全措施。在中国，如果担保公司有五大评级机构给出的 A 到 AA+评级，这个网络平台就比较值得信赖。

四、逼债手段恶劣

媒体曾曝光了某校园信贷平台催收步骤：①给所有贷款学生群发 QQ 通知逾期；②单独发短信；③单独打电话；④联系贷款学生室友；⑤联系学生父母；⑥再次联系警告学生本人；⑦发送律师函；⑧去学校找学生；⑨在学校公共场合贴学生欠款的大字报；⑩群发短信给学生所有亲朋好友等。

大学生需要强化法律意识，如果我们因为校园贷而使得自己的权益被侵害的话，我们也能知道该如何通过法律去维权。一旦遇到还款压力或遭遇暴力催债等借贷问题时，应及时向学院、家人寻求帮助，必要时可报警。

第三节　洗钱与反洗钱

一、洗钱

洗钱，是指将违法所得及其产生的收益通过各种手段掩饰、隐瞒其来源和性质，使其在形式上合法化的行为。根据《中华人民共和国反洗钱法》第二条规定，所谓反洗钱，是指为了预防通过各种方式掩饰、隐瞒毒品犯罪、黑社会性质的组织犯罪、恐怖活动犯罪、走私犯罪、贪污贿赂犯罪、破坏金融管理秩序犯罪、金融诈骗犯罪等犯罪所得及其收益的来源和性质的洗钱活动。2024 年 5 月据滨州网警等有关部门通报，部分在校学生因被诈骗团伙利用，充当“工具人”，从事“吸粉引流”“贩卡洗钱”等电信网络诈骗及关联违法犯罪活动，成为犯罪分子的帮凶，被实施惩戒措施，甚至被追究刑事责任。例如，辽宁省朝阳市学生实施充值返利诈骗，帮助诈骗团伙洗钱案。伊某翔组织刘某奇（辽宁省朝阳市某高级技工学校学生）、曹某坤（辽宁某职业学院学生）等人，在网上建立 QQ 明星粉丝群，在群内结识年纪较小的被害人，谎称开展明星福利活动，以充值返利为诱饵骗取被害人的信任，再以订单超时、需要解冻等理由骗取钱财。伊某翔等人共实施 9 起诈骗案，涉案资金 98500 元，非法获利 40400 元。此外，伊某翔组织在校学生帮助诈骗团伙转移涉案赃款 23.9 万元，非法获利 20273 元。伊某翔被判处有期徒刑，其余涉案学生被公安机关采取惩戒措施。请同学们增强防骗意识和识骗能力。

二、反洗钱

首先，银行卡及其账户只限经发卡银行批准的持卡人本人使用，不得出租和转借。买卖银行卡违反了银行卡相关法律制度，涉嫌妨害信用卡管理罪和买卖居民身份证罪。银行卡里即使没钱，卖出也有很大的危害。一旦所售银行卡出现信用问题，最终都会追溯到开卡人账户，导致个人信用受损。

不要出租或出借自己的身份证件，否则可能会产生以下后果：

（1）他人借用您的名义从事非法活动。

（2）协助他人完成洗钱和恐怖融资活动。

（3）因他人的不正当行为导致征信状况受到影响。

（4）可能卷入债务纠纷，如果被用来从事非法活动，将给自己带来巨大的法律风险，甚至要承担刑事责任。

其次，金融账户、银行卡和 U 盾不仅是你进行金融交易的工具，也是国家进行反洗钱资金监测和经济犯罪案件调查的重要途径。贪官、毒贩、恐怖分子以及其他罪犯都可能利用你的账户、银行卡和 U 盾进行洗钱和恐怖融资活动。因此，不出租、出借金融账户、银行卡和 U 盾既是对自身权利的保护，又是守法公民应尽的义务。

第四节　校园信用卡及用途

一、校园信用卡

信用卡是一种非现金交易付款的方式，是简单的信贷服务。持卡人持信用卡消费时无须支付现金，待结账日时再行还款。信用卡是商业银行向个人和单位发行的，凭此向特约单位购物、消费和向银行存取现金，具有消费信用的特制载体卡片，其形式是一张正面印有发卡银行名称、有效期、号码、持卡人姓名等内容，背面有磁条、签名条的卡片。

校园信用卡是银行专门针对在校大学生发行的信用卡，具有免费异地汇款、先消费后还款、分期付款购物等金融功能。

二、校园信用卡的用途

（1）方便资金周转：信用卡是一种可在一定范围内替代传统现金流通的电子货币。大学生消费需求比较多，除了日常消费开支甚至还需要租房、旅游等，有一张信用卡，可以解决一时的资金需求。

（2）累积个人信用：信用卡同时具有支付和信贷两种功能。持卡人可用其购买商品或享受服务，还可通过使用信用卡从发卡机构获得一定的贷款。使用信用卡可以累积个人信用记录，对于之后申请房贷、车贷等贷款有好处。

（3）信用卡可作为信用凭证：信用卡是集金融业务与电脑技术于一体的高科技产物，能减少现金货币的使用，可作为租车、签证（部分国家或地区）等信用凭证。

（4）享受优惠：信用卡能简化收款手续，节约社会劳动力。银行为了鼓励持卡人刷卡消费，经常推出一些优刷卡消费可以享优惠，达到省钱的目的，还能累积信用卡积分，兑换刷卡金、航空里程等。

（5）有助于日常理财：信用卡能提供结算服务，方便购物消费，增强安全感。信用卡刷卡消费有消费记录、有账单证明，有助于持卡人作为日常理财的工具。

三、校园信用卡使用的注意事项

在使用信用卡时，持卡人应注意以下几点：

（1）不要在拿到新卡后立即进行大额消费。新办的信用卡在第一次或第二次消费时，应从小额开始，逐渐增加消费额度，以避免触发银行的风控机制。

（2）避免使用最低还款额。最低还款额虽然可以暂时缓解还款压力，但会产生高额的利息费用。银行通常按日万分之五计息，长期使用最低还款额会使债务迅速增加。

（3）慎重选择分期付款。分期付款虽然可以将大额消费分散到几个月偿还，但手续费和利息加起来，实际年化利率可能很高。应避免长期分期，只在必要时选择短期分期。

（4）不要将信用卡借给他人使用。将信用卡借给他人使用存在极大风险，包括逾期未还、个人信息泄露等，这些都可能对持卡人的信用记录造成严重影响。

（5）保护好个人信息。不要随意透露信用卡的卡号、有效期、密码等重要信息，以防被不法分子利用进行盗刷。

（6）核对交易金额。在签购单上签名前，应认真核对刷卡金额，确保消费金额无误。

（7）及时处理异常交易。对任何一笔信用卡交易有疑问时，应及时向银行客服中心查询。

（8）避免逾期还款。应按时足额还款，避免因逾期还款而产生罚息和不良信用记录。

（9）理性使用信用卡分期和最低还款额。当无法在规定时间内还清欠款时，可选择办理信用卡分期或最低还款额业务，但应避免滥用这些业务。

（10）避免使用信用卡取现。信用卡取现不仅会产生高额手续费，还会从取现当天起按日利率0.05%收取利息。

（11）享受最长免息期。在账单日后一天刷卡，可以享受最长的免息期。

以上注意事项可以帮助持卡人更安全、更经济地使用信用卡，避免不必要的风险和费用。

第五节　防范互联网金融支付诈骗

伴随着互联网和电信业务的快速发展，利用手机、短信、网络等方式的各类诈骗愈见多发，不法分子已经开始大肆运用网络钓鱼、伪基站、植入木马及电信诈骗等欺诈招数精心编造各种骗局，引诱网络金融用户上当受骗。

一、常见金融诈骗情况

通常，诈骗手法是不法分子冒充民警、检察官等身份，告知受害人与贩毒洗钱、非法集资等让人闻之色变的刑事案件有关，致使受害人产生强烈的恐惧心理。不法分子利用改号软件能够随意改变主叫号码，使其来电号码显示为预先设定的电话号码，以“保护银行账户资金安全”等理由，再利用其相关法律知识的缺乏和对政府的信任，一步步诱导其转账。如果接到自称是电信局、邮局、社保局、电视台、银行或公安局、检察院、法院等的工作人员的（语音）电话、手机短信时应提高警惕，不要轻易透露个人资料或银行存款情况。公安机关不会通过电话问话做笔录，也没有设置所谓的安全账户，所有涉案的调查工作都会依照法定程序出具相关法律文书再执行，遇到此类情形应第一时间询问指导教师或拨打110。

另外还有常见的诈骗手法是不法分子通过各种途径，获取用户包括购物、订票等留下的个人信息，设定剧本冒充网站客服、工作人员，以提升信用卡额度、网络升级、网站出现故障等理由，谎称为用户退票退款，将钓鱼网址发给受骗者让其填写银行卡号验证码等信息行骗。

当接到类似电话时一定要冷静分析，向相关部门咨询核实航班信息或者拨打航空公司官方客服电话、登录官方网站，切不可麻痹大意盲目轻信。对需要填写个人信息的网站、链接、问卷要保持警惕，重要信息不要随意泄露，注意个人信息安全。日常生活中遇到来历不明的电话时要谨慎，当谈话内容涉及钱款、银行账户的，应拒绝交谈以免上当受骗。

此类案件在高校中频发，例如庞某（17岁，江苏省扬州市某高校学生）在明知犯罪嫌疑人利用网络实施犯罪的情况下，仍提供其持有的银行卡及手机银行App帮助其收款、转账，为诈骗团伙提供人脸验证、支付结算等服务，交易金额达67万余元，庞某云获利4900元。目前，庞某云等人已被采取取保候审强制措施。

青海省海南藏族自治州赵某（17岁，青海省某职业技术学校学生）使用境外通联软件根据诈骗分子指引下载相关软件，通过将一部手机接通诈骗分子语音，另一部手机打通受害人电话，通过转接使诈骗分子与受害人隔空对话。诈骗分子冒充某正式单位（如消防队、医院等）员工，以需要采购物品为由添加受害人微信并实施诈骗。赵某尝到甜头后，随即拉拢8名同学一起实施电信网络诈骗获利。目前，赵某等9名在校学生被公安机关进行教育训诫。

二、识破和避免金融诈骗的方法

纵观各类网络金融骗局，诈骗分子日趋集团化、专业化。他们分工明确、手段不断翻新，或单

独使用，或多种骗法综合运用，作为网络金融用户只要做到保管好“卡、三码、三要素”，牢记“四要两不要”，就可成功拆穿骗子的阴谋诡计。

“卡”是指银行卡。要妥善保管好银行卡和网银盾等安全产品，不要借给他人使用。

“三码”是指电子银行密码、短信验证码、信用卡安全码。短信验证码是支付密码，绝不能以任何形式透露给他人。

“三要素”是指身份证号、账号、手机号码等个人私密信息，切勿随意泄露。

“四要”：一要认准金融机构官网网址。要到正规的应用商店或银行官网下载手机银行客户端等软件。二要关注银行账户变动，及时开通账户变动短信、微信提醒服务，及时关注账户余额变动情况。三要在办理电子银行转账、支付等交易时，仔细核对收款账户、商户、金额等信息是否正确。四要对手机、电脑杀毒，使用电子银行交易的手机、电脑要安装专业杀毒软件，及时升级、定期查杀病毒。

“两不要”：一不要“一套密码走天下”，要将电子银行密码设置为数字和字母等复杂组合并定期修改。二不要在使用手机银行时随意链接陌生公共 Wi-Fi 网络。

第六节　网络诈骗的主要手段及防范

一、网络诈骗的主要手段

近年来，发生在大学生身上的网络诈骗案件，网络诈骗的主要手段有以下 10 种。

1. 用 QQ 盗号和微信诈骗

不法分子一般会制作隐藏有木马病毒的链接，通过 QQ、微信广泛传播、让点击者的手机或电脑染毒，不法分子伺机侵入受害者的 QQ、微信，取得管理权限，选择诈骗时使用的 QQ、微信群并把同伙拉入群里，通过聊天取得群里其他人的信任，编造急需用钱的假象，让受害人转账。通过 QQ 随机选定诈骗目标，提出视频聊天要求，并拍摄目标的聊天视频。然后，以传送自己的照片等文件为名，借机向目标发送木马病毒。通过木马病毒盗取目标的 QQ 密码和聊天记录，掌握其亲友资料。接着，冒充目标与其 QQ 好友视频聊天，并播放提前录制好的聊天视频，称因网络或耳麦存在问题，所以没有声音。以各种理由向目标的 QQ 好友借钱。有的犯罪分子使用“强制视频”的木马软件，窃取受害者的 QQ 资料，并远程启动其电脑视频摄像头进行拍摄。由于有亲友的视频，受害者更容易上当受骗。甚至给你的 QQ 邮箱发送植入木马的“钓鱼”邮件，当你打开被植入了木马病毒的邮件附件后，他们会随时跟踪你的邮件往来和 QQ 聊天信息，摸清你的关系网，伺机发出诈骗信息。

用微信诈骗的方式有以下几种：

(1) 以商品为诱饵，称给消费者返利或者便宜，发送的二维码实则是木马病毒。一旦安装，木马就会盗取银行账号、密码等个人信息。

(2) 假冒官方账号，散布虚假中奖信息。想要领奖，需先填写个人详细资料及支付相关费用。

(3) 利用微信朋友圈、微信群散播免费领取 50～200 元不等的现金红包作诱饵，吸引消费者上钩后，要求消费者在领取红包之前先关注微信号或填写个人身份证号、银行卡号、密码账户等个人重要信息。

(4) 在用手机扫一些二维码时，“短信盗取”木马可能随之被植入你的手机，木马可以盗取你接收到的所有短信，包括银行、支付宝等发来的验证信息。不法分子截取这些短信后，就可以修改支付账户的登录密码和交易密码，从而盗取你的钱财。

（5）利用微信的“定位”“摇一摇”等功能，装成“高富帅”或“白富美”，与人搭讪，骗取信任，进而骗取钱财。

（6）利用“点赞”诈骗，“集满多少个赞就可获礼品或优惠”，等集满“赞”去兑换时，发现拿到手的奖励“缩水”了。要求参与“点赞”者将自己的电话和姓名发到微信平台，一旦所征集的个人真实信息数量够多了，网站就会自动消失。

2. 用“网络钓鱼”诈骗

“网络钓鱼”是通过垃圾邮件、即时聊天工具、手机短信或网页虚假广告等，发送声称来自银行或其他知名机构的欺骗性信息，意图引诱用户给出用户名、口令、账号 ID、银行卡密码或信用卡详细信息等敏感信息的一种攻击方式。最典型的网络钓鱼攻击是将用户引诱到一个精心设计的、与目标组织的网站非常相似的钓鱼网站上，并获取用户在此网站上输入的个人敏感信息，通常这个攻击过程不会让受害者警觉，使受害者在不知不觉中被诈骗。“网络钓鱼”诈骗的作案手段通常有：伪造金融机构网站、伪造电子商务网站、网络中奖钓鱼、植入木马钓鱼等。

3. 用伪造官方客服短信诈骗

“尊敬的用户，您的移动积分已达到 10000 分，可兑换 1200 元现金！请登录掌上移动商城 jscz.×××－10086.com，根据提示领取现金。”此类运营商积分兑换短信就是伪基站发送的诈骗短信。伪基站是未取得电信设备进网许可和无线电发射设备型号核准的非法无线电通信设备，伪基站能搜取半径达 500 米范围内的手机卡信息，当手机用户进入伪基站的覆盖区域后，伪基站会不断给手机用户发送指令。因为伪基站的信号强，并且是强制指令，用户手机强制被切换到伪基站的网络信号上，造成用户手机短暂脱网。这时，伪基站就完成了对周围手机用户的吸入。伪基站强制联系上用户并发送短信。移动伪基站伪装成通信运营商、银行客服，甚至是司法、行政机关，强行向用户手机群发“网银升级”“话费积分兑换现金”“手机银行即将过期”等手机短信，并且短信里都会有一个奇怪的链接。如果手机用户不慎点入了这个链接，不法分子会往用户手机里植入病毒。中毒后，受害人的手机所收到的短信将会被拦截到不法分子手中。不法分子通过拦截网上交易所发送的手机验证码信息，便能够盗刷受害人的银行卡。

4. 用网络中奖诈骗

“××卫视通知：恭喜您！您的手机号已被××卫视×××栏目组抽选为场外幸运观众，将获得梦想创业基金 60000 元与某某笔记本电脑一台。登录×××.×××.cn 领奖。”当同学们打开 QQ 或者登录邮箱时，是否经常会收到一些来历不明的中奖信息？这些信息逼真而诱人。网络中奖诈骗是指不法分子利用群发软件，向 QQ 用户、飞信用户、邮箱用户、网络游戏用户、淘宝用户、人人网用户等发布中奖提示信息。当同学们按照指定的“电话”或“网页”进行咨询查证时，不法分子会以先支付手续费、税款等理由让事主次次汇款，直到失去联系后，才意识到被骗了。

5. 用网络购物诈骗

不法分子一般先在各购物网站上发布虚假商品消息，如在“快乐购物商城”网站上，一款市场价万余元的手提电脑，骗子标价仅为 2999 元。他们通过这些诱人的价格来吸引网购者与他们留下的 QQ、电话号码取得联系，之后热情地介绍商品，抛出种种承诺和优惠，并提供银行账号，要求先汇少部分货款。几日后，再伪装成送货者与你联系，表示货品已送到本地，可马上拿货，诱惑买主汇齐余额。待买主汇齐余额后，骗子又以需再汇缴税金、保证金等款项为由，推迟交货，继续哄骗。待买家发现可疑，打电话询问或要求退款时，送货者和网购商家要么继续搪塞，要么干脆不再接听电话。网络购物诈骗的形式还有：骗子低价引诱买家不使用安全的支付工具；收取订金、保证金等，实施连环诈骗；以假充真、以次充好、以不合格商品冒充合格商品、以水货冒充正品等。

6. 用网络购物退款诈骗

网购退款欺诈其主要形式是诈骗分子冒充电商客服，通过电话或短信的方式与刚刚完成网购的消费者进行联系，谎称其购买的商品出现交易异常，并在其“指导”下进行交易异常处理，一步一步诱骗消费者进入一个由对方设计好的钓鱼网站，在网页上输入账户、密码，骗子则借机进行资金的盗刷。由于骗子准确地知道消费者姓名、购物时间、购物内容，因此在接到诈骗电话时不少消费者就会放松警惕。诈骗分子退款欺诈能够成功在于不仅知道受害者的电话号码或聊天账号，同时还能准确地说出购买的商品和购买时间。这主要是由于诈骗分子通过木马程序进入购物网站，截取消费者和卖家的交易信息，盗取消费者和卖家的账号，导致消费数据泄露而造成的。

7. 用网络购票诈骗

不法分子往往通过在互联网上虚设“××航空公司网上订票网站”“高仿真的 12306 网站”，以出售“特价机票、车票”为诱饵吸引受害人，要求受害人向指定账户汇款，但实际并未出票。因该虚假网站网页的用户界面以及域名都与真的网站、网页极其相似，联系电话貌似正规，接洽人员业务熟练、专业，从而具有较强的欺骗性。不法分子一般留有以“800”或“400”开头的客服电话，同学们应确认网站提供电话号码的真实性后再进行订票。网上抢票软件市场上鱼龙混杂，还有些完全是钓鱼网址，说是能够帮旅客抢票，实际上则是木马病毒，一旦使用就会上当受骗。

8. 用网上代刷信誉诈骗

网上代刷信誉是通过网上刷单或是刷信誉，为网络店家提高宝贝的销量和好评率，在短时间内快速提高店铺的信誉而采取的作弊行为。诈骗者首先会给应聘者下发两个比较小额的刷单任务，“按照约定”返还本金和佣金，为的就是“放长线钓大鱼”。随后，骗子会逐渐加大刷单任务的数量和金额，同时利用“必须刷满 3 单以上才能结算”或者“卡单”等理由，来诱骗应聘者继续投入本金。如此手法周而复始，直至应聘者生疑不再接单，骗子也将其拉入黑名单。网络刷单几乎可以说是为大学生“量身定做”的一类网络诈骗，大学生很容易被骗。

9. 用网络游戏类诈骗

网络游戏已成为同学们娱乐休闲的一种方式。网络游戏诈骗通常有以下几种：一是不法分子在游戏中或在购物平台以低价销售游戏币及装备为名，骗取玩家信任后，让玩家通过银行汇款或转账的方式付款，待收到钱款后立即消失；二是不法分子在游戏中发布虚假广告，称可以低价代练装备，获取玩家游戏密码并要求玩家先行支付部分费用，待得到玩家汇款后立即将玩家的装备、游戏币洗劫一空，并立即消失；三是不法分子和玩家谈交易内容时，先拿正品让玩家放松警惕，然后通过延迟和重复交易的手段来消磨玩家的耐心，并找各种借口来消除玩家的警惕，一旦玩家放松警惕性，则开始更换交易物品；四是不法分子故意起一个和玩家好朋友极相似的名字，譬如在好友账号名上加些空格或其他特殊符号以及更换账号几个字的顺序等，一旦玩家将行骗者误认为是自己的朋友，将游戏中的物品“借”给对方，则玩家的财产就无法追回了。

10. 用共享单车扫码诈骗

目前共享单车在生活中广泛使用，其二维码骗局一是单车贴上收款二维码。骗子在正规二维码旁边贴上微信或支付宝转账二维码，甚至破坏单车原有二维码，直接粘贴骗子收款的二维码。用户一旦没有辨别清楚扫到假的二维码，就会跳转至转账界面。同时，骗子还常常会将自己的收款头像设置成共享单车品牌标志，极具迷惑性。二是钓鱼网站骗信息。有些骗子制作出高仿共享单车官方网站的钓鱼页面，以完善身份认证等名义诱骗用户主动填写个人身份信息和银行卡资料，从而进一步实施精准诈骗甚至盗刷网银。三是山寨 App 藏木马。租用共享单车必须使用租车 App，骗子就设计了假租车 App 二维码粘贴在单车上，提示用户“更新”。用户扫码后看似安装了租车软件，其实手机却被植入了木马。

二、网络诈骗的基本防范

网络诈骗花样很多，并不断变化新的形式，诸如网上分期贷款购物、网络兼职、网络招聘诈骗

等。目前社会上网络诈骗案的高发态势不可避免地会波及在校大学生。下面简述防范网络诈骗的有关措施。

1. 手机木马骗子的防范措施

（1）安装好手机安全软件，下载文件、打开网页出现风险报警时，千万不要关闭或退出安全软件。

（2）手机系统要及时打补丁修复漏洞，降低系统感染木马病毒的风险。

（3）养成从正规网站登录的习惯，遇到要求输入手机号甚至银行卡等个人信息的手机网页时，要提高警惕。对于需要你“授权并登录”的跳转页面，要三思而行。

（4）不要在不安全的网络环境下点击“更新应用程序”，因为点击下载时，恶意木马就有可能趁机植入正常程序当中，获取你保存的个人资料，提取你敲击键盘的数据读取交易密码。

（5）手机操作进行网购时，不要轻易打开手机收到的陌生文件，不要随便点击手机网络中的可疑链接。一旦点击过可疑链接，应尽快对手机号码、银行卡进行挂失，并将手机进行刷机。

2. 网络诈骗的防范措施

（1）不轻易相信。不要轻易相信互联网上来历不明的测试个人情商、智商、交友之类的测试软件，不要轻易相信网上公布的快速致富窍门等信息。当好友在 QQ 或微信上提出借钱、转账等经济要求时，一定要通过当面或打电话等方式求证确认。如果是视频通话，一定确定对方视频图像是不是实时的，让对方挥挥手、做个动作、说几句话就可以验证，网络延时或没有话筒等借口都不要相信。

（2）不能大意。不要接受陌生人发来的图片和链接，熟悉的人发来的图片或链接也不要轻易打开，更不要在对方提供的链接上填写个人信息和银行的账号及密码等。对于那些要求你提供银行卡号与密码的网站一定不能大意，要仔细甄别，时刻防范。一般不使用手机登录银行账号和支付平台等。

（3）不嫌麻烦。QQ 用户在发现自己密码被盗后，要设法尽快改掉密码。若无法改密码，则要将被盗情况及时告知 QQ 网友，防止不法分子假冒其名从事违法犯罪活动。在当当、淘宝等网站购物时要仔细察看，看卖家的信用值，看商品的品质。一定要用比较安全的支付方式，而不要怕麻烦，采取银行直接汇款的方式。

（4）不贪图小利。对明显价格低的商品要特别小心，往往这类商品是一个骗局或以次充好。不可轻信网上金融高回报的诱惑，更不可抱着侥幸的心理相信网络中奖等虚假信息。如果收到运营商、银行等官方号码发出的信息，要通过拨打官方客服电话、登录官方网站、拨打监管电话等多种渠道反复核实情况，多方求证判断真伪。

（5）不抱侥幸。不要在网上购买国家保护的野生动植物、毕业证书、考题答案等非正当产品和违法商品。在网上叫卖的这些所谓“商品”，都是骗局，不要抱侥幸心理，上当受骗误参与违法交易。

思考题

1. 校园网贷有哪些危害？如何去应对和防范？
2. 谈谈校园信用卡的用途。
3. 常见的网络诈骗手段有哪些？如何有效防范网络诈骗？

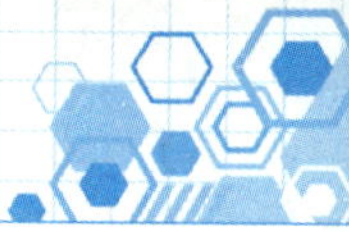

第十二章 食物中毒和常见传染病的预防

第一节 食物中毒及其预防

食物中毒是指人们食用了有毒食物，在短期内引起以急性肠胃炎症状为主的共食者集体发病为特征的一类疾病。常见的食物中毒概括起来可分为两大类：一类是由于进食了有毒动植物、有毒化学物质（如蔬菜农药残留超标）和霉变食物引起的食物中毒；另一类是由细菌或细菌毒素引起的中毒。当食物被细菌感染，细菌在食物中大量繁殖，而食用前没有加热或煮沸将细菌杀灭，人吃完就会发生食物中毒。

大学生由于社会知识和卫生常识的缺乏导致食物中毒的事件屡屡发生。特别是在卫生条件较差的餐饮服务场所，不卫生的就餐环境给大学生身体健康带来了许多隐患，严重的会危及生命。此外，大学生在校学习、放假回家、外出旅游、野炊等过程中也应注意饮食安全。

一、容易引起食物中毒的食品

（一）易引发食物中毒的几类食品

（1）被致病细菌或其毒素污染食品。

（2）被有毒化学品污染的食品。

（3）外观与食物相似而本身含有有毒成分的物质，如毒蘑菇等。

（4）本身含有有毒物质，而加工、烹调不当未能将毒物去除的食品，如河豚等。

（5）由于储存条件不当，在储存过程中产生有毒物质的食品，如发芽的马铃薯、霉变的粮食等。

需要指出的是，含有毒、有害物质的食物通常在外观上与正常的食物没有明显的区别，一般凭感官不易判别。

除了投毒和误食有毒、有害物质以外，中毒食物有其自身的特点，食物中毒的发生也有其自身的规律，认识这些特点和规律并在实际生活中预防是很有必要的。

一般来说，大部分食物中毒是由动物来源的食品引起的，如肉、禽、蛋、乳等，根据以往的食物中毒情况分析，动物性食品发生食物中毒的致病源主要有：沙门氏菌、金黄色葡萄球菌等细菌病原体；与鱼贝类食品中毒有关的主要病原多为副溶血性弧菌，中毒常常发生在有生吃鱼贝类习惯的地区或因食用加工不当的该类食品造成；部分非细菌性食物中毒也与鱼贝类有密切的关系，如河豚中毒、有毒贝类中毒等。

蛋及蛋制品、奶及奶制品是造成沙门氏菌食物中毒的主要食品。

非动物来源的食品虽然不如动物性食品引起的食物中毒那么常见，但其危险性并不比动物性食品低。蔬菜、水果被农药污染或被肠道致病菌，如志贺氏菌、致病性大肠杆菌污染所造成的食物中毒也是不可忽视的因素。

粮谷类食品，如米饭、米糕容易产生蜡样芽孢杆菌和葡萄球菌肠毒素食物中毒。毒蘑菇、霉变

甘蔗、未加热透的豆浆、菜豆和发芽的马铃薯都是我国食物中毒的常见因素。

（二）几种易引起中毒的食物

（1）很难辨认的有毒蘑菇。不要轻易尝试不认识的蘑菇，同时不偏听偏信。必须在分辨清楚或请教有实践经验者之后，证明确实无毒时方可食用。

（2）没有煮熟的四季豆和扁豆。四季豆和扁豆中含有蛋白凝集素，豆荚内还含有溶血素，这两种物质可使人中毒，有恶心、呕吐、腹痛、腹泻等胃肠型表现或头晕、头痛、四肢麻木等神经型表现。食用时，应将其用冷水浸泡或开水烫后再烹饪，但无论炒、煮都要熟透。

（3）发了芽的马铃薯。马铃薯，又名土豆，它每 100 克约含有龙葵素 20 毫克，一般不会使人中毒。但当马铃薯发芽、皮肉变绿发紫时，其所含的龙葵素就显著增高，人吃进了 200 毫克的龙葵素就会中毒，出现头晕、恶心、呕吐、腹泻、嗓子发干等症状。食用前应将芽部切去洗切后在水中浸泡半小时以上，并换水两次，炒煮时加点食醋，这样就可以避免中毒了。

（4）未成熟的西红柿。未成熟的西红柿含有生物碱，人食用后可导致中毒。

（5）残留农药的蔬菜。在蔬菜生长过程中，菜农往往会喷洒农药灭虫。蔬菜洒了农药后若安全间隔期不到就被采摘上市，人食后就会中毒，所以人们应采用“一洗二浸三烫四炒”的方法去除大部分残留农药。

（6）海产品。当人们生吃或食用没有煮熟的海产品时，就会出现恶心、腹痛、呕吐、腹泻和发热等症状。这是由于海产品本身携带的病菌比较多，夏季平均带菌率高达 95%，所以食用海产品时一忌生吃，二忌没有煮熟。

（7）加热不彻底的鲜黄花菜。黄花菜也叫金针菜，含有秋水仙碱，当人们进食多量未经煮泡去水或急炒加热不彻底的鲜黄花菜后，会出现急性胃肠炎。

（8）新鲜的蚕豆。有的人体内缺少某种酶，食用鲜蚕豆后会引起过敏性溶血综合征。症状为全身乏力、贫血、黄疸、肝大、呕吐、发热等，若不及时抢救，会因极度贫血而死亡。

（三）街头烧烤的安全隐患

（1）烟熏烧烤类食品中含有一种叫苯并芘的多环芳烃类有机物，是目前世界上公认的强致癌、致畸、致突变的物质之一。这种物质正常情况下在食品中含量甚微，但经过烟熏或烧烤后，含量显著增加。经检测，用炭火烤的肉中苯并芘含量高者可达 11.2 μg/kg，远远高于我国食品中苯并芘限量卫生标准（GB7104—1994）规定的≤5 μg/kg。

（2）烧烤食品中肉类和霉干菜很多都是腌制发酵类食物，腌制类食品中有较多的硝酸盐和亚硝酸盐，一旦与肉中的二级胺合成亚硝酸胺，可直接导致胃癌。

（3）烧烤食物外焦里嫩，有的肉里面还没有熟透，甚至还是生肉，若尚未烤熟的生肉是不合格的肉，如“米猪肉”，食者可能会感染上寄生虫，埋下了罹患脑囊虫病的隐患。

（4）烧烤所用的竹棍或铁条未经消毒，反复使用，容易感染病毒和细菌，有些小摊位用含铅极高的旧自行车条串制肉串等，经过烤制后，自行车条中的铅可渗透到食物中，导致慢性铅中毒。

（5）烧烤场所呛人的烧焦烟气含有多种有害物质，如一氧化碳、硫氧化物、氮氧化物、颗粒物、苯并芘、二英等，在这样的环境中就餐可增加患病概率。同时也污染周围的空气，影响周围城市居民的正常生活。

二、食物中毒的应对办法

（一）食物中毒的症状

如果食物中毒，一般餐后少则半小时、多则 48 小时就会出现明显症状。其症状因进食的食物种类不同而异，总的来说有腹痛、恶心、呕吐、腹泻等。腹泻一天几次至几十次不等，个别患者便

中伴有脓血、黏液等。除有上述急性胃肠炎症状外，患者还可能出现神经系统症状，如头痛、怕冷、发热、乏力、瞳孔散大、视力模糊、吞咽及呼吸困难等，中毒严重者可因腹泻造成脱水性休克或因衰竭而死亡。

临床上常见一些食物中毒的患者，开始就医时，胃肠症状不很明显，主要的症状是怕冷、发热、头疼、乏力等，易与普通感冒混淆，所以一定要注意鉴别。如果症状持续超过两天，就应化验大便、血或呕吐物以明确病因。对于先后发病、症状大体相同，又曾食用过同一种食品的人群，应高度怀疑是食物中毒，尤其是在夏季高发季节。

（二）及时采取救治措施

一旦发现食物中毒的症状，应及时分析发病原因，及时采取救治措施。

（1）立即停止供应、食用可疑食物。

（2）进食后不久的中毒者如未呕吐，可用筷子、手指等刺激咽后壁、舌根催吐，尽快排出毒物。

（3）催吐后注意补充水分，应多饮盐开水、茶水或姜糖水、稀米汤等，并应就地休息，减少体力活动，以防毒素向全身扩散。

（4）如果患者出现休克症状，应使患者平卧、抬高其下肢，同时还要注意保暖。

（5）尽快将病人送附近医院救治。

（6）立刻向所在地的卫生监督所或防保所、疾病预防控制中心报告。同时注意保护好中毒现场，就地收集和封存一切可疑食品及其原料，禁止转移、销毁。

（7）配合卫生部门调查，落实卫生部门要求采取的各项措施。

（三）食物中毒的急救

中毒者及其周围人员首先应镇定，及时请求校医院大夫进行急救或拨打急救电话“120”，就近将患者送入医院。在医生未到时，要将患者移至通风处，松解衣领、裤袋，并设法进行催吐。对于处于休克昏迷状态或患有心脏病、肝硬化等疾病的中毒者不宜催吐。

催吐的方法：如果进食时间在1～2小时内，可让患者多喝开水，而后用手指、筷子或动物羽毛探喉，促使呕吐，尽快排出毒物。

妥善处理可疑食物：对可疑有毒的食物，禁止再食用，收集呕吐物、排泄物及血尿送到医院做毒物分析。

防止脱水：轻症中毒者应多饮开水，或茶水、姜糖水、稀米汤等。重症中毒者要禁食8～12小时，可静脉输液，待病情好转以后，再进些米汤、稀粥、面条等易消化的食物。

三、日常如何预防食物中毒

要防止食物中毒，应该在日常生活中注意一些问题。

（1）个人要养成良好的卫生习惯，养成饭前、便后洗手的卫生习惯。外出不便洗手时一定要用酒精棉或消毒餐巾擦手。

（2）餐具要卫生。每个人要有自己的专用餐具，饭后将餐具洗干净存放在一个干净的塑料袋内或纱布袋内。

（3）饮食要卫生。生吃的蔬菜、瓜果、梨桃之类的食物一定要洗净皮。不要吃隔夜变味的饭菜。不要食用腐烂变质的食物和病死的禽、畜肉。剩饭菜食用前一定要热透。

（4）不乱食用公共食堂以外的食物、小吃等，以防止食用病死、毒死或用不明的原料制作的食品以及不符合卫生要求的食品。

（5）夏季如有剩余的饭菜等食物，不要放在温度较高的宿舍、教室里，如有条件，应尽量做到将剩米饭加热后摊开存放，以防霉变，下一顿吃时要彻底加热。

(6) 在外就餐时尽量不要选择无证无照的“路边摊”，而要去卫生条件好、管理严格的饭馆。就餐时如有异味要马上停止食用，尽量吃经过长时间高温蒸煮后的食物。

(7) 一旦吃过东西后胃里有不舒服的感觉，马上用手指或筷子等帮助催吐，并及时到医疗机构寻求救治。

(8) 服用药品时一定要遵照医嘱服用，千万注意不要超剂量服用，以免造成药物中毒。药物同时服用要遵医嘱，避免混合产生副作用。

(9) 生、熟食品要分开，切过生食的刀和砧板一定不能再切熟食，摸过生肉的手一定要洗净再去拿熟肉，避免生熟食品交叉污染。

(10) 对不熟悉的野生动物不要随意采捕食用，海蜇等产品宜用饱和食盐水浸泡保存，食用前应冲洗干净。扁豆一定要焖熟后食用。

第二节　常见传染病及防范

安全地进行疾病诊治和预防校园传染病是大学生健康成长的重要条件。为此，高等院校按照教育部的规定设立了校医院或卫生室，对大学生进行身体检查和疾病诊治；建立了校园传染病防治和管理机制，积极预防校园传染病。多数大学生都能保持良好的卫生习惯，定期检查身体，及时治疗疾病。但也有少数大学生忽视了疾病诊治和预防中的安全问题，如有的到无证诊所问诊求药，有的缺乏传染病预防常识，有的带病参加剧烈运动等，最终造成身体伤害和病情延误，甚至失去了宝贵的生命。

一、传染病的主要类型

《中华人民共和国传染病防治法》规定了我国境内的37种甲、乙、丙类的传染病：甲类传染病是指鼠疫、霍乱；乙类传染病是指传染性非典型肺炎、艾滋病、病毒性肝炎、脊髓灰质炎、人感染高致病性禽流感、麻疹、流行性出血热、狂犬病、流行性乙型脑炎、登革热、炭疽、细菌性和阿米巴性痢疾、肺结核、伤寒和副伤寒、流行性脑脊髓膜炎、百日咳、白喉、新生儿破伤风、猩红热、布鲁氏菌病、淋病、梅毒、钩端螺旋体病、血吸虫病及疟疾；丙类传染病是指流行性感冒、流行性腮腺炎、风疹、急性出血性结膜炎、麻风病、流行性和地方性斑疹伤寒、黑热病、包虫病、丝虫病，以及除霍乱、细菌性和阿米巴性痢疾、伤寒和副伤寒以外的感染性腹泻病。应当引起特别关注的有：传染性非典型肺炎、艾滋病、病毒性肝炎、人感染高致病性禽流感、狂犬病、细菌性和阿米巴性痢疾、肺结核病等。

二、传染病及其特征

传染病是由各种病原体所引起的一组具有传染性的疾病。病原体通过某种方式在人群中传播，常造成传染病流行。这将对人的生命健康和国家经济建设有极大危害。传染病是由病毒、细菌、寄生虫等生物病原体，通过呼吸道、消化道、皮肤黏膜等不同途径侵入人体后引起发病的。学校是人群高度密集的场所，学生抵抗疾病能力较弱，加上近年来城市发展迅速，人口流动频繁，容易导致传染病在校园内的发生和传播。因传染病具有传染性，一旦疫情暴发，将严重威胁学生身体健康和生命安全，对学校、家庭和社会造成较大影响。因此，了解校园易发传染病对于在校大学生具有重要意义，同时也是控制社会上传染病流行的重要环节。

传染病的基本特征为：有病原体、有传染性、有流行性、地方性、季节性、有免疫性。

三、传染病的传播途径

病原体从传染源排出体外，经过一定的传播方式，到达与侵入新的易感者的过程，称为传播途径。传染病有四种传播方式：水与食物传播、空气飞沫传播、虫媒传播、接触传播。

四、传染病流行过程的基本环节

传染病的流行必须具备传染源、传播途径和人群易感性这三个基本环节。这三个环节须同时存在，传染病方能流行。

五、校园传染病流行的特点

（一）学校中容易发生传染病

学生的免疫功能尚不完善，抵御各种传染病侵袭的能力比较低，所以对传染病的易感性较高，容易发病。学校是传染病易感人群集中的场所，学生们互相密切接触，加之卫生制度不健全、卫生习惯不好，一旦有了病人，便具备了传染病传播和流行的基本条件。

（二）学校是传染病的集散场所

学校是社会上的一个特殊组成部分，学生每天从各自家庭汇集到学校，传染病容易被他们带进学校，并在学校相互接触传播而使更多的易感者感染。感染的学生作为新的传染源，从学校又分散到各自的家庭或亲朋邻居之中，将传染病从学校带入社会，使学校成了传染病的集散场所。这样传染病不仅在学校中发生和流行，同时也扩大了社会上传染病的流行范围。因此，做好学校传染病的防治对于学生的健康成长、对于整个社会具有重要意义。

（三）学校易有传染病的暴发和流行

传染病的流行过程取决于传染源、传播途径和人群易感性的高低。在学校中易感人群集中，传染源又容易进入学校，所以传播机会极易实现。如呼吸道传染病通过咳嗽、打喷嚏、唱歌、读书和说话等带出有病原体的飞沫悬浮于空气中随学生的呼吸而感染，如果学生的易感性很高就可引起流行或暴发。肠道传染病在学校中流行主要是学校卫生设施差，通过水、厕所及学生的手互相接触传播。另外，学校通过共同的特殊活动如野外露宿，若缺乏防护，可引起乙脑、疟疾等虫媒传染病的发生和流行；到被污染的河塘中游泳，可引起钩端螺旋体的流行。

（四）学校传染病有季节性特点

冬春季呼吸道传染病多发，夏季以肠道传染病为主。另外，与寒、暑假的开学有密切关系。开学后常伴随着传染病在学校发生和流行。因寒暑假学生走亲访友，将外地传染病带到本地，开学随之带进学校，通过在学校中的密切接触而传播开来。流脑潜伏期短，流行高峰随春季（3 月）开学很快形成；肝炎潜伏期长，开学后的发病高峰在 4～5 月或 10～11 月。

六、预防传染性疾病的具体要求

（1）搞好个人卫生，不和他人共用餐具水杯。

（2）搞好环境卫生，消灭蚊蝇蟑鼠，清除环境中的粪便，包括动物粪便。

（3）不到发生流行性传染病的疫区或有关场所去，不接触传染病人，降低被传染的可能。

（4）生病要及时去医院治疗，而且要去卫生部门批准的正规医疗单位诊治。

（5）平时加强体育锻炼，增强体质，提高自身对疾病的免疫力。

（6）与异性交往时，要自爱并养成以洁为好的习惯。

第三节 艾滋病的预防

艾滋病的全名是获得性免疫缺陷病毒感染综合征，引起艾滋病的病毒叫作 HIV，是一种免疫缺陷病毒。HIV 在人体内非常强大，因为它主要攻击的是人体的免疫细胞，造成人体的免疫缺陷。HIV 一旦离开人体却变得非常脆弱，容易被灭活。

一、艾滋病的传播途径

艾滋病的三大传播途径是：血液传播、性传播、母婴传播。在艾滋病传到中国的初期，主要通过输血传播。随着国家对血制品的严格管理，这一传播途径已被基本切断。目前静脉吸毒传播和性传播成为主要的传播途径。病毒很少在唾液、眼泪、尿、呼吸道分泌物中出现，至今尚无通过这些传播途径的报道。所以与艾滋病感染者或艾滋病患者拥抱、共用餐具、共用厕所、在同一游泳池中游泳均不会被传染。

二、艾滋病的四个阶段

人们一旦感染 HIV，在开始的几周或几个月中会出现一些类似感冒的症状，以后症状自行消失，经过几十个月或几年后（平均潜伏期 1～15 年），再次出现各种严重症状。艾滋病在临床上分四个阶段：急性感染期、无症状期、AIDS 前期、AIDS 期。

艾滋病的实验室检查主要通过 HIV 抗体的测定和 CD4 细胞的计数作为诊断依据。

三、艾滋病的预防

对于我们大学生来说，一定要懂得如何自我保护，如何选择自己的行为，使自己远离艾滋病。具有以下这些行为的人是容易感染的人群。

（一）无保护的性接触

性传播的途径在世界范围内是最广泛的。在我国，性传播途径感染 HIV 越来越多见，特别是在沿海开放大城市，无保护的性接触感染 HIV 概率较高。

某高校张某从学校毕业后不久就成为一家大公司的骨干。一天繁忙的工作结束后，大家一起喝了很多酒，之后他的同事带他来到了一家发廊。平时严格的家教使他对这种地方根本不屑一顾，可是酒能乱性，那天他和一个看起来非常健康的发廊小姐发生了无保护的性关系。一周后他开始出现感冒症状，发热，身上还出现一些皮疹。他开始隐隐感觉到不安。那些症状在他服药后很快消失了，但他还是去医院做了正规的梅毒检测和 HIV 抗体检测，结果 HIV 抗体是阴性，医生嘱咐他 3 个月后复查。他坐立不安，上网查了许多关于性病和艾滋病的资料，看到那些肮脏的图片，他发誓再也不去那些地方了。尽管此时的他心烦意乱，但他万万没有想到就因为这一次的疏忽，他已经感染了艾滋病病毒。之后又去做了两次 HIV 抗体的测定，均为阳性，医生明确地告诉他，他是个艾滋病病毒感染者。他陷入了深深的悔恨和痛苦，可是一切都太晚了。

（二）吸毒

静脉吸毒是传播艾滋病的最主要途径之一。吸毒怎样传播 HIV 呢？主要是由于吸毒者静脉注射毒品时共用注射器。吸毒人群往往聚集在一起吸毒，你先注射，我再注射，这样就会通过血液的交叉感染病毒。他们合用注射器，在轮流使用的过程中，由于来不及消毒或没有条件消毒，为艾滋病传播提供了便利条件。静脉吸毒者注射时，为了最大限度地利用残留在注射器的毒品，会将自己

的血液回吸，使残留毒品能够洗下来，再推入静脉，如果这时候血液中含有艾滋病病毒，便污染了注射器与针头，待下一位注射时，艾滋病病毒随着毒品一起进入体内，显然会被感染，这也属于血液传播的一种。

（三）其他传染

高危行为的危险程度排序：第一位为接受输血（被污染的血），100%感染；第二位为静脉吸毒共用注射器具；第三位为无保护的性接触；第四位为深接吻（危险趋于零，但如有口腔溃疡或牙龈溃烂出血仍有被感染的危险）。只有避免以上各种高危行为，才能做到远离艾滋病。

在现实生活中，仍然有很多我们不可控制的因素如医源性感染，为减少医源性感染，一般的做法是能吃药就不打针。现在，很多基层医院都这么做，而且这种方式已经被患者接受了。不洁的操作，包括输液、针灸、内窥镜的使用、拔牙、穿刺，以及垃圾废弃物处理不当，都可能造成医源性传播。这就提醒我们一定要去正规的医院看病。

（四）其他细节

此外，在日常生活中还应注意以下细节：

(1) 尽量避免和别人共用牙刷。有些人外出旅游或出差时忘记带牙刷，和别人共用，如果有牙龈出血或口腔黏膜溃烂，就有可能造成血液传播。

(2) 尽量避免在理发店刮胡子、修鬓角。因为理发和刮刀都是共用工具，如果刺破了皮肤，也有可能造成血液传播。

(3) 不要去街头游医处看病，特别是拔牙。一些不正规的医疗单位由于医疗器械消毒不严会造成感染艾滋病、性病的可能。

(4) 不要纹身，不要修脚。这些行为同样会造成皮肤的破损，导致血液传播的可能。

第四节　饮食与健康

一、“病从口入”新解——吃出来的病

不少大学生会认为现在谈“病从口入”有点小儿科的味道，因为在我们的记忆中“病从口入”是提醒大家要注意卫生，不要因食用被病菌污染的食物而感染疾病。这个观点一直伴随着我们的成长，但是随着生活水平的提高，“病从口入”有了新的解释。因为研究发现，吃得太多、吃得不合理，同样能引起疾病的发生。既往认为高血压、冠心病、脑卒中、糖尿病等是彼此分割的互不相关的疾病，但现代研究已提出糖尿病、高血压、心血管疾病存在内在联系，并且都和饮食有关。

以心血管病、恶性肿瘤为例，心血管、肿瘤疾病已经上升为人类健康的头号大敌，尤其是恶性肿瘤——癌和肉瘤等，的确使人“谈癌色变”。恶性肿瘤，已经成为人们重点进攻的病魔之一。棘手的是恶性肿瘤的确实病因至今尚未搞清楚。经过大量病例的统计调查和研究，我们只能说，与恶性肿瘤发病有关的因素有：遗传、病毒感染（一般认为恶性肿瘤并不传染）、长期慢性刺激（如长期抽烟致肺癌、唇癌，日光刺激致皮肤癌），此外，还有饮食因素等。在这些因素中，饮食因素占有十分重要的地位。曾经有人提出防癌的注意事项共十二条，其中与饮食相关的如不偏食，不嗜酒，不吃过热饮食，不吃焦、霉食物等竟占了八条。可见饮食与致癌之间的密切关系。那么，哪些饮食与肿瘤的发病有关呢？归纳起来，有以下几个方面：含有亚硝胺的食物。有人花了 7 年的时间，用 70 多种亚硝胺化合物在 1000 多只大鼠身上做诱发肿瘤的试验。结果表明，几乎所有的动物脏器都可发生肿瘤，其中尤以肝癌、食管癌为最多见。一些腌菜、泡菜及霉坏的菜，常含亚硝酸

盐，但在人体内会不会转变成亚硝胺，则又是另一回事，有待进一步研究。发霉的粮食，尤其是发霉的花生、玉米以及大米都含有毒性较高的黄曲霉毒素。黄曲霉毒素是一种致癌物质。现在已经查明，用这种发霉的粮食喂养动物会导致肝癌。在潮湿重、食物容易发霉的南方地区，肝癌为最高发，除肝癌外，还有胃癌、直肠癌、肺癌等。除去这些食物以外，不良的饮食习惯，也是致癌的因素，如喜爱吃滚烫的食物以及大量酗酒等，都可导致食管癌及胃癌的发生。“病从口入”，这是一句老话，拿它来说明癌症的起因也是十分贴切的。因此，大学生一定要注意饮食卫生，防止癌症因素从口中摄入，只要我们紧紧把住这一关，就能大大降低肿瘤的发病率。

二、饮水与健康

我们每天都要喝水，我们也知道水能够使我们的生命郁郁葱葱、生机勃勃。我们血液中 60%是水。在保障氧气和各种营养成分能够在血液中顺畅流动方面，水起着不可或缺的作用。此外，水还能把体内的废物从肝脏和肾脏中彻底冲走。大汗淋漓可以调节机体的体温。水也可以润滑各个关节和组织，有助于消化物和废物的排除。可以这么说，水是最重要的东西，水也是最常见的东西，但最常见的也往往是最容易忽视的。就连大学生对于如何健康地饮水也并不清楚，甚至还会有一些误解。

（1）喝水就是为了解渴的不正确观念。这是在健康饮水方面最大的误解。我们经常会看到很多大学生在课后冲到学校的小卖部买水喝，并表示只有口渴了才会去喝水。其实当我们觉得口渴的时候已经是极度脱水的最后外在信号了。大学生要学会“预防性”饮水。除了口渴之外，我们要注意其他的脱水迹象。如果觉得头痛、头晕、浑身乏力或食欲缺乏，那么有可能我们处于缺水的状态。当摄入充足的水后，一些健康问题就能得到解决或减轻，比如头痛、头晕、气喘、过敏症、高血压、高胆固醇、头痛、偏头痛、背痛、抽筋等。

（2）喝水与喝咖啡、碳酸饮料的效果一样的不正确观念。饮用水的生理作用与饮用饮料如果汁、碳酸饮料、咖啡和茶中所含水的生理作用不同。实际上，某些饮料如咖啡和茶含有脱水的成分，这些成分会刺激中枢神经系统，同时对肾脏产生强烈的利尿作用。尤其要避免喝或者少喝咖啡、含咖啡因的茶饮料以及碳酸饮料。咖啡因会使人神经紧张或者焦躁不安、妨碍睡眠，加快钙和钾的丧失。同时也要少喝碳酸饮料，碳酸饮料是大学生的最爱，但是这类饮料不仅价格贵，而且几乎不含或者根本不含任何营养价值。此外，还含有糖、咖啡因、添加剂。这些添加剂包括人工甜味剂、人工色素以及香精。所有这些对于大学生的身体都是不利的。

（3）水没有什么能量的错误观念。人体的最高效能依赖于水这种必不可少的养分，可以说明这一点。

既然饮水那么重要，我们就必须了解饮水的一些常识，比如我们的身体每天至少需要 6～8 杯水。记住：酒、果汁、碳酸类饮料、咖啡和茶不能算作是水。

三、酗酒有百害而无一利

逢年过节、毕业庆贺和同学聚会常免不了喝酒，大学生偶尔少量饮酒并不为过，但个别同学偏偏养成了酗酒的不良嗜好，这就会对身心健康构成很大的危害。酗酒是指无节制地饮酒。在全国高校中，大学生的饮酒现象极为普遍，酗酒者也不在少数。纵酒，不但直接损害身心健康，而且也是构成社会不安定的因素。其主要危害包括以下几点：

（1）危害身心健康。过量饮酒能造成酒精中毒，产生脑的功能性和器质性变化以及慢性胃炎、肝脏损害等病症。长期饮酒造成的慢性酒精中毒，可使内脏器官及神经系统发生许多代谢障碍性的改变。目前，我国每年因酗酒而造成的酒精中毒人数达 1000 多万，每年有近万人因贪杯而身亡；而每年因纵酒死于心血管病的人数已达到百万人，且悲剧仍在与日俱增。

（2）醉酒后行为失控。因酒精麻痹而引起的言语无度、行为失控与极度兴奋等现象，与大学生

的身份是极不协调的，在公共场合醉酒则更加有损于大学生的形象。醉酒后因行为冲动、意念模糊而引发的意外事故更发人深省，正所谓酒极则乱，乐极生悲。

（3）酗酒危害心理健康。长期过量饮酒可使人感觉迟钝、注意力涣散、记忆力下降及思维混乱，甚至出现妄想、幻觉，诱发人格改变和反常行为。

大学生饮酒，多出于以下心理原因：

（1）好胜心理。年轻人血气方刚，不肯服输，一端酒杯，就容易出现逞能求胜的心理，结果喝得烂醉如泥，丑态百出。

（2）交往心理。受社会上吃吃喝喝的不良风气影响，一些大学生也常利用喝酒来联络感情。

（3）借酒浇愁心理。有的因恋爱受挫，有的因学业不良或考试失败，有的因同学间出现摩擦，种种烦恼不快之事无法摆脱，而借杯中之物来麻痹自己。

为预防酗酒的危害，请大学生注意以下几点：

（1）不断提高自己的修养水平和自控能力，认清过度饮酒的危害性，防止饮酒过量或饮酒成癖。

（2）不要刻意地去培养或放任自己饮酒的习惯，应认识到不饮酒不是缺点，从而摆脱传统的陈腐观念的束缚，做自己思想和行为的主人。

（3）饮酒须掌握尺度，量力而行，适可而止，时时注意检查自己的形象，避免酒后失态，授人笑柄。同时，劝酒时也要举止得体，掌握分寸，切不可纠缠不休，强加于人。

思考题

1. 简述日常避免食物中毒的主要方法。
2. 简述艾滋病的传播途径。
3. 酗酒有哪些主要危害？

第十三章　遵纪守法，预防违法

第一节　大学生违规、违纪原因分析

一、大学生违规、违纪情况

大学生违规、违纪行为的主要表现为：考试作弊、打架斗殴、破坏公物、道德品行不端、赌博行为、旷课行为、违反安全管理规定酿成事故等。此外，一些学生还因酗酒滋事、伪造证明、小偷小摸等受到校纪处理。

二、大学生违规、违纪原因分析

（一）客观原因

（1）改革开放和市场经济的发展极大地促进了我国经济发展，但同时也带来一些负面效应，西方文化思潮和价值观念以及腐朽的生活方式对学生的侵蚀和影响不可低估。

（2）在社会转轨、经济转型时期，社会道德规范在某些方面不同程度地出现模糊、混乱和趋于多元化的现象，原有的社会规范、价值观、行为模式不断受到冲击，新的社会规范、价值观和行为模式尚未完全形成，还不能对社会成员进行有效的约束，使得一些人特别是极少数青年学生在社会化过程中迷失方向，致使其越轨行为在数量、规模和强度上都有增加。

（3）面对新形势、新情况，社会、学校和家庭对大学生的法律、道德、思想教育工作还存在薄弱环节。全社会关心支持大学生的思想教育的合力尚未形成。学校对大学生的思想教育与其思想实际结合不紧，实效性不强。

（二）主观原因

大学生违规、违纪，既有社会影响的客观因素，也有学生自身素养的主观因素。

1. 纪律观念薄弱

随着社会的发展和进步，我国各项法律不断健全，各种规范逐步完善，全民法律意识得到增强，依据法律法规制定的高校校规也在不断完善。在这种情况下，大学生更应培养较强的法律和纪律意识，树立牢固的法制观念，成为全社会遵纪守法的楷模。但是，少数大学生不注意自身综合素质的培养，放松或漠视法律法规的学习，表现为法律意识淡薄，纪律观念薄弱，因此，一些学生出现不同程度的违规、违纪行为。

2. 道德规范欠缺

在少数大学生中出现不同程度的道德偏失、行为失准是与时代要求相悖逆的。在学生违纪行为中，50%以上是考试作弊，这凸显了大学生存在着“诚信危机”。诚信是中华民族的传统美德，公民的基本道德品格。大学生的诚信道德现状，不仅关系到大学生的自身发展，而且关系到中华民族

传统美德的传承，更关系到中国未来社会的发展。

3. 责任意识淡漠

大学生应具备对社会强烈的责任感和崇高的使命感，将来走上工作岗位才能更好地担负起时代所赋予的历史重任。责任意识的培养应从小做起，从点滴做起。大学生在校期间应有意识地培养和锻炼自己的责任意识，只有走出现在自我的小圈圈，才能成就未来国家的大事业。学生违规、违纪的行为，从另一角度也透视着少数学生对社会、学校、家庭和他人缺乏应有的责任意识。

4. 不良心理因素的影响

（1）虚荣心理。大学生违规违纪行为的产生，究其心理成因，有些是源于虚荣心理。如有些学生在生活消费上相互攀比，追求虚荣，当经济条件满足不了自我消费欲望时，就有可能诱发盗窃、诈骗等侵财行为，轻则违规、违纪，重则走上犯罪道路。

（2）从众心理。一些大学生明知自己的行为是违规、违纪的，但看到周围有同学这样做，为达到自己的目的，也就跟着仿效。

（3）侥幸心理。有些大学生完全明白自己的违规、违纪行为的危害性和严重后果，但心存侥幸，认为学校和其他人不会发现，或者危害性和严重后果不会发生。

（4）放纵心理。赌博、酗酒等不良行为对大学生的身心危害是显而易见的，其后果也是不言而喻的。有些学生明知如此，仍放纵自己，沾染上一些恶习并任其发展下去，最后发展到欲罢不能的地步。

第二节 预防大学生违法犯罪

一、大学生违法犯罪的原因

大学生违法犯罪的增多，不仅是一个突出的治安问题，而且是一个重要的社会问题。

（一）大学生违法犯罪的客观因素

1. 社会消极因素的影响

对物质享受的过分追求诱发和刺激了极少数大学生去进行偷窃、抢劫、诈骗等违法犯罪活动，有的大学生甚至抛弃了个人的基本道德，利用性违法的手段来换取金钱。

2. 家庭教育中的负面因素

少数大学生参与违法犯罪是有家庭方面原因的，主要是缺乏正常的家庭教育或家庭不适当的教育方法和教养方式对学生造成了不良影响。有的学生父母关系不和甚至离异，使子女没有归属感，缺乏父爱或母爱，心理受到伤害；有些父母运用专制的管教模式，极易造成学生的人格自卑和逆反心理；有的父母重智育而轻视德育，不提醒学生增强法制观念，致使有的学生变得自私孤傲，对集体和同学漠不关心，缺乏抗拒违法犯罪影响的能力；还有一种是过度溺爱式的家庭教育，致使有的学生养成了好逸恶劳、贪图享受、专横霸道的恶习，一旦个人欲望得不到满足，就寻求歪门邪道，很容易走上违法犯罪的道路。

3. 学校教育管理方面的不足

许多学校还没有实现从“应试教育”到“素质教育”的根本转变，在办学方向、治学方法上存在一定程度的偏差，学生素质教育的一系列措施未完全真正落到实处；学校心理咨询工作不够得力，满足不了学生对心理咨询的需求；学生安全教育工作还有较大差距，一部分学生法制和安全意

识非常淡薄；有的学校缺乏浓厚的文化氛围，一些消极、低级、非法的东西对学生产生潜移默化的影响；对校园网络的管理还存在一些漏洞，网上不良、非法信息对学生的影响和侵害不可低估。

（二）大学生参与违法犯罪的主观因素

外因是条件，内因是根据，外因通过内因才能发挥作用。尽管社会、家庭、学校在对大学生教育管理方面都存在一些亟待解决的问题，但是我们不应该忽视极少数大学生参与违法犯罪的主观因素。

1. 人生观、价值观出现偏差

极少数大学生受西方价值观念和社会不良因素影响，其价值取向与主流社会的价值观念背道而驰。他们以金钱、地位、荣誉、享乐为唯一取向，以现实和功利为主要目标，缺乏远大的理想和良好的意志品质，自我控制能力差，面对社会消极影响和周围的不良刺激，他们不能及时进行自我调节，纠正自己的不良心理意识和行为，有的学生甚至发展到唯利是图、私欲膨胀的地步。当强烈的物质占有欲、挥霍享受欲、畸变的性欲等不良的心理需求得不到满足时，他们就有可能抛弃社会法治、道德修养和纪律的约束，寻求和尝试使用非法的手段牟取私利，走上违法犯罪的道路。

2. 心理脆弱

现代大学生人虽已成年，但心理发育仍不很成熟，自我心理调节能力较差，在复杂的社会竞争环境中，在遇到困难和挫折时，有些学生明显表现出情绪不稳、认识偏激、缺乏理智、易冲动、抗挫折能力差等方面的问题。有的学生存在冷漠心理，对周围的人与事漠不关心，漠然处之，回避人际交往，自负而偏执，易与他人发生争执和冲突，因一点小事不满，就可能造成纠纷，发生严重的违法犯罪行为，完全忽视他人的生命和痛苦。有的学生自尊心过强，非常重视别人对自己的评价，但是脆弱的意志控制不了狂暴的激情，在愤怒、震惊、欲望极为强烈的情况下，因心理承受能力差，一时失去理智，实施损人害己行为。如大学生周某毕业后参加就业体检，因 3 项指标呈阳性不合格，怀疑是政府工作人员从中作梗，竟用尖刀行刺人事部门的干部，造成一死一伤的惨剧。有的学生存有追求刺激的心理，他们感到生活乏味，空虚无聊，于是便沉溺于网吧，个别学生甚至利用实施犯罪行为来满足自己追求刺激的需要。如某体育学院学生结伙在公园对一对恋人实施抢劫，被抓后供称："其实不缺钱，就是感觉在学校上课没劲，想找点刺激。"有的学生存有自卑心理，平时有消极、抑郁、悲观失望情绪；不善交际，缺乏自信，缺乏自我调节能力，解脱不了的时候，便会疑神疑鬼，在他人身上发泄。

3. 法律意识淡薄

有的学生称自己参与抢劫的目的是寻求刺激，有的学生明知是赃物却贪便宜购买，有的学生非法组织学生卖血，从中牟利。高校中一些学生的法律意识是相当淡薄的。学校虽有法律基础课，但学生普遍不够重视，更谈不上结合自己的实际情况认真地思考和理解。在参与违法犯罪的学生中，纯粹的法盲并不多见，但对法律似懂非懂或弄不清违纪与违法犯罪之间的关系的相当普遍。法律意识淡漠还表现在极少数学生目无法纪、知法犯法甚至以身试法，他们存在侥幸心理，实施违法犯罪行为却幻想能够逃脱法律的追究。

二、预防大学生违法犯罪的措施

遵纪守法是国家对公民的基本要求，大学生接受国家高等教育，具有较高素质，应当自觉做到遵纪守法。大学生在生活、工作和学习中，应做到六点。

（一）树立坚定正确的理想信念

理想信念是人类精神的家园、幻想中的乐土。缺乏坚定正确的理想信念，人就会失去精神支柱和前进的动力。当代大学生肩负重任，应树立崇高的理想，正确认识个人与社会、个人与国家之间

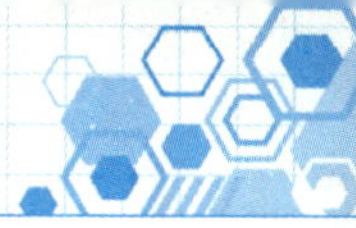

的关系，努力摆正自我的位置，认真解决人生目的、人生态度、人生价值、人生责任这 4 个基本问题，抵制西方腐朽思想和社会消极因素的不良影响，不断完善自我，追求高尚人格，提高综合素质，全面掌握科学文化知识，为将来报效祖国打下坚实的基础。

（二）系统地学习法律

21 世纪是我国法制不断健全、依法治国各项措施得到全面落实的时代，缺乏法律常识，不具备应有的法律意识，任何人都难以适应社会的发展。当代大学生应该较为系统地学习国家常用法律和法规，具有较丰富的法律知识和较强的法律意识，要掌握并运用这些法律知识去处理日常遇到的各种问题。高校为学生所开设的法律基础课以及安全教育课，大学生应认真对待，要结合自己的实际，学好法律，深入理解法律的内涵。要学会运用法律、依靠法律来保护自己，做到知法、懂法、守法，不仅自己不干任何违背法律的事，而且应该与一切违法行为作斗争，维护法律的尊严和良好的社会秩序。

（三）严于律己，牢固树立纪律观念

严格的纪律是高等学校正常办学和改革发展的重要保证，没有纪律和规章，学校的一切工作将无法进行。严格的纪律也是将大学生培养成合格人才的重要手段。缺乏纪律的约束，大学生成才只是一句空话，走向社会将一事无成。大学生应当严于律己，具有较强的纪律观念，自觉地遵守社会公德，维护学校纪律和规章制度，用校纪约束自己的行为，不做违反校纪的事。

（四）注意道德品质修养

具有良好的思想道德修养，是国家对大学生的基本要求，也是大学生远离违法乱纪活动的重要保证。大学生要努力践行社会主义核心价值观。大学生应确立为人民服务的人生观，坚持以为人民服务为核心，以集体主义为原则，以爱祖国、爱人民、爱劳动、爱科学、爱社会主义为基本要求，以社会公德、职业道德、家庭美德为主要内容，加强自己的道德修养，努力把自己培养成为国家需要的合格人才。

（五）培养良好的心理素质

良好的心理素质是大学生综合素质不可分割的重要组成部分，也是避免学生违法乱纪的重要保证。大学生应学习有关保持心理健康的知识，能够运用学到的知识正确认识自己，充分发掘潜力；要学会控制和调节自己，克服遇到的一些心理困扰，培养乐观进取、自信自律、负责守信、友善合群、开拓创新、追求卓越、不畏艰难的健全人格及社会适应能力。

（六）正确处理人际关系

和谐的人际关系能促进大学生良好人格的形成，推动学生文化知识与技能的学习，促进学生身心健康。个别学生参与违法犯罪活动，就与他们的人际关系紧张有关。一旦矛盾激化，当事者处在不冷静、不理智的情况下，就会引发违法违纪行为。大学生应当了解人际交往中的基本规律，学会人际交往的具体方法和艺术，在人际交往中遵纪守法、诚实守信、团结互助、与人为善，克服人际交往中的心理障碍和不良认知，用和谐、友好、积极、亲密的人际关系促进自己的健康成长。随着大学生综合素质的全面提高，法律、纪律意识的不断增强，社会主义道德观念的牢固树立，违法乱纪现象就能得到有效预防。

第三节 远离“黄、赌、毒”

一、“黄害”猛于虎

色情问题是都市文化的一个世界性难题。社会主义市场经济的商品生产模式虽然可以避免成为色情文化的温床，但是难以杜绝色情文化的生产与流通。问题的复杂性在于，在城市雕塑作品、文艺作品和文艺表演中，往往“合法”地含有适度的色情内容。而文化产品中的色情内容与色情文化又不能相提并论，因为前者有时是遵循艺术规律，表现主题、题材、情节、人物心理与感情所必需，又为文化消费者乐意接受。就连个别对性行为、性感受进行突出描写的作品，也往往会被家庭、单位和社会群众所包容或漠视。

所谓“黄害”，指黄色淫秽物品，具体是指描写性行为或露骨宣传色情、淫秽形象的录像带、录音带、影片、电视片、幻灯片、照片、图画、书籍、报刊、抄本、印有这类图案的玩具用品及淫药、淫具等。黄色物品具有扩散快、毒害大、遗毒深的特点，特别对涉世不深的青少年危害更大，在这股毒雾的侵蚀下，一些青少年会迷失自己的人生方向，甚至走上犯罪道路。具体表现如下：

（1）形成不健康“心瘾”。由于黄物内容下流低级，诱惑力大，腐蚀性强，青年人往往因好奇而接触，慢慢演变成欲罢不能，形成心瘾，陷于堕落。

（2）产生性幻想。青年人自控能力较差，又处在青春期，受“黄害”的侵害后，内心躁动，易产生性幻想，影响学习，荒废学业。

（3）诱发犯罪。“黄害”好像催化剂，加速人们滑向犯罪深渊，导致强奸、流氓、抢劫、凶杀等恶性犯罪的发生。

大学生抵制“黄害”应做到以下几点：

（1）充分认识黄色淫秽物品的危害性，自觉抵制侵蚀，保持健康心理，积极向上，认真学习科学文化知识。

（2）做到不看、不传播、不复制、不收藏“黄毒”物品，不登录黄色网站。

（3）发现“黄毒”物品，及时报告学校相关职能部门予以处理。

（4）抵制诱惑，洁身自好，不涉足色情场所。

二、赌博害己害人

赌博是一种丑恶的社会现象，是利用赌具，以钱财作赌注，以占有他人利益为目的的违法犯罪行为。赌博是旧社会遗留下来的污毒，是剥削阶级不劳而获、损人利己的腐朽生活方式的一种具体表现。赌博严重危害社会秩序，腐蚀毒害人们的灵魂，是一种利用非法手段获取他人财物的违法犯罪行为。

新中国成立后，我国就明令禁止赌博。此后，在相当长的一个时期内，赌博基本上在我国销声匿迹。但是，近些年来，赌博在我国城乡许多地方沉渣泛起，这股赌风屡禁不止，造成了极大的社会危害。

由赌博引发的偷盗抢劫、行凶斗殴等事件时有发生，赌博已成为不容忽视的社会问题，而身处象牙塔内的某些大学生也沾染了赌博恶习。虽然校内大学生的赌博远不及社会上表现得那样剧烈，但其危害性却是显而易见的。

（1）影响学业。大学生的主要任务是学习，可一旦参与并沉湎于赌博，就要占用大量的时间和精力，学习自然会受到影响。据调查，参与赌博的大学生的学习成绩都会有不同程度下降，而且陷

入赌博活动的程度越深，学习成绩下降得就越严重。

（2）危害身心健康。由于赌博活动的结果与金钱、财物的得失密切相关，所以迫使参与者要全力以赴，精神高度紧张，精力消耗大。经常参与赌博活动会诱发严重的失眠、神经衰弱和记忆力下降等症状，这些都是大学生顺利完成学业的大敌。

（3）人际关系紧张。一方面，赌博引发自私、嫉妒。赌博的人容易对周围人和事物麻木不仁，钩心斗角，随时都在算计对方，或将人们之间的关系看成赤裸裸的金钱关系，逐渐成为自私自利与注重金钱、见利忘义的人。另一方面，个别学生在宿舍内聚赌，实际上是对他人时间和空间的一种无理侵占，干扰了他人正常的学习和生活，因而势必会导致他人的反感、厌恶，引起人际关系紧张。

（4）诱发违法犯罪。赌场失意往往会使一些急于还债、翻本的人不惜铤而走险，坠入违法犯罪的深渊。

欲抵制和拒绝参与赌博，在校大学生必须采取下列措施：

（1）要自觉遵守校纪校规，养成遵纪守法的良好习惯。因为违法往往从违纪开始。

（2）充分认识赌博的危害，培养高尚的情操，多参加健康、积极的文体活动，充实自己的业余生活。

（3）要防微杜渐，分清娱乐和赌博的界限。

（4）思想上要警惕，不要因为顾及同学、朋友的情面而参与赌博。

（5）要从根本上关心同学，制止他人参与赌博，必要时要向老师或学校有关部门报告。

三、远离毒品

中国已经成为毒品的受害国。在来势凶猛的毒魔吞噬之下，毒品给整个社会造成的危害越来越大。据专家估计，全国每年由毒品造成的经济损失在1000亿元以上。

继鸦片、杜冷丁、吗啡、海洛因、大麻等毒品在我国贩卖后，新出现的摇头丸是20世纪90年代初流行于欧美的一种致幻性毒品，为人工合成类的兴奋剂，对中枢神经系统有很强的兴奋作用，服用后表现为精神亢奋、活动过度、情感冲动、性欲亢进、听到音乐摇头不止、自我约束力下降以及有幻觉和暴力倾向，具有很大的社会危害性，被认为是未来世纪最具危险的毒品。

（一）吸毒的原因及其依赖性

导致吸毒的原因有很多，常见的是以下几种：

（1）好奇心驱使，逐渐发展成瘾。

（2）思想空虚，寻找刺激。

（3）不相信吸毒上瘾后戒不了，结果不能自拔。

（4）因不知情被欺骗、引诱吸毒。

（5）亲友间相互影响。

（6）精神苦闷，情绪低落，以吸毒麻醉自己，解脱苦恼。

（7）因治疗疾病，长期服用某种产生依赖性的药物而成瘾。

每个吸毒人员对毒品成瘾时间的快慢，往往与其所使用毒品的性质、类别、毒性，吸毒的方式，吸食的剂量、次数，吸毒者个人的心理素质、身体耐受程度以及文化素质、社会环境等诸多因素直接有关。一般来说，毒性强的成瘾快，毒性弱的成瘾慢。吗啡、海洛因，如采用静脉注射的方式，每天2次，每次0.1克，2～3天即可成瘾。成瘾后会出现生理依赖性和精神依赖性。

（二）吸毒的危害

吸毒对个人的危害极大。

（1）吸毒容易感染艾滋病等传染性疾病。吸毒会导致人体的免疫功能下降，使人容易患上肝炎、皮肤病等传染性疾病，特别是共用注射器、静脉注射毒品的危险行为，极易导致艾滋病的交叉感染。从1985年至2023年9月全国合计汇报的89067例艾滋病毒感染者中，吸毒人员占41.3%。可见，艾滋病的魔影时刻伴随着吸毒者。

（2）吸毒引发自伤、自残、自杀等行为。吸毒会导致生理功能发生紊乱，生理和心理会对毒品产生强烈的依赖，毒瘾发作时会出现一系列使人感到非常痛苦的反应，失去理智和自控力，甚至自伤、自残和自杀。

（3）吸毒扭曲人格，自毁前程。吸毒者发作时，大都会不顾廉耻，丧失自尊，无法进行正常的生活、学习和工作，他们普遍丧失正常的人生观、价值观，人格扭曲，难以自拔。即使是很有才华的人，一旦吸毒，就等于掉进了死神和魔鬼的陷阱，都不可避免坠入堕落的深渊，从而毁掉自己的生活和前途。

（4）吸毒严重摧残人的身体。吸毒破坏人体的正常生理功能和新陈代谢并导致多种疾病，如果吸毒者吸毒过量还会造成突然死亡。滥用鸦片类毒品会对人体的神经系统、呼吸系统、消化系统、免疫系统等产生危害。例如，滥用海洛因会造成中枢神经麻痹，使脑、心脏、肝脏、肾脏发生病变，身体抵抗能力下降，感染各种疾病，甚至导致死亡。

（5）毒品是摧残生命、折磨意志的杀手。有资料表明，吸毒会引起各种并发症及自杀等，吸毒人员常常死于非命。吸毒者的平均寿命较一般人群短10～15年；吸毒者自杀的发生率较一般人群高10～15倍；25%的吸毒成瘾者会在开始吸毒后10～20年后死亡，也就是说约1/4的吸毒者会在30～40岁时死亡。近年来开始吸毒的，其死亡年龄还有逐渐提前的趋势。

（6）毒品是诱发犯罪，扰乱社会治安的祸根。吸毒这一恶习的花费巨大，常常使吸毒者倾家荡产。他们为获得买毒品的钱，常冒险参与各种违法犯罪活动，其中以盗窃、抢劫、赌博、贪污、伤害、诈骗、卖淫和凶杀最为突出，因而对社会治安的危害性极大。毒品的巨大危害让人触目惊心，人们将毒品比喻成幽灵、魔鬼、瘟疫是毫不夸张的。当前，我国大学生中的吸毒和毒品犯罪虽不如社会上其他人员那样严重，但大学生有必要深刻认识毒品的巨大危害，要懂得珍爱生命，远离毒品，力争让高校这块净土免受毒品侵袭。要培养自己高尚的追求、高雅的情趣和乐观向上的心态；要防微杜渐，无论在任何情况下，都不可试图尝试毒品。否则，免不了要陷入一失足成千古恨的境地。

思考题

1. 简述预防大学生违法犯罪的措施。
2. 简述吸毒对人的危害性。

第十四章　维护高校稳定，构建和谐校园

高等学校是人才荟萃的地方，是情报信息的密集区，处于政治斗争的前沿阵地，历来是境内外敌对势力渗透破坏的重点。随着世界多极化和经济全球化的深入发展，西方敌对势力把中国作为潜在对手进行遏制的立场始终没有改变，他们加紧利用一切手段和机会对我国进行“西化、分化”和颠覆破坏活动。高校一直是敌对势力与我国争夺人才的前沿阵地，也是各种思潮表现较为活跃的地方。因此，政治安全是青年学生安全的政治保证。

第一节　影响高校校园稳定的主要因素

大学生在校期间学习任务十分繁重，学习时间非常宝贵，一个稳定的校园环境对大学生顺利完成学业至关重要。在我国高等教育历史上，曾多次发生影响校园政治稳定的事件。这些事件的发生严重破坏了学校正常的教学秩序，使大学生的学习时间得不到保证，精力无法集中，学业被荒废，思想受到错误思潮的侵蚀，不仅给大学生个人造成了难以弥补的损失，也给国家的人才培养和经济社会发展带来了严重危害。大学生在这些事件中最终成为受害者。

高校青年学生对国内、国际所发生的大事有着较高的关注程度，尤其对涉及国家主权和民族尊严等重大事件表现得特别敏感，一旦发生侵犯国家主权的国际事件，就会在高校学生中产生强烈震动和影响。极少数别有用心的人利用学生的爱国热情，煽动扩大事态，制造不稳定事端。因此，如何提高自身的政治敏锐性和政治免疫力，避免冲动与盲从，对现代大学生具有重要意义。

当前我国政局总体稳定，但是也应清醒地看到，当前影响我国社会和高校政治稳定的因素依然存在。如果这些因素在某种条件下膨胀起来，很快就会影响到校园稳定的大局，对大学生的学习和生活产生直接影响。这些因素主要表现为八个方面：

（1）境内外敌对势力的渗透、颠覆和破坏活动。西方敌对势力不希望看到社会主义中国的发展强大，从未停止对我国实施“西化”“分化”的战略图谋。他们也很清楚我国高等学校的重要地位和作用，一再声称“掌握了中国的大学生，就掌握了中国的未来”，与我国争夺接班人。

（2）民族分裂势力的破坏活动。民族分裂势力在境外敌对势力的支持下，蓄意挑起民族纠纷，挑拨民族关系，制造民族分裂，破坏民族团结，以达到分裂国家的目的。这也是境内外敌对势力惯用的伎俩之一。

（3）非法宗教势力的活动。非法宗教势力违反我国的法律规定，通过多种渠道向高等学校投寄、散发宗教宣传品，散布不当言论。有的驻华使馆人员、外籍教师及境外人员利用其合法身份，非法在大学生中传教，散布对中国共产党和社会主义中国的不满言论。

（4）邪教组织的滋事、捣乱活动。在我国境内，还存在极少数邪教顽固分子，他们与境外组织相互勾结，从未停止滋事、捣乱活动，一有机会就跳出来散布谣言，挑起事端。

（5）有害网络信息的负面影响。随着信息技术的快速发展。网络已经成为大学生获取信息的主要途径。网络在给大学生获取信息带来便利的同时，一些有害信息也对大学生的心智成熟产生了不良影响，有的信息经过不负责任的网络炒作甚至引发影响稳定的事端。

（6）高校内部矛盾增加。在高校深化管理体制改革的过程中，一些涉及师生利益的改革措施相继出台，因工资、住房、医疗、伙食以及收费等方面问题产生的人民内部矛盾有所增加。当一些矛盾暂时难以调和的时候可能导致矛盾激化，引发不安定事端。

（7）涉及国家利益、民族尊严等重大问题的认识偏差与过激行为。大学生普遍具有强烈的爱国主义精神，对涉及国家利益、民族尊严的重大问题极为敏感。但是，有的大学生由于缺乏政治经验与大局观念，对党和国家的战略与政策理解不深，往往容易意气用事，出现一些偏激行为。

（8）某些案件和事故导致的群体性事件。高校周边地区和校园内部治安环境复杂，刑事、治安案件和交通事故等时有发生，有的案件或事故伤害到了大学生，引起了大学生的关注，一旦冲动，容易引发群体性事件。

第二节　崇尚科学，反对邪教

一、邪教的特征

高等学校是传播科学文化知识的殿堂，担负着为国家培养社会主义现代化建设人才的艰巨任务。高校的大学生应当牢固掌握辩证唯物主义和历史唯物主义，反对唯心主义，反对封建迷信。广大青年学生应当努力学习科学知识、科学思想、科学方法和科学精神。掌握科学知识是基础，确立科学思想是灵魂，运用科学方法是途径，培养科学精神是动力。只有“四科”俱备，才能正确地分析问题，解决问题，正确地认识世界，改造世界。

说到邪教，不少人将其理解为“邪恶的宗教”，这种认识是错误的。邪教不是宗教，宗教和邪教有质的区别，两者不能混为一谈。邪教的“邪”是指其反社会、反政府、反人类、反科学、反宪法、反进步的实质。邪教的“教”是指打着宗教旗号的社会组织或社会势力。要防止邪教的侵害，首先要辨别邪教，认清其隐藏在“合法”外衣下的邪恶本质，看出其“庐山真面目”。

（1）教主崇拜。教主崇拜是邪教组织的一大特征。在狂热的教主崇拜支配下，不少信徒心甘情愿地为教主奉献出自己的财力、精力乃至肉体。

（2）精神控制。为达到信徒对自己绝对效忠的邪恶目的，邪教教主往往以谎言、骗术、心理暗示诱导等手段对信徒进行“洗脑”，进而实现精神控制。

（3）宣扬“世界末日论”。邪教组织往往打着宗教的旗号，冒用宗教的术语，编造和散布各种歪理邪说，妖言惑众，人为地制造恐慌心理和恐怖气氛。邪教组织的各种歪理邪说以“世界末日论”最为普遍。

（4）敛取钱财。敛取钱财是现代邪教组织的一大经济特征。邪教组织或者要求信徒倾其所有奉献教主，或者通过所谓“心理治疗”、开设各类辅导班及向信徒兜售功法书籍、音像制品等方式敛财。

（5）秘密结社。各种邪教通常都有以教主为核心的严密的组织体系，他们采取诡秘的联络方式，开展诡秘的非法活动。邪教组织的等级和戒律森严，要求信徒绝对服从教主，且严禁脱离和背叛邪教组织。

二、邪教的危害

（1）破坏家庭。邪教组织煽动成员抛弃家庭，外出传播邪教，鼓吹“传得越多，将来就可进天国”。许多成员因此离家出走，给家人造成了巨大痛苦，甚至导致家庭破裂，家破人亡。

（2）骗取钱财。有的邪教散布“现在灾难就快要来了，钱财、粮食放在家里不保险，只有放在

天国才安全，一份捐献可以得到十倍的回报”。有的甚至成立了所谓的“天国银行”哄骗群众交出财产，坑害了众多善良的老百姓，有些受骗的群众甚至把辛苦一年收获的粮食和钱都交给了邪教。

（3）煽动反对政府，扰乱社会秩序。邪教头子煽动成员发泄对现实的不满，反对政府。在邪教的煽动下，一些地区多次发生邪教成员围攻政府机关、殴打基层干部、阻碍公安干警执行公务的事件，导致一些政府机关无法正常办公。

（4）残害生命。邪教欺骗群众加入的一个重要手段是声称“信教能治病”，胡说“信主可以免灾，祷告可以治病”，“只要虔诚祷告，不用打针、吃药，疾病自然会好”，不让患病的成员去医院看病，或用骗术来为成员治病。一些群众因此耽误了治疗而导致死亡，或者被邪教用巫术治死、治残。一些人加入邪教后精神错乱，有的甚至行凶杀人。邪教还以绑架、伤害等手段威胁其成员不得背叛组织，否则就给予断手脚、割耳朵、坐地牢、毒死等报复。

（5）毒害青少年。邪教利用未成年人识别能力较低的弱点，极力在未成年人中发展成员，给他们的身心健康和成长造成难以修复的伤害。

二、大学生要做崇尚科学的模范

（一）崇尚科学精神，反对迷信思想

科学，是关于自然、社会和思维的知识体系，是人类对于自然规律和社会发展规律的认识与把握，是推动历史进步的杠杆和基石。迷信，则是一种无知，一种对于自然力量和社会力量的畏惧和屈服。科学和迷信是对立的。科学使人聪明，使国强盛；迷信使人愚昧，使国衰落。无数事实证明，科学是使国家富强、人民幸福、社会和谐的唯一力量。必须崇尚科学，发展科学，依靠科学，破除迷信，清除一切伪科学、假科学、反科学逆流的影响。大学生要使自己成为国家的有用之才，真正为人民谋幸福，就必须崇尚科学，坚信科学，努力学习科学，用科学知识、科学方法、科学思维、科学技术去反对和揭穿一切形式的迷信和邪说。

（二）坚持唯物主义，反对唯心主义

历史唯物主义认为，社会发展不是什么超自然、超社会的力量推动的，也不是某个“神”推动的，是社会生产力决定社会的发展，是人民群众创造历史。大学生必须坚持科学的世界观，做一个坚定彻底的唯物主义者。只有这样，才能在错综复杂的形势下，排除任何形式的唯心主义的干扰，始终保持强大的精神力量，为社会主义事业做出应有的贡献。

（三）注意心理健康，不要自我封闭

有的大学生在学习、生活、恋爱等方面遇到困难和挫折或者是身体有某种疾病而陷入苦恼的时候，或者对社会上的腐败现象和不正之风缺乏正确、科学的分析而想逃避现实、追求洁身自好、独善其身的时候，不去找老师谈，不去和同学、朋友交流，而是自我封闭，苦思冥想自我解脱的途径。提高心理素质，是抵御一切错误思潮侵蚀的有效措施之一。大学生要注重培养自己良好的心理品质和自尊、自爱、自律、自强的优良品格，增强克服困难、经受考验、承受挫折的能力，要注意心理健康，积极参加班级的集体活动，多交朋友多谈心，把自己融入集体之中。

三、如何开展高校校园反邪教活动

大学要通过教育，使广大青年学生遵纪守法，崇尚科学，热爱生活，珍惜生命，树立正确的世界观、人生观和价值观，自觉抵制并与邪教作斗争。

第三节　恐怖活动的形式及防范

恐怖主义是对各国政府、公众和个人使用令人莫测的暴力讹诈和威胁，以达到某种特定的政治目的。恐怖活动对人类的威胁极大，造成心理恐惧，无安全感，影响生产、生活和学习，甚至造成人员的较大伤亡。恐怖主义已成为人类的公敌。

一、恐怖活动在我国的主要表现

恐怖活动在我国主要表现为：带有强烈意识形态色彩的民族分裂组织和宗教极端势力活动频繁，以极端暴力手段进行的社会攻击性恐怖活动、以个人利益为目的的恶性恐怖犯罪、帮派及黑社会势力所进行的带有强烈社会恐怖效应的暴力犯罪活动等不断发生。

二、恐怖活动对大学生安全的威胁

自 20 世纪 90 年代以来，“东突”分裂主义分子把魔爪伸向了高校，他们在学校少数学生中发展组织成员，进行民族分裂宣传活动。他们混进高校校园，以参加培训为名，掩护其身份，暗地里与恐怖组织频繁联系，策划阴谋破坏活动。

近年来，个别高校的学生收到过恐怖信件、恐怖电子邮件和恐怖手机短信，还发生过大学校长被绑架的案件。这表明，学校由于它易受袭击的脆弱性和恐怖事件所产生的独一无二的轰动效应开始成为恐怖组织和严重刑事犯罪分子的袭击目标。

爆炸和劫持人质是恐怖分子在校园使用最多的恐怖活动手段。前者（包括自杀性爆炸和遥控装置爆炸）造成巨大的声响、大面积的破坏和人员伤亡，十分符合恐怖活动以少数人的力量制造尽可能大的轰动效应和尽可能大的威胁压力的要求；而后者可通过现代化新闻网络瞬间传遍全球，从而给家长和整个社会造成一种挥之不去的恐怖心态，恐怖分子就是希望借助媒体实现骇人听闻的政治目的和报复社会的心理目的。

三、恐怖活动的防范

纵观世界上发生的恐怖活动，主要方式有爆炸、绑架与人质劫持、暗杀、投毒、破坏计算机信息系统等。下面对在高校中发生可能性比较大的几类恐怖活动方式及防范措施进行介绍。

（一）恐怖爆炸活动及防范

当前，爆炸恐怖活动已成为当今恐怖分子最常用、最普遍与最主要的恐怖活动方式。世界常见的爆炸恐怖活动的主要类型有炸弹（药）爆炸、汽车炸弹爆炸、人体炸弹爆炸、邮件（包）炸弹爆炸、定时炸弹爆炸、橡皮艇炸弹爆炸等。爆炸对人员造成伤害的主要因素是空气冲击波和破片。冲击波能引起血管破裂致使皮下或内脏出血、内脏器官破裂、肌纤维撕裂、破坏中枢神经系统、伤害呼吸及消化系统、震破耳膜等。此外，炸弹爆炸后，破坏周围建筑物，并形成高速飞散的破片。由于人类对破片撞击的耐受度是很低的，所以这些破片对人类具有巨大的杀伤力。

大学生在校园里学习和生活，在与社会上的人群交往、参加社会活动及涉外活动时，必须具有一定的安全知识和自我防护能力；在世界恐怖活动蔓延和泛滥的今天，还应增强反恐防爆意识。一方面，对当前国内外的恐怖爆炸活动应有所了解，对恐怖爆炸活动的发生发展状况及危害要有足够的认识，关注媒体中的相关报道，储备一些必要的安全常识和急救知识。另一方面，也不能被恐怖爆炸活动的血腥所吓倒，影响正常的学习生活。

在日常生活中，对某些异常情况要有足够的警惕。某一物品在不该出现的环境中出现，一般要

引起注意，特别是在人员密集场所，如学校的阶梯教室、食堂、礼堂等。

一旦发现爆炸可疑装置，应首先保持冷静，切勿翻动可疑物品，保持其原状。马上远离可疑物品，确保自身安全。将有关情况立即报告有关部门，请公安机关派人前来处理。在有关人员处理过程中，要听从指挥，不要围观及大声喧哗，制造紧张气氛，在没有确认的情况下，不要散布不属实的信息。当遇校园发生爆炸等恐怖活动时，大学生应听从学校的统一指挥，不恐慌、不信谣、不传谣，时刻保持冷静态度，积极配合有关部门为破案提供线索，通过自己的实际行动，打击恐怖爆炸活动。在恐怖爆炸活动发生后，大学生应及时舒缓恐怖爆炸活动给自己造成的心理震荡，适时调整自己的心态，以积极、乐观向上的心态重新投入自己的校园学习中去。

（二）绑架劫持及防范

大学生应对被绑架劫持，要做到以下几点：

(1) 首先要防患于未然，要有防止被绑架劫持的警惕性。上网聊天、交友时，不要轻易和网友约会见面。必须约会见面时，要约请数人陪同，或者选择公共场所，不要到偏僻场所或者对方家里见面。夜晚时不要独自到偏僻场所。做家教要有警惕性，最好通过学校联系家教，对聘请家教的人员与家教环境要进行较为详细的了解，第一次赴约最好有同学陪同前往。

(2) 如果被绑架劫持，要尽可能保持冷静，机智巧妙地与对方周旋，不要激怒对方，不轻易采取反抗行动，首先保证自身安全。

(3) 尽可能了解自己所处的位置。如果在绑架后被转移，要根据被转移的方式、时间、速度、转弯的次数等，大致判断出自己所在的位置。

(4) 利用犯罪嫌疑人准许与亲属通话的机会，巧妙地将自己所处的位置、现状以及犯罪嫌疑人的情况告诉亲属。

(5) 采取自救时，一定要仔细观察，周密思考，选择好时机，在确保自身安全的情况下逃跑。逃脱后，要立即报警。

(6) 大学生一旦被绑架劫持，亲属、同学和朋友要立即报警，提供被绑架劫持人的年龄、体貌特征、随身携带物品、手机号码、车辆以及近期照片等。将案件发生前后遇到的可疑人、见到的可疑车辆、接到的可疑电话，以及案件发生后，犯罪嫌疑人与亲属的联系方式、电话号码、要求家属做的事情等方面的信息，及时提供给公安机关。报案时务必采取隐蔽方式，防止犯罪嫌疑人害怕败露而采取极端措施。

（三）恐怖信件及防范

恐怖信件一般包括邮件（包）炸弹或生化病毒信件。邮件（包）炸弹通常是由恐怖分子用信件或包裹把炸弹或燃烧装置送入目标，制造爆炸。邮件（包）炸弹的破坏威力相对较小，其目的主要是伤害特定人员和引起人们精神层面的不安定。生化病毒信件与邮件（包）炸弹的原理基本一致，即将染有病毒的信件寄送给特定目标，意图通过感染特定目标，造成大范围人员的高度恐慌。

进入 21 世纪，包括我国在内的亚洲、欧洲等许多国家都发生了恐怖邮包炸弹袭击事件，2002 年轰动美国的炭疽邮件事件，已经引起了世人的高度恐慌和警觉。随着科技的发展和新技术的普及，邮包炸弹的体积越来越小，防探测性越来越强，隐蔽性越来越高，而生化病毒信件也开始逐渐被恐怖分子所采用。

面对这种恐怖威胁的形式，大学生应有充分的认识和警觉。一般的邮件（包）炸弹都是由触发开关作为起爆装置，所以尽量避免开启或剧烈晃动。在收到陌生或可疑邮件时，应仔细核对寄件人的姓名和地址以及邮政邮戳，对于邮寄地址及署名模糊的可疑邮件要有警惕性。避免因好奇而轻易打开，可用手指摸、对光照，但不要嗅、舔。在不能确定时，应立即报有关部门处理。如发现有粉末状异物时，应立即停止操作，用塑料袋密封好并不要再移动。然后立即报告学校相关部门及公安、卫生防疫等应急部门。最后，要对双手及接触邮件的部位进行消毒。

当在计算机和手机上发现恐怖电子邮件和恐怖短信时，要及时报告公安机关或者学校保卫部门，不要随意删除电子邮件和短信，以免造成证据的消失。

第四节　防止民族分裂，促进民族大团结

民族分裂是危害国家安全的重要因素之一。中国是一个统一的多民族国家，由 56 个民族组成，各民族之间平等、团结、互助，共同繁荣。中国政府禁止对任何民族的歧视和压迫，也禁止任何破坏民族团结和制造国家分裂的行为。

一、民族分裂势力的非法活动

新疆、西藏、台湾自古以来就是中国版图中不可分割的一部分。然而极少数分裂分子和宗教极端分子受国际上宗教极端主义和民族沙文主义思潮的影响，为达到某种丑恶目的，利用民族问题公然向政府挑衅，并不断地制造事端，践踏人权，置广大人民群众于水火之中。其卑劣行径，严重危害了国家的主权和领土完整。中国政府坚决捍卫国家主权和统一，有决心、有能力制止任何分裂分子破坏国家安全的卑劣行径。

二、民族分裂的危害

2009 年 7 月 5 日，新疆乌鲁木齐发生严重的打砸抢烧事件，共造成 191 名无辜群众和 1 名武警身亡，1000 多人受伤。

境内外“疆独”分裂势力相互勾结而制造的这起打砸抢烧事件，损害了国家和人民的利益，严重破坏了社会秩序和社会稳定，应该受到国家法律的严惩。这再次证实了以热比娅为首的“疆独分裂分子”手段之残忍、目的之险恶。他们仇视新疆现有的和平、繁荣景象，企图扰乱人心、扰乱社会，破坏国家安定团结的社会政治局面。

这一事件进一步证明了以热比娅为首的“疆独”势力旨在分裂祖国、破坏民族团结的险恶用心。我们要团结广大群众坚决拥护党和政府的决策，旗帜鲜明地反对分裂、维护稳定，坚决打击破坏祖国统一的犯罪行为。

三、警惕非法传教

国家保护正常的宗教活动。任何人不得利用宗教进行破坏社会秩序、损害公民身体健康、妨碍国家教育制度的活动。但宗教活动必须在法律允许的范围内进行，超出法律许可的范围进行的宗教活动是非法的。

当前，国内少数分裂势力与宗教极端分子利用宗教进行渗透活动，煽动民族分裂，破坏国家统一。西方敌对势力也利用民族、宗教问题，通过各种渠道和途径不断对我国进行政治思想渗透，大肆宣扬西方的价值观，对我国进行“西化”“分化”，积极从事误导青少年的各种非法勾当。所以，我们一定要提高警惕，防止国内外敌对势力利用宗教进行破坏民族团结、刺探国家秘密、阴谋分裂祖国、妄图颠覆政权等活动。

四、大学生反民族分裂的基本要求

（1）大学生应自觉维护和促进国家的统一与发展。任何个人总是要在祖国的范围内生存和发展，总是在祖国这个经济、政治、文化和社会的环境中进行活动，在民族林立、国家成为世界格局的主要利益单元的国际背景下，任何人都无法完全与祖国分离。民族分裂主义严重地影响着国家的

统一和独立，影响着国家的繁荣与富强，同时也影响着国家的对外关系和国际声誉。因此，大学生应自觉维护和促进国家的统一和发展，弘扬爱国主义精神，在维护国家统一问题上毫不动摇，并时刻准备着同破坏祖国繁荣稳定的分裂分子作斗争。

（2）大学生应当加强对祖国统一、民族团结相关知识的关注与宣传。我国的民族分裂主义打着民族、宗教等旗号进行分裂活动，企图把少数民族聚居的地区从中华民族大家庭中分裂出去。针对民族分裂势力的阴谋，大学生应加强对民族团结相关知识的关注，认清民族分裂主义破坏祖国统一和发展的本质，同时积极宣传党的民族政策，让身边的人都能清醒地认识到：只有在党和政府的正确领导下，才能真正实现各民族平等互助，达到共同富裕。

（3）大学生应坚决拥护我国政府加大对民族分裂势力的打击力度，旗帜鲜明地和一切分裂势力作斗争。民族分裂主义对国家的统一和民族的团结具有极大的破坏性和严重的危害性，因此，我们要旗帜鲜明地反对民族分裂主义，依法打击极少数民族分裂主义分子。同时也要反对国际敌对势力明目张胆地支持我国民族分裂势力，妄图颠覆人民政权，分裂中国的统一的行为。民族问题已关系到国家命运。大学生应坚决支持政府严厉打击分裂主义，依法严惩制造骚乱、爆炸、杀人等恐怖活动的分裂分子，以确保公民的人身财产安全。

第五节　共建和谐校园

稳定压倒一切。稳定是社会主义市场经济体制建立、发展、完善和保持国民经济持续、快速、健康发展的重要保证。高校稳定对社会稳定关系极大，当前和今后一个时期继续维护高校稳定是高校安全工作压倒一切的中心任务。但我们应该看到，这一时期，世界发生重大转折，各种政治力量的斗争错综复杂，国际敌对势力不会放弃对我国进行“西化”和“分化”的图谋，国内顽固坚持资产阶级自由化分子、破坏分子也不会停止活动。

一、构建和谐校园的意义

高校的根本任务是育人。帮助大学生在学习文化知识的同时增强法制观念和思想道德品质，不仅对预防和减少违法犯罪、维护校园稳定有着非常重要的作用和意义，而且是加强社会主义民主法制建设，培养社会主义建设者和接班人的需要。因此，党和政府历来十分重视加强青年大学生的法制教育。在新形势下，通过知识的传授，大学生在学法、懂法、守法，提高公民意识、法制观念的基础上，增强社会责任感，特别是增强对国家和社会做贡献的使命感，养成依法办事的好习惯。促进校园文明建设，共同创造良好的大学校园环境，就成了当前高校立德树人的一个重要方面。

大学的根本任务是培养人才，培养人才需要良好的育人环境。在改革不断深入和市场经济日益发展的条件下，高校内各种不甚和谐或完全不和谐的现象不可避免地仍然存在。这就必然会给高校正常的教学科研秩序和安宁的校园生活环境带来负面影响。高校必须深入思考并采取一系列切实有效的措施，努力构建“校园和谐”的运行机制，创建有利于人才成长的环境，包括建立流畅、科学的工作协调机制，畅通、公正、规范、民主的社会利益表达机制和利益协调、矛盾疏导机制，建立健全快速、有效、全方位的校园安全保障机制、不稳定事端的预警机制等，真正实现高校各项事业全面、协调、可持续发展。

二、大学生要做维护校园稳定的模范

大学生是十分宝贵的人才资源，充满活力与热情，是维护高等学校稳定的积极而重要的力量。大学生要做维护高校稳定的模范，应努力做到以下几点：

（1）树立坚定的理想信念，自觉抵制西方敌对势力的渗透和破坏活动，维护国家安全。坚定的理想信念，是我国人民团结一致的思想基础，是克服艰难险阻的法宝，也是保障社会稳定的关键。大学生要树立在中国共产党领导下走中国特色社会主义道路、实现中华民族伟大复兴的崇高理想。当前影响我国稳定的主要是西方敌对势力、民族分裂势力、非法宗教势力和邪教组织的渗透和破坏活动。大学生一旦发现西方敌对势力、民族分裂势力、非法宗教势力和邪教组织的渗透和破坏活动，要及时向学校报告，要同它们作坚决的斗争，努力维护安定团结的大局。

（2）承担起历史责任，理性理解爱国主义。大学生是民族的希望，是祖国的未来。大学生要正确认识社会发展规律，认识国家的前途命运，承担起自己的历史使命和社会责任，在维护社会稳定的大局中发挥积极的模范作用。热爱祖国是中华民族的光荣传统，爱国主义是我们民族的伟大凝聚力。我们的爱国主义不是资产阶级民族主义或以孤立、保守、排外为特征的狭隘的民族主义。大学生一定要全面、科学、正确、理性地认识爱国主义，努力了解国际外交斗争的形势和复杂性，学习外交斗争的艺术，使自己的言行符合自己爱国的初衷，才能更好地维护国家的利益。

（3）学会辨别真伪，自觉抵制网上不良信息。改革开放以来，大学生面临着大量西方文化思潮和价值观念的冲击，社会上的各种思潮也不可避免地会传播到学校来。敌对势力或者别有用心的人一贯把青年学生当作工作重点，他们企图利用青年人缺乏经验、思想上与心理上还不够成熟的弱点，达到自己的目的。大学生对此要保持警惕、头脑清醒，要通过学习和实践不断提高自己的政治意识和理论素质，提高识别各种错误思潮的能力，善于辨别真伪和是非，善于识破敌对势力和别有用心的人的各种企图，努力维护高等学校和全社会的稳定。对网上的有害信息，特别是影响稳定的有害信息，要努力分辨，自觉抵制，不受它的影响。对于一时分辨不清的，要向学校咨询、核实、查证，而不要轻信，不要随波逐流。自觉抵制网上不良信息的影响，就是维护稳定的实际行动。

（4）理解和支持学校的改革，通过正常途径反映意见。为了适应社会主义现代化建设的需要，高等学校不断进行办学体制、学科设置、学科建设、培养模式、人事制度、分配制度、管理制度、后勤等方面的改革，有些改革措施涉及学生的利益，学生对于学校的某些改革措施有这样那样的意见，是完全正常的。即使学生内部，意见也不一定统一。大学生要理解和支持学校的改革。我国的高等教育事业，是在计划经济体制下成长起来的，同社会主义市场经济必然有许多方面不适应，必须进行改革。因此，对于改革要持支持的态度。学校的具体改革措施，不一定完备，甚至可能有缺陷。学生对涉及自身利益的改革措施表示关注，是完全正当的，但要学会通过正常的途径反映意见，如通过学生中的党团组织、学生会、研究生会向学校有关部门反映意见，也可以通过学校校园网络、校长信箱反映意见。学生通过正常途径反映意见，不仅是正确行使民主权利的体现，也有利于维护学校的稳定。

（5）妥善处理各类纠纷，主动化解矛盾。在高校内部，大学生之间、大学生和教职工之间、大学生和教职工家属之间、大学生和学校外来人口之间，难免发生一些矛盾和纠纷。这些矛盾和纠纷处理不当，就有可能被激化，影响学校的正常秩序和安定团结。大学生要依据法律和学校的规章制度妥善处理这些矛盾和纠纷，构成刑事案件、治安案件的，报公安部门和学校保卫部门处理；未构成刑事案件、治安案件的，由学校相关部门或者保卫部门调解解决。在调解过程中，大学生要实事求是地反映情况，提出维护个人利益的合理要求，决不能在矛盾和纠纷中推波助澜，更不能使刑事案件、治安案件、普通纠纷演变为影响学校秩序和稳定的政治事件。要经过协商、调解，主动化解矛盾。自己没有错误的，也要宽容别人。

（6）大学生应当参加合法的社会组织，参与健康向上、有益身心的社会活动。大学生不能参加邪教组织、会道门或其他以祛病健身、修身养性为幌子的非法组织活动，要经常保持政治警惕性，防止上当受骗，防止做违法的事情。大学生如果发现有人利用会道门、邪教组织，利用迷信蒙骗群众，危害社会治安，要及时向公安、保卫部门举报。

（7）大学生要学会识别真伪，分别善恶，分清宗教与邪教的本质区别，用实际行动去反对迷

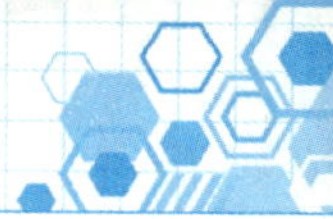

信，反对邪教，用实际行动去维护学校稳定。

三、大学生在构建和谐校园中应发挥的作用

学生是学校的主体，也是学校的主人。没有大学生主体作用的充分发挥，是不可能实现校园和谐的。在构建和谐校园中，大学生应该发挥积极作用，做到以下几点：

（1）身体力行，努力维护校园稳定。稳定是建设和谐校园的必然要求。没有稳定的校园，就谈不上校园的和谐。在当前及今后一段时间，高校在发展过程中将面临诸多的问题和矛盾；此外，社会问题与高校内部问题相互穿插，治安、交通和生活等问题相互影响，思想认识问题与敌对势力的影响相互交织，致使影响高校稳定的因素复杂化、多样化。面对复杂的国际国内环境和各种矛盾问题，作为大学生，要顾全大局、冷静理智、依法有序地表达自己的诉求和爱国情感，自觉维护国家安定团结的政治局面和校园稳定。

（2）遵纪守法，维护校园良好秩序。法规、纪律和管理制度是校园安全、有序、稳定的基本保障，也是构建和谐校园的基本要求。一个漠视法规、无视纪律、缺少制度而秩序混乱的校园既不能保持稳定，更谈不上和谐。在一定意义上，和谐社会也就是法治社会。只有实行法治，才能维护良好的社会秩序，保证社会的安定有序。因此，在构建和谐校园中，每个大学生不仅自己要遵纪守法，还要帮助、劝导别人也要遵纪守法，坚决和一切违法乱纪的行为作斗争，积极维护法律的尊严，维护纪律的权威，以使校园达到民主法治、安定有序，进而实现校园的和谐。

（3）讲究公德，树立社会主义道德。公德，即公共道德。道德，是人们共同生活中的行为准则和行为规范。道德有阶级性，不同的阶级有不同的道德标准。道德通过社会舆论对社会生活、对人的言行发挥约束作用。社会主义道德是人类历史上最先进、最文明的道德，是人类精神境界的升华。一个和谐社会必然是道德高尚的社会，一个明礼诚信、团结友爱、文明向上的社会。大学生要坚持知行统一，积极开展道德实践活动，把道德实践活动融入自己的学习生活之中，积极培育社会主义核心价值观。

（4）乐于助人，发扬甘于奉献的精神。中华民族从来都把乐于助人、勇于奉献作为自己的行为准则，甚至献出自己的生命也在所不惜。和谐校园要求人们互帮互助，团结友爱，融洽相处；在别人遇到困难、挫折或者需要帮助的时候，能够支持别人、鼓励别人、帮助别人，给人以力量。大学生积极参与各种志愿活动，为群众开展无偿服务，为他人排忧解难，这就是帮助别人、勇于奉献的实践，也是在为构建和谐校园贡献力量。

（5）热爱集体，发挥集体主义精神。集体主义精神是社会主义社会所倡导的精神，它要求人们一切从集体出发，把集体利益放在个人利益之上。个人主义思想严重的人，很难融入集体、融入社会，很难与别人相处和合作，也就不能达到和谐。大学生要大力提倡集体主义精神，处理问题先考虑集体和别人，不要一事当前，首先为自己打算，要做到先公后私，先人后己，使自己和别人融洽相处，达到人际关系的和谐。

思考题

1. 简述维护高校稳定的重要性。
2. 大学生如何做维护校园稳定的模范？
3. 简述构建和谐校园的意义。

第十五章　国家安全

第一节　国家安全概述

中国共产党第十八届中央委员会第三次全体会议决定成立国家安全委员会，这是推进国家治理体系和治理能力现代化，实现国家长治久安的迫切要求，是实现中华民族伟大复兴中国梦的重要保障。贯彻落实总体国家安全观，必须既重视外部安全，又重视内部安全，对内求发展、求变革、求稳定，建设平安中国，对外求和平、求合作、求共赢，建设和谐世界；既重视国土安全，又重视国民安全，坚持以民为本、以人为本，坚持国家安全一切为了人民、一切依靠人民，真正夯实国家安全的群众基础。

一、国家安全的定义和内容

根据《中华人民共和国国家安全法》（以下简称《国家安全法》）第二条规定，国家安全是指国家政权、主权、统一和领土完整、人民福祉、经济社会可持续发展和国家其他重大利益相对处于没有危险和不受内外威胁的状态，以及保障持续安全状态的能力。根据《大中小学国家安全教育指导纲要》的规定，国家安全内容包括政治安全、国土安全、军事安全、经济安全、文化安全、社会安全、科技安全、网络安全、生态安全、资源安全、核安全、海外利益安全以及太空、深海、极地、生物等不断拓展的新型领域安全。

任何境外机构，组织、个人实施或者指使他人实施的，或者境内组织、个人与境外机构组织、个人相勾结实施的危害中华人民共和国国家安全的行为均视为危害国家安全的行为。

国家安全关系到国家的生死存亡。无论哪一个国家，无论是什么样的社会制度，都会把国家安全作为巩固政权统治的首要任务。

《中华人民共和国宪法》（以下简称《宪法》）规定，公民有维护祖国的安全、荣誉和利益的义务，不得有危害祖国的安全、荣誉和利益的行为。维护国家安全，是每一个大学生的光荣义务。

二、国家安全的重要意义

维护国家安全是每个公民义不容辞的责任，是党和国家对公民的基本要求。随着对外开放步伐的不断加快，我国在政治、经济、科技、文化等各领域都有了跨越式发展，境外一些间谍情报机关和各种敌对势力把中国作为他们进行颠覆、渗透和破坏的主要目标，从来没有停止过危害我国安全的活动。他们一方面打着“人权”“民主”等各种各样的旗号，继续对我国进行政治思想渗透；另一方面，他们正在并将继续利用我国扩大对外开放的时机，以公开的、合法的身份，通过各种渠道和途径，广泛收集、窃取、刺探我国经济、科技等情报，从事危害我国国家安全和利益的活动。与此同时，国内极少数敌视社会主义的分子，也极力寻求境外一些间谍情报机关和其他敌对势力的支持，与其相互勾结，进行破坏和搞乱。

国家安全是国家的根本所在，国家利益高于一切，维护国家的利益和安全是每个公民的神圣义务，每个公民在任何情况下不得做有损国家安全的事情，并自觉与一切损害国家安全的行为作斗争。

三、敌对势力危害国家安全的常用手段

境外敌对势力和间谍情报机关为了“分化”“西化”社会主义中国，常常采取窃密、勾连策反、心战谋略、行动破坏等手段，常用手段包括以下几个方面：

(1) 警惕境外电台、电视、网络等传媒的煽动、造谣。利用各种渠道（公开或秘密的方式）灌输西方的政治、经济模式。

(2) 采取金钱物质引诱，许诺出国担保、色情勾引、抓其把柄的手法，或打着合法身份、学术交流、参观访问、照相留念和文明结友等幌子，刺探、套取、收买我国政治、经济、军事、科技、文化、内参等国家和单位的秘密。一些可疑人员未经批准到内部做调查，进行科技、经济、企业等情况搜集。

(3) 通过报刊、广播、音像、传单等途径，利用编造谣言、借题发挥、以偏概全、挑拨离间、搬弄是非、假冒他名、虚张声势的伎俩，进行反动“心战”宣传。一些有境外背景的组织和个人，利用一些群众的不满情绪，煽动群众与政府对抗，实现其颠覆、破坏的目的。

(4) 策划、支持成立旨在阴谋颠覆政府、分裂国家、推翻社会主义制度的暴力集团、恐怖组织、反动宗教、社会团体和企事业单位，甚至为其提供经费、场地和物资。策划、勾引、收买国家工作人员叛变，组织策划或者实施危害国家安全的恐怖活动，利用宗教进行危害国家安全活动，制造民族纠纷、煽动民族分裂、危害国家安全。

(5) 一些境外组织和人员经常出现在我军事、保密单位周边，乘机盗取秘密情报和信息。为达到个人某种目的，主动为境外的机构和组织人员窃取、刺探、收买、非法提供国家秘密或情报。值得警惕的是，境外间谍情报机关和各种敌对势力对各种可以预见和难以预见的核心领域、要害部门和重点目标的情报窃密，以及重要涉密人员的渗透策反活动，一刻也没停止过。

四、树立国家安全意识

（一）危害国家安全的行为

危害国家安全的行为是指境外机构、组织、个人实施的或者指使、资助他人实施的，或者境内组织、个人与境外机构、组织、个人相勾结实施的危害中华人民共和国国家安全的行为。具体有以下几种情况：

(1) 阴谋颠覆政府，分裂国家，推翻社会主义制度的。

(2) 参加间谍组织或者接受间谍组织及其代理人任务的。

(3) 窃取、刺探、收买、非法提供国家秘密的。

(4) 策动、勾引、收买国家工作人员叛变的。

(5) 进行危害国家安全的其他破坏活动的。

根据《中华人民共和国国家安全法实施细则》第八条规定，下列行为属于危害国家安全的其他破坏活动：

(1) 组织、策划危害国家安全的其他破坏活动。

(2) 捏造、歪曲事实，发表、散发文字或言论或制作、传播音像作品，危害国家安全的活动。

(3) 利用社会团体企事业组织，进行危害国家安全的活动。

(4) 利用宗教进行危害国家安全的活动。

(5) 制造民族纠纷，煽动民族分裂，危害国家安全的活动。

(6) 境外个人违反有关规定，不听劝阻，擅自会见境内有危害国家安全行为或者有危害国家、安全行为重大嫌疑人员的活动。

（二）危害国家安全行为的法律责任

我国法律对于危害国家安全的种种行为，规定了其法律责任。危害国家安全的行为，主要承担刑事法律责任或者行政法律责任。

五、大学生维护国家安全的义务和权利

（一）大学生维护国家安全的义务

根据《国家安全法》的规定，公民和组织维护国家安全的义务有以下几个方面：

（1）机关团体和其他组织应当对本单位的人员进行维护国家安全的教育，动员、组织本单位人员防范、制止危害国家安全的行为；

（2）公民和组织应当为国家安全工作提供便利条件或者其他协助；

（3）公民发现危害国家安全的行为，应当直接或者通过所在组织及时向国家安全机关或者公安机关报告；

（4）在国家安全机关调查了解有关危害国家安全的情况，收集有关证据时，公民和组织应当如实提供，不得拒绝；

（5）任何公民和组织都应当保守所知悉的国家安全工作的秘密；

（6）任何公民和组织都不得非法持有属于国家秘密的文件、资料和其他物品；

（7）任何公民和组织都不得非法持有、使用窃听、窃照等专用器材。

（二）大学生在维护国家安全方面所享有的权利

根据《国家安全法》的规定，国家对支持协助国家安全工作的公民和组织给予保护，对维护国家安全有重大贡献的给予奖励；任何公民和组织对国家安全机关及其工作人员的超越职权、滥用职权和其他违法行为，都有权向上级国家安全机关或者有关部门检举、控告；对协助国家安全机关工作或者依法检举、控告的公民和组织，任何人不得压制和打击报复。

六、大学生应怎样维护国家安全

所谓国家安全意识，是指公民在履行维护国家安全、荣誉和利益的义务方面所应有的各种观念的总和，主要包括爱国主义精神、国家利益至上的观念、法制观念、保密观念、国家安全防范观念及信息观念等。大学生应学习国家安全知识，从理论上弄清楚国家安全的含义及其重要地位，明确什么是危害国家安全的行为，公民和组织维护国家安全的义务和权利，国家安全机关的性质和任务以及危害国家安全的法律责任等，从而增强公民意识、法律意识和国家安全意识，增强维护国家安全的责任感、义务感和荣誉感，自觉防范和制止危害国家安全的行为。对于当前国际国内的安全形势，大学生应从防止邪教侵害、防止民族分裂、防止恐怖分子侵害、保卫国家秘密等方面来履行维护国家安全的义务。要时刻抵御住形形色色的诱惑，不做任何损害国家安全利益的事，并勇于对危害国家安全和利益的人和事作斗争。

每个大学生都应当成为国家安全和利益的自觉维护者，大学生必须以维护国家安全为己任。

（1）国家安全涉及国家社会生活的方方面面，都是国家、民族生存与发展的首要保障。

大学生要始终如一地树立国家安全高于一切的观念，增强国家安全意识，克服麻痹思想，提高识别能力，不要被“和平”“友好”“交往”中的一些假象所迷惑，看不见隐蔽战线上尖锐复杂的斗争。

（2）掌握并遵守有关国家安全的法规，把自己的行为建立在自觉依法维护国家利益的基础上。发现外教或外籍人员在不恰当的场所宣扬西方的“自由”“民主”“人权”，散布极端个人主义和无政府主义思想，宣传西方物质文明及拜金主义等，都要及时向有关部门报告。对于收到的反动宣传

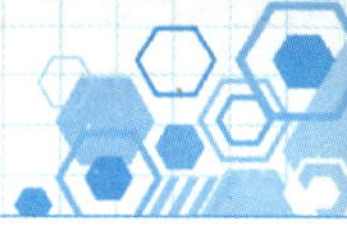

品要及时主动上交，防止扩散。与外国人接触时要严守国家秘密。

（3）要善于识别各种伪装。从理论上讲，有关国家安全的常识、规定都比较完善，依规行事不会出什么大问题。但是，实际生活比我们想象的要复杂得多，应该始终保持警惕，提高鉴别力。境外间谍情报人员常以友好访问、交朋友、学术交流、经济援助、出国担保、旅游观光、新闻采访等手段搜集情报。特别是在我国对外开放的情况下，隐蔽战线斗争的情况更加复杂。因此，只有保持高度的警惕，提高鉴别力，学会识别各种伪装。牢记国家利益高于一切，不能认为国家安全与己无关，对危害国家安全的行为视而不见，失去应有的警惕。不应接受西方的思想意识、价值观念和腐朽的生活方式，应自觉地抵制和斗争。识别伪装既难又易，在隐蔽战线斗争中，敌对势力为达到其目的，总是不择手段，以利诱之。因此，在对外交往中，必须自尊自爱，淡泊名利，自觉抵制各种诱惑。对发现的别有用心者，要依法及时举报，进行斗争，绝不准其恣意妄为。

（4）要克服妄自菲薄等不正确思想。任何国家都有其自己的安全利益，我国更是地广物博，有国家秘密和单位秘密。对这一切，如果没有正确的认识，就可能在许多问题上产生错误的看法，乃至做出亲者痛仇者快的事情来。要提高国家安全和防范意识，自觉维护国家安全，抵制敌对势力的策反、拉拢、威胁、利诱活动。

（5）要积极配合国家安全机关的工作。国家安全机关是国家安全工作的主管机关，是与公安机关同等性质的司法机关，分工负责间谍案件的侦查、拘留、预审和执行逮捕。当国家安全机关需要大家配合工作的时候，在工作人员表明身份和来意之后，每个同学都应当按照《国家安全法》规定的七条义务的要求，认真履行职责，尽力提供便利条件或其他协助，如实提供情况和证据，做到不推、不拒，更不以暴力、威胁方法阻碍执行公务。作为一名大学生，一旦发现别有用心者，要依法及时举报，积极进行斗争。

七、外事活动中注意自身安全

大学生在参与外事活动及与外国人交往中，要自觉遵守国家对涉外人员的有关规定。近年来，我国在国外求学、援建、经商、旅游的公民，时有被杀害、袭击、绑架、性侵害、殴打或遭盗窃和抢劫的，人身和财产权益受到侵害。高校学生在参与各种外事活动，与外籍人员接触，出国、出境进修学习等活动中，不仅要坚决维护国家利益和国家安全，同时也要注意自己的人身和财产安全，做到以下几点：

（1）出国、出境前，或者已经在国外，可浏览外交部网站上的“领事新闻”“出国特别提醒”和“前往某某国注意事项”等栏目，对所去国家或地区的社会情况、治安状况、风俗习惯、民风民情、人文地理、经济状况等进行详细了解，尽可能地掌握更多的真实情况，并据此做好准备。

（2）为避免重要证件的遗失或失窃，出国、出境前将护照等重要证件进行复印，以便在需要时使用。

（3）在国外、境外生活学习，要了解所在国家和地区必要的法律法规和制度规定，遵纪守法；避免谈论敏感话题，避免因违反当地的风俗禁忌以及宗教信仰而引来的麻烦；避免无故涉足自己不熟悉或情况复杂的地方，特别是已提醒不要前往的地方；不要接触自己不熟悉的人员，尽可能地避免与当地人员发生纠纷和争执，遇到困难和问题及时与我驻外使领馆联系。

（4）在国外、境外遇到刑事案件如盗窃、抢劫、凶杀和交通事故应当向当地警方报案，并及时向中国驻外使领馆寻求领事保护和服务；涉及经济纠纷，应当争取与国内派出单位或雇主协商解决；遇到工伤事故，应当向警方报案或通知雇主，并要求通知亲友或者中国驻该国使领馆；如在居住国被羁押或监禁期间受到歧视和不公正待遇，或处罚、量刑过重，有权会见中国使领馆官员，反映情况，提出交涉请求。

第二节　保守国家秘密

一、国家秘密、商业秘密、工作秘密的概念

（一）国家秘密

国家秘密是关系国家的安全和利益，依照法定程序确定，在一定时间内只限一定范围的人员知悉的事项。

国家秘密包括下列事项：

（1）国家事务的重大决策中的秘密事项。

（2）国防建设和武装力量活动中的秘密事项。

（3）外交和外事活动中的秘密事项以及对外承担保密义务的事项。

（4）国民经济和社会发展中的秘密事项。

（5）科学技术中的秘密事项。

（6）维护国家安全活动和追查刑事犯罪中的秘密事项。

（7）其他经国家保密工作部门确定应当保守的国家秘密事项。

国家秘密的密级分为绝密、机密、秘密 3 级。绝密是最重要的国家秘密，泄露会使国家的安全和利益遭受特别严重的损害；机密是重要的国家秘密，泄露会使国家的安全和利益遭受严重的损害；秘密是一般的国家秘密，泄露会使国家的安全和利益遭受损害。

（二）商业秘密

商业秘密是指不为公众所知悉，能为权利人带来经济利益、具有实用性并经权利人采取保密措施的技术信息和经营信息。所谓权利人，是指商业秘密的所有人和经商业秘密所有人许可的商业秘密使用人。

商业秘密同其他知识产权一样，是一种智力劳动成果，是一种财产权。它一般包括企业产品设计、配方、工艺、技术数据、图纸以及经营状况、策略、客户名单、货源情报、招标方案、标底、知识产权、技术诀窍等在内的一切不宜公开的、采取了保密措施的秘密事项。在我国，有些商业秘密的泄露，不仅给权利人带来了重大损失，而且使国家安全和利益遭受损害，所以有的商业秘密同时也是国家秘密。

（三）工作秘密

工作秘密一般包括上级涉密文件，科技档案中的内部资料、科技评审组成员名单、具体专家评价意见等。工作秘密一旦泄露，会给本单位工作带来损害。当事人要承担行政责任，受到行政处分。随着改革开放的深入和经济的飞速发展，国内与国外组织或外籍人士的交流、合作更加广泛，这同时也意味着增加了更多的失密、泄密的机会。因此，保密工作就显得更加重要。

二、容易造成失密、泄密的因素

（1）违反保密制度，在不适宜的场所随意公开内部秘密。主要表现在接待外来人员的参观、访问、贸易洽谈之时，违反保密制度，轻易地将宝贵的内部秘密泄露出去。在新闻出版工作中，要注意保密原则，不得随意刊载有关国防、科研等事关国家机密的事项。参加国际学术会议或在国外刊物上发表文章，要按规定办理审查手续。不得为境外人员提供或代购内部读物和资料。即使是学校

内部的校报，也要严格按照要求操作，避免泄露相关机密。

（2）不正确使用手机、电话、传真或互联网技术造成泄密。谍报组织借助科学技术成果，利用先进的间谍工具进行窃听、窃照、截取电子信号、破获电子信件等获取机密。我们应做到不在普通电话、明码电报、普通邮局传达机密事项；不携带机密材料游览、参观、探亲、访友和出入公共场所；不在通信中谈及国家机密；不在普通邮件中夹带任何保密资料。

（3）保密观念不强，随身携带秘密载体造成泄密。有些保密观念不强的人，随意将一些秘密资料、文件、记录本、样品等携带出门，遇上丢失、被盗、被抢、被骗，很快就会造成泄密事件。

（4）保密意识淡薄，或无保密意识，有意无意把秘密泄露出去。有些保密意识淡薄，缺乏保密常识的人，随意在言谈或通信中涉及国家秘密或秘密事项，或炫耀自己的见识广博，不料“道者无意，听者有心”，不经意造成泄密。自觉遵守保密的有关规定，做到：不该说的机密，绝对不说；不该问的机密，绝对不问；不该看的机密，绝对不看。

（5）组织观念淡薄，纪律性差，随意对外进行一些交流活动。不经主管部门批准，随意带境外人员参观或进入非开放区，随意让境外人员利用学术交流、讲课的机会进行系统的社会调查。不经有关部门批准，随意填写境外人员的各种调查表，或替他们写社会调查方面的文章。

（6）极少数经不住金钱和物质诱惑的人员，被境外间谍机关拉拢腐蚀，出卖国家秘密。保密是公民的义务，也是大学生的社会责任。每个大学生都应该自觉贯彻保密法规，自觉履行保密义务，坚决同泄密行为和窃密行径作斗争。

三、发现国家秘密已经或可能泄露时应当采取的措施

（1）拾获属于国家秘密的文件、资料和其他物品，应当及时送交有关机关、单位或保密工作部门。

（2）发现有人买卖属于国家秘密的文件、资料和其他物品，应当及时报告保密工作部门或者公安、国家安全机关。

（3）发现有人盗窃抢夺属于国家秘密的文件、资料和其他物品，有权制止，并应当立即报告保密工作部门或者公安、国家安全机关。

（4）发现泄露或可能泄露国家秘密的线索，应当及时向有关机关、单位或保密工作部门举报。

四、大学生要树立保密意识，养成保密习惯

大学生头脑里要有敌情观念，绝不要以为天下太平。决不能因为自己保密意识淡薄，麻痹大意，而给国家造成不应有的损失。大学生要自觉做到以下几点：

（1）认真学习《保密法》及相关的保密法律法规，学习本单位保密工作规定。严格按照保密法律法规、规章制度，使用、管理和交换保密文件、资料，只有这样，经过长时间的实际工作的锻炼，才能养成保密习惯。

（2）不泄密。不把自己掌握的国家秘密、商业秘密对不应该知道的人员透露，不擅自扩大知密范围，不在公共场所谈论国家秘密、商业秘密，不在私人通信中涉及国家秘密、商业秘密，使自己掌握的国家秘密、商业秘密不发生泄露。

（3）不失密。对自己掌握、保管的秘密文件、资料、信息，严格依照保密规定进行管理，自觉做到不携带保密文件、资料出入公共场所，绝对不使它丢失。

（4）积极采取措施，严防国家秘密、商业秘密被窃取。要经常检查保密措施是否符合保密规定；对于不该接触保密事项而对于保密事项格外感兴趣的人，尤其要提高警惕。

（5）涉密信息、内部事项不上网。参与涉密程度高的科研项目的大学生，要严格遵守计算机的使用、管理、维修和销毁的有关规定，防止发生泄密。

五、常见政治性案件的法律责任

（一）背叛国家罪

背叛国家罪是指勾结外国或者境外机构、组织、个人，危害国家主权、领土完整和安全的行为。本罪的主体是中国公民。本罪的主观方面是故意，并且具有危害中华人民共和国国家主权、领土完整和安全的目的。本罪的客体是国家的主权、领土完整和安全。本罪的客观方面表现为勾结外国或者境外机构、组织、个人，危害国家主权、领土完整和安全的行为。《刑法》第一百零二条、第一百一十三条第1款规定：犯本罪的，处无期徒刑或者十年以上有期徒刑；对国家和人民危害特别严重，情节特别恶劣的可以判处死刑。

（二）分裂国家罪

分裂国家罪是指组织、策划、实施分裂国家、破坏国家统一，或者与境外的机构、组织、个人相勾结，组织、策划、实施分裂国家、破坏国家统一的行为。本罪的主体是一般主体。本罪在主观方面表现为故意，即明知组织、策划、实施分裂国家、破坏国家统一而希望或放任结果的发生。本罪侵犯的客体是人民民主专政的政权和社会主义制度。本罪的客观方面表现为组织、策划、实施分裂国家、破坏国家统一的行为。《刑法》第一百零三条规定：组织、策划、实施分裂国家、破坏国家统一的，对首要分子或者罪行重大的，处无期徒刑或者十年以上有期徒刑；对积极参加的，处三年以上十年以下有期徒刑；对其他参加的，处三年以下有期徒刑、拘役、管制或者剥夺政治权利。煽动分裂国家、破坏国家统一的，处五年以下有期徒刑、拘役、管制或者剥夺政治权利；首要分子或者罪行重大的，处五年以上有期徒刑。

（三）间谍罪

间谍罪是指参加间谍组织，接受间谍组织及其代理人的任务，或者为敌人指示轰击目标，危害国家安全的行为。本罪的主体是一般主体，凡是已满16周岁、具有刑事责任能力的人都能成为本罪的主体。本罪的主观方面是故意。本罪的客体是中华人民共和国国家安全。本罪的客观方面表现为参加间谍组织、接受间谍组织及其代理人的任务，或者为敌人指示轰击目标的行为。《刑法》第一百一十条、第一百一十三条第1款的规定：犯本罪的，处十年以上有期徒刑或者无期徒刑；情节较轻的，处三年以上十年以下有期徒刑；对国家和人民危害特别严重，情节特别恶劣的，可以判处死刑。

（四）为境外窃取、刺探、收买、非法提供国家秘密、情报罪

为境外窃取、刺探、收买、非法提供国家秘密、情报罪是指为境外的机构、组织、人员窃取、刺探、收买、非法提供国家秘密、情报的行为。本罪的主体是一般主体，凡是已满16周岁、具有刑事责任能力的人均能成为本罪的主体。本罪的主观方面是故意。本罪的客体是中华人民共和国国家安全。本罪的客观方面表现为境外的机构、组织、人员窃取、刺探、收买、非法提供国家秘密或者情报的行为。《刑法》第一百十一条、第一百一十三条第1款的规定：犯本罪的，处五年以上十年以下有期徒刑；情节特别严重的，处十年以上有期徒刑或者无期徒刑；情节较轻的，处五年以下有期徒刑、拘役、管制或者剥夺政治权利；对国家和人民危害特别严重，情节特别恶劣的，可以判处死刑。

思考题

1. 谈谈国家安全的重要意义。
2. 大学生应怎样维护国家安全？
3. 大学生应如何保守国家秘密？

第二篇　心理健康

第十六章　大学生心理健康概论

随着社会飞速发展，人们的生活节奏不断加快，竞争压力不断加大，就业难度不断增加，心理疾病患者日益增多，并呈现出“低年龄、高文化和高发生率”的倾向。大学生无论在生理上还是心理上都处于一个迅速变化的过程中，特别是大学新生，由于独立性的不完全，对家长有较大的依赖；对社会了解有限，过于理想化，环境突变难以适应；对自我的认识摇摆不定而难以定位等，从而在心理上显露出一系列的矛盾与冲突。因此，把握健康及心理健康的标准，了解当代大学生的心理健康状况，掌握增进心理健康的方法途径，维护和提高大学生自身的心理健康水平，是当代大学生的共同心愿，也是高等学校工作面临的一项亟待解决的重要课题和紧迫任务。

心理素质是人才素质系统中的基础，同时渗透在思想道德素质、科学文化素质、职业素质之中。不断提升心理素质应当成为当代大学生的首要目标，而大学生心理健康教育则是提高大学生心理素质、加强大学生社会竞争、促进大学生成人成才、培养全面发展的社会主义建设者和接班人的迫切需要，也是加强和改进大学生思想政治教育的重要任务之一。开展大学生心理健康教育首先要了解心理健康与大学生心理健康的含义与标准，分析大学生心理发展的特点与影响心理健康的因素，掌握和改善大学生心理健康的途径与方法。

第一节　心理健康与大学生心理健康的含义与标准

古希腊哲学家赫拉克利特曾说过，人如果没有健康，智慧就难以表现，文化无从施展，力量不能战斗，财富会变成废物，知识无法利用。

一、心理与心理素质

心理是指人内在符号活动梳理的过程和结果，具体是指生物对客观物质世界的主观反映。心理的表现形式叫作心理现象，包括心理过程和心理特性，人们在活动的时候，通过各种感官认识外部世界事物，通过头脑的活动思考事物的因果关系，并伴随着喜、怒、哀、乐、爱、恶、惧等情感体验。这折射着一系列心理现象的整个过程就是心理过程。按其性质可分为认识过程、情感过程和意志过程三个方面，简称知、情、意。

心理素质是人的整体素质的重要组成部分，是在先天自然素质的基础上，经过后天的环境、教育、文化、实践活动等因素的影响而逐步形成的。心理素质是人的心理过程和个性心理所体现的心

理品质的总和，主要包括人的认识能力、情绪和情感品质、意志品质、个性品质。认识能力包括观察力、注意力、记忆力、思维力、想象力等一般能力，也包括语言沟通能力、组织协调能力、社交能力等特殊能力；情绪和情感品质包括能够调控自己的情绪、合理的动机、适当的需要、积极的兴趣爱好、正常的情感等；意志品质包括坚强的意志、有效的控制力、贴合实际的理想、科学的信念、正确的人生观价值观等；个性品质包括积极的个性特征、和谐的人际关系、较强的社会适应力等。人的整体素质主要包括思想道德素质、科学文化素质、专业能力素质、身体心理素质四个方面。心理素质是人的整体素质的基础与核心，是其他素质形成与发展的内因，保持良好的心理素质是大学期间正常学习、生活的基本保障，也是促进大学生人格完善和德智体美劳全面发展的必要条件。

二、什么是健康

根据世界卫生组织的界定，健康有四层含义：一是生理健康，是指人体结构的完整和生理功能的正常。二是心理健康，就是人格完整，情绪稳定，有较好的自控力，能保持心理上的平衡。三是道德健康，就是不以损害他人的利益来满足自己的需要，有辨别真伪、善恶、美丑、荣辱、是非的能力，能按照社会公认的道德准则来约束、支配自己的言行。四是社会适应健康，就是自己的各种生理和心理活动和行为，能适应复杂的环境变化。

世界卫生组织（WHO）给健康正式定义了以下十项标准：

(1) 精力充沛，能从容不迫地应付日常生活和工作；

(2) 处事乐观，态度积极，乐于承担任务，不挑剔；

(3) 善于休息，睡眠良好；

(4) 应变能力强，能适应各种环境变化；

(5) 对一般感冒和传染病有一定的抵抗力；

(6) 体重适当，体态均匀，身体各部位比例协调；

(7) 眼睛明亮，反应敏锐，眼睑不发炎；

(8) 牙齿洁白，无缺损，无疼痛感，牙龈正常，无出血；

(9) 头发有光泽，无头屑；

(10) 骨骼健康，肌肉、皮肤有弹性，走路轻松，有活力。

三、什么是心理健康

关于心理健康，美国心理学家马斯洛和密特尔提出了十条标准：有充分的自我安全感；能充分了解自己，并恰当估计自己的能力；生活理想切合实际；不脱离周围现实环境；能保持人格的完整和统一；善于从经验中学习；有良好的人际关系；能适度地宣泄情绪和控制情绪；在符合团体要求的前提下，能适当地发挥个性；在不违背社会规范的前提下，能适当地满足个人的基本要求。

国内学者马建青主编的《心理卫生学》一书提出了心理健康的七条标准：智力正常；善于协调和控制情绪，心境很好；具有较强的意志品质；个人关系和谐；能动地适应和改造现实环境；保持人格的完整和健康；心理行为符合年龄特征。

对心理健康的表述有许多种。概括起来说，心理健康是指生活在社会环境中的个体能以积极有效的心理活动和平稳正常的心理状态，对当前和发展变化着的社会环境、自然环境、自我内部环境作出良好的适应和调节的一种状态。

四、大学生心理健康的标准

心理健康对大学生的成长与发展有着重要影响，健康的心理是大学生完成学习和发展任务的基本前提和保证。青年学生只要从日常行为的表现与感受分析，就可以检验自己或周围的人心理是否

健康。为此，我们根据处于青年中期的大学生具有的心理特征、大学生特定社会角色的要求以及心理健康学的基本理论，提出以下七条大学生心理健康的标准供读者参考。

（1）能保持对学习较浓厚的兴趣和求知欲望。智力正常是人一切活动的最基本的心理条件，而大学生一般智力水平较高。心理健康的学生珍惜学习机会，求知欲望强烈，能克服学习中的困难，学习成绩稳定，能保持一定的学习效率，从学习中体验满足与快乐。因此对学习的态度就反映了一个人心理健康的状态。

（2）能保持正确的自我意识，接纳自我。自我意识是人格的核心，指个体对自己以及自己与周围世界关系的认识和体验。人贵有自知之明。心理健康的学生了解自己，接受自己，自我评价客观，既不妄自尊大去做力所不能及的工作，也不妄自菲薄而甘愿放弃可能发展的机会，自信乐观，生活目标与理想切合实际，不苛求自己，能扬长避短。

（3）能协调与控制情绪，保持良好的心境。情绪影响人的健康，影响人的工作效率，影响人际关系。所谓控制情绪，就是要让情绪适度，变消极为积极。心理健康的学生能经常保持愉快、开朗、乐观满足的心境，对生活和未来充满希望。虽然也有悲、忧、哀、愁等消极体验，但能主动调节。同时能适度表达和控制情绪，喜不狂、忧不绝、胜不骄、败不馁。

（4）能保持和谐的人际关系，乐于交往。人际关系状况最能体现和反映人的心理健康状况。心理健康的学生乐于与他人交往，能用尊重、信任、友爱、宽容、理解的态度与人相处，能分享、接受和给予爱和友谊，与集体保持协调的关系，与他人同心协力，合作共事，乐于助人。在群体中，一方面，具有合作与竞争的协调意识，既不强迫别人的意志，又能向他人提出自己的看法；另一方面，具有独立自主的意识和能力，既不随意附和他人，又能适当地听取他人的意见；与异性同学能保持热情而又理智的交往。

（5）人格和谐健全。人格健全的大学生，在思维模式、行为方式和情感反应等方面表现出积极、协调，凡事能从积极乐观的方面去考虑。心理健康的学生所思、所做、所言、所行协调一致，具有积极进取的人生观，并以此为中心把自己的需要、愿望、目标和行为统一起来。如果个体内心冲突矛盾大、不稳定，就不能叫心理健康。

（6）能保持良好的环境适应能力。环境适应能力包括正确认识环境以及处理个人和环境的关系。心理健康的学生在环境改变时能面对现实，对环境作出客观的认识和评价，使个人行为符合新环境的要求；能和社会保持良好的接触，对社会现状有清晰的认识，及时修正自己的需要和愿望，使自己的思想、行为与社会协调一致。有的学生进入大学后，只一两个月就适应新环境了，但是也有人半年甚至一年都适应不了，其原因就是个人的适应能力差别很大。

（7）心理行为应符合年龄特征。大学生正处在人生中精力最充沛、思维最敏捷、情感最活跃的阶段，与之相适应，心理健康的大学生行为上应该表现为朝气蓬勃、热情洋溢、生龙活虎、反应敏捷、勇于探索、勤学好问。

第二节　大学生心理发展的特点与影响心理健康的因素

最近的有关研究和统计结果表明，大学生心理上的确存在一系列的不良反应和适应障碍，有相当数量的大学生存在不同程度的心理障碍或严重的心理疾病。家庭、社会、学校和大学生自身都十分关注这一问题。

一、大学生心理发展的阶段及特点

1. 个体的生理心理发展规律

个体发展是指个体从出生到生命完结，其身体与心理各方面所发生的所有变化，它是个体的潜

在机能变成现实特征的过程。包括生理和心理两个方面，个体的生理发展与心理发展是相互影响、密不可分的。

生理发展，也叫作生物因素的发展，是人类个体的生理结构与机能及其本能的变化。个体的生理发展过程是一种内发过程，即个体按照自身预定的程序和节奏而自然成熟、成长的过程。人的一生可分为胎儿期、婴儿期、童年期、少年期、青年期、成年期和老年期。其中青年期是生理发育的高峰期，从青春期开始，身体发生了急速的变化，体内机能增强，身高、体重、肩宽、胸围都发生了非常明显的变化，性激素增多，性器官、性机能发育，男女生均出现第二性征，大脑即神经系统也基本发育成熟，在青年阶段人体生理发育全部完成。大学生生理的发育完成，为心理的进一步发展和完善奠定了基础。

综合考虑个体主体活动、智力和思维水平以及人格特征等几方面特征的发展，中国心理学家将个体的心理发展划分为乳儿期、婴儿期、幼儿期、童年期、少年期、青年期、成年期；其中青年期又可分为青年初期、青年中期和青年晚期，成年期又可分为成年初期、成年中期（中年期）和成年晚期（老年期）。个体心理发展的基本规律包括：阶段性和连续性、方向性和顺序性、不平衡性、个别差异性等。青年期是心理发展逐渐成熟，价值观、人生观成形的关键期，也是个体社会化的关键时期，个体社会化是指个体在特定的社会环境中，不断与社会进行双向互动，逐步形成社会心理定向和社会心理模式，履行社会角色，由自然人转变为社会人并不断完善的长期发展过程。个体社会化的主要任务是掌握基本的生活技能，学习社会行为规范，树立明确的个人生活目标，承担不同的社会角色，为适应社会生活打下良好基础。在大学生的社会化过程中，主要受家庭环境、学校教育以及社会文化的影响。大学教育将帮助他们不断学习社会生活技能，培养成熟的社会心理模式，适应新的社会环境，更好地履行社会责任。

2. 大学生心理发展的阶段及特点

我国大学生一般处在 18～24 岁这一年龄阶段，属于青年中期，其心理发展具有以下几个特征：第一，大学生的认知发展，已经达到比较成熟的水平。比如“理论型”抽象思维逐渐居于主导地位，纵横探究的“T”形思维和自觉变化跳跃的“波浪型”思维是大学生思维发展的新特点。第二，大学生的情感状态和意志品质的发展也趋于成熟。大学生正值青春年华，意气风发，积极向上，他们珍惜友情，也向往美好的爱情，具有道德感、责任感等高级的社会性情感，能够较好地把控自己的情绪，理智与情感并存。但是，大学生的情感还在不断的发展中，并没有完全成熟，如情绪表现的外显性较明显，波动起伏时有发生，尤其是面对爱情问题，容易产生烦恼等。第三，大学生的个性品质的发展方面，个性品质在不断的学习训练过程中不断完善，自我认知、自我体验和自我控制能力得到提升，心怀明确的理想抱负，性格的发展已进入塑造定型的关键时期。

在大学学习生活阶段，大学生的心理发展又可以具体分为入学适应阶段、稳定发展阶段和就业准备阶段。第一，入学适应阶段，新生刚刚进入大学校园，有的远离生长的城市，来到陌生的环境，遇见陌生的人，这一系列的变化都会带来生活方式、人际关系、学习方式等的转变，需要大学生重新适应调整以维护心理平衡。第二，稳定发展阶段，这一阶段的大学生基本适应了大学生活，新鲜感渐渐消失，生活慢慢步入正轨，新的心理平衡初步建立。但是大学相当于一个小型的社会，在学习生活中难免会遇到许多新的问题、新的状况，需要同学们保持冷静的头脑和稳定的心态，应对学习生活中出现的各种困难，把握每一次机遇，努力锻炼自己，争取不断地进步。这个时期是大学生可塑性最强的时期，大学生有充分的时间和精力去参加各种社团，竞选学生会，参加公益、社会实践活动等，充分利用每一次机会塑造更完善的自我。第三，就业准备阶段，这个阶段大学生活就要结束，职业生涯即将开始。大学生对即将到来的社会生活既充满憧憬又带有未知的迷茫，一方面要完成毕业设计给即将结束的大学生活画上一个圆满的句号，另一方面又要准备简历加入应聘的队伍，或者继续学习争取更高的学历，有的同学还要考虑情感的走向，人生又出现一个个重要的分岔口，面临各种选择，这个时候更加考验大学生的心理素质，需要同学们认真分析形势，对自己客

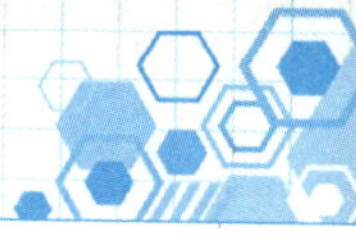

观地进行评价，并且调整好心态，明确目标，制定规划，将问题和矛盾一一化解，谨慎地做好人生的选择。

二、大学生心理健康现状

许多研究表明，大学生心理障碍发生率呈上升趋势，已经明显地影响到一部分学生的智能素质、人格成长及身体健康。大学生这个群体中出现心理健康问题具有普遍性。大学生心理障碍的主要表现有神经症、人格障碍、性心理障碍等。心理障碍的发生在年级、专业之间存在差异，竞争压力大的专业，发生心理障碍的人数多；从年级角度来看，大学二、三年级的学生，心理健康状况最差，一年级次之，四年级再次之；来自农村的学生心理健康问题比来自城市的学生问题多。尽管大学生中存在如此普遍的心理障碍，然而其中只有极少部分学生接受心理咨询方面的专业帮助。因此，心理健康教育应该成为大学生成长的必修课。

三、大学生常见的心理问题

1. 入学适应问题

大学生进入大学校园后，生活环境、生活条件、人际关系、学习方式与方法的变化，逐渐使他们原有的习惯、心理结构与心理定式被打破，他们渴望独立，自信心、自尊心增强，但心理上还存有依赖性、理想化、盲目自信等特征。他们往往留恋家庭、父母和中学环境、同学等，盲目地向往未来，容易随心所欲地把生活理想化。这些问题使得相当一部分学生不能很快、很好地适应。主要表现在：①环境的变化。对于大部分新生来说，面临的是陌生的地区、新的校园、生疏的班集体，多数学生又是第一次远离家门，所有这些情况都可能带来不同程度的环境适应问题，表现为食欲缺乏、失眠、神经衰弱、烦躁不安、严重焦虑，甚至想退学等。②学习方面的变化。由于大学的教育内容、特点、方法及进度等都与中学的教学有比较大的差异，有相当一部分学生不能很快适应，从而感到学习压力很大。表现为学习方法不当，学习效率下降，紧张焦虑情绪反应增多；对自己的学习失去信心，形成强烈的自卑感；不再有以往的优越感，而产生失落、自卑及自责等。③理想与现实之间的差别。绝大多数学生能够比较好地把理想与现实结合起来，挖掘和发挥自己的潜力。但也有部分学生由于录取的专业与原来的愿望不符，对现学专业不了解，产生不满情绪，甚至想转系、转专业、退学等，造成情绪波动很大，较长时间不能很好地调整过来。

2. 学业问题

在影响大学生情绪波动的因素中，学习的因素排在第一位。随着高校就业制度的改革、竞争压力的增大，学业得到了当代大学生的重视，大学生在学业上更具进取心。同时，学业也给大学生心理增加了压力。一般说来，大学生学习压力过大、学习负担过重，会导致智力活动能力受限制，学习效率下降，这不仅会降低学生的学习兴趣，而且会使学生对学习失去信心，精神上会感到压抑，焦虑不安，久而久之就会引起某种心理障碍。

3. 交往的困惑

在大学阶段，个体独立地步入了社会群体交际圈，大学生的交往触角大大延伸，他们积极主动地伸向了老师，伸向了校外，伸向了社会，渴望从这些“无字之书”中获得真正意义上的交往体验，以便为将来进入成人社会做准备。然而，交往中语言艺术和技术技巧的缺乏、认知偏差等，带给他们更多的是打击和困惑，或表现为自我否定而陷入苦闷和焦虑，或企图对抗而陷入困境，从而产生心理问题。

4. 网络中的心理问题

现在已经全面进入信息化社会，人们的生活水平提高，大学生基本上都有自己的手机，这使得大学生随时随地都可以接触网络世界。网络是把双刃剑，它在给大学生带来积极影响的同时，也给

大学生的健康带来许多负面影响，如网络成瘾、网恋、网上暴力等。大学生把大部分时间花在了上网上，不仅会导致视力下降、眼睛疼痛、手关节疼痛、身体疲乏无力、食欲缺乏等不良生理反应，而且严重地影响大学生正常的学习、生活、交往，甚至导致人格异化、精神障碍或犯罪。

5. 恋爱与性心理问题

处于青春中后期的大学生，由于性的发展成熟以及性意识的萌发，其爱慕对象由同伴转向异性，对异性产生了极大的好感和兴趣，并渴望与异性进行交往。但是，由于大学生的恋情幼稚，特有的激情在给爱情蒙上一层神秘色彩的同时，也会酿成一杯爱的苦酒。另外，大学生是一个十分特殊的群体，他们在校学习时间的延长导致了他们社会化过程的延长。他们在经济上尚未独立，还生活在半社会的校园中，他们还有比较艰巨的专业学习与专业训练的任务，他们的未来还有许多不确定因素，这一切导致了他们性心理的成熟落后于性生理的成熟，由此而产生种种与性心理有关的心理冲突。大学生对这类冲突往往敏感而焦虑，这对其心理发展与成熟有着重要的影响。

6. 就业的压力，择业中的问题

社会竞争激烈且残酷无情，使得就业成为大学生人生的重要转折点，也是目前大学生最关心的问题。面对择业，大学生的心理是复杂而多变的，有些毕业生由于学习成绩不理想、年龄较大、家庭负担重，在择业中表现出急于求成、悲观失望，随波逐流；或者有些毕业生鉴于个人条件好、自我评价高，便表现出盲目攀高、不切实际等。大学生求职择业过程中产生的种种矛盾心态、迷茫和困惑干扰了他们正确的就业心态。什么工作才是适合自己的工作，什么样的工作单位才是适合自己发展的单位，这些都是摆在大学生面前的现实问题。

7. 家庭经济困难导致的心理问题

大学生中有这么一个特殊群体，他们因为窘迫的家庭环境，而陷入常人难以忍受的生存状态。他们是否能成长为人格健全、成绩优秀的人才，非常需要社会以及周围善良的人们给予更多的关注。据某些高校对这方面的调查研究显示，不少大学生因为经济的困难会产生诸多不利于其发展的心理特征，如自卑、敏感、抑郁、多疑、焦虑、孤僻等。这些心理问题如不及时解决，一系列心理疾病将会接踵而来。

8. 人格障碍与人格缺陷

据统计，有近10%的大学生存在人格缺陷与人格障碍，其中人格缺陷更为多见。人格障碍是指明显偏离正常人格，并与他人和社会相悖的一种持久、牢固的适应不良的情绪和行为反应方式。人格障碍一般始于儿童或青少年，持续到成年或终生。这些不良方面会严重影响学习、人际关系及自我的进一步完善。人格缺陷是介于正常人与人格障碍之间的一种人格状态，也可以说是一种人格发展的不良倾向，常见的有自卑、抑郁、怯懦、孤僻、敏感、多疑、焦虑、对人敌视及暴躁冲动等。这些不健康的心理因素会给他们的发展带来很大的障碍，应得到及时、更多的帮助，否则很有可能发展成为人格障碍。

9. 不珍惜生命的问题

近年来出现的大学生不珍惜生命的个案也有增加趋势。整个社会的环境使竞争压力不断升级、生活节奏加快、用于交流沟通的时间大大缩短、人与人之间隔阂加大。另外，文化的转型、价值观念的变迁、社会失业现象的增加，使得大学生在伦理道德、价值观念、行为方式、人际交往、就业等领域内的冲突和压力也增大了。这势必会使更多的青年大学生在“精神免疫力”“心理抵抗力”及“社会适应力”等方面受到更加严酷的考验，出现自杀不珍惜生命等严重的心理危机也就在所难免。

除了这些一般性的心理问题和心理困惑外，由于大学生心理发展尚未完全成熟，自我调节和自我控制能力不强，有些心理矛盾和心理困惑长期积累在内心世界，使其产生不适应感、焦虑感和压抑感，如果长期积累而得不到缓解，就会产生心理疾病。

四、影响大学生心理健康的主要因素

心理科学研究表明，影响心理健康的因素是十分复杂的，它是生理、心理、社会诸因素共同作用于个体的结果。青年学生的心理障碍与心理疾病的产生是所处的特殊年龄阶段与特殊生活环境以及社会诸因素相互作用的结果。

1. 影响心理健康的个人因素

大学生正处于青年中期。青年期是人的一生中心理发展变化最激烈的时期，面临着一系列生理、心理、社会方面的适应课题。处在这一特定发展阶段的大学生们，由于心理发展的不成熟、情绪不稳定，心理冲突、矛盾时有发生，极易导致适应不良、出现心理障碍。具体而言，影响大学生心理健康的个体因素有：①自我同一性的危机。在大学阶段青年学生不断地反省自我、探索自我、思考人生，确定自我形象，经历着种种内心矛盾和迷惘，情感起伏大，容易诱发心理障碍。②个性的缺陷。性格过于内向的人、心胸狭窄过于斤斤计较的人、孤僻封闭的人、自卑忧郁的人、急躁冲动的人、固执多疑的人、爱慕虚荣的人、娇生惯养而感情脆弱的人，都比个性开朗大度、乐观的人更易产生心理疾病。③心理素质的不完备。自制能力差，对挫折缺乏应有的承受能力，惧怕失败。一遇到矛盾就自责自怨或者一味埋怨社会和他人，灰心失望、精神不振，由此造成恶性循环而陷入消极的心理状态。久而久之，就形成了心理疾病。④情绪发展的不稳定性。大学生的情绪处在最丰富、动荡和最复杂的时期，情绪起伏过大、左右不定，而缺乏对事物的客观判断。强烈的情感需求与内心的闭锁、情绪激荡而缺乏冷静的思考极易走向极端，常常体验着人生各种苦恼，由此产生内心的矛盾、冲突而诱发各种心理障碍。⑤性的生物性与社会性的冲突。由于性机能的发展产生了性的欲望与冲动，但由于社会道德习俗、法律和理智的约束，这种欲望常被限制和压抑。大多数学生通过学习、娱乐、社交等途径使生理能量得到正当释放、升华或补偿。但有一部分学生不能正确处理调节、存在性压抑，而出现焦虑不安感，甚至以某种变态的形式表现出来。

2. 影响心理健康的学校因素

学生主要的任务是学习，有限的时间内要完成繁重的学习任务，心理压力是很大的。同时，他们对所生活的环境即校园的条件感到不理想，也会影响他们的心理健康。具体表现在：①学习负担过重。对学生学习时间的调查发现，有相当多的学生每天学习时间多达 10 小时以上，自我期望过高，家长、外界压力过大，引起睡眠时间严重不足。学习是一项艰苦的脑力劳动，长期学习负担过重使大脑过度疲劳，脑皮层活动机能减弱，注意力、记忆力、思维力、想象力受到限制而影响学习效率。久而久之，就会使一些人产生心理障碍。②专业选择不当。学生高考后选择专业时具有一定的盲目性。由于对大学专业设置不太了解，所以每年都有一些学生认为所学专业不符合个人的兴趣和爱好，对之不满意，从而产生调换专业的要求。一旦调换不了，可能会表现出对学习无兴趣、情绪低落、消极悲观，长此下去会使心理矛盾强化，导致神经衰弱等心理疾病。其实专业兴趣是可以培养的，即使现在所学专业确实不能发挥自己的长处，今后还会有多次选择的机会。③对大学生活不适应。从中学到大学，环境改变很大，无论是学习方面还是生活方面，乃至人际关系，都需要重新适应。从心理适应讲，中学的学习尖子周围充满着赞扬声，优越感强，但到大学尖子荟萃，自己原有的优势不明显，学习上遇到一点挫折就会产生消极的自我评价，而使情绪低落。④业余生活比较单调。大多数学生的生活仍然可以用“三点一线”来概括，生活比较单调，缺乏足够的娱乐。而青年人处在长知识、长身体的阶段，好奇心强、精力充沛，对业余生活的多样化要求迫切，但常常不能得到满足，由此而缺乏乐趣，感到生活枯燥无味。

3. 影响心理健康的社会因素

美国精神分析学家哈内认为，许多心理变态是由于对环境的不良适应而引起的。随着市场经济体制的确立、竞争机制的导入，人们的生活方式、价值观念发生了重大变化。人们的心理活动较之

以前更复杂，大量的新的社会刺激对人们的心理健康的威胁越来越大，从而导致心理障碍发生率逐年升高。具体而言包括以下几点：①社会文化背景。当代大学生处在东西文化交叉、多种价值观冲突的时代，随着改革开放的深化，西方文化大量涌入，东西文化发生着从未有过的碰撞与冲突。面对不同于以往的文化背景和多种价值选择，学生常常感到茫然、疑虑、混乱，陷入空虚、压抑、紧张的状态，长时间的心理失调必然带来心理上的冲突，出现适应不良的种种反应。②大众传播与网络的影响。随着大众传播手段越来越丰富以及互联网使用的普及，铺天盖地的信息对大学生心理健康影响越来越大。大学生一般求知欲强但辨别力弱，崇尚科学但欠辩证思维，易沉溺于网络而难以自拔。③家庭环境的影响。家庭人际关系、父母教育方式、父母人格特征等对子女心理健康影响很大。由于当代大学生独生子女多，家庭过度保护和过度严厉者居多。前者导致依赖、被动、胆怯、任性和缺乏社会性等心理倾向；后者导致冷漠、盲从、不亲切、不灵活和缺乏自尊自信的心理倾向。如果父母的保护发展为溺爱，则子女会利己、骄横和情绪不稳；如果父母的严厉发展到专制，则子女会消极、懦弱和不知所措；如果父母意见经常出现分歧而互相拆台，则子女会表现出圆滑、讨好、投机、说谎的不良行为。因此，在大学生的各种典型心理问题和心理疾病中基本都能找到家庭影响的痕迹。

第三节　改善大学生心理健康的途径与方法

大学生的心理健康问题不仅关系到大学生个人的生活、学习、工作和身心健康成长，也关系到中华民族素质的提高，关系到社会的发展与未来。作为为社会培养身心健康、全面发展的专业人才的高等学校，采取积极措施，对大学生进行心理健康方面的指导与帮助，是优化大学生心理素质，改善大学生心理健康的重要途径。

一、全面开展心理健康知识教育

改善大学生心理健康的知识教育主要有如下几项内容：

（1）智力发展的教育。让学生了解智力发展的规律、分布特点及自身智力发展的水平与特点，通过培养学生的观察力、记忆力、想象力、思维力等，挖掘并开发学生的智力潜能，培养多种能力，掌握有效的、科学的学习方法，养成良好的学习习惯，提高学习效率。

（2）非智力因素的培养。非智力因素是指动机、兴趣、情绪、意志等心理因素。培养非智力因素主要在于激发学生的成才动机，培养学习兴趣，锻炼意志品质，形成健康的情绪。重点在于使学生了解人的情绪成熟标准及情绪变化特点，掌握调节情绪的方法，保持乐观的情绪和良好的心境。

（3）环境适应教育。让学生了解社会变化发展的特点及趋势，通过社会实践、模拟训练等方法，让学生正视现实，改变不切实际的幻想，脚踏实地，提高心理承受能力，以充分的心理准备和较强的适应能力去迎接急剧变化的时代。

（4）人际关系和谐教育。让学生了解人际交往及人际关系的基本知识与技能，学习与他人交往并保持良好的人际关系，悦纳他人，尊重他人，学会合作，和睦共处。处理好与同学、异性、家长、教师各方面的关系。

（5）人格健康教育。让学生了解健康人格的理论与特征，了解自己心理活动的规律和个性特点，客观分析自己，扬长避短，培养开朗、活泼、富有同情心、正义感和责任感强的良好性格，克服自卑感，避免心理变态及人格异常。大学生要积极参加学校主办的心理健康知识讲座，通过报纸、板报、广播、电视、网络等途径获得心理健康知识。选修有关心理健康教育的课程，正确认识心理健康和心理问题，掌握心理问题的鉴别方法和常用的心理调适方法。

大学生还应积极参加校内外各种心理健康方面的社团及实践活动，如心理健康主题班会、心理剧表演、心理知识竞赛、心理健康教育活动周等，丰富生活体验，增加社会阅历，以此提高自己的心理自助及助人能力。

二、建立合理的生活秩序

大学生要勤用脑和合理用脑。理学研究表明，勤用脑和合理用脑不但不会用坏脑子，反而会越用越灵。但用脑也须合理，如连续学习时间不宜过长；不要因持续用脑而经常引起大脑的疲劳；不同的学习内容宜合理安排，不要使大脑某一部分的细胞负担过重，比如在经过一番计算、分析、记忆等学习活动后，可安排听听音乐、欣赏图画，开展一些想象活动，或学习某些动作技能等，使大脑有关部位的活动得到适当的调节。大学生可根据个人大脑活动的节律，建立合理的生活秩序，做到学习负担适量，生活节奏合理，注意保护大脑。同时，大学生一定要养成良好的生活习惯，做到不吸烟、不酗酒、不赌博，也不要长时间沉溺于游戏机房，更不能对网络游戏成瘾。要严格遵守学校的作息制度，积极参加文体活动，加强体育锻炼。

三、保持健康的情绪

不良的情绪容易使人产生不健康的心理状态，而积极愉快的情绪正是心理健康的重要特征之一。一方面，培养乐观主义，保持良好情绪状态，对健康生活十分重要。海伦·凯勒是个先天不足的人，她又聋又盲，然而她凭着非凡的乐观精神，最终成为美国著名的教育家。积极乐观的精神能促使人保持良好的情绪状态，从而轻松、从容应对生活。另一方面，要学会合理宣泄。找到充分表达自己情绪的方法，既不要压抑自己，也不要放纵自己。每个大学生都应意识到，任何一种情绪都是由一定原因引起的，正视这种原因，接受这种情绪，并让它适当地表达出来，才会有益于健康。合理宣泄的方法有很多，如找人倾诉，找一个亲近或理解的人，把心里的怨气全部倒出来，心情立即就会轻松许多。或者以创作发泄，这是发泄的最高境界。对于消极情绪，要学会自我疏导，自我排遣，以便使积于内心的不良的压抑的情绪得到释放，或者通过从理智上消除或转移注意等方法予以控制与调节。大学生还要学会自娱自乐。大学生在大学阶段，都有必要依据自己的性格特点和条件，培养和发展一些兴趣和业余爱好，积极参与丰富多彩的活动，陶冶高尚的情操，丰富精神生活，培养自己开阔的胸怀。在寂寞孤独、烦闷忧郁时，通过自我娱乐来缓解心境压抑，这对保持乐观的情绪，维护心理健康是极有好处的。

四、建立良好的人际关系

培养优秀的个性品质是建立良好人际关系的前提和基础。不同性格类型的人其优点和缺点各有其特征，比如性格外向的人喜欢交往，爱活动，也比较乐观，但同时也容易激动，有时表现为暴躁。而性格内向的人安静、谨慎、细致，但容易产生悲观情绪。所以大学生应该了解自己的性格特征，发展乐观、热情、诚实、宽容等良好的性格特征，努力克服和改造不良的性格特征。良好的人际关系是大学生心理健康的标准之一。个体在交往的过程中，一定要坚持诚实、宽容和谅解的原则，树立良好的自我形象，形成融洽的人际关系，学会去爱。建立良好而真诚的人际关系，是非常重要的心理保健途径，健康的心理需要丰富的营养，而最重要的营养就是爱。

五、树立符合现实实际的奋斗目标

大学生应根据自己的实际情况设定奋斗目标，选择竞争的领域。这样，一方面有利于充分发挥自己的优势，获得成功；另一方面也有助于身心健康发展。有目标才会成功，它是你努力的依据；目标会使人生充实而有意义，因为目标能赋予人行为的价值感和成就感；目标会引导大学生做出正确明智的决断，一个目标清晰的人，总是能够迅速地做出决断，他知道需要什么，舍弃什么，先获

得什么，后获得什么，这是一种生活的智慧；目标明确的人总是把时间投放在与目标有关的事情上；有目标才会发现机会，目标引导你走向成功。

大学生要摆脱心理上的困惑，首先要为自己树立一个远大的目标，大胆地设置目标，可使你的潜能不断发挥。目标既要符合个人的实际，同时也要从国家和社会的利益出发，把奋斗目标确定在自己能力所及的范围以内，使自己通过艰苦努力，能最终实现目标，从而获得成功的体验。这对于维持心理健康是极为重要的。其次，把长期目标、短期目标结合起来。长期目标给你方向和美好的前景，它能激励你不断立志。短期目标能让你不断获得阶段性的成就感和成功感，能不断强化你获取成功的信心和决心，让你始终沉浸在奋斗的充实和成功的喜悦中。

六、积极寻求心理咨询与心理治疗

当你在生活中遇到苦闷和困扰，挫折与打击，感到压抑、焦虑、绝望，又不想或不便向同学和亲人诉说时，心理咨询与心理治疗是保持和维护心理健康、预防和矫治心理异常的重要途径。特别是当心理压力过大，心理冲突激烈，自我调节无法奏效时，接受心理咨询和心理治疗是最好的选择。

（1）心理咨询与心理治疗。心理咨询是心理咨询师运用心理学的知识、理论和技术，通过与求询者的交谈、协商、指导过程，帮助求询者解决心理问题，增进身心健康，提高适应能力，促进个性发展与潜能发挥，最终达到自助目的的工作。心理咨询可以使人们从一个不同的角度去看待自己和社会，用新的方式去体验和表达他们的思想情感，并产生出全新的思维方式。对于那些心理行为属于正常范围的人，咨询所提供的新经验可以使他们排除成长道路上的障碍，更好地发挥个人的才干；对于那些有心理障碍的人，咨询可以帮助他们改变不适应社会的思维和行为方式，学会适应新的环境的方式。大学生心理咨询常见的服务形式有个别面询、电话咨询、网络咨询和团体咨询。心理治疗是指在良好的治疗关系基础上，由经过专业训练的治疗者，根据患者特殊的心理病理，运用心理治疗的有关理论与技术，通过持续的人际互动，对患者进行治疗的过程。心理治疗的目的是改善病人的不良心态与适应方式，解除其症状与痛苦，促进人格完善，增进身心健康。心理治疗的对象主要是有较重心理障碍的人，如人格障碍、神经症性心理问题、精神病患者。

（2）心理咨询与心理治疗的作用。首先，心理咨询与治疗可以帮助大学生从不同的角度看待自己和社会，用新的方式去体验和表达他们的思想情感，并产生出全新的思维方式。对于心理行为属于正常范围的大学生，咨询所提供的新经验可以使他们排除成长道路上的障碍，更好地发挥个人的才干；对于那些有心理障碍的大学生，心理治疗可以帮助他们改变不适应社会的思维和行为方式，学会新的适应环境的方式。其次，心理咨询的实践表明，高校心理咨询对于加强高校德育工作具有积极影响。心理咨询与治疗中的科学内容、方法和技术也为德育工作提供了一种新视觉、新方法。

七、建立三级心理健康保健网

（一）大学生心理健康的三级功能

现代的心理卫生学本质上是为了促进人的身心健康和发展，提高人的适应能力和生活质量，因为传统的“防治心理疾病”的观念已经转变为现代的“增进心理健康和发展”的观念。

（1）心理健康的初级功能：防治心理疾病。当代大学生正处在变革的社会背景之下，又恰逢不稳定的年龄阶段，因而构成了矛盾的心理现实。当大学生面临的冲突过大，持续时间过长，又得不到外界帮助时，就可能引发一系列生理和心理的反应，严重的会导致各种心理疾病，甚至引起自杀或他伤。初级功能指及时发现大学生的心理问题，并采取相应干预措施，给予矫正和治疗。

（2）心理健康的中级功能：完善心理调节。当代大学生在学习、交友、恋爱、择业等一系列生活事件中常会遇到挫折，由此而产生心理困扰。由于大学生心理发展尚未成熟，自我调节能力尚不完善，挫折引发的情绪波动常常十分强烈，从而影响大学生的正常生活和健康成长。中级功能就是

指导大学生深化对自己、他人和社会的了解，掌握自我调节的方法，提高挫折承受力，增进社会适应。

（3）心理健康的高级功能：发展、健全个体和社会。当代大学生由于自身存在的某些弱点和局限，常常会影响其适应与发展，阻碍其潜力的发挥。高级功能就是帮助大学生认清自己的潜力，保持良好的心境和健康的生活方式，全面而充分地发展自己，使自己拥有成功的人生。

（二）心理保健的三级网络

大学生心理健康工作必须有一定的制度和组织保证，必须形成全校师生人人关心心理健康的共识。近年来，许多高校积极努力，逐步建立了三级心理保健网。

（1）班级保健网。由心理健康教育工作者在学生中通过各种途径普及心理卫生知识，培训一批心理卫生骨干，如宿舍心理联络员、班级心理委员、心理健康社团骨干。他们生活在学生中，宣传心理健康，及时发现学生中出现的心理问题，并介绍、引导有困扰的学生去寻求专业帮助。

（2）系级保健网。对院、系与学生关系密切的人员，如辅导员、班主任、学生会的工作人员等，进行心理健康专题培训，使他们初步了解大学生心理健康的状况，学会区分思想问题与心理问题，并具有解决一般心理问题的能力，使学生能够得到及时的帮助。如果遇到难题，应转接到专业机构。

（3）校级保健网。以学校心理健康教育机构为主，如学生心理咨询中心、学生事务处等，培训专业人员，以帮助那些有比较严重的心理困扰的学生，并通过心理健康普查，了解学生心理健康状况，有针对性地、有计划地提出切实可行的心理健康教育措施。

思考题

1. 简述大学生心理健康的标准。
2. 影响大学生心理健康的因素有哪些？
3. 大学生如何维护好心理健康？

第十七章　大学生自我意识

早在古希腊时期，“认识你自己”这句刻在神庙上的名言就激励着人们不断探索自我、实践自我、超越自我。德国著名作家约翰·保罗说：“一个人真正伟大之处，就在于他能够认识自己。”但“人贵有自知之明”又说明一个人认识自己并非易事，认识自己的过程艰难而曲折。只有充分地了解自己，才能正确规划，有目的地实践，取得成功。大学阶段是自我意识发展的关键期，在自我日趋成熟和完善的时候，增强自我意识显得尤为重要。此外，能保持正确的自我意识，接纳自我，是大学生心理健康的标准之一。自我意识教育具有促进健全人格发展、保持心理健康的多重意义。

第一节　自我意识的概述

一、什么是自我意识

（一）自我意识的定义

自我意识是人对自己以及自己与周围环境关系的认识，也是人认识自己和对待自己的统一。它是意识的最高级形式，一般认为它是以人为特定对象的意识，即自我意识是人对自身的内外部活动、特性、状态以及人我关系（社会关系）和物我关系（客观情境关系）的自觉意识。它不是单一的心理品质，而是知、情、意三方面的融合体。比如说，你有什么性格特征？你的兴趣爱好是什么？你有什么优点和缺点？你和你身边的人相处融洽吗？你喜欢你的专业吗？你对现在的自己有什么不满意的地方？你的梦想是什么？这些都属于自我意识的范畴。

（二）自我意识的结构

自我意识是一个结构复杂的心理活动系统，我们可以从多方面进行理解和把握。一是从内容上来看，自我意识包括生理自我、社会自我、心理自我。生理自我是对自身生理状态的认识和评价，如对体重、身高、身材、容貌等体像和性别方面的认识，对身体的痛苦、饥饿、疲倦等感觉。社会自我是对自己与周围关系的认识和评价，如自己在朋友、同学、家庭、社会中所处的地位，自己与他人的关系。心理自我是对自身心理状态的认识和评价，如能力、知识、情绪、气质、性格、理想、信念、兴趣、爱好等。因此说，自我意识就是个体对自己的身心状况和对自身与别人以及与周围世界关系的认识。二是从形式上来看，自我意识包括三种成分：①自我认识，个体对自己的心理特点、人格特征、能力以及自身社会价值的自我了解与评价。②自我体验，个体对自己的情感体验，如自尊、自爱、自豪、自卑及自暴自弃等。③自我监控，属于对自我的意志控制，如自我检查、自我监督、自我调节、自我追求等。三者之间的和谐程度以及与客观现实的吻合程度，决定了个体自我意识的健康状况。三是从自我观念上来看，自我意识包括现实自我、投射自我、理想自我。现实自我是指个体对自己当前总体实际状况的基本看法，是一种客观存在。投射自我是指个体想象自己在他人心目中的形象，是一种主观映像。现实自我与投射自我一致，个体就会产生加快自我发展的倾向。反之，个体就会感到别人不理解自己，或试图改变现实自我。理想自我是指个体想

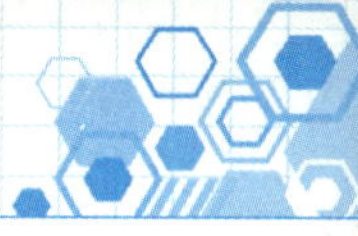

要达到的比较完美的形象，也是一种主观映像。理想自我建立在现实自我的基础上，如符合社会期望，自我意识就会获得快速发展，如果二者有矛盾，就会引起个体内心混乱，甚至产生严重的心理问题，如表 17-1 所示。

总之，自我意识的形成受到个人的成长经历、生活环境、自我态度、他人评价等诸多因素的影响。并且自我的结构并不是一成不变的，而是随着个体的经验和心理发展而不断地发生变化的。

表 17-1　自我意识的内容和结构

	自我认识（知）	自我体验（情）	自我控制（意）
生理自我	对自己体重、身高、身材、容貌、身体的痛苦、饥饿、疲倦等的认识	对自己的情绪体验，如喜怒哀乐爱恶惧	对生理需求、安全需求的追求
社会自我	对自己的身份、地位、责任、义务、角色等的认识	对自己作为社会个体的情感体验，如优越感、责任感、义务感、成就感等	对社会需求、尊重需求的追求
心理自我	对自己的能力、智力、知识、情绪、气质、性格、理想、信念、兴趣、爱好等的认识	对自己的情感体验，如自尊、自信、自豪、自爱、自卑、自傲、自贱等	对自我实现需求的追求

二、自我意识与心理健康的关系

（1）自我意识是心理健康的重要标志。东西方的心理学家在界定心理健康标准时，都不约而同地将良好的自我认知作为心理健康的重要指标。只有客观、准确地认识和了解自我，并对自己的经验持一种接受和开放的态度，才有可能充分发掘自己的潜能以助成才。反之，则会影响到身心健康和个人发展。对大学生而言，能否保持正确的自我意识，能否有效地接纳自我，也是评价其心理健康水平的重要标准。

（2）自我意识影响心理健康。自我意识会影响一个人如何去认知周围的世界，进而影响一个人的行为。在相同环境中，人可能产生不同的行为；在相同的学习条件下，不同的人会有不同的效果。这都与自我意识有密切的联系。健康的、成熟的自我意识会给个人带来快乐和积极的社会效果，而不健康、不成熟的自我意识则会给个人带来痛苦与不幸，也会产生消极的社会效果。

有积极自我意识的人知道自己的优缺点是什么，并且会尽量扬长避短。他们爱自己也爱别人，所以很快乐、很自信。自我意识消极的人则看不到自己的优点，总是看到自己不如意的地方，或者总是觉得别人比自己好，所以经常很自卑或者经常嫉妒别人。他们不爱自己也不爱别人，每天都不高兴，容易诱发忧郁、强迫、人际关系敏感、精神病等不健康的心理。自我意识混乱的人既会为了别人的一句赞美而高兴异常，觉得自己无所不能；但又会为了别人的一句批评而垂头丧气，觉得自己没有价值。

总之，良好的自我意识对大学生的成长发展有重要的意义，它是一个人走向成功的标志，是建立自信的基础，是建立良好的情绪状态的重要因素，是建立良好人际关系的出发点，也是适应社会生活的重要保证。

第二节　大学生自我意识的发展和问题

一、大学生自我意识发展的特点和因素

自我意识包括自我认识、自我体验、自我控制三个因素。大学生的自我意识的组成因素的发展情况表现在三个方面。

（一）自我认识的主动性和自我评价的客观性

自我认识主要涉及“我是一个什么样的人”等问题，包括自我感觉、自我观念、自我分析、自我批评等。进入高校的大学生，刚刚摆脱了中学时期沉重的学习压力，便开始围绕个人发展、个人与社会的关系积极主动地探索着自我。为了认识自我、发展自我，大学生主动而自觉地把自己与周围的同学、老师、英雄人物进行比较，并把他们作为自己学习的榜样，力图将社会的期望内化为自我的品质。自我评价也是一个认识过程，大学生通过对自己进行分析评价，客观地认识现实的我，找到自我的优势，发现自我的不足，然后扬长避短，修正自我，使现实的我趋向于理想的我。并且大学生的自我评价与他人对大学生的评价结果基本一致。可见，大学生的自我评价比较符合自己的实际情况，自我评价的客观性有了明显的发展。

（二）自我体验的敏感性和丰富性

自我体验属于情绪范畴，它以情绪体验的形式表现出人对自己的态度，主要涉及“我是否接受自己”“我是否满意自己”等问题，包括自尊、自爱、自卑、自弃、自恃、自傲、责任感、义务感、优越感等。大学生对涉及我和与我有关系的事物都非常敏感，并且这种敏感的情绪体验的内容相当丰富，其中有肯定的，也有否定的；有积极的，也有消极的；有紧张的，也有松弛的；等等。这些丰富多彩的情绪体验，绝大多数都是积极的、健康的。我们也应该看到，大学生的自我体验仍有一定程度的波动性。例如，取得成绩时，容易产生积极的情绪体验，甚至高傲自大，目空一切；而遇到困难时，则容易产生消极的情绪体验，甚至悲观失望、自暴自弃。大学生自我体验的波动性是正常的现象，关键是应该使大学生正确对待这一特点，胜不骄，败不馁，在困难和挫折面前丰富自我，塑造自我。

（三）自我控制的自觉性和独立性

自我控制主要表现为人的意志行为，它监督、调节自己的行为，调节、控制自己对自己的态度和对他人的态度，表现为自主、自立、自强、自制、自律、自卫等。自我控制的自觉性主要反映在大学生具有强烈的自我设计的愿望。他们不仅思考“我是一个什么样的人”，而且还涉及“我如何改变自己”等问题。大学生的自我设计表现出很大的独立性，他们强烈地期望摆脱幼稚性和对成人的依赖，希望通过自己的言论、行动，运用自己的双手和智慧，去实现自我的设计，向成人显示他们已经长大，而不再是孩子。强烈的独立愿望使大学生的行为带有明显的反抗性，即有意识地做那些成人或社会所不期望他们做的事情。面对大学生的反抗倾向，教育者应客观分析，正确对待。分清哪些是由于其生理和心理的发展、独立性的发展，未得到应有的理解、信任、承认和尊重所引起的；哪些是由于他们独立思维能力的发展和正义感、责任感的增强，从而对社会上的不正之风和腐败现象有意见引起的；哪些是由于他们认识水平不高和心理发展不成熟的过激言论或行为引起的。根据具体情况，或表扬、鼓励，发展其独立性；或动之以情，增强正义感；或导之以行，加强行为训练。总之，只有正确地分析，科学地引导，才能全面提高大学生的自我调节能力。影响自我意识

发展的维度如图 17-1 所示。

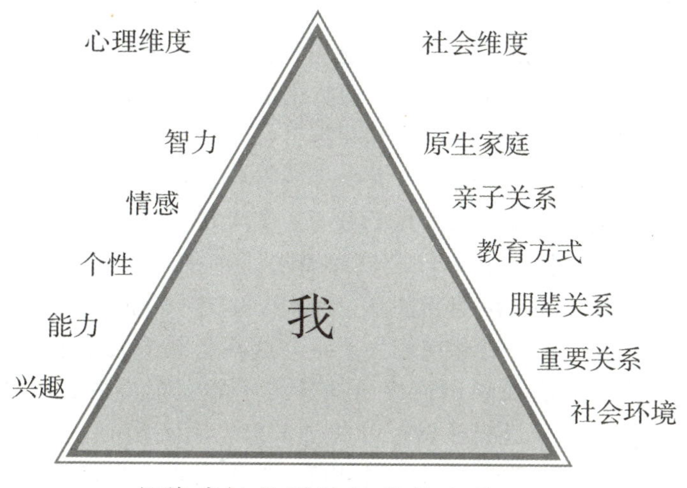

图 17-1 影响自我意识发展的维度

二、大学生自我意识发展的类型

大学生自我意识的发展不是一次完成的，随着自我意识的一次又一次的分化和统一，代表着自我意识在质上的一次飞跃，大学生的“现实我”和“理想我”也得到了一次又一次的调整、充实和发展。归纳起来，大学生在自我意识的统一过程中有三种类型。

（一）自我肯定型

这类学生的自我意识统一是积极的。其特点是理想我的确立比较客观，既符合社会需求，又符合自己的实际。对现实我的观察比较清晰、客观、全面和深刻，在通往理想我的道路上，不断地分析理想我的正确性、可能性，去掉理想我的不切实际的成分，增强实现理想我的信心和决心。在积极的统一过程中，现实我逐渐趋向于理想我。这种类型的自我意识，完整而强有力，既能适应社会发展的要求，又有助于自身的成长。

（二）自我否定型

这类学生的自我意识统一是消极的。其特点是对现实我的评价过低，所确立的理想我与现实我的距离太大，或者距离虽然不大，但缺乏自我驾驭的能力。这种学生缺乏自信，看不到现实我的价值，无法接纳自己。他们不是通过积极地改变现实自我去实现理想自我，而是在一定程度上放弃理想我，但对现实我又不满意，进而否定现实我，拒绝接纳自我，最后导致了自卑心理。

（三）自我矛盾型

这类学生的自我意识难以统一。其特点是缺乏“我是我”的综合感觉，而产生“我非我”“我不知道我”的分离倾向。这种学生，自我矛盾强度大，延续时间长，自我意识的三种因素缺乏稳定性和确定性。

大学生自我意识发展除了上述三种一般的类型，还存在下面两种特殊的类型：一是以过分高估现实我，以至于形成了以虚妄我为特征的自我扩张型；二是以极度缺乏理想我，常常否定现实我，自卑心理非常严重为特征的自我萎缩型。

三、大学生自我意识的矛盾

由于心理尚未成熟，自我意识是由“矛盾—统一—新矛盾—新统一”不断转化发展的。大学阶段是人生的青年中期，是理想自我与现实自我矛盾突出的时期，也是使其趋向统一和转化的关键时期。一般来说，一年级大学生具有一定的依赖性和盲目性，二、三年级的大学生理想成分较多，三年级以后的学生就显得沉着稳定了。这表明，大学生的自我意识正处在矛盾、统一、转化并日趋稳定的阶段。自我意识的矛盾主要表现在以下几个方面：①主观我与客观我的矛盾。由于大学生活的范围比较窄，交往多限于老师、同学、父母，相对简单、直接，因此大学生对自我的认识参照点少，局限性较大。又加之社会对大学生期望甚高，使大学生自我认识也沾染上了光环色彩，而现实生活的自己却很平凡，和想象中的自己存在较大差距，这种差距给大学生带来苦恼和不满。②理想我和现实我的矛盾。这是大学生自我意识最突出、最集中的表现，主要源于理想我与现实我的差距。大学生富于理想、抱负高、成就欲望强，对自己未来充满了信心。然而，他们较少接触社会，还不能很好地把理想和现实有机地结合起来，而且自己的现实条件与自己的理想相差甚远，这给他们带来很大的苦恼和冲突，也正是因为这种冲突和差距，激发了大学生奋发进取的积极性。但是，如果理想我和现实我迟迟不能趋近、统一，则会引起自我的分裂，导致一系列心理卫生问题。③独立意向与依附心理的冲突。进入大学后，大学生的独立意向迅速发展，他们希望能在经济、生活、学习、思想各方面独立，希望摆脱成人的管束。但他们在心理上又依赖成人，无法真正做到人格上的独立。这种独立和依赖的矛盾也一直是大学生苦恼的问题。④交往需要和自我闭锁的冲突。大学生迫切需要友谊、渴望理解、寻求归属和爱。他们有强烈的交往需要，希望和朋友探讨人生，分享苦与乐。然而，大学生同时又存在着自我闭锁的趋向，他们把自己的心灵深藏起来，与人交往常存戒备心理，总是有意无意地保持一定距离。正是这种矛盾冲突，使不少大学生常处于孤独的煎熬中。⑤自尊心与自卑感之间的矛盾。大学生常有浓厚的优越感和很强的自尊心，对自己的能力、才华和未来充满信心。然而在进大学后，许多大学生发现“人外有人，天外有天”，尤其是当学习、社交、文体等方面显露出自己的某些不足时，有些大学生就会怀疑自己、否定自己，产生自卑心理，在他们的内心深处，自尊心和自卑感常常处于矛盾状态。此外，还有一些自我意识的矛盾冲突，如个人我与社会我、个人我与理想我、自我上进和自我消沉等矛盾冲突都是大学生心理发展过程中的正常现象，是大学生自我意识迅速走向成熟而又未完全真正成熟的集中表现。自我意识的矛盾使大学生在心理和行为上出现某些不适应，或感到苦恼焦虑、痛苦不安，也可能影响其心理发展和心理健康，但这都是迈向成熟的必需的一步。

四、大学生自我意识的常见问题

自我意识在现实的发展过程中由于受各种主、客观因素的影响，经常会出现一些偏差，即偏离大多数正常人所具有的心理行为，或称一般心理问题。自我意识的偏差主要在于自我认识失当、自我体验消极和自我调控乏力。大学生自我意识的常见偏差主要表现为自我中心、自卑、懒散和苛求完美。

1. 自我中心

在人的自我意识发展过程中，处于生理的自我意识阶段就出现了自我中心。新生儿一切以生理自我为中心，为的是获得生理需要的满足。以我为中心的心理倾向在人一生中都会客观存在。大学生自我意识发展进入心理自我发展高级阶段，若仍然停留在自我中心的水平上，已经是心理问题。自我意识在前期发展中，一般家庭娇生惯养的孩子容易形成自我中心。到了大学，若接受如“人不为己，天诛地灭”等不健康的思想观念，就会强化自我中心，变成过分注重和强调自己，忽视他人及与他人关系，只顾自己不顾别人的自我意识缺陷。有的甚至颐指气使、盛气凌人，总认为自己是对的，别人是错的，把自己的意志强加给别人。这容易造成人际关系障碍，危害心理健康。自我中

心调适的方法，包括树立正确的人生观，摆正自己的位置，实事求是，恰如其分地评估自己，尊重他人的感受，关心他人。

2. 自卑

自卑是对自己很不满意、否定的情感，往往是自尊心屡屡受挫的结果。极少数大学生有严重的自卑心理。究其产生的原因，除与他们的生理、知识能力、家庭经济、以往的挫折经历等客观因素有关外，更主要的是由于自己不能正确进行自我评价，对自己评价过低，不能接受自我。自卑感严重的大学生，一般有以下心理缺陷：缺乏稳定的自我形象，喜欢封闭自己，伪装自己；特别敏感，特别容易受挫折；倾向于超脱现实而陷入幻想世界，缺乏社会活动的积极性，有严重的孤独感；缺乏竞争意识，回避那些必须领导他人或服从别人领导以及竞争性强的工作等。自卑容易与抑郁气质结合，恶化下去便容易造成抑郁症，酿成轻生危机，危害大。对于自卑心理问题，调适的关键是要引导学生自己“填补”上述心理缺陷。消除自卑心理对预防抑郁症有事半功倍的效果。

3. 懒散

懒散是懒惰与散漫的结合，是一种自我调控乏力的心理问题，也是一种不良习惯，其对大学生危害不少，主要会荒废学业，严重者会造成人格障碍。大一新生开始都明显地追求上进，有理想抱负。由于处于适应阶段，困难、挫折在所难免，在困难面前，有的怕苦怕累，情绪开始波动、消极，认为自己过去寒窗苦读十余载，如今考上大学，总算可轻松下来了，再不愿意埋头苦读。“60分万岁，多1分浪费”，甚至面临数门功课不及格仍然无动于衷。懒惰、散漫集中表现为经常逃课、不完成作业、睡懒觉、贪玩、上网成瘾、连续旷课等不良行为。调适的方法是学校教育管理要到位，多关心帮助，经常督促。同时，学生自己要认清懒散的危害，确立合适的理想自我，定期改正不良行为。

4. 苛求完美

追求完美本无可厚非，而且追求完美的大学生往往是一些帅男靓女。但在追求完美时，有的人对自己持过高的要求，期望自己完美无缺，却不顾自己的实际状况。他们不能原谅自己不完美的表现，对自己不完美之处带来的不良影响或危害过分夸大，自怨自艾，从而严重影响自己的自信和自尊，甚至出现强迫症状，这便是苛求完美。调适的方法是调整自我观念，“人无完人”，确立合适的理想自我，接纳自己的缺陷，适度追求完美。

第三节　大学生完善自我的途径和方法

自我意识在大学生人格形成和人格结构中占有极重要的地位。人的认知、情感、意志都受到自我意识的影响，因此健全的自我意识是人全面发展的重要途径。健康的自我意识包括自我了解、自我肯定、自我接纳、自我统合、自我发展。我们可以从以下十个方面来理解：①接受自己的生理状况，不自怨自艾；②对自己的心理素质有较清晰的认识，知道自己的长处和短处；③对自己所处的环境有较清晰的认识，包括家庭、工作和学校环境；④对自己经历有正确的评价、对未来自我发展有较明确的目标；⑤对自己的需求有清楚的认识，知道生活中什么是应该珍惜的，什么是应该抛弃的；⑥对妨碍自己达到目标的因素有较为清楚的认识；⑦对自己能够做到的事情有较为清楚的认识，明白自己能力的极限；⑧对自己的希望和能力的差距认识比较清楚；⑨正确估计自己的社会角色；⑩对自己的感受和情绪有较为清楚的认识。

一、正确认识自我

正确认识自我，就是要全面地了解自我。不仅了解自己的生理状况、性格特质，了解自己与他

人的异同，了解自己的过去和现在之间的异同，而且特别重要的是了解自己的长处和短处，把握自己与群体的关系，找准自己在社会生活中所处的位置，对自我作出恰如其分的评价。认识自我主要有三种方法。

1. 比较法——从我与人的关系认识自我

他人是反映自我的镜子，与他人交往，是个人获得自我认识的重要来源。我们先从家庭中的感情扩展到外面的友爱关系，进入社会又体验到人与人之间的利害关系。有自知之明的人能从这些关系中用心向别人学习，获得足够的经验，然后按照自己的需要去规划自己的前途。但是通过和人比较认识自己应该注意比较的参照物。主要有以下三个方面。

第一，跟别人比较的是行动前的条件，还是行为后的结果？大学生来大学学习，如果认为自己来自农村，条件不如别人，开始就置自己于次等地位，自然影响心态和情绪，而大学毕业后看行动后的成绩才有意义。

第二，跟人比较是看相对标准还是绝对标准？是可变的标准还是不可变的标准？经常有大学生认为自己不如他人。其实他们关注的可能是身材、家世等不能改变的条件，没有实际比较的意义。

第三，比较的对象是什么人？是与自己条件相类似的人，还是个人心目中的偶像或极不如己的人？所以，确立合理的参照体系和立足点对自我的认识尤为重要。

2. 经验法——从我与事的关系认识自我

从我与事的关系认识自我即我从做事的经验中了解自己。成败得失，其经验的价值也因人而异。对聪明又善用智慧的人来说，成功、失败的经验都可以促他再成功，因为他们了解自己，有坚强的人格特征，善于学习，因而可以避免再蹈失败的覆辙；而对于某些自我比较脆弱的大学生，挫败后形成怕败心理，不敢面对现实去应付困境或挑战，甚至失去许多良机，他们不能从失败中学到教训，改变策略追求成功。因此一个大学生对由成败经验中获得的自我意识也要细加分析和甄别。

3. 反省法——从我与己的关系中认识自我

（1）自己眼中的我。个人实际观察到客观的我，包括身体、容貌、性别、年龄、职业、性格、气质、能力等。

（2）别人眼中的我。与别人交往时，由别人对你的态度、情感反应而觉知的我。不同关系的人对自己的反应和评价不同，它是个人从多数人对自己的反应中归纳出的感觉。

（3）自己心中的我。也指自己对自己的期许，即理想我。我们还可以从实际的我、自觉别人眼中的我、自觉别人心中的我等多个我来全面认识自己。

必须认识到，虽然有多个“我”可供认识自己，但形成统合的自我观念比较困难。因为现代社会急剧变迁，加之多元价值的影响，使现在的大学生自我认识难以客观、全面。

二、积极悦纳自我

所谓悦纳自我就是指一个人相信自己存在的价值，认同自己的能力，并在行为上表现出一种与环境和他人积极互动的心理定式。即无条件地接受自己现实的一切。无论是丑的或美的，好的或是坏的，成功的还是失败的，有价值的还是无价值的。

1. 积极悦纳自我的表现形式

自信。自信心的建立是促进心理健康的重要因素，是大学生学习进步、生活愉快、潜能开发的重要保证。自信心过强则使人变得自傲自满、目中无人，从而影响自身发展及人际关系；反之，如果自信心不足则会影响才能的发挥，而且是导致其他心理问题的原因之一。

自尊。大学生的自尊心可分为两种，即具有内在价值感的自尊心和缺乏内在价值感的自尊心。前一种不把外部成就视为自尊的唯一指标，不为一时的成败毁誉所左右，自尊心不易受到伤害。反之，后一种则把外部成就作为自尊的唯一标志，因此他们的自尊心敏感而脆弱，害怕失败，担心自

尊受损。缺乏内在价值感正是引起大学生自尊障碍的重要原因之一。

自强。自强心过分，就会转化为逞强。逞强是虚荣心的一种表现，其实质是炫耀自己、出风头或挽回面子，往往以留下好印象开始，而以留下坏印象告终。自强心过强，往往自卑感亦重，还可能产生嫉妒心。

自爱。即对自己由衷的喜爱、关怀和敬重。一个真正自爱的人，必定会在深入了解自己的基础之上，悦纳自己，丰富自己，充实自己，从而具备向外给予的基础和能力。一个真正的自爱者，既能真正爱自己，也能真正爱他人。

2. 积极悦纳自我的方法

一是增强自信心。通过回忆过往经历，找出自己比较突出的表现，肯定自己已具备的良好素质；及时了解自己各方面的发展、进步和成绩，从而肯定自己的能力；找出自己过往比较成功的事情，用心体会成功的愉快心情；记录他人对自己的积极评价和态度等方法，把注意力集中在自己的优点和成功上，从而增强自信心。强烈的自信和努力能激发个体的潜能，促进成功；成功后的愉悦又可以使个体进一步增添自信，形成良性循环。

二是无条件接受自己，不苛求自己。过分关注自己的缺点，会背上自卑的负担；过分追求完美，苛求自己，无异于心理上的作茧自缚，都会导致自我否定或自我拒绝。所以我们要学习会做自己的朋友，以慷慨和诚实的态度列出自己的优点、缺点，喜欢自己和不喜欢自己的地方，不忘“尺有所短，寸有所长”，懂得“失之东隅，收之桑榆”，承认自己的不完美，不加任何附加条件地接受自己的全部缺点和优点，既努力扬长更注意补短，相信自己是有价值的人。

三是正确对待成功与失败。“失败是成功之母”。成功和失败是相辅相成的，成功常常要经过许多失败和挫折。如果一遇到挫折就灰心退却，便永远也尝不到成功的果实。另外，平静而又理智地看待自己的错误和失败，从中吸取教训，一方面要作出补偿，以弥补自己的错误造成的损失；另一方面不犯重复的错误，同时不要因暂时的错误和失败轻率地全盘否定自己，而是保持对自己的信心，不断地提升生命的价值。

三、有效控制自我

自我控制是人主动地改变自己的心理品质、特征及行为的心理过程。它是大学生健全自我意识、完善自我的根本途径。人本主义心理学家马斯洛在研究人的自我实现时，有针对性地提出了调控自我的七点建议：①把自己的感情出口放宽，莫使心胸像个瓶颈；②在任何情境中，都尝试从积极乐观的角度看问题，从长远的利害做决定；③对生活环境中的一切多欣赏，少抱怨；有不如意之处设法改善，坐而空谈不如起而实行；④设定积极而有可行性的生活目标，然后全力以赴求其实现，但却不能期望未来的结果一定不会失败；⑤对是非之争辩，只要自己认清真理正义之所在，纵使违反众议，也应挺身而出，站在正义一边，坚持到底；⑥莫使自己的生活僵化，为自己在思想与行动上留一点弹性空间，偶尔放松一下身心，将有助于自己潜力的发挥；⑦与人坦率相处，让别人看见你的长处和缺点，也让别人分享你的快乐与痛苦。

大学生要做到有效地控制自我，应注意以下三点：①目标确立要适宜。当代大学生应该有崇高而远大的目标，把自己的人生追求与祖国的发展联系起来。但是，高远的目标并不是好高骛远，而应该把它建立在一个个小目标的基础之上，通过实现一个又一个小而具体的目标，由近及远，由低到高，逐步实现人生的崇高理想。②实现目标要有恒心和信心。任何一个目标的实现，都需要以坚强的毅力作为保证。如对目标认识的自觉性和主动性，实现目标的恒心和毅力，克服困难的信心和决心，对成功的正确态度和较强的挫折耐受性，等等。大学生的这些心理品质都处在发展过程中，因此，要特别注意增强自我控制的自觉性、主动性，将社会的需要转化为主观上实现理想我的内部动机。③培养顽强的意志品质。对自我有效的控制，离不开坚强的意志。对目标认识的自觉性、主动性，对实现目标的决心和排除干扰、克服困难的能力，对成功的态度和对失败与挫折的承受力，

这些都是意志力的重要表现方面。增强意志力就必须和目标结合起来，把远大的理想分解成一个个由近及远、由低到高、循序渐进的具体的、可操作的子目标，每天坚持检查目标实现的情况，及时地自我反馈，这样才能慢慢提高对目标的坚持性。意志力培养的另一个关键点就是要有正确的成败观，即挫折耐受力的增强。

四、不断完善自我、超越自我

自我认识已属不易，自我控制就更难，期望自我开拓、升华、超越更是难上加难。大学生应有很高的抱负和远大的理想，但“齐家、治国、平天下”须从“修身、养性”开始，即从点滴小事开始，从行动开始。所以，自我修养、自我塑造首先应根据社会的需要和个人的特点，在自我的三因素协调统一的基础上，行与知并重。具体说来，要想健身，就天天参加自己喜欢的体育活动；要想开阔思路，就多读书，读好书。行动时，无论对人对事，均需全力以赴，使自己的能力和品格得到最大限度的发展。行动之后经常反省，汲取经验和教训后再度投入行动。如此循环往复，自我便一步一步得到完善，自我的境界也就自然而然得到开拓与升华。这个过程可以用 4A 描述，如果一个大学生经历了 4A，可以说是领到了一张自我意识健全的合格证。4A 是指：①Acceptance：接纳，接纳自我与自我所在的现实环境；②Action：行动，对自己决定的事，付诸行动，并全力以赴；③Affection：情感，工作学习时情感投入，获得乐趣，乐在其中；④Achievement：成就，以上三者完成后的自然结果，是努力奋斗的代价。

思考题

1. 怎样克服自卑感，建立自信心？
2. 简述完善自我的途径和方法。

第十八章　大学生人格培养

第一节　人格及大学生的人格特点

一、人格及人格的特征

（一）人格的含义

人格最早来源于拉丁文，原意是指古希腊罗马时代的戏剧演员在舞台上戴的假面具，用它来表现剧中人物角色的个性和性格特征，就如同中国京剧中的脸谱，不同的脸谱代表不同的人物个性特征。在人生舞台上，个体也会根据自己社会角色的不同来变换面具，心理学借用“persona”的含义，把个体在人生舞台上扮演的这些面具作为人格的外在表现。既然是面具，那既有表现于外给人印象的特点，也有隐藏在面具后未表现出来的特点，所以人格既是一个人的外貌、气质和性格给他人的整体印象，又包含未表现在外的思想和心理的隐秘的东西。心理学中的人格是个体在社会化过程中所形成的内部稳定和持久的动力组织，是指一个人的气质特征、稳定的态度和行为模式等心理特征的总和。

（二）人格的特征

1. 独特性

正如世界上没有两片完全相同的树叶，也没有两个完全一样的人，人与人之间也没有完全一样的人格。个体的人格是在不同的遗传因素、家庭环境、学校教育、社会环境等因素的交互作用下形成的，人格的形成与发展必然会各不相同，这就是人格的独特性。但是，由于人格的形成过程中除了生物因素的制约，也有社会因素的影响，所以人与人之间的人格也有其共同处，包括在心理、面貌、个性上相同的方面，如受共同文化的影响，每个民族的人都有其共同的心理特点。人格是共同性与独特性的统一，是生物性与社会性的统一。

2. 统合性

人格不是孤立存在的，而是由多种成分相互联系、相互制约、相互作用构成的一个有机整体，受自我意识的调控，具有内在统一性。人格的统合性体现在个体能够正确地认识和评价自己，能够调整自己的情绪和情感，能够协调自身与环境的关系，实现知情意的统一，是心理健康的重要指标。当一个人的人格结构在各方面彼此和谐统一时，他的人格就是健康的。否则，可能会出现适应困难，出现人格偏差甚至分裂。

3. 功能性

所谓积性成命，人格不仅决定一个人的生活方式，甚至决定一个人的命运，是人生成败的根源之一。好的人格特征可以帮助个体顺利地适应环境，处理好人际关系，当面对挫折与失败时，坚强者能发愤图强，而懦弱者会一蹶不振，这就是人格功能的表现。

4. 稳定性

人格是具有动力一致性和连续性的自我，具有稳定性，个体在行为中偶然表现出来的心理倾向和心理特征并不能表征他的人格。俗话说，“江山易改，本性难移”，这里的“秉性”就是指人格。但是人格的稳定性并不意味着它在人的一生中是一成不变的，随着生理的成熟和环境的变化，人格也有可能产生或多或少的变化，这是人格可塑性的一面，正因为人格具有可塑性，才能培养和发展人格。人格是稳定性与可塑性的统一。

二、气质与性格

（一）气质

气质是指与生俱来的，个体心理活动典型的、稳定的动力特征，是在行为方式上表现出来的心理过程的强度、速度、持久性、灵活性、平衡性及指向性等动态方面的心理特征。比如知觉的敏锐度、思维的敏捷性、注意力集中时间的长短、情绪体验的强弱与快慢、心理活动倾向于内部还是外部等，这些都是由于气质的不同带来的心理特征的区别。

气质具有以下几个特征：

（1）气质较多地受神经系统类型的影响，即先天生物学因素的影响占主要地位，所以气质作为个体稳定的心理动力特征，一经形成便会长期保持下去，并对人的心理和行为产生持久影响，具有相对的稳定性。

（2）随着生活环境的变化、职业的熏陶、所属群体的影响及年龄的增长，人的气质也会有所改变，特别是在教育的影响下发生不同程度的变化，所以，气质也具有可塑性。只是这一变化是相当缓慢、渐进的过程。

（3）气质由于先天遗传因素不同及后天生活环境的差异，不同个体之间在气质类型上存在差异，这种差异会直接影响个体的心理和行为，从而使每个人的行为表现出独特的风格和特点。比如，有的人热情活泼，善于交际；有的人则沉默寡言，自我体验较为深刻；有的人行动敏捷，容易冲动；有的人情绪内敛，行动迟缓。

心理学家对气质进行了多方面的研究，提出了各种气质学说，其中高级神经活动学说和体液学说两种学说更具有典型意义。以体液学说作为气质类型的基本形式，以巴普洛夫的高级神经活动学说作为气质类型的物理学依据，通常把人的气质类型划分为胆汁质、多血质、黏液质、抑郁质四种基本类型。

（二）性格

性格是指由后天环境等各种因素促使而成的，人对客观事物的态度以及与之相适应的惯性行为方式所表现出的稳定心理特征的总和。不同的性格特征的人，对客观事物的态度不同，行为方式也就不一样，人的性格的形成，并非朝夕，而是在先天因素的基础上通过后天社会实践条件的影响逐步形成的，所以性格具有较强的可塑性。

性格的结构非常复杂，包含着许多特征，从性格结构的四个方面来分析，大学生的性格特征如下：

第一，性格的态度特征。是指在面对外界环境、客观事物以及自身的态度方面所表现出来的特有的形式。比如在对社会、他人的态度方面，大学生主要表现为热爱祖国、融入集体、遵纪守法、乐于助人、富于同理心、真诚待人、懂得礼让等良好的性格特征；但也有大学生表现出以自我为中心、冷漠、自由散漫、虚伪、粗鲁等不良的性格特征。在对学习、工作、生活的态度方面，有些大学生表现为勤奋、积极进取、脚踏实地、认真、刻苦、节俭等良好的性格特征；有些人则表现出懒惰、粗心、不思进取、浮躁、浪费等不良的性格特征。在对自己的态度方面，多数大学生具有自尊、自重、自信、自爱、严于律己、谦逊低调等良好的性格特征；有些大学生则具有自负、自傲、

自卑、羞怯等不良的性格特征。

第二，性格的意志特征。是指个体在处理问题、面对困难、做出选择时具备的意志品质方面的特征。比如多数大学生表现出独立自主、果断勇敢、坚强拼搏、沉着冷静、持之以恒等良好的性格特征；有些人则表现出依赖没主见、盲目冲动、优柔寡断、半途而废、懦弱胆怯等不良的性格特征。

第三，性格的情绪特征。是指个体在表达情绪、处理情绪、调控情绪方面所表现出来的性格特征。有的大学生情绪容易外露，一举一动、一颦一笑都明显地传递着情绪的变化，有的则无法从其行为表情读懂他情绪的变化，情绪隐藏较深，不易被人察觉；有的大学生情绪波动明显，甚至一触即发，喜怒无常，有的情绪平静，很少起伏，纵观外界惊涛骇浪，内心始终波澜不惊；有的大学生情绪体验深刻、持久，能察觉到他人无法察觉到的情绪细节，有的则情绪体验浅尝辄止，稍纵即逝；有的情绪正面积极，乐观向上，有的则终日郁郁寡欢，愁眉不展。

第四，性格的理智特征。是指大学生在认知的态度、方式上，活动的速度和强度上表现出来的性格特征。大学生在学习和生活过程中所体现出来的感知觉、记忆力、想象力、思维力中，多数大学生表现出敏捷、主动、活跃、丰富的特点，也有部分大学生表现出缓慢、被动、沉闷、匮乏等。

性格与气质的关系，主要表现为以下几种：

第一，气质赋予性格一定的表现形式。比如胆汁质的人给人感觉是热情豪爽，多血质的人给人感觉是亲切灵活，黏液质的人给人感觉是成熟稳重，抑郁质的人给人感觉是害羞腼腆。

第二，性格可以改造和制约某些气质的特征。比如胆汁质的人如果从事精细的工作，通过后天的教育培养、专业训练，可以改善其粗枝大叶、缺乏耐心的气质特征。

三、当代大学生的人格特点

大学生正处于身心急剧发展和自我意识由分化、矛盾逐渐走向统一的特殊时期，因此大学阶段仍然是大学生人格不断发展的重要时期。当代大学生逐步形成独立自主、平等自由、开放包容、竞争挑战等人格特征，但是日新月异、多元融合的社会文化亦使大学生的人格发展出现更多的迷茫和冲突。

根据国内外心理学家对人格素质结构的研究，结合我国当今社会发展的现状和大学生的实际表现，当代大学生在人格发展中呈现如下几个方面的特点：

（1）自我意识强，能正确认知自我。当代大学生以00后居多，这一代人多数为独生子女，成长环境较好，他们大多能够正确认识自己，知道自己的长处与短处，并且可以客观地评价自己，对于未来，他们有自己明确的想法和规划，并且能够付诸实际行动，朝着自己的目标去努力。但容易以自我为中心，甚至我行我素。

（2）独立自主的同时又存在依赖心理。当代大学生处在信息高速发展的时代，不管是知识体系还是眼光见识都要强于过去，他们知识结构健全，具有良好的观察力、记忆力、思维力、注意力和想象力，容易接受新事物，有自己独特的想法，独立自主意识强烈。但父母的关爱使得他们在思想上仍然有不成熟之处，人格独立的同时仍存在依赖心理。

（3）灵活变通，社会适应能力较强。当代大学生对外部世界有着浓厚的兴趣，有着广泛的活动范围和许多爱好，人际交往范围扩大，积极参与各种形式的社会实践。同时，能容忍别人与自己在价值观与信念上存在的差别，但对社会的认识和感受相对较肤浅，需要通过社会的历练和人际关系的修炼提升社会人格的发展。

（4）目标明确，富有事业心。当代大学生能把事业看成生活的重要组成部分，在事业上有较强的进取心和责任感，具有一定的竞争意识，具有开放性的思想观念，但多年的应试教育扼杀了部分创新精神，使得在职业追求的过程中开拓与创新精神不足。

第二节　人格偏差的类型

一、什么是人格偏差

人格偏差是介于正常人格与人格障碍之间的一种人格状态，是人格发展的不良倾向。人格偏差是绝大多数人或多或少都会有的，是相对的，只要未影响当事人正常的学习、工作和生活，就不宜归为人格问题，而是追求人格进一步完善的问题。大学生的人格偏差是发展过程中的问题，只要懂得调试，是完全可以矫正的，不应谈虎色变。

各类人格障碍或人格偏差者的共同特征是：偏执紊乱的个人心理特点和不和谐的人际关系；把自己的困难和不顺总归咎于客观环境或他人的原因，不能全面客观地看待问题；总把自己的想法和利益放在压倒一切的位置，而忽略他人的意见和感受，不能感同身受；把自己禁锢在自己狭隘的思维里，对世界充满怀疑和仇视；对自己的行为或对别人的伤害以及对环境的影响不自知，自己感受不到偏差带来的不愉快，而常使身边的人感到不舒适。

二、大学生人格偏差的成因

大学生在分析人格偏差形成过程中，外归因与内归因都能形成人格偏差的条件，但不能仅仅只关注于外因，把责任推给社会或家庭；也应着重于内因，从自我方面挖掘根源，才能找到解决人格偏差或人格障碍的“钥匙”。形成人格偏差或人格障碍的原因是多方面的，是由生物因素、心理因素和社会文化因素共同作用形成的。

（1）生物因素。有一些证据表明，正常人格部分是遗传的，但对人格障碍还没有取得满意的遗传证据。有的心理学家曾提出人格障碍可能由于极端的基因变异，但此推测并未得到进一步证据证实。

（2）心理因素。在人格发育过程中，儿童早期的生活环境和原生家庭教育被认为是非常重要的影响因素。比如单亲家庭生长的孩子，从小缺失父母的关爱和照顾，或者在家庭暴力环境下生长的孩子，父母过分严厉甚至打骂，从小没有安全感等都对儿童人格的发展有直接的不良影响。父母亲的原生家庭带给父母亲的影响，导致父母亲自身的不良人格，形成与一般社会标准不符的行为模式，继续影响到孩子人格的形成。

（3）社会文化因素。社会文化因素对于个体人格形成会带来一定的影响，社会环境是否安定、社会治安是否有保障、社会文化是否和谐正面、家庭在社会中的经济身份地位如何、所接受的大众传媒的影响以及受教育的机会与条件等，都会影响到个体人格的发展方向。

三、大学生常见的人格偏差

大学生人格的检验和完善，要通过自己的努力，在学校教育的帮助下，根据社会的要求来得以完成。首先就需要大学生充分了解自身人格，再进行不断的调试和矫正，从而在今后更好地适应社会。大学生常见的人格偏差主要有以下十种。

1. 焦虑

焦虑是一种不安感。这种不安的原因不全是现实的刺激，有可能只是个体主观上预料将会有某种不良后果产生，或者模糊地认为会受到威胁。焦虑一般伴有担忧、害怕、紧张、烦躁等不良情绪体验。大学生焦虑的原因主要集中在对学业、考试的担忧和人际关系处理不善两个方面，一般女生由于性格更加细腻，情绪体验更加深刻，相比较男生而言更容易焦虑。

2. 自卑

自卑是一种对自己怀疑、否定、不满意从而产生的情感体验。自卑心理会导致敏感、压抑、怯弱等不良情绪，自卑的个体总是会觉得自己各个方面不如他人，从而倍感压力。进入大学后，有些大学生发现“人外有人，天外有天”，由于相貌、经济、学习能力等方面与别人有一定差距，便会加重自卑心理。过强的自卑感往往会以过强的自尊心表现出来，有些大学生过于敏感脆弱，经不起批评，原因即在于此。

3. 害羞

害羞是个体自我防御心理过强的结果，也是缺乏自信的表现，一般害羞的人都会非常在意他人的目光，害怕自己成为焦点，总觉得自己时时暴露在他人眼光里，从而手足无措，无所适从。大学生害羞并不少见，特别是性格比较内敛敏感的学生，比如不敢在公众场合表达自己，害怕与人对视，与陌生人交流、见到异性同学会紧张，见到老师会难为情，说话小声，行为举止低调等。

4. 怯懦

怯懦主要表现为胆小、过于谨小慎微、缺乏自信心、责任感不强。怯懦的人总是害怕承担责任，不敢表明自己的态度和想法，不能独当一面，常常躲在别人身后，自我保护意识强，在挫折困难面前常常知难而退，甚至不战而败。比如大学生在家庭环境里被过于保护，害怕失败带来的不良后果等都会产生怯懦的心理。

5. 懒惰

懒惰是毅力不足、行动力差、意志活动无力的表现，是影响大学生积极进取、张扬青春活力的天敌。处于懒惰状态的大学生整天无所事事，不知进取，没有目标，虚度光阴。比如有的大学生就是想得多，做得少，可能有鸿鹄之志，却迈不出第一步，总是原地踏步，常因为懒惰感到内疚、自责、后悔，但又心有余而力不足，永远是思想上的巨人、行动上的矮子。

6. 狭隘

狭隘的人凡事斤斤计较，耿耿于怀，总想到别人的缺点，而忽视别人的优点。他们善妒、挑剔、心胸狭窄，见不得别人好。心胸狭隘的人往往人际关系不和谐，给别人带来不愉快的同时，自己也感到烦闷、苦恼。既影响自己的情绪也拉低了自己在他人心目中的形象，于人于己有百害而无一利。

7. 拖拉

拖拉是现代不少大学生的通病，网络俗称“拖延症”。明日复明日，明日何其多。拖拉实际上是逃避现实，害怕困难，目标不明确，惰性太大、依赖心理过强导致的。拖拉不仅耽误时间，贻误正事，并且还会因为拖拉不能按时完成任务而导致心理压力过大，引起焦虑，带来一系列不良情绪。

8. 抑郁

由于现代社会节奏加快，人与人之间感情交流匮乏，抑郁已经成为现代社会常见的情绪困扰，在大学生群体中也比较多见。抑郁是一种对外界感知降低，从而不能有效应对外界压力而产生的一种无力感，常常伴随对事物兴趣减弱，情绪低落，精神萎靡，思维迟缓，缺乏活力，闷闷不乐。做任何事都提不起兴趣，感觉不到快乐。对于大多数人来说，抑郁情绪只是偶尔出现，通过自我调节，注意力转移，或者适当运动，与人交流，或者通过他人的帮助，会很快消失。但有些性格内向，敏感多疑，不善交际，生活中遭遇意外挫折的人容易长期处于抑郁状态，甚至导致抑郁症。

9. 自我中心

大学生阶段是自我意识快速发展的阶段，他们越来越关注内心世界的变化，自我体验深刻，自我评价明确，从而有部分大学生开始倾向于以自我为中心，表现出唯我独尊，自傲自大，一切以自

己的意志力为转移，不能听取他人意见的情绪特征。尤其是那些有较强自信心、自尊心、优越感、独立感的学生更容易出现自我中心倾向。从而失去他人的好感与信任，导致人际关系紧张，甚至发展到个人主义、自私自利的程度，给学校、社会带来不良后果。

10. 虚荣

虚荣心是强自尊心和自卑感的混合物。虚荣心强的大学生一般性格内向、内心极其不自信、敏感多疑、情感脆弱，虽然自惭形秽，却又害怕别人伤害自己的尊严，十分好面子，对于别人的评论与批评非常介意，与人交往时总有一种防御心理，不允许他人有稍微侵犯，常常会通过掩饰和伪装，千方百计地抬高自己的形象，他们捍卫的往往是虚假的、脆弱的、不健康的自我，以至于不能寻找、丰富、壮大真实、健康的自我。

大学生只有克服自身存在的人格偏差，才能够在学习、生活以及今后的职场中更好地展现自己，适应环境，处理好人际关系，轻松愉快地学习、生活和工作。

第三节　大学生健康人格的塑造

大学生健康人格的塑造不仅关系到大学生本身的健康和成才，也关系到社会的发展和进步，关系到我国现代化建设的进程和质量。

一、人格的可塑性

良好人格的培养、塑造是指在一定社会环境条件下，个体通过吸收一定的社会文化，经过自身主观努力和社会、学校教育的影响，使人格逐步健康化的过程。人格的形成是一个动态的变化发展的过程。人格的发展经历幼儿期、少年期、青年期、中年期和老年期几个阶段，总的发展趋向是不断走向成熟。因此，人格健康化的历程也是一个变化发展、由量变到质变的过程。但是，在错综复杂的社会环境中，由于受种种主观因素的影响，人格发展遇到障碍，会出现人格失调和人格变态。

人格的改变不仅可能而且可行。从人格的内涵来看，人的心理素质、道德素质、社会化程度主要是受后天环境的影响。因此，良好的育人环境有助于大学生人格的健康发展。从人格的发展来看，随着年龄的增长、知识的积累、经验的丰富、实践的参与，人格将不断走向成熟。从变态人格的矫正来看，在异常人格的重整、矫治方面，西方人格理论家提出了各种理论，并发展了许多行之有效的技术和方法，取得了积极的效果。

青年期是人格的再造期。抓住这个有利时机，发挥人的主观能动性，不断完善自我，提高人的心理素质、文化素质和道德修养，必将使大学生的人格层次不断提高。

二、良好的人格品质培养方法

对于大学生自身来讲，保持心理健康一个重要的途径是注意培养、锻炼自己良好的人格品质。因为在整个环境中，致病因素大量存在，预防心理疾病的关键是增强自身的“免疫”能力。以往的教育中常常存在重知识技能和身体素质的培养而忽视对心理素质的培养，使许多学生的人格缺陷未能及时发现及改善，成了形成心理障碍的内在因素。对于进入青年期的大学生来说，发挥自己的主观能动性，自觉主动地优化自己的人格品质不仅可能而且必要。

（一）树立正确的人生观与价值观

人之所以为万物之灵，是因为人所独有的极其复杂、丰富的主观内心世界，而它的核心就是一个人的人生观和价值观。如果有正确的人生观和价值观，就能对社会、对人生持正确的认识，并采

取适当的态度和行为反应；就能使人站得高，看得远，并正确地体察和分析客观事物，做到冷静而稳妥地处理事情；同时，胸怀开阔，保持乐观主义的态度，提高对心理冲突和遭受挫折的耐受能力，有利于保持心理健康。大学阶段是一个人的人生观、价值观的定型阶段，大学生应该自觉学习，努力提高，确立科学的人生观和价值观。

（二）正确认识自我，培养悦纳自我的态度

人格的核心是自我意识。心理学研究表明，凡是对自己的认识和评价与本人实际情况越接近，表现自我防御行为就越少，社会适应能力就越强。相反，自卑感过重的人或自我过于夸大的人，常会感到紧张焦虑而导致心理问题产生。因此，大学生应该深入了解自己，正确评价自己，要充满自信，不苛求自己，不追求十全十美的形象，不为自己存在的缺点和不足而沮丧，不以己之长来比人之短，也不以己之短来比人之长。制定目标要尽可能符合自己的实际情况，通过努力可以达成。如果目标过高，难以实现，就会倍感压力；目标过低，轻易取胜，则易滋长自负心理。因此，客观地自我评价，接纳自我的态度对于促进心理健康至关重要。

（三）提高受挫能力

人生逆境，十有八九，无论是谁，在人生的道路上都会遇到大大小小的挫折。就像巴尔扎克所说的，挫折就像一块石头，对于害怕他的人是一块绊脚石，对于健康的人是一块垫脚石，让人看得更高、更远，不为眼前的困难所吓倒。大学生活中学习上的困难、与同学间的摩擦、爱情上的失意等都可能带来挫折感。有了对挫折的心理准备，就可能在挫折面前应付自如，保持心理平衡。挫折承受能力与一个人的思想境界、对挫折的主观判断、过去的挫折体验等因素有关。培养挫折承受能力就应该努力提高自己的思想境界，凡事从大局出发，建立和谐的人际关系，保持良好的社会支持系统。

（四）自觉地调控情绪

情绪对人的心理健康影响很大。情绪可分为积极的情绪与不良的情绪。要保持积极的、健康的情绪，必须学会疏导不良情绪。情绪调节的方法有多种，包括合理宣泄、转移、升华等。大学生应该做情绪的主人，根据不同的情境，采取不同的调节方法疏导和宣泄，克服不良情绪，使消极的情绪对身心的伤害降到最低。

（五）培养健康的生活方式

生活方式对心理健康的影响已经越来越为人们所关注。一头扎在学习中，置其他于不顾，或者生活没有规律，随心所欲，都不是健康的生活方式。为了完成艰巨的学习任务，为了将来健康地为祖国贡献几十年，大学生应该自觉地养成良好的生活习惯，劳逸结合，科学用脑，坚持体育锻炼，少饮酒，不吸烟。

思考题

1. 当代大学生的人格特点是什么？
2. 大学生常见的人格偏差有哪些？

第十九章　大学生情绪与情绪调控

生活中，每个人都会随着心理的活动，表现出不同的心理状态。有时积极，有时消极；有时温和，有时暴躁；有时平静，有时起伏；有时焦虑，有时轻松；有时痛苦，有时幸福；有时烦恼，有时快乐……人在清醒时每时每刻都是处于一定的情绪状态之中，情绪时刻伴随着我们的生活、学习、人际交往，并直接影响着我们的生活、学习和身心健康。

第一节　情绪概述及其对大学生的影响

一、情绪概述

1. 情绪的含义

情绪是指人们在内心活动过程中所产生的心理体验，或者说，是人们在心理活动中，对客观事物是否符合自身需要的态度体验。

（1）情绪有其生理反应。在不同的情绪状态下，人的心律、血压、呼吸乃至人的内分泌、消化系统等，都会发生相应的变化。

（2）情绪是一种内心感受。人的不同情绪生理状态必然会反映在人的知觉上，反映到人的意识中来，从而形成人的不同的内心体验。

（3）情绪会表现在行为中。情绪不仅体现为生理反应和内心体验，而且也会直接反映到人的外在行为表现中。主要反映在人的表情、语态和行为过程中。面部表情最直接反映着人的情绪状态，人们可通过一个人的面部表情的变化，来了解一个人的情绪状态。

2. 情绪的基本形式

人类具有四种基本的情绪：快乐、愤怒、恐惧和悲哀。

快乐是一种追求并达到目的时所产生的满足体验。它是具有正性享乐色调的情绪，具有较高的享乐维和确信维，使人产生超越感、自由感和接纳感。快乐的强度与达到目的的容易程度和或然性有关。一个目标越难达到，达到后快乐的体验就越强烈。另外，当人们的愿望在意想不到的时机和场合得到满足，也会给人带来更大的快乐。

愤怒是由于受到干扰而使人不能达到目标时所产生的体验。当人们意识到某些不合理的或充满恶意的因素存在时，愤怒会骤然发生。当个体明白挫折产生的原因时，通常是对引起挫折的人或物表现出愤怒的反应。个体如果看不出是什么原因阻碍他达到目的，一般只会感到沮丧而不是愤怒。对象明确的愤怒常诱发攻击性行为。

恐惧是企图摆脱、逃避某种危险情境而又无力应对时所产生的体验。引起恐惧的重要原因是缺乏处理可怕情景的能力与手段。比如，在遇到地震、海啸等强烈的自然灾害时，人们无力应付，往往就会惊恐万分。恐惧具有很强的感染力，一个人的恐惧往往引起他人的恐惧与不安。

悲哀是在失去心爱的对象或愿望破灭、理想不能实现时所产生的体验。悲哀情绪体验的程度取决于对象、愿望、理想的重要性与价值，失去的事物对主体的心理价值越大，引起的悲哀越强烈。

在以上四种基本情绪之上，可派生出厌恶、悔恨、嫉妒、同情等复杂情绪。大学生的情绪年龄

正处于未成年人与成年人的转变阶段，在情绪状态上反映着两种情绪并存的特点。主要有情绪的丰富性和狭隘性并存、外显性与内隐性并存、稳定性与波动性并存、强烈性与细腻性并存、冲动性与理智性并存等特点。

二、情绪对大学生的影响

1. 对于大学生学业方面的影响

对于大学生来讲，情绪状态对于学业有着举足轻重的影响。不少大学生都有这样的体验，当自己的情绪积极乐观时，学习的效率倍增；而当自己的情绪处于低迷、忧郁或是烦躁不安时，如果没有一个好的心态，他的能力也是无法正常发挥的。保持一个良好的心态，正是一个人最大限度地发挥自己能力的基础和前提。

2. 对大学生身心健康的影响

良好的情绪状态，不仅有利于大学生的学习，而且也有益于大学生的身心健康。人们的生理疾病中，70%的患者同时伴有心理上的病因，尤其是现代社会中的高血压、心脏病等直接威胁人类生命的重要病症，都与人的情绪状态有着直接的关系。在大学中，长期的学习压力，使学生产生抑郁症、恐惧症、强迫症等心理障碍和疾病，并且产生失眠、紧张、神经性头痛、消化系统疾病等躯体化症状，这都与不良情绪密切相关。因此，保持良好的情绪状态，是大学生心理健康的重要标志。

3. 对于大学生成长的影响

情绪不仅对大学生的身心健康至关重要，而且对大学生的人格形成与发展具有同样的重要作用。在弗洛伊德精神分析理论和埃里克森的心理社会发展阶段理论中，都强调了情绪在人格形成和发展中的核心作用。良好的情绪有助于增加学习兴趣，提高学习效率，促进潜能开发，并有助于人的自信心的建立，增强自身的人际交往和社会适应能力。培养积极健康的情绪，是大学生心理素质教育的重要内容。

第二节　大学生常见的情绪问题及原因分析

大学生的情绪问题，轻者影响学习、生活；重者则向消极方向发展，构成情绪障碍，影响思维和行为。因此，大学生情绪问题应引起大家的高度重视，并积极帮助他们进行疏导，从而培养起健康的情绪。

一、自卑

自卑是由过多的自我否定而产生的自惭形秽的体验。有自卑感的人轻视自己，过分看重自身短处，否定自己的长处或对自身长处没有足够的认识，因而常表现出胆怯、畏惧、怀疑、担心被人嫌弃和拒绝，行为中采取逃避方式。

大学生的自卑心理主要表现在：其一，在诸多竞争活动中退缩，甚至明明能成功也放弃机会。遇事害羞、胆怯、不自信、感到焦虑、害怕失败，甚至还有某些生理症状，如失眠、盗汗、心悸等。其二，不承认自己的不足并竭力掩饰，以使他人觉察不到自己的自卑，为此常常夸张自己的作为，故作炫耀，对自己的不足和别人的评价很敏感，这一切都是为了掩饰自卑并由此而获得一种补偿。形成这种软弱无力的心理品质的原因很多，如生理缺陷、成绩不好、能力差、失恋、社会地位低下等。但是引起自卑的直接原因是受到别人的嘲笑、讥讽、打击。刚入校的学生既认为自己有幸升入大学，往往以胜利者的姿态出现，对自己的先天缺陷和后天不足缺乏清醒的认识，又因知“山外有山”，痛感自己的渺小和浅陋，或因遭受一些失败和挫折，自惭形秽，自视处处不如人，于是终日忧郁寡欢，压抑自怨，离群索居，失去交往的勇气和信心，从而逐渐引起深重的自卑心理。自

卑心理来源于心理上的一种消极的自我暗示，它是人的变态自尊，是悲观失望的不良心理情绪体验。

二、抑郁

抑郁是大学生常见的情绪问题，是学生在遇到学习成绩落后、失恋、生活受挫、家庭出现意外事件等刺激后，心理上无力承受由此带来的压力而出现的低落、悲哀、消沉的情绪反应。

抑郁在行为上表现为丧失学习和工作的兴趣及动力，反应迟钝，无精打采，拒绝交际，回避朋友，并伴随着食欲减退、失眠等不良反应。一般来说，处于抑郁状态的人如能对其自身遭遇做恰当的分析与认识，对自身行为的控制与调节符合社会常规，并有一定的自信与自尊，虽有忧郁体验但无异常行为，即属于正常情绪反应。大多数学生都多少有过这种消极情绪，但体验的时间比较短暂，随着时过境迁也就消失了。但其中也有少数性格内向、孤僻、自尊心强、怀疑心重、承受挫折能力低的学生容易长期处于抑郁状态，导致抑郁性神经症的出现。如果抑郁状态使人对自身处境不能做出如实判断，并产生偏离社会常规行为，如兴趣减退甚至丧失，对前途悲观失望，常有无助感，感到精神疲惫，自我评价下降，导致不能正常工作，甚至产生回避社会和企图自杀等极端意念和行为，则均属情绪异常。

大学生抑郁的综合表现有：情绪低沉，兴趣丧失，不安或反应迟钝，并伴随失眠、食欲减退、心跳减缓、较低的血压等症状。引起大学生抑郁情绪的原因大致有两个：一是反应性抑郁，是由一定的事件（社会或心理的）而引起的。二是体因性抑郁，是由一些身体疾病（如内分泌、大脑等）或外来有害物质（如用药后的反应）引起的。抑郁情绪在大学生中以轻度表现为多，常常导致神经衰弱。产生抑郁情绪的学生性格孤僻、内向、不爱谈吐与交往。

三、焦虑

焦虑是一种情绪反应，是个体对当前或预感到的挫折产生的一种紧张、忧虑、不安而兼有恐惧性的消极情绪状态。它包括自尊心与自信心的丧失、失败感与内疚感的增加等。焦虑也是复合性负情绪。其核心成分是恐惧。焦虑者常表现出精神运动性不安，来回走动，不由自主地震颤或发抖，还伴有出汗、口干、呼吸困难、心悸、尿急、尿频、全身无力等不适感。焦虑导致自主神经系统高度激活，焦虑持续或频繁发生导致身体全面衰弱、食欲减退、睡眠不良和过度疲劳，恐惧、紧张和无助感加剧，注意力涣散，记忆力减退，思想慌乱，无所适从，易产生极端念头，夸大自身无能，顾虑重重，灰心丧气。有时对恐怖的预期还会导致易怒和暴躁，怨天尤人和厌烦。焦虑是大学生常见的异常情绪和心理障碍，大学生产生焦虑的原因多源于工作、学习、生活和人际交往方面所遇到的挫折，主要涉及以下几个方面：考试焦虑、身体健康焦虑、新环境适应焦虑、交往焦虑等。紧张、焦虑一般来说是神经症的具体表现，比如抑郁神经症、恐惧神经症、强迫神经症，都伴有焦虑状态。过度的或过于持久的焦虑会损伤他们正常的心理活动，导致焦虑神经症产生，从而严重地影响大学生的正常生活和学习。

四、冷漠

冷漠是一种个体对挫折环境的自我逃避式的退缩心理反应，带有一定的自我保护意识或自我防御性质。比如个体在遇到挫折后，冷漠可以成为对付焦虑的一种防御手段。冷漠包括缺乏积极的认识动机、活动意向减退、情感淡漠、情绪低落、意志衰退、思维停滞等。当大学生在学习生活和择业中遭受挫折并感到无能为力时，往往表现出不思进取、情绪低落、情感淡漠、沮丧失落、意志麻木等冷漠心态。表面上的“冷漠”掩盖着个体深层次的痛苦、孤寂和无助，并有强烈的压抑感。个别大学生的冷漠表现为对学习生活、社会实践、学校开展的各类社团活动和对大学生的能力训练要求消极敷衍，甚至逃避、抵制。导致部分大学生情感冷漠的原因是很多的，当他们开始独立探讨生活意义的时候，学校却未能给予让学生获得周围的知识生活的热烈氛围，这是一个很重要的原因。

五、愤怒

愤怒是由于客观事物与人的主观愿望相违背，或愿望无法实现时，人们内心产生的一种激烈的情绪反应。心理学研究表明，当愤怒发生时，可能导致人体心跳加快、心律失常、高血压等躯体性疾病，同时还会使人的自制力减弱甚至丧失，思维受阻、行为冲动，甚或干出一些事后后悔不迭的蠢事或造成不可挽回的损失。愤怒是大学生常见的一种消极情绪。处于精力充沛、血气方刚的青年时期的大学生，在情绪情感发展上往往容易产生好激动、易动怒的特点。如有的大学生因别人的观点或意见与自己相左而恼羞成怒等。如此种种遇事缺乏冷静的分析与思考，好激动、易动怒的不良情绪特点，在一些大学生身上时有体现。这种情绪对大学生的影响是极其有害的。

六、嫉妒

嫉妒是指他人在某些方面胜过自己而引起的不快、痛苦甚至抵触的消极的情绪体验。当看到别人比自己强时，心里就酸溜溜的不是滋味，于是就产生一种包含着憎恶与羡慕、愤怒与怨恨、猜嫌与失望、屈辱与虚荣以及伤心与悲痛的复杂情感，这种情感就是嫉妒。嫉妒是一种情绪障碍，它扭曲人的心灵，妨碍人与人之间正常真诚地交往。嫉妒是自尊心的一种异常表现，在大学生中普遍存在。具体表现为当看到他人学识、能力、品行、荣誉甚至穿着打扮超过自己时内心产生的不平、痛苦、愤怒等感觉；当别人身陷不幸或处于困境时则幸灾乐祸，甚至落井下石，在人后恶语中伤、诽谤。

第三节 情绪的自我调控

健康的情绪情感的自我完善与调节需要从五个方面入手。

一、确立正确的人生态度

人的情绪情感是建立在人生态度基础上的。在现实社会生活中，我们看到面对同样的环境和遭遇，不同的人其情绪、情感的反应有着很大的差异。如面对夕阳，有人吟“夕阳无限好，只是近黄昏”，表达一种怅然若失之感；也有人颂“满目青山夕照明”，表达了一种欢悦豪情。再比如，方志敏烈士在敌人的牢狱中受尽种种折磨，还是那么乐观；而今有些青年人并没遭受多大打击就变得消沉、绝望甚至轻生。为什么有的人经受讥讽谩骂或种种痛苦而不动摇？而有人则很容易被苦恼情绪压倒？主要原因在于后者没有坚强的人生信念，使其丧失了力量的源泉。因此，帮助青少年确立正确的人生观，才能使其在困扰面前百折不挠，始终保持乐观向上的状态。

二、开拓宽广的胸怀

度量宽宏、心胸豁达，是保持健康情绪的基本条件之一。首先应树立远大的志向，具有宏大的抱负。一个人把眼光放在远大的事业上，就不会因个人的得失成败而时冷时热，不会因暂时的不利而烦恼沮丧，不会为微不足道的蝇头小利而大伤感情。其次，应该从个人渺小的感情中解脱出来。

三、增强对生活的适应能力

不健康的情绪不会无缘无故地产生，通常是由一定原因造成的。但是，在同样的客观条件下，有的人不管生活怎样起伏变化，始终不改愉快乐观的精神面貌；有的则在生活的变动前，时喜时怒，时悲时愁，使情绪随之动荡。这除了与人的生活态度、胸怀度量有关外，还与有没有适应生活的能力有关。在生活中，有眼泪，有欢笑，有冷嘲热讽，也有热情与友谊，如果不能适应这些变化，情绪就会受到伤害。如果具备了良好的适应能力，就会做到不管环境、条件、生活、人际关系

如何变化，都能坦然处之，理智对待。

四、培养良好的性格特征

情绪、情感的健康与否与人的性格有着密切的关系。性格坚强者，遇到失意与伤心之事能挺得住，性格软弱者，则容易被不良情绪所左右。可见，要保持健康的情绪状态，必须优化自己的性格特征，克服性格方面的缺陷。许多不良的情绪，也往往可以从性格上找原因。如容易忧愁的人，往往都具有好强、固执、不善于与人交往的性格特征；情绪上容易烦躁的人，则性格上过于敏感，且习惯将愤懑的情绪埋入心底。如性格外向的人，要注意掌握自己心境的变化，多运用思维的力量来要求自己遇事冷静思考，克制冲动，防止情绪骤然爆发而破坏宁静的心境；性格内向的人，要学会暴露与排遣不良的情绪，遇到不愉快的事、想不通的问题不要郁积于心。当不良的情绪已经产生时就多从性格方面找找原因，如果因脾气暴躁引起情绪多变，就应该首先克服暴躁的情绪。如果是心胸狭窄引起的情绪不快，就应开阔心胸，放宽度量。如果是因多愁善感引起情绪上的波动，则着意培养开朗、豁达的胸怀。

五、学会合理的宣泄放松与克服不良的情绪

不良的情绪一旦产生，就要及时地克服它。克服不良情绪的方法很多，主要有两种。

1. 学会通过正常的途径来发泄和排遣不良情绪

不良情绪的发泄其实质在于把危害身心健康的负面能量排遣出来，以减轻情绪的强度。否则，如果压抑太大，就会影响人正常的认识活动，甚至造成身心反应性疾病。但宣泄的方式要合理、适当，不能通过伤害别人来发泄自己的愤怒。宣泄的方式有很多，如可以采取转移的方法，去爬山、去跑步，当人累得精疲力竭时，气恼之情就会基本平静，郁积的怒气也就消失一大半；也可以向某代用对象发泄，像在房内作无拘束的狂呼、猛喊等，或写信痛斥引起你情绪的烦恼者，然后再把信撕掉；甚至还可以大哭一场，痛哭之后，会使人的悲伤之情减少许多。作为一种人类的本能，流泪是自我心理保护的一种措施，不但能释放不良情绪，调节机体平衡，还能排除毒素。

2. 理智地消除不良的情绪

要想理智地消除不良的情绪，首先，必须承认不良情绪的存在，不能对其持回避的态度。其次，在承认后分析产生这一情绪的原因，弄清楚为什么苦恼、忧愁与愤怒。这样，通过理智分析、正确认识客观事物，使不良的情绪消除。最后，如果的确有可恼、可怒、可忧的理由，就要寻找适当的方法与途径来解决。如果因考试焦虑不安，就应把精力集中到学习上，减少自己的忧愁；如果因人际关系没搞好而苦恼，就要认真分析原因，问题在自身，就要克服自身的毛病，问题在别人，可主动与别人交换意见，以消除误解，达到相互间的了解。

通过心理活动进行适当的自我调节。当不良情绪产生的时候，还可以采取心理调节的方法。心理调节的方法有很多，其中常见的有以下几种：

（1）自我鼓励法。即用生活中的哲理或某些明智的思想来安慰自己。做了错事之后，要对自己说：犯错误不要紧，只要认识了能改正就好；实验失败遭到嘲讽，要对自己说：失败乃成功之母；改革遇到挫折，要对自己说：不经历巨大的困难，不会有伟大的事业。一个人在痛苦与打击面前，只有有效地进行自我鼓励，他才会感到有力量，才能在痛苦中振作起来，树立起生活的信念，驱除不良的情绪。

（2）语言暗示法。语言暗示法对人的心理乃至行为都有着奇妙的作用。当人被不良情绪所压抑时，通过语言的暗示作用可以调节与放松心理上的紧张状态，使不良的情绪得以缓解。如你要发怒时，可以用语言暗示自己“不要发怒，发怒会把事情变坏的”；陷于忧愁时，提醒自己“忧愁没有用，于事无益，还是想想办法好”；当有较大的内心冲突和烦恼时，可以用“不要怕，定下心，会好的”等给自己以鼓励与安慰。只要是在松弛平静、排除杂念、专心致志的情况下进行这种言语的自我暗示，对情绪的好转会起明显的作用。进行语言调节时暗示语应根据自己的目的而定，并且制

作上要简短、具体、直接肯定；默念时要在头脑浮出相应的形象且在心中反复默念，以加强自我暗示的程度。

（3）请人疏导法。不良的情绪光靠自身调节是不够的，还需借助于别人的疏导。心理学家认为，人的心理处于压抑的时候，有节制的发泄，把苦闷倾吐出来是有益的。当一个人被不良情绪困扰时，找个知心人谈谈，听听好朋友的意见是大有好处的。俗语讲："快乐有人分享，是更大的快乐，而痛苦有人分担，就可以减轻痛苦。"何况，当人的情绪压抑时，向朋友倾诉了苦恼，从朋友处得到的不仅仅是安慰，还有开导和解决问题的具体方法。心理学家的研究还证实向异性朋友倾诉苦恼会收到更好的效果。对男性而言，他的话容易被女性理解和体谅，女性温柔的性格和婉转的语言像一剂良药，可以解除男性精神上的紧张与不愉快；对女性来说，男性是她忠实的听众，她的言谈更容易得到男性的赞同，因而女性可将不便在同性面前表露的情感与内心世界在男性面前尽情表露，从而减轻心理的压力。可见，异性间的友谊有助于摆脱紧张、抑郁的情绪。

（4）环境调节法。环境对人的情绪、情感同样起着重要的作用。如宁静的环境，使人心情松弛、平静；杂乱、尖厉的噪声却使人急躁、焦虑。因此，改变环境，对不良的情绪调节会起到一定的作用。的确，当人被不良的情绪压抑时，出去走走，大自然的美景会使人旷达胸怀，欢娱身心。绿色的世界，蓬勃的生机，会令人心旷神怡，精神振奋，忘却烦恼，解除精神上的紧张与压抑。

（5）呼吸调节法。这种方法在气功、瑜伽的训练中历来被重视，它在调节人的情绪方面也起着积极的作用。具体做法是：先闭上眼睛，努力使心情平静，然后深深吸气，吸时要慢，充分吸气后，稳定呼吸，然后把气徐徐吐出，吐气时要比吸气时还要慢。一边做深呼吸，一边在每次吐气时心中数着"一、二、三……"，数到十再回头重数，连续几次后，身心就会松弛，情感得以缓解。这种方法很容易将注意力从情感冲动转到自身的呼吸上，将精神统一到呼与吸的行为上，从而达到控制冲动、平息激情、恢复理智。

（6）注意力转移法。在发生情绪反应时，大脑中有一个较强的兴奋灶，此时，如果另外建立新的兴奋灶，便能抵消或冲淡原来的优势中心。根据这个道理，有意地转移注意力，是减轻痛苦的行之有效的方法。有的同学不能正确处理恋人、同学之间的关系，整天沉溺于两人世界中，一旦恋爱出现危机，便认为失去了所有，出现苦闷、伤感、焦虑、孤独的情绪。这时应把注意力转移到学习、社会实践中来，参加一些集体活动。要认识到人生除了爱情，还有许多的内容，要让自己的心思有所寄托，让大脑的兴奋点由爱情转移到学习上来，有利于控制伤感的情绪。

（7）快乐感染法。人的情绪主要是在社会生活、人际交往及其需要中产生的，故具有强烈的感染性，即以情动情，彼此影响产生共鸣。音乐是一种强有力的感觉刺激和感觉体验，运用音乐缓解情绪，注意选择好音乐类型，在忧伤时听听积极向上的音乐，在沮丧时听听激昂的音乐，在焦虑时听听舒缓悠扬的曲子，将有助于更好地调节情绪。

总之，可以通过各种渠道寻找一些能使自己快乐的人或事，帮助自己消除不良情绪。得到快乐的方法有很多，因人而异。同朋友聊天、谈心、逛商场，看一本好书，看一部好电影，听听音乐，散散步等，都能合理宣泄情绪，烦恼自然烟消云散。当你为考试成绩不理想、学习压力大所困扰而烦躁不安时，就上街买一件自己最想得到的，但平日极不舍得又不致出现赤字的物品，或者消费一些最合口味的食品。由于这些都是自己最喜爱的东西，所以情绪自然就高涨，心情也就快乐了。

思考题

1. 简述情绪的含义、构成以及基本形式。
2. 情绪对大学生的身心健康有哪些影响？
3. 大学生怎样克服不良情绪的困扰？

第二十章　大学生的压力与挫折应对

人类社会生活的实践表明，只要人存在着，就会产生种种需要，就会因需要得不到满足或目标无法实现而产生压力与挫折。对于每个人来说，压力与挫折的产生是必然的，也是普遍存在的，从某种意义上讲，压力与挫折也是社会生活的组成部分，人们随时随地都可能遇到。因此，压力与挫折是人一生的伴侣，认识、适应、学会理性地面对压力与挫折和积极地化解压力与挫折，是每个人都必须面对的课题。

第一节　压力与挫折

在人类一生的各个阶段，总是会面临不同的压力与挫折，随着需求层次的提升，人们对物质、精神不断的追求，压力和挫折随之而来。或来源于人际关系，或来源于目标的追求过程中。而大学阶段，处在从学校到社会的过渡阶段，大学生的适应能力、身心发展都还未成熟，所以这个阶段的压力与挫折不容忽视。面对压力与挫折时，需要依靠学校的教育、老师的引导、同学间的关怀、大学生自身的努力，来正确面对压力与挫折，并攻克难关，成为生活的强者。

一、压力的概念

心理学上普遍认为，压力是指由刺激引起的伴有躯体机能以及心理活动改变的一种身心紧张状态，也被称为心理压力。我国心理学家车文博教授认为，心理压力是指人们在日常生活中经历的各种生活事件，突然创伤性体验、慢性紧张（学习压力、家庭关系紧张）等导致的一种心理紧张状态。心理学专家黄希庭教授认为，心理学上所说的“压力”通常有三种含义。一是指现实存在的具有威胁性的刺激，即压力源；二是指人对压力事件的反应，即压力反应；三是威胁性刺激带来的一种被压迫的主观感受，即压力感。在社会经济高速发展的今天，压力是现代社会人们最普遍的心理和情绪上的体验。压力是把双刃剑，适度良性的压力可以成为个体成长的内部驱动力，促进个体的健康发展，但是过度有害的压力总是与紧张、焦虑、挫折联系在一起，久而久之会破坏人的身心平衡，造成情绪困扰，损害身心健康。大学生正处于身心发生剧变的成长时期，心理发展尚不成熟，所体验的压力不可忽视，如学习压力、就业压力、人际压力、生活压力等，都在危害大学生的心理健康，所以大学生必须学会管理和释放自己的心理压力，才能拥有快乐和健康的学习生活。

1. 压力源

压力源又称应激源或紧张源，是指个体面对的具有威胁性的客观刺激。生活中的任何改变都有可能成为压力来源。不同阶段有不同的压力，大学生的心理压力来自多个方面，包括日常生活、学习、人际关系、恋爱情感、生涯规划、家庭、个人成长等，甚至情绪本身也会带来压力。生活中的压力源通常有四种类型。

（1）生物性压力源。生物性压力源是指直接阻碍和破坏个体生存与种族延续的事件，它通过对人的躯体直接产生刺激作用造成身心紧张状态，包括躯体疾病创伤或疾病、饥饿、性剥夺、睡眠剥夺、噪声、气温变化等。大学生的生物性压力主要来自身体创伤或身体疾病，作息不规律导致的饥

饿感和睡眠不足等。

（2）心理性压力源。心理性压力源是指直接阻碍和破坏个体正常精神需求的内在事件和外在事件。包括错误的认识结构、个体不良经验、道德冲突、不祥的预感以及与学习、工作有关的压力等。大学生主要的心理性压力为经济压力、学习压力、考试压力和就业压力，比如家庭经济状况不佳、学业紧张、课业重、考试准备不充分带来的考前紧张、缺乏学习目标、职业规划不清晰、对就业的担忧、对未来的迷茫等。

（3）社会性压力源。社会性压力源主要是指造成个人生活方式上的变化并要求人们对其做出调整和适应的情境与事件。社会性压力源小到个人生活中的变化，大到社会生活中的重要事件。大学生主要的社会性压力源来自人际关系的压力、恋爱情感压力、突发事件带来的压力。比如与老师、同学、家人人际交往不顺畅，相处不和谐甚至产生矛盾，恋爱过程中出现的各种问题，内心情感问题，重大突发事件比如亲友过世或者遭背叛欺骗等。

（4）文化性压力源。文化性压力源最常见的是文化性迁移，即从一种语言环境或文化背景进入到另一种语言环境或文化背景中，使人面临全新的生活环境、风俗习惯和生活方式，从而产生压力。大学生主要的文化性压力源来自生活压力，比如来到离家较远的城市，风俗习惯、饮食习惯改变，与同学室友相处过程中的生活习惯差异，特别是出国留学生语言不通，文化差异巨大，而无法适应的情况等。

2. 压力反应

压力反应在一定程度上是个体主动适应环境变化的需要，它能够唤起和激发个体的潜能，增强心理承受和抵御压力的能力。但是如果压力引起的身心反应过于强烈和持久，就会带来不良反应。压力反应包括主体察觉到压力源后出现的生理反应、心理反应和行为反应。

（1）生理反应。压力会引起人体中枢神经系统、内分泌系统、消化系统、免疫系统以及皮肤和肌肉的机能发生改变，压力适度的情况下可以调动机体潜在能量，适应压力带来的刺激，但过度的压力会产生机体失调的症状，如心悸、手脚冰冷、头晕目眩、血压升高、肠胃不适、肌肉紧绷、酸痛甚至免疫力下降等。比如有些大学生在考试前由于压力过大会引起多汗、浑身乏力、容易感冒、失眠心悸等不良反应。

（2）心理反应。常言道，化压力为动力，适当的压力可以激发我们内心的潜在能量，使我们能以更积极、有效的状态投入我们所面临的压力情境。但是如果外界压力超过了我们所能承受的范围，压力的消极作用就会显现出来，使我们的心理功能发生紊乱，引发紧张、焦虑、恐惧、烦躁、抑郁、愤怒、精神不振、情绪不稳定等反应。比如大学生由于失恋压力增大时，会出现情绪低落、烦躁不安，对外界事物不感兴趣，甚至抑郁等不良反应。

（3）行为反应。在压力状态下，人们的行为反应有两种：一种是直接的行为反应，即面临紧张刺激时为了消除刺激源而做出的反应，如因学业成绩不理想而发愤图强；因工作时间紧张而提高工作效率。另一种是间接行为反应，也就是为了减少或暂时消除与压力有关的苦恼而采取使自己暂时缓解紧张状态的行为，如借助娱乐、烟、酒、游戏、与朋友交谈、旅游等使自己暂时缓解紧张状态。随着压力的持续，个体在上述两种行为反应中均可能会有过度的表现，如行为退缩、行为失控、与人冲突不断等。比如大学生在就业时压力过大，便会出现行事拖沓、害怕走出校园、逃避现实等不良行为。

3. 压力反应三个阶段

（1）警戒反应阶段。压力事物出现后，在一个很短的时间内，人体会产生低于正常水平的抗拒，这个短时的阻抗会引起人体肠胃失调、血压升高，然后人体做出自我保护性的调节。如果防御性反应有效，警戒就会消退，人体恢复正常活动。大多数短期的压力都会在这个阶段得到解决，这种短时压力也可称为急性压力反应。

（2）抗拒阶段。如果由于有机体不能控制外界因素的作用，或者由于第一阶段的反应没能排除

危机，而使压力仍然持续，那么人体会调动各种资源抵抗压力源，最终或消除压力，或适应压力，或退却。一般情况下都是以抗拒的减少而告终的。

（3）衰竭阶段。个体无法适应长期的压力，脑垂体和肾上腺皮质无法连续分泌激素，个体在短时间内无法继续承受压力，如果压力源持续存在，个体能量将消耗殆尽，导致身体伤害，同时抗拒也会一起衰竭。

4. 压力源、压力反应与疾病的关系

当压力源出现，个体会产生压力反应。压力反应的大小不仅取决于压力源的强度、持续时间，也取决于个体当下的遗传素质、健康状态，对压力的认知评价，个体的人格特征等。比如人类可承受压力的程度，与脑垂体与肾上腺能够分泌多少激素有关；一个健康的、营养充分的人承受压力的程度大于亚健康、营养不良的人；对压力的认识越准确，对抗压力经验越丰富，抗压能力就越强；乐观积极开朗的人抗压力能力要大于悲观消极的人。

个体评估压力可能会引发伤害性、威胁性及挑战性。当个体应对压力的能力和信心不足时就容易产生压力性疾病。包括身体疾病和心理疾病。身体疾病如血糖不稳定，血压升高，导致心血管病；影响消化系统，如结肠炎、胃肠炎；肌肉关节机能下降导致关节炎、滑膜炎；削弱免疫系统导致过敏症、加速人体老化等。心理疾病如心情郁闷、精神萎靡、疲倦、紧张、激动、烦躁不安、忧心忡忡、易怒、情绪波动、失眠、注意力不集中、有攻击性等。

二、挫折的概念

在心理学中，挫折（也称为心理挫折）是指人们在某种动机的推动下，在实现目标的活动过程中，遇到了无法克服或自以为无法克服的障碍和干扰，使其动机不能实现、需要不能满足时所产生的紧张状态和情绪反应。

人们的行为总是由一定的需要和动机引起并指向一定目标的。行为的结果有四种情况：①不需要特别努力就实现了目标；②目标实现过程中遇到各种障碍，个体改变行为，绕过障碍，达到目的；③如果障碍不可逾越，个体改变目标，从而改变行为的方向，以求新需要的满足；④在障碍面前无路可走，无法达到目标，于是产生受挫、沮丧、失意、不满、焦虑等紧张状态和情绪反应，即心理挫折。心理挫折，从客观活动上看，是目标受阻；从主观体验上看，是由于需要的满足受阻或中断而引起的紧张情绪状态。

三、挫折的基本类型

（一）按障碍的来源，挫折可分为外部挫折和内部挫折

1. 外部挫折

这是由于外部障碍而使目的无法实现所引起的挫折。它又可以细分为以下 5 种：

（1）缺乏性挫折，即由于外部条件不充分，致使目的无法实现、需要无法满足而形成的挫折。如由于长时期在家庭、学校得不到父母、老师的认可，一些学生感到自己是一个被遗忘了的人；学习成绩一直不好，得不到老师和同学的赞扬，致使自尊的需要难以满足。

（2）损失性挫折，它是指一直得到满足的需要，由于外部条件的突然变化而不再得到满足所引起的挫折。如一个中学时的优等生，进入大学后，可能成为中等生，甚至差生，原来得到满足的自尊等需要，一下子中断而不能得到满足，产生烦恼、焦虑等，就属此类情况。

（3）障碍性挫折，它是由于受到来自外界的积极的或消极的干扰阻止，而不能达到满足需要的目标所引起的挫折。如有的学生违反课堂纪律受到老师的制止，就是由于受到外部的积极干预；一个学生正在学习，由于另一个学生的捣乱，使之欲学不能，就是受到外部的消极干预。

（4）自然性挫折，如遭遇天灾人祸等。

（5）社会性挫折，它是由于社会的政治、经济、法律、道德、风俗习惯等社会因素，与个人的行为发生抵触而使人产生的挫折。如由于不正之风使自己在就业的竞争中失利而感到的挫折。

2. 内部挫折

这是由于个体内部条件的限制致使需要不能满足而引起的挫折。它可以细分为以下 3 种：

（1）抑制性挫折，是指自己从心底里抑制需要的满足而引起的挫折。如一个学生，当别人问他问题时，他因害怕耽误自己的学习而不愿帮助同学，事后又很后悔，觉得不应该这样做。

（2）缺陷性挫折，指由于生理上的缺陷或其他个体内部条件的缺陷而不能满足需要所引起的挫折。如某学生一心想参加校篮球队，但由于身材太矮，未能如愿。

（3）损伤性挫折，指由于身体突然受到损伤而引起的挫折。如由于意外事故，不能登台演出，从而失去了表现自己艺术才能的机会。

（二）按障碍的内容分类

（1）学习性挫折，是指学习成绩不稳或下降，达不到既定目标，不能考上理想学校，无机会显示自己的爱好和兴趣，求知欲望得不到满足。

（2）交往性挫折，是指由于个性特点造成在人际交往上的障碍，或是由于自身修养差，注重个人利益，自以为是，对自己存在的不足不能正确认识，致使自己在群体中很不受欢迎。

（3）志趣性挫折，如个人的兴趣和爱好不仅得不到家长和老师的支持，反而受到过多的限制和责备等。

（4）自尊性挫折，如得不到老师和同学的信任，常受到轻视和忍受委屈；自我感觉多方面的表现都很好，却没有能评上“三好学生”，没被选上班干部；父母和教师管得严、压得紧，没有自由等。

（5）情境性挫折，是指特定的时空限制所造成的挫折。如孤身在外求学，因为经济条件的限制，节假日不能回家与家人团聚所产生的孤寂感。

四、压力与挫折产生的原因

任何心理压力与挫折，都与其当时所处的情境有关。构成压力与挫折情境的因素是多种多样的，分析起来主要有两大类。

（一）外在的客观因素

1. 自然因素

自然因素是指由于自然发展规律或时空物理环境的限制，使个体的动机不能获得满足的因素。例如自然灾害、台风、地震、酷热、洪水、疾病、事故等。对于大学生来说，发生疾病、家庭遭受自然灾害导致贫困等都可以导致挫折。如正当踌躇满志的大学生收到一个极有影响的工作单位的面试通知，设想着美好的前程之时，一场突如其来的大病使他不能参加面试，从而丧失了应聘的良机而产生的失落感。

2. 社会因素

社会因素是指人在社会生活中所受到的人为限制因素，其中包括一切政治、经济、民族习惯、宗教信仰、社会风尚、道德法律、文化教育的种种约束等。如在市场经济中，市场呼唤人的主体意识，承认个人利益的合理性，鼓励积极竞争和个人发展，要求人们锐意进取、开拓创新，原先的安贫乐道、知足常乐的观念正受到挑战。面对这种变化，如何处理个人与他人、个人与社会、个体发展与社会发展、合作与竞争等关系，往往令成长中的大学生困惑。一方面，原有的价值观还在对其发生着影响；另一方面，他们又希望张扬自己的个性，施展自己的才华。这种冲突会增加大学生的挫折感。

3. 学校环境因素

高校校园环境设施的陈旧、高校教学内容与管理方式的滞后、校园文化的偏差、高校教育体制的改革等学校环境因素，对大学生产生心理挫折有直接影响。

4. 家庭影响

家庭的一些潜在或显性的条件，如家庭的自然结构、家庭的人际关系、家庭的教育方式、家庭的抚养方式以及家长的素质等对大学生的心理挫折都有直接或间接的影响。有关研究表明，大学生的不少心理问题是与家庭生活的不良背景、早期不良家庭生活经历联系在一起的。从小娇生惯养和过分受保护、被溺爱的孩子进入大学后，更容易产生心理挫折。家庭贫穷、双亲不和或单亲家庭的孩子，由于父母对他们过分管制或放任不管，他们上大学后，有些人表现得蛮横无理或做出一些违背社会规范的反常举动；有些人表现出内向、孤僻的性格，很少与人交往，不易表露感情，郁郁寡欢，也容易产生心理挫折。

（二）内在的主观因素

1. 个人的生理、心理条件

个人容貌、身材、体质、能力、知识的不足，使自己所要追求的目的不能达到而产生心理挫折。如知识经验不足或智力一般，在竞争中不能获胜；自身其貌不扬或性格内向，在社会交往中处于劣势等。

2. 心理冲突

需要的冲突、动机的冲突、理想与现实的冲突等，都可使人陷入难以抉择、进退维谷的境地，从而引起心理挫折。在实际生活中，人们常常同时存在若干动机，其中有些性质相似或相反而强度接近，使人难以取舍，便形成了动机的斗争。如在同一时间内，某人既想去参加同学聚会，又想去看科技展览，但不可能两全其美。这就是动机的矛盾斗争，又称动机冲突。

五、大学生的压力与挫折反应

在压力与挫折面前，大学生的心理平衡遭到破坏。大多数情况下，他们感到困扰、不适应，甚至痛苦，这些都会对其行为产生较大的影响。这种反应有的不明显，有的以变相的行为表现出来，有的以积极的方式反映出来。

心理防御机制是指个人在挫折与冲突的情境时，在其内部心理活动中具有的自觉不自觉地解脱烦恼，减轻内心不安，以恢复情绪平衡与稳定的一种适应性倾向。心理防御机制是人应对应激情境的自我保护，也为我们自身构筑起一道心理防护墙与缓冲带。心理防御机制既有积极的，也有消极的。积极的心理防御机制在缓冲心理挫折时，表现出自信、进取的倾向，有助于战胜挫折；而消极的心理防御机制大多表现出退缩、冷漠、逃避的倾向，虽然能暂时缓解内心冲突，但从长远看，会阻碍个体面对现实。正确运用心理防御机制，有利于人生健康发展。

（一）积极心理防御

这种反应方式是正视压力与挫折，承认挫折，正确分析挫折产生的主客观原因，总结经验教训，争取积极的行为方式，最后战胜挫折。它主要表现为坚持、表同、补偿、升华。

坚持：是指个体发现目标难以达到，要求自己做出加倍努力，并要求通过个体不断的努力，使目标最终实现。正如有的学者所说，成功就在于最后的坚持之中。

表同：是指个体在现实生活中无法获得成功时，将自己比拟为某一成功者，借以在心里减弱挫折产生的痛苦；或者迎合能满足自己需要的人，按照他们的希望去支配自己的思想、行动，来冲淡自己的挫折感，并以此求得内心的满足。当一个人在没有获得成功与满足而遭遇挫折时，将自己想象为某一成功者，效仿其优良品质和其获得成功的经验和方法，能够使他的思想、信仰、目标和言

行更适应环境和社会的要求，增强自信心，减轻挫折感。例如，大学生常以一些历史名人、科学家，或小说中所欣赏的人物、老师甚至同学作为自己效仿的对象，建立自己心中的榜样，并依照榜样进行积极的自我激励与自我暗示，用成功代偿挫折。

补偿：即当个体行为受挫时，或因个人某方面的缺陷而使目标无法实现时，往往以新的目标代替原有目标，以其他方面的成功来补偿因失败而丧失的自尊与自信。这就是人们常说的“失之东隅，收之桑榆”。如某大学生没有当上班干部，无机会表现自己的能力，于是便努力使自己的成绩名列前茅。应该注意的是，补偿的行为反应并非都是积极的。由于个体要实现的目标有高尚与平庸之分，挫折后对补偿的选择也有进取与沉沦之别，因而决定了补偿有积极与消极之分。如果补偿选择的新目标和活动符合社会规范和人的发展需要，这时的补偿反应行为是积极的、有益的。如果补偿选择的新目标和活动不符合社会规范或有害于身心，虽然这种补偿的反应行为使自己暂时获得了心理平衡和心理满足，但它无助于心理健康发展，有时还会自暴自弃甚至堕落犯罪，危害他人与社会。

升华：即用一种比较崇高的具有创造性和建设性的目标代替，借以弥补因受挫折而丧失的自尊与自信，以减轻痛苦。升华是最积极的行为反应，从古至今演绎出绵绵佳话。如古之文王拘而演《周易》，仲尼厄而作《春秋》，屈原放逐而赋《离骚》，左丘失明写《左传》，孙膑跛脚修《孙子兵法》，司马迁受辱著《史记》。不仅如此，升华还是一种富有建设性的行为反应。它使人在遭受挫折后，将不为社会认可的动机和不良的情绪移到有益的活动中去，使其转化为有利于社会并为他人认可的行为。

（二）消极心理防御

消极心理防御是指当大学生遭受压力与挫折后所表现出来的带有强烈情绪色彩的非理性行为。常见的情绪行为方式有以下几种：

固执：当个体一而再、再而三地遭受同样的压力与挫折，就会慢慢失去信心，失去随机应变的能力，从而形成刻板的反应方式，固执盲目地重复同样无效的行为。固执行为不同于意志力，在这种行为反应中，个体往往不能客观正确地分析失败的原因，反而采用刻板的方式盲目地重复着某种无效行为。这是一种极不明智的对抗形式。如某大学生多次违反校规校纪而受到批评，却固执地认为自己没错，屡教不改。在大学生中，固执行为往往容易发生在一些性格内向、倔强、看问题片面的大学生身上，以及以情感为纽带形成的消极的大学生非正式团体中。固执是非理智性的消极行为，它往往使人企图通过重复无效动作以对抗挫折压力，这对大学生的成长极为不利。

退化：又称回归，是指当个体受到压力与挫折时，往往表现出与自己的年龄、身份很不相称的幼稚行为，或盲目地轻信他人、跟从他人等。表现出这种行为方式的大学生往往对自己缺乏信心，看不到自己的力量，像孩子一样依赖他人，多指大人小孩状。如某一女生刚入校，参加学生会干部竞选失败了，感到很“委屈”，无法进行理智分析，不能正确对待，不吃饭，也不上课，整天蒙头大睡。

逆反：用通俗的语言来说，就是“你要我朝东我偏朝西”。一般来说，个人的行为方向和他的动机方向应当是一致的。但是，个体遭到挫折后，一意孤行，对正确的方面盲目地持反抗、抵制与排斥态度，这种行为便是逆反。如某大学生因为上课时受到教师的批评，他便采取逃课或不理睬教师的教学等方式来表现出自己的不满。持逆反心理的人为了排除内心的不满，往往会采取一些不符合社会规范、不被允许的愿望和行为，产生一些反社会性行为。

攻击性行为：指大学生在遭受压力与挫折后，在情绪与行动上会产生一种对有关人或物的攻击性抵触反应，以消除来自挫折的痛苦。攻击是一种破坏性行为，这种行为可分为直接攻击和转向攻击。直接攻击是指一个人受到挫折以后，把愤怒的情绪直接发泄到使之受挫的人或物上，如大学里发生的打架斗殴、损害公物等现象。这种行为主要发生在自控力较差、鲁莽的大学生身上。转向攻击是指一个人受到挫折以后，把愤怒的情绪指向其他的人或物身上去。如当受到老师批评时，他们

把怒气发泄到别人或物品上。

不珍惜生命：不珍惜生命是受挫者受挫以后表现出的一种极为消极的行为反应。在现实中，有些大学生对那些突然而来的打击，在得不到外力帮助的情况下，很可能自暴自弃，甚至不珍惜生命，以此来求得内心痛苦的解脱。

总之，积极的行为反应有助于大学生适应压力与挫折、化解困境，有利于他们的成长；消极的行为反应只能起暂时平衡心理的作用，不能解决实际问题，有时会使当事人在一种自我欺骗中与现实环境脱节，降低适应能力，形成一些恶习，埋下心理病患的种子，影响其身心健康和全面发展。大学生应该树立积极的心理防御机制，增强自己的耐挫力，以适应社会的发展。

第二节　压力与挫折的有效应对

一、正确对待压力与挫折

压力与挫折的普遍性：压力挫折是无处不在的。随着科学技术的发展和社会政治、经济改革的不断深入，每个人对所面临的环境、人际关系、工作任务的变化、新的社会行为准则等都存在着如何适应的问题。

压力与挫折的多样性：压力挫折是多种多样的。在我们的一生中，常常会有自然环境的阻力，也有社会环境因素的约束和限制，加之个人自身条件的局限，这些都会阻碍人们达到既定的目标，从而导致形式多样的挫折状况，并通过人们的行为直接影响活动的效果。

压力与挫折的双重性：压力与挫折是一把双刃剑。由于人们对待压力与挫折的认知不同，忍耐压力与挫折的能力不同，所以对待压力与挫折的感受和反应也不同。因此，同一压力与挫折对人们的行为和活动结果可能有积极意义，也可能有消极意义。一定数量和一定强度的压力与挫折能使人们增长才干，培养坚强的意志和克服困难的毅力，提高对环境的适应能力。相反，有的人稍遇挫折则意志消沉、沮丧，一蹶不振，失去前进的动力和目标，对心理的健康发展和所从事的活动产生消极影响。

二、提高大学生自身的压力与挫折承受力

1. 善于调节自我抱负水平

自我抱负水平是指个人对未来可能达到的成功标准的心理需求，是指人们在从事某种实际活动之前，对自己所要达到目标规定的标准。自我抱负水平是自定的标准，仅仅是个人愿望，与个人的实际成就不一定相符合。一般而言，自我抱负水平直接影响个人的学习和生活，一个抱负水平较高的人，往往对自己的要求也较高，因而其学习、工作的效率也就较好；一个抱负水平低的人，对自己的要求低，就会缺乏积极性、主动性，因而其学习、工作的效果也就较差。但是，个人的自我抱负水平必须建立在对自己的实际能力正确认知的基础之上，如果一个人的自我抱负水平总是高于自己的实际能力，那就很难达到预期的目标，很容易遭受挫折。

在现实生活中，不少大学生在学习等方面的挫折都与自我抱负水平的确立不当有关。因此，大学生必须学会根据自己的实际能力正确设定生活的目标，调整自我抱负水平，并在前进中及时调整自己的目标。如果在目标实施过程中，发现自己设定的目标不切实际，前进受阻，就要及时调整目标，以便继续前进。对那些远大目标，要把它分解成中期、近期和当前目标。如对考研，就可以由易到难给自己设定目标，当受到挫折后，及时调整目标，改进方式或方法。这样，就可以在成功中体验到愉快和满足，逐步提高自信心，又能在失败、挫折后不断总结经验教训，最终战胜挫折，取

得最后的成功。必须指出的是，大学生在确立自我抱负水平时，应注意把自己的目标与社会的客观环境条件、社会利益等因素综合起来加以考虑，只有这样才能做出有助于自身、有助于社会的成就来。

2. 正确认识自我和评价自我

由于当代大学生大多没有经历过艰苦生活的磨炼，社会阅历不够丰富，他们往往对自我的认识与评价不到位，要么高估，要么低估。他们一般有着极强的成就动机，总想出人头地、大展宏图，因而对自己的目标定位过高。但是，社会环境总是非常复杂的，面对激烈的竞争压力，大学生又缺乏迎接挫折与困难的心理准备，常常在挫折面前表现得信心不足，迷惘无措，情感表现得敏感、脆弱。因此，首先，大学生必须正确认识自我和评价自我。正确地认识自我和评价自我，就是指大学生应根据自己的学习要求和成长要求，恰当地分析自身的长处和不足，对自己的不足要有充分的了解，这样才能扬长避短，取长补短，实现自我价值。其次，要根据自己外部条件和内在条件的变化及时调整自己的期望水平、抱负水平，避免一些无谓的“碰壁”与“撞墙”。

3. 确立合理的自我归因

在生活中，人们对自己行为的成功与失败进行归因是一件很平常的事，然而在这一过程中形成的归因倾向对人的心理承受力有很大的影响。心理学家的研究表明，在归因中，有些人倾向于情境归因，认为外部复杂且难以预料的力量是主宰行为的原因。如一个学生认为自己成绩不好主要是由于教师教学水平低或是考卷难度太大。有些人倾向于本性归因，即认为自身的努力、能力等因素是影响事情发展与行为结果的主要原因。例如一个学生认为自己成绩不好，是由于学习不够努力造成的。一般来说，能进行本性归因的学生对自己的行为与学习有更多的自我责任定向与积极态度，但是从对失败的归因方面来看，由于他们倾向于把主要原因归于主观因素，因此他们容易自我埋怨、自我责备。如果这种自责、悔恨过多，就会给他们带来挫折感和心理损伤。因此，大学生首先要学会多方面收集关于事件的信息，了解困难的原因所在；其次要学会合理归因，避免归因的片面性，要学会实事求是地承担责任，克服过分承担或完全推诿责任的倾向，避免过多自责带来的挫折感；最后要积极采取措施主动改变挫折情境因素，从而有效应对挫折。例如，在学习过程中发现最近学习效率不高，在通过原因分析并解决内在问题的同时，可以尝试改变学习地点、学习时间，或改变学习科目的顺序、学习结构等，以避免学习效率不高给自己带来的压力和困扰。

4. 增强压力与挫折认知水平

个体对压力与挫折的反应和承受能力不仅取决于压力与挫折情境本身，更重要的是取决于其对挫折的认知水平。既然压力与挫折是社会生活的组成部分，是不可避免的人生经历，大学生就应该正确地认识压力与挫折、战胜压力与挫折，并把压力与挫折作为成功的阶梯。

要正确地认识压力与挫折，首先，大学生应该认识到压力与挫折的两重性：即压力与挫折一方面对人有消极的影响，如压力与挫折会影响个体实现目标的积极性，降低个体的创造性思维水平，损害个体的身心健康等；另一方面它也有积极的作用，如压力与挫折能增强个体情绪反应的力量，增强个体的容忍力，提高个体对压力与挫折的认识水平。因此，辩证地看待压力与挫折的两面性，就能够变不利因素为有利因素，化消极因素为积极因素，促使压力与挫折向积极方面转化。其次，大学生还应学会对客观事物和压力与挫折情境进行正确认识。如有的学生因一次考试不及格就悲观失望，甚至自暴自弃。这种表现是由于他的错误认知导致的。人生的道路总是崎岖不平的，一次失败并不能够代表他的全部。每个人成才的道路和成功的机会是很多的，只要自己努力，就一定会有一个崭新的未来。

5. 构建成熟的心理防御机制

心理防御机制是挫折发生后，人在内部心理活动中所具备的有意或无意地摆脱挫折造成的心理

压力、减少精神痛苦、维护正常情绪、平衡心理的种种自我保护方式。心理防御机制的意义有积极和消极之分。其积极意义在于能够使主体在遭受困难与挫折后减轻或免除精神压力，恢复心理平衡，甚至激发主体的主观能动性，激励主体以顽强的毅力克服困难，战胜挫折。其消极意义在于使主体可能因为压力的缓解而自足，或出现退缩甚至恐惧心理而导致心理疾病。受挫后的心理防御机制有很多，但有利于大学生成长的积极心理机制主要表现为升华、补偿等。升华的心理防御机制能够使大学生在遭遇挫折后，把内心痛苦化为一种动力，转而投入有益的生活与学习中，这无疑是人们在挫折后的最佳应对方式。补偿、幽默等心理防御机制能使大学生获得平衡心理，保持自尊，减轻内心的痛苦和焦虑，因而它们也是受挫后较理想的心理防御方式。另外，合理的情绪宣泄也是缓解大学生受挫后心理紧张和焦虑，保持其身心健康的有效机制之一。总之，构建成熟的心理防御机制，不仅有助于大学生提高自身的心理健康水平，而且也有助于大学生自信心的培养与意志力的磨炼。

6. 建立和谐的人际关系

大学生在面对压力与挫折时，除了积极改变自我之外，还应学会交往，与他人建立良好的人际关系，这对压力的缓解是很有帮助的。交往是人们为了交流思想和感情而彼此相互作用的过程，它使人们在互动过程中相互了解、相互依赖，形成稳定的心理联系，满足人们的情感需要。同时，由交往形成的人际关系也可以满足人的归属、情谊、认可等社会性需要。因此，学会交往，建立良好的人际关系是提高大学生应对压力与挫折能力的有效手段之一。人生路途漫漫，顺境时切莫得意忘形，不要被成功冲昏了头脑；逆境时也莫逃莫避，应奋起直追，一如既往地驶向彼岸，以自信的灿烂微笑去迎接挫折，最终你将在压力与挫折中汲取宝贵的营养，获得思维的升华，从而成功地实现自己的理想。

三、积极寻求战胜压力与挫折的调适方法

自我暗示法：自我暗示的实质是自觉地诱发积极的、良好的心理状态，即利用心理状态的可变性，主动地使消极的、不良的心理状态转变成积极的、良好的心理状态。自我暗示法分为语言性自我暗示、动作性自我暗示、情景性自我暗示和睡眠性自我暗示等。

想象脱敏法：这也是一种对付紧张和焦虑的有效方法。其特点是，通过在想象中对现实生活里的挫折情境和使自己感到紧张、焦虑的事件预演，学会在想象的情境放松自己，从而提高能在真实的挫折情境中和紧张场合下对付各种不良情绪反应的能力。

呼吸调节法：呼吸调节法是运用特殊的呼吸方法以控制呼吸的频率和深度，从而提高吸氧水平和增强身体活动能力，改善心理状态的方法。如深呼吸练习、叹气练习、充分自然式的呼吸练习和充分自然呼吸加想象练习等。

疏泄方法：在产生受挫折心理后，不少人往往情绪紧张，日思夜想，非常苦闷，既影响身体健康，又影响学习。只有创造一种环境，自由表达自己的情感，使这种紧张的情绪发泄出来，使之达到心理上的平衡，才能使人恢复理智状态。

审查目标法：人的活动都是有目标的，脱离实际的目标只能给人带来挫折和失败。采用审查目标法，就是帮助遭受挫折、产生受挫折心理的大学生审查原目标是否符合实际。如果不符合实际或超越实际，就应当重新修订目标。

四、积极寻求社会支持

哲学家培根说：“当你遭遇挫折而感到愤懑抑郁的时候，向知心挚友的一席倾诉可以使你得到疏导，否则这种积郁会使人致病……只有对朋友，你才可以尽情倾诉你的忧愁与欢乐、恐惧与希望、猜疑与劝慰。总之，那沉重地压在你心头的一切，通过友谊的肩头而被分担了。”

大学生在遇到压力与挫折时，不要把自己封闭起来，应尽快找自己的好友或家人进行沟通，寻

求他们的支持和帮助。当受挫后陷入极端恶劣的情结中不能自拔，亲朋好友也无能为力时，大学生应该主动放弃偏见，学会寻求心理咨询，在专业咨询人员的指导下及时疏导负面情绪，以维护身心健康。

思考题

1. 谈谈压力和挫折在人生发展中的积极意义。
2. 如何评价自己的压力和挫折承受能力和应对能力？

第二十一章　大学生人际交往

交往是人类健康成长的基本条件，无论人生的哪个阶段，都离不开人际交往。人一生的成长、发展、成功和幸福是与和他人的交往相联系的；人一生的愉快、烦恼、快乐、悲伤、爱与恨等，也同样与和他人的交往分不开。人际交往不仅决定着大学生学习积极性与创造性的发挥，而且也直接决定着他们的心理健康。如果人际交往良好，就会产生积极的心理适应，使人心情舒畅地学习与生活，如果人际交往不良，就会造成人际关系失调，引起消极的心理适应，使人心情苦闷，紧张不安。人际关系的状况是一个人心理健康水平、社会适应能力的综合体现。对于正在学习、成长之中的大学生来说，培养良好的人际交往能力，不仅是大学生活的需要，更是将来走向社会的需要。

第一节　人际交往概述

一、人际交往的含义

交往是人健康成长的基本条件。所谓人际交往是指人运用语言或非语言符号交换意见、交流思想、表达感情和需要的过程。人际关系是通过交往而形成的人与人之间的心理关系，反映的是人与人之间的心理距离。人际交往与人际关系是相互联系的统一体。人际交往维持着人类社会的存在。心理学家研究表明，在正常情况下，一个人除了睡眠以外，其余70%以上的时间都花在了人与人之间直接或间接的交往上。人际交往还能维持人的心理健康，而健康的心理对于我们每个人来说，又是很重要的。如果人的交往需要不能获得满足，就可能产生各种各样的不良情绪，甚至影响人的心理健康。

二、大学生人际交往的意义

（一）人际交往是维护大学生身心健康的重要途径

（1）人际交往影响大学生的生理和心理状况。处于青年期的大学生，思想活跃，感情丰富，人际交往的需要极为强烈，人人都渴望真诚友爱，大家都力图通过人际交往获得友谊，满足自己物质和精神上的需要。但面对新的环境、新的对象和紧张的学习生活，一部分学生心理矛盾加剧。此时，积极的人际交往，良好的人际关系，可以使人精神愉快，充满信心，保持乐观的人生态度。一般说来，拥有良好人际关系的学生，大都能保持开朗的性格，热情乐观的品质，从而正确认识、对待各种现实问题，化解学习、生活中的各种矛盾，形成积极向上的优秀品质，迅速适应大学生活。相反，如果缺乏积极的人际交往，不能正确地对待自己和别人，心胸狭隘，则容易形成精神上、心理上的巨大压力，难以化解心理矛盾。严重的还可能导致病态心理，如果得不到及时的疏导，可能形成恶性循环而严重影响身心健康。

（2）人际交往影响大学生的情绪和情感变化。处于青年发展期的大学生，正处在人生的黄金时代，在心理、生理和社会化方面逐步走向成熟。但在这个过程中，一旦遇到不良因素的影响，就容易导致焦虑、紧张、恐惧、愤怒等不良情绪，影响学习和生活。实践证明，友好、和谐、协调的人

际交往有利于大学生对不良情绪和情感的控制和发泄。

（3）人际交往影响大学生的精神生活。大学生情感丰富，在紧张的学习之余，需要进行彼此之间的情感交流，讨论理想、人生，诉说喜怒哀乐。人际交往正是实现这一愿望的最好方式。通过人际交往，可以满足大学生对友谊、归属、安全的需要，可以更深刻、更生动地体会到自己在集体中的价值，并产生对集体和他人的亲密感和依恋之情，从而获得充实的、愉快的精神生活，促进身心健康。

（二）人际交往是大学生成长成才的重要保证

（1）人际交往是交流信息、获取知识的重要途径。现代社会是信息社会，信息量之大，信息价值之高，是前所未有的。人们对拥有各种信息和利用信息的要求，随着信息量的扩大，也在不断地增长。通过人际交往，我们可以相互传递、交流信息和成果，丰富经验、增长见识、开阔视野、活跃思维、启迪思想。

（2）人际交往是个体认识自我、完善自我的重要手段。人际交往，可以帮助我们提高对自己的认识，以及自己对别人的认识。在人际交往的过程中，彼此从对方的言谈举止中认识了对方。同时，又从对方对自己的反应和评价中认识了自己。交往面越宽，交往越深，对对方的认识越完整，对自己的认识也就越深刻。只有对他人的认识全面，对自己认识深刻，才能得到别人的理解、同情、关怀和帮助，自我完善才可能实现。

（3）人际交往是一个集体成长和社会发展的需要。人际交往是协调一个集体关系、形成集体合力的纽带。一个良好的集体，能促进青年学生优良个性品质的形成。如正义感、同情心、乐观向上等都是在民主、和睦、友爱的人际关系中成长起来的。良好的人际关系还能够增进学生集体的凝聚力，成为集体中最重要的教育力量。

三、大学生人际交往的心理效应

在人际交往的过程中，常常会发生这样的情况：开始时很欣赏对方，觉得能交到这样的朋友是自己的幸运。慢慢地，这种热情会减弱，甚至逆转，他再也不是那样完美。是这个人变了吗？其实在人际交往中存在很多心理效应，了解一些心理现象，有助于我们对人际交往的改善。

（1）首因效应。首因，即最初的印象，或称第一印象。在人际交往中，人们往往注意开始接触到的信息，如对方的表情、身材、容貌等，而对后来接触到的不太注意。这种由先前的信息而形成的最初的印象及其对后来信息的影响，就是首因效应，即我们常说的“先入为主”。形成第一印象所依据的信息是有限的，也不一定是真实可靠的。正所谓“路遥知马力，日久见人心”。

（2）近因效应。近因效应是指在多种刺激依次出现的时候，印象的形成主要取决于后来出现的刺激，即交往过程中，我们对他人最近、最新的认识占了主体地位，掩盖了以往形成的对他人的评价，因此也称为“新颖效应”。多年不见的朋友或老同学，在自己的脑海中的最深的印象，其实就是临别时的情景。首因效应和近因效应不是对立的，而是一个问题的两个方面。在对陌生人的认知中，首因效应比较明显；而对熟识的人的认知中，近因效应作用明显。

（3）光环效应。光环效应又称晕轮效应，是指在人际交往中，人们常因对方所具有的某个特性而泛化到其他有关的一系列特性上，从局部信息形成一个完整的印象，即根据少量的情况对别人做出全面的结论。所谓“情人眼里出西施”，说的就是这种光环效应。光环效应实际上是个人主观推测泛化的结果。在光环效应状态下，一个人的优点或缺点一旦变为光环被扩大，其优点或缺点也就隐退到光环的背后，被人视而不见。

（4）投射效应。投射效应即在人际认知过程中，人们常常假设他人与自己具有相同的属性、爱好或倾向等，常常认为别人理所当然地知道自己心中的想法。与人交往时把自己具有的某些观念、性格、态度或欲望转移到别人身上，认为别人也是如此，以掩盖自己不受欢迎的特征。“以小人之心，度君子之腹”就是一种典型的投射效应。为了克服投射效应的消极作用，我们应该客观地认识

自己和他人，并做到严于律己，客观待人，尽量避免以自己的标准去判断他人。对方并非如我们所想象的那样，只有尝试了才会知道。

(5) 刻板效应。刻板效应实际就是一种心理定式，是指人在长期的认知过程中所形成的关于某类人概括而笼统的固定印象。有些人总是习惯于把人进行机械的归类，把某个具体的人看作某类人的典型代表，把对某类人的评价视为对某个人的评价，因而影响正确的判断。刻板印象常常是一种偏见，人们不仅对接触过的人会产生刻板印象，还会根据一些不是十分真实的间接资料对未接触过的人产生刻板印象，例如，老年人是保守的，年轻人是爱冲动的；北方人是豪爽的，南方人是善于经商的等。

第二节　大学生人际交往的特点与问题

一、大学生人际交往的特点

从交往心理看，大学生交往呈多元与开放交往。大学生渴望友谊，渴望结交更多的朋友，交流更多的信息，接受更多的新思想。在这种心理的作用下，大学生的人际交往呈现出前所未有的开放式交往趋势，表现出以下特点：

(1) 交往范围扩大。交往对象由以前的亲缘、朋辈交往转向更广泛的社会交往群体。同学交往不局限于同班同学，而逐渐发展到同级、同系甚至是同校的可认识的所有同学；不仅包括同性交往，异性交往也是同学交往的重要方式。

(2) 交往频率提高。交往由偶尔的相聚、互访发展到较为经常的聊天、社团活动、聚会、体育活动、娱乐、结伴出游以及其他一些集体活动。

(3) 交往手段多元化。形成以寝室为中心，社会工作和网络社交占主导的交往方式。电子网络的发展为大学生的交往提供了更加广阔的交往空间，交往手段的发展使大学生的人际交往变得更方便、更快捷，交往距离更远，交往范围更广。大学生的网络人际交往是在网络空间里进行的一种新型人际互动方式。网络人际交往给大学生的生活方式、价值观念带来的挑战和改变是前所未有的。然而，大学生虽然主动追求开放式的人际交往，但由于时间、精力、生活环境、经济条件等方面的限制，交往的主要场所仍然在校园内，中心是学生的寝室。

(4) 从交往目的看，情感型交往与功利型交往并重。随着社会的发展变化，大学生在社交目的上也趋于“理性化”，选择什么样的人交朋友，并不纯粹是出于情感和志同道合，交往的动机已变得很复杂。可以说，大学生的人际交往在注重情感交流的同时，越来越注重与自身社会利益相关的务实性，呈现出情感型交往与功利型交往并重的趋势。

二、影响大学生人际交往的主要因素

在人际交往的实践活动中，人们都存在不同程度的恐惧心理，只是每个人的反应程度不同。有一部分大学生在这方面反应特别强烈，由于害羞、自卑等心理的作用，在与人交往时显得特别紧张，心跳气喘，面红耳赤，两眼不敢正视对方；在与人交谈时显得语无伦次、词不达意；尤其在人多的场合或者在集体活动中更感到恐惧，不敢表现自己。影响大学生人际交往的主要因素有环境、空间距离、交往频率、背景、需要、交往态度、人格特征等。从心理咨询和大学生的日常生活中我们不难发现，有的大学生因缺乏人际交往技巧和人际交往经验，有的因性格内向或对人际交往的认知有偏差，导致人际关系的紧张。概括起来讲，影响大学生人际交往的因素主要有以下几个方面：①人际吸引的影响因素。人际吸引是指在人际沟通过程中所形成的对他人的一种特殊形式的社会态

度。在沟通中，人与人之间是吸引还是排斥，是喜欢还是厌恶，除了受深刻的社会、经济等因素影响外，从心理学角度看，还受其他一些更为直接的、具体的因素的影响。这些因素构成了人们之间吸引或排斥的基本规律。主要有熟悉的程度吸引、有气质的外表吸引、共同兴趣和相似背景吸引、出众的能力吸引、人格力量吸引等。②人际交往的心理效应。社会心理学研究表明，在人际交往中有一些非常有趣的心理现象，科学地用好人际交往中的心理效应对大学生很有意义。主要有首因效应、近因效应、光环效应、投射作用、刻板印象等。应该看到，人际交往中的这类心理现象常常是许多人在不知不觉中产生的，而且在心理学上也能找到与人对应的理论，但它们会对人际交往带来不同程度的影响。因此，因势利导，扬长避短，方可使人际交往变得更令人满意。

三、大学生人际交往中常见的心理障碍

(1) 羞怯心理。害羞是普遍存在的心理现象。年轻人面对新环境的交往活动，常常表现出害羞、胆怯、拘谨、不自然，但是随着年龄增长，交往的频繁，害羞心理逐步减弱与消失。羞怯心理的产生有两个方面的因素：一是先天遗传的神经活动类型；二是后天的心理活动发展的结果。主要的因素是后者，性格是可以发展变化的，后天的实践起决定作用。过于自卑、神经敏感、害怕失败等心理，时间一长，在反复的交际中就形成了心理定式。如果不有意识地锻炼自己，改变这种状况，羞怯心理就会成为交际心理障碍。

(2) 猜忌心理。猜忌心理基于对他人的不信任，如对他人的能力不信任或对他人的品行与好意不信任。有些人在社交中，往往爱用不信任的目光审视对方，无端猜疑，捕风捉影，说三道四，如有些人托朋友办事，却又向其他人打听朋友办事时说了些什么，结果影响了朋友之间的关系。与人相处，应该保持真诚的情感。

(3) 嫉妒心理。嫉妒是担心别人超过自己引起的抵触情绪的体验，是心胸狭窄、自私自利、唯我独尊的心理表现。巴尔扎克说嫉妒潜伏在人心底，如毒蛇潜在穴中，嫉妒者比任何不幸的人更为痛苦，别人的幸福和他自己的不幸都将使他痛苦万分。

(4) 自卑心理。自卑有多种表现形式，最明显的表现是退缩或过分地争强好胜，这些都妨碍一个人积极而恰如其分地与他人交往。一般来说，自信的人容易与人相处，他们往往显得乐观、宽容，能客观评价自己和他人。一个有充分自信的人，就不会时时为疑心所扰，他们有充分的安全感，而自卑的人则容易消极地评价自己，认为自己不如他人。

(5) 自负心理。自负心理基于对自己的能力和学识评价过高、自尊心过强等。有自负心理的人，往往很少关心别人，与他人关系疏远。这种人时时事事都从自己的利益出发，从不顾及别人；不求于人时，对人没有丝毫的热情。这种人也较固执，唯我独尊，喜欢将自己的观点强加于人，在明知别人的观点正确时也不愿意改变自己的态度或接受别人的观点。此外，这种人有很强的自尊心，事无巨细，都不希望或不愿意别人在他之上，对别人的成绩与成功非常嫉妒，对别人的失败幸灾乐祸，不向别人提供任何有益的信息。同时，这种人有明显的嫉妒心理。

(6) 功利心理。有的人认为交朋友的目的就是为了“互相利用”，只有对自己有用、能给自己带来好处的朋友才交往，而且常常是“过河拆桥”。这种贪图财利、占别人便宜的不良心理，会使自己的人格受到损害。有些人对与己无关的事情，冷漠看待、不闻不问，或者言语尖刻、态度孤傲。

第三节　建立良好的人际关系的原则和方法

人际关系状况是一个人心理健康水平的体现，人际交往能力是一个人适应社会的标志。一个想要在现代社会生活中有所作为的青年学生，应努力培养自己交往的能力。这不仅要克服交往障碍，更要了解良好的人际交往原则以及成功交往的技能与艺术。

一、形成正确的交往态度

大学生要建立良好的人际关系，必须具备适度的自我价值感，只有具备独特的自我价值和尊严，才能理解他人的独特价值并懂得尊重他人。是否具有这种适度的自我价值感，往往会影响人际交往的模式。美国著名的心理学家爱利克·伯奈依据对自己和他人所采取的基本生活态度，提出了四种人际交往心理模式：我不好—你好，我不好—你也不好，我好—你不好，我好—你也好。

二、明确人际交往的一般原则

人的行为都是在一定的观念指导下进行的。积极、全面而良好的交往认知是健康交往的基础。为了使自己的交往行为能引起交往对象良好的反应，引发积极的交往行为，在交往中应遵循一定的原则。

（1）平等原则。平等是建立良好人际关系的前提，也是人际交往的第一原则。社会心理学的研究发现：人际关系的基础是人与人之间的相互支持、相互重视。大学生来自祖国的四面八方，年龄、经历、知识结构、文化水平相似，虽然家庭出身、经济状况、个人能力有所不同，但并无高低贵贱之分。只有平等相处、将心比心、以情换情，达到相互间的心理平衡与理解，人际关系才会更加协调和融洽。

（2）真诚原则。交友之道在于豁达与坦诚，只要把自己的真心付出，就一定能够赢得同学的友谊。真诚是大学生高尚品德的重要体现，也是大学生在人际交往中最有价值、最重要的一种特征。以诚待人是人际交往得以延续和深化的保证。交往中要真诚待人，要言行一致，文明礼貌，不要虚情假意，也不要冷嘲热讽，才能建立良好的人际关系。

（3）宽容原则。宽容表现在对非原则问题不斤斤计较，能够大度容人，宽以待人，求同存异，以德报怨。宽容有助于扩大交往空间，滋润人际关系，消除人际的紧张和矛盾。人际交往过程中难免会遇到一些不愉快的人和事，如果耿耿于怀，必然导致恶性循环。学会宽容、忍耐和克制，要承认每个同学之间的差异，允许不同的思想观点、见解和行为方式的存在，要有宽容心态去对待别人的错误与缺点。宽容是赢得友谊的重要条件，没有人愿意与一个心胸狭窄、气量小、多疑善变的人做朋友。能以宽容的心态、博大的胸怀接纳各种各样的人物和观点，求大同而存小异的人，会给朋友以心理上的安全感，自己也会在与朋友的交往中获得愉快的感觉。

（4）尊重原则。每一个人都有自尊心，都希望别人的言行不伤及自己的自尊心。自尊心是以自我价值感来衡量的。大量的心理学研究证明，任何人在人际交往过程中都有明显的对自我价值感的维护的倾向。因此，他人在人们的自我价值感确立方面具有特殊的意义。别人的肯定会增加人们的自我价值感，而别人的否定会直接威胁到人们的自我价值感。我们在同他人交往时，必须对他人的自我价值感起积极的支持作用，维护他人的自尊心。如果我们在人际交往中威胁了他人的自我价值感，那么会激起对方强烈的自我价值保护动机，引起他人对我们的强烈拒绝和排斥情绪。此时，我们是无法同他人建立良好的人际关系的，已建立的人际关系也会遭到破坏。

（5）信用原则。信用是指一个人诚实、不相欺、遵守诺言，从而取得他人的信任。随着我国改

革开放步伐的加快和社会主义市场经济的逐步建立，现代社会竞争日趋激烈，在此背景下，信用原则显得尤为重要，并关系到一个单位或个人的社会声誉及事业的成败。对大学生来说，信用是大学生立足校园和社会的第二张身份证。在大学学习期间，凭借个人信用，可以申请国家助学贷款，解决学费和生活费所带来的经济困扰。在与同学交往的过程中，凭借个人信用，可以取得他人的充分信任和认可。一个不讲信用的人是很难赢得别人的信任、接纳与友谊的，也很难建立良好的人际关系。

三、人际交往的技巧

人际交往是一种能力，也是一种技术，可以通过学习和训练来培养和提高。为了建立良好的人际关系，还必须掌握一些人际交往的技巧。

1. 换位思考

这对建立良好的人际关系很重要。如果我在他的位置上，我会怎样处理？经常站在对方的角度去理解和处理问题，一切就会变得简单多了。一般而言，善于交往的人，往往善于发现他人的价值，懂得尊重他人，愿意信任他人，对人宽容，能容忍他人有不同的观点和行为，不斤斤计较他人的过失，在可能的范围内帮助他人而不是指责他人。懂得“你要别人怎样对待你，你就得怎样对待别人”；懂得“己所不欲，勿施于人”；懂得“得到朋友的最好办法是使自己成为别人的朋友”。

2. 给人以真诚的赞美

“人性中最深切的品质，是被人赏识的渴望。”心理学家认为，赞美能释放一个人身上的能量，调动人的积极性。人人都喜欢别人的赞美。称赞是全天下最便宜的礼物。会赞美别人是一种能力。

3. 给人以友善的微笑

如果说，有的人认为自己拙于言表，实在不善于赞扬，那么可以微笑。在与同学的交往中，真诚的微笑往往也会给人留下美好而深刻的印象。有笑容的人在从事管理、教学、经商等职业时会更有成效。据说，一个纽约大百货公司的人事经理宁愿雇用一名有可爱笑容而没有念完大学的女孩，而不愿意雇用一个摆着扑克面孔的哲学博士。当然，我们所说的微笑是指真正的微笑，真正的微笑是真诚的，是发自内心的，只有这种微笑才能给人以温暖的感觉。

4. 记住对方的名字

记住对方的名字，并把它叫出来，等于给对方一个很巧妙的赞美。如果你的名字被别人所记忆，尤其是事隔多年还能被人所记得，这说明你在他的心目中是重要的、有地位的、有分量的。这使你获得了一种被人重视的成就感或被人记住的亲切感，这就等于赞赏了你，肯定了你。同样，你能记住别人的名字，尤其是分别多年以后仍能记住对方的名字，对方会为此而感到兴奋、激动。相反，你若是把他的名字忘了，或写错了，你就会处于非常不利的地位。记不住与你有关的人的名字是一种失礼，给对方一种被遗忘的感觉，对方与你交往的热情自然会锐减几分。如果你想得到别人的喜欢，请你学会记住别人的名字。

5. 保持适当的交往距离

朋友之间保持一定的距离是很必要的，只是不同程度的朋友其距离的大小可以有区别。这里所说的距离，主要指的是应有的礼貌和尊敬。有些人一旦与人混熟了，就丢掉了分寸感，进入了所谓不分彼此的境界。物极必反，一到了这种程度，友情就容易走向反面了。因为一旦没了距离，就势必会侵入别人的私人空间，给人造成不悦。

6. 善于宽容他人

世上无十全十美之人。不能根据自己的兴趣和爱好对他人苛求。若想要求自己的朋友没有一点缺点，就可能没有一个朋友。固执地追求完美之人，只能失去朋友，失去友谊，从而失去自我。因

而，在交往中，要将心比心，善于谅解他人，宽容他人。

7. 切忌自我投射

自我投射是指内在心理的外在化，即以己度人，把自己的情感、意志等特征投射到他人身上，以为他人也如此。自己想干什么事，就以为别人也同自己一样想干。自己对某人有看法，就认为对方也在跟自己过不去，结果往往对他人的情感、意向作出错误评价，造成人际交往障碍。大学生在人际交往中应注意避免劣性投射倾向，正确地理解别人。对别人的行为，不要轻率地下结论，应多观察，多了解，多分析，任何时候都不要完全以自己的立场和标准去推断他人，必要时应调换位置，设身处地地在别人的立场上多想想，才能在人际交往中减少失误。

8. 形成良好的交往风度

风度是一个人心理素质和修养水平的外在体系，它能够反映一个人的道德品质、学识教养、人格态度，直接决定个体在他人心目中的形象。大学生应有怎样的人际交往风度，建议如下：

（1）给人留下良好的第一印象。第一印象是初次见面所留下的印象。第一次见面给对方留下什么样的印象是非常重要的，它具有先入为主的特性，往往是决定双方是否继续进行交往的关键。如果第一印象不好，在以后很长时间内两人的彼此了解都会受到影响，这就是我们常说的首因效应。一般在首次交往中，最容易引起别人注意的是对方的精神风貌，如长相、面部表情、身体的姿态、言语、行为表现、衣着服饰等。这些因素综合在一起构成人们的仪表吸引力。

（2）善于交谈。俗话说，一样话，十样说。一句话让人笑，一句话让人跳，可见交谈中同一句话会由于语气、语调、面部表情和当时的情景不同而出现不同的含义。交谈成功与否不仅取决于交谈的内容，而且取决于交谈方式、方法。大学生在与他人交谈过程中应掌握如下一些技巧：谈话时让对方先说，可以显示自己的谦逊，并借此机会观察对方；最好不要谈论对方的隐私和忌讳的话题；谈话中要显示自己的谦虚，让对方接受。

（3）善于倾听。生活中学会倾听，是一项重要的交往艺术。越是善于倾听他人意见的人，人际关系就越融洽，因为倾听本身就等于告诉对方“你是一个值得我倾听、讲话的人”，从而表现出对他的尊重，这在无形之中就会提高对方的自尊心，加深彼此的感情。在倾听对方谈话时应掌握以下一些技巧：精神集中，表情专注，经常与对方交流目光；适时的赞许性地点头、微笑，以及重复一些你认为重要的话，表示你在注意倾听，鼓励对方继续讲下去；在交谈中若有疑问，可提出一些富有启发性和针对性的问题，对方会感到你对他的话很重视，有知己的感觉；用自然、真诚的表情呼应对方的谈话。

四、人际交往不良心理的调试

1. 自卑心理的调适

自卑是一种对自己怀疑、否定、不满意从而产生的情感体验。自卑心理会导致敏感、压抑、怯弱等不良情绪，自卑的个体总是会觉得自己各个方面不如他人，从而倍感压力。如同作茧自缚，自卑这层茧不冲破，就难以走出孤独。进入大学后，有些大学生发现“人外有人，天外有天”，由于相貌、经济、学习能力等方面与别人有一定差距，便会加重自卑心理。严重的自卑心理会给大学生心理和生活带来精神上的负担。

（1）增强自信，克服自卑心理。大学生应充分发挥自身才华和优势，抓住并创造机会锻炼自己，感受成功的喜悦，增强自信心，从而克服自卑心理，比如积极参加校园社团活动，竞选学生会干部，参加各项比赛和社会实践活动等。只有这样才能使自己得到锻炼，增强自信心，尤其要有意识地加强同性格开朗乐观的人进行交往，这样更有助于克服自卑心理。

（2）正确地认识和接纳自己。要消除自卑心理，必须学会多方面、多途径地了解和认识自己，并能够正确地进行自我评价和正确地接纳自己。不但能认识和接纳自己的长处，而且也能容忍和接纳自己的短处。要正确认识自己并接纳不完美的自己，比如个体有生理缺陷及家境贫寒时。一个人的生理条件与家庭是自己无法选择的，没有必要过于自卑。要认识到只有通过不断增长知识，提高自身的全面素质和能力，才有可能改变自己的家庭状况，减轻生理缺陷的影响。

(3) 进行积极的自我暗示、自我鼓励，吸引力法则告诉我们，如果经常想着一件好的事情，或者好的方面，它就会发生。所以我们要学会积极、肯定地自我暗示，改善自我形象，积极参加社交。要暗中鼓励自己“一定行”，竭尽全力争取成功。这样我们就会变成我们想要的自己。比如在公共场合要有积极的心理暗示：别人能做到的事情，我也能做到。这样就可以勇敢地迈出第一步，变成受欢迎的自己。

(4) 积极与人交往。大胆交往不怕挫折，善于在交往中挫折中总结经验，吸取教训，改进方法，提高交往能力。自卑的人往往容易把自己孤立起来，并形成恶性循环，越怯于交往，就越自卑。尽量积极地与人交往，并通过成功的交往开阔自己的胸怀，克服自卑心理。

2. 自傲心理的调适

自傲心理是大学生人际交往中常见的心理问题。自傲心理是指过高地评价自己，总觉得自己优于别人，盛气凌人，自夸自大，自以为是，甚至不愿与别人为伍。只关心自己的需要，强调自己的感受而忽视他人，很少考虑对方的反应。自卑与自傲的性质相反，也有一定程度的联系。外在的自卑往往由内在的自傲引起，外在的自傲则源于内在的自卑。自傲心理是非常不利于大学生人际交往的，可以通过以下方式来进行调节：

(1) 接受批评是根治自傲的最佳办法。认识自傲心理的危害。每个人都有自尊的需要，如果苛求于人，傲视别人，就会产生对别人的鄙视和疏远，从而导致人际关系紧张。自傲者大多不愿意改变自己的态度或接受别人的观点，接受批评正是针对这一特点提出的方法。它并不是让自傲者完全服从他人，只是要求他们能够接受别人的正确观点，通过接受别人的批评，改变过去固执己见、唯我独尊的形象。

(2) 与人平等相处。平等相处就是要求自傲者以一个普通成员的身份与别人平等交往。自傲者视自己为上帝，无论在观念上还是行动上都要求别人服从自己。但是人与人在人格上和法律地位上都是平等的，要学会尊重他人，平等待人，与人和谐相处。

(3) 全面认识自己。自傲者多数只看到自己的长处，看不到自己的短处，总拿自己的长处与别人的短处相比较。但是常言天外有天、人外有人。既要看到自己的优点和长处，又要看到自己的缺点和不足，不可“一叶障目，不见泰山”，把别人看得一无是处。所以说自傲者只要提高自我期望值，就会发现自己的才能和学识的不足，从而自觉地克服自傲心理。

(4) 要以发展的眼光看待自己，辉煌的过去可能标志着你过去是英雄，但它并不代表现在，也不预示着将来。

3. 猜疑心理的调适

猜疑心理是由于对其他人产生不信任而产生的情感体验，这种不信任的来源并非客观事实，而是由于主观推测而产生的。猜疑由于没有事实根据，会使得人与人之间产生隔阂和嫌隙，大学生群体由于相处时间较长，如果总是在猜疑中度过，疑心重的一方会无端地怀疑别人在威胁自己的名誉、声望、形象，把别人的一举一动都与自己联系起来并看成自己的阻碍，防御心理会加强，甚至自我封闭，被猜疑的一方做事不得不小心翼翼，害怕对方有所误会，从而不能坦诚相对，慢慢地双方都会感觉内心比较辛苦，人际关系便会变得冷淡甚至产生仇恨心理。猜疑心理的正确调适方法主要有以下几方面：

(1) 学会正确的人际认知方法，同时学会宽容。对他人和客观事物的认识要力求客观、全面、公正。只有对他人认知正确、全面、深刻，才会避免猜疑，学会宽容。只有尝试主动与人交流看法，对那些与自己不同的人和事，要学会理解，才能够接受别人正确的意见，看清事实的真相。

(2) 加强沟通，多做调查研究。出现了疑点，不要马上乱猜测、乱对号，否则就会产生报复心

理。要与你所怀疑的对象多接触、多交流，敞开心胸交流，这样往往会得到你意想不到的信息。

（3）学会“冷处理”。对于那些一时得不到证实的事情，最好的办法是先放一放，相信总有水落石出的时候。急于求成、胡乱猜测，弊多利少，远不及耐心考察的冷处理方法好。

（4）学会识别信息。猜疑心理可能源于自身，也可能是听信别人的流言蜚语而产生的。因此，在人际交往中，要善于对信息和信息源进行认真的鉴别，冷静筛选，去伪存真，不可偏信。善于鉴别信息真伪，是大学生修身处世、避免在人际交往中走入误区的重要武器。

4. 妒忌心理的调适

妒忌是担心别人超过自己引起的抵触情绪的体验，是心胸狭窄、自私自利、唯我独尊的心理表现。在交往中目中无人，不尊重他人的价值和人格，漠视他人的处境和利益。巴尔扎克说，妒忌潜伏在人心底，如毒蛇潜在穴中。妒忌者比任何不幸的人更为痛苦，别人的幸福和他自己的不幸都将使他痛苦万分。妒忌是一种十分有害的不良心理，要从多方面调适。

（1）要积极地进行转移注意力。妒忌的产生总是在闲暇时间。如果我们积极参加有益的活动，使自己的生活充实起来，也许就没有工夫去妒忌别人。如果在妒忌心理似出非出之时，我们有意识地进行一次注意的转移，看看自己的优点，这样便会使原先失衡的心理获得一种新的平衡，妒忌心理也就不会产生。

（2）要积极地升华。妒忌者在别人比自己强时，应当把不服气的心理引导到积极的方面，化妒忌为积极进取的力量，赶上甚至超过对方。当不能通过努力赶超对方时，还可以扬长避短，以自己之优胜对方之劣，获取总的平衡。

（3）要纠正自己认知的偏差。妒忌者在别人成功时，总以为别人的成功是对自己的威胁，是对自己利益的侵占。妒忌者应克服把别人的成功等同于自己的失败的错误认知，而应当学会比较的方法，善于学习别人的长处来克服自己的短处，而不是以己之短比人之长。

（4）要真诚待人，学会欣赏别人的成功和优点。学会悦纳他人，学会赞美别人的成功和优点，在真诚的祝愿中学会“我好，你也好”的交往态度。

5. 孤独心理的调适

孤独就是常言的“不随和，不合群”，是一种经常独处或受到孤立，很少与人接触而产生孤单无助的心理体验。对于大学生来说，孤独是一种较为普遍的心理现象。孤独感是因缺乏人际交往而产生的寂寞感与失落感，是宁可独处也不与别人交往所产生的一种心理。孤独是种主观的心理感受，而不一定与外在行为表现一致。孤独一般表现为把自己真实的思想、情感、欲望掩盖起来，对别人心怀戒备，自我防御心极强。主要表现为沉默寡言，消极悲观，缺少知心朋友，在新的生活环境中难以适应；敏感多疑，不喜欢参加集体活动；感情脆弱，自卑感强，抗挫能力低；与人交往紧张抑郁，不善言辞，遇事容易冲动发怒。由于难以沟通，使人感到与之交往不是很累就是无效，大学生必须加以克服。

（1）开放自我，多与外界交流、沟通。虽然客观上与外界交流有困难，但依然可以通过其他方式达到交流的目的。例如，主动亲近别人，关心别人，对人真诚相待，与他人结成各种友好关系，从而形成良好的人际交往环境。把自己融入集体之中。任何一个大学生都处在一定的环境中，把自己融入集体之中去，孤独就渐渐离开你了。

（2）充实自我，培养广泛的兴趣爱好。应该为自己安排好丰富多彩、有意义的业余生活，享受大学生活带来的乐趣。与此同时尽量增进两代人之间的相互理解。积极参与社交活动。要敢于冲破自我封闭的樊笼，越过心灵的障碍，通过广泛的交流寻觅知音。当真正感到与同学们心理相容并为人所接受时，就会享受到正常的人际交往的快乐与幸福。

（3）克服不良的人格因素。高傲、冷僻、尖酸、刻薄等不良人格往往会使人与你疏远，应该加以克服和矫正。失意与独处是人生所无可避免的，应培养自己慎独的功夫，以期在个人独处时不至于会有太多的孤独、寂寞之苦。

6. 恐惧心理的调适

社交恐惧是指个体对任何社交或公开场合均感到强烈的恐惧或忧虑，这是较为严重的一种人际交往障碍。恐惧心理表现为在交往过程中，特别是在大庭广众之下，不由自主地感到紧张、担心和害怕，以至于手足无措、语无伦次，严重时会发展为社交恐惧症。如果一个人具有社交恐惧倾向，他会在人际交往时出现严重的胆怯、恐惧和窘迫，会因为在别人面前觉得害怕而不跟任何人讲话。

社交恐惧的人最害怕在公共场合讲话。他们有一个共同的特点，就是都会因为害怕使自己感到窘迫或丢脸而避免在他人面前做出某些行为。

社交恐惧是一种比较严重的人际交往障碍，其产生原因具有一定的特殊性。因此患有社交恐惧的人需要在专业人士的帮助下找到问题的根源，才能使问题得到较好的解决。治疗社交恐惧的方法有系统脱敏法、认知疗法、森田疗法等。如果患者生理上的不良反应比较严重，就要对他进行药物治疗，以缓解其生理不适。

除了上述治疗方法，自我心理调节也是缓解社交恐惧的重要方式，因为任何心理问题的解决都需要当事人自己有改变的意愿并为之付出努力。

7. 害羞心理及其调适

害羞是个体自我防御心理过强的结果，也是缺乏自信的表现，一般害羞的人都会非常在意他人的目光，害怕自己成为焦点，总觉得自己时时暴露在他人眼光里，从而手足无措，无所适从。所以说，害羞心理不利于人际交往的发展，应当进行克服。

（1）学会正确的自我评价。应该认识到每个人都有自己的长处和短处，应积极肯定自己的长处，善于发现自己的长处，提高自己在交往中的自信心。

（2）加强心理训练和实践锻炼。积极参加各种实践活动，在实践活动中锻炼自己，发挥自己的潜能，锻炼自己的交往能力，增强自己的自信心。

（3）放下精神负担。应认识到失败是成功之母，从失败中吸取经验教训，争取更好的成功。不要因为一时的失败和挫折而产生沉重的思想包袱和精神负担。

五、优化人际关系，培养合作精神

社会文明的进步，信息化时代的到来，使得我们社交的圈子越来越丰富并且复杂。大学已然是一个小型的社会，大学生作为社会人必然要考虑在这个圈子中与他人千丝万缕的关系，为以后步入真正的社会打下基础。所以人际关系的处理，显得尤为重要，这不仅体现了大学生良好的心理素质，也体现了大学生的高情商。

无论是在班集体，还是在社团，或是学生会团体，大学生都无法一个人孤立存在，团队协作的力量远远大于个人孤军奋战。所以合作精神是大学生能够在团队当中共同进步、相互促进的关键因素，也是将来在工作团体中能够和谐发展的基础。对于大学生来说，在大学里学习处理并优化人际关系，是至关重要的。

1. 宿舍人际关系的优化

大学是社会的缩影，大学宿舍人际关系就是社会人际关系的缩影，是大学生思想、行为及情感的晴雨表。相比较与其他同学的交往，大学生与室友的接触与交往的时间更长。因此，与室友的关系是否和谐融洽，决定当天学习生活的心情是否愉快。能否处理好宿舍人际关系是衡量大学生人际交往能力大小、心理素质高低及为人处世是否得体的标杆。

（1）加强沟通、交流，以诚待人。宿舍同学之间要加强交流沟通，寻找共同爱好共同话题，学会真诚待人，及时表达自己的真实情感，懂得以心换心，换位思考。不仅把舍友当作自己的同学，还是朋友、知音，甚至是亲人。

（2）相互之间不攀比、不炫耀、不嫉妒。同一个宿舍的同学可能存在家庭经济状况悬殊的情

况。对于家境好的同学切忌处处体现优越感，不要炫耀自己的服装、首饰、电子产品等，对于家境不好的同学，也不要盲目攀比和产生嫉妒心理。应该要互帮互助，和谐相处，共同进步。

(3) 共同制定并遵守宿舍规章制度。如统一作息时间、合理安排并协作搞好宿舍卫生，合理使用宿舍公共资源，积极组织并参加宿舍集体活动。

(4) 养成良好的生活习惯，注重交往细节。大学生都是来自五湖四海，个人的成长环境、生活习惯、地域文化都不一样。对于朝夕相处的舍友来说，养成良好的生活习惯、注重交往细节尤为重要，这样可以避免相互之间的矛盾产生。比如不要乱扔垃圾、乱放物品，在寝室不吸烟、不喝酒，爱护寝室卫生和公物。不随意动用他人私人物品，尊重各地风俗习惯、宗教信仰等。

(5) 学会化解冲突。人与人之间相处，难免会产生矛盾，当舍友之间不可避免地产生冲突时，一定不能过于极端，可采用幽默法、回避法、合作法、求和法等方式化解。对于其他同学，也要及时制止矛盾进一步升级，学会迂回调解，尽量当天的矛盾当天化解，必要时可以告知辅导员或者班主任，协助处理。

2. 班级人际关系优化

班级人际关系是指班级中同学之间在相互交往过程中形成的比较稳定的心理关系。班级人际关系如何，不仅影响班集体的形成和发展，也影响大学生个体社会化和个性的发展。如何学会与班级中不同类型的同学相处，有以下几点建议：

(1) 换位思考，学会包容和接纳。大学班集体人数众多，大家都来自五湖四海，拥有不同的家庭背景、生活习惯，个性特征也不尽相同，在平常的交往中，难免会产生摩擦与不愉快。我们要学会换位思考，多站在对方的立场去考虑问题，多看看事情积极的一面，多一分理解，多一分关心，多一分欣赏，多一分包容，接纳每一个不一样，增进同学彼此之间的信任感、和谐感和幸福感。

(2) 多开展班级活动，提高班级凝聚力。大学时光是人一生中最美好的时光，因为正值青春年华，所以要多制造一些值得回忆的美好记忆。可以多开展班级集体活动，如一起旅游、做公益，参加各种各样的社团活动、文娱活动，在活动中相互了解，彼此熟悉，提高班级凝聚力，培养班级同学团结友爱、互帮互助的美好友谊。

(3) 发挥班干部表率作用，促进人际关系和谐发展。班干部是连接老师和同学的纽带，一个班集体的好坏很大程度取决于班干部是否称职、能否带动班级成员，促进班级和谐发展。班干部应做好表率、以身作则；主动关心、了解同学；虚心接受同学建议，善于自我反省：不贪私利、平等相待。同时，在为班级同学和老师的服务中，班干部要不断提高自身的能力，促进班级人际关系和谐发展。

3. 异性人际关系的优化

由于性生理的成熟、性意识的觉醒和性心理的逐步发展，大学生对异性逐渐产生了兴趣，对异性之间的交往感到既好奇也困惑。相比中学而言，大学生异性之间的交往更自然、更大方。大学生也更加重视异性交往，具体表现在：大学生更在意异性同学的评价，更注意在异性同学面前的言谈举止，与异性交往时心思更细腻等。有研究显示，绝大多数大学生渴望与异性交往，而且异性友谊对自尊心的影响程度更大，带来的烦恼更多。因此优化与异性的交往是十分必要的。

(1) 保障异性之间的真诚友谊。有人说男女之间没有真正的友谊，但是在大学校园，对于志同道合的大学同学而言，拥有共同的奋斗目标，契合的人生观价值观，相互欣赏，共同发展，彼此可以做到“不失足于人，不失色于人，不失口于人”，相互之间彬彬有礼，便可以收获一生珍贵的真诚友谊。

(2) 把握友情与爱情的界限。异性之间的交往一方面是友情，一方面是爱情，友情与爱情之间理应界限分明，但有时候对于身心还不够成熟的大学生而言，仍然界限不够清晰。所以在彼此交往时，要正视自己的内心，深刻剖析自己的情感，把握友情与爱情的界限，以免影响正常的人际交往。

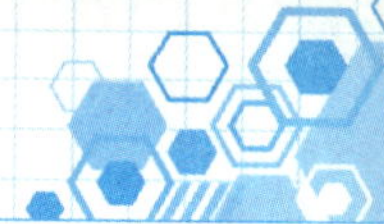

（3）异性交往要自尊自爱，自信自立，自制自重。无论是恋爱还是纯友谊交往，男女之间都要做到这几点。尤其是恋爱关系中，千万不能被爱情冲昏头脑，失去自我。恋爱只是生活的一部分，不能将其视为人生的全部，来之欣然接受，失之坦然面对。

4. 师生人际关系的优化

师生关系是校园人际关系中较为重要的一部分。它不同于高中教育之前的师生交往，大学生与大学老师的交往更加趋于成年化，亦师亦友，在交流上会更平等，更加自由。但大学师生的交往可能有一定的局限性，一方面学生班级过多，教师对于每个学生的印象不一，另一方面教师在班级的时间较短，除了课堂学习上的交流外，课后一般没有进一步的交流。因而有的大学生对于老师依然有距离感，不知道如何与老师融洽相处。优化师生关系可从以下几个方面做起：

（1）师生之间相互尊重，相互理解。尊重是发自内心的欣赏与爱，相互尊重表现在尊重彼此的人格，尊重彼此的劳动成果，尊重彼此的性格特征，尊重彼此的不完美。这样才能建立起高度的人格信任，建立长久的人际关系。理解来源于信任和包容，我们常说理解万岁，相处过程中能够相互理解，就能够有效的交往。师生之间也不例外。尊重和理解是优化师生人际关系的基础。

（2）师生之间建立平等的关系。平等并不代表可以随心所欲，而是为了更好地交往，可以更自由地沟通，发自内心地进行交流，坦诚相待。平等主要是人格上的平等。老师与学生虽然角色不同，但是人格是平等的。只有师生都具备这种平等心态，师生才可能真正沟通。

（3）师生之间拓宽交流渠道，加强课外交流。活动和交往更有利于良好师生关系的建立。课堂教学是师生交往的主要途径，此外，日常生活中的交往是建立良好师生关系不可或缺的一条渠道。师生双方还可通过网络，如建立师生 QQ 群、微信群等多渠道进行交往，使师生关系得到全面的发展。

（4）师生之间加强合作，共同发展。学生依靠教师的传道授业解惑，学习新的知识与技能；教师通过教会学生检验自己的工作能力。在大学，有很多比赛以及项目是依靠学生与教师的合作开展的，比如学生技能比赛、技能抽查、创新创业项目、教师的教学能力大赛等。在这个过程中，教师与学生之间需要长期相处，不断地交流合作，培养默契，最后达成共同的目标，能够很好地优化师生关系。

5. 亲子人际关系的优化

与父母的关系贯穿每个人的一生。父母是孩子的第一任老师，是孩子最信任和最依赖的人。原生家庭成员之间人际互动的心理态度和行为方式对子女一生都将产生潜移默化、不可磨灭的影响，决定子女对人际关系问题最基本的价值取向，直接影响子女与他人交往过程中的行为反应模式。在大学，虽然学生远离自己的父母，拉大了空间距离，但不管在物质上还是心理上，仍然离不开与父母这复杂和极具感情色彩的人际关系。那么如何建立与父母之间和谐的人际关系呢？

（1）学会感恩。尊敬父母，孝敬父母，关心父母，感谢父母的养育之恩，物质上虽还不能有所回馈，但精神上可以多给予安慰，承担对父母应尽的责任与义务，如假期经常回家看看，陪他们聊天、看电视、旅游、购物，并帮助父母适当分担家务等。

（2）学会交流。主动与父母交流沟通，如每周都与父母通电话，每天都与父母微信报平安，时常与父母视频通话，让他们了解你在学校的学习生活情况，虚心听取父母的教导。

（3）学会理解。理解是亲子关系融洽的前提，我们要理解父母工作的辛苦，生活的困难，理解他们望子成龙、望女成凤的心情，在理解的过程中，亲子之间在需求、情感等方面走向一致。

6. 网络人际关系的优化

网络作为现代社交的一个很重要的交流手段，已经成为我们生活、工作、学习不可或缺的一部分，它的优势显而易见，方便快捷，能够提高交往的效率，并且能掩饰部分交流的障碍。大学生作为新新人类，对于网络的交流更显得依赖。由于网络的隐蔽性，对于部分容易害羞、胆小、不善于

人际交往的大学生，仿佛如鱼得水，找到了自己的舒适区。但网络因为其不透明性，也容易使人沉迷并且误入歧途。特别是网络与现实产生差距的时候，大学生会出现许多不适应的情况。如何引导大学生学会正确处理网络人际关系，是相当重要的。

（1）明确网络交往与现实交往的区别与联系。任何交往都是社会交往的形式，这就需要网上交往也融于现实社会中，才有其意义。社会交往是在相互了解、相互认同、相互协调的过程中产生的。网络交往由于其隐蔽性，使得交往双方在相互了解上达不到一定程度，甚至有的具有不真实性，所以需要大学生树立正确的交往观念，对网上交往有正确的心理预期，不能用自己幻想的标准作为衡量现实的依据。同时，大学生在网络中也要做真实的自己，不能网上网下判若两人，使得回到现实时对现实中的“我”无所适从。而是要正确地认识自我，愉悦地接受自我，通过健康的网络交往完善自我。

（2）学习网络道德规范，做文明上网人。网络交往只是一种特殊的、交往覆盖面更广、更便捷的形式，也必须建立社会交往应该有的准则和原则。网络舆论作为现代舆论的一种形式，具有两面性。一方面其传播速度，覆盖面非常广。对于正面的宣传能起到事半功倍的效果，另一方面对于负面的宣传也会带来一边倒的景象。舆论常常是压死人的最后一根稻草，加强大学生网络道德学习，建立网络道德规范，提高大学生的自律能力，规范网上交流行为，这是确保大学生文明上网的治本之策。大学生网络道德规范的基本内容有：诚实可靠，不在网络上散播和传播虚假信息；不利用网络损害他人名誉和人格，不在网上攻击、侮辱或诽谤某个不喜欢的人；不在网上讲淫语、秽语或骂人；不要欺骗对方的感情，同时发展“网上”和“网下”的爱情，不进行虚假、虚伪的网上交友；尊重他人隐私，不要泄露他人隐私等。

（3）拓宽自己的交往面，不要沉迷于网络活动。大学生由于闲暇时间较多，有相当一部分学生平常以网络活动作为主要的休闲活动，从而忽视了现实的人际交往活动。为了避免网络依赖或者网络成瘾，大学生在参加网络活动的同时，也要主动参加各类现实活动，提升现实的人际交往能力。因此，在网络交往之外，大学生可主动参加各类社交活动，在活动中培养宽容、信任、友爱、诚恳、谦虚、尊敬、忍让等良好的人格特征，不断改善与他人的交往关系，提升人际交往水平，促进健康人格的形成，达到全面发展。

思考题

1. 简述大学生人际交往的特点。
2. 简述建立良好的人际关系的途径和方法。
3. 结合实际，谈谈对合作精神的理解。
4. 大学生如何优化人际关系？

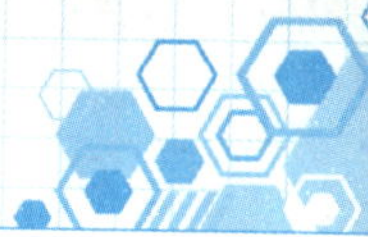

第二十二章 大学生网络心理与调适

互联网的普及给大学生的生活开辟了无限宽广的天地，极大地开阔了视野，拓展了活动空间。但是虚拟的网络社会也向大学生的心理、情感、人格和行为提出了严峻的挑战。“网瘾”已成为一个严重的社会问题，网络已成为影响大学生心理健康的一个重要因素。

第一节 网络心理与网络心理健康

一、网络心理特征

心理学研究表明，我们所处的环境会影响我们的思维、情感、意志、行为方式和人际关系。网络的出现正在全面改变人们的世界观、价值观以及生产和生活方式。网民对互联网这一新的社会王国的体验从根本上构成虚拟世界的基本心理特征，具有不同于现实世界的各种特质，这些心理特征是网络文化赖以形成的心理基础。分析网络作为心理空间的基本特征，有助于我们更深入地分析网络对人心理的影响。网络给人们带来的心理感受一般来说有如下特征：

(1) 感知经验的有限性与网络空间的神秘性。网络交往以计算机为媒介，主要通过纯文本的方式进行。人们在网络中的感觉经验是有限的，无法全面了解对方的全部环境因素，即使通过视频能看到对方的图像，但获取的信息均为个别的了解，而不是整体的知觉，因而是有限的。这造成了对对方印象的不全面和不深入，使这种信息沟通具有神秘色彩。

(2) 身份的平等性与自我满足感。人们在网络中交往的身份是平等的，无论这种平等是真实的还是假设的。这种“网络民主”在很大程度上使人产生自我满足感，特别是在现实中身份和地位处于较低状态的人们，会对网络产生好感，能够在网络中寻找心理平衡和自我满足。

(3) 交往的变动性与匿名性。网络交往具有很强的随意性和变动性。同时网络中的交往由于缺乏面对面交流的提示和监督，使交往双方的身份不易识别，既可以暴露自己的真实身份，也可以匿名或用虚假的身份。这种身份的不易识别可能会伴随着欺骗性的存在给人们带来不安全感和戒备心理。

(4) 地域的无限扩展与非界域性。在网络世界，地域对人们的交往可以说是没有明显影响的。地球两端的人只需动动小小的鼠标就可以建立起密切联系，这点在现实世界是无法想象的。这种空间的无限性超越了传统人际交往的地域性特征，使得人们交往更加广泛，整个地球成了一个“地球村”。

(5) 超现实的感觉经验与心理满足。人们在网络中进行模拟现实的游戏操作或聊天时，会产生强烈的超现实的感觉经验的体验。会使人暂时与现实生活分离，产生强烈的心理满足，在现实世界中无法实现和满足的潜意识中的部分心理需求，可以在网络的虚拟环境中得到充分的实现。

二、网络心理健康

1. 网络心理健康概念

网络心理健康虽然有“网络”一词加以限定，但仍然是心理健康的一个方面。简单地说，网络心理健康就是人们在使用网络时能够保持积极的心态，离线时能够保持心理的平衡，能够较好地把握虚拟与现实之间的关系，在虚拟性与现实性之间以现实性为主导，在线时和离线时能够保持人格的统一。

2. 大学生网络心理健康标准

(1) 要有正确的网络心理健康的意识或观念。一个心理健康的人要具有正确的心理健康意识或观念，认识到心理健康的重要意义和现实价值，能够运用正确意识指导自己的心理和行为。同时，作为网络心理健康的意识还应包括对网络有正确的认知和态度。

(2) 能够保持在线时和离线时的人格统一。在线时能够积极主动地接受和处理信息，离线后能够迅速地从虚拟情境中走出来，而不是仍然沉溺于虚拟情境之中。

(3) 有正常的人际交往，人际关系协调，能够与周围环境保持良好的互动。具有健康的网络心理的人，应该在离线时能够维持并发展现实正常的人际交往，并能够同周围环境和人保持良性互动。

(4) 不因网络的使用而影响正常的学习和工作。如果因为上网的原因而影响正常的学习、工作、家庭生活、人际交往，就属于网络心理不健康的范围了，需要进行及时的控制、调整或治疗。

(5) 不影响到身体健康，离线时身体没有明显的不适应。在线的时间以身体健康为底线，以不影响身体健康为前提；离线后不会因为使用网络导致身体的感觉器官、消化器官、神经系统以及其他的身体器官机能下降或失调，能够保持机体的平衡。

第二节　大学生常见的网络心理问题

大学生常见的网络心理问题或网络心理障碍主要可以归结为四个方面，即大学生网络成瘾、大学生网络情感心理问题、大学生网络人际交往心理问题、网络人格异化以及大学生网络行为失范四个方面。

一、大学生网络成瘾

网络成瘾综合征（Internet Addiction Disorder，简称 IAD），是指在无成瘾物质作用下的上网行为冲动失控，表现为网络操作时间失控，难以自拔，沉溺于网络世界，而导致个体明显的社会、心理功能损害。

1. 大学生网络成瘾的类型及其表现

综合目前的一些研究结果，大学生网络成瘾主要有以下几个常见的类型：

(1) 网络游戏成瘾。近年来，网络的游戏功能得到了超前的发展，网络游戏成了大学生的“宠物”。由于一些在线互联网游戏所创造的“虚拟现实王国”给游戏者提供了充分的想象空间和交流手段，吸引了许多大学生投身其中。大学生成了校园周围网吧的主要顾客，有的甚至牺牲课堂学习时间玩网络游戏。部分大学生对网络游戏散发出来的诱惑力丧失了自我控制能力，在学习和游戏之间丧失了自我平衡能力，他们从尝试—品味—弥补—快慰—迷恋直到死不回头，这种成瘾行为的链式反应一旦建立，就很难打开缺口，使学校、家长束手无策。

(2) 网络色情成瘾。指沉溺于网络上的色情内容，包括色情文字、音乐、图片、动画、电影和色情聊天等。互联网上性信息量特别巨大，其中色情信息占有绝对优势。网络不但成为色情媒介，提供色情资料，交换性经验，进而可能进行性交易，诱发性犯罪。青年学生正处于性的生理成熟之后性满足的延迟期，极易因为网络色情内容的诱惑而导致网络色情成瘾。

(3) 网络交际成瘾。指过分迷恋通过网络上的人际交往建立友谊或爱情，并用这些关系取代现

实生活中的人际关系。在网络所构建的“虚拟社会”中，人际关系必然具有虚拟化的特点。大学生群体是一个特别渴望与人交往的群体。由于网络的独特魅力，在大学生中形成了网络关系成瘾的茧居族、电子隐士族等，痴迷网络人际关系，甚至逃避现实中正常的人际交往，从而产生“人机热，人际冷”的现象。

（4）信息超载成瘾。指不能自制地在网络上浏览搜索对现实生活没多大意义的资料或者数据。大学生的求知欲望和好胜心、好奇心特别强烈，对网络所提供的信息往往趋之若鹜，过度迷恋网络信息会导致信息超载成瘾。

（5）其他强迫行为。指不可抑制地参与网上讨论、购物、拍卖等活动，收集或下载毫无价值的软件等，明知无必要，但又无法控制自己，以至于离开电脑就感到失落，就担心遗漏什么重要信息。

一般说来，大学生网络成瘾者有许多明显的外显症状：①躯体症状：缺乏睡眠和过度疲劳，上课注意力分散，无精打采，萎靡不振，食欲下降；②成绩下降，对学习的兴趣明显降低；③与同学关系冷淡，平常与同学交往的时间减少；④对各种社交活动和学校的集体活动不感兴趣，上网成为最好的精神寄托；⑤个性发生改变，在网上充满激情，不知疲倦，离开网络时变得懒散、冷漠、紧张或易怒；⑥对网络“一网情深”，坚持认为网上所学的要优于课堂所学；⑦对别人隐瞒上网时间和网上行为；⑧否认问题的严重性；⑨由于旷课太多或成绩过差有退学危险时，想彻底戒网，但不久又同样恢复上网习惯等。

2. 大学生网络成瘾的后果

网络成瘾给大学生身心的危害和学业的危害是非常明显的。近年来，由于网络成瘾而导致学习成绩下降、退学，甚至犯罪、自杀、死亡的事件不断发生，其严重后果已引起了社会、高校的普遍忧虑。

二、大学生网络人际交往心理问题

大学生依赖网络，会造成现实生活中情感冷淡，人际交往退缩。良好的人际关系是大学生人格健康发展的重要条件。适度使用网络有助于扩大交往渠道，但过分依赖网络则会影响正常的人际交往。因为网络世界的交往具有虚拟性、匿名性和间接性的特点，人与人并非面对面交流，而是通过网络这一媒介进行。人人可以在网络中以匿名的方式进行自由交流。长期生活在这种虚拟、匿名、间接的网络环境中，会使大学生的真实生活感缺失，极易产生对现实生活中的人际关系冷漠，导致人际交往障碍。

（1）人际情感的疏远。人们在网上待的时间越长，他们在现实中与人打交道的机会就会越少，“人—机—人”的交流取代了“人人”面对面的交往。人际情感是需要人与人的社会交往来维持的。而在网上交流时，人们的言谈举止被转换成二进制的语言，在这种新的语境中，人们的音容笑貌以数字化方式在屏幕上传播，缺乏现实情感体验，必然导致个体对现实情感的疏远，现实社会中亲朋好友的感情联系淡化了。

（2）人际信任危机。在网络社会中，“人是符号的动物”，难以判断人们的言论是否具有真实性和真实的程度，网民可以隐去真实的社会身份，甚至以多个“虚拟”身份进行网上交往，而不需承担任何责任。这就使很多网民以游戏的心态进行网上交际，从而造成人际信任危机。

（3）大学生网恋。人们把网恋定义为柏拉图式的建立在想象基础上的精神恋爱。在网上，人和人之间是一种精神上的交流和慰藉，一般反映了人潜在意识中的幻想，情感反而比现实生活中表现得更为直接和纯粹。距离产生美，网恋因为与现实无关，恋爱本身也就更加能打动心灵，很多大学生之所以喜欢网聊、网恋以及网婚，就是因为网络给了大学生们一个毫无阻隔的、无比宽广的交流空间，大家不用彼此掩饰。当大家从虚幻的网络世界里走出来的时候，却发现他（她）和网上的他（她）有着很大的差异而无法接受。这个亦幻亦真的空间里，我们甚至不能确定对方到底是男是女，

是老是少，网上的“白马王子”，见面时却成了老头或者是小学生，网上青春靓丽的少女到现实中却是人老珠黄的老太婆，令人啼笑皆非。另外，还有些大学生是抱着游戏的态度，把网恋、网婚作为一种爱情游戏。

三、大学生网络人格异化

所谓网络人格，是指人们在网络交往过程中表现出来的比较重要的和相当持久的心理特征的总和，是网络交往过程中所形成的做人的资格和为人的品格。网络可能使人混淆虚拟世界和现实世界，进而导致自我同一性的分解，使人格发生扭曲或异化。这种人格的扭曲或异化主要表现在三个方面：

1. 人格的虚拟性

网络世界是一个虚拟的空间，任何上网的学生在网络中都虚拟化一个非现实的自我，进行虚拟的网络行为。人格的虚拟性既是个性张扬的表现，也受网络数字化所制约，这种虚拟性主要表现在两个方面：一种是抽象化的虚拟，就是把自己当作某种抽象化的数字、符号或是其中概念；另一种是形象化的虚拟，即把自己比作某种生动具体的怪异物体或其他人。这两种虚拟的共同点都是脱离自我，脱离现实，创造数字个人、数字人格，以一种似我非我的状态游移到网络之中，形成虚拟人格。

2. 人格的封闭性

网络既是一个开放的世界，没有疆界的限制、文化的藩篱、观念的束缚；也是一个封闭的世界，它使上网者脱离集体，过着离群索居的生活。大学生迷恋网络以后，他们依赖网络，封闭自我。这种封闭性使上网者人格也向封闭方向发展，他们疏于与人交往，言语减少，思维迟缓，哪怕和陌生人在网上聊得热火朝天，也不能和现实中的人正常交流。

3. 网络双重、多重人格

由于网络是一个自由、隐蔽而又缺少监控的世界，它使人的劣根性暴露无遗，传统伦理规范很难约束网络行为。大学生网络迷恋者表现出盲目反传统、反正统、反主流、缺乏责任感，故意对自己进行性别、年龄、地位和身份等错位，追求异化个性，有的散布谣言，传播黑色信息，浏览黄色、反动网站，对色情、暴力、怪异信息有趋同倾向，崇尚网络黑客，有的甚至幻想去进行网络犯罪活动等。导致现实中真实的人与网络中虚拟的人无法重合，不能相互印证，形成人格分裂，出现网络双重、多重人格。这些人常常难以正确估价社会环境的形势对自己的要求；难以正确评定自己的行为反应方式；难以正确处理复杂的人际关系；难以对周围环境刺激做出恰如其分的反应。最突出的心理表现是：心理发展不协调，心理活动紊乱不定，人际交往困难，缺乏责任心和道德感，对人格变异缺乏自我认知。几乎所有的网络人格变异者都不会主动提出自己的问题，要求得到解决。对他们来说，“解决”意味着快乐的消失和失去朋友，意味着被网络世界拒绝，那将是十分痛苦的事。所以，尽管他们也知道自己在现实社会中的问题，仍拒绝帮助。

四、大学生网络行为失范

1. 大学生与网络色情

所谓网络色情，可以被认为是指通过网络传送色情信息的行为和现象。结合我国国情和相关法律，网络色情成立一般应具备传播具有色情性质的内容，以直接或间接营利为目的，以及具有社会危害性等条件。由于网络的开放性和隐蔽性，大学生接触网络色情的机会越来越多，一些大学生甚至深陷其中不能自拔。大学生接触到的网络色情主要有以下几种：第一，通过网络手段为色情服务。第二，网上色情图片。这是网上最常见、最猖獗的色情传播形式，是大学生接触最多的、刺激性最强的色情内容。第三，网上色情视频。第四，网上色情文学。也称为网上黄色书刊，具有大量

直接描写性内容的文字网站及网页。第五，网上色情短信。通过引诱用户在网上订阅手机色情短信的方式传播色情内容。第六，网上色情交流。一般有语言文字类和游戏类两种。

由于网络色情蔓延迅速，涉及面广，隐蔽性强，对大学生心理和生理造成的负面影响是显而易见的，主要体现在：第一，使大学生对色情资讯习以为常、麻木不仁。网络色情文化强调人类性行为中的生物性，忽视人类性行为中的社会性，它着重渲染的是色欲，描述形形色色的性变态或性犯罪，摧毁人们的道德伦理结构。网络色情泛滥使大学生对色情性质的认识模糊，对色情资讯产生适应和习惯的感觉，而他们自己却意识不到，他们对色情文化的态度可能转向默认和接纳，对网络色情忍耐度的提高改变着他们的性观念和性行为。第二，使大学生性道德、性法律观念淡漠。网络色情传播的是一种扭曲了的性资讯，严重影响了人们的性伦理、性审美和自我观念。从中获取信息的大学生倾向于接受婚前或婚外性爱观念。在两性关系上，不少人把性行为视为纯个人的私事，崇尚个人感受，在性问题上拒绝法律、舆论的干涉，明显缺乏对社会、对他人应有的责任感。第三，使大学生性行为失衡而导致性罪错。在网络色情的误导下，大学生性行为进一步呈现轻率化趋势。有的大学生在网络上大肆调情，愈来愈多的大学生认同“网络一夜情”。

2. 大学生与网络侵犯行为

大学生已成为网民化程度最高的一个群体，大学生利用网络实施危害社会的行为已经引起了社会的关注。随着网络的普遍运用，我国的网络违法犯罪案件逐年增加。大学生网络侵犯行为已经开始引起社会和学校的关注。

大学生网络侵犯行为是多种多样的，其中最严重的侵犯行为就是网络犯罪。网络犯罪，简而言之是以互联网络为工具实施的犯罪行为，包括网络所产生的新型犯罪以及利用互联网络作为犯罪工具从事的刑法所规定的普通犯罪。具体行为包括：病毒传播、设置逻辑炸弹、非法入侵或破坏计算机系统、盗用上网账号和信用卡资料、网络敲诈、侵犯版权和其他知识产权、发布网络虚假广告、利用网络散发虚假或恐怖信息等。目前，大学生网络侵犯行为主要表现在以下几个方面：一是利用互联网危害人身权利及合法财产权利的行为。二是危害互联网运行安全的行为，包括侵入特定计算机信息系统、故意制作、传播计算机病毒等破坏性程序、擅自中断计算机网络通信服务等。三是利用互联网破坏市场经济秩序或社会管理秩序的行为。如利用网络制作、复制、传播色情淫秽物品等。

第三节　大学生网络心理调适

一、大学生网络情感调适

网络情感是指人们对信息网络的一种内心体验、感受和由此产生的情绪反应。人们在对网络有了一定的认知和了解后，总会表现出一定的情绪反应，或赞赏，或憎恶，或亲近，或疏远，或热诚关心，或麻木不仁，这些情感取向反映了人们对网络的体验、感受。一般来说，如果社会公众对网络的存在是肯定的，那么他就会对网络表现出积极的情感取向，即赞赏、关心网络，甚至产生网络崇拜、网络乐观主义之类的情绪反应；相反，若公众对网络的态度是否定的，那么他就会表现出消极的情感取向，即憎恶、鄙视、疏远网络，乃至产生网络恐惧、网络悲观主义之类的情绪反应。大学生网络情感调适的内容是多方面的。

（1）以谨慎的心态对待虚拟情缘。我们要理性地认识网恋的虚拟性和易碎性，谨慎地对待网聊和网恋。网恋有两个危险，应该引起我们的警觉：其一，沉溺于网恋，会使我们的情感产生游戏成分，久而久之，便不再相信真情真爱，出现“感情麻木症”；其二，网恋中充满“美丽”的陷阱，

可能对我们大学生造成身心伤害。因此，我们在处理网上恋人关系时，宜做到“四不要”：不要轻易相信他人资料；不要接受礼物；不要提供照片、电话、地址等私人信息；不要轻易约见网友，确需约见时，要选择公共场所，初次见面更需有人陪伴，谨防上当。

（2）促进网络交往与现实交往的整合。预防情感的异化。网络和现实在很多状态下都是分离的，两者交叉的机会比较少。一旦交叉，就会造成一定的不适、冲突和矛盾。那么我们应该如何正确看待网上和现实生活的分离和统一呢？

毫无疑问，网上和现实生活的分离不一定是坏事。网上的虚拟社区或团体可以给我们一个展现某一方面自我的机会，可以给我们一个有效的途径处理自己复杂的、各种各样的生活方式。因此，网络就成了一个缓冲地带，不成熟的思想和行为都可以在这里展现，在得到各方面的评价和反馈，通过自己的内化后逐渐走向成熟，最终带入现实生活。

但是从总体来看，网络和现实的统一协调是我们所追求的。在统一协调的状态下，人们可以轻松地表现自己，而不必扮演或忍受自我的支离破碎，可以缓解网络带来的孤独、沮丧等负面情绪。那么如何才能实现这种整合呢？以下是一些整合的建议：①告诉网友你的现实生活。如果想和网友发展进一步的关系，就必须让对方更多地了解自己的现实个人生活，如学习、工作、家人、朋友和爱好等。这样对方就能够更多地感到你的存在，建立更多的亲切感。②把自己的网上生活告知现实生活中的朋友。如果让家人和朋友了解你的网上生活，他们可以更多地了解你的另外一面，并对你的网上生活方式和网友给一个更有深度的反馈意见。③和现实的朋友网上见。如果你和你的家人、朋友和同事，大多数人现在都开始使用 E-mail、聊天室、留言板、在线游戏甚至虚拟角色扮演等网上的交流和参与方式，那么这将为你们的沟通建立一个新的渠道，有助于彼此的进一步认识。总的来说，即是把网上的行为现实化、把现实生活网络化。

二、大学生预防网络成瘾

我们提到的许多网络心理问题，都或多或少地与网络成瘾有关，因此，积极地开展网络成瘾的预防和自我干预，是大学生网络心理调适的重要环节。大学生在防止和戒除网瘾及不良上网行为时，应当注意五个方面。

1. 正确认识网络，端正上网态度

在心理学上，所谓“态度”是人们对某一特定对象较为固定的综合性心理反应倾向，是对某一事物的基本看法。态度是属于思想观念范畴的东西，对人们的行为起制约作用，有什么样的态度往往就有什么样的行为。因此，纠正人们的行为，应从端正人们的态度入手。青少年网瘾的发生与他们对网络的认识和态度有极大关系。要调适网瘾及不良上网行为，就要正确认识网络，端正对网络的态度。一是要正确看待电脑和网络的作用，端正使用电脑与网络的态度。电脑与网络本是高科技时代的产物，也是人们学习、研究和从事各种工作的工具，娱乐只是其一小部分功能。大学生属于高知识层次人群，更应正确认识电脑与网络的作用，把电脑、网络当作学习和研究的工具，而不能当作娱乐工具。大学生应成为使用网络的主宰，而不能成为陷入网络不能自拔的“网奴”。二是要正确认识网络的利弊，端正利用网络信息的态度。在我国，人们对网络利弊还缺乏全面的认识，往往过分夸大网络的有利作用，而忽视了网络的不利影响，导致人们对网络的负面作用缺乏应有的警惕。大学生对网上信息的选择应有防范意识，要尽量筛选对自己学习和成才有用的信息，不浏览错误、色情、暴力等不良信息，防止对身心健康造成损害。很多案例表明，多数青少年正是在接触了大量色情暴力信息后而走上犯罪之路的。大学生自我克制能力还不完善，容易受不良信息的影响，一定要克制自己对色情、暴力信息的好奇和冲动。

2. 完善性格，管理好自己的冲动

相关研究表明，网络成瘾与个体的性格有一定的关联性，那些生来性格冲动的人更容易发生成瘾行为。如果一个人能够真正下定决心，是可以改变性格的。理性思维能力有助于抑制冲动。所以

有冲动性格的人，要通过强化逻辑思维与理性思维来改变自己的弱点。在遇到问题时，要首先反省自己，努力改变自己。其次是要采取措施管好自己的冲动。比如，要管好自己的上网冲动，上网之前要确定目的和限定时间。每次上网之前先整理自己的思路，将要完成的任务和所需要的时间写在纸上，然后用闹钟设定时间，到时就中止上网。如无明确任务，就要抑制自己的上网冲动。

3. 积极参加文体和社交活动，转移注意力

有关研究表明，网络成瘾者大多好静不好动，普遍较少参加文体活动，缺乏社交能力，有孤独和抑郁的倾向，所以热衷于在网络中寻求需要的满足。因此，有网瘾倾向的大学生，应有意识地多参加文体和社交活动，改变自己好静不好动的生活习惯。当自己感觉到已陷入网络难以自拔时，应尽量选择开展适合自己的文体和社交活动，以分散和转移自己对网络的注意力。

4. 积极解决问题，避免将网络当作精神慰藉的工具

大学生在学习、生活中难免会遇到问题和产生消极情绪，但不要将网络作为逃避现实生活问题和消极情绪的工具。实践证明，借网消愁愁更愁，当你从网上下来时，问题依然存在。更为严重的是，你的网瘾已在不知不觉中产生了，老问题未解决，新的问题又出现了。大学生一定要记住一个原则：网络是不能代替现实生活的，人不能总是生活在虚拟世界中，如果碰到了问题，应当积极寻求合适的解决办法，逃避是没有出路的。

5. 介入心理治疗

有网瘾的大学生，如果通过上述自我调适还不能解决问题的话，则应通过心理咨询获得帮助或介入心理治疗。大量的研究表明，认知行为疗法对治疗网瘾有较好效果。目前运用较广泛的是金伯利·杨的方法。金伯利·杨在对大量的网络成瘾者的咨询和治疗的基础上，通过考察相关领域的研究进展和其他成瘾症研究成果，总结了如下可行的治疗技术：

（1）反向实践。网瘾只是人们对网络过度使用而造成的结果，因此，对上网时间进行合理安排与管理是治疗过程中的主要方法。应花一些时间来考虑当前使用网络的习惯。一旦对使用网络的特殊情况有所了解，就可以采取方法提供一个矫正、打破目前上网习惯的新的时间表。

（2）外部制止。上网到一定时间时，准时对上网者进行提醒，比如采用闹钟、家人提醒等，必要时可采取一些强制措施，如拔掉电源等。

（3）设定目标。金伯利·杨指出节制使用网络失败，是因为上网者在作出决定时，依靠的是不明确的计划。为了避免网瘾复发，上网者要根据合理的使用目标，设计结构性的上网时间。

（4）节制。如果能够确定上网者沉迷于某一项网络应用服务，那么就可以通过节制这项服务来达到治疗目的。如上网者沉迷于聊天时，可以通过对聊天软件加密或卸去此软件以禁止他们上网聊天。

（5）提醒卡片。认知疗法认为，人的不良情绪和行为与不良的认知或错误的思维习惯有关。因此，心理咨询师的任务就是与上网者一起找出这些适应不良的认知或错误的思维，并利用卡片提醒等手段加以矫正和克服。

（6）私人清单。上网者在全力减少上网时间的同时，寻找可以替代的活动。这项措施通常针对利用网络寻求感情需要的人，可以让他们体验到现实生活的丰富多彩和人与人之间的关爱。

（7）个别治疗和支持群体。实践证明，向网络成瘾者提供一些治疗手册或宣传资料，容易达到"助人自助"的目的。同时，要向网络成瘾者，特别是一些单身者、残疾人等提供现实生活中的一些团体活动，因为大多数的网络成瘾者正是因为在现实生活中感情缺失才转向网络寻求温暖的。

三、自助与他助相结合，主动寻求群体支持

在上网过程中，出现网络心理问题，及时的自我洞察、及时的自我发现很重要。大学生首先要学会自我调适，在自我调适不能有效的情况下，及时寻求群体的支持是极为重要的，及时求助是预

防网络心理问题的重要步骤。预防网络心理问题的群体支持系统主要包括学校、家庭、社会三个方面。

1. 第一个支持群体——学校、班级、宿舍

首先是寻求学校的专业心理咨询机构的帮助。目前，国内大部分高校都设有心理咨询室，并且已经开始了预防网络心理问题的咨询、教育和研究工作。在心理咨询方面，大学生除寻求个别咨询以外，主动参加团体咨询和网络咨询也是非常重要的。团体咨询是预防和矫正网络心理问题的有效方法，并且有优于个别咨询的地方。团体心理咨询，又叫集体咨询、群体咨询、小组咨询，它是在团体情景下进行的一种心理咨询形式，通过团体内的人际交互作用，运用团体动力和适当的心理咨询技术，协助个体认识自我、探索自我，调整、改善与他人的关系，学习新的态度与方式，从而促进自我发展及自我实现的过程。团体咨询在防治网络心理障碍方面有着如下方面的功能：第一，在良好的氛围中获得归属感。第二，集体环境给人以希望。咨询小组成员的网络心理障碍问题不同或轻重程度有异，从咨询中获得改善者会给其他人以希望，而希望本身就有积极的意义。第三，集体给人自我表达和宣泄的机会。第四，了解组员间的共性，增强信心。第五，组员间可相互交流和学习。第六，通过帮助他人以帮助自己。总之，在咨询小组这个具体而细微的社会环境中，组员们互相观察、学习、体验，从而认识、纠正、训练和发展自己，最低限度地消除网络心理障碍。

网络心理咨询也有优势。网络心理咨询具有迅速方便、隐蔽安全、价格低廉的特点。当然，要注意的一点是：网上咨询的来访者由于不能与咨询者直接面对，久而久之，就容易把对咨询者的感情寄托转移到互联网与计算机上，成为另一类型的“网虫”而不能自拔。

除了求助于专业心理咨询以外，还可以从其他老师、同学那里获得帮助。由于大学生大部分住校，远离家人，因此需要借助同学、老师和学校的帮助，对成瘾者形成一个好的环境。譬如，让他积极参加班级的每项集体活动和社会实践；学习一种技术；健身；每天抽出一定的时间与他进行现实交流，加强对他的人文关怀。

2. 第二个支持群体——家庭

心理学研究表明，大学生网络成瘾与其父母的教养方式紧密相关，父母的生活态度和行为方式、恶劣的家庭氛围以及以“我”为中心的教育观都可能把孩子推向网吧。因此，家人特别是父母亲要有意识地改变对孩子的教养方式，培养其良好的爱好，培养孩子的独立性和自信心，与成瘾者进行平等、开放的交流，倾听成瘾者的感受，减少责备，等等。

3. 第三个支持群体——社会

社会也是一个不可缺少的支持系统。大学生应走出虚拟世界，积极参加社会活动，扩大实际生活中的人际交往，提高人际交往能力。网络专业技术人员要树立社会公德意识和责任意识，开发绿色网络游戏，社会要加强对校园周边网吧环境的治理，采取统一的行动和办法预防大学生网络成瘾和出现其他网络心理问题，为大学生创造一个良好的社会环境。

思考题

1. 简述大学生迷恋网络的原因。
2. 大学生如何预防网络成瘾？

第二十三章　大学生恋爱与性心理健康

爱情是人生的一大课题，由于大学生已进入了恋爱的年龄阶段，因此恋爱也成为大学生不可回避的一个重要问题。培养健康的恋爱心理是大学生保持心理健康的重要内容。

第一节　大学生恋爱心理

一、什么是爱情

爱情是什么？这是一个古老而常新的话题，是指异性之间在生理、心理和环境因素交互作用下互相倾慕和培植感情的过程。它基本上由三种成分所组成：动机成分、情绪成分、认知成分。心理学家根据恋爱中对爱情的追求，进一步把爱情分为健康和不健康的两大类。健康的爱情表现在：不痴情过分，不显示自己的爱情占有欲，能够充分尊重对方；将爱情给予对方比向对方索取爱情更使自己感到欢欣，并以对方的幸福为自己的满足；是彼此独立的个性的结合。不健康的爱情表现在：过高地评价对方，将对方的人格理想化；过于痴情，一味地要求对方表露爱的情怀。这种爱情常有病态的夸张；缺乏体贴怜爱之心，只表现自己强烈的占有欲；偏重于外表的追求。

对大学生而言，曾经产生过重要影响的亲子关系、师生关系、伴群关系，正让位于两性间的恋爱关系。恋爱关系对大学生的意义，事实上已超出了这种关系本身，是其自我认定和自我价值感的基础。所以，大学生恋爱是身心发展的需要，对其心理健康也有积极的促进作用，但必须是建立在真正的、健康的爱情基础之上的。反之，不仅不利于心理健康，而且由于大学生的身心发展并未完全成熟，可能对其身心健康造成很大的危害。

二、大学生恋爱的驱动力

恋爱虽然是追求爱情的行为，但并不是生来就有的。一个人对爱情的追求，只有当他的生理和心理发展到一定阶段时才会产生。也就是说，恋爱是大学生生理发育和心理发展的结果。

1. 性生理的发育

性生理发育水平决定性心理和性行为的发展水平。在校大学生的平均年龄在 20 岁左右，处于性生理发育的成熟期。两性生理的发育有两个明显的标志：一是体征上的变化；二是指功能上的。绝大多数大学生在中学时代就完成了性成熟的关键一步。性生理的成熟为大学生恋爱提供了生理基础。

2. 性心理的发展

科学研究表明，直接影响性生理成熟的是大脑脑垂体前叶分泌的性激素。性激素的激活唤醒了性意识的觉醒。所谓性意识觉醒，是指个体意识到自己的性别，两性之间的关系以及对待两性的态度和行为规范。性心理的发展是伴随着第二性征的出现，性意识的觉醒而发展的，经历了四个阶段：①异性疏远期。青少年在第二性征出现后的 1～2 年内，朦胧地意识到两性差别。②异性吸引期。对异性产生好感与爱慕，一般发生在女孩 12～13 岁，男孩 13～14 岁以后。这时的少男少女开

始好表现自己，并对异性表示关心、体贴，乐于帮助异性同学，以博得异性的好感。但是，少男少女毕竟还不懂得应当怎样与异性相处，接触和交往多半没有专一性和排他性。③异性向往期。15～16岁之后的青少年向成人过渡加快，在对异性产生好感的基础上各自形成一个或几个异性的“理想模型”，并在众多的男女生交往中，逐渐由对群体异性的好感转向对个别异性的依恋，萌生恋情。④择偶尝试期。高中毕业进入大学的青少年，对异性的爱慕和向往有了比较严肃的选择和排他性，自然而然地进入了恋爱择偶尝试期。男女双方从内心深处都感到异性存在的美好，并渴望用各种方式接近异性，引起特定异性的注意与好感。大学生追求爱情、渴望恋爱是在性生理成熟的基础上的性心理需要，性生理成熟是性心理发展的基础。

3. 客观环境的影响

大学生入学前后环境的变化，对大学生恋爱有着特别的影响。入学前，男女虽有对异性的向往，但由于学业的压力和学校、家庭等因素的干涉，青春的骚动被压抑着，不敢释放。入学后，学校没有禁令，家长无法直接干涉，处在自由状态下的异性，在共同的学习生活中频繁交往，相互了解，为大学生的恋爱提供了客观环境。

三、维护大学生性心理健康

1. 掌握科学的性知识，避免性无知

性是一门综合性的科学。大学生应当努力学习和掌握科学的性知识，避免性无知，消除把性仅仅看作生物本能的片面认识。性科学包括性生理学、性心理学、性社会学、性伦理学、性美学等。学习性生理学，能够了解性生理构造及功能，性发展的规律，减少性神秘感，降低性压抑；了解性心理的发展，以理智克服冲动。

2. 培养健康人格，尊重两性关系

性，不仅仅决定于生物本能，一个人对待性的态度，更反映了一个人人格的成熟。人自身的尊严感和对他人是否尊重，都会在两性关系中充分体现出来。人格健康的大学生应该懂得：①要自爱。不以性关系为留住对方和爱情的唯一砝码，而应认识到自己是值得对方好好珍惜与喜爱的，真正的魅力源于自身的内涵与实力。②要对性行为负有社会责任感。每一个成熟的大学生都应当了解个人行为给他人、自我和社会带来的后果，要增强自己的性道德和性法律意识。③要培养良好的意志品质。大学生自我控制性心理能力的大小，在一定意义上是由个人意志品质的强弱决定的。意志作为达到既定目标而自觉努力的一种心理状态，具有发动和抑制行为的作用。大学生应当要学会抑制和调整自我冲动，培养坚强的意志品质。

3. 正视性冲动，积极进行自我调节

性欲是正常和健康的，性欲也是可以适当控制的。对于性冲动，除了适度控制外，还可以进行自我调节，采取一些积极的、富有建设性的、符合社会规范的方式来取代或转移。比如通过投入学习、工作或参加各种文体活动，以及男女正常交往等多种合理途径，陶冶个人情操。大学生还要尽量避免影视、报刊、网络上的不恰当的性信息的刺激和影响。

4. 把握情感尺度，文明适度地与异性交往

大学生在与异性交往时要把握分寸，注意场合，规范行为，处理好“友情”与“恋爱”的关系。男女大学生基于共同的专业与事业、共同的志向与兴趣、共同的见解与理解能建立十分美好的异性友谊，这种美好体现在相互真诚帮助、相互取长补短，但是，男女有别，所以异性交往时要注重差异，掌握分寸，遵循自然和适度原则。

5. 寻求心理咨询，解答性困惑

在心理咨询室，性不再是一个难于启齿的问题。据不完全统计，大学生咨询的问题中，与异性

交往问题占了一半，其中大部分都或多或少地涉及有关性的困惑，当你遇到性困扰时，你可以坦然寻求心理咨询。

第二节　大学生恋爱中常见的心理问题及其调适

从恋爱的心理卫生的角度分析，人格不成熟的大学生容易产生各种心理问题。如近几年，大学生恋爱问题出现了一些较为混乱的现象，未婚先孕、因失恋而自杀、因恋爱而无心读书等。大学生如何对待爱情问题将成为一个不可回避的尖锐问题，如果不加强对大学生的恋爱观及他们的恋爱行为的正确引导，其后果将不堪设想。

1. 认知偏差

有些学生总感到自己缺乏被爱的吸引力，也常有一些学生为自己还没有恋人而自卑，认为自己对异性没有吸引力，认为别人瞧不起自己，不敢坦然与异性交往，更怕在异性面前失误，只好用回避与异性接触的办法保护自尊心，并极力掩盖内心深处的痛苦与失落。原因主要是以下两个方面：一是自我评价出现偏差。这样的学生往往过于关注别人对自己怎么看，却从未认真考虑过自己如何给自己一个客观的评价。二是对恋爱吸引力的误解与缺乏科学的认知。表面上看似乎人们的择偶心理倾向于外在魅力，实际上男女大学生在选择异性对象的条件上大多都认为性格、才能、心理相容、人品和兴趣爱好更具吸引性的作用。

2. 单恋与爱情错觉

单恋是一方的倾慕情感苦于不被对方知晓和接受而造成的一厢情愿或对恋爱的渴望，俗称单相思。它仅仅停留在个体单方面爱恋而无法发展成双方相恋的状态。是一种深沉而无望的爱情，充满了毁灭性的激情和疯狂，在幻觉中自愿奉献一切，具有痴迷而深刻的悲哀。

青年学生心理尚未完全成熟，单恋现象比较常见，且较多地出现在性格内向、敏感、富于幻想、自卑感强的学生身上。首先是自己爱上了对方，于是也希望得到对方的爱。在这种具有弥散作用的心理支配下，就会把对方的亲切和蔼、热情大方当作是爱的表示，并坚信不疑，从而陷入单恋的深渊，而不能自拔。深刻的单相思是一种难以矫正的心理障碍，会使人一度丧失自尊，不顾人格尊严地乞求于所恋对象，严重影响人的知觉判断和理性选择，同时也干扰了所恋对象的学习和生活，有时会走向极端，以伤人的方式终结单恋。爱情错觉则是指在异性间的接触往来关系中，一方错误地认为对方对自己“有意”，或者把双方正常的交往和友谊误认为是爱情的来临。爱情错觉是单相思的另一种形式，它常会使当事人想入非非，自作多情。

青年人对爱情是十分敏感的，如果过于敏感，则容易产生爱情错觉。要注意区分爱情与好感、友谊、同情、感激、钦佩等情感。好感是由于对对方外表的赞赏或欣赏其某一方面的优点产生的，好感不能代替爱情。友谊和爱情是两种既有区别又有联系的感情和概念，一般来说，任何爱情都包含友谊，但不是任何友谊都能发展为爱情。友谊是广泛的，具有不饱和性，而爱情具有排他性和专一性。同情心是对遭遇不幸的人，由于心软而寄予的一种同情之心，与爱情的内涵相差甚远。感激与钦佩是指对自己有重大帮助的人，或值得自己钦佩的人的一种情感，也不能与爱情等同起来。

3. 自恋

自恋是指一个人只是在自我刺激或自我兴奋中寻求快感，而不需要旁人在场，同时他的性指向是他自己。自恋是人格幼稚、害怕现实生活的一种内化反应，是一种情感生活适应障碍。

自恋现象在婴儿时期便已存在。开始只是一种身体的自慰快感，并没有性恋的成分存在。但是随着生理的成熟，性刺激的不断出现，自恋便成为一种生理和心理的需要。一般来说，自恋的过程

一旦进入成年期，便完成了由自恋向他恋的转移。但也有成年后仍未摆脱自恋或不能完全摆脱自恋的，这种情况因人而异。人格成熟的人会使自恋升华为他恋，成为一种精神追求，将注意力转移到有益于社会的活动中去，而人格幼稚的人会使自恋保持下去，甚至不断地加以自我强化，使自己成为孤独的自恋“公主”或“王子”。

其实，我们每一个人，都会有或多或少的自恋倾向——小到对一枚指甲的专心修饰，大到爱自己而不能与另外的人相爱。人人都应该爱自己，但是爱得过了火，就危险了。过分自恋，其实与自私无异。凡事看到的都是自己，渐渐整个世界也都变成了自己一个人的了。

4. 多角恋

所谓多角恋是一个人同时被两个或两个以上的异性所追求或自己同时追求两个或两个以上的异性并建立了爱情关系。

多角恋是爱情纠纷的主要原因之一，实质上是比单恋更为复杂、更为严重的异常现象。由于性爱具有排他性、冲动性，因此任何一种多角恋都潜伏着极大的危险性，一旦理智失控，就会给对方及社会带来恶果。

荒谬型的人把爱情看成一种人生游戏，玩多角恋爱。从众的爱情，朝三暮四，为了金钱、工作和其他目的，将爱情作为跳板等。要摆脱这种状况，一要抛开以貌取人的思想，注重在品德上了解对方；二是切忌一见钟情，盲目相爱；三是避免婚前性行为，减少游戏爱情带给自己的伤害。

5. 性冲动困扰

极少数的大学生发生过婚前性行为。由于婚前性行为不为社会和道德所接受，因而容易引起心理上的冲突，一旦被他人知道，就会羞愧难当。尤其一旦怀孕，男女双方更是惊恐不安，不知所措。怀孕的女生多数不敢到正规医院做人流，常在非法诊所进行人流，又缺乏应有的营养补充和休息，容易并发大出血、子宫穿孔、感染等，严重损害身体健康，还有的留下后遗症，如难产或引发不孕、宫颈癌等。过早的性行为还可能感染性病，如淋病等。要调控好性欲冲动。第一，要学习和掌握性生理和性心理知识，培养高尚的性道德观念，培养坚实的爱情基础和高度的责任感。恋爱中的大学生，凡事要多为对方着想，做到理智而不疯狂，高尚而不低俗。第二，要端正对性的态度。性欲虽是一种生理本能，但受意念支配，是富于理智的行为，不能采取放纵的态度。第三，坚持异性之间文明交往，保持人际距离，不过分亲昵，更不可轻浮、放荡，在性欲之火即将燃烧时要及时进行冷处理。第四，自觉抵制色情刺激，拒绝黄色书刊和淫秽录像等，保持健康向上的精神生活。

6. 失恋

失恋是指一方否认或终止恋爱关系后给另一方造成的一种严重的心理挫折。失恋可以说是大学生最严重的挫折之一，会引起一系列的心理反应，如难堪、羞辱、失落、悲伤、孤独、虚无、绝望和报复等。这些不良情绪如果得不到及时的排除或转移，很容易导致失恋者忧郁、报复乃至自杀等不良心理及行为。

失恋的痛苦是可以理解的，一个心理健康的大学生应积极地面对失恋，尽快摆脱因失恋带来的精神痛苦。首先，要冷静分析失恋的原因，摆脱失恋的苦恼。超然与雍容的态度是非常可取的。俗话说，强扭的瓜不甜。如果恋人的心已不属于自己，分手应该是一种幸运；如果失恋是由于自己的经验不足或在某些方面不足所导致的，那就要认真总结经验，努力完善自己。失恋不是失败，失恋更不能失态。只有失去那些名存而虚无的爱情，才能赢得更加美好的爱情。其次，要及时疏导心中的郁闷。失恋是痛苦的，要想办法尽快排解和释放痛苦。人的理智可以战胜感情，失恋者可以采用疏泄法，即找亲人或知心好友倾诉心中的烦恼；也可以奋笔疾书，甚至可以关门痛哭一场，这些方法都有助于消除失恋带来的心理压力，及时恢复心理平衡。失恋者也可以采用转移法，主动置身于欢乐、开阔的环境，或有意识地潜心于自己感兴趣的事情中，用新的乐趣来冲淡和抵消旧的郁闷。

遗忘也是一剂医治失恋的良方。人是能够记忆的，然而记忆什么，回忆什么，却可以选择。有

些失恋者喜欢回忆失恋前的欢快生活，结果越回忆越痛苦。过去的欢乐就让它与痛苦一起过去吧。新的生活需要我们不断地创造。最后，要努力把精力投入事业、工作和学习中去。

第三节　培养健康的恋爱心理

一、培养爱的能力

爱的能力是指施爱的能力、受爱的能力与爱的对象的鉴别能力。施爱的能力即给予别人爱的能力，即懂得何时何地以怎样的方式去爱别人。施爱的能力能够使我们摆脱错误的爱的动机和爱的方式。受爱的能力指我们理解和接受别人爱我们的能力，假如一个人处在自恋状态或自卑状态中，那么他就无法真正地理解和接受别人的爱。爱的对象的鉴别能力指一个人区分什么样的人适合自己爱和应该去爱什么人的能力。如果一个人没有能力去爱周围的人，没有人道精神、勇气、忠诚和自我约束能力，那么他就不可能获得真正的爱情。

成熟的爱情以自爱为基础，知道自己需要怎样的爱，并且具有给予爱的能力和拒绝爱的能力。一方面是指自身发展能力的培养，包括以下内容：

（1）培养独立的人格。人格的独立性，这也是最终决定爱情关系深度以及爱情持久性的砝码。

（2）增强勇气和自信心。一个人的成功往往是由自信心决定的，在爱情这一问题上有较强的爱的能力，才能收获美好的感情。

（3）学会克己与宽容。双方应该尊重对方的价值观和行为习惯，只有这样，才能彼此和谐、相处融洽。

另一方面是指与异性间的交往能力的培养，包括以下内容：

（1）爱的给予能力。在追求爱时，给予他人爱时，要勇于、善于表达爱，使自己的爱得到真正的体现。

（2）爱的接受能力。爱是双向的，不仅仅是付出，同时也是收获。一个人只有领悟到了他人的爱，才有可能给他人以更多的爱。

（3）爱的拒绝能力。爱的拒绝能力包括两个方面，一是敢于果断地、理智地拒绝自己所不希望得到的爱情。在自己不希望得到的爱情来临时，一定要勇敢地说“不”，优柔寡断或出于对方的穷追不舍而接受是极其有害的。

二、如何正确地对待爱情

（一）树立正确的恋爱观

恋爱观是指对待择偶和爱情的基本看法和态度。大学生正确的恋爱观如下：

（1）提倡志同道合的爱情。恋爱观是一定社会条件下的经济关系和道德关系的产物，是具有明显的阶级性的。对于大学生的恋爱观应该是理想、道德、义务、事业和性爱的有机结合。在恋人的选择上最重要的条件应该是志同道合，思想品格、事业理想和生活情趣等大体一致。马克思和燕妮的崇高爱情就是建立在志同道合的基础上的，正因为如此，他们的爱情才经受住了艰难困苦的考验。

（2）摆正爱情与事业的关系。爱情是人生内容的一部分，但不是人生的全部，它应该服从于事业，促进事业的发展。真正的爱情是人生中的伟大因素，但它并不是唯一因素，除了爱情以外，生活中还有许多其他的人生意义。青年大学生应把事业放到更重要的位置，摆正事业与爱情的关系，不能把宝贵的时间都用于谈情说爱而放松了学习。没有事业的爱情如同在沙漠中播种，缺少坚实的

根基和土壤，迟早会枯萎。只有将爱情同事业结合起来，爱情才有旺盛的生命力。

（3）懂得爱是一种责任和奉献。大学生进入恋爱状态之前就应该懂得，爱不仅是得到，更重要的是一种责任和奉献。在社会生活中，人具有两个方面的责任：一方面是个人对社会应尽的责任，个人对家庭、父母、孩子、朋友和爱侣的责任。另一方面的责任属于私人生活的性质，是社会干预最为微弱的生活领域，是完全需要道德及审美的修养和自觉的责任感来维持的。所有的爱情都包含着一份神圣的责任，这种责任不是义务，不是外界强加的而是内心的自觉，即为自己所爱的人承担风霜雨雪，而不仅是感官上的愉悦与寂寞时的陪伴。

（二）正确处理友情与爱情的关系

男女大学生在共同的校园生活中进行着频繁的交往，彼此之间有好感，建立起友谊，这是非常自然的事情。爱因斯坦曾说过：“世间最美的东西，莫过于有几个头脑和心地都很正直的真正的朋友。”心理学家认为，男性的阳刚气质和女性的阴柔感情是某种心理现象的互补，促使男女双方之间有互相接触和了解的欲望，当这种欲望付诸行动时，往往会产生友谊，结为朋友，并可能发展为爱情。友情和爱情虽然有相通之处，但友情毕竟不等于爱情。大学生在与异性接触的过程中，必须处理好两者的关系，以免陷入烦恼的漩涡。

（三）培养爱情的道德意识

爱情的道德意识首先是指选择对象的道德标准。一个人的思想品德、能力、性格、身材、外貌、家庭和经济条件等都可能成为选择对象的标准。大学生应把对方的道德品质放在首位。爱情的道德意识还表现在爱侣间彼此忠诚的高尚道德感上。爱情需要专一，那种朝秦暮楚的爱情不会长久，也不会幸福。恋爱双方彼此忠诚、尊重、信任、理解，这是爱情和婚姻成功的要素。最后，爱情的道德意识还表现在为对方承担恋爱过程中的道德义务。在恋爱过程中应本着为对方负责的态度，不使对方受到精神创伤，要使爱在理智的支配下有节制地发展，控制性冲动。

（四）提高恋爱受挫折的承受能力

大学生恋爱受到各种因素的制约，因而，在追求爱情的过程中，遇到如单恋、失恋、爱情波折等种种挫折是在所难免的事情。这些挫折对大学生的挫折承受能力来说是一种考验。如果承受能力较强，这无关紧要，如果所受到的挫折超过承受能力而得不到合理的情绪疏导，就有可能造成不良后果。一般来说，爱情波折可以通过相互谅解或友人调解而获得解决，而单恋或失恋的痛苦却难以轻易地被驱走。它包含着一种超强的情绪过程，这种情绪与恋爱的情绪方向相反，但强度却大致与之成正比，即爱之越深，痛之越切。

对待爱情挫折的正确方式是增强理智感和提高挫折承受能力。爱情虽然是生活的重要组成部分，但并不是生活的全部，当爱情受挫后，要用理智来驾驭感情，摆脱或消除烦恼和痛苦的思绪，在新的追求中确认和实现自己的价值。如果在恋爱中出现挫折，不要沉浸在苦恼与悲痛之中，而应保持冷静的头脑。爱情是双方的，不是一厢情愿的，所以应该尊重对方选择爱人的权力，通情达理。而且，“天涯何处无芳草”，没必要纠缠住一个人不放。可多与同性朋友进行交往，向他们倾诉内心的烦恼。改变一下环境，或者参加体育、娱乐活动，以此来转移对挫折的注意。也可把挫折加以升华，把热情投入事业中去，把由爱情挫折所带来的痛苦和紧张慢慢地释放，使之成为事业的一种动力。

思考题

1. 你是如何理解爱情与学业的相互作用的？
2. 如何培养健康的恋爱心理？

第二十四章 大学生常见心理问题与防治

心理问题是指各种心理及行为异常的情形。根据郭念锋教授的心理正常与异常的三原则，我们认为心理正常和异常的区分有以下三个原则：①主观世界和客观世界统一性原则；②心理活动内在协调性原则；③人格的相对稳定性原则。一般认为，人的心理及行为是一个由“正常”逐渐向“异常”、由量变到质变，并且相互依存和转化的连续谱。因此，现实社会中的每一个人在一定程度上都存在心理问题，即人的心理问题是普遍存在的，只是程度不同而已。通常把心理问题根据其严重程度，分为心理困扰、心理障碍和精神障碍。

随着社会现代化进程的加快，大学生面临的各种竞争和压力也越来越大。大学生受到焦虑、抑郁等心理问题的困扰。专家认为，学习压力、生活困难、情感烦恼等种种因素容易导致大学生出现心理问题。如果他们无法向人倾诉，得不到及时的心理帮助或治疗，很容易形成心理障碍，影响大学生的健康成长。因此，了解心理障碍的种类、表现、预防及治疗的方法，是大学生构建健康心理不可缺少的。

第一节 常见心理问题概述

一、什么是心理问题

（1）心理困扰。心理困扰是人们经常遇到的因各种适应问题、应激问题、人际关系问题等引起的轻度心理失调，其强度较弱，持续时间较短，对人的生活效能和情绪状态有一定的负面影响，但不属于疾病范畴，通过自我调整和适当的心理疏导容易得到恢复和矫正。

（2）心理障碍。心理障碍是指心理功能紊乱，并达到影响个体的社会功能或使自我感到痛苦程度的心理问题。主要是指神经症、情感性障碍、人格障碍和性心理障碍等轻度的心理创伤或心理异常现象。

（3）精神障碍。精神障碍是指人脑机能活动失调，丧失自知力，不能应付正常生活，不能与现实保持恰当接触的严重的心理疾病。精神障碍的种类很多，大学生常见的主要有精神分裂症、情感性精神病、偏执性精神病和反应性精神病等。情感性精神病以情感障碍为特征，是一组以显著而持久的情感高涨或低落为主要特征的心理疾病，主要包括躁狂症、抑郁症等。躁狂症的主要症状为心境高涨，自我感觉极好，与所处情境不相称，容易激怒，甚至发生意识障碍，严重者可能出现与心境协调或不协调的妄想、幻觉等精神病症状。抑郁症主要症状为心境低落，与其处境不相称，可以从闷闷不乐到悲痛欲绝，甚至发生木僵，严重者可能会出现幻觉、妄想等精神障碍症状。双相情感性障碍的主要症状为反复出现心境和活动水平明显紊乱的发作，紊乱有时表现为心境高涨，精力充沛，活动量增加，有时表现为心境低落、精力降低和活动量减少。

二、精神障碍的分类

根据《中国精神障碍分类与诊断标准》第三版（CCMD－3），将心理障碍做以下的分类：（1）

精神病性障碍。此类障碍属于严重的精神障碍，以精神活动的不协调和脱离现实为特征，患者在患病期间对自己的异常心理表现基本丧失自我辨认能力，不承认自己有病，一般不会主动求医。病前人格多具有固执、主观、敏感、猜疑、好强等特征。属于这类障碍的有精神分裂症、偏执型精神障碍（妄想性障碍）、分裂型障碍等。

（2）心境障碍又称情感性精神障碍，以明显而持久的心境高涨或心境低落为主的心理障碍，并有相应的认知和行为的改变，严重者可有幻觉、妄想等精神病性症状。属于这类障碍的有躁狂发作、抑郁发作、双相障碍等。

（3）神经症，旧称神经官能症。主要表现为持久的心理冲突，病人觉察到或者体验到这种冲突并因之而深感痛苦，并且妨碍心理功能和社会功能。常伴有烦恼、紧张、焦虑、恐惧、强迫、疑病、神经衰弱等症状，出现障碍前通常有一定的人格基础，起病常与心理社会因素有关。属于这类障碍的有恐惧症、焦虑症、强迫症、躯体形式障碍和神经衰弱等。

（4）应激相关障碍，旧称反应性精神障碍或心因性精神障碍。主要是由突发生活事件、剧烈精神创伤或者持续困难处境引起的，表现为巨大刺激后的心理失常。属于这类心理障碍的有急性应激障碍、创伤后应激障碍和适应障碍。

（5）人格障碍是在个体发育成长过程中，因遗传、先天以及后天不良环境因素造成的个体心理与行为的持久性的固定行为模式。这种行为模式偏离社会文化背景，并给个体自身带来痛苦，更重要的是贻害他人。如反社会型人格障碍、偏执型人格障碍、强迫型人格障碍、分裂型人格障碍、戏剧型人格障碍、攻击型人格障碍等。

（6）心理生理障碍又称心理因素相关的生理障碍，指由某些心理原因导致的生理问题。如进食障碍、睡眠障碍、性功能障碍等。

（7）癔症又称歇斯底里症，是一种分离（转换）障碍，通常患者会将自己扮演成另一个想象中的角色，完全忘记自己原来的身份。此类障碍包括分离性障碍、转换性障碍等。

（8）性心理障碍通常称为性变态，是指以性心理和性行为明显偏离正常，并以这种性偏离作为性兴奋、性满足的主要方式为主要特征的一组精神障碍。属于此类障碍的有性身份障碍、性偏好障碍、性指向障碍等。它不包括单纯的性欲减退或亢进及性功能障碍。

第二节　大学生常见心理问题的类型及表现

一、心理问题的鉴别方法

判断是否有心理问题，特别是判断是否有某种心理障碍或精神病，实质上是一个心理评估与诊断问题，是需要专业人员如临床心理学家、心理咨询师等，运用心理学和精神病学的理论、技术、方法和手段，根据严格的诊断标准，按照严格的程序去实施的一项专业性很强的工作。通常所使用的评估和诊断方法主要包括观察法、会谈法和测验法。因此，是否有心理障碍或精神疾病，不能仅根据一些情绪或躯体现象就轻易做出判断，更不能简单地“对号入座”。人们在遇到挫折时，出现一些情绪反应和躯体症状，本来属于正常现象，可有些学生却盲目给自己“诊断”为某种心理障碍，如焦虑症、抑郁症、强迫症等，这对降低紧张情绪和缓解心理痛苦是很不利的，这种消极的暗示作用有时还会使情绪和躯体反应进一步加重，反而给身心调整带来障碍。

二、大学生常见的一般心理问题

事实上，大学生中有心理障碍或精神病的极少，多数学生遇到的都是一般性心理困扰。但是，

即使一般性心理困扰也会在很大程度上影响大学生的发展，而且对一般性心理困扰若不及时调节和疏导，持续发展下去就可能导致心理障碍或精神疾病。近年来的实践与研究表明，大学生心理问题存在性别、年级和地域的差异。

总的来说，大学生中常见的心理问题有如下几种表现：

（1）生活适应问题。这一问题在刚入大学的新生中较为常见。新生来自全国各地，以往的家庭环境、受教育环境、成长经历和学习基础等相差很大，来到大学后，在自我认知、同学交往、自然环境等方面都面临着全面的调整适应。由于目前大学生的自理能力、适应能力和调整能力普遍较弱，所以，在大学生中，生活适应问题广泛存在。例如，一名女学生刚入校不到一个星期就申请退学，原因是不能适应集体生活，晚上睡不着，白天在学生食堂吃饭也没有胃口，时常感到精神紧张，心情烦躁，不能再坚持下去。

（2）学习问题。大学生的主要任务是学习，学习上的困难与挫折对大学生的影响是最为显著的。大量的事实表明，学习成绩差是引起大学生焦虑的主要原因之一。虽然大学生在学业方面是同龄人中的优秀者，但由于大学学习与中学存在很大的不同，所以，很多学生存在学习问题，包括学习方法、学习态度、学习兴趣、考试焦虑等。例如，有一个同学因对专业不满意而提不起学习兴趣，经常想着转系或退学回家重考，就这样在矛盾中度过了大学生活的第一个学期，期末考试出现了两门课不及格。

（3）人际关系问题。受应试教育的影响，多数学生在人际关系方面较为封闭，交往能力普遍较弱。进入大学后，如何与周围的同学友好相处，建立和谐的人际关系，是大学生面临的一个重要课题。由于每个人待人接物的态度不同、个性特征不同，再加上青春期心理固有的闭锁、羞怯、敏感和冲动，都使大学生在人际交往过程中不可避免地遇到各种困难，从而产生困惑、焦虑等心理问题，这些问题甚至会严重影响他们的健康成长。例如，有一名大学三年级的女学生，由于与同宿舍的另一名同学发生口角，心里很不平衡，总想找机会报复，于是便故意将那个同学的东西偷走然后扔掉，被发现后受到了校纪处分。

（4）恋爱与性心理问题。大学生处于青年中后期，性发育成熟是重要特征，恋爱与性问题是不可回避的。大学生接受青春期教育不够，对性发育成熟缺乏心理准备，对异性的神秘感、恐惧感和渴望交织在一起，由此产生了各种心理问题，严重的还导致心理障碍，如失恋、单相思等。

（5）性格与情绪问题。性格障碍是较为严重的心理障碍，其形成与成长经历有关，原因也较复杂，主要表现为自卑、怯懦、依赖、猜疑、神经质、偏激、敌对、孤僻、抑郁等。例如，有的同学或者认为自己相貌不佳，或者认为自己能力比别人低，或者认为自己知识面窄，影响了正确的“自我认识”，使得事事处处都认为自己赶不上别人，总觉得低人一等。

三、大学生常见的心理障碍

（一）神经症

神经症主要是由心理因素造成的。对于处在青年期的大学生来说，这是一种最为常见的功能性疾病。不健全的个性特征是此类疾病的发病基础。在此基础上，如果遇到重大的心理创伤，便会导致神经症的发生。

1. 焦虑症

焦虑症是一种常见的神经症，主要症状为焦虑的情绪体验、自主神经功能失调及运动性不安。大学生进入新的环境，各方面都要重新开始适应和调整。如果对自己期望过高，压力过大，时间长了，就会产生持续性的焦虑、不安、恐慌，并且还伴有明显的运动性不安以及各种躯体上的不舒适感。患有焦虑症的人，在其性格上也有一定的特点，大多做事瞻前顾后，对新事物、新环境适应能力差，遇上一定精神刺激，就很容易患焦虑症。大学生中很多人在应付各种考试时，会出现预感焦

虑和期待不安等心理状态，有的甚至恐惧考试。

2. 强迫症

强迫症是指患者在主观上感到某种不可抗拒和被迫无奈的观念、情绪、意向或行为存在。患有强迫症的人，明知某种行为或观念不合理，却又无法摆脱，因而非常痛苦。这种症状大多是由强烈而持久的精神因素及情绪体验诱发而来的，与患者以往的生活经历、精神创伤或幼年时期的遭遇有一定的联系。患强迫症的大学生多与其性格缺陷有关，如缺乏自信，遇事过分谨慎，生活习惯呆板，墨守成规，常怕出现不幸，活动能力差，主动性不足。

3. 恐惧症

恐惧症是一类违背病人意志的恐怖情绪，病人对常人习以为常的某一普通物品、环境或活动产生一种紧张恐惧的心情，自己明知这种恐惧过分、不正常并且无必要，但不能自制，无法摆脱。恐惧的对象很多，诸如怕脏、怕细菌感染、怕拥挤的场所、怕高地和深渊、怕对视、怕得某种疾病、怕死亡。以致患者不得不回避某些场所、物品或人，那些怕脸红、怕对视的病人常回避社交活动。大学生恐惧症主要表现为社交恐怖、考试恐怖等。

4. 躯体形式障碍

躯体形式障碍是一类以持久地担心或相信各种躯体症状的优势观念为特征的神经症，包括躯体化障碍、未分化的躯体形式障碍、疑病障碍、躯体形式的自主功能紊乱、躯体形式的疼痛障碍等。大学生躯体形式障碍主要表现为疑病障碍，又称疑病症，在神经症中相对少见，主要临床表现是担心或相信自己患有某种严重的躯体疾病。病人对自身的健康状况或身体的某一部分过分关注，其关注程度与实际健康状况很不相称，经常叙述不适，并四处求医，但各种客观检查的阴性结果和医师的解释均不能打消患者的疑虑。

5. 神经衰弱

神经衰弱是大学生最常见的一种心理疾病，是一种以精神易兴奋又易疲劳为特征，并表现为情绪易激怒、易烦恼、易紧张，还伴有肌肉紧张性疼痛和睡眠障碍等生理功能紊乱症状的神经症。在休、退学病因率统计中占23%～60%。一般开始于中学阶段，到大学阶段发病率增加。本病在整个人群中脑力劳动者发病居多，其中尤以青年学生最为常见。此病大多是由于某些长期存在的精神因素，引起脑机能活动过度紧张而产生精神活动能力减弱。

神经衰弱患者的发病原因是多方面的，如学习负担过重、专业思想不稳定、对人生和社会思虑过度、家庭问题和个人情感上的挫折等。神经衰弱的症状在病患学生身上会或多或少地表现出来，且程度有轻重差异，大多开始较轻，病情反复波动，以后症状逐渐增多加重。如果及时治疗，并且能正确对待，神经衰弱可以缓解或痊愈。

（二）癔症

癔症又称歇斯底里症，系由于明显的心理因素如生活事件、内心冲突或强烈的情绪体验、暗示或自我暗示等作用于易感个体引起的一组病症。临床主要表现为感觉障碍、运动障碍或意识改变状态等，而缺乏相应的器质性基础。症状具有做作、夸大或富有情感色彩等特点，有时可由暗示诱发，也可由暗示而消失，有反复发作的倾向。多数突然发病，起病前多有心理社会刺激，通常为人际关系的一般矛盾，强烈刺激则很少见，多见于女生。

（三）抑郁症

抑郁症是大学生中常见的一种心理障碍，主要表现为情绪显著下降、非常悲伤、忧虑，感到自己没有价值、怨天尤人、自责自罪、不愿与人交往、丧失愉快感，有时还常常伴有睡眠障碍，出现无原因的持续性疲乏、思维迟滞、精神活动减少，在困难面前束手无策，一筹莫展；食欲缺乏，人体消瘦，甚至会出现死亡的念头或有自杀的行为。有的大学生对枯燥的专业学习不感兴趣，对刻板

的生活方式感到厌烦，为自己学习或社交的不成功而灰心丧气，陷入抑郁悲观状态。长期的抑郁状态会导致思维迟钝、失眠、体力衰退等，对个体危害很大。

（四）精神分裂症

1. 感知觉障碍

精神分裂症最突出的感知觉障碍是幻觉，以幻听最为常见。精神分裂症的幻听内容多半是争论性的，如两个声音议论患者的好坏；或评论性的，不断对患者的所作所为评头论足。精神分裂症的幻觉体验可以非常具体、生动，也可以朦胧模糊，但多会给患者的思维、行动带来显著的影响，患者会在幻觉的支配下做出违背本性、不合常理的举动。

2. 思维障碍

（1）思维联想障碍。患者在交谈中忽视常规的修辞、逻辑法则，在言语的流畅性和叙事的完整性方面往往出现问题；在交谈时常常游移于主题之外，尤其在回答一些问题时句句说不到点子上，但句句似乎又沾点边，令听者抓不到要点。病情严重者言语支离破碎根本无法交谈。

（2）思维贫乏。患者语量贫乏，缺乏主动言语，在回答问题时异常简短，多为“是”“否”，很少加以发挥。在每次回答问题时总要延迟很长时间。

（3）强制性思维。是指一种不受患者意愿支配的思潮，强制性地大量涌现在脑内，内容往往杂乱多变，毫无意义，毫无系统，与周围环境也无任何联系。患者认为他的思维活动已经完全不受自己的意愿支配，已经没有属于自己的思维活动了。强制性思维多见于精神分裂症患者。

（4）妄想。妄想主要表现为：以毫无根据的设想为前提进行推理，违背思维逻辑，得出不符合实际的结论，但患者对于这些结论坚信不疑，无法进行纠正，并且具有自我卷入性，以自己为参照物。

3. 情感障碍

主要表现为情感迟钝或平淡。情感平淡并不仅仅以表情呆板、缺乏变化为表现，患者同时还有自发动作减少、缺乏体态语言，在谈话中很少或几乎根本不使用任何辅助表达思想的手势和肢体姿势，讲话语调很单调，缺乏抑扬顿挫，同人交谈时很少与对方有眼神接触，多茫然凝视前方；患者丧失了幽默感及对幽默的反应，检查者的诙谐很难引起患者会心的微笑；患者对亲人感情冷淡，亲人的伤病痛苦对患者来说无关痛痒。

4. 意志行为障碍

（1）意志减退。患者在坚持工作、完成学业、料理家务方面有很大困难，往往对自己的前途毫不关心，没有任何打算，或者虽有计划，却从不施行。活动减少，可以连坐几个小时而没有任何自发活动。

（2）紧张综合征。以病人全身肌张力增高而得名，包括紧张性木僵和紧张性兴奋两种状态，两者可交替出现，是精神分裂症紧张型的典型表现。

（五）人格障碍和性心理障碍

1. 人格障碍

所谓人格障碍，是指人格系统发展的不协调，主要表现为情感和意志行为方面的障碍。人格障碍通常开始于童年、青少年或成人早期，并一直持续到成年以后甚至终生。有人格障碍的人，其行为模式异于常人，比如有的人格障碍患者，常为一点小事动辄怒发冲冠、暴怒不已，对人残酷无情，以他人的痛苦为乐，对人毫无诚意、极不负责，做错事绝无悔恨及羞耻之心，极端自私，感情冷漠，他们对环境适应不良，缺乏朋友。这些也必然地影响他们的职业功能，常常是“到哪儿都不要，到哪儿也待不长”。但他们对此却毫无自知，只是一味地怨天尤人，而绝不检查自己。主要有

偏执型人格障碍、分裂型人格障碍、反社会人格障碍、冲动型人格障碍、表演型人格障碍、强迫型人格障碍、焦虑型人格障碍。

（1）偏执型人格障碍。这类人格障碍的特点是主观、固执、心胸狭隘、报复心强。一方面，骄傲自大，自命不凡，总认为自己怀才不遇，自我评价甚高；另一方面，在遇到挫折失败时，又过分敏感，怪罪他人，很容易与他人发生冲突与争执。这类人格障碍多见于男大学生。

（2）分裂型人格障碍。分裂，主要是指这类人的人格在情感、意志、行为上的不一致。主要表现为内向、孤僻，言语怪异，不爱交往，不关心别人对自己的评价，常常处于幻想之中。他们回避竞争性情境，独来独往。具有这种人格障碍的大学生在孤独的环境中尚可适应，甚至可以在学业上取得突出成就；但在带有合作性质的任务中，由于与其他人完全不能相容，因此往往很难适应，从而导致极度适应不良。

（3）反社会人格障碍。反社会人格障碍以行为不符合社会规范、经常违法乱纪、对人冷酷无情为特点，男性多于女性。这种人在需要、动机、兴趣、理想等个性倾向以及自我价值观念等方面均与正常人不同，他们往往缺乏正常的人间友爱，缺乏焦虑和罪恶感，常有冲动性行为，且不吸取教训，行为放荡。大学生反社会人格障碍主要表现为经常说谎、逃学、酗酒、外宿不归；经常偷窃、斗殴、赌博、故意破坏他人或公共财物、无视校规、社会道德，甚至出现性犯罪行为；经常欺骗，以此获取私利或取乐；易激惹，冲动，并有攻击行为；缺少道德观念、对善恶是非缺乏正确判断，且不吸取教训；极端自私与自我中心。

（4）冲动型人格障碍。以情感爆发伴有明显行为冲动为特征，男生显著多于女生。大学生中冲动型人格障碍常表现为：情绪不稳，易激惹，易与他人发生争执和冲突，冲动后对自己的行为虽懊恼，但不能防止再犯，间歇期正常；人际关系时好时坏，要么与人关系极好，要么极坏，几乎没有持久的朋友；情感爆发时，对他人可有暴力攻击，可有自杀、自伤行为；在日常生活和工作中同样表现冲动、缺乏目的性与计划性，做事虎头蛇尾，很难坚持需要长时间才能完成的事情。

（5）表演型人格障碍。大学生中表演型人格障碍主要是以过分的感情用事和夸张言行吸引他人注意为特点。这种人人格不成熟，情绪不稳定，暗示性、依赖性强。大学生表演型人格障碍主要表现为人格发展不成熟，情绪不稳定，常故意用过分做作、夸张和戏剧性的行为引起别人的注意。

（6）强迫型人格障碍。强迫型人格的表现主要是心理上时刻笼罩着不安全感，常处于莫名其妙的紧张状态和焦虑状态，如寄信时总是反复检查地址是否写对、邮票是否贴牢了；敏感多思，缺乏自信心，总担心自己做的事不会成功，该决断时常优柔寡断；刻板固执，喜欢墨守成规，不知变通，自己爱好不多，清规戒律却不少，过于自我克制与自我检点，处处谨小慎微，在遇到环境突然变化时，常不知所措，难以适应。

（7）焦虑型人格障碍。以一贯感到紧张、不安全及自卑为特征，总是需要被人接纳，对拒绝和批评过分敏感，因习惯性地夸大日常处境中的潜在危险而有回避某些活动的倾向。

2. 性心理障碍

性心理障碍既往称为性变态，指有异常性行为的性心理障碍。性心理障碍临床上包括三种类型：性身份障碍如易性症，性偏好障碍如恋物症、异装症、露阴症、窥阴症、性施虐与性受虐狂，性指向障碍。大学生的性生理已完全成熟，性意识不断增强，他们对两性关系有探讨和尝试的愿望。有的大学生置社会规范、社会道德于不顾，只求满足自身的性欲望，滥交异性朋友，在性关系上放荡不羁，荒废了学业；也有的大学生走向另一极端，对性问题采取忽视、逃避的态度，对异性怀有偏见，视性为罪恶之源，这就阻碍了其性心理的正常发展，过分的压抑，使其对性问题表现出无知无能，甚至可能发展为性变态。

（六）网络心理障碍

近年来，大学生心理问题出现了一个新的发展趋势，即热衷于把网络当成排遣的对象。但这种

虚拟的排泄方式同时也带来了包括情绪低落、思维迟钝、自我评价降低等负面情绪，医学诊断称之为“网络心理障碍”。网络心理障碍是指患者往往没有一定的理由，无节制地花费大量时间和精力在互联网上持续聊天、浏览，以致损害身体健康，并在生活中出现各种行为异常、心理障碍、人格障碍、交感神经功能部分失调。该病的典型表现包括情绪低落、无愉快或兴趣丧失、睡眠障碍、生物钟紊乱、食欲下降和体重减轻、精力不足、精神运动性迟缓和激动、自我评价降低和能力下降、思维迟缓、有自杀意念和行为、社会活动减少、大量吸烟、大量饮酒和滥用药物等。

第三节　防治心理问题的途径与方法

大多数大学生具有良好的心理品质，他们有能力调节和处理成长过程中所遇到的各种压力和问题，但也确实存在一部分学生单单依靠自己的力量已不能有效地解决所遇到的压力和问题，他们需要外界的帮助和引导，否则，这些学生的问题有可能进一步发展，甚至导致心理障碍。因此，大学生要树立科学的健康观，充分认识心理健康在全面提高自身素质和发挥自身潜能过程中的重要作用，自觉维护和增进自身的心理健康。

一、大学生增进心理健康和预防心理问题的途径

（1）通过学习了解心理问题产生的原因与调适方法。积极参加心理健康讲座等宣传教育活动，选修有关心理健康教育方面的课程，学习心理健康和心理问题方面的知识，正确认识心理健康和心理问题，树立科学的健康观，掌握一些鉴别心理问题的方法和常用的心理调适方法。

（2）通过实践活动提高心理调适能力。积极参加心理健康方面的社团等实践活动，丰富生活体验，增加社会阅历，从而不断增进人际关系，提高挫折承受力和社会适应力。

（3）了解处理心理问题的相关资源。以科学、理智的态度对待心理问题，积极参加心理普查，发现有心理困扰时，主动、积极、及时地到学校心理健康教育或心理咨询机构进行心理咨询或心理治疗。

二、心理咨询及其形式与方法

心理咨询是解决大学生心理问题的重要途径，是高等学校心理咨询机构的基础性工作。心理咨询不同于一般的开导、劝慰和帮助，它是一项专业性很强的工作，是一种职业性的帮助行为，其中涉及很多技术性问题。心理咨询之所以对求询者能够产生积极、有效的作用，关键在于心理咨询为求询者提供了一种与日常生活中其他关系不同的特殊的关系。在这种关系中，咨询手段及其所创造的氛围使求询者逐步认清自己所面临的问题，学会以更加积极的方法和态度对待自己、他人和环境。对于心理行为正常的人，心理咨询所提供的新经验可以帮助他们排除成长过程中所遇到的障碍，从而更好地发挥个人潜能；对于有心理问题的人，心理咨询可以帮助他们改变不适应的思维与行为方式，学会新的适应方式。

心理咨询一般具有四个方面的功能：教育功能、发展功能、保健功能和治疗功能。针对大学生的特点，大学生心理咨询强调发展性咨询模式，心理咨询师运用心理学的有关理论和技术，通过特殊的人际关系，帮助来访者解决心理问题，增进身心健康，提高适应能力，促进个性发展和潜能发挥。心理咨询与心理治疗具有一定的区别。心理治疗的工作对象主要是心理障碍者，如神经症、人格障碍、性变态等，帮助求询者消除精神症状，改变病态行为并重整人格。大学心理咨询机构的服务对象主要是人格健全的学生，着重处理大学生在人际关系、学习成才、恋爱交友、成长择业等方面的适应与发展问题。

心理咨询的方式有个体咨询、团体咨询、电话咨询、书信咨询、网络咨询等。

心理咨询的过程与原则。一般来说，一个完整、有效的咨询过程，无论咨询时间长短，也无论咨询者运用何种理论，都包含这样一些阶段：建立咨访关系、收集资料、心理诊断、商定目标、商定方案、签订协议、实施方案、咨询效果评估等。

心理咨询的方法。依据不同的心理学理论和针对不同的心理问题，有很多心理咨询的方法，经常被运用的方法有精神分析疗法、行为疗法、求询者中心疗法、交互分析疗法、理性情绪疗法、完形疗法、现实疗法、森田疗法、催眠疗法、生物反馈疗法等。这些方法的共同特点是，使求询者的认知得到改变，情绪情感得到调整，行为得到矫正。例如求询者中心疗法非常强调求询者的情感体验，在不断萌发出积极的情感体验过程中，使求询者重新考察和评价自己，并学会接受真实的自我；理性情绪疗法主要是矫正求询者的不合理认知，从而使求询者的情绪和行为得到相应的改变。

心理咨询的内容有下列几点：

（1）心理健康与发展咨询。心理健康与发展咨询主要是帮助有心理问题的学生消除不良症状，调适不良情绪，调整不合理认知，摆脱心理困扰，学习新的经验和思维模式，帮助学生开发自身的潜能。

（2）学业与发展咨询。学业与发展咨询主要是帮助学生加深对大学教育的认识和开发对专业学习的兴趣，提高学生对时间管理的能力，改进学习方法，帮助学生提高学习技巧，解决学习过程中遇到的具体困难，帮助学生规划未来学业发展的可能性。

（3）择业与发展咨询。择业与发展咨询主要是帮助学生客观地评价自我，发现自身特点和优势，开发职业兴趣，学习求职方法，提高择业能力，规划未来职业发展道路等。

（4）心理危机干预。心理危机干预是指对处在心理危机状态下的个人或群体采取明确、有效的措施，使之最终战胜危机，重新适应生活。引发心理危机的原因可以是灾难性事件，如自然灾害、疾病暴发、恐怖袭击、校园暴力等；也可以是个人内在冲突，如失学、失恋、失业等。

预防大学生自杀是高等学校心理咨询机构进行心理危机干预工作的重要内容。大学生自杀的原因很复杂，考试不及格、失恋、经济困难、身体疾病、人际关系紧张等都可能导致自杀行为。此外，精神分裂症患者、抑郁症患者自杀的可能性也较大。自杀可分为两类：一类是冲动型自杀；一类是理智型自杀。冲动型自杀一般由偶然事件引起，具有突发性，很难防范。理智型自杀一般不是由偶然事件引起，而是有目的和有计划的自杀行为。由于理智型自杀一般有一个发展过程，并常常有各种心理与行为表现，所以，可以通过观察及时发现有自杀倾向的学生，并采取干预措施。为了有效防止自杀行为，需要广大师生以及心理咨询专业人员共同参与，并通过心理普查、建立热线电话等手段进行干预。

三、常用的心理治疗方法

1. 精神分析疗法

精神分析疗法也称为心理分析治疗法、心理动力学治疗法，是弗洛伊德根据心理动力学理论所创立的。

精神分析疗法的基本观点是：病人的心理障碍是压抑在“潜意识”中某些幼年时期所受的精神创伤所致，因而要通过内省的方式，以自由联想、精神疏泄的方法，把痛苦的体验挖掘出来，从中发现心理障碍的根源。并对病人所提供的情况进行分析解释，启发和帮助病人领悟并重新认识，从而改变原有病理行为模式，重建自己的人格，达到治疗的目的。

精神分析疗法的技术包括自由联想、梦的分析、阻抗、移情、解释。心理分析的治疗过程是：在正式开始治疗前，还需进行两周左右的试验性分析和联想，进一步明确诊断并排除不适于做心理分析治疗的对象。其治疗过程一般分为四个阶段，即开放阶段、发展阶段、修通阶段和移情阶段。精神分析疗法的适应证主要是焦虑症、强迫症和抑郁性神经症等。

2. 行为疗法

行为疗法是根据心理学的学习理论，对个体进行训练，达到矫正适应性不良行为的一类心理治疗理论和技术。行为治疗的方法主要有以下几种：

(1) 系统脱敏疗法。系统脱敏疗法是沃尔普在20世纪50年代末期发展起来的一种以渐进方式克服或消除神经症性反应的治疗方法。系统脱敏疗法适用于治疗神经症，尤其是许多与焦虑反应相联系的行为障碍等。

(2) 满灌疗法。满灌疗法与系统脱敏疗法相反，采用对病人来说能引起最强烈焦虑反应的刺激“冲击”病人，从而克服对某些情境的焦虑反应。其基本原理是：病人的焦虑或恐惧的反应是过去习得的，那么让病人处在强烈焦虑和高度恐惧的事物面前或情境之中，如果没有真正的对病人的威胁和损害发生，病人的症状就会消退，而学会新的适应的良性行为。满灌疗法也适用于治疗神经症，尤其是许多与焦虑反应相联系的行为障碍等。

(3) 厌恶疗法。厌恶疗法就是把不适应的行为与不愉快的刺激或者不愉快的后果之间形成联系，常采用引起痛苦反应的刺激与出现的不良行为相结合，使病人在发生不良行为的同时就会感到痛苦的反应，从而对不良行为产生厌恶而使其逐渐消退。出现不良行为就要受到恶性刺激而感到痛苦，要想避开恶性刺激和痛苦就不要出现不良行为。此疗法对矫正酒瘾、戒烟、贪食肥胖、吸毒和性变态等效果好。

(4) 生物反馈疗法。生物反馈疗法是在放松疗法的基础上，借助现代化电子仪器对体内不易体验到的生理活动信息如血压、心率、胃肠蠕动、生物电活动等进行监视，并及时将测得的信息转变成为易于理解的信号，如声、光、仪表指针等，显示给病人和第三者，让病人根据这一信息学习使生理活动朝着所期望的方向发展。把来自病人自身的生理活动信息显示给病人的过程叫反馈，由于这些信息是生物加工的所以称生物反馈，应用生物反馈这一技术治疗疾病即生物反馈疗法。生物反馈疗法在临床应用中，多用于雷诺病、紧张性头痛、偏头痛、癫痫、焦虑症等疾病的治疗。

3. 来访者中心疗法

来访者中心疗法是罗杰斯以人本主义理论为基础于20世纪40年代提出的。他认为每个人都可以做出自己的决定，都有着实现的倾向，只要给病人提供适当的环境，他将有能力改变对自己和他人的看法，调整和控制自己的行为，从而达到良好的主观选择与适应。因此，治疗不需病人回忆压抑在潜意识中的心理症结，而是帮助病人正确认识和处理当前环境的现状，体验当时的感受，治疗的目的就是让病人进行自我探索，了解与自我相一致的、恰当的情感，并以此来指导自己的行为，靠自己本身的力量来治疗自己存在的问题。来访者中心疗法的适应证主要是神经症。

4. 认知领悟疗法

认知领悟疗法就是通过解释来改变来访者的认识，使其得到领悟，从而使症状得以减轻或消失，最终治愈的心理治疗方法。这是20世纪60年代以来在美国心理治疗领域中发展起来的一种新的理论和技术。认知理论的主要代表人物之一贝克认为，心理障碍主要是在错误的思维前提下对现实误解的结果，是依据反面的或不正确的信息做出错误的推论，及其不能适当地区分现实与想象之间的差别等。因此，只有通过理性分析和逻辑思辨，改变造成病人困扰的非理性观念，并建立起合理的、正确的逻辑思维，才能帮助病人解决情绪和行为上的问题。认知领悟疗法认为，治疗的目的是要消除病人的症状，而症状的消除需要病人对医生解释的领悟和重新认识，病人的领悟是在医生引导下达到的，因此疗效的取得不在于提示童年的精神创伤，而在于病人对医生解释的信任，这是领悟的本质。领悟的内容是医生灌输给病人的，使病人理解、认识并相信他的症状和病态行为的幼稚、荒谬性，抛弃原来的想法和行为，达到真正的领悟，从而使症状消失。认知领悟心理疗法的适应证主要是强迫症、恐惧症和某些类型的性变态，如裸露癖、窥阴癖、摩擦癖、异性服装癖等。

5. 音乐疗法

一方面，音乐的频率和声压会引起生理上的反应；另一方面，音乐声波的频率和声压会引起心

理上的反应。良性的音乐能提高大脑皮层的兴奋性，可以改善人们的情绪，激发人们的感情，陶冶人们的情操，振奋人们的精神。同时，有助于消除心理、社会因素所造成的焦虑、忧郁、恐怖等不良心理状态，提高应激能力。音乐应根据病人的不同因人而异地有所选择。一般来说，要考虑病人的病情、民族、职业、地域、文化程度、爱好情趣、欣赏水平等因素。合适的音乐治疗，常可取得很好的疗效。

6. 其他心理治疗方法

除了上述的一些心理治疗方法外，常用的心理治疗方法还有合理情绪疗法、森田疗法、叙事疗法、意向对话心理疗法等。在实际的操作中，咨询者可根据实际情况灵活运用。心理治疗方法根据它的理论基础和应用形式常可分成上面这些，而且它们也有自己相应的适应证，但在实际的咨询和治疗过程中，我们常会根据来访者的情况和咨询者自身的知识特点，将上述方法结合起来使用，以取得更好的效果。当然，在有条件的学校和单位对有些心理疾病如抑郁症、强迫症、焦虑症等，如果能结合药物进行治疗，效果会更好。

思考题

1. 如何辨别异常心理？
2. 简述大学生常见的心理问题。
3. 简述大学生常见的心理障碍。
4. 简述防治心理问题与心理障碍的途径与方法。

第二十五章 保持大学生心理健康，注意心理安全

心理问题已成为危害大学生身心健康、影响大学生生命质量的主要疾病之一。许多研究表明，大学生心理障碍发生率呈上升趋势，已经明显地影响到一部分大学生的身心健康及生命安全。大学生应该始终保持尊重生命的态度、珍爱生命的价值，积极进行心理问题的预防，热爱生命，健康成长。

第一节 大学生心理问题及其原因分析

许多研究表明，绝大多数大学生心理健康状况良好。但有些大学生因为压力过大，存在心理问题，已经明显地影响到其身心健康及生命安全。

一、大学生存在的主要心理问题

（一）适应环境过程中的问题

多数大学生在适应环境过程中会出现以下问题：消极、悲观，对个人生活及社会生活产生不满足感，以及对个人理想和生活目标的重新确立等问题。主要表现为：生活能力弱，对挫折的心理承受能力差；面临学业、生活、感情方面的挫折，缺乏经验和技巧，显得无所适从，情绪低落，情感起伏，甚至怀疑人生；面对就业制度的改革带来的机遇与挑战，没有足够的心理准备。

（二）学业问题

大学校园里，大多数学生能够经受住紧张的学习考验，顺利地完成学业。但是也必须看到，确有一些大学生存在时间或长或短、程度或轻或重的学习困难。导致学习困难的原因虽然多种多样，但是分析的结果表明，心理障碍是主要的原因之一。常见的心理障碍有：学习压力大，动力不足；学习目的不明确，学习动机功利化；学习成绩不理想；严重的学习焦虑、学习疲劳等。

（三）情绪问题

大学生作为一个特殊群体，对自己情绪的控制能力较差，同时又要面对纷繁复杂的社会，还要处理好学习、生活、工作、交友之间的关系，承受进一步深造或就业的压力，竞争的日趋激烈使得少数大学生情绪上的困扰和障碍时有发生。主要有抑郁情绪、焦虑情绪、狂喜情绪、自卑情绪、自负情绪、愤怒情绪、冷漠情绪等。具体表现为悲哀、暴躁、内疚、紧张、冷漠、猜疑、易放弃等。

（四）人际关系问题

进入大学，远离原来熟悉的生活与学习环境，面对新的人际群体，缺乏人际交往经验，而自身在人际交往中的不自信又不利于增加自身的人际魅力，因此显得很不适应。主要表现为自卑心理、自傲心理、自恋心理、封闭心理、敏感心理、孤傲心理、逆反心理、自私心理、虚假心理、嫉妒心理、敌视心理等，这些不健康心理影响了学生的成长。

（五）恋爱中的问题

大学生在恋爱中常见的问题主要表现为择偶标准不实际、恋爱动机不端正、爱情表达方式上缺乏修养。受西方观念影响，性行为轻率。不能正确对待恋爱挫折，以致产生自杀、报复、抑郁等不良心理和行为。

（六）性心理问题

性教育是道德教育、文明教育、健康教育，也是人格教育，基本上得到了教育工作者的认同，但大学生性生理与性心理方面的问题并未得到很好的解决，主要表现在性生理适应不良。青春期性生理的成熟，必然带来相应的心理变化，渴望获得异性的好感与承认，产生性幻想、性压抑、性冲动等。由于性教育的严重缺失，有的学生不能正确认识自我的性反应，产生堕落感、耻辱感与罪恶感。有的大学生因性幻想不能自拔以至于萌发轻生的念头，还有的学生由于对自身性生理欲望的放纵，轻率地与恋爱对象发生两性行为。

（七）家庭经济困难学生的心理问题

近年来，家庭经济困难学生的思想、学习、生活已受到社会各界的广泛关注。高校采取了“奖、贷、勤、免、补”等办法，广开渠道，解决家庭经济困难学生的生活问题。不容忽视的是，家庭经济困难学生不仅是经济困难，他们的心理问题也值得引起高度重视。少数家庭经济困难学生与普通学生相比，更多地表现出自卑敏感、人际交往困难的状况。尤其是学习成绩不理想、家庭经济又困难的学生，心理负担很重。

二、大学生心理问题产生的原因

（一）社会原因

当代大学生处在东西方文化交叉，多种价值观冲突的时代。过去传统的观念被打破，新的正确的观念尚未确立，在许多问题的认识上感到模糊不清，如对个人利益与个人主义、个性发展与个性放纵、自我意识与以自我为中心、合理享受与追求享乐等难以弄清。少数学生追求新异，盲从西方文化，看不惯中国社会的现实，有时感到空虚压抑，造成心理失调和种种不适。长时间的心理失调必然带来心理上的冲突。加上一些格调低下的杂志作品及观念错误的书所带来的消极影响，阻碍了部分学生身心的健康成长。

（二）家庭原因

家庭环境对大学生心理会产生重大的影响。家庭成员之间的关系、家庭的教育方式、父母的人格特征等都会给学生带来不良影响。过度保护型家庭会导致学生产生依赖、胆怯、任性等心理倾向；过度严厉型家庭会造成学生冷漠、盲从、缺乏自尊自信的心理倾向；溺爱型家庭会容易造成学生自私、骄横和情绪不稳。父母对子女的期望值过高，与现实发生较大的差距，给学生造成压力。另外，遗传因素也会引起学生的心理问题。高校一些学生出现心理障碍，其中绝大部分就有家庭的烙印。

（三）学校原因

进入大学以后，面对更加繁重的负担、激烈的竞争，学生承受的心理压力比以前更大。另外，大学生特别是高年级学生越来越关注就业问题，而就业形势严峻，学生毕业之前选择的职业不理想或在就业中受到挫折，都可能造成大的心理压力。

（四）自身原因

学生自身的原因是导致大学生产生心理问题的关键因素。大学生在上大学期间面临艰巨的心理

发展课题，学生要积极适应社会，学会处理人际关系、异性交往，要勇于承担社会责任并正确总结经验教训。大学生面对新的环境，要努力完善自我，使自己全面成熟起来。少数存在较大心理障碍的学生难于摆脱各种心理问题的困惑，则需及时到心理咨询中心寻求更多的指导与帮助。

第二节　大学生心理问题的预防

大学生的心理健康包括正常的认知能力、恰当的自我评价、良好的人际关系、适应社会的能力、健全的意志、健康的情绪以及心理和行为统一的人格等。大学生心理问题的预防，应注意以下几个方面：

（1）自我调节，化解心理问题。高校大多数学生具有良好的心理素质，有能力进行自我调节，化解学习、生活中遇到的各种心理问题。对于遇到的大量轻微心理问题，可以通过增强自身的修养来解决。读书是提高自身修养的最好途径。大学生们通过广泛阅读书籍不断吸取知识，提高自身综合素质，对问题的看法、对事情的处理就会更加全面冷静，一些心理问题便会自然消失。

（2）学习保持心理健康的知识，掌握心理调节方法。要学习保持心理健康知识，积极参加心理健康讲座，掌握一些心理问题的鉴别方法和常用的心理调节方法，树立科学的健康观。要勇于参加社会实践，丰富生活经验，增加社会阅历，尤其要多参加心理健康方面的社团活动，增强人际交往能力、抗挫折能力和社会适应能力。

（3）冷静、理智地对待心理问题。大学生在出现较严重的心理障碍时，要以科学、理智的态度对待，积极参加心理普查，主动、积极地到学校心理健康部门进行咨询和治疗，及时排除心理障碍。

（4）关心并帮助其他同学解决心理问题。大学生还要关心周围的同学。当发现有同学出现心理问题时，不要冷漠、讥讽或者漠然处之，而要积极、热情地给以亲近和关心，选择正确的方法耐心细致地给其做工作，帮助其排除心理障碍。当发现有同学患有严重心理疾病时，要将情况及时报告学校，并劝说其去找心理医生，及时进行心理咨询和心理治疗。

第三节　大学生的主要情绪障碍及其预防

一、大学生存在的主要情绪障碍

据部分省市关于在校大学生心理障碍情况调查发现，在大学生心理咨询门诊中，绝大多数求询者都有不同程度的情绪问题，其中抑郁症状占第一位，其余依次为自卑、焦虑、恐惧等其他情绪障碍。对于那些性格内向、不善交往、适应能力较差的学生，这些不良的情绪障碍往往持续较长时间，由此形成严重情绪障碍的潜在危险因素，影响大学生的学习生活和健康。

（一）抑郁情绪

抑郁情绪是少数大学生中存在的不良情绪，不良影响最为严重。学生在情绪上有时表现出悲伤，觉得心情压抑和苦闷；在认识上表现出负性的自我评价，对未来充满悲观的期望；在动机上表现出对周围事物缺乏兴趣，依赖性增强；在躯体上表现出明显的不适感，食欲缺乏、失眠、动作缓慢、疲乏无力等。

（二）自卑情绪

大学生自卑感的产生有内在和外在原因，从外部环境来看，因适应困难造成学生成绩差、思想与现实的冲突带来优势感的丧失是重要原因。从内在心理看，自卑是大学生自我意识发展和自我评价不当的结果。

（三）焦虑情绪

焦虑是大学生常见的异常情绪。大学生进入新的环境后因适应困难以及身体健康状况不佳都可能产生焦虑情绪。理想与现实发生冲突，而自己又不能正确对待，也可能产生焦虑情绪。

（四）恐惧情绪

恐惧情绪主要是指病理性恐惧，大学生存在的恐惧情绪主要表现为社交恐惧。

二、情绪障碍的预防

（一）抑郁情绪的预防

应重点关注以下抑郁情绪：

（1）个人偶尔感到悲伤、疲劳或气馁，不是抑郁症。

（2）抑郁症从情绪低落开始，基本表现为懒、呆、变、忧、虑，同时伴有各种各样的躯体上的痛苦症状。

（3）在抑郁症缓解之前，不要做重大的决定。

（4）严重的抑郁症通常需要抗抑郁的药物治疗，同时配合心理治疗；轻、中度的抑郁症，通过单纯的心理治疗就可以恢复。

（5）必须由经过专业训练的心理治疗师提供心理治疗。治疗通常至少需要 6 周，每周治疗时间为 30～60 分钟。

（6）要保持身体健康，有规律地锻炼身体，多参加社交活动。

预防抑郁情绪的关键是使学生要正确认识自我价值，多回想过去成功的经验，树立信心，积极参加一些使人高兴愉快的文体活动转移对抑郁情绪的体验，必要时还应寻求心理咨询者的帮助。

（二）自卑情绪的预防

要克服自卑情绪，就要建立正确对待自卑的态度，分析自卑产生的心理过程，通过建立合理、积极的自我评价来消除和克服自卑情绪。

（三）焦虑情绪的预防

比较轻微的焦虑会随着时间的变迁、环境的改变而自动消失；如果焦虑的感觉自己无法控制且严重持久，则应及时寻求心理咨询者的帮助和治疗。

（四）恐惧情绪的预防

恐惧情绪的产生多种多样。消除恐惧情绪的办法有：在心理咨询师的指导下，首先要学会使全身肌肉完全放松，通过自我暗示或听轻音乐可达到一定的减轻效果。也可以通过暴露疗法来治疗恐惧情绪，即将恐怖刺激暴露在大学生面前，让他充分体验所产生的恐怖适应能力。大学生还要自觉学习社交技巧，提高社会交往能力，消除社交恐惧情绪。

三、大学生不珍惜生命行为的预防

大学生不珍惜生命行为与情绪障碍有着密切的内在联系。大学生不珍惜生命行为的产生有多方面的原因，但毫无例外都有着不正常的情绪背景。存有轻生念头的大学生，在不珍惜生命行为前均

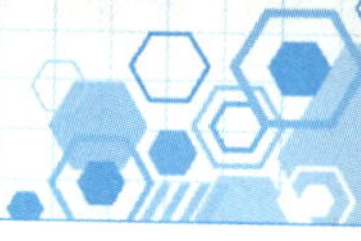

处在难以自控的负性激情或明显的抑郁消沉的状态中。

大学生要学会冷静理智地处理问题，用理智控制情绪，通过心理暗示使自己冷静，采用宣泄、转移的方法控制自己的情绪。不珍惜生命现象是大学生不良情绪严重而得不到妥善消除的结果。因此，要预防个别大学生的不珍惜生命行为，则首先应尽快消除他存在的不良情绪。周围的同学要主动接近、关心有不珍惜生命危险性的同学，帮助他们解决实际困难，进行必要的情感沟通，使其珍爱生命，重视健康，远离轻生念头。

大学生产生不珍惜生命行为前都有明显的征兆。

（1）这类大学生可能遭到明显的外部刺激，情绪低落、悲观抑郁。

（2）他们性格一般孤僻内向，缺乏与周围同学的正常交流。

（3）这类大学生一般缺乏明确的生活目标和信心，对事物易产生悲观失望的体验。

（4）这类大学生在行为前直接和间接地有过轻生的暗示或以轻生来威胁别人。

对于具有明显不珍惜生命行为企图的大学生应予以特殊的监护，要采取多种措施，进行教育、说服、关心、护理和治疗，以缓解和消除与轻生有关的危机。

思考题

1. 简述大学生心理问题的预防措施。
2. 简述大学生心理问题产生的原因。
3. 简述情绪障碍的主要预防措施。

第二十六章　大学生生命教育与心理危机应对

第一节　生命的内涵及本质

一、生命的内涵

什么是生命？生命的来源、意义一直是人类思考的焦点。19 世纪下半叶，恩格斯首次对生命进行定义，生命是蛋白体的存在形式，这种存在方式本质上就在于这些蛋白体的化学组成部分不断地自我更新，这种新陈代谢一停止，生命就随之停止，结果便是蛋白质的分解。这在一定程度上揭示了生命的物质基础是具有新陈代谢功能的蛋白体。由此从根本上否定了上帝造人的神创说。恩格斯的生命定义，在一定程度上揭示了生命的物质基础，即具有新陈代谢功能的蛋白体。多年以来，指导着人类探索、思考生命的思想武器一直是这个定义。

20 世纪 50 年代，人们从所有生命共同表面特征归纳出一个“生命”的定义：生命是具有与环境进行物质和能量交换（即新陈代谢）、生长繁殖、遗传变异和对刺激做出反应的特性物质系统，这个定义推述了生命活动的一般特征，但由于一些特例的存在，它仍表现出很大的局限性。

由于生命现象的异常复杂和丰富多彩，它成为各种学科研究和人们共同关注的对象。不同学科从不同角度探索生命，对生命有着不同的诠释。如生物学认为：生命是有机物和水构成的一个或多个细胞组成的一类具有稳定的物质和能量代谢现象，能回应刺激，能进行自我复制的半开放物质系统。医学认为：生命是活着的状态，具有新陈代谢能力，有心脏跳动，有呼吸，大脑有活动。法学认为：生命指法律主体始于出生、终于死亡的整个过程。生命哲学认为：生命是一种有灵性的物质精神复合体。生命由两部分构成，一部分是无形灵体，另一部分是有形物体。无形灵体主要指意识、思维、精神、灵感、心念等，统称为灵魂。有形物体主要指灵魂所依附的躯体。

综上所述，人的生命可以分为以下几种形态：

首先是生物性生命，即人首先是作为自然生理性的肉体生命而存在的，这一点是自然界的广大生物必须具有的基本属性。

其次是人的精神性生命。正因为人有超越生物性生命的精神世界，人有高于动物的意识活动，所以人才称为人。人不但要思考如何活下来，还要思考如何更好地生活。这就是人对于生命意义发自内心的追问，是人对精神性生命的一种诉求。只要人在世界上存在一天，大脑就不会停止思考，人类就要创造，就要超越，就要更好地认识世界、改造世界。

最后是人的社会性生命。人的社会性是区别于其他动物生命的最本质特征。人的生命是其生物属性与社会属性的高度统一体。马克思指出人的本质是：人是一切社会关系的总和。任何人的生命都在也只能在社会文化与文明中造就存在与发展，与亲人、他人和社会性精神产品密不可分，形成紧密的联系。

我们应该高度关注生命的物质价值、精神价值和社会价值的统一。

二、生命的本质特性

人的生命不是一维的线性存在，也不是二维的平面性存在，它是集自然生命之长、精神生命之高、社会生命之宽于一体的立体结构，相互支撑，缺一不可。只有将生命从这三个维度上通盘考虑，才能建构正确的生命观，人类不仅要去尽力延伸自然生命的长度，而且要去奋力提升精神生命的高度，更要去竭力拓展社会生命的宽度，从而完善自己的生命旅程。

1. 生物性生命

人类生命的第一维是“生物性生命”，或称“自然性生理生命”，且具有生命的唯一性和不可逆性。

生命体是人类存在着的物质性实体，是蛋白质存在的方式，可以吸收、消化、排泄外界的物质，适应外在的环境，并能够按一定的节奏和规律生长、发育、繁殖及最后死亡。我们在理解“生物性生命”的时候，应该看到人类生命与其他生物生命具有一定的同质性，这是人的生命的物质基础。但是随着人类文化与文明的发展，科学技术及医学技术的提升，人之生物性生命在某种程度上可以借助先进的科技和医学手段进一步完善和延伸。比如现代医术对于一些疾病的诊疗进一步延长了人类的寿命，一些科学的方法如整容美容术，可以帮助人类完善修复容貌、身形等，并通过有效的医学干预，指导人类生命的发展方向，去其糟粕取其精华，使人类生命朝着更好的方向发展。

生命的唯一性和不可逆性是指每个生命只有一次，不可重来，生命一去不复返，一个人不管权力多大，财富多多，学问多高，容貌多美，寿命多长，都只拥有一次生命，在这一点上，生命是绝对公平的。

2. 精神性生命

人类生命的第二维，可以称之为“精神性生命”，或“意识生命”，且具有生命的独特性和超越性。

人类作为有思想、有情感、有意识的一类物种，精神性生命是人类区别于其他物种的独有特征，包括人之精神、意识、思维、心理等等。精神层面维度的发展，作为生命的三个维度中最难把握、似有似无的存在，却坚定地撑起了生命，使人成为超越一切其他物种，甚至超越天地、横亘古今的生灵。人类依靠精神性生命，利用特有的感知觉，智力、思维、情感、意识、意志，具备自己的气质、个性心理特征，意识形态，树立正确的生命观、人生观、价值观，将情感与理智有机结合去创造发展生命。人在思想中既可上溯无穷之前，亦可思维亿兆年之后；既能思考实体性物质，也可以创造出自然所没有的无穷无尽的精神世界。

生命的独特性是指每个生命都与众不同，拥有自身的特点。正如世间没有两片完全相同的树叶，世间没有两个完全相同的人，即便是孪生兄弟相同的遗传基因，也因后天生活、环境、教育和实践活动的不同，而使人有不同的发展形成不同的个性。所以，在时间和空间的纵横扩展中，每个人都以其独立的个性存在着，都是作为无可替代的独立精神世界存在着。

生命的超越性是指生命是有限的，但人要追求无限，生命是现实的，但人要在对未来的追求中否定现实。人正是在这种自我的否定中，实现着生命的超越。人需要超越，也必须超越，超越人的肉身存在，超越生命的有限性，超越现实的存在，生命正是在超越中实现着价值的不断跃迁和提升，不断地走向新的解放，生成新的自我。

3. 社会性生命

人类生命的第三维，可以称之为“社会性生命”，或“关系性生命”，且具有生命的完整性和自主性。

人的社会性生命是指人在社会生活方面的特点，如人的经济、政治、思想和文化的倾向、需要和欲望，它是一定社会关系的产物。社会性是个体不能脱离社会而孤立生存的属性。通常把一些对

人类整体运行发展有利的基本特性称为人的社会性，如利他性、协作性、依赖性以及更加高级的自觉性等，生命的社会活动主要包括感知社会、角色扮演、人际交往、求学择业、社会竞争等。人类生命在社会生命的层面主要就是体现在关系性层面，如与他人的关系、与社会的关系等。

人之关系性生命也即生命的完整性的内涵有相互联系着的两个方面。

（1）血缘性亲缘生命。任何一个人都一定是父精母血孕育而就，人由此传承了父母的血脉，同时也要繁衍子孙后代。这就使人之生命与前辈建构了关系，也与后辈密不可分。人在获得生理性血缘生命的同时，也就传承了亲缘性，而父母遗传的“亲缘”不是纯生理与自然的，是千百年来人类文化与文明凝聚而成的，是人的自然属性被社会化的第一个体现。这是人类在实体生命的层面与动物的生命截然不同的地方。人类这种血脉相承的血缘关系铸就了人之生命在生物复制与社会复制两方面的延续性。

（2）人际性社会生命。是人都只能生活在社会之中，必与社会其他的人和组织结成复杂的关系，其生命必然打上社会的烙印，离开了与社会和他人的关系，单独的个体之人是一天都活不下去的。

生命的自主性体现在人的生命具有开放性和不确定性，自然没有做出关于他的最后决定，而是在某种程度上让他成为不确定的东西。因此，人必须独自地完善他自己。面对这种不确定性，人的生活道路只能由人自己去筹划、去选择、去确立，人正是通过自主的活动，促成了自我的发展。

在现代人的现实人生展开过程之中，尤其是青少年的生命历程中，由于种种不同的原因，人们往往意识不到“人类生命的三维性”，常常只是执着个人的实体生命、生理生命之一端，忘记了自我生命的立体性和丰富的内涵也即生命的自主性。于是便产生了许多生活中的茫然、生命的困顿和人生的无奈，以致陷入种种对生命极不负责、极不尊重的行为，毁坏了自我宝贵的生命。

这就需要我们通过生命教育，让大学生深刻把握人类生命三维性原理，懂得基本道理：我们每个人都有生命，“生命”虽然是“我”的，却也不完全是“我”的，我们的精神产品（思想、品德、著作等）将被后人传扬，必须敬畏它、珍惜它、热爱它、保护它、提升它，珍惜生命、珍惜时光、珍惜拥有，并创造生命的辉煌。我们的社会产品，在时时刻刻影响着与我们生命相关的人和群体，催促我们紧张热情地工作生活，在今生规定的时间界限里，做出一番创造性的事业，自觉地克服人的惰性，产生生活的紧迫感，从而倍加享受和利用自己的有限人生，把自己的人生安排得更精彩，更加珍惜生命的价值。

第二节　大学生生命教育

在如今生活学习工作压力日渐增大的现代社会，加强大学生生命教育显得尤为重要。加强大学生生命教育必须让大学生了解生命的意义，掌握大学生对生命的困惑，明确大学生生命教育的内涵和特点，掌握大学生生命教育的具体内容。引导大学生对生命意义进行多维度的思考，使他们了解生命的责任，敬畏生命的伟大，尊重生命的价值，珍惜生命的来之不易，以积极主动的态度承担生命之重，提升生命之质，开出生命之花。

一、生命的意义

（一）从内容上来说，生命的意义体现在生命的目标感、统合感和实现感

1. 生命意义在于生命的目标感

生命意义是在追求目标的过程中体现出来的。一个人如果生活没有目标，每天得过且过，就必

然会产生惰性，虚度光阴，无法体会生活的酸甜苦辣，年复一年日复一日，从而缺乏对生活的激情，对生活的美好视而不见，人生必然也会失去很多乐趣，并且停滞不前。反之，如果一个人对生活充满了目标感，每天就会将精力放在追求目标的过程中，生活充实，且充满挑战，能够不断地激发自己的潜能，不断地成为更好的自己，不断地拥有更好的生活，无论是物质或者精神都将会越来越富足。生命的每个阶段都应该有它相应的目标，每完成一个目标生命就会实现质的飞跃，最后这些目标的实现就会汇聚成一个不负美好光阴的人生图景。

2. 生命意义在于生命的统合感

生命的和谐是指人的生理性生命、精神性生命、社会性生命三方交互作用达成统一的整体。生理需求的满足使人有安全感，是最基本的需求，精神需求的满足使人有成就感、价值感，社会需求的满足使人有和谐感。统合即统一、综合。一方面要求人的生命能够随着年龄的增长、阅历的加深、能力的增强，逐步满足自身生理性、精神性、社会性的需求，达到人一生的统合。另一方面要求人除了关注个体本身的独特性以外，也要关注自身与外界环境的和谐统一，确保与整个环境整体保持一致性，理解自己生命的意义以及与周围世界的关系。

3. 生命意义在于生命的实现感

生命的实现感是检验我们对于目标感和统合感是否达成的一个标准。当我们完善自我、达成目标时，随之便会产生实现感的好的体验，反之就会得不到实现感。实现感主要由生命的成就感、满足感、充实感或价值感表现出来。如果一个人终生不能获得实现感，自身会处于自责、焦虑、犹豫的情绪，反之如果获得好的实现感，则会带来积极的心理效应，身心愉悦，能从外界获得尊重与喜爱，于是可以回馈给世界热情与友好，并对下一次目标的实现创造积极的心理状态，达成良性的循环。所以要有好的实现感与我们不断努力实现目标感，达成统合感密不可分，它们相互影响，相辅相成。

（二）从结构上来说，生命意义是知情意统一的三维心理概念

生命意义是人类的三维心理概念。其中认知成分是指一个人的观念态度或信念系统，它反映了人们对于生命、生活、世界的态度。比如世界观、价值观、生命观、宗教信念和世俗信念等。观念态度直接影响到生命的走向，正确积极的人生观、价值观会使其生命精彩纷呈、生气勃勃。反之，会令生命走向灰暗深渊。情感成分是指个体的情绪和情感体验。好的情绪会带来积极的行动，为达成目标奠定基础，从而使个体能够从目标的追求和实现中体验到意义，带来愉悦、成功的情感体验；反之会消极不满，从而阻碍行为，最后无法达成目标，带来失望、不满的情感体验。意志成分是人们为了达到一定目的所付出的行动上的努力，意志力强的人会坚持不懈、勇于拼搏，意志力弱的人容易放弃。所以只有综合知情意，即正确的认知、良好的情感特征、顽强的意志品质，生命的意义才会更精彩。

（三）从性质上来说，生命意义是相对稳定的个体差异变量

每个人的生命意义都是独特的，表现出个体差异性质。尽管生命意义在不同时间和不同条件下可能发生改变，但它具有跨时间的相对稳定性。生命意义的个体差异性质引发了许多实证研究，主要集中在意义寻求、意义存现和意义来源三个方面。其中，意义寻求主要反映人在追寻意义时的活动强度与紧张度；意义存现主要反映人的意义感体验的丰盈与深刻程度；意义来源主要反映人在评判意义构成物的价值或重要性上的认知偏向程度。

二、生命教育的概念和特点

1. 生命教育的概念

教育源于生命教育，终于生命教育，生命教育既是一切教育的前提，同时还是教育的最高追

求。狭义的生命教育指的是对生命本身的关注，包括个人与他人的生命，进而扩展到一切自然生命。广义的生命教育是指全人类的教育，它不仅包括对生命的关注，而且包括对生存能力的培养和生命价值的提升。生命教育，就是在生命活动中，以教育为手段，引导认识生命、珍惜生命、尊重生命、爱护生命、享受生命、超越生命，提升生命质量、获得生命价值的教育活动。

生命教育不仅只是教会青少年珍爱生命，更要启发青少年完整理解生命的意义，积极创造生命的价值。生命教育不仅只是告诉青少年关注自身生命，更要帮助青少年关注、尊重、热爱他人的生命。生命教育不仅只是惠泽人类的教育，还应该让青少年明白与有生命的其他物种和谐地同在一片蓝天下。生命教育不仅只是关心今日生命之享用，还应该关怀明日生命之发展。

生命教育的重要性已经得到广泛的认同，关注生命将是人类在教育观念上一次根本性的变革。

2. 大学生生命教育的特点

大学生生命教育具有以下特点：一是主体性。生命教育是一种主体教育。生命教育的主体性，就是要尊重受教育者的生命主体地位，发挥生命主体的作用，调动生命主体的积极性，二是道德性。生命教育就是一种道德教育。生命教育的道德性，就是要提高关爱生命的道德水平。任何人既要关注、热爱自己的生命，也要关注、热爱他人的生命，还要关注、爱护一切有生命的东西。这就涉及人的道德问题。即对一切生命的关爱，应当是道德和道德教育的内容。三是体验性。生命教育就是一种情感教育。情感教育是体验教育。它的成效，主要不是取决于知识，而是取决于体验：且体验越深刻，教育的效果越大。四是审美性。生命教育也是一种审美教育。茫茫宇宙的万事万物中，生命是最美好的，是世上最完美的造物。要把生命教育作为审美教育来进行：让受教育者欣赏、体味生命的美。五是和谐性，从某种角度看，生命教育是一种和谐教育。和谐具有普适性，可以说，没有和谐就没有世界，没有和谐性，就没有生命，没有生命教育。

三、大学生的生命困惑

1. 对身心健康关注度不高

大学生群体年龄多处在18～24岁，正值青春年华，正是处在身体机能比较强劲，身体比较健康的年龄阶段。所以他们对于身体的关注度不高，很容易忽视身体健康的维护，总认为自己年纪轻轻，还能够有资本任性挥霍自己的健康。然而生命只有一次，且不可逆转，要重视身体的健康。当然除了身体健康以外，对于心理健康的关注度也有待提高。大学生处在人生的一大转折阶段，心理的发展还不够成熟，当有一些内心的纠结和情绪的低落时，往往会忽视它们带来的不良影响，或者害怕其他人异样的眼光而不敢正确地表达自己的情绪，从而不能很好地重视它们，但是生命除了生理层面还有精神层面，并且需要一致统一，良好的心理状态不仅会使身体更加健康，也会使生命更加丰富多彩。

2. 对生命责任重视度不高

大学生的认知还处在成熟发展的阶段，对于生命的理解还不是很深刻，不能够很好地理解生命的伟大与艰难。从而对于生命的责任感还不够重视，对于生命不能好好珍惜。有一部分大学生虽重视自我生命，但对他人生命比较淡漠，也有一部分大学生对于自我的生命责任都不强，生命的独特性表现在其唯一性和不可逆性，如果不好好珍惜生命，承担起生命的责任，无论是对自己还是对别人都是比较危险的事情。我们要善待生命，珍惜生命，尊重生命，敬畏生命，懂得生命的难能可贵，才能够培养对生命的强烈的责任感。

3. 对生命信仰正确度还有待加强

信仰是每个人生存和发展的动力与目标，失去信仰就失去了生命的意义，也失去了生活的意义。在市场经济中，一方面，激烈的社会竞争使大学生就业、学习、生活等方面面临挑战；另一方面，随着经济多元化，知识多元化，人们的思想也多元化，信仰也就多元了。有些大学生不理解什

么是信仰，也没有崇高的理想追求，爱国主义、集体主义在他们心里似乎比较遥远。有些大学生缺少社会责任感，道德价值取向发生偏差表现出以个人利益为主的倾向，关注自身的前途命运的各种现实问题，享受丰富的物质资源同时也追求物质的充裕，他们认为在物质得到充分发展的当代，艰苦奋斗等价值观已经过时。因此他们面对瞬息万变的现代生活，就丢掉了生命活力的信仰和价值归宿，找不到努力的方向，寻觅不到人生的意义。

4. 对生命价值没有深刻的认识

生命存在的意义就在于它能创造价值。生命通过人的社会实践活动去超越生命，通过生命的活力来壮大自身、为社会做出自己的贡献。当前一些大学生受享乐主义的影响，肆无忌惮地张扬个性，有的把时间浪费在上网打游戏、聊天中，有的则沉醉于谈情说爱中，还有些沉迷于购物、游山玩水中。他们不思进取，游戏生命。凡此种种，把生命看得轻浮，不懂得生命意义和价值所在。

四、大学生生命教育内容

大学生的生命教育要从了解生命、珍爱生命、尊重生命、敬畏生命、发展生命、实现生命价值这些内容展开。在生命教育中，只有调动大学生丰富敏锐的生命感受力，对生命进行多维度的思考，让大学生先了解生命，才能知道生命的可贵与来之不易，才会珍惜、热爱生命，对生命保持热情，并以积极主动的态度直面生命，自然就会尊重敬畏自己和他人的生命，担当生命，提升和发展生命，最终实现生命的价值。

1. 了解生命

就是要了解生命的起源组成、发展规律特点、意义价值和真谛。学校教育要先传授有关生命科学的知识，将生物科学、生理科学、神经科学、伦理学、心理学、社会学等各种知识，融入各科教学之中，用深入浅出的方法，传授给学生。也可以用选修课的形式，增加开设专门的综合性的生命科学知识课。具体内容包括：①了解自己的身体构造及生命的基本特征；②熟知有关保持身体健康和心理健康的知识，知道如何拥有强健的体魄，并懂得如何维护和增进心理健康；③有基本的生存技能，如懂得在雷击、火灾、溺水时如何自救和他救，在野外在没有外援的情况下如何生存等。

2. 热爱生命

即热爱与珍惜生命。热爱是种稳定、深厚的情感，它只会加深、加固，而不会淡薄、消失。对生命的热爱亦如此。珍惜是指视生命为很宝贵的财富，是人生最珍贵的东西。每一个人既要珍爱自己的生命，也要珍爱他人的生命。生命的真正价值体现在相互珍爱之中。加强珍爱生命的教育，主要包括：①认识到生命的宝贵，生命仅此一次，失不再来。②多看到生命的美好，相信一切苦难都会过去，如果你认为生命是一朵花，它必然会绽放。③保持积极健康的心理，积极的情绪能够培养对事物的热情；与人为善的心态，会更能感受到生命的珍贵。在遭遇挫折和痛苦时，能调节不良情绪，懂得任何事物的价值都不及生命的可贵，只有保持生命的鲜活，才能克服困难和挫折。④保持初心，不管身处如何喧嚣浮躁的世界，都能够静下心来，问一问自己什么才是最珍贵的。不忘初心，方得始终。

3. 尊重、敬畏生命

尊重生命是指不能随意地轻视、践踏生命，只有懂得尊重生命，才会对生命产生敬畏之心。“敬”有戒慎、敬肃、不怠慢和警戒等意思；“畏”有害怕、惧怕和敬服等意思。生命是大自然中的神妙、美好、伟大之物，所以应对它产生敬畏的情感。生而为人，人人平等，人们不仅要尊重敬畏自己的生命，也要尊重敬畏其他人的生命，甚至是各种生物的生命。人的生命都是平等的，没有高低贵贱之分。加强尊重、敬畏生命的教育，具体做法如下：①与人相处时发扬道德精神，遵循“以人为本”的理念，不要有高人一等或低人一等的思想；②具有大爱精神，爱世间万物，爱护自然，保护自然，懂得大自然的一切生物都有生命，都值得保护；③懂得生命的顽强与伟大，是不容践踏

和轻视的，世间万事万物都有其存在的资格和理由，如若不能友好相待，必然会受到其惩罚。

4. 保护生命

在珍爱、尊重、敬畏生命的基础上，还要进一步对生命加以保护。保护生命是珍爱、尊重、敬畏生命的结果的落实。保护生命，不仅要保护生命不被破坏，也要保护生命能够按照正常的轨道成长、发展。每一个人都要千方百计地保护自己的生命，保护他人的生命，保护自然界的一切生命。加强保护生命的教育，具体做法如下：①强健体魄，提高心理素质，了解保证身体健康、心理健康的方法；②提高安全意识和安全防范手段，掌握如何规避对身心造成伤害的意外事件的发生，在自己遇到生命危险时，懂得寻求帮助，懂得采取应急方式；③处理好人际关系，修身养性，让自己变成一个通情达理、明事理的人，远离是非，避免人际冲突；④对于弱小的生命伸以援手，但对于超出自己能力范围的事要量力而行。

5. 发展生命，实现生命价值

生命价值是自我价值和社会价值的辩证统一，具体来说生命价值是个体生命对于个体自我及社会的需要的满足。它包含两个方面的内容。一方面，指个体通过实践活动满足自我发展、自我实现的需要。这也符合马斯洛关于需要层次的基本理论。生命个体通过努力能不断地去追问生命、热爱生命，有较高的生存质量。另一方面，指个体通过社会实践活动来满足社会和他人的需要，通过对社会对他人的责任和贡献来实现人生的幸福追求。

大学生处于求学时期，是社会化的前期阶段。其生命价值主要体现为内在价值，即内在的体能、知识、技能品德的积累。能积极主动创造生命价值这一目标，要求大学生做到以下几点：①有理想、有追求，“志当存高远”。要明白成功是在不懈的追求与奋斗中实现的。②充满青春与活力，朝气蓬勃，品学兼优，德技并修。③无论是身处顺境还是逆境都能积极乐观地面对，要明白逆境是人生所不可避免的，身处逆境可能是不幸的，但未必是绝对不幸的，关键就在于人自身的积极进取。

生命不只在于寿命的延长和外表的美丽，更重要的在于心灵的善良、人格的健全、灵魂的美好。一个人的生命不完全是为自己，也不完全是为物质的享受及个人的快乐，而是为了他人，为了社会。生命的价值不仅在于享受生命、享受人生，更重要的是在于奉献。现代大学生应该做精神文明最高实现形式的践行者，做一个道德自律者，做一个有奉献和牺牲精神的人。哪怕只给世界增添一缕光彩，一丝温暖，也算生命有了价值。只有这样，才是真正有质量的生命，才是提升了生命的价值。

第三节　大学生心理危机的应对

一、心理危机的概念及性质

1. 危机与心理危机

危机是指突然遭受严重灾难、重大生活事件，如不能控制的自然灾害地震、水灾、海啸等，突发的意外事件车祸、空难、疾病暴发、恐怖袭击、战争等，由于使生活状况发生明显的变化，尤其是出现了用现有的生活条件和经验难以克服的困难，平衡被打破，正常的生活受到干扰，内心的紧张不断积累，继而出现无所适从甚至思维和行为的紊乱，进入的一种失衡状态。

心理危机是指不受人控制的突如其来的意外事件发生后或遭受精神压力时，个体无法适应，难以解决问题，并且个体意识到这一事件和情景超过了自己的应对能力，致使当事人陷于痛苦、不安状态，常伴有绝望、麻木不仁、焦虑，以及自主神经症状和行为障碍。可以指心理状态的严重失调，心理矛盾激烈冲突难以解决，也可以指精神面临崩溃或精神失常，还可以指发生心理障碍。

2. 心理危机的特征

（1）危机的复杂性和双重性。危机是复杂的、难以把握的。它不严格遵守一般的因果关系规律。一旦危机出现，就会有很多复杂的问题需要干预者进行全面的干预。

危机具有双重性。一方面，危机可能会造成危险。如果危机过分严重，威胁到一个人的生活或家庭，个体可能采用不恰当的方法应对或解决问题，从而导致心理社会功能的下降，出现精神疾病或出现自杀、攻击他人等不良行为。另一方面，危机也是一种机遇。如果在危机状况下，个体能够成功地把握危机情景或及时得到适当有效的治疗干预或帮助，个体可能学会新的应对技能，促进心理的进一步成熟和发展，这就是机遇。

（2）危机的普遍性与个体性。危机是普遍的，在一定条件下，没有人能够幸免，不管一个人受了多少针对心理创伤的训练，当他面对严重的危机时，解体、失衡、迷惑以及应对机制的破坏都是不可避免的。应当给予处于不利环境或遭受挫折即处于危机状态下的个体关怀、支持。

危机的程度与诱发事件的强度不一定成正比，主要取决于个体对事件的认知，以及个体的应对能力、既往经历和个性等。在危机期，个人会发出需要帮助的信号，并更愿意接受外部的帮助或干预。

（3）危机的时间性和非医学性。危机是有时间限度的，通常为自限性，最多持续 8 周，在危机时段的后期，不适的感觉会减轻。如果危机未得到及时解决，可能导致精神疾病或出现自杀、攻击他人等不良行为；也有可能会转化为慢性状态，在相当长的时间内反复出现一系列的转危点。

危机是人的生活经历引起的，并非疾病和病理过程。危机并不可怕，危机的发生，表明个体正在努力抗争，力求保持内心的安宁和自身与环境间的平衡。固然，危机会引起个体情感的不平衡和紊乱、认知能力下降、防御机制削弱，但是这些改变均不符合任何精神疾病的诊断标准，只能看作是疾病的可能诱因，心理咨询与治疗性干预能帮助他们渡过危机。

3. 心理危机的四阶段（表 26-1）

表 26-1　心理危机的四阶段

阶段	情绪特点	心理状态	应激反应	不良结果	持续时间
第一阶段 初步反应	焦虑水平上升	接受事实并为将来做好计划	常用的应对机制	影响到日常工作、学习与生活	危机过程持续不会太久
第二阶段 持续反应	麻木、否认、不相信	自身不能解决存在的问题	创伤性应激反应持续存在	社会适应功能明显受损或减退	持续时间增长
第三阶段 完全反应	情绪、行为和精神症状进一步加重	寻求社会支持和危机干预	应用尽可能地应对或解决问题的方式	社会适应功能进一步受损或减退	持续时间进一步增长
第四阶段 过度反应	感到激动、焦虑、痛苦和愤怒，也可有罪恶感、退缩或者抑郁	缺乏一定的社会支持	应用了不恰当的心理防御机制	明显的人格障碍、行为退缩、自杀或精神疾病	问题长期存在、悬而未决

二、大学生心理危机的自我识别和自我调整

大学生作为年轻群体，阅历还不够丰富，经验浅显，对于一些重大事件没有处理的经验，也不

懂得如何去应对，所以大学生对于危机的处理还处在学习的阶段。应对大学生心理危机首先要学会心理危机的自我识别，了解产生危机的原因，从而预防危机的发生，并能够在危机发生后学会进行自我调整。

1. 心理危机的自我识别

心理危机出现前都会给出信号，大学生作为高学历人群，对于自身变化的察觉可以做出一定的判断。一个很重要的判断标准就是关于知情意是否积极，是否统一，即认知、情绪与行为的积极和统一，积极的认知评价会产生积极的情绪，从而带来积极的反应，反之亦然，这也是知情意的统一。

（1）认知是否积极。当刺激产生时，大脑会迅速对刺激有一个客观的认识，作出相应的评价，个体不仅对环境的变化和自身的资源进行认知评价，同时对反应的结果也进行认知评价。一般的刺激，由于强度不大，个体可以快速反应和适应，通过自身的调节，可以解决危机，认知评价就会比较积极。这样会增强个体的自信和自尊，对自己和环境变化都趋于正性评价，增进自己在未来生活中应对刺激的信心。如果刺激强度太大或者持续时间太长，个体无法应付和适应，便会产生应激过当的情况，导致产生不良的认知评价，则会倾向于将环境中的变化过多地评价为应激源，导致一朝被蛇咬，十年怕井绳。

（2）情绪是否积极。当个体产生认知评价之后，随之而来的便是心理情绪的变化。同样，个体在应激中情绪的变化与个体对应激结果的预测和评价有密切的关系。当可以应付适应刺激时，便会产生积极的情绪；反之，则会产生消极的情绪。积极的情绪包括愉悦、满意、从容，消极的情绪包括焦虑、抑郁、愤怒等。

（3）行为是否积极。心理情绪的变化会体现在相应的行为上。这些变化是机体对应激源的应对行为或是应对的结果。成功的应对常增加个体在日后同样或相似的环境中解决问题的行为，如行动快速、勇往直前、积极应对；失败的应对可能使个体出现消极的行为倾向，如逃避、回避、行为退化、依赖和无助状态等，有的个体则采取被动攻击，如自残、自伤甚至轻生等。

2. 大学生心理危机的诱因

大学生的心理危机根据大学生心理的发展轨迹，可以分为：第一，存在性危机，大学生对于生命的意义、生存的价值、人生的目标等不明确，而带来的个人内心的冲突和焦虑。第二，发展性危机，大学生在正常的成长和发展过程中，生理、心理、环境急剧的变化转变所产生的异常反应。第三，境遇性危机，是大学生无法控制或预测的突发事件或意外，如交通事故、自然灾害等发生，带来的心理危机。第四，内心危机，是指大学生人格形成过程中，隐藏的潜意识中固有的某种心理问题的爆发。

大学生心理危机的形成是很复杂的，不是某一个单一的原因，是很多因素共同造成的。如家庭变故、身体疾患、学习和就业压力、情感挫折、经济压力以及应激事件等都是大学生心理危机的诱因。

（1）原生家庭不幸福或者家庭变故是心理危机的主要根源之一。如单亲家庭、有家暴史的家庭、父母不和睦的家庭或者出现重大变故，如亲人过世等都容易导致学生心理创伤。

（2）就业竞争、学业压力大也可能会引发心理危机。如在就业过程中屡次失败，或被人侮辱，或自觉能力不如他人等，都会带来心理危机；还有大学生对自己期望过高，当现实与理想存在巨大差距时，也会带来心理危机。

（3）情感挫折引起的心理危机。大学生正值青年，处于感情萌芽阶段，人都比较单纯，对爱情充满了美好的憧憬，所以当情感受挫时，内心都比较脆弱，容易因为情感的不顺带来心理危机。

（4）经济压力引起的心理危机。一些家庭经济困难的学生在求学时，四处打工赚钱，势必会牺牲更多的学习时间，造成学习上的心理压力。贫富差距越来越大，大学生看到别人过着富裕安逸的生活，而自己一无所有，加上当前社会上攀比之风盛行，容易造成他们心理上的严重失衡。

（5）身体疾患也易引起心理危机。身体的不适会使人精神不振，郁郁寡欢，失去大学生青春的活力，与其他同学表现出来的神采飞扬形成对比，难免会带来心理的落差，使得他们产生心理危机。

3. 大学生面对危机时的自我调整

大学生在遇到危机时，要学会调整自己的心态，提高自己的适应能力，掌握处理危机的基本技能等。

（1）调整自己的心态。调整自己的心态首先就要掌握情绪调节的一般方法。

第一，合理宣泄法。是指通过语言文字的表达来达到情绪的宣泄，比如哭泣、倾诉、喊叫、记日记等。从而减轻或消除心理压力，稳定思想情绪。宣泄是种释放，其作用在于把压抑在心里的愤怒、憎恨、忧愁、悲伤、焦虑、痛苦、烦恼等各种消极情绪加以排解，消除不良心理，得到精神解脱，因此宣泄是摆脱恶劣心境的必要手段，它可以强化人们战胜困难的信心和勇气。

第二，一般身心放松法，常用的身体放松的方法有做操、散步、游泳、瑜伽、洗热水澡；常用的精神放松的方法有听音乐、旅游、冥想等。如果大学生感觉自己的身体出现不适，精神状态不佳就要采取放松法进行调节。

第三，深呼吸放松法。当觉得危机来临，人面临紧张、焦虑等不良情绪时，可以使用深呼吸放松法。具体做法是站定，双肩下垂，闭上双眼，然后慢慢地做深呼吸。可配合呼吸节奏心中默念“呼……吸……呼……吸”，或“深深地吸进来，慢慢地呼出去；深深地吸进来，慢慢地呼出去……”掌握这种方法以后，随时随地可自行练习。

（2）提高自己的适应能力。要深知环境有可能随时发生改变，而人没有办法改变环境，而只能去适应它。对于身边重大的变故、环境的突然改变、人际关系的变化等，都要做好充足的心理准备，未雨绸缪，这样在突发事件来临时，不至于手足无措，稍做调整也能够坦然接受和适应。但是计划远远赶不上变化，当变化来临时，就算事前没有心理准备，也要具备临危不乱的心理素质，船到桥头自然直，懂得无论发生任何事，都可以依靠坚强的毅力挺过去，并且风雨过后终会遇见彩虹。

（3）掌握处理危机的基本技能。大学生正处于学习高速发展时期。可以自学一些处理危机的基本技能，用以傍身。第一，自学意外防范的基本常识，如遇到自然灾害如何自保的同时保护他人，如一些医学常识、急救常识，在遇到家人有危急情况时，能够施救为其争取时间；第二，自学心理学相关知识，对于应激障碍的预防和治疗掌握一定的基本常识，学习情绪处理的正确方法，学习思维的转换，学习如何调整好自己的心态，提高心理素质；第三，了解处理危机的常识，如急救电话112、火警电话119、报警电话110等；第四，害人之心不可有，防人之心不可无，天下没有免费的午餐，在日常生活中，要保持一定的警觉性，不要使自己的善良让犯罪分子有机可乘。

三、寻求心理危机的社会支持和专业帮助

不是所有的危机，都可以依靠自身的努力去化解，有时候个人的力量太渺小，当遇到不能解决的危机时，一定要懂得寻求社会支持和专业帮助。

1. 寻求心理危机的社会支持

社会支持是指来源于亲人、朋友、同学、师长以及社会他人对于自身的关心和支持。有力的社会支持会给个体带来正面积极的能量，让个体充满力量和安全感，感觉自己是集体中的一员，并不孤单。这对于个体的身心发展是很有帮助的，同时也能缓解危机带来的心理压力和对未知的恐惧。大学生在面临危机时，可以寻求来自家庭、学校和社会机构的广大的社会支持。

来自学校的社会支持主要指老师和同学们的社会支持。学校心理咨询机构的老师、心理健康教育课程教学的老师、院系从事学生管理的老师和辅导员老师，都可以给危机中的同学提供社会支持。老师诚恳真挚的语言、和蔼的态度，对学生都是莫大的安慰。同时，尽力满足学生的心理需

要，给予精心关照，以减少学生的心理紧张。学校一般有及时处理学生心理危机事件的机制。

建立班级、院系、学校三级预警系统。

（1）一级预警：班级。各班设立同伴心理咨询员，男女各一名，其中一名为班级心理委员。班级心理委员应关心同学，广泛联系同学，通过多种方式加强思想和感情上的联系和沟通，了解思想动态和心态，一旦发生异常情况，及时向班主任、心理辅导员、心理健康教育与辅导中心报告。

（2）二级预警：院系。各院系设立兼职心理辅导员，密切关注学生异常心理、行为，对班级心理委员上报的处于危机状态需要立即干预的学生有针对性地与其谈话，帮助学生解决心理困惑，对重要情况要立即向院系领导、心理健康教育与辅导中心和学生处报告，并在专业人员指导下及时对学生进行快捷有序的干预。

（3）三级预警：学校。学校应认真开展大学生心理测评，建立大学生心理档案，筛选出需要主动干预的对象并采取相应措施。

学校心理咨询人员要牢牢树立心理危机干预及自杀预防意识，在心理辅导或咨询过程中，如发现处于危机状态需要立即干预的学生，要及时采取相应的干预措施。

对心理辅导员和院系上报的处于危机状态需要立即干预的学生，学校心理咨询人员要及时采取相应的干预措施。

老师和同学们应关注以下容易发生心理危机的学生，这些学生包括：①遭遇突发事件而出现心理或行为异常的学生，如家庭发生重大变故、遭遇性危机、受到自然或社会意外刺激的学生。②患有严重心理疾病，如抑郁症、恐惧症、强迫症、癔症、焦虑症、精神分裂症、情感性精神病等疾病的学生。③既往有自杀未遂史或家族中有自杀者的学生。④身体患有严重疾病，个人很痛苦、治疗周期长的学生。⑤学习压力过大、学习困难而出现心理异常的学生。⑥个人感情受挫后出现心理或行为异常的学生。⑦人际关系失调后出现心理或行为异常的学生。⑧性格过于内向、孤僻，缺乏社会支持的学生。⑨严重环境适应不良导致心理或行为异常的学生。⑩家庭经济困难、经济负担重、深感自卑的学生。⑪由于身边的同学出现个体危机状况而受到影响，产生恐慌、担心、焦虑、困扰的学生。⑫其他有情绪困扰、行为异常的学生。尤其要关注上述多种特征并存的学生，他们应成为重点进行社会支持的对象。

大学生心理危机也可寻求朋辈心理辅导。朋辈辅导是指年龄相当者对周围需要心理帮助的同学和朋友给予心理开导、安慰和支持，提供具有心理辅导功能的帮助，它可以理解为非专业心理工作者作为帮助者在从事一种类似于心理辅导的帮助活动。与专业心理辅导相比，朋辈辅导具有自发性、义务性、亲情性、友谊性和简便有效性。由同龄人担任心理辅导员，可以帮助心理辅导老师解决同学们较为简单的问题，相近的价值观念、经验、生活方式使得朋辈心理辅导对于社会日常生活中的心理问题而言具有非常重要的作用。朋辈心理辅导不同于一般性质的聊天，又不及心理辅导的专业性，但却能产生专业心理辅导所不及的效果，这也是来自学校的重要社会支持。

来自家庭成员的社会支持。当大学生面临心理危机时，家庭成员的社会支持也是不可缺少的，家庭成员中，父母的社会支持是最有效的，其次是与其关系亲密的兄弟姐妹、亲戚朋友。当然，家人的社会支持是否有效，还要看这种支持是否恰当。因此，特别是父母在提供社会支持时，一定要尊重子女的心理需求，才能达到支持的效果。

来自社会机构的社会支持。有关危机干预的政府工作机构有：中国心理学会分支机构“心理危机干预工作委员会”、中国心理学会分支机构“临床与咨询心理学分会”、团中央权益部与中国心理学会临床与咨询心理学专业委员会签署合作的“12355 青少年服务台”、中国心理卫生协会咨询与心理咨询专业委员会、中国医师协师协会精神科医师分会等。

危机过后，需要对知情人员进行干预。可以用支持性团体辅导策略，通过班级辅导等方法，协助经历危机的大学生及其相关人员，如同学、家长、班主任以及危机干预人员正确处理危机遗留的心理问题，尽快恢复心理平衡，尽量减少由于危机造成的负面影响。

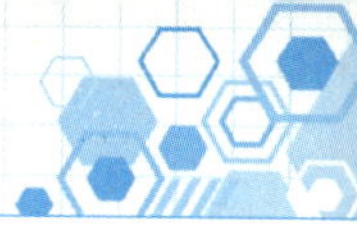

2. 争取心理危机的专业帮助

面临心理危机，大学生不仅需要寻求社会支持，还需要争取心理危机的专业帮助，即专业人员的危机干预。

在心理学领域中，危机干预指对处在心理危机状态下的个体采取明确有效措施，使之最终战胜危机，重新适应生活。心理危机干预的主要目的是：①防止过激行为，如自伤、自杀或攻击行为等；②促进交流，鼓励当事者充分表达自己的思想和情感，鼓励其自信心和进行正确的自我评价，提供适当建议，促使问题解决；③提供适当医疗帮助，处理昏厥、情感休克或激动情况。例如在地震期间，有效的危机干预就是帮助人们获得生理心理上的安全感，缓解乃至稳定由危机引发的强烈的恐惧、震惊或悲伤的情绪，恢复心理的平衡状态，对自己近期的生活有所调整，并学习到应对危机有效的策略与健康的行为，增进心理健康。为了进行有效的危机心理干预，必须了解人们在危机状态下有哪些心理需要。危机干预的六步骤如下：

（1）确定问题。与处于危机的个体接触，并建立信任关系，要在较短时间内确定引发危机的核心问题是什么。分析必须完全。从来访者的角度来确定和理解其所认识的危机问题。同一事件不同的人的反应会受个性、文化、价值观等因素的影响。如果危机干预人员所认识的危机境遇并非来访者所认同的，即使危机干预人员的认识并不错误，其干预都是很难得到预期效果的。因此特别需要干预者使用积极的倾听技术，同情、理解、真诚、接纳及尊重，既注意来访者的言语信息，也注意其非言语信息。

（2）保证来访者安全。在整个危机干预的过程中，来访者安全问题都应该得到自始至终的重视，保证来访者的安全为首要目标。所以首先应帮助来访者尽快脱离灾难现场或创伤情景，尽快脱离危险。评估危机的严重程度，确定需要紧急处理的问题，保证来访者对自身和对他人的生理和心理危险性降低到最小可能性。

（3）提供支持。强调与来访者的沟通与交流，给来访者以尽可能全面的、充分的理解和支持，并积极、无条件地接纳来访者。不管来访者遭遇的经历是天灾人祸还是自己的过失所致，也不管来访者当前的感受可以理解还是不合常情，一律不予评价。应该提供机会，通过沟通与交流，让来访者表达和宣泄自己的情感，给来访者以同情、支持和鼓励。使其感到干预者是完全可以信任的，也是能够给予其关心和帮助的人。

（4）检验可替代的应对方式。此时来访者的思维往往处于被抑制状态，很难判断什么是最佳选择，要让来访者认识到有许多变通的应对方式可供选择。可建议来访者从不同的途径思考变通方式，思考变通方式的途径：①对外开放环境资源，引导来访者从身边的亲朋好友中去寻找支持和帮助。如有哪些人现在或过去能关心来访者；能在行为或心理上予以支持和陪伴，比如妈妈的关心、陪伴，朋友给的帮助；②对内开启心理资源，试探新的、积极的、建设性的思维方式，可以用来改变自己对问题的看法并减轻应激与焦虑水平。干预人员要帮助来访者认识到，有许多可供变通的应对方式可供选择，帮助来访者探索他自己可以利用的替代解决方法，促使来访者积极地搜索可以获得的环境支持、可以利用的应对方式、发掘积极的思维方式。如果来访者能够从这两个方面客观地评价各种可变通的应对方式，危机干预工作者就能够给感到绝望和走投无路的来访者以极大的支持。

（5）制定计划措施。与来访者共同制定行动计划来矫正其情绪的失衡状态。帮助求助者做出现实的短期计划，确定求助者理解的、自有的、可操作性的行动步骤，将变通的应对方式以可行性的时间表和行动步骤的形式列出来。制定计划要充分考虑来访者的自控能力和自主性，行动计划的制定应该让来访者充分地参与，使他们感到自己的权利、自尊没有被剥夺。

（6）获得承诺。回顾和改善有关计划和行动方案，要用理解、同情和支持的方式来进行询问。要明确在实施计划时达成同意合作的协议，帮助求助者向自己承诺采取确定的、积极的行动步骤。这些计划和行动步骤必须是来访者自己的，从现实的角度是可以完成的或可以接受的，以便来访者

会坚持按照预定计划和方案行事。获得承诺的过程具有重要的仪式意义。目前，危机干预六步法已广泛被专业咨询工作者和一般工作人员所采纳，学校都配有自己的专业教师，用于帮助许多不同类型危机的来访者。

思考题

1. 大学生生命教育的内容有哪些？
2. 大学生如何自我识别和自我调整心理危机？
3. 如何建立班级、院系、学校三级心理危机预警系统？

第三篇　学会学习

第二十七章　学习新理念

大学的生活围绕学习而展开，学习是大学生活的一个主要内容。广义的学习指思想意识和行为的培养、知识技能的获得、智力和能力的提高；狭义的学习指获得知识和技能、提高智力和能力的过程。学习是知识的继承和发展，是提高自身素质的要求，是服务社会的先决条件。随着社会的发展，来自日常生活，来自社会实践，来自媒体、网络等其他信息传播渠道的学习也逐渐成为大学生成长发展的重要途径。如何理解学习的真正含义，如何有效地学习，并培养较强的创新能力，这些都是与大学生学习有关的重要内容。

第一节　转变学习观念

传统意义上，在大学里念书就是学习、掌握老师教授的内容。考试成绩的好坏，几乎是评价学习好坏的唯一标准。随着社会的进步与发展，人们对学习的观念正在发生着深刻的变化，这对现实的大学学习生活带来许多挑战。

一、由依赖型学习观向自主型学习观转变

依赖型学习观指的是一种学习上无自立性、无主动性，呈现被动、依赖等品质和特征的学习观。自主型学习观也称为主体型学习观，表现为自觉地、能动地、有目的地从事学习活动，个性化地学习、创造性地学习等。

二、由知识型学习观向智力—能力型学习观进而向人格型学习观转变

知识型学习观指的是一种重知识、轻能力，重理论、轻实践的传统学习观。智力—能力型学习观强调既重视学习者能力的提高和智力的开发，又重视学习者职业适应能力与职业发展能力的提高，它满足了现代社会能力本位人才观对学习所提出的要求。人格型学习观不仅重视知识和能力的相互促进和共同提高，而且更重视受教育者人格的健全发展。

三、由封闭型学习观向开放型学习观转变

封闭型学习观指的是一系列“以课堂为中心、以课本为中心、以教师为中心”的学习观的总称。开放型学习观则是与之相对立的一种面向社会、面向生活，多层次、全方位、开放的学习观。

四、由传承型学习观向创造型学习观转变

传承型学习观表现为重视学习在继承人类文化成果、传递生活经验方面的独特作用，但却忽视了学习者在学习过程中的探索、发现和创造，即创造性的培养。创造型学习观则是从适应与发展两大任务出发，既强调继承与适应，又强调创造与发展。

五、由学会型学习观向会学型学习观转变

学会型学习观指的是一种“教什么学什么，学什么会什么”的观念，它用“学懂”“学会”来回答学习上的“学得如何”的问题，往往突出了实用，而忽视了创新。会学型学习观不仅包括“学懂”“学会”，而且还用“懂学”“会学”来回答学习上“如何学”的问题。古人说授人以鱼不如授人以渔，说的就是要学会学习，讲求学习的方法，善于学习。

六、大学生需要从服从型人生向主导型人生转变

大学是一个承载梦想、成就梦想的地方，大学生应进行人生规划方式的转变，审视自己到底想要什么，想做成什么，需要怎么做。这是一个严肃的人生命题，也是大学生从懵懂少年走向成熟理性个体的必经之路。

综上所述，大学生转变学习观念的过程不仅涉及学习方法和模式的改变，还包括对学习和生活态度的全面调整，以适应大学这一新的学习和生活环境。

第二节　全面学习理念

为了迎接新的挑战，无论是发达国家或是发展中国家，都在调整自己的教育培养目标，努力造就适应未来社会需要的合格人才。他们在对未来社会的预测和对现行教育制度进行反思的基础上，得出的共识是：只有全面发展的人，才能称得上合格人才。因此，大学生首先要树立全面学习观，正确处理好德与才，通与专，知识、能力与素质，全面发展与个性发展等方面的关系。

一、品德与才能

品德，主要是指人的政治立场、政治观点和道德作风，它是一定社会或一定阶级的政治道德原则、规范在个人身上的凝结和表现，是处理个人与他人、个人与社会关系的一系列行为中所表现出来的比较稳定的特征和倾向。它由认识、情感、意志、信念、行为五个方面的要素构成，是一个综合性范畴。

才能，主要包括才识和才学，是完成某种活动所必需的各种知识、能力和素质的结合。

德才是一个不可分割的有机统一体。一方面，才是德的基础，是人得以发展和成功的基本条件。一个人只有具备了相应的才能，方有得力的依托以显示其德行。另一方面，德是才的方向和灵魂，是才发展的内在动力。一个人只有具有高尚的德行，方能使才按正确的方向得以施展。因此，德才兼备是古今中外培养、鉴别和选拔人才的标准。正由于德育在人才成长中的独特作用，古今中外，世界各国教育都把德育放在十分重要的地位。因此，德才兼备，把德育放在首位，仍是对合格人才的第一位的要求。青年人的发展话题，包含着成人和成才两个方面，前者是指做一个好人，后者是指做一个有用的人。只有成为一个有德性有本事的人，他的生命过程对于社会才是有价值的，对于自己才是有意义的。

二、通才与专才

近年来，通过对教育思想的讨论，目前比较普遍的意见是：在我国应是“通才”与“专才”的结合。一方面，“通才”是“专才”的基础。没有广博的基础，“专”就深入不下去，达不到精深的目的。另一方面，“专才”对“通才”又有极大的促进作用。真正精通一门专业知识，常常使人能够很快掌握相近或相关学科的知识。因此，合格人才既要加强“通才”的学习，又要掌握一定的专业知识与技能，要在“通才”的基础上有所“专才”，掌握一定的专门知识而又能融会贯通。当前，尤其要加强“通才”的学习。通过学习，加深对自然科学、社会科学和人文科学的了解，扩充知识面，开阔文化知识视野，使自己看到不同学科、课程及其知识间的联系，形成学科知识体系的整体观念，促进不同学科知识及思维方式的相互迁移。特别是在现代新科技革命条件下，世界科技与文化、自然科学与人文社会科学已呈高度融汇渗透之势，“综合优势”与“博才取胜”正成为各国科技发展的共同取向。同时，通过学习，加强基础性的语言、文化、历史、科学知识的拓展，个性品质的训练，公民意识的陶冶，以及一些不直接服务于专业教育的人人皆需的实际能力的培养，使自己在接受一定的通识教育之后，以一定的知识领域为基础，向外迅速接触各种文化领域的营养，用一种适应时代的文化内容来充实自己，扩大自己的知识范围，使心灵的内涵不断加宽加深，生活的意义及价值也变得丰富多彩起来，因而能在自身所受的专业教育中保持自由，在精神上不至成为被专业所束缚的奴隶。

三、知识、能力与素质

知识是人类在认识和改造主客观世界的实践中获得的认识经验的概括和总结，它包括直接经验和间接经验、感性认识和理性认识。每一个人的知识都不是单一的，而是复合的，是由多种知识构成的。各种知识的组合便形成了知识结构。

能力是指人们顺利地完成某种活动所必须具备的个性心理特征。它是顺利地完成某种活动的必要条件。能力通常可划分为一般能力和特殊能力。顺利地完成某种复杂的活动需要有多种能力的完备结合。完成某种活动所需要的多种能力的完备结合称为才能。

在心理学中，“素质”被定义为人的先天解剖生理特征，指感觉器官和神经系统方面的特征。从教育学的角度看，一般认为“素质”不仅指人的解剖生理方面的自然特点，而且还包括人的精神领域的社会性特点，是人在生理方面和精神方面的基本要素及其品质的综合，人的素质即人客观的和内在的品质。素质是人的能力发挥的基础，是一种潜在的能力。

对知识、能力、素质三者关系的认识要把握三点：一是知识是形成能力和素质的基础，能力和素质又反过来影响知识的掌握、增值与迁移。二是知识并不等于能力和素质。知识只有通过内化才能转化为素质，能力则是素质在一定条件下的外显；反过来说，内隐形式的能力或者智慧是素质的重要组成部分。三是素质的形成不仅是知识的内化，还包括先天生理解剖特征的不断发育、成熟与后天的实践训练及环境影响；素质不仅外显为能力，还包含思想、品德、情感、意志等非智力方面的品质。

从重知识到重能力，然后到重素质，这是世界教育发展的一种趋向。大学生要使自己成为合格人才，就必须将知识学习、能力培养与全面素质的提高结合起来，这是教育思想的一大转变，也是教育模式的一种突破。而人的素质的形成和提高，又有两个十分重要的过程：一是发展，即充分发挥个体的身心潜能，在环境、教育的影响下，通过自身的努力，去发展有关生理与心理的、智力与非智力的、认知与意向的各种因素；二是内化，即把那些从外在获得的东西，内化于人的身心，形成一种稳定的、基本的、内在的个性心理品质和体质。这两种过程交替发生，循环往复。人的素质就在这种不断内化与外显中推进，而作为素质的东西，实质上就是去掉了一切外在东西之后潜在于人的身心之中的品质因素。

四、全面发展与个性发展

研究表明，合格人才必须具备两种基本品质：一是全面发展的基本素质，二是充分发展的良好个性。

全面发展是人才培养的目标，也是教育改革的指导思想。全面发展与个性发展相辅相成。全面发展不是平均发展，个性发展也不是自由无序。一方面，个性发展是全面发展的条件。个性发展的目的，是要确立主体意识，培养独立人格，发挥创造才能。只有当人的主体意识、独立人格、创造才能得到充分发展之后，才能更自觉、更充分、更主动地全面提高基本素质，从而实现人的发展的最高目标。因此，个性发展的最终结果必将促进人的全面发展，没有个性的健康发展就不可能有高层次的全面发展。另一方面，全面发展又是个性发展的基础。没有全面发展的基础，高层次的个性发展也无法实现。全面发展的目的不是要消灭差别、泯灭个性，恰恰相反，是要在注重学生各方面素质全面提高的基础上，尽可能培养、鼓励和发展学生的个性。也就是说，全面发展总是表现为个性的不断扩展和丰富，个性发展也必然伴随全面发展而不断得以升华和完善。全面发展和个性发展统一于个体成长的全过程，两者互见、互动、互生、互长。

发展个性是教育长期追求的目标。忽视个性、扼杀创造性是我国传统教育的痼疾。从人的发展看，没有个性，就没有创造；没有个性，人不成其为人。从社会发展看，个性发展是社会发展的真正动力和源泉。在一个社会里，人的个性的充分发展是这个国家或民族富有生气的表征，也是一个社会文明进步的客观要求。因为动人的旋律要用不同的音调去谱写，和谐的社会则需要用丰富多彩的个性来建构。现代社会也正是因为其组成成员的多样化个性才色彩斑斓，充满生机。特别是在当今科学技术突飞猛进、知识经济已见端倪、国力竞争日趋激烈的新形势下，发展个性、培养创造性人才就更为重要。因此，正确处理全面发展与个性发展的关系，改革长期以来我国存在的“以教师为中心，以课堂为中心，以书本为中心”的传统教育模式，把全面发展与个性发展结合起来，注重个性培养和创造能力的开发，既有利于个人聪明才智和潜能的发挥，也能使未来社会多样化的需求得到满足。更为重要的是，这样一个所有成员的个性都得到充分发展、创造力都得到充分发挥的民族必将充满生机和活力，并在国际社会竞争中具有强大的竞争力。

第三节　自主学习理念

一、倡导自主学习的原因

自主学习观就是学生自主、独立地发现问题、分析问题、解决问题，有主见地展开自己的学习的方式。

在传统教育理论中，教师是教育的主体，学生是教育的客体。在现实的教育活动中，也有许多教育工作者确实存在着只把自己看作主体、把学生看作客体的倾向。而许多学生也只是把自己当作单纯接受知识的、消极被动的“要我学”的客体。因此在现实生活中，相当多的学习者在学习过程中完全依赖教师、学校和外部环境，把自己的大脑当作接受知识的白板，甚至自身的学习兴趣、情感也完全依靠教师和外部环境引发。这种学习者缺乏自觉主动学习的愿望和要求，把学习当作完全迫于社会、家庭和他人的种种压力不得已而为之的额外负担。这种学习者习惯于被动接受灌输而不善于主动探求和消化知识，习惯于让书本知识、教师和外部环境牵着自己的鼻子走，而不是主动驾驭书本知识和外部环境。这种传统的学习观念应该为“自主学习”观念所取代。第一，从大学学习任务看，大学学习是为培养高级专门人才打基础、做准备的。一个高级专门人才必须具备自学能

力、独立工作能力以及分析问题和解决问题的能力，而这些能力的培养和提高必须以大学生能很好地开展自主学习为前提。

第二，从大学的学习条件看，大学有学识渊博、知识密集的教师群体，设备先进的实验场所，藏书丰富的图书馆等，这为大学生自主学习提供了优越的学习条件。

第三，从大学教学管理方式看，大学的教学管理实行学分制，学分制要求学生根据自身情况，有计划、主动地选读不同课程来获取知识，组成自己的知识结构，并允许学生跨专业、跨系选修，使自己的知识结构由单一化向多样化方向发展。而这些要求能否实现，取决于学生是否有相当高的学习自觉性，是否能主动地、有主见地学习。

第四，从大学生自身的身心发展看，大学生一般是 20 岁左右的青年，他们在生理和智力上趋于成熟，辩证思维能力达到较高水平并趋向成熟和完善，世界观、人生观逐步形成。这些都为大学生的自主学习准备了良好的身心基础。同时，从大学生的智能发展来看，大学生的智能只有通过自身的自主学习，才能获得较快的发展。

二、自主学习的特征

1. 主动性

主动性是自主学习的首要特征，它对应于传统学习的被动性。主动性和被动性在学生的具体学习活动中分别表现为“我要学”和“要我学”。“我要学”是基于学生对学习的一种内在需要；“要我学”则是基于外在的诱因和强制。学生学习的内在需要一方面表现为学习兴趣。兴趣有直接或间接之分，直接兴趣指向过程本身，间接兴趣指向活动结果。学生有了学习兴趣，特别是直接兴趣，学习活动对他来说就不是一种负担，而是一种享受、一种愉快的体验，就会越学越想学、越爱学。有兴趣的学习事半功倍。相反，如果学生对学习不感兴趣，情况就大相径庭了，“强扭的瓜不甜”，学生在逼迫的状态下被动地学习，学习的效果就不会好。学生的学习需要另一方面表现为学习责任。学习是谁的事情，谁应当对学习承担责任？教师当然应该对学生的学习负责，但是如果学生自己意识不到学习的责任，不能把学习跟自己的生活、成长、发展有机联系起来，这种学习就不是真正的自我学习。只有当学习的责任真正地从教师身上转移到学生自己身上，学生自觉地担负起学习的责任时，学生的学习才是一种真正的有意义的学习。

2. 能动性

能动性也是自主学习的重要特征。自主学习要求学生对为什么学习、能否学习、学习什么、如何学习等问题有自觉的意识和反应，它突出表现在学生对学习的自我计划、自我调整、自我指导、自我强化上，即在学习活动之前，学生能够自己确定学习目标、制订学习计划、选择学习方法、做好学习准备；在学习活动之中，能够对自己的学习过程、学习状态、学习行为进行自我观察、自我审视、自我调节；在学习活动之后，能够对自己的学习结果进行自我检查、自我总结、自我评价和自我补救。显然，学生自身的能动作用是很大的。学生能动性的高低首先取决于其已有的经验和基础，它包括学生通过自身实践获得的直接经验和在学习中所获得的间接经验；其次还受需要、动机、兴趣、情感、意志等因素的影响。同时，学习活动也是一种艰苦的脑力劳动，它需要有坚定的信念和顽强的意志品质作为支撑，为认识事物的本质和规律而控制兴趣指向，抵抗各种有碍于学习活动的消极因素，并以其特有的自觉性和自制力维持整个学习活动。

3. 独立性

独立性是自主学习的核心特征，它对应于传统学习的依赖性。每个学生，除有特殊原因外，都有相当强的潜在的和现实的独立学习能力，不仅如此，每个学生同时都有一种独立的要求，都有一种表现自我独立学习能力的欲望，他们在学校的整个学习过程也就是一个争取独立和日益独立的过程。低估、漠视学生的独立学习能力，忽视、压制学生的独立意识，从而导致学生独立性的不断丧

失，这正是传统教学的根本弊端。新的教学改革要求我们充分尊重学生的独立性，积极鼓励学生独立学习，并创造各种机会让学生独立学习，从而让学生发挥自己的独立性，培养其独立学习的能力。同时，对待学生的独立性和独立学习，也要有一种动态发展的观点。从教与学的关系来说，整个教学过程是一个“从教到学”的转化过程，也即从依赖到独立的过程。在这个过程中，教师的作用不断转化为学生的独立学习能力；随着学生独立学习能力的由弱到强、由小到大的增长和提高，教师的作用在量上也就发生了相反的变化，最后是学生基本独立甚至完全独立。

第四节　创新学习理念

创新学习观是指以提高发现、吸收新信息、提出新问题为目的，强调变化、更新、重建和重新系统地阐述问题的学习方式。

在传统的农业经济和工业经济时代，科技进步和知识更新的速度相对缓慢，人类习惯于用已有的知识来解决现存的各种问题，形成了以适应性学习为主的模式。而在知识经济时代，信息技术强化了已有知识的归类，且由于归类，知识获得更多的商品属性，知识的扩散得到加速，人们接触知识较以往更为容易，费用也更为低廉，从而使得选择和有效利用知识和信息的技能和能力变得日益重要起来。选择相关信息，忽略不相关信息，识别信息中的专利，解释和解读信息以及学习新的技能而忘掉旧的技能，所有这些都比传统意义上的知识学习更为重要。也就是说，是否具有不断掌握最新知识并进而创造新知识的能力，比掌握多少现存的知识更为重要。“学会”只能成为传统意义上的“工匠”，“会学”才能成为知识经济时代的“大师”和“知识劳动者”。因此，知识经济必然要求人们在学习观念上实现从适应性学习向创新学习的转变。

一、创新学习的特征

1. 预期性

创新学习的基本特征之一是学习的预期性。预期性不同于维持性学习中的“适应性”，即对外界压力简单地作出反应性调整。它是一种积极的生存方式和学习态度。它要求我们主动面对现实世界的实际问题，面对人们的具体生活，为使现实世界变得更加美好，为改善人生而去获取知识和能力。它不满足于对前人已有知识的继承和理解，而是不停地探索、发现和创造，为将来做好必要的准备。它教育人们学会使用预测、模拟、情景描述和模型等技术方法，并鼓励人们考虑趋势、制订计划、评估目前决策的未来结果和可能产生的副作用。因此，创新学习代表着一种面向未来的超前学习思想，它集中反映了学习者的个性思维和主动精神。正如我国学者金马所指出的，创新学习是“思维态势适当超前的表现，是积极直面人生、认真识别生存背景可能发生的各种变化的生存方式，是主动地熟谙高速发展规律并进而从某种程度上驾驭或改变生存背景的一种追求，特别是它强调为可能遭遇的消极因素、重大挫折以致致命伤害，保持应有的警觉和转危为安的准备”。因而创新学习可以使我们更好地适应未来，创造新的生活。

2. 参与性

创新学习的另一个主要特征是参与性。如果说预期性反映的是创新学习的思维特点，那么参与性则体现了创新学习的社会实践功能。创新学习是一种在完全平等、民主的体制下积极参与的学习和实践过程。美国心理学家罗杰斯认为，有效的意义学习是将学习材料中的有意义的内容与学生个人的意义结合起来，或者说是让学生在学习中发现属于自己的意义。许多教师认为很有意义的材料，在学生看来可能就没有意义；而教师认为没有意义的东西，学生倒很有可能发现其极高的价值。这只有通过平等讨论和共同参与的实践才能得到澄清。可以说，这种参与性是创新学习得以不

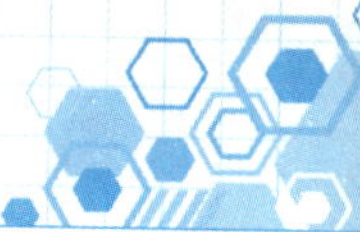

断发展提高的动力，是化创新意识、创新思维为创新实践的保证。同时，通过参与性学习，将有效地引导学生培养团体意识和行为，以及社会归属感、义务感、责任感等。有人提出，当你掌握了某项知识的60%的时候，就要开始运用和实践，并在运用和实践过程中补充和提高自己。这可能是现代人学习的一种最明智的做法。因为这种学习观念包含了创新学习的重要精神，显示出创新学习的参与性和实践性特征。

充分注意创新学习的参与性和实践性特征，也是预期性特征所要求的，因为只有热情地参与各种有利于社会进步和发展的社会实践，参与有利于提高人生价值和意义的社会实践，才有可能站在时代的高度，审时度势地观瞻未来，才能保证预期性的真实可靠。而科学预见的引发和持续，又可为有效地参与提供有益的启示和良机。所以预期性和参与性这两方面必须结合起来，才能互相补充，体现人的个性化和社会化的统一。

3. 独创性

独创性也是创新学习的重要特征之一。创新学习的独创性表现在学习者不满足于获得现成的答案或结果，对所学习的内容能展开独立思考，进行多向思维，善于发现事物之间的联系，并把它们综合为整体认识，能创造性地运用所学习的知识去适应新情况、探索新问题，使自身得到发展。对学生的学习而言，其独创性不一定是首创前所未有的新知识、新见解，而应包括以下更多的内涵：在学习上能举一反三，灵活运用知识；有丰富的想象力，喜欢解决难题；具有发散思维，爱标新立异和发表与别人不同的见解；不轻易相信书本上的结论，而以怀疑的眼光审视一切；不满足于已揭示的知识间的联系，而试图建立各种知识间的新结构；善于利用所学的知识解决日常生活中遇到的各种问题及喜欢小发明、小制作、小设计等。也就是说，独创性这个概念不仅与学生的学习活动及结果相联系，更重要的是指向学生主体的品质、特征和属性。正如著名心理学家马斯洛所指出的，创造性首先强调的是人格，而不是成就，因为这些成就是人格放射出来的副现象，因此对人格来说，成就是第二位的。特别是在知识经济时代，知识经济的核心在于创新。

二、大学生如何培养创新学习能力

创新学习能力能够就现有学习内容展开思考，从多种角度认识事物，具有较高的综合认知的能力，并创造性地将所学内容结合到实际中，探索新的问题，更加重视知识的结构和获取新知识的能力，具有一定的自主学习、判断评价、综合归纳等能力，也就是终身学习和可持续发展的能力。要培养创新学习能力，需要注意以下几个方面：

（1）培养主动学习、主动建构知识的能力。建构主义认为，学习是学习者主动建构学习材料意义的过程，这种主体和外界的交互行为，是学习者主动建构的过程。因此，学习者不是迫于社会和外界的压力而学习，而是发自内心地对知识的一种强烈的渴望和追求精神。大学生作为学习者，要主动建设自己在学习中的主动地位，建立自我意识上的学习——能学、想学、坚持学。

（2）主动开发自己的创新精神。研究表明，人的大脑具有巨大的潜力，要充分发挥大脑的作用，就要给学生一个空间。大学生自身要树立独立思考问题的习惯，让自己真正成为学习的主人，并且主动参与到学习中去，找到适合自己的发展空间和思考方式。

（3）将学习和生活相融合。大学生要把学习当作生活的一种方式，不要仅仅把学习局限于书本、课堂和教师，而是要走向图书馆、社区、生活等，不断拓展自己学习内容的范围，丰富自己的生活经验，从而最大限度地获得创造性的发展。

（4）积极参加团队合作学习。以往学生都习惯于个人封闭式的学习。在当今社会，大学生要走出这个“误区”，走向团队合作学习。在团队合作学习中，大学生们可以培养自己的交流、沟通、合作的意识和能力。

（5）合理利用网络资源。随着信息技术的发展，多媒体和互联网的应用对于现代社会的方方面面提出了挑战。大学生的学习不再受到时间和空间的局限，视野不再狭窄。因此，大学生要合理利

用互联网信息共享的优势，充分利用在虚拟社区学习的机会，实现课堂与课外、理论和实践的有效结合。

第五节　终身学习理念

知识在人们日常生活、学习、工作中的作用越来越重要。知识是第一生产力。它对人们现有的生产方式、生活方式和思维方式都将产生难以估量的影响。知识结构的“改朝换代”周期较以往大为缩短。这就决定大学生甚至研究生、教授学者都要不断学习，不断补充更新自己的知识建构。那种认为仅凭一次性学校教育就可以“包打天下”的想法在时代潮流和社会需要面前将会“溃不成军”。在剧变时代，善于学习的人将继承未来，有学问的人将会发现他们为生存其中而进行了准备的世界已经不存在了。

有些高校毕业生虽然用了十几年甚至长达二十多年的时间从书本中学习知识，但到了社会上，他们依然可能失败。因为日月在更替，世界在变化，知识在更新，书本上的东西已经不能满足需要。如果想要生存下去，就必须善于学习。

善于学习，就是从错误中、从正确中、从失败中、从胜利中、从对手那里、从朋友那里，从每一件事情中，随时随地学习、总结、思考，把知识融进我们的头脑中。

美国东部一所规模很大的大学毕业考试的最后一天，在一座教学楼前的阶梯上，有一群机械系大四学生，他们显然很有信心。这是最后一场考试，接着就是毕业典礼和找工作了。

有几个学生说他们已经找到工作，其他的人则在讨论他们想得到的工作。怀着对四年大学教育的肯定，他们在心理上早有准备，能征服外面的世界。他们知道即将进行的考试只是一件很容易的事情。教授说他们可带需要的教科书、参考书和笔记，只要求考试时他们不能交头接耳。他们喜气洋洋地走进教室。教授把考卷发下去，学生们都眉开眼笑，他们注意到只有 5 个论述题。3 个小时过去了，教授开始收集考卷。学生们似乎不再有信心，他们脸上有可怕的表情，没有一个人说话。教授手里拿着考卷，面对着全班同学。教授端详着眼前学生们担忧的脸，问道：“有几个人把 5 个问题全答完了？”没有人举手。“有几个答完了 4 个？”仍旧没有人举手。“3 个？ 2 个？”学生们在座位上不安起来。“那么 1 个呢？一定有人做完了 1 个吧？”全班学生仍保持沉默。

教授放下手中的考卷说：“这正是我预期的。我只是要加深你们的印象，即使你们已完成四年工程教育，但仍旧有许多有关工程的问题是你们不知道的。这些你们不能回答的问题在日常操作中是非常普遍的。”教授带着微笑继续说：“这个科目你们都会及格，但要记住，虽然你们是大学毕业生，但你们的教育才开始。”

我们不能满足于书本上的知识，以为天下的智慧都收录在了书中，其实完全不是那么回事儿。即使是最优秀的大学生，在生活的教科书面前，也只是一个“学前儿童”。只有不断地学习、实践，不断地充实自己，我们才不会被社会淘汰。这世界变化太快，我们必须终身学习。

人的一生都在学习，从婴幼儿蹒跚学步、咿呀学语，到儿童学习写字算术，再到成年人学习工作、为人父母，甚至老年人也要学习如何更好地“安度夕阳红”。终身学习是 21 世纪的生存概念，是现代社会的人们面临种种挑战的必然选择。为适应人类社会的深刻变革，就必须不断学习、学会学习。在学习上没有一劳永逸的美差。“活到老，学到老”，树立终身学习的意识，对大学生成功适应日新月异的现代社会是至关重要的。

在联合国教科文组织和欧洲终身学习促进会的支持下，1994 年 11 月，“首届全球终身学习大会”在罗马召开了。会上，欧洲终身学习促进会的报告提出：“终身学习是 21 世纪的自下而上的概念。”人们如果没有终身学习的概念，就将难以在 21 世纪很好地生存。会议认定对“终身学习”的

定义是：终身学习通过一个不持续的支持过程来发挥人类的潜能，它激励并使人们有权力获得他们终身所需要的全部知识、价值、技能，并在任何任务、情况和环境中有信心、有创造性地愉快地去应用它们。

终身学习应该是一种社会行为，甚至是21世纪的一种生活方式。终身学习强调的是人的“学习权力”和对学习的激励。它与终身教育不同，因为终身教育强调“教”的一面，前者是主动行为，后者是被动行为。

有人认为，从21世纪开始，知识的半衰期将缩短到10年，而电子科技知识的半衰期不超过5年，这就需要在职专业人员不断地补充新知识才能适应竞争的需要，才能取得卓越的成绩。那种“大学毕业就能胜任工作”或“靠工作经验的积累就能胜任工作”的观念已经过时。大学毕业后若不继续学习，很难成为一个高水平的专家。拿到大学文凭的各类知识分子，每一个人都毫无例外地、不断地接受大学后的继续教育和学习，以储存更多的能量，补充新理论、新技术、新方法、新信息，才能适应飞速发展的科学技术。

21世纪的人们面临着知识急剧增加和知识迅速老化的双重压力。有人预计，现在大学里学到的知识不到10年就会过时，职业教育知识5年就会过时；工程师5年不进修不行，科技人员3年不进修不行。在技术领域，知识以每年20%的速度衰减，从而需要更快速度的知识再生。

计算机以每秒几十万亿次的速率在运行，信息的传播速度越来越快，全世界平均每天有800～900个专利问世，平均不到1分钟就出版一种新书。过去全世界每隔10～15年人类知识量要翻一番，而如今3～5年就要翻一番。一个大学毕业生一生所用知识，在校获得的只占10%～15%，绝大部分要在工作实践中继续学习来获得。相关概率统计表明，一般科技人员一生工作时间按平均40～45年计算，其有用的知识10%～20%是在学校中学到的，其余80%～90%则靠在工作中或再次学习培训才能获得。

终身学习是人类发展的必然需要。社会变革的加速，需要寻求新的教育途径。现代社会的进化速度日益加快，每隔十年，在社会的物质、精神和思想领域都会有较大的转变，昨天的某些成果可能不再符合今天的需要。这或许也是为什么很多人在走出校园之后又走进夜大、电大的原因之一吧。如若故步自封，不出几年，或许你就会有“不知有汉，无论魏晋”的隔世之叹。

科学技术的进步，使得不善于学习的人落伍。所谓“电脑、汽车和英语”是21世纪的三大通行证，虽然不能说是绝对真理，但也是说明这些知识的重要程度。伴随着信息化时代的到来，网络在人们工作、生活中扮演越来越重要的角色，信息化使得社会发展加速并使竞争越趋激烈。无论从事哪个行业的人，都要不断学习、终身学习，这样才能掌握先机，掌握主动。

终身学习，时时完善和更新知识结构。知识结构是指人们拥有的各种知识所构成的知识体系。合理的知识结构，可以使各种知识和谐一致，互相促动。社会的发展和进步要求大学生必须向“通才”“全才”方向发展，学理工的要注重文学素养的学习，学文科的要了解自然科学的发展。

大学毕业生踏上工作岗位，不是学习的结束，而是新的学习的开始。而且随着社会的进步和发展，劳动力流动的加速，一个人一生接受一次教育、在一个岗位上工作一辈子的情况越来越少，越来越多的劳动者需要接受持续的教育和培训，以提高自身适应职业变化的能力。因此，更新、补充和完善自己的知识，就成为伴随人生全过程的活动，这就是人们常说的“终身学习”。只有这样，才能使自己在激烈的职业竞争中立于不败之地。

(1) 终身学习的主要内容：“终身学习”决不仅限于学习专业知识，而是应注重人的全面发展，提高自身的综合素质。一般来说，应包括道德修养、相关专业知识、实践能力、创新能力等方面。

(2) 终身学习的途径主要有以下几种：

①通过书本和现代化教育媒体进行自学。

②参加职业培训和各种形式的继续教育。

③聘请家庭教师进行重点辅导。

④在工作中向同事、领导虚心求教。

⑤借鉴同行业兄弟单位的有益经验。

思考题

1. 为了适应新时代发展的需要，大学生应确立哪些新的学习观？

2. 怎样正确处理知识、能力与素质，全面发展与个性发展等方面的关系？

第二十八章　进行有效的时间管理

现代社会竞争激烈，时间的合理支配显得尤为重要。每一个渴望追求成功的青年都离不开有效的时间管理。时间是一个固定的东西，每个人拥有的时间是一样的，但使用的方法却不同。人们对于金钱的开支大多比较留心，但对于时间的支出却往往不太在意。已有研究证明，使用一些很简单的时间管理技术可以提高个人的工作效率，其结果是可以使我们有更多的时间参加社会活动，进行锻炼、休闲以及做一切自己想做的事。善于利用时间比善于利用财富更重要，“一寸光阴一寸金，寸金难买寸光阴”是时间宝贵的真实写照。成功的人一定是懂得时间管理的。大学生如果能进行有效的时间管理，就会走向成功。

第一节　时间管理的概念

人生是由时间组成的。时间是人们最宝贵的财产。

一、时间及其特性

（1）时间的一维性。一维性是时间最基本的特征。时间之所以珍贵就是因为它是一种不可再生的资源，过去了就不可能再挽回。我们只能从昨日到今日，今日一过就不可能再来，因此我们只能前进，而不可能回头。时间总是沿着从过去到现在，到未来这样一个方向前进，对它的度量只能在单线上进行。它不可替代，不可购买，不可贮存，不可增减，并且一去不复返。无论你多么有钱、多么有地位，时间对每个人都是很公平的。

（2）时间的有限性和无限性。时间的另一个重要特征是其有限性和无限性。对每一个具体事物来说，时间是有限的，人生有限，青春有限，一天 24 小时有限，一年 365 天有限。对于整个宇宙来说，时间又是无限的，它无始无终。理论上，一个有限的时间段也可无限分割，即有限的时间中仍包含着无限更小单位的时间。而且，人们对有限时间的利用也是无限的。自然界中的万物都是无限时间中的有限存在物，但唯有人能自觉意识到自身的这种有限性。人正是在这种无限与有限的矛盾中，不愿自己在无限的时间长河中随波逐流，而把注意力放到对有限的时间的利用上，探索提高时间效益的正确途径，充分地利用有限的生存时间，使自己获得尽可能大的发展。正如鲁迅先生所说，时间就像海绵里的水，只要挤，总还是有的。

二、时间管理的意义

1. 时间管理的内涵

所谓时间管理，就是在充分认识时间的性质和价值的基础上，科学、合理、有效地利用时间资源，以产生最大效益。时间管理是对我们选择怎样使用时间的管理，是我们在使用时间时加以选择的行为。

任何人任何时候都在与时间打交道，时间虽然看不见、摸不着，但却是最实际、最实在的。因此，开发、利用时间有巨大的价值。每个人每天都有 24 小时，但是时间在每个人手里的价值却并不相同，效益大相径庭，这就是人们在时间管理上的差异了。

2. 时间管理的功能

一个好的时间管理者不仅能根据自己的时间来满足所有的合理需要，而且还能够只消耗最少的身体和心理的资源。他们认识到，仅仅完成工作任务是不够的，还需要做到经济地完成任务。因此，科学的时间管理具有两个功能：高效率地生活；不过多地消耗生理或心理能量，即经济、有效地完成任务，实现预定目标。

3. 时间管理的益处

具体而言，一个人如果善于管理时间，他将获得如下益处：

(1) 有效的时间管理能提高效用和效率，使人在工作、家庭生活及个人爱好方面获得更多的成果；能增加业余时间，因为更有效地工作，意味着你会有更多自己的时间，更好地全面发展自己；有利于拥有一种协调的生活状态。

(2) 有效的时间管理能增加工作的愉快感。假如能够熟练地操纵工作，而不是让工作操纵我们，我们都会对工作感到愉快，在工作中容易抓住重点，更好地应对各种干扰，避免办事拖拉，有利于举行有效率的会议，发展优秀的团队精神。

(3) 有效的时间管理能减轻压力，使人得到更多的休息机会，拥有更多的精力；可以为将来的短期和长期计划的实现赢得更大的可能性，个体也会变得更加自律。

(4) 有效的时间管理可以使工作方法更系统化、条理化，工作更有效、更有成果、更有创造力。显然，如果你能腾出时间坐下来思考和做一点儿白日梦的话，创造力就会得到更好的发挥。它还能使个体拥有更多的努力方向、拥有更多的动力去实现自己的目标，获得更多的成功，增强自尊和自信感，从而获得更大的动力——认为自己“能做”而不是“不能做”。

(5) 有效的时间管理还可以给他人带来好处，例如，可以推动他人优化时间管理，有利于他人有效地完成工作，进而推动整个社会效益的提高。

第二节　时间管理中常见的问题

在探讨如何管理时间之前，先来看看时间是如何被错误管理的。最常见的问题是迷惑、犹豫不决、精力分散、拖拉、逃避、中断和完美主义。

一、常见问题的表现

(1) 迷惑。迷惑指不清楚自己的目标在哪里，不知该去向何方，不知该干些什么。这样时间管理就没有什么意义。帕汀把这种情形比喻为飞机驾驶员在空中报告说他们“飞得不错，但迷失了方向”。

(2) 犹豫不决。犹豫不决让我们无法集中精力、无法放松、无法创造，它使我们的惶惑和紧张更加严重，从而拖延完成任务的时间。

(3) 精力分散。精力分散指企图做超出需要的甚至超出可能的过多的事情，会引发无效的问题解决，导致无法集中精力，对最简单的工作也缺乏动机。竭力面面俱到会使身体产生疲劳，同时也给人的精神带来更大的压力。人的精力有限，精力分散的结果是什么也干不好。

(4) 拖拉。拖拉把“今天”应做的事情留到“明天”，典型的语言是“等等再说”“需要商量商量”等。正如明代文嘉所言：“明日复明日，明日何其多。我生待明日，万事成蹉跎。”莫瑞和当娜·道格拉斯确认了三种类型的拖延：拖延不愉快的事情，拖延困难的事情，拖延难以做决定的事情。也有拖到最后一刻却发现潜能像火山一样喷发的学生，于是惊喜、得意，觉得自己仿佛是天

才。一旦感觉“上瘾”，就容易不知不觉地每次都逼自己“绝处逢生”。遗憾的是，到了最后，就只有以学业上的微薄收获和个人的健康为代价了。

（5）逃避。人们可以找到许多逃避学习或工作的办法，他们延长休息时间，在楼道中溜达，与人聊天，阅读并不需要读的书籍和报纸，做着一些琐碎的事情，泡网吧乃至做白日梦。

（6）中断。不在计划中的打断是令人烦恼的耗时的事情。那种随时有人干扰而使学习或工作不得不中断的情景人人都遇到过。太频繁的中断必然影响效率。

（7）完美主义。你可能经常听见人说：“我是个完美主义者。”大学里的新规则和高要求会让不少大学生变成完美主义者。因为总想把论文写到最好，总想在全新的挑战中得到老师的认可，总想在同学中脱颖而出，在时间还充裕的时候反而无从下笔，觉得这样开头太过平庸，那样结尾软弱无力，却忘了时间就这么在涩涩的笔尖下溜走了。

上述问题中最可怕的是拖拉。拖拉这一现象在大一学生中非常普遍。别让拖拉成了你的一种生活方式，因为拖拉是一口可怕的陷阱，如果不能奋力爬出来，只会越陷越深。拖拉的学生可能刚开始只是学习上拖拖拉拉，然后慢慢地干什么事都会拖，而且当一次次越陷越深的时候，你也会越来越感到压力大、郁闷和焦躁不安。

如果你已经成了一个拖拉成性的人，那么到了大学要想青春无悔，就该痛改前非了。不过，想彻底改变可不是一件容易的事，你需要求助于学校心理辅导中心的专业教师，或者参加关于时间管理的讲座或培训，并且准备坚持足够长的一段时间（可能是半年、一年，甚至更长），坚持，坚持，再坚持。

不过，别怕，不管你是有点拖拉，还是拖拉成性，在大学的第一年里，面对所有的新机遇和严酷挑战，你应该把自己想象成一个攀岩者：在陡峭的岩壁上，你的腰间系着一根细细的绳子，绳子的一端牢牢地固定在山崖顶上的一块巨大的岩石下面。你紧紧抓住绳子，像一只壁虎一样向上攀爬。你无需往下看，因为那样只会感到头晕眼花；你也无需仰视崖顶，因为那样会让你觉得太远而丧失信心。你只需要心无旁骛地盯住最近的目标，奋力抓住上方突出的石头，一步一步地往上爬。没错，就是这样，虽然皮肤擦伤了，脚被岩石刺得生疼，但最终，你登上去了。当你想到还有那么多任务没完成的时候，就好像攀岩时往上看，只会让你在艰巨的任务面前焦躁不安、畏惧退缩；而当你想“等明天再说吧，反正有的是时间”，就如同攀岩时停下来往下看，这对你实现目标没有任何帮助。你应该做的唯有专注于今天的目标，努力做好今天要做的事。

二、确立目标是关键

1. 要确立目标的原因

这里的确立目标是指确定自己人生的方向，确定自己经过努力争取所希望达到的未来状况，目标明确才可能全力以赴。

人生有无目标完全两样。一个人如果没有目标，就没有人生的方向，缺乏生活的动力，个人潜力就得不到充分发挥，当然就不可能实现其人生价值。对时间管理者来说，如果没有目标，就弄不清自己到底需要什么，不能确定哪些任务重要，完成这些任务的先后顺序，不能控制事情发展的进程，不能用结果来评价时间的利用，这样，白白地把生命消耗掉了，自己却一事无成。相反，只有明确目标，才能最大限度地节约时间，成就成功人生。

一般人不愿为自己设定目标的原因有：第一，恐惧，怕万一达不到，会有失败感；第二，无此意愿，“为何要设定目标，每天过得好好的就可以了”；第三，误将行动当成就，每天忙来忙去，好像很有成就感。其实行动不等于成就，有结果才算有成就。人生的道路上，存在着时间与价值的对应关系。有目标，一分一秒都是成功的记录；没有目标，一分一秒都是生命的耗费。所以，确立目标对进行时间管理极为重要。

2. 确立目标的原则

确立目标需遵循以下原则：第一，目标的现实性（符合社会现实需要，切合实际）；第二，目标的可实现性（具备达到目标的条件）；第三，目标的可衡量性（易于看到进展和结果）；第四，目标的限时性（采取行动的紧迫性）；第五，目标的具体性（如我想要升教授、当主任或得到硕士学位等）；第六，设定周详的时间表。

3. 确立目标的步骤

对一个人来说，目标是多层次的，有总体目标，也有为达到总体目标而设立的一个个子目标；目标又是分阶段的，有长远目标，也有为实现长远目标而设立的一个个阶段目标，如中期目标、近期目标。这样对目标进行分解，有利于最终的总体、长远目标的实现。而且，一个个近期目标的实现，会给人以最终必定达到总体大目标的信心和力量。让我们先参考一下耶鲁大学提出的目标确立步骤。

（1）先列出你期望达到的目标。

（2）列出好处：达到这些目标有什么好处。

（3）列出可能的障碍点：你要达到此目标的障碍，可能是知识不够、能力不够等，一一列举出来。

（4）列出所需资源和信息：思考需要哪些知识、训练等。

（5）列出可提供支持的对象：一般而言，很难靠自己一个人达到目标，应把可提供支持的对象一并列出。

（6）制订行动计划。

（7）制定达成目标的期限。

确立目标要注意以下问题：

①消除恐惧：不要担心失败，立定目标是必需的；

②认同“每个人一定要有目标”这个想法；

③完成耶鲁大学确立目标的七个步骤；

④坚持目标：若不坚持，任由挫折、打击所摆布而放弃，则永远达不到预定的目标；

⑤排定时间表；

⑥确定做、马上做。

4. 合理安排课余时间

大学校园的课余生活丰富多彩。除了日常的教学活动之外，还有各种各样的讲座、讨论会、学术报告、文娱活动、社团活动等。这些活动对于大学新生来说，的确是令人眼花缭乱。对于如何安排课余时间，大学新生常常心中没谱。如果完全按照兴趣，随意性太大，很难有效地利用高校的有利环境和资源。

要合理地安排课余时间，首先要对自己近期内的活动有一个理智的分析。看看自己近期内要达到哪些目标，长远目标是什么，自己最迫切需要的是什么，各种活动对自己发展的意义又有多大等。然后做出最好的时间安排，并且在执行计划中不断地修正和发展。

另外，最好能专门制订一份休闲计划，对一些较重大的节假日和休闲项目做出妥当的安排，这样能使你的休闲和学习有条不紊地交叉进行，使身心得到有效的放松和调适。而且，一旦制订出了既愉快又切实可行的休闲计划，那么在这一休闲时间尚未到来之前，你的心情会是愉快而充实的，能精神振奋地投入学习和工作之中。

留出足够的时间来进行体育锻炼，最好能根据身体状况和客观条件制订出一个体育锻炼计划，务必拥有一个健康强壮的身体。要知道，身体是从事一切活动的“本钱”，也是一个人心理健康的基础。大学新生要善于利用课余时间，开展一些有益的文娱活动，如唱歌、跳舞、下棋等；尽量培养自己有多种兴趣爱好，如集邮、剪贴、垂钓等，这样可以增添你的活动和情趣，使你的生活充实丰富、生机勃勃。若能够拥有一项或多项自己有兴趣而又擅长的爱好，那是再好不过的了。有些同学能写得一手漂亮的字，或制作出精妙的手工艺品，或打得一手好乒乓球，这无疑会给他们的人生增添无穷的乐趣，也有利于建立自信心，增强社会适应能力。

此外，还可以利用课余时间阅读一些自己喜欢的书籍报刊。以读书为乐事，既可以排遣烦忧、愉悦性情，又可以获取知识、增长智慧，对大学新生身心的健康发展非常有利。

第三节　有效管理时间的技巧

在认识到时间的宝贵、时间管理对人生成功的重要性之后，在明确了学习时间管理的任务之后，我们便要学习管理时间所需的能力，培养时间管理所需的正确心态，即与时间管理相适应的良好的心理品质，以及掌握时间管理的方法与技巧。

一、培养时间管理所需的能力

这种时间管理能力是在人的一般能力（智力、操作能力）基础上形成的特殊能力。具体表现在：①能高度集中注意力并能正确分配注意力；②能正确安排属于自己支配的时间；③能了解自己精力变化的大致趋势，了解自己的“生理节奏”，按照“优时优用”原则，以最佳时间完成最重要的任务，做到事半功倍；④能根据自己注意力分配的广度尽可能地把有关的任务安排在同一时间完成；⑤能根据大脑的功能定位把不同性质的活动做交错安排，防止大脑疲劳；⑥能根据情况变化及时调整计划以防止时间空耗；⑦能在各种可能的方法中选择最简便的方法完成任务；⑧能定期总结自己的用时情况并制定改进措施，对自己在时间管理上的每一个微小进步给予赞扬和鼓励；⑨养成整洁和有条理的习惯。

二、培养时间管理所需的积极心态

在以往的许多事例中，有的人在时间管理上失败，主要原因并不在于是不是熟悉时间管理的技巧，而恰恰在于他们缺乏良好的心理品质，不能言行一致地去付诸实施。

在时间管理方面，消极的思维会使人无休止地谈论自己的不足，认为良好的时间管理者的心理品质主要是先天气质的原因，而自己“恰好没有那种气质”，把自己不能很好地进行时间管理归因到遗传基因这种自己无法控制的事情上，进而认为自己无论怎么做都是徒劳的，要改进是根本不可能的。这当然不是在增强而是在削弱自己的力量。消极的思维就是这样，越是告诉自己不具备时间管理所必需的那些品质，就越是相信自己根本就不具备那种心态、那种品质，结果造成了“我没有这种气质—我不行—我什么也完成不了—所以我不行”的恶性循环，因而也永远无法成为良好的时间管理者。

相反，积极的思维给自己的是一种积极的信息，它告诉自己：虽然我目前还不完全具备良好的时间管理者的这些心理品质，但我肯定已具备其中一种或几种品质，完全可以利用并发展它们，因而完全有能力有效地、有把握地支配好时间，成为良好的时间管理者。积极的思维实际上是彻底挖掘个人潜力。

不可否认，有些明显地存在于良好的时间管理者身上的品质可能是受遗传的影响，但这种先天遗传绝不会起决定作用。时间管理者的良好品质的培养，很大程度上取决于他们自身的学习经历和所处的环境。所以，在学习时间管理问题上，如果失败了，过错绝不在遗传基因上，而肯定在行动上，在于行动被消极思维支配了。

1. 积极思维与心态的表现

（1）不仅要注意自己的失败之处，更要注意自己的成功之处。即使这种成功微不足道，也应该为自己庆贺，并且记录在案以鼓励自己。

（2）自己在时间管理上有过错、失误时，不要做消极的评述（如果已经做了，应立即停止），而要表述自己打算如何改进。例如，把“今天上午我浪费了那么多的时间”改为“今天下午我要节约时间”。

（3）不要为已浪费的时间、已失去的机会惋惜、后悔，要用一种坚定的决心来代替它，如决不能让它再次发生。

2. 抓住今天

成功的秘诀在于：抓住现在，不要沉湎于过去。拿破仑・希尔说：“所谓‘美好的古老时光’就是今天，因为这才是我们生活的日子，也是我们在历史上唯一生存的一段时间。这是属于我们的时代。”应当如何抓住今天呢？请在心里存下这样的信念：就在今天，我要开始工作；就在今天，我要拟订目标和计划；就在今天，我要考虑活在当下；就在今天，我要锻炼身体；就在今天，我要健全心理；就在今天，我要让心休息；就在今天，我要克服恐惧忧虑；就在今天，我要让人欣赏；就在今天，我要走向成功卓越。

三、掌握时间管理的方法

1. 制定合理的时间计划表

写出你的渴望、目标及梦想，每天至少大声念出两次，有助于将这些目标融入你的潜意识中。确立了目标后，依此制定计划。有人认为制定计划是“多此一举”，是“浪费时间”，其实“磨刀不误砍柴工”，合理的计划不但不会浪费时间，反而有助于节省大量的时间。

切记制定的计划应具体、细致，太粗糙的计划等于没计划；计划要有完成某项任务的最后期限；制定计划要留有余地，留出机动时间以应变突发事件；公开自己制定的计划以展示自己的决心，不留后路，也可以争取更多的帮助；对制定的计划要进行适时的检查和评估，以保证计划按时按质完成，保证各阶段目标、整体目标的最终实现。

制定一份可行的待办计划表并身体力行。每晚在熄灯前制定好第二天的工作计划表，计划表应简单明了，并且要定期检查，最好是早上起床后第一件事就是查看计划表，这样就不会“忘记”要做的事了。要注意的是，应当在计划项目旁注上日期与时间。同时不要忘记制定长期计划表。

2. 先做最重要的事

要把自己有限的时间集中在处理最重要的事情上，切忌每样工作都抓，切忌平均分配时间。请你每天花 20 分钟将一天中要做的事情分轻重缓急记录下来，就可以节省至少一个小时的用于记住这些事情的时间。

标出急需处理事项的方法如下：

（1）限制数量。

（2）制出两张表格，一张是短期计划表，另一张则是长期优先顺序表，你可以在最重要的事项旁边加上※号。

（3）一般来说，每天刚开始工作的时段是精力最充沛的时候。每晚临睡前都在纸上写下明天要做的 3 件最重要的事，并标明这些事情的重要性次序。第二天一开始工作就将它拿出来，不看其他的，只看第一项。着手做第一项，直至完成为止。然后用同样的方法对待第二项、第三项。即使只做完第一件事也不要紧，因为你总是做着最重要的事情。每一天都要这样做。

人们有不按重要性顺序办事的倾向。多数人宁可做令人愉快的或是方便的事。但是没有其他办法比按重要性办事更能有效地利用时间了。试用这个方法一个月，你会见到令人惊讶的效果。

3. 勿轻言放弃

最浪费时间的一件事就是太早放弃。人们经常在做了90%的工作后，放弃了最后可以让他们成功的10%。这不但输掉了开始的投资，更丧失了经由最后的努力而发现宝藏的喜悦。如果爱迪生在发明电的过程中，过早地因一次次的失败而放弃了，那我们不知还要等多久才能享受到电带给人间的光明和快乐。如果科学家不具有如此坚韧不拔的毅力，坚持数百次的试验，那无数高科技产品也不会及早问世了。

4. 巧用生物钟

如果你能找出自己一天之中何时效率最高，用这段时间去处理最重要、最繁难的工作，将会大大节约时间，提高时效。专家发现，对一般人而言，上午的后段和晚上的中段是人的精神状态最佳的时刻。中午之后，人开始有睡意；凌晨两三点，人的工作效率到达了“谷底”。专家建议，要利用一天中的高效时段去处理棘手的工作和从事创造性的思考，而在低效时段则读报纸或整理信件等。巧用生物钟，就可以用较少的时间做更多的事情。一个人如果能在了解了自己每天的最佳工作、学习效率时间段后，将每天最重要的任务放在自己效率最高的时段来完成，就会事半功倍。我们常常可以看到按三种不同思维效率曲线用脑的人。

（1）百灵鸟型。这种类型的人在清晨和上午精神焕发，朝气蓬勃，记忆和创造的效率高，而晚上到了一定的时候，大脑的工作效率就降低了。如果你早上起来后精力最充沛、做事效率最高，那你可能是百灵鸟型的人，就可以考虑将最困难和最重要的工作放在早上来完成。

（2）猫头鹰型。这种人就像昼伏夜出的猫头鹰一样，白天无精打采，一到晚上就神采奕奕，高度兴奋，思维活跃，工作效率极高。如果你晚上特别兴奋、办事效率高，那你很可能是猫头鹰型的，不妨考虑好好利用一下晚上的时间处理一些可以带回家的棘手问题或进行一天的重大构思。

（3）混合型。除了前两种类型的人外，还有一种人，随时都可以工作、创造，全天的用脑效率都差不多，没有白天、黑夜之别，可称之为“混合型”。他们在一天之中的效率高低划分得不是非常明确，只是中午常常要短暂地休息一会儿。

了解自己，清楚你的每日效率最佳点在何时，将最重要的任务放在你效率最高的时段来完成，将是节约时间、提高效率的良好方法。

5. 找出隐藏的时间

爱因斯坦有句名言：“人的差异在于业余时间。”话虽简单，但却告诉我们，业余时间是你可以自由支配的时间，如果你能充分利用，就能学到很多，做出很多。找出一些平时不太注意的空闲时间，来做一些有益的工作。生活中往往会有一些零散时间，如能充分地加以利用，可以最大限度地提高工作效率。

（1）过渡时间。如早上可边洗脸边听广播，或到处放一些报纸杂志，可随手拿来翻阅。

（2）旅途时间。你可以收听广播或背外语单词，也可以打腹稿，反省昨天或计划明天。你也可在旅途中看书。

（3）等待的时间。办事、约见、排队时等待的间隙可以利用，如听广播、看报纸、读书、算账、作计划、整理一下皮包或备忘录，思考一些问题，观察一下周围有什么有趣的事没有，或做几次深呼吸、伸展一下身体等简单的放松练习。

（4）睡眠时间。一般成人6～8个小时就够了。你不妨试着每晚少睡半小时，再坚持一段时间来适应这种新情况。如能适应，精力不减，那么在一年之内，你就等于节省出了一个多星期。另外，午休最好不要超过45分钟，可以让人精神倍增。早上醒来之后不要赖在床上不起，否则会失去许多宝贵的时间。这样每天可省出20～50分钟。

需要特别注意的是，充分利用时间并不意味着马不停蹄，适时的休息可以使你的学习和工作更有成效。在长时间的学习或工作的中间打一会儿瞌睡能使人恢复精力，活动一下能使人头脑清醒、

身体放松，甚至深呼吸都能起到休息的作用。如果保持高压力的时间过长，你可以考虑放自己几天假。学会休息，将有利于你提高工作效率。

四、学会时间管理的具体技巧

技巧一：改变你的想法。美国心理学之父威廉·詹姆士对时间行为学的研究发现这样两种对待时间的态度："这件工作必须完成，但它实在讨厌，所以我能拖便尽量拖"；"这不是件令人愉快的工作，但它必须完成，所以我得马上动手，好让自己能早些摆脱它"。当你有了动机，迅速踏出第一步是很重要的。不要想立刻推翻自己的整个习惯，只需强迫自己现在就去做你所拖延的某件事。

技巧二：学会列清单。把自己要做的每一件事情都写下来，然后分门别类计划好。这样做首先能让你随时都明确自己手头上的任务，并能使较复杂的事情变得容易处理。不要轻信自己可以用脑子把每件事情都记住。而当你看到自己长长的清单时，也会产生紧迫感。

技巧三：遵循 20/80 定律。生活中肯定会有一些突发困扰和迫不及待要解决的问题，如果你发现自己天天都在处理这些事情，那表示你的时间管理并不理想。成功者花最多时间在最重要但不是最紧急的事情上，而一般人都是在做紧急但不重要的事。

技巧四：安排"不被干扰"时间。每天要有半小时到一小时的"不被干扰"时间。假如你能有一个小时完全不受任何人干扰，关在自己的空间里面思考或者工作，这一个小时可能抵过一天的工作效率。

技巧五：严格规定完成期限。巴金森在其所著的《巴金森法则》中写下了这段话："你有多少时间完成工作，工作就会自动变成需要那么多时间。"如果你有一整天的时间可以做某项工作，你就会花一天的时间去做它。而如果你只有一小时的时间可以做这项工作，你就会更迅速有效地在一小时内做完它。

技巧六：记录时间日志。你花了多少时间在做哪些事情，把它详细地记录下来：早上出门（包括洗漱、换衣、早餐等）花了多少时间；搭车花了多少时间；出去拜访客户花了多少时间……把每天花的时间一一记录下来，你会清晰地发现浪费了哪些时间。这和记账是一个道理。当你找到浪费时间的根源，才有办法改善。

技巧七：巧用时间的"边角料"。饭前饭后、等候公共汽车等，都可挤出七八分钟的时间，来阅读、回忆或思考一些问题。看起来微不足道，但汇合起来就大有可为。

思考题

1. 简述进行时间管理的益处。
2. 简述有效管理时间的具体技巧。

第二十九章　大学学习特点和大学生学习心理

学习是大学生的主要任务，对于大学新生来说，解决如何适应大学生活、如何进行大学学习等问题，不仅能使大学生在大学学习中获益匪浅，有效圆满地完成大学学业，更能使大学生在毕业后的自我学习和工作实践中终身受益，为人生的发展创造有利条件。

第一节　大学学习与中学学习的差异

今天大学的学习，实质上是一种专业学习，是专业化程度较高、职业方向性较强的学习职业活动。其实质应该寻求的是，在一个新的关系上的普通学习、基础学习与学会如何学习、如何创新，使得通过大学学习，大学生不但具备现代人才所需要的基本素养和水平，而且具有为适应工作、生活，适应社会发展所需要的继续学习能力，具有不断追求新知识、能独立思考、勇于创新的科学精神，以能更好地适应与服务于社会。大学生的学习也将不再单是掌握专业知识和具有更广泛适应能力的学习，还应有科学思维方法训练、实际运用知识能力及创造性的培养。正如现代教育观所提出的，大学生通过学习所成为的专门人才，应该是具有知识、能力、素质并进的人才。其中的知识应该是基础知识、前沿知识与交叉知识；能力应该是自主扩展知识的能力、表达能力、动手能力、创新能力与组织能力；素质应该是思想素质、文化素质和身心素质。

大学学习与中学学习相比，存在着许多不同之处，其中最主要的区别是学习内容、学习方法上发生了较大变化。

一、内容更丰富

中学阶段，我们一般只学习十门左右的课程，而且有两年时间都把精力花到高考科目上了，老师主要讲授一般性的基础知识。而大学四年需要学习的课程在 40 门以上，每个学期学习的课程都不相同，内容多，学习任务远比中学重得多。大学一、二年级主要学习公共课程和基础课程，大学三年级主要学习专业基础课和部分专业课以及选修课，大学四年级重点学习专业课和进行毕业设计、完成毕业论文。

二、自习大量增加

中学里，经常有老师占用自习课，让同学们非常苦恼，大学里这种情况几乎不存在了。因为大学里课堂讲授相对减少，自学时间大量增加。同时，大学为学生学习提供了非常好的环境，大学有藏书丰富的图书馆，有设备先进的实验室，有丰富多彩的课外科研活动。

三、老师管得少了

在学习方法上，中学时期，只要跟着老师走就可以了，一切听从老师指挥，老师教学生是“手拉手”领着教，而大学老师则是“老师在前，学生在后跟着走”，提倡学生自主学习，课外时间要自己安排，逐渐地从“要我学”向“我要学”转变，不采用题海战术和死记硬背的方法，提倡生动

活泼地学习，提倡勤于思考。

四、讲课速度快了

大学教师讲课，一是介绍思路多，详细讲解少。主要讲授重点、难点内容，而且许多教师都使用投影机、多媒体授课，实现了授课手段多样化。授课进度比较快，一节课可能要讲授一章或几章的内容，听课的同学连翻书的时间都没有。二是抽象理论多，直观内容少。三是课堂讨论多，课外答疑少。四是参考书目多，课外习题少。

五、没有固定教室了

中学时期，我们有固定的教室、固定的座位，听课的是固定的同学，但是在大学里，每个班没有固定的属于自己独享的教室，有时第一、二节课可能在这一栋楼的某个教室学习，但第三、四节课又会到另一栋楼去听课，与自己一起上课的可能还会有不同专业的同学，上自习也要自己找教室。

学习方法对学习结果的影响也是不言而喻的，而大学的学习方法又与中学的差别很大，许多学生一时难以适应。在高校心理咨询中心，一些大学生心情沮丧、神态忧郁，主要讲述的内容多与学习上的挫折有关。

例如，有些同学觉得自己上课听不懂，作业不会做，学习成绩总上不去，尤其是高等数学和英语最感头疼。过去在读高中时，自己能控制、掌握自己，通过努力，学习成绩总能赶上去，可是自从上了大学，这一套却不管用了。

究其原因，不难发现，承袭过去在高中阶段的学习方法，即使勤奋用功可能也难以获得能力的全面提高，这在大学新生里是相当普遍的现象。尤其对那些高中阶段的学习尖子来说，这种挫折可能会造成自信心的丧失，要使他们从这种打击中恢复过来并非一两天的事。及时转变学习方法，适应大学教法和学习方法可能是新生适应新环境必然面对的问题。因此，怎样进行大学的学习，这是每个新生都想知道的。

进入大学后，以教师为主导的教学模式变成了以学生为主导的自学模式。教师在课堂讲授知识后，学生不仅要消化理解课堂上学习的内容，而且还要大量阅读相关方面的书籍和文献资料。可以说，自学能力成为影响学业成绩的最重要因素。

这种自学能力包括：能独立确定学习目标，能对教师所讲内容提出疑问，查询有关文献，确定自修内容，将自修的内容表达出来与人探讨，写学习心得或学术论文等。

另外，大学的环境有别于中学。在中学里，有任课老师、班主任管着；在家里，有爸妈操心，从学习到生活，一概不用考虑，一心读书就行。在大学里，远离父母，除了要学会自己照顾自己，管理自己，管好生活以外，更要善于管好学习。大学老师主要传授学习方法，引导学生进行分析、归纳、推导，知识的获取主要靠自己去做，学会培养自己获取知识和信息的能力，即所谓“学会学习”。有人说“大学是研究和传授科学的殿堂，是教育新人成长的地方”，在这里，学习的概念不仅仅指课堂里的内容、教科书里的内容，还包括其他方面，如泡图书馆、做实验、参加丰富多彩的课外活动及各类竞赛，参与各种集体和社团活动，聆听各类讲座、讲坛，搞社会调查等，还可以和同学、师长广泛交往，互相切磋，相互交流。学习的内容变得这么宽广，学习方式是如此有趣，同学们尽可在知识的海洋里畅快遨游。

从旧的学习方法向新的学习方法过渡，这是每个大学新生都必须经历的过程。尽早做好思想准备，就能较好地、顺利地度过这一阶段，少走弯路，减少心理压力，促进学业成绩的提高。

第二节　影响学习活动效能的因素

大学学习是人生学习过程中的一个重要阶段。学会学习，培养良好的学习能力是大学生特殊的学习任务。要想有效地学习，必须了解大学学习活动的特点，以及哪些因素影响学习效能。

一、大学学习的特点

大学阶段的学习与中学阶段的学习相比，在学习内容、学习方法等方面发生了较大变化，具有鲜明的特点。

1. 学习内容的专业性

大学教育的目的是培养专门人才，在校大学生是按国家需要培养的高级专门人才，从一入学就有一个专业定向问题。大学生对自己的专业的兴趣会直接影响学习热情，并进而影响整个学习面貌。因此，专业性是大学学习的一个显著特点，教学课程是围绕着专业的方向和需要开设的，教学的目的是使学生掌握专业知识和专业技能。随着科技、经济和社会的发展，社会对人才素质的要求越来越高，人才之间的竞争越来越激烈，大学生要想适应社会的需要，要想在竞争中立于不败之地，光有专业知识是不够的，还必须培养多方面的知识和能力，在学习中，除了完成专业的学习外，还可根据自己的兴趣爱好和社会需求选择学习辅助专业。

2. 学习方法的自主性

学习方法的自主性主要表现在自觉性和能动性两个方面。大学虽然也有老师讲课，但是老师授课之后的理解、消化、巩固等各个环节主要靠学生独立地去完成，这就需要较强的学习自觉性，而不能像中学生那样由老师布置、检查和督促。另外，大学生对学习内容有较大的选择性。除必修课外，学校里还开设了选修课。大学生可以根据自己的需要、兴趣进行选择性的听课、学习。此外，大学生自由支配的时间较多，这就需要学生充分发挥主观能动性，统筹规划、合理安排自己的学习内容，选择适宜的学习方式，以便在有限的时间内获得较高的学习效益。否则就会不得要领忙乱不堪，或是浪费时间收效甚微。

3. 学习途径的多样性

进入大学后，大学生普遍感到知识浩如烟海，各类活动繁多，为每个人的发展提供了广阔的天地。用什么样的学习方式才可以处理好课本知识与课外知识、专业学习与能力培养等诸方面的关系是许多大学生深感矛盾、困惑的问题。课堂教学仍是大学生获取知识的主要途径，但不是唯一途径，随着社会的发展和教学条件的改善，大学生的学习途径非常广泛。大学生在学习过程中既可以通过不同的途径和渠道吸收课本知识，也可以按照自己的学习兴趣去探求、获得更多的知识，例如通过自学，听取各种学术报告、知识讲座，查阅图书资料，进行社会实践，以及浏览互联网等途径获取知识。

4. 学习目的的创新性和探索性

21 世纪，以高技术为核心的知识经济将占主导地位，国家的综合国力和国际竞争力越来越取决于人才的知识创新能力和科学技术的应用程度。“创新是一个民族进步的灵魂”，在校大学生作为未来社会建设发展的主力军，培育自己的创新意识，提高自己的科技创新能力，是成长、成才和社会发展的需要。大学教育的根本任务之一就是要重视培养学生具备会思考、探索问题的本领。创新就是要求大学生在学习过程中对书本结论之外新观点的寻求和钻研。这就要求大学生不但要掌握所学的知识，而且要掌握知识的形成过程、了解学科发展状况、存在的问题以及解决这些问题的可能

性，掌握科学的研究方法和培养独立思考、探索创新的精神，而死记硬背、墨守成规、缺乏灵活性与创造性的大学生将会较多地感到压抑和不适应，也将会被社会所淘汰。

大学生学习的以上特点，决定了大学生学习必须由教师指导下的学习向自主学习转变；由接受型学习为主向接受型、创造型相结合的学习转变；由运用模仿性思维为主向运用创造性思维为主的学习转变。只有在大学期间尽快实现这三个转变，才算真正掌握了大学学习的特点和规律，为以后的成功奠定较好的基础。也正是由于这些特点，大学阶段的学习才区别于中学阶段的学习，显得丰富多彩。

二、影响学习活动效能的因素

大学生的学习活动主要由动机、感知、理解、巩固、应用五大要素构成。这些要素互相联系、协同作用。

（1）学习动机。动机指能引起、维持一个人的活动，并将该活动导向某一目标，以满足个体某种需要的念头、愿望、理想等。学习动机是直接推动大学生进行学习的内在动力。大学生要提高学习成效，单靠增加学习时间有时难以奏效，只有激发个体的学习动机，才能维持持久的积极性和主动性，并使学习活动有充足的后劲。心理学将学习动机分为外在动机和内在动机。外在动机是在外部条件，如分数、竞赛、奖励、师长的期望和要求等刺激下产生的动机。这种动机“内驱力”不大，也难以持久。内在动机是由内部条件，如需要、求知欲、兴趣、爱好、责任心等转化而来的，它的“内驱力”较大，也比较巩固和持久。这两种动机在一定条件下可以互相转化。只有把外在动机转化为内在动机，才能保持高涨的学习热情。

（2）对学习材料的感知。个体在学习活动中获得信息靠的是感知。感知是一切认知活动的开始。学习者与所要认识的事物直接接触，调动各种感官去观察事物，听取讲解，阅读材料和进行操作，从而获得信息，掌握感性知识，这就是对学习材料的感知。

（3）对学习内容的理解。理解是运用学生头脑中已有的知识、经验去认识事物间的联系和关系，直到掌握事物的本质特点和规律的思维过程。

（4）对所获得信息的巩固。学习过程中的巩固是在感知和理解基础上的信息储存，即通常所说的记忆过程。根据信息论的观点，人在储存中具有选择功能，有用的信息能牢固地储存在大脑中，而无用的信息则会被遗忘掉。

（5）对所学知识的应用。应用就是用已掌握的知识来解决问题，并由此形成相应的技能和能力。知识的应用既是检验学习效果的有效手段，又是学习过程中的重要阶段，它是以对知识的理解和巩固为前提的，同时又使对知识的巩固和理解得到检验和发展。

三、尽快适应大学学习

1. 调整心态，明确任务

很多学生考取大学后，没把学习作为主要任务，在学习上没有投入足够精力，而是将大部分时间与精力用在休息、娱乐和发展个人兴趣爱好上，其结果是不少学生学习成绩一团糟，一些原来高分进校的学生严重退步为班级倒数几名，部分学生考试成绩不及格，不得不留级、退学，将多年的努力付诸东流。据这些年的高校教学统计结果显示，一年级考试不及格的现象较严重。与高中相比，大学的学习任务并没有减轻。因此，希望大学新生抛弃“该好好休息一下”的错误想法，及时调整心态，尽快转变角色，充分认识到学习在大学生活中的重要地位，进一步确立学习是大学生的首要任务的观念，将主要精力投入大学学习中去。

2. 更新目标，合理定位

许多学生考入大学后就进入了目标盲区，有了一种失落感、松懈感，再也难以保持中学时期那样的求知热情了。如何尽快渡过盲区，重新确立新的学习目标，直接关系到学生能否顺利度过大学

生活，圆满完成学习任务。有的学生进了大学后，定位不合理，想法很多，结果是顾此失彼。因而，新生进校后，应根据自己的目标和具体情况，合理进行定位，确定好远期目标和近期目标、主攻目标和附带目标，不能不切实际地“眉毛胡子一把抓”。

3. 尽快掌握科学的学习方法

（1）要认真学习教学计划指导书上有关本专业公共课程、专业课程、专业基础课、选修课的设置情况，了解本专业培养目标、培养计划和获得毕业证书的必要条件，做到有的放矢。

（2）要充分利用教学环节。首先，要做到主动预习，通过预习，发现课程重点和难点，了解课程的前后关系及内在联系，做到心中有数，掌握听课的主动权，从而做到事半功倍；其次，要认真听课，努力提高听课质量，紧跟老师的思路，适时做好笔记；再次，要重视作业，大学的作业相对高中而言，量少而精，着眼于加深对原理的理解和思考方法的培养，因此必须认真对待；最后，要做到自觉复习，及时消化课堂中繁重的教学内容，使所学知识成为自己知识链条中的一个有机组成部分，最终达到开阔思路、扩展知识领域、为进一步学习创造条件的目的。

（3）科学安排学习时间。新的学习方式为学生安排时间提供了较大的自由度。为了避免出现时间空白带，新生可以制定一张时间表，认真落实时间表安排的内容，合理地确定时间表中各个时间段的学习内容，努力提高单位时间内的学习效率。

第三节　心理健康与学习的关系

学习是指在教育情境中和在教师指导下，主要凭借掌握间接经验而产生的比较持久的能力或倾向的变化过程。大学生的学习则是指在教师有目的、有计划的指导下，个体积极主动地掌握知识、技能和形成高尚品德的过程。心理健康是指根据心理活动的规律，采取适宜的措施，消除心理障碍，促进学生身心健康发展。心理健康与学习是相互联系、相互影响、相辅相成的关系。

一、心理健康状况对学习的影响

长期以来，大学生在学习过程中的心理健康问题没有得到应有的重视。人们通常把那些突然对学习产生厌倦、学习成绩下降、考试不及格、受到黄牌警告、留级乃至不能坚持学习而辍学的学生视为学习不刻苦、对自己要求不严、智能不足或缺乏理想者。不能否认这些因素确实影响了某些大学生的学习。但是严峻的事实告诉我们，大学生的心理健康状况也是影响大学生学习的重要原因。因此，了解大学学习活动的特点和规律，积极主动地学习，有助于促进心理的健康发展。同时，大学生应自觉地关注自身的心理健康状况，提高心理健康水平以促进学习，从而建立学习与心理健康的良性循环。

一般而言，心理健康的大学生，学习成绩优于心理不健康者。对于具备一定智力基础的大学生来说，非智力因素比智力因素对学习更具影响力。非智力因素不直接参与认知活动，即不具有加工、处理信息的功能，它是个体内部的动力系统，影响人们认知和行为的方式及积极性。这个系统包括需要、动机、情感、兴趣、意志、性格、价值观等因素，它实现着对人的认知活动和行为的驱动、定向、引导、持续、调节和强化等功能。

学习活动是智力和非智力因素共同参与的过程。在学习过程中，非智力因素能够转化为学习动机，成为推动人们进行学习的内在动力。学生选择什么学科作为自己的主攻方面、探索哪一方面的课题，都和学生的需要、兴趣、情绪、态度、意志、个性特点等心理因素直接有关系。但是学习活动毕竟是艰苦的脑力劳动，长时间的学习也会产生疲倦、松懈、枯燥乏味等情绪，如果不消除这些不良的情绪，就不可能推动智力活动的继续深入。这时就需要有顽强的意志、强烈的求知欲、热情

和勤奋进取的性格介入。总之，良好的心理健康状况，即正常的智力、健康的情绪、坚强的意志、良好的个性、正确的自我意识、和谐的人际关系、较强的适应能力等，对大学生的学习有很大的促进作用；反之，如果心理健康状况不佳，甚至有心理疾患，则会不同程度地妨碍大学生的学习，抑制大学生潜能的开发，甚至使某些大学生中断学业。

二、学习活动对心理健康的影响

就学习活动本身而言，它是人与环境保持平衡、维持生存和发展所必需的条件，也是人适应环境的手段。学习能促进人的全面发展，使其适应社会的需要。因此，学习对心理健康是有益的。然而，对学什么、学多少、怎样学等与学习有关的问题如何把握、如何选择和规划，都会对心理健康产生不同性质、不同程度的影响。这些影响大体上可分为两类：积极的影响和消极的影响。

1. 学习对心理健康的积极影响

通过学习活动可以发展智力、开发潜能。每个人都有与生俱来的潜能，但是这些潜能只有通过学习才能得以表现并进一步得到开发。而且，一个人的智力也是在学习过程中不断发展的。心理卫生学认为，一定的智力水平是心理健康的基础，而潜能的开发状况则与心理健康状况直接相关。

此外，学习也能带来心理上的满足，使人体验愉快的情绪。心理健康专家认为，献身于某些引人入胜的工作，是实现心理健康的基本条件。如奥尔波特倡导实现“成熟个性”就应“专注工作”，“全身心地投入某种工作”；马斯洛提出“自我实现者”要求“以自身以外的问题为中心”，“与一般水平的心理健康者相比，他们的工作更刻苦”；弗兰克尔提出的“自我超越者”是“献身于事业的”。乐于工作的人常常能从工作中找到乐趣，每当完成一项任务，取得一项成绩，就会感受到自己的价值和尊严，就会有一种自我效能感，有一份喜悦和满足。而在遇到不如意的事情时，若能埋头于工作，就可以实现“注意转移”，使自己忘掉烦恼，从工作成绩中得到安慰。大学生的“工作”就是学习，要努力学习、善于学习，如此方有助于自身的发展与心理健康。

2. 不良学习对心理健康的消极影响

学习是一项艰苦的脑力劳动，在学习活动中，需要消耗大量的生理、心理能量。如果学习方式不当，就会事倍功半，影响学习积极性；如果学习环境嘈杂、肮脏，则会使人心烦意乱，降低学习效率；如果学习内容过多、负荷过重，就会由于压力过大而引起身心不适；如果搞“疲劳战术”，不注意劳逸结合，则会损害身心健康；等等。这些伴随学习活动而带来的种种不利因素都会直接或间接地影响大学生的心理健康。

第四节　克服学习障碍的策略

在大学校园里，大多数学生能经受住紧张的学习对大学生各方面素质的综合考验，顺利地完成学业。但是也必须看到，确有相当数量的大学生存在时间或长或短、程度或轻或重的学习困难。导致学习困难的原因虽然多种多样，但是分析的结果表明，心理障碍是主要的原因。常见的心理障碍有缺乏学习动力、学习动机过强、严重的学习焦虑、学习疲劳等。

一、缺乏学习动力及其调适

一年级的大学生刚刚经过紧张的高考冲刺，来到大学校园这样一个全新的环境。那种万人争过“独木桥”后面对一片广阔大草原的放松，那种进入大学后飘飘然的美好感觉，使不少大学生开始产生“船到码头车到站”、喘口气歇一歇的想法，想不起要去设定新的人生坐标，对自己今后的发展一片茫然。

缺乏学习动力的主要表现如下：

（1）逃避学习。不愿上课，上课无精打采，不能积极思考；课后不学为妙，常把主要精力放在打扑克、下象棋等与学习无关的活动上；无成就感，无抱负和期望，无求知上进的追求。

（2）焦虑过低。缺乏自尊心、自信心，学习不好不觉得羞愧，考试成绩不及格也不在乎。这些学生缺少必要的压力、必要的唤起水平和认知反应，因而懒于学习。

（3）注意力分散。学习动力缺乏会使注意力涣散、兴趣转移，易受各种内外因素的干扰，因而上课时听课不专心，不能集中精神思考问题，课后不肯花工夫复习巩固所学的知识；完成作业不认真，满足于一知半解，对学习基本采取的是“应付”的策略。对学习以外的事反而兴致勃勃，如看录像、看电影、经商等，不惜花时间，常常主次颠倒。

（4）有厌倦、冷漠的情绪。学习动力缺乏常会导致厌倦、冷漠情绪产生，说到或想到学习就头痛，硬着头皮上课，无心写作业。有的学生为了一纸文凭不得不天天应付，有的学生索性中途辍学。

（5）缺乏适宜的学习方法。学习动力缺乏的学生由于对学习总体上是一种消极的态度，所以也不可能努力地摸索一套适合自己的学习方法，因而难以适应紧张、繁忙的学习情境。

总之，当一个学生缺乏动力时，相比广大学生紧张而有节奏的学习生活，他如同一个局外人，与学习群体不相融，如不及时矫治就不可能坚持学习，不可能完成学习任务。

造成大学生学习动力缺乏的原因是多方面的，但是大体上可以归为两类：内部原因和外部原因。内部原因指来自学生自身的原因。外部原因主要是指来自社会、学校和家庭等方面的原因。如有的家庭急功近利，更多地考虑什么专业挣钱多、好找工作就让子女学什么专业，而不考虑他们对这些专业是否有兴趣、是否适合等。这些因素都对学生造成不良影响，甚至成为学生中途退学的隐性原因。

以下对内部原因进行分析：

（1）学习动机不明确。凡动力缺乏的学生被问到为什么学习、为什么读书、为什么上大学等问题时，他们大都会给出一些共同的答案——以前念书就是为了考大学，考大学是为父母、为了将来找一个好工作、为了远离穷乡僻壤，等等。这些学生由于没有确立起学习目标、人生理想，没有把自己的学习和社会的发展联系在一起，更没有振兴国家和民族的责任感，所以缺少或者根本没有什么奋发向上、努力学习的原动力，对待学习基本上采取一种随波逐流的态度。

（2）对所学专业缺少兴趣。这是造成学习动力缺乏的重要原因之一。一种情况是在填报高考志愿时，学生对专业缺乏了解，往往到校开始学习后才发现对本专业并不喜欢；另一种情况则是家长从当前社会就业“热点”出发为子女填报了所谓好找工作又挣钱多，或相比之下较轻松的专业，事实上学生本人对家长选定的专业并无兴趣；还有些学生则是受考试成绩的限制，只能服从分配，不具备选择专业的条件。心理学家认为兴趣是寻求认知、探究某种事物的心理倾向，是一个人对某事物所抱的积极态度。如果对所学专业没兴趣，自然就不会有学好它的积极态度。

（3）错误归因。不同归因的大学生对成败的理解不同，从而影响到他们的学习动机、兴趣和态度。如当考试未通过时，内部归因的大学生会认为是自己努力不够，今后还需要付出更大的努力。因此，每一次学习活动，不论成功与否，都能增强学生的学习动力。外部归因的学生则不同，他会认为失败是由于运气不好、考题太难或老师教学无方等，从而把失败的原因归结于外界。

克服学生学习动力缺乏的对策可以参照下列方法：

（1）明确学习的意义。把自己的学习与社会的需要密切联系起来，看到自己学习的价值，才会有责任心和使命感，学习动机才会更为强烈。因此，大学生可以通过多参加一些社会实践，了解国情民情，了解自己所学专业对社会的作用和贡献，并将所学专业知识服务于社会，发现问题，解决问题，由此激发强烈的以学习的社会意义和人生意义为动力的学习动机。

（2）培养学习兴趣。兴趣是指在积极探究某种事物或从事某种活动的过程中，伴随着一定的情

感体验的心理倾向。兴趣是引起和维持注意的一个重要内部因素。大学生要想在学习中发挥积极性和创造性，就要对自己所学的知识培养浓厚的兴趣，这样才会心向神往，保持积极的学习态度。学习兴趣是可以在学习过程中逐步培养的。对自己所学专业的兴趣的培养可从两个方面入手：一是明确这一学科、这一专业的社会意义，了解这一学科对自己的专业学习、素质提高所具备的作用，从而培养间接兴趣；二是带着问题去学，通过独立思考解决问题，将间接兴趣转化为直接兴趣。兴趣和爱好是最好的老师。

（3）端正学习态度。学习态度是指学生对学习的较为持久的肯定或否定的内在反应倾向，通常可以从学生对待学习的注意状况、情绪倾向与意志状态等方面来加以判定和说明，如喜欢还是厌倦、积极还是消极等。学习态度受学习动机的制约，是影响学习效果的一个重要因素。端正学习态度根本的是要有正确的学习目标。

（4）改善学习的外部条件。针对学生学习动力缺乏的外部原因，应通过多方面的努力改善外部环境和条件。如创造良好的学习氛围和环境，宣传、呼吁有关部门切实注意提高知识分子的社会地位和经济待遇，落实知识分子政策，提高教学质量，注意更新知识，严肃学校纪律和奖惩条例等。

（5）确立适当的学习目标。告别中学进入大学后，每一个大学生都面临着学习目标的重新定位。目标不明、目标过高、目标过低、目标过多都容易导致大学生出现学习目标的暂时性迷失。大学生可以根据自己所处的环境、条件、能力、兴趣等设计学习进攻的方向，使短期、中期、长期的学习目标相结合，并据此制订具体的学习计划。

二、学习疲劳及其应对策略

学习疲劳是因长时间持续进行学习，在生理、心理方面产生劳累，致使学习效率下降，甚至头晕目眩不能继续学习的状态。学习疲劳是一种保护性抑制，经过适当的休息即可得到克服，这是合乎生理、心理规律的。但是如果长期处于疲劳状态，使大脑有关部位持续保持兴奋，就会导致大脑兴奋和抑制过程的失调，严重的还会引起神经衰弱。当出现学习疲劳时，应引起重视，及时地采取相应的措施，一般都可以得到矫治。

学习疲劳可分为生理的和心理的两种。生理疲劳主要是肌肉受力过久或持续重复伸缩造成肌肉痉挛、麻木、眼球发疼发胀、腰酸背痛、动作不准确、打瞌睡等。常见的是心理疲劳，这是由于长时间从事心智活动，大脑得不到休息所引起的。疲劳的症状是感觉器官活动机能降低，注意力涣散，思维迟钝，情绪躁动、忧郁、厌烦、易怒，学习效率下降。

造成学习疲劳的主要原因是：学习时过分紧张，注意力高度集中；持久地积极思维和记忆；学习的内容单调乏味；缺乏学习的兴趣；在异常的气温、湿度、噪声和光线不足等环境下学习；睡眠不足等。要克服学习疲劳就应该科学用脑，劳逸结合。

（1）科学用脑。大脑两半球具有不同功能，左半球与逻辑思维有关，主管智力活动中的计算、语言逻辑、分析、书写及其他类似活动；右半球则与形象思维有关，主管想象、色觉、音乐、韵律、幻想及其他类似活动。如果长时间地运用一侧大脑半球，就容易产生疲劳。因此，应根据大脑两半球的不同分工而交替使用大脑，延缓疲劳现象的发生。

（2）劳逸结合，保证睡眠。在紧张学习一段时间后，应适当休息。一天学习之后，应保证有进行文体活动的时间，只有这样，才可以使身心得到放松和调节，利于消除疲劳。保证充足的睡眠时间，可使头脑清醒、精神振奋、疲劳消解。

（3）把握自己的生物钟。人体的各种生理和心理功能随时间推移作规律性运动。根据苏联科学家的研究，人在一天中，生物机能上午 7：10 时逐渐上升，10 时左右精力充沛，处于最佳工作和学习状态，此后逐渐下降；下午 5 时再度上升，到晚上 9 时又达到高峰，晚上 11 时后又急剧下降。然而，人群中最佳学习时间的分配又存在着差异，有的人上午无精打采，晚上精力十足；有的人白天精神好，晚上状态差。大学生应摸清自己的生物规律，把握“黄金时间”，安排好学习内容，避

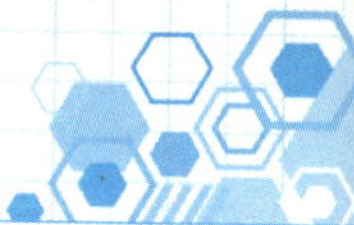

免过度疲劳。

(4) 培养对学习的兴趣。兴趣在繁重的学习活动中起着重要作用。俄国大教育家乌申斯基曾指出："没有丝毫兴趣的强制性学习，将会扼杀学生探求真理的愿望。"教育实践证明，学生对学习本身、对学习的科目有兴趣，符合由活动动机产生的认知倾向，就可以激发出他的学习积极性，这样可以缓解疲劳或推迟疲劳的到来。

(5) 创造良好的学习环境。学习环境应尽量布置得优雅、整洁，使人感到身心舒畅；不要在有刺耳噪声的地方学习，以免心烦意乱、焦躁不安；不要在过暗或过亮的地方学习，以免头晕目眩，出现视觉疲劳；不要在空气污浊的条件下学习，以免胸闷、呼吸困难。

三、学习焦虑及其改善

学习焦虑是指学生由于不能达到预期目标或不能克服障碍的威胁，致使自尊心、自信心受挫，或失败感、内疚感增加而形成的一种紧张不安、带有恐惧的情绪状态。适度的焦虑对于学习是有益的，可以提高警觉、积极思维、发挥潜能。但是高度的焦虑会影响学习的效能，使人无法正常发挥。

(1) 学习焦虑及其产生原因。有些学生在家长、亲友、老师等各方面因素的影响下，为自己确定了过高的学习目标或抱负，虽竭尽全力仍和目标相差甚远，造成很大的心理压力。现代心理学把焦虑分为三种情况——低、中、高度焦虑，并且认为适当水平的焦虑可以增强学习效果，但是若焦虑过度则会对学习起不良作用。美国心理学家考克斯的焦虑实验表明，中等焦虑组的学生成绩显著地高于低焦虑组和高焦虑组的，其中高焦虑组的成绩最差。研究还证明，高焦虑只有同高能力相结合才能促进学习，高焦虑若与一般能力或低能力相结合则会抑制学习；把焦虑控制在中等程度才有利于一般能力和水平者的学习。所以学生要注意把握好焦虑的"度"。

(2) 焦虑心理调适。那么，出现严重的学习焦虑怎么办呢？首先，要充分发挥自我调节的能力，控制焦虑的程度。其次，要努力创造班级、宿舍同学间关系和谐的集体和轻松愉快的学习气氛。师生之间情感的交流，同学之间互助友爱的关系，都有助于学生心理趋于平衡，形成正常焦虑。再次，激发和保护好奇心是培养正常焦虑的良策。精神病学家布盖尔斯基认为，创造恰当的焦虑水平的方法就是要引起学生的好奇心，因为好奇心就是焦虑的一种隐蔽形式。有了好奇心，相应地会出现一定的紧张，这种紧张饱含着愉快色彩，活动效率因此而大大提高。最后，正确认识和评价自己的能力，确立切合自身实际的学习目标；增强自信和毅力，不怕困难和失败；保持适度的自尊心，降低对胜败的敏感度；保持情绪的稳定；摸索总结一套适合自己的学习方法，如此等等都有助于克服严重的学习焦虑。

四、习得性无助

习得性无助现象在大学生学习中也时有发生。它是指个体连续经受到失败，体验到行为后果与行为无关而产生了一种无助心理，并由此放弃努力的行为缺陷。习得性无助者常常自我怀疑、自我否定和自我设限，对前途悲观绝望、听天由命。

大学生的习得性无助倾向，有的可能局限于某一个具体课程领域（如物理学中的电学），有的可能类化到某一学科领域（如对物理学），也有的可能在较大的学习范围中出现。具有习得性无助倾向的大学生，尤其是那些分数低、排名靠后的学生常会体验到一种失败感，在面对问题时，反应较慢，甚至自动放弃考试，他们怀疑自己的学习能力，情感上自暴自弃，行为上逃避失败，常以"我不会"作为托词，妨碍新的学习，影响学习成绩的提高，阻抑潜能的发挥。

一般说来，习得性无助的产生与一个人所经历的失败次数和归因模式有关。

(1) 失败的次数多容易产生习得性无助。假如一个大学生在学习上经受的失败接二连三，长期的努力又得不到报偿，就容易变得自暴自弃。比如有的大学生花很多时间和精力学习英语，但经过

长期努力后，英语成绩仍没有明显进步，于是便认为自己缺乏学好这门语言的能力，从而放弃学习英语。

（2）具有“外归因”特征的学生更易出现习得性无助。研究发现，对学习成绩习惯于进行“外归因”的大学生常常认为，自己的学习主要受命运、机遇和他人的控制，这些外部因素复杂且难于预料，自己无法把握学习行为的结果，因此在经历几次学习的失败后，容易变得“破罐子破摔”、自暴自弃。

防止和克服习得性无助的方法如下：

（1）全面分析失败的原因，学会正确归因。首先，要认识到引起失败的因素多种多样。例如，对于考试失败可作以下几种归因：①我天生不是学习的料，我没能力学好；②题目难度大；③我没复习好或我太粗心；④其他不可预测的外部因素。习得性无助者一般倾向于采用①的归因方式，将失败归结于自身，这无疑会使人情绪低落。学会多种归因方式后，就会明白可能是因为②、④才失败的，因此个人也就不至于很伤心，归因于③时也可以驳斥“我天生不是学习的料，我没能力学好”的说法。

其次，要学会积极归因。习得性无助的大学生的典型归因模式是：将成功归结为题目太简单、老师评卷较宽松等外部、暂时的因素；而将失败归为自己无能这样稳定、内部、不可控的因素。这种不恰当的归因方式损害了他们的自尊、自信心，从而产生无助感，学习的动机减弱。因此，要学会积极归因，将成功归为努力和能力，将失败归为学习方法不当、不够努力等外部因素，这样就可以有效保护自己的自尊和自信。

（2）加强意志锻炼，提高承受挫折的能力。具有习得性无助倾向的大学生平时应注意加强意志锻炼，尝试从生活的各种磨难中学到应对不利环境的技能和信心，正确看待成功与失败，改进学习方法，重点突破某些难点，获得成功的体验，从而有效防止和克服习得性无助现象的产生。

五、考试中的心理卫生问题

考试是大学生面临的主要应激源之一。考试对大学生的身心健康有很大影响。因此，学会正确对待考试、讲究考试卫生、防治各种考试心理障碍、培养良好的应试能力、学会一些应试的技巧等，将有助于提高学习效率，巩固学习效果。

1. 考试对身心健康的影响

考试本来的意义是对学生的学习效果和知识掌握程度进行检验。考试引起的适度焦虑有助于调动学生的心理能量和生理能量，使之全力以赴、全神贯注地进行考试，使自己的学识得以正常发挥甚至超常发挥，这对学生的身心健康和锻炼应激的能力无疑具有积极的作用。

考试结果即考试成绩自然是学生普遍关心的。事实证明，学习成绩无论好坏，都会对大学生的心理健康产生影响。因为社会、学校和家庭对大学生能力的评价多是以考试成绩为主要依据的。因此，若成绩优异，就会带来愉快的体验，增强自尊和自信，提高学习的积极性。但有的学生也可能因此而骄傲自满、狂妄自大。若成绩不佳，有的学生会认真分析原因，调整学习方法，加倍努力，以利再战；有的学生却情绪低落、愁眉不展，甚至怀疑自己的学习能力，特别是那些屡遭失败的学生，就会自暴自弃、丧失信心。

2. 过度考试焦虑与考试怯场的表现及不良影响

考试怯场是过度考试焦虑在应考中的急性反应，是大学生在考试中因情绪激动、过度焦虑、恐慌而造成思维和操作困难的一种心理现象。其主要表现是：心跳加速、呼吸急促、满脸通红、头昏、恶心、发抖、频频上厕所、思维迟钝、判断力下降等，有时全身颤抖、两眼发黑，甚至昏倒（晕场）。还有的大学生在考场上出现视动障碍，如看不清题目、看错题目、丢题落题、出现笔误等。

过度考试焦虑干扰识记和回忆，使该记的没记住、该想的想不起来；还会使思维呆滞凝固，比

较、分析、综合、抽象、概括等具体思维能力无法正常发挥，创造、联想等更谈不到。

过度考试焦虑是一种负性情绪反应，它会危及学生的心理健康。特别是在考试之后，若考生仍陷于焦虑中不能自拔，很容易转为慢性焦虑，甚至转为焦虑症。

3. 过度考试焦虑的防治

出现过度考试焦虑的原因主要是：一些学生把分数看得太重，对以往的考试失败心有余悸；自尊心过强，又缺乏自信，担心因为考试失败而损害了自己的形象、前途；担心自己对考试准备不充分；身体健康欠佳；等等。预防过度考试焦虑和怯场可从以下几方面入手：

（1）对考试应有正确的认识。考试只是衡量学习效果的手段之一，考试成绩不能全面反映一个人的学习能力和知识水平，更不能决定一个人的前途和命运，所以不必把考试看得过重。

（2）认真制订学习与复习计划。平时勤奋学习，及时掌握所学知识，对各科的学习“不欠账”。考试前认真总结复习，熟悉考试要求，做到“心中有数”，考试自然就不会出现异常现象。另外，对考试成绩的期望要从自己的实际出发，不可过高，否则就会给自己造成心理压力，容易出现高焦虑。

（3）注意身体健康及营养。考前虽然应认真复习，但不可搞“疲劳战术”，在百忙中也要注意劳逸结合，保证有充足的睡眠，并且要加强营养以提供足够的能量和热量。这样就可以保证有充沛的精力、清醒的头脑、健康的身体、良好的情绪参加考试。

（4）学会自我暗示与放松。如果考试时由于过度紧张、焦虑，以致思维混乱或感到大脑一片空白、手脚发颤、头昏脑胀时，应立即停止答卷，轻闭双眼，全身放松，做几次均匀而有节奏的深呼吸，反复地自我暗示：“不要着急”“我很放松”，适当地舒展身体。待情绪平稳时，再审题答题。

（5）寻求专业人员的帮助。考前若感到难以克服考试焦虑或曾出现过几次“怯场”现象，应主动寻求心理咨询帮助。心理咨询员会通过放松训练、自信训练和系统脱敏法等方法来帮助学生摆脱考试紧张。

思考题

1. 简述大学学习的特点。
2. 简述大学生克服学习障碍的策略。
3. 大学新生如何及时转变学习观念，适应大学教学方法？

第三十章　掌握有效的学习方法

古人说："学而有道，方能学而知之。"这里的"道"，就是"学习方法"。大学的学生与其他各类各层次学校学生一样，只有掌握了科学的学习方法，才能在充分认识自身条件的同时，知道怎样去学习，从而达到掌握知识和技能的目的。

第一节　基础课程的学习方法

基础课程学习阶段十分重要，是完成大学学习任务的奠基工程。从一定意义上说，也是终身学习的奠基工程。如前所述，大学教育包含的学科专业门类众多，涉及的基础课程性质各异。随着教学改革的深入，课程体系出现诸多变化，基础课的概念已经拓展，并且愈加复杂化。学好基础课应当针对不同类别特点的课程，采用不同的学习方法和策略。为了便于学生更好地掌握基础课程的学习方法，可将基础课归纳为分析性基础课程和综合性基础课程两类。

一、分析性基础课程的学习方法

分析性基础课程主要是指数学、自然科学、技术科学性质的课程，学习这些课程要把握以下几点：

（一）明确课程的特点和学习要求

现代科技从层次上可分为三大类，即自然科学、技术科学和工程技术。它们具有各自的研究对象和不同的功能：自然科学揭示客观世界的图景，而不承担改造世界的任务；工程技术直接服务于生产和其他社会活动；技术科学介于两者之间，它解决自然科学应用于工程实践的技术关键问题，或是针对工程技术中带普遍性的问题，做出统一的处理。在高等学校教学中与此相对应就有基础（科学）理论课程、技术基础课程和工程技术（专业）课程。前两者属于分析性课程。

所谓分析，就是在头脑中把事物的整体分解为部分，或者把整体的个别特征、方面解析出来，也就是"化整为零"。这一类课程是为自然或工程对象的不同类别、不同部分、不同性质的分析提供分析的理论和手段，提供抽象思维的充分训练，对开发人的左半脑具有极大的价值。

高等数学是为自然或工程的数、形关系和变化提供分析理论和手段，是一门典型的分析性基础课程，是高等学校理、工、农、医等许多专业学生的一门必修的重要基础理论课程。通过这门课程学习，要使学生获得相关内容的基本概念、基本理论和基本运算技能，为学习后继课程和进一步获得数学知识奠定必要的数学基础。

在传授知识的同时，要通过各个教学环节逐步培养学生的抽象思维能力、逻辑推理能力、空间想象力和自学能力，还要特别注意使学生具有比较熟练的运算能力，具有综合运用所学知识去分析问题和解决问题的能力。

自然科学基础学科课程主要是物理、化学、天文学、地球科学及生物科学等。这些学科视其在相关专业内的地位、作用而分别有着不同的教学要求。比如，开设大学物理课，一方面在于为学生较系统地打好必要的物理基础；另一方面使学生初步学习科学的思维方法和研究问题的方法。这些都起着开阔思路、激发探索和创新精神的作用，不仅对学生在校的学习十分重要，而且对学生毕业后的工作和进一步学习新理论、新知识、新技术，不断更新知识，都将产生深远的影响。对基础课程的教学要求也即对学生学习这些课程的目标要求。为此要特别注意：学习不仅要求理解和掌握课程内容，还要在思维方法、能力、个人品格、素质等方面有所提高。

（二）建立自己的课程学习程序

要从自己的实际情况（过去的学习基础，学科上的强项、弱项，学习方法，习惯特点以及师生交往经验等）出发，与相应的教学环节相结合，建立自己的学习程序。

第一，要做好课前自学。课前自学，是指学生在学习新课之前，要按照老师布置的自学提纲进行课堂自学，包括学生自己阅读教材、自己做笔记、动手解题试验等。做好课前自学，不仅能使我们比较容易地听懂老师的讲课内容，大大提高学习新课的兴趣，更重要的是能调动我们的主体积极性，培养自学习惯，提高自学能力，上好自学课。学生在主动自学的基础上，要向老师提出一些自学中没有解决的疑难问题，培养自己善于发现、敢于提出、善于提出问题的能力。

第二，要听好课。听课是系统学习知识的基本环节和重要方法。要想学得好，就得会听课。听课时除了全神贯注、集中思想外，更重要的是要随着教师讲课的思路积极思维，做到与教师的信息传递实现同步思维，达到共鸣，如此才能提高听课效果。

第三，要选做适量习题和阅读参考资料。演题要在掌握知识的基础上进行。通过演题，可以检查对所学的知识是否能正确理解，是否能正确应用，重点部分是否达到熟练运用的程度。这样可以培养和提高分析问题和解决问题的能力。阅读参考资料可以起到扩大视野、充实内涵、触类旁通、提高层次等方面的作用。

第四，要相互启发、集思广益。在讨论过程中，学生要相互启发、集思广益，实现知识的交流，扩大知识和信息的容量，求得问题的解决和对教材的加深理解。运用比较法和推理法等，可以培养逻辑思维能力。有时，对某一问题认识不一致，会争论得脸红脖粗，但议论的时候必须紧紧围绕中心，抓住关键，思维发散要有一定范围。在讨论时，也要听好教师的启发诱导，当对某个疑点求通而不得、口欲言而不能时，要听好教师的巧妙点拨，抓住教师启发问题的“临界点”。例如，在解题过程中，由已知直接求解无从下手，这时教师再给出一个小问题，解决这个小问题后，对要解决的问题就有了思路。这里，我们重点听好这一突破口是怎样选取的，听清教师的透彻分析，学会启发思维中“临界点”的选取。

最后，要注重实验。在基础课程学习中，实验能力也是一个重要方面。通过实验观察分析，可以使平时百思不得其解的问题茅塞顿开。为此，要认真观察好老师的演示实验，自己动手做好实验，注意观、思结合。

学生若能在基础理论教学的学习阶段逐步建立和完善自己的课程学习程序，不仅在大学学习期间受益，而且定会终身受益。

（三）掌握基本概念和基本原理

分析性课程学习的重点和关键就在于掌握学科的基本概念和基本原理。每个基本概念和基本原理都有严格的定义。在学习中应当通过各种方式，辨明和深刻理解各种概念以及与之相关的不同的知识，这主要包括以下各点：基本原理、定律或方程的叙述；确认定律中引用的全部概念的含义；辨别因变量与自变量；测量值的数量单位；列出应用的范围；辨别限制与假设；关于某原理在什么时候最为有用的重要提示等。

二、综合性基础课程的学习方法

所谓综合，就是在头脑中把事物的各个部分联合起来，或者把事物的特征、各方面结合起来，也就是“化零为整”。在理工类教学计划中的人文社科类公共课、专业课、专业实践课和设计，均

属于这种综合性的课程。它不仅是所有课程的基础，而且是学生今后工作及再学习的基础，不仅影响学生的认知结构与再学习能力，也影响着学生职业技能的形成，影响着学生的价值观、思维方式和审美情趣的形成与发展。综合性基础课程或通识教育课程涵盖人类知识的主要领域，即人文艺术、社会科学、自然科学（包括数学）、道德教育、基本技能（包括计算机技术、语言能力、定量处理）五大类。加强以人文社会科学为重点的综合性课程基础并使之与分析性课程基础相结合，其深层含义和动因就在于促进科学教育与人文教育的整合，培养全面发展的人才。综合性基础课程的学习方法主要有以下几个方面：

（1）上好自学课，培养自学能力。自学课，是学生在老师指导下，运用科学的思维方法和学习心理规律，以及有关的学习工具，独立进行阅读、思考，自觉、主动地获得新知识和新技能的过程。培养自学能力，对职业学校学生尤为重要。

（2）听好启发课，培养思维能力。启发课是老师从学生的自学实际出发，用科学的启发方法，突出重点，讲清楚学生在自学中难以解决的共性问题。老师应在关键的地方加以点拨，沟通新旧知识间的联系，引导学生全面透彻地理解教材内容，掌握知识的本质，进一步提高学生分析问题和解决问题的能力。

（3）上好复习小结课，培养记忆能力和综合概括能力。复习小结课，是学生在教师的指导下，对所学的新知识进行独立复习，巩固和加深对所学知识理解和记忆的过程。它是学生在教师的指导下，通过复习和练习，积极地进行独立思考，使所学知识和技能进一步概括化和综合化，并使自学能力进一步提高的过程。对要小结的内容进行系统复习，并根据小结提纲，将教材中有关重点摘录在小结笔记上，以便加工、整理和概括。

（4）上好作业课，培养学生的实用能力。作业课是学生根据老师要求，独立地将所学知识融会贯通，转化为技能、技巧的过程。解答每一个问题，都应该是学生自己运用所学知识，认真地进行独立思考的过程。要把作业当成考试，严肃、认真地正确对待，独立完成，不得抄袭。作业的书写要准确、规范、快速，能反映出自己的真实情况。

（5）知与行协同，理论与实际结合。以人文、社会科学为重点的综合性基础课程的学习既有“学会学习”的目标和任务，也有“学会做事”“学会共同工作”及“学会生存”的目标和任务，要特别发挥其教化养成的作用。因此在学习过程中要坚持知与行协同发展、理论与实际相结合的原则，使人类文化的精神财富、中华民族的优良传统成为学生提高思想品德素养的强大动力。学习的效果要看“知、情、意、行”，即不仅要看知识的增长，还要看思想、感情、意境的提高，要见诸行动。知识靠积累，能力靠锻炼，素质靠在长期实践中逐步养成。要充分运用校园日常教学、文化生活条件及有组织的社会实践活动，主动积极地进行自我修炼。

在综合性基础教育模块中有工程实践或专业实践课程的安排，其目的是促进基础教育与专业教育的早期结合，创造更多理论联系实际的机会。基于同样的理由，基础性的人文、社科课程也往高年级延伸安排。

第二节　专业基础课的学习方法

专业基础课是基础课与专业课之间的中介、过渡性课程。由于专业的学科特点不同，各类专业内部学科体系结构，即层次性与关系性的紧密程度不一，这样就形成了各类专业基础课程的不同特点以及学习方法上的差异性。各类专业基础课也有如下一些共同特性：

第一，为从基本原理到服务社会实际应用的中介；第二，是由总论到分论的过渡；第三，为由基本要素到衍生合成的发展等。

专业基础课不仅在整个大学学习过程中处于由基础到专业转变的关键地位，而且在未来实际工作中也具有“看家本领”的作用。因为基础课知识难以直接性应用，专业课知识又更新太快，而专业基础课知识则可能在较长时间伴随着你，时时为你提供实际的服务。

一、技术基础课学习的注意事项

（1）和公共基础课阶段相比，学习技术基础课的难度在某些方面要增大。因为公共基础课的许多科目与中学所学课程有一定的联系和连续性，而技术基础课程却联系较少。在技术基础课程学习阶段，一般专业的所谓“重头课”比较集中，课时较多，学习难度较大。

（2）要注意技术基础课在不同专业中的定位。比如理论力学是各门力学的基础，在许多工程技术领域中有着广泛的应用，因此是一门理论性较强的技术基础课。工程流体力学（水力学、气体动力学）在动力类专业是技术基础课，制图是机械、电子、管理等专业的必修技术基础课，机械原理则是机械专业的主干技术基础课，信号与系统则是电子、通信类专业继电路之后的一门重要技术基础课，金工实习则是机械类各专业实践性的技术基础课。

总之，只有对技术基础课的特点有较深入的了解，才能有针对性地采用有效的学习方法。

二、要重视课程之间的内在联系

由于技术基础课的中介性，在学习过程中要重视课程之间的内在联系。比如电磁场理论课是在大学物理电磁学的基础上，进一步掌握宏观电磁场的基本规律，并结合各专业实际介绍其技术应用的基本知识。通过教学，培养学生用场的观点对电气工程中电磁现象的电磁过程进行定性分析与判断的初步能力，了解进行定量分析的基本途径，为进一步学习和应用各种较复杂的电磁场计算方法打下基础。不仅如此，电磁场理论又是一些交叉领域的学科生长点和新兴边缘学科发展的基础，学好电磁场理论将增强学生的适应能力和创造能力。因此，在学习这类课程之前一定要对先修课程相关基础部分进行必要的复习。

有时，在技术基础课上运用先修课程中的某些基础理论时，还会因为通过实际运用而有新的认识和理解。这时如能连贯起来深入学习和思考，还可起到进一步加固、夯实基础的作用。

人文社科类专业的课程衔接表现为另一特点。比如历史专业，学科基础课程除中国及世界通史为主干学科基础课外，还有史学史、读史基础，史学论文写作等史学方法论的基础以及古代汉语作为工具性基础。前后课程的联系是从总体到局部、从一般到个别、由宽博到精深的发展线路。先修课为后继课提供整体背景和方法论基础。这里要特别重视史学背景（包括外部环境）及史学方法论的基础连接问题。总之，要根据学科、专业的自身特点重视课程体系的结构和联系，要注意从整体上把握，以求达到融会贯通的效果。

三、认真做好实验

从基础课学习进入技术基础课学习阶段，我们对事物的分析便从基本上是理想状态进入现实状态。技术科学以数学和基础科学为自己的基础，同时，把它们的原理和方法进一步扩展到工程技术或专业技术的创造性应用中去。因此，技术科学本质上为实验科学。为了体现技术科学的科学实验基础，许多技术基础课在提出理论教学要求的同时，都提出实验教学的要求，比如研究工程材料强度理论就不能停留在理论模型的分析上，而是必须通过工程材料的强度实验了解在工程实际中的应用情况，从而使学生逐步树立基本理论用于解决工程实际问题的理念，并在实验、实践过程中积累经验。

因此，实验教学在知识、技能和态度三方面所能实现的教育目的，无疑是其他课程单元难以替代的。做好技术基础课的实验，关键在于了解所做实验的工程或实际问题背景，追溯形成基本理论实验的原型。所以说，做好实验，是理论与实际相结合的一个重要途径。

四、专业基础课的学习方法

1. 要了解专业基础课的类型

根据专业基础课的内容特点，专业基础课可分为三种类型：以概念为主的陈述型、以实践为主的直观型、以揭示机理为主的原理型。

（1）以概念为主的陈述型。这种类型的专业基础课主要是叙述各种概念、定义、标准、表格、规范等内容，逻辑推理少，概念定义多，但是通俗易懂。因此，对这种类型的专业基础课，采取自学方式比较容易学习，如有问题再请教老师。

（2）以实践为主的直观型。对于这种类型的专业基础课，可以通过对学校的实习基地或亲戚朋友们工作的工厂实地进行参观考察，或者通过老师在讲课中运用的挂图、模型、电化教学手段等，首先有一个感性认识，然后再在课堂学习中结合实际重点，认真学习有关结构设计的基本原理。

（3）以揭示机理为主的原理型。这种类型的专业基础课主要是揭示事物的内在联系及其本质，因而是基础课程中的基本内容。所以，对这类课程的内容，要舍得花时间认真听讲、深刻理解。

2. 要善于独立阅读新课内容

要善于独立阅读新课内容，为学习新知识做准备。在阅读时，可按速读、疑读、广读三个层次进行阅读。

（1）速读。所谓速读，就是在阅读时可以大跨大跳，而且越快越好。具体而言，就是不必从头到尾、逐字逐句地读，而是要“走马观花”、跟随标题、浏览内容、知其概要。为此，可有意识地提出一些问题。例如，这节课有几个小标题？举了什么例子（或做了什么实验）？这些例子有什么共同点（或观察到什么现象）？通过什么方式得出结论？教材对知识的描述是文字叙述法还是公式法或者图像法？……如果对每一节课都能养成这种习惯，阅读的效率就会逐渐提高。但是，应当注意的是，在阅读时注意力须高度集中，要在心里默读，以增强理解力。

（2）疑读。所谓疑读，就是对速读中所产生的疑问和不太清楚的内容进行进一步的精读、细读，以求解决问题。

（3）广读。所谓广读，就是在课余时要广泛阅读与本课程、本专业有关的书籍、报纸和学术杂志，以便开阔自己的视野，了解最新的科技动态，丰富自己的专业知识，从而更好地学习专业课。

在阅读时，对教材上出现的一般定理的叙述和定义、术语、较精辟的论述，我们大都可以读懂，但是往往理解得不深入、不透彻，而对有些原理、方法之类的内容则感到不好理解。这时，我们可以将此知识和与此知识有关的感性认识充分结合起来，展开丰富的联想和猜测，从而达到深刻理解、融会贯通的目的。可以说，联想力愈强，思路就愈宽广。

在阅读新知识时，当遇到原有知识已经遗忘或者模糊不清时，要立即回忆原有知识内容，并对它们进行重新学习或复习。待搞清原有知识后，再转回阅读所学的新知识。如此反复，直至阅读完所学内容。初读完毕，再对所学知识进行复阅，提出问题。这样，通过由新学知识到原有知识、又由原有知识到新学知识的交叉学习，既能对原有知识起到复习作用，又可温故知新，起到对所学新知识加深理解、领会的作用。

3. 掌握正确的听课方法

（1）积极思维。思考可以构成一座桥，让我们通向新知识、新领域。听课时，我们在老师的启发点拨下，紧紧围绕目标，最终解决疑难。这一切，都要求我们必须配合老师的思路积极思维。正像大作家托尔斯泰所说：“知识只有当它靠积极的思维而不是靠记住得来的时候，才是真正的知识。”所以，我们在听课时应积极思维。为此，应注意三个问题：一是跟上老师的解题思路；二是多问几个为什么；三是领会新旧知识之间的内在联系。

（2）回答问题。在课堂上发言回答问题，不仅能看出一个人是否思维敏捷、思路开阔，同时更

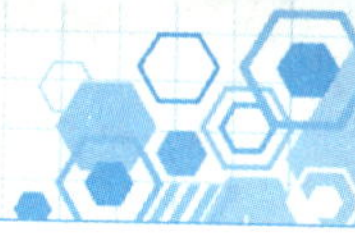

是锻炼和培养自己思维能力的最好训练。因此，在上课时应积极回答老师或同学的问题。在回答问题时，需要注意下列几个问题：一要情绪平稳，不急不火；二要思考后再答；三是若一时回答不上来可请老师启发、点拨后再回答。

（3）观察示教。当老师结合学习内容有针对性地把实物展示给我们，或者做示范性的实验及示范操作表演时，自己应注意观察老师强调的重点是什么、分为几个步骤、有什么特征，等等。特别是对老师要求的注意事项，要多想想“如果不这样，会有什么后果”，以便加深印象。

（4）强化记忆。在基础课的学习中，对于一些抽象概念、基本原理和专业术语等内容，就像一篇文章中的生字一样，要想尽快理解文章的思想，必须首先扫清障碍，在不太理解的前提下进行机械记忆。我们可回想一下自己小时候背书的情形，小学教育就是以“反复记忆”的方法来强迫孩子们背书。但人们发现，如此记忆的孩子长大后仍然记得至少一半的内容。可见，必要的机械记忆也是需要的。当然，仅靠机械记忆是完全不够的，随着年龄增大和知识的增长，在学习知识时，我们还要学会理解记忆。

理解记忆是最容易吸收知识的一种方法。经过理解后所求得的知识，要比死记硬背的知识记得牢。倘若我们自以为有知识，但是没有使知识消化理解后成为自己的知识，可以说等于零。所以，为了达到永远记住的最好方法，就在理解的基础上，尽量找机会活用，并让它和原有的知识连贯在一起。

第三节　专业课的学习方法

专业课在高等专门人才培养中有着重要的作用，不仅要为未来的工作直接提供所需的理论和实践知识，使学生站到本专业的科技前沿；而且要训练从事本专业实际工作所需的技术和管理的能力，以及跟踪本专业不断发展的学习和研究能力。

当前我国普通高等学校教学计划中对专业课设置的基本要求是：既要体现专业培养目标的要求，又要体现专业自身的特点和办学特色。要根据需要和可能适当减少其占有的学时比例。本科人才培养目标、规格除本专业的“三基”即“基础理论、基本知识和基本技能”外，要求具有独立获取知识、提出问题、分析问题和解决问题的基本能力及开拓创新的精神，具备一定的社会活动能力、从事本专业业务工作的能力和适应相邻专业业务工作的基本能力与素质。这些基本要求应在专业课的学习过程中逐步强化并充分体现出来。

在基础、技术基础与专业三大类课程中，专业课的学时比重因专业不同约占10%～20%，所占比重不大但有显著特点，主要是与生产、科研、社会各方面联系紧密，能触及学科前沿，案例具有典型性，反映行业、事业及学术发展方向乃至某些重要的决策分歧、学术争论，等等。据此，在专业课的学习方法上应重视三个方面。

一、用分析的态度对待专业课学习

专业课的类型多种多样，尤其在选课制的背景下，其涉及内容比较广泛：有的属于专业的工艺、流程、生产及管理方法；有的是学科分支或跨学科、交叉学科介绍；有的属于基础理论深入提高部分（课程名称前面往往冠以“高等”字样，如“高等结构力学”）；也有属于研究专题的，或相近专业基本内容简介的（也可发展为辅修专业课程组）；等等。

专业课形式多样，内容深浅不一，学生在学习过程中均应持分析态度。一般专业课都有专业理论部分和实际应用部分，学生应当重视有关理论学习，而不要局限在专业操作训练上。专业课教材常常量大面广，但学生仍不能以教材及课堂讲授为满足，必须多多阅读参考书籍和资料，特别是对

相关学术期刊的阅览、网上的信息搜寻等，可以进一步把握学科和专业发展的前沿问题。对于概论性专业课程则有深入课题可以探讨。对于学术前沿，专题研究、讲座等一般都有“新”与“深”的特点，往往也各有不同流派、不同观点的争论。这为深入学习提供了机会和可能。因此，用分析的态度对待教学内容是学习专业课应持有的一种基本态度。为此，必须在大学学习过程中，特别是在三、四年级时要努力提高自学能力，勤于思考，遇事能提出自己的独立见解，使教学过程真正成为师生交流、探讨问题的过程，发挥教学相长的作用。学生以自己的学习心得或形成的独立见解参与师生间、学者间的交流讨论。这种交流不在于结果如何，关键在于过程。目的在于通过这种交流提高学生自主学习的积极性和能力。

二、发挥大型作业的作用

学生独立完成课程设计（学年论文）、毕业设计（毕业论文）等大型作业，具有十分重要的教育、教学作用。一是可以总结所学理论并训练在实际问题上综合运用的能力。二是可以体现理论联系实际的原则，考察并培养学生分析问题、解决问题的能力。三是可以了解和提高学生的创新精神和创新能力。四是可以考察和改进学生学风和工作作风的状况。

从更广泛的角度看，完成课程的习题、做小论文、做实验、参加课堂讨论等都是独立完成的作业。必须从小处做起，一丝不苟，独立完成，持之以恒，才能养成良好的习惯。当然，完成课程的习题与完成论文、设计等大型独立作业还是有区别的。完成习题一般主要有正误之分；而论文、设计的评价除正误之分以外，还有优劣之别。基本正确无误只是及格水平，有一些不凡之见可评为良好，有创新独到之见方可评为优秀。就是说对设计、论文的评价突出了对创新精神、创新能力的考核。

总之，对毕业设计、毕业论文这类大型作业的完成状况不能仅从一种教学环节的质量如何来考察，应当从本科教育培养大学生的全面要求来分析。这是一面镜子，是对大学四年教学状况，学习状况的整体反映，应当看作是“全息性”的反映。这也是一次“合成军事演习”，看看大学阶段所学的“十八般武艺”在实践中用得怎样。也就是说，进入专业课学习阶段以后，我们对教学及学习的思考不能仅限于专业课的课堂教学，而应着眼于人才培养综合素质的养成。

三、积极参加科研创新活动

《中华人民共和国高等教育法》对本科教育的学业标准比以往的要求更高。在毕业生应具备能力的表述上，以往只提具有从事本专业实际工作的初步能力。现在的提法又加上了“研究工作的初步能力”。因此应当大力提倡大学生积极参加各种形式的科研、科技创新活动。

学生参加这类活动可以采取多种形式。比如，可以参加学生自主成立的大学生学术社团组织；可以由个人或组成课题小组选择项目，向学校各级组织申请立项，开展研究工作；可以创造条件参加教师的科研课题研究工作，也可以承担来自社会的委托研究课题，结合毕业论文和毕业设计开展专题研究等。当然，培养创新能力可作广义理解，以便开阔视野、多方组织进行。比如从事文学创作、艺术创作、竞标创意设计、大型文化活动的组织领导和创意活动，甚至可以包括承担文字翻译工作，参加数模竞赛、科技成果制作比赛等。

大学生参加科技创新、创作活动可以从多方面获得锻炼。首先是在专业学术领域获取新知识、提高能力以及学风、作风等品格的养成。同时也可以培养自己的团队精神，提高与人交往、共事合作的能力，锻炼和提高参与社会工作的能力，提高语言和文字表达能力等。

第四节　实践教学的学习

实践观是我国高等教育人才观的一个重要方面。我们强调树立实践观，重要的是培养学生的独立自主意识，培养其将知识转化为力量、思想转变为行动的意识和能力，培养其创业意识和创业能力，改造社会，变革现实，为现代化建设做贡献的实际本领和才干。

一、实验课的特点、新要求和学习方法

（一）实验课的特点和新要求

实验在科学技术及现代生产上占有重要地位，在教学计划中的地位和作用也极为突出。中科院院长路甬祥院士曾著文指出："教育方法上应从课堂灌输—课后复习—考试检查的传统方式，改变为自学—课堂辅导—计算机分析与仿真或实验研究—论文、设计或实验—社会实践等方式，使学习过程转变成学习、应用、发展知识的过程。"

实验课是在老师指导下由学生独立完成的一种教学活动。学生借助仪器、用品和装备，对某些自然现象、技术过程、工艺流程，在人为控制某些因素、条件的情况下观察其演化状态、变化规律，从而培养学生观察现象、验证理论以及分析和解决实际问题的能力，树立实事求是的科学态度、严肃认真的工作作风和探索创新的精神。

在深化教改过程中，实验教学也有了一些新要求和新举措，主要有以下几点：

（1）改变按理论教学进程安排的以验证理论为主的实验课的传统做法。

（2）建立以较系统的培养学生实验思想、实验技术和能力为主线的实验系列课程，构成实验教学的体系。有的专业还单独开设"测试技术""实验方法"和"实验设计"课程。

（3）从因材施教、人才培养个性化、教学计划弹性等原则出发，建立多样化、多层次的适应多种需求选择的实验教学体系。实验教学也实行"选课制"，分为必做实验和选做实验（基本部分和提高部分）、单项实验和综合实验等多种形式。

（4）改进实验指导方法，使实验过程逐步成为学生自己研究探索的过程。

（二）实验课的学习方法

在基础实验教学阶段，一方面要重视实验操作能力的培养，同时要关注实验技术理论的学习和提高，如实验原理、实验设计、调试技术、测试方法、数据处理、误差分析等。学习方法要注意以下各点：

1. 认真做好实验前的预习

要改变只有理论课学习需要预习、实验课不需要预习的错误观念。从某种意义上来讲，实验课预习要比理论课预习更为复杂，更需要花费时间和精力。只有预习好了，做好实验前的准备工作，实验活动才能顺利进行，才能提高实验课的学习效果。

2. 严格按程序操作

首先要认真听指导教师的实验讲解，要记下讲解中提出的注意事项、以往做该项实验出现的种种问题以及取得实验成功的关键。接着要仔细地做好实验准备检查，主要是仪器、备品是否齐全和符合规范要求，进行实验系统组装合成。最后在动手实验前要再一次用心思考实验的基本程序、操作步骤和方法。有些实验还要经过指导教师检查同意后再开始进行。

实验过程中的每一步骤都要加以认真观察与思考，要有意识地培养自己的观察能力，其中包括

持久而稳定的注意力以及细致敏锐的观察力。观察力与思考力是共生共存的。要用科学的思考指导观察。要观察与思考在实验的不同阶段应当出现的现象是否呈现，这样才能把握实验现象的本质特征和内在联系。观察中还可能出现一些新现象和新问题，应仔细加以记录。如不影响实验的进程可继续操作，留待实验后在实验报告中进行分析讨论。如果新出现的现象影响实验正常进行，则应暂停实验，待问题排除以后再继续操作。手脑并用、观察与思考紧密结合是做好实验、提高实验技能的关键一环。实验操作中要有条有理、从容谨慎，切忌杂乱无章、草率从事，要避免无意识操作。有些基本操作要力求规范，以不断提高实验技能。

3. 观察学习法

观察是人类认识事物的基本途径，对学好技能具有重要作用。俗话说：“百闻不如一见。”因此，仔细观察实验中的各种现象，从各种现象中得出正确的结论，是学好实验的基本方法。

（1）要明确教材或老师所讲的实验目的。只有这样，才能明确“看什么”的问题，做到心中有数，并分清主次。只有明确了观察目的，才能集中注意力于被观察的重点。

（2）要掌握观察方法。①观察的范围和顺序。要根据观察目的来确定观察的范围和顺序。观察方法对观察效果有重要影响。由于观察受主客观条件的制约，选用适当的方法进行观察，可以有效地强化现象的鲜明度，克服感观的局限，增强观察的效果。例如，观察一个化学课的实验，应包括仪器种类、实验装置图、仪器组装操作方法、实验现象等，观察顺序是：反应前—反应中—反应后。要一看仪器种类及安装；二看反应物的色态和形状；三看反应发生的条件；四看反应中发生的现象；五看生成物的色泽和形状。②演示观察法。对老师做的演示实验，一般采用三种观察方法：一是全面观察法；二是重点观察法；三是对比观察法。③思记观察法。观察实验要做到观察与思考相结合，观察与记忆相结合，运用多种感官参与观察活动，如看一看、听一听、尝一尝、闻一闻、摸一摸等，接触被观察的事物，然后再进行认真的分析和判断。只有了解其属性，才能提高观察效果。

4. 实验学习法

要珍惜自己做实验的机会，这是开发智力、培养能力、掌握实验技能的重要学习环节。要明确实验程序，认真进行实验操作。一定要依据教材或老师的要求组装仪器及其设备，按照实验步骤顺序进行独立操作，按实验目的认真观察、准确记录。对实验所得的现象或数据，要进行科学分析和处理，得出正确结论。最后，写出实验报告。实验报告要简明扼要，如实地反映出实验所观察到的现象或数据。在描述实验现象时，要按照顺序进行描述，用词要准确，要体现出真实性、科学性和全面性。

5. 完成好实验报告

如实验结果基本正常，确认无须重做便可进行实验课的最后一环，即完成实验报告。各实验室的实验报告书一般都有固定的格式。其内容大体都包括实验目的、实验原理、实验步骤、实验现象、数据处理及误差分析等内容，最后还应有讨论分析，反映出实验者对本次实验的看法、建议、需要进一步研究的问题等，反映实验者自己的见解。做好实验报告的基础在于实验过程中的详细观察和认真的实事求是的记录，正确处理数据，获得合理的结论并进行恰当的抽象、概括分析。认真做好实验并写好实验报告不仅是为了培养实验能力和技巧，而且也是为进行科学研究、撰写论文打下良好基础。

大学生的实验能力训练，不应停留在“广播体操”式水平，即只会按成熟的实验设计重复进行。在经过基础性实验课训练后应多参加一些综合性、设计性、探索创新性实验，培养学生的实验设计和创新能力。对于这些有更高要求的实验，实验项目由学生提出，实验方案由学生拟定，实验方法由学生设计，实验过程由学生独立操作，实验结果由学生总结分析，教师只起咨询监督作用，以培养学生的实验研究能力。

二、实习和社会实践

由于专业类别的不同，实习的内容、次数安排等也不一样：工科专业有认识实习、生产实习、毕业实习；理科有认识实习和毕业实习；文科类有结合课程的教学实习、社会调查、毕业实习；医学专业则安排有较长时间的临床实习，与临床教学结合进行。总之，专业实习是高等教育中一个十分重要的环节，在实施专业实习的过程中，大学生应认真对待，积极准备，虚心学习，大胆请教，努力把课堂的知识和现实情况结合起来，使自己在专业实习中得到锻炼。

实习是教学中非常重要的环节，目的在于让学生通过参加生产实践、社会活动，对生产过程有所了解，认识社会、认识国情，熟悉自己所学专业在国民经济、社会发展中的作用，增强事业心和责任感，提高为人民服务的自觉性。同时，运用自己所学知识，去分析一些社会现象及生产中的实际问题，尝试提出解决这些问题的方法，为以后从事岗位工作打下一定的实践基础。社会实践有很多形式，如社会调查、“三下乡”、“社区服务”等。

尽管实习和社会实践的任务、要求、条件各不相同，但学生在实习和社会实践活动中应当采取的学习方法和注意事项还是有共性的：

（一）实习课的学习方法

实习课的学习方法，是为了达到实习目的而使用的手段。采用什么样的学习方法，通常是由实习课的目的和内容来决定的。实习课常用的学习方法，主要有以下几种：

1. 模仿练习法

实习老师或工人师傅在传授技术操作技能时，为了使我们直观、具体、形象、生动地进行学习，通常都要通过操作、直观教具的演示和产品（实物）的展示等，给我们进行具体的示范和解说，使我们掌握所学技术的动作形象和结构、要领等。在学习时，首先应当认真观察老师的技术示范，把观察过的示范操作形象，清晰地在头脑中重现，能够清楚地知觉。然后，再模仿老师的操作姿势、操作方法和操作过程等进行反复练习。这就是技术动作模仿练习法。

在模仿练习时，按照一般规律，首先，应从组织工序的重要动作入手。其次，要将各种基本操作动作组合成工序，进行工序练习，以便掌握整个工艺过程中的一个完整的部分。在进行复合作业操作练习时，我们要根据典型产品的工艺过程，正确使用机器、设备和工具，进行反复操作练习，以便使我们掌握本工种典型工件的加工技巧。经过这样由浅入深、循序渐进的练习，我们就能学会本工种必须掌握的操作技能了。

运用模仿练习法，要注意遵照认识论的原理，坚持以理论指导实践，坚持适当的反复练习和强化，坚持多样性的练习。这样，就能够使我们尽快地、准确地、熟练地掌握实习所要求掌握的操作技能。另外，在运用这种方法学习时，还要注意技能模仿的准确性；否则，一旦形成错误技能，改起来就比较困难了。

2. 模拟实习学习法

所谓模拟实习学习法，就是进入模拟工作环境或采用替换材料进行实习的一种学习方法。这是在我们进入实际生产或工作岗位之前掌握专业技能最有效、最实际的学习方法之一。

运用模拟实习学习法，是在学校和老师事先准备好的模拟室里进行的，例如汽车专业的“汽车驾驶模拟室”、旅游服务专业的“模拟总台服务室”、财会专业的“财会模拟室”等。我们可以利用模拟室里的设备或事先准备的材料进行模拟学习。例如，美容美发专业可以徒手练习修面、运刀的动作，可以利用假发材料练习烫发的基本功；服装专业可以利用废纸替代布料练习制图和裁剪等。在学习中，态度一定要严肃、认真，在“假戏真做”中掌握好专业技能。

3. 动作练习学习法

动作练习学习法，是我们应用专业理论知识，进行有目的的、反复的、多样性的做某一技术、

技能动作的方法。这种方法是我们在生产实习课中最基础、最常用的方法，也是我们掌握最基本的操作技能的重要方法。实习课的直接目的是把我们掌握的专业理论知识转化为生产技能和技巧，而技能和技巧又是通过实际动作练习来获得的。练习形式是多种多样的，可以根据不同的目的选择重复练习、变换练习和循环练习等。

（1）重复练习。重复练习，是指反复练习某一动作。它是动作模仿练习在时间上的延续。一般来说，练习的次数越多，练习越熟练，技能、技巧的形成就越快、越正确。例如，财会专业学习“计算技术”，在掌握计算原理和计算方法的基础上，只有反复练习，才能提高计算的速度和准确率；熟练的钳工在錾削时，只用手和臂的肌肉，而初学者不仅用手和臂的肌肉，几乎要用全身的肌肉。工人之所以操作得这样熟练，是长期多次练习的结果。所谓“熟能生巧”，就是这个道理。

（2）变换练习。变换练习，是灵活运用技能要领，在变换的条件下进行练习的一种方法。这种方法有利于形成复杂的技能和技巧。只采用单调的一种内容练习，容易使人感到厌倦，影响效果。多种内容交替进行练习，可以引起我们的兴趣，获得较好的练习效果。在变换练习中，分段练习是很重要的，即先选择个别种类的生产作业，然后再逐步多样化和复杂化。例如，在做机械设备修理前，首先应对破旧的机械设备进行拆卸、装配和调整。进行辅助性的综合练习，然后再进行机械设备修理。这样，会促进技能、技巧的更快形成。

（3）循环练习。循环练习，是针对自己对某一技能掌握的薄弱点，选择其相应的技能要领作为练习点，进行反复练习。

需要说明的是，并非所有的练习，都能提高动作技能的成绩。有效练习的基本条件是：

第一，明确练习的目的和要求，提高练习的积极性、主动性和创造性，在练习方法上要开动脑筋、主动练习。

第二，根据技能的复杂程度和身体状况，合理安排练习时间，或集中练习，或分段练习。

第三，要根据技能的性质与实效来选择练习方式，或采用直接练习，或采用以原理为指导的练习。例如，文秘专业的中英文打字、幼师专业的键盘弹奏等，就可以采用直接练习；而电视机、收音机的调配、组装等复杂的技术，则有赖于以原理为指导的练习。

第四，要充分利用练习能强化知识的作用。

4. 讨论学习法

讨论学习法，也叫“谈话法”，是我们在已有知识和经验的基础上，有计划、有目的、有准备地就学习内容、学习体会、典型事例分析等问题进行座谈讨论的一种学习方法。这种方法能够充分调动我们学习的积极性、主动性和创造性。例如，对工艺过程的分析、对先进操作方法的讨论、对典型废品和事故的分析，以及解决生产实习课学习中的疑难问题等。

讨论学习法通常运用于以下几种情况：

（1）在实习课结束时，我们自己综合、分析、评定操作情况。

（2）在实习过程中，选择典型工件或生产过程中出现的典型事故、典型事例，可结合自己的认识、体会和操作中的疑难问题等进行现场讨论。

（3）收集本专业实习中的典型事例，事先印发给大家，然后再进行分析研究，从中吸取经验和教训，提高分析能力和技术水平。

5. 设计学习法

设计学习法，是在老师的指导下，选择某一课题，综合运用所学知识和技能，进行课题作业的一种学习方法。它是在模仿练习的基础上所进行的一种高层次的独立作业法。这种方法要求我们将所学的知识和技能融会贯通、综合运用，创造性地设计、分析和解决有关问题。

在运用设计学习法时，首先要深入生产实际，选择恰当的课题。课题应有利于巩固、深化和扩大所学知识，有利于培养独立工作能力，尽可能结合生产、科研的实际工作，搞“真刀真枪”的设计。课题确定后，要收集、阅读有关的参考资料，在占有资料的基础上，分析、论证所提出设计的课题方案是否可行。最后，要回到生产实践中进行检验。

6. 生产操作学习法

生产操作学习法，是指我们运用已掌握的知识和技能，按照工农业和第三产业有关生产指标的要求，到生产第一线独立进行操作的一种方法。这是一种最高层次的作业学习法。这种学习方法既能全面检验已有的知识和技能，同时又能进一步巩固已学知识，因而能提高技能的熟练程度，促进独立操作能力的发展。

7. 实习报告学习法

实习报告学习法，是在老师指导下，在实习结束时，写出实习总结报告的一种学习方法。这种学习方法能够引导我们对实习中的收获、体会进行认真的总结，对实习中接触到的典型事件进行比较全面、系统的分析，能够把一些零碎的、不完整的认识梳理得更加系统、更加完整。因此，运用实习报告学习法，有助于我们巩固、提高和扩大实习成果。

为了能够写好实习总结，我们在实习一开始就应当对周围的事情进行多观察、多思索、多积累，注意留心收集必要的数据，以便积累足够的材料。

对实习报告的内容，不同的专业有不同的要求。我们既可以把收获、体会写成实习报告，也可以就某一问题写出调查研究报告，同时，还可以围绕某些典型产品的技术要求、工艺流程、生产设备、加工中注意的问题等内容，写出专题报告。

（二）社会实践课的学习方法

社会实践是在培养人才过程中不可或缺的一个重要学习环节。根据教育与生产劳动相结合、理论与实际相结合的原则，高等院校应当加强社会实践环节，使教学同社会主义现代化建设和改革实践紧密联系。社会实践是提高教育质量、培养合格人才的重要途径。

社会实践要结合专业技能课的教学，利用节假日和课余时间，由老师指导，以学生自我组织为重要形式，到工厂、到农村进行社会调查、参观和社会服务。通过社会实践，学生能了解社会、接触实际，增强群众观点、劳动观点和事业心与责任感，提高政治思想觉悟，获得实际知识和技能，培养适应社会的能力以及综合运用专业知识和技能解决实际问题的能力。大学生社会实践主要有体验学习、探索操作学习和解决问题学习三种方式。

1. 体验学习

体验学习是一种基于学习者自身的活动体验，获得感性认识的学习过程。体验学习作为一种有效的学习方式，在大学教育中越来越受到重视。体验学习的特点主要表现在以下方面：

（1）体验是对某些具体事物或情境的体验。

（2）体验不是仅仅停留在活动的过程中，它必须伴随着某种活动结果。

（3）在体验的背后，往往有某种模仿榜样，从某种意义上说，“体验学习活动”是社会生活中各种活动的模拟活动，它不限于在教室中进行，而更多的是在教室以外的空间进行。

（4）体验学习的种类多种多样，大体可以分为直接（实际）体验和模拟体验两类。

（5）体验学习的重要价值不在于通过学会某种操作方式、获得某种技能，而在于每一个人在活动中获得的对于现实的真实感受，这种内心体验是形成认识、转化为行为的原动力。

2. 探索学习

探索学习是一种狭义的体验学习，一般主要指学科领域内的探索性活动。这种学习重要的不是学习和记忆科学的结论，而是探讨和把握获得科学结果的方法和途径。

探索学习是对从抽象的科学结论和知识的接受转向通过具体的探讨，获得体验科学研究过程、学习科学研究方法的学习，而不是以获得或证实某个结果为目的的。例如大学生对学校周边地区的调查。

探索学习的本质在于探索，而不是某个固定过程、方式的重复和再现。探索即伴随着失败，因此，探索学习也是体验失败的学习。最终结果的有无、正确与否，不是评价活动是否成功的依据。

探索学习包括发现问题，设立假说，收集资料、信息、数据，处理资料数据，以实验等方法验证假说，以及制作模型等操作活动。活动主要在教室外进行。这样的活动对于学生的探索能力、研究能力、应用所学知识解决问题的能力培养，对于养成科学的研究习惯，形成热爱和尊重科学的态度，是非常宝贵的机会。例如学生对学校当前绿化情况的分析，发现问题后，设立假说，然后收集资料、信息、数据等，处理资料数据，并以实验的方法验证假说。

3. 解决问题学习

解决问题学习是使学生直接面临实际问题，以学习和研究某个问题为中心的活动方式。对社会问题的研究和学习主要可应用这一方法。

解决问题学习的目的在于使学生在寻求解决或解释某个具体的社会问题的过程中，学会综合地、关联地、切合实际地分析和思考问题，掌握一般方法，形成关心社会的态度和参加社会活动的行为方式。

解决问题学习不是按照某种固有的体系、顺序、接受和记忆知识的学习，而是针对社会生活中的某种现象或事实，通过提出问题、采用查找资料、访问调查、自行探讨解决和解释问题的方式和途径进行的活动。

解决问题学习的基础是每个人对社会生活的观察和体验，个人的生活经历及体验的多样性即构成了对于问题分析的角度和所寻求的解决方式的不同。

解决问题学习是从社会事物和问题出发的学习，中心是人的行为和人际关系。以小组协同、合作学习为主的组织方式构成了实际的社会技能的学习。

在以社会问题为中心的学习中，如垃圾与环境保护、人口问题，道路与环境问题等，伦理的、道德的、对社会价值观和行为方式的判断必然贯彻始终。对社会某个地区人们具有突出意义的自然和社会问题，或者是人类共同关心或面临的重大问题，都采用专题调查的形式，让学生通过亲身经历，获得直接经验，可以极大地扩大学生的知识量。而且大量的亲身感受，可以教会学生正确看待问题的方法。

特别强调的是，大学生一定要做好实习或社会实践总结，写好实习或社会实践报告。这项工作比完成课程学习小结、实验报告具有更大难度。因为鲜活的生产和社会实际要比课堂教学条件复杂得多。总结报告不应是现象的罗列，也不应是收集资料的堆砌，而应在分析研究上下功夫。在总结中要把生产和社会实际中的问题和过去所学理论（政治理论、专业理论）联系起来，加深理论认识。水平较高的总结报告，常常能成为毕业设计、论文的良好基础，有些还对社会和生产实际工作有重要的实用价值。在总结实践中“学会学习”的同时，还要进一步总结“学会做事”“学会共存”“学会做人”等方面的收获和体会。

思考题

1. 简述综合性基础课的学习方法。
2. 简述专业基础课的学习方法。
3. 简述专业课的学习方法。

第三十一章　课堂学习与课外学习

第一节　课堂学习

课堂学习是大学生获得专业知识，提高科学文化素质的主要途径之一。课堂教学是当前学校教学的基本形式，因而课堂学习也是学生学习的基本途径。由此可见，学会课堂学习是大学生学会学习的一个基本环节，大学生必须适应大学课堂的学习，较好掌握大学课堂的学习策略，才能提高学习效率、早日成才。

一、大学课堂学习的特点

大学课堂学习相对于中学来说，在学习任务、学习环境、学生管理方式、教学风格、教学方式等方面，都有很大的差异，而了解这些差异是搞好大学课堂学习的必要条件。

（1）学习的任务内容差异。普通中学的主要任务是以升学为主要目的的一般的基础性学科知识的学习。而大学学习任务则转到以就业为主要目的的专业性知识学习。大学并没有取消基础性学科知识的学习，但已完全不同于中小学。大学在学习内容的深度和广度方面都远远高于中学。课程门类、教材内容和课堂信息量加大。许多课程的内容与现代科学发展的前沿阵地更加接近。中学对学生掌握知识的要求主要放在对基础知识的理解和接受即“学”上，即使强调运用也是主要求得与前人和老师的“相同”的思维上。大学对学生掌握知识的要求是在求同思维的基础上，更突出强调求异思维，强调创造性思维方法和创新能力的培养。在“学”的同时，已经不同程度上包含有“研究”的内容和性质。

（2）学习的具体环境氛围差异。大学在教学的硬件设备上一般都优于中学。如大学有藏书丰富的图书馆、设备先进的阅览室和各种实验室，有优越的食宿条件，特别是有知识密集、教学和科研能力较强且师生比例较高的教师群体，在某些专业方面还有知名度较高的学术带头人。同时，大学除课堂教学之外，还经常举办各种形式的学术报告、学术讲座、学术研讨会。大学还有专门反映教师和学生科研水平的学术刊物，有反映校园教师和学生生活、工作、学习的校内报纸。在学生中还有许许多多的与学生专业直接或间接有关的各种各样的社团组织。所有这些都为大学生学习提供和创造了较好的学习条件和学习氛围。

（3）学生课堂任务加重。大学里所开设课程分公共课、基础课、专业基础课、专业课四个层次，每一个层次又由许多门具体的课程综合而成。一般说来，大学生需要学习的课程在 30 门以上，每一个学期学习的课程都不相同，内容量大，因而学习任务远比中学生重得多。大学课堂讲授与中学课堂讲授有着明显的不同，对于习惯于中学课堂教学的大学一年级学生来说一时难以适应。大学老师在备课中，对教材内容的处理较为灵活，主动权更大。他们考虑得更多的是学生学习的系统性、扎实的基础与分析问题、解决问题的能力，而不单单是学生的考分。

二、大学课堂学习的环节

大学的学习与中学学习一样，是通过一连串互相联系的教学、学习环节来完成的。大学学习的

基本环节包括：预习、听课、记笔记、课后温习、作业、答疑、复习、考试，以及实验、实习和毕业设计等。而课堂学习的基本环节主要包括：预习、听课、做笔记。每个新生在开始大学学习的时候一定要弄清每一个学习环节的作用、要求和特点，以便掌握各环节的学习方法，顺利地完成大学的学习任务。

1. 预习

预习是大学学习中的第一环节，即课堂前的准备工作。大学的课堂教学内容相当丰富，教师的讲课也是提纲挈领的、跳跃式的，对许多问题的分析、讲解都是点到为止。不可能像中学的教学，花费大量时间去反复论证一个定理或公式，然后再做大量的习题去消化理解。大学教学更重视快速的逻辑思维。因此学生要通过预习，发现课程重点和难点，了解课程的前后关系及内在联系，做到心中有数，掌握听课的主动权，从而做到事半功倍。如果对教师所讲的内容十分生疏，思路和逻辑思维跟不上教师的讲解，就不容易全面掌握知识的重点、难点和相互关系。一个会学习的学生应该会针对自己的实际情况，做好充分的学习准备，这样听起课来就有主动权，能全面掌握所学的知识。

实践证明，做好预习，是跳出“恶性循环”，争取学习主动、提高学习效率和质量的重要方法。所谓“恶性循环”，在学习过程中表现为：课堂上听不懂，课后花很多时间还是不行，结果习题做不出，下一堂课更听不懂，越来越糟，十分被动。因此，听好课是关键，为了听好课，就要找出听不懂的原因，消除“拦路虎”，而预习的目的正在于此。预习做好了，课堂效率提高，复习、完成习题很顺利，一切反过来，变成了“良性循环”，学习效率、质量不断提高。

坚持预习的长远目的还在于养成良好的学习习惯，有利于自学能力的培养。预习要求主要有以下三点：

（1）按预习内容的覆盖面可分为开课前预习、阶段预习和上课前预习。开课前预习是对新开课程的主教材进行通览，着重阅读前言、绪论、目录以及各篇章内容提要和小结，从而了解课程性质、目的、任务，本门课程的理论基础，与相关学科的关系，学习和研究的主要方法等。还应了解本课程在教学计划中的地位和作用、先修与后续课程的关系等。阶段预习是对一篇、一章做整体的了解，主要是了解其中的内容体系结构以及与前后章节之间的联系等。上课前预习是预习下一堂课的学习内容，这是经常性的、最重要的预习方式。

（2）课前预习的基本要求是采用粗读方式，用心浏览、初步把握内容结构、核心、重点、难点、疑点。虽不必弄懂每个细节，但至少要分出懂与不懂的大致范围，从不懂中找问题。主要的问题类别有：新出现的名词、概念内涵理解问题；理论命题的物理、数学等抽象模型及其演变的理解问题；论述主题的背景、环境、条件及发展趋向的了解问题；新知与旧知、已知的关系问题；理论如何用于实际问题；等等。发现的问题应在教材上加以标注或记在听课笔记上。预习中提出的问题又可分为两类：其中大部分问题可在上课听讲及今后深入学习中加以解决；也有少数问题属于应有的知识准备。对不同的学生来说，或由于过去没有学过，或由于学过又遗忘了，“应知”变成了“不知”或“知之不透”。对于这类“应知”而“不知”的问题，在上课前应力求通过自学或请教他人的办法予以补救，以免其成为听课中的“拦路虎”。

（3）根据课程特点，采取相应的预习方法。对于分析性课程应着重了解理论体系中的前后联系；对于综合性课程应着重了解学科之间的交叉关系；对于文史类课程应着重了解主题与背景、内因与外因、因与果等方面的内在关联。其他如考试课程与考查课程、必修课程与选修课程等不同课程类别，在预习的重点与时间、精力投入上均应区别对待。

2. 听课

听课是学生学习最主要、最重要的一个环节，它是各个环节的中心。教师所讲授的内容主要是通过学生的听讲传授给学生。听课是教与学交流的主要渠道。中学教师的教学往往用几节课时间讲解相同的定理或结论，而且内容也是教科书上有的内容。大学教师的讲课只是讲解课本上一些最基

本的概念、理论。对教科书上的内容，教师会有所取舍地讲解，而且经常将学科发展的最新理论和观点贯穿到教学中去。学生不注意听讲，往往就会挂一漏万。

在课堂里学习还应养成勤学好思的习惯。为此，要从以下几个方面努力：

（1）要全神贯注，排除思想杂念和外界干扰，全身心投入。

（2）在听课过程中应当积极思考，学与思结合，就是说要对问题的阐述、解释在思想上多问几个为什么，同时还要紧跟老师的思路，且最好能超前思考。老师在讲授过程中常在一些发展思路的转折点或关键点上往往作一停顿或设问："下一步应当怎样？"如能做到正确的积极超前思考，就应当在脑子里适时做出正确回答。即使老师并未发问，自己也应想到下一步该怎么办。如果这种情况经常出现，说明自己的积极思考和老师讲课的思路合拍了。如果相反，就要思考不合拍的原因了。

（3）重视与教师的思想、观念的交流。我们是主张在认真预习的基础上来听课的。当发现教师讲授思路或对问题的理解和自己预习过程中的思路、理解不一致时，就应当给予高度关注，找出问题所在。通过对比分清是非，或纠正自己原来理解的错误，或进行补充，使之更趋完善。这种分析对比和思考在多数情况下是在自己头脑中进行的。有时也可在课堂上或课后向老师提问，通过讨论、交流，解决疑点，加深理解。

（4）控制注意力和思维集中。当自己的思考脱离教师讲课较远，有的地方没有听明白或没有理解，不妨在书上或笔记本上做上记号，接着往下听，不要停在这里而影响继续听课。大学教师的教学一般都有自己的教学方法。他们往往将知识重新组织，收集大量课外资料，总结以往的教学经验，提出最新的学术观点，丰富教学内容。如果学生没有牢牢抓住听讲这个学习环节，忽视了教师在课堂上传递的大量信息，就失去了获取知识的最好机会。这些知识、经验和观点单靠学生自己去收集总结是难以做到的。因此，大学生应该重视听讲这个环节。

3. 记笔记

记笔记也是课堂听讲的一个方面。记笔记不仅可以记录教师讲解的主要内容、逻辑关系以及重点、难点和补充内容，而且通过记笔记，可以将教师所讲的知识进一步理解、消化，变成自己的知识。由于教师讲课并不是严格按照教科书上的内容讲授的，还有许多补充内容。这些补充内容往往是知识的重新组织、新观点的阐述、难点的解释等，都是讲授中的重要内容，必须通过记笔记记录下来。从实质上来讲，在听讲时记笔记，眼、手、脑一起开动，加快了对知识的理解、消化和吸收，掌握了听讲的主动权，并且有效地防止自己上课"走神"，使自己能集中精力跟上教师的讲解，取得良好的效果。当然，笔记并不是教师讲课内容的简单重复和记录，它应该包括自己的理解、提炼和加工，使教师讲授的内容变为自己的知识，便于今后的复习。

三、做课堂笔记

前面讲到，笔记也是课堂听讲的一个方面。课堂笔记是被广泛采用的一种学习方法，它以十分简洁的文字，对讲课的主要内容进行高度概括，为今后复习做准备。复习时，先阅读教材，再反复阅读笔记，这样既抓住了重点，又节省了时间。其次，在课堂上，当感到疲倦或思想开小差时，记笔记能集中注意力，组织自己的思维。在笔记中应记下自己尚未明白的问题或需深入钻研的问题。因为老师讲授的知识密度大，课堂上又很少有与老师交流的机会，遇到问题或新想法，记在笔记本上，可留到课后向老师请教，或查阅资料。阅读参考书时可模仿老师的板书，对阅读材料进行提炼概括，抓住精髓。总之，做好课堂笔记，是提高听课效率的重要方法，它不但能积累资料，形成信息储备，同时也有利于课后的理解、记忆、考试复习。可以说学会做课堂笔记是大学生学习的基本功。做好课堂笔记需要注意以下几个方面的问题：

（1）记录老师的思路和方法。思路一般反映老师分析问题、推导结论的思考线路。因此，课堂上记下教师的思路，可以启发我们的思维，提高我们分析问题、解决问题的能力。老师讲课的思路一般用语言或板书表现出来，我们应该有意识地记录下来。对于工科学生来说，老师在讲解例题

时，常常会讲解解题的技巧、思路和方法。我们应将这些方法记录下来，并根据所记录下的方法进行理解、复习。

（2）记下老师的板书或提纲。一般说来，老师的课堂板书就是课堂学习内容的纲目。这些纲目是任课老师在研透教材内容的基础上，根据教学体会写出来的，它基本上能反映授课内容的知识结构和要点。它有助于学生理解、掌握、复习新课内容和知识体系，所以，我们不妨完整地记录下来。

（3）标记重点和难点。课堂上时间有限，老师的讲课速度也是非常快的。在课堂上，不可能把老师的讲课内容全部记录下来，因此应该有选择地摘录老师所讲的重要理论、观点和内容，老师某些精彩的或者有特点的语言和观点。要善于使用自己的语言、简洁的文字来记录。对一些一时难以记下的东西，要摘记老师讲课的要点和记录关键词，然后课后补齐。

（4）记录补充内容。大学老师在讲课时，除了讲解教材中的内容外，常常还会做些适当的补充，这些补充的内容融入了老师的见解和研究成果，对于帮助学生更好地理解教材内容、启迪思路、开阔视野，都是十分有用的。所以，在熟悉教材的基础上，对老师补充的内容除了记在心上，还要有选择地记在笔记本上。

（5）写下听课心得或疑惑。听课时，在老师的启发和指导下，学生有时会突发奇想，将两个或两个以上的以前认为不相关的观念串在一起，忽然悟出平日百思不得其解的道理，或是对老师讲解的内容有新的想法和心得，也不妨将这些思想的火花记录下来，以便于课后复习、理解、整理甚至进行新的创造。此外，在听课时，对有疑惑的地方，也要在笔记本上记录下来，以便请教老师和同学。

（6）及时整理课堂笔记。课后要注意整理课堂笔记，如果听课笔记有遗漏的地方，不妨和同学进行交流，把漏掉的内容补上。这样做有两个好处：一是补齐笔记；二是比较别人与自己的笔记，可以更好地抓住这节课的重点所在。

最后，还可以做一做笔记摘要，写写听课心得，在重要的部分做上记号，方便今后的查找和复习。

四、重视其他课堂环节，认真做好总结

讲授以外，还有习题课、讨论课、辅导答疑课等其他课堂教学环节。根据课程性质，还会有不同类型的课后作业要完成，如习题、小论文、读书报告、小型专题调查、案例编写等。这些辅助性课堂教学环节都是十分必要的，应当积极参加并完成相关作业。参加这些教学环节的重要性有以下三点：一是加深对讲授主题的理解；二是扩大视野，启发思路；三是理论联系实际，初步进行运用，以深化理解，把知识学活用好。

参加上述教学环节在方法和要求上要注意以下几个问题：

（1）和上课一样都要做好充分准备，都要发扬勤学善思的精神。

（2）尽可能通过图书馆、阅览室、上网等途径收集、学习相关资料，主要目的在于扩大视野、启发思路，把握分析、解决问题的方法，而不完全在于扩大信息量。

（3）所有课后作业必须独立自主完成，切勿互相抄袭。这种不良学风不只是欺骗老师，更是欺骗自己，危害不浅。

（4）认真做好课程和学业总结。总结的目的在于提炼、提升、提高，能做到纲举目张，把握经纬脉络。要把总结当作学习的一个必要环节来对待。课程总结可以按一堂课、一章一节进行，也可以在学完课程后进行。课程总结要向任课教师、专家请教，要请他们评价指正自己的总结。因为有考试考查的督促，一门课程学习总结一般已引起学生的重视，但对自己一学期、一学年的学业总结尚未引起重视。有的学校每学期期末考试后，都组织对学生进行一次鉴定或评估，这是总结一学期学习的成绩和不足、优点和缺点、经验和教训，以及是否达到了学习要求、达到什么样水平的一个

非常好的机会，千万不可马虎应付，失去了总结提高的大好机会。学会学习不是找什么灵丹妙药，只有在不断总结自己学业的过程中才会逐步提高学习能力，逐步达到会学。

第二节 课外学习

一、学会自学

大学期间，学习专业知识固然重要，但更重要的还是要学习思考的方法，培养举一反三的能力，只有这样，毕业后才能适应瞬息万变的未来世界。到了大学阶段，老师不会像中学老师那样一次又一次重复每一课的关键内容，而是充当引路人的角色，学生必须自主地学习、探索和实践。因此，每个大学生都必须加强自学能力的培养和自学习惯的养成。在校学生培养自学能力要做到以下几点：

(1) 树立自主学习观。主动性是自学的基本品质。自学主要是学生自己学习，如果缺乏学习的自觉性，自学也就不能成立。

(2) 制订自学计划。如果没有学习计划，就容易受到外界因素的干扰而影响自己的学习，而且没有计划的学习容易缺乏动力。因此我们必须根据自己的能力、水平，制订出明确的学习目标和科学的学习计划。

(3) 确保自学时间。要充分地利用好课余时间合理地自学。如课前的预习和自学，要安排在老师上课之前，如果自学中对一些问题感到困惑不解，就可以有目的地在课堂上听老师讲授此问题，或主动提出问题请老师解答，从而大大提高听课效率。课后对课堂所学问题要及时安排时间进行复习和巩固，对不懂的东西，要设法请教老师或查阅文献解决问题。

(4) 要善于利用各种手段和资源。大学的优势是因为其具有丰富的教育资源和优秀人才。大学生获取知识的途径是非常广泛的，要善于向教授、专家和身边的同学学习、讨论，交流各种信息；要学会利用图书馆、互联网等来丰富自己的知识。

二、善于利用图书馆

学生能够在课余时间到图书馆继续进行综合性和持续性的学习。大学生借助图书馆的丰富藏书，参考工具书和各种报刊资料，以及各种有利条件，不断提高自学能力，通过自学来获得新知识，补充课堂上未学到的知识，拓宽自己的知识领域，丰富自己的综合知识，提高自己的文化素质。

(一) 图书馆学习的优点

一是图书馆有安静的环境，适宜潜心学习；二是图书馆作为知识的海洋，它拥有丰富的藏书并使人产生求知的欲望；三是图书馆有课堂所学知识的延伸和课堂以外的各种综合性知识。大学生写论文、进行学术研究、参加论文答辩，甚至做作业都须在图书馆查阅文献资料。图书馆不仅为大学生提供丰富的文献资料，而且还教会了大学生掌握文献及文献检索的基本知识，掌握搜集、获取文献情报的基本技能，从而掌握论文的选题和写作方法等。大学生通过图书馆找到所需要的知识，进行再学习、再教育，从而提高自身的文化素质。

(二) 图书馆所藏文献类型

图书馆收藏的出版物分为六大类型：

第一，图书。以印刷品为主，也包括手抄本、小册子。

第二，期刊。有统一名称的连续出版物。核心期刊一年以后装订成册，备后查用，称过刊。

第三，物种文献资料。它是出版形式比较特殊的科学技术文献资料，包括科学报告、政府出版物、会议文献、专刊文献、学术论文、技术标准、产品样式等。

第四，微缩资料，包括微缩胶片、胶卷和微缩卡片等。

第五，视听资料，如电影、电视剧、录音带、磁盘等。

第六，数码资料。

（三）如何使用图书

图书馆里资料丰富，书籍多，内容广，如何找到自己想要的资料呢？这就需要一个选取资料的标准。一般来说，有四个标准，分别是：第一，必要的资料，就是解决课题不可缺少的资料；第二，真实的资料，就是可靠的、准确的资料，都要有确切的出处；第三，新颖的资料，就是不陈旧过时、不与别人重复的资料，因为只有新颖的资料才会证明新颖的观点，只有观点新、资料新才会有创造突破；第四，充分的资料，就是能足够证明论点的资料，使论文的资料在质量和数量上都很丰富。此外，找到资料必须阅读，一般采用精读与略读相结合的方法。

图书馆是知识的宝库，大学生在大学学习期间，如果能珍惜宝贵的学习时间，充分利用图书馆的文献资料，把自己的自学时间放到图书馆里去，在知识的海洋中遨游，那么将会给你带来无穷的乐趣，并能进一步扩大知识面。

（四）学会检索文献的途径、方法与步骤

在当代信息社会中，大学生熟悉文献检索工具书，学会检索文献的途径与方法，不仅对独立获取文献进行自学和培养自学能力十分有益，而且还可大大增强情报意识，对不断获取情报信息也有着重要作用。

1. 熟悉查找国内外文献的工具书

利用文献检索工具书检索文献，首要一点就是要选准文献检索工具书。查找国内文献资料的工具书主要有《全国总书目》《全国新书目》《全国报刊资料索引》《国内内部期刊索引》《内部期刊篇名目录》《国内科技资料目录》《科学技术译文通报》以及其他检索工具书如文摘等。

查找国外文献资料的工具书主要有《科技文摘》《国外科技资料索引》《国外科技资料馆藏目录》、《专利文摘》《专利目录》《国外报刊目录》《北京图书馆外文新书通报》等。另外，国外版的检索工具书主要有《化学文摘》《生物学文摘》《科学文摘》《伍利希国际期刊目录》《科学文摘杂志》《科学技术文献速报》《工程索引》《地理学文摘》等。

2. 文献检索的途径和方法

凡以文献（包括文摘、题录和原文）为对象的检索统称文献检索。检索文献必须有正确的途径和方法，并按规定的步骤进行，才能迅速、准确、完整地检索到所需要的文献。

（1）文献检索的途径。检索途径就是检索工作的实施渠道，它与文献的特征密切相关。一般说，文献都具有两种特征，即外表特征和内容特征。依据文献外表特征检索的途径有文献名称途径、著者途径、文献序号途径、引文途径等。依据文献内容特征检索的途径有分类途径和主题途径。

（2）文献检索的方法。文献检索的方法主要有追溯法、工具法（也称常用法）、综合法等。

追溯法，即以一篇文章的著作者在书或文章后附的参考文献为基础进行追溯查找一批文献的方法。这是在用检索工具或检索工具书不能满足需要的情况下采用的方法。

工具法，即在有成套检索工具书可利用的情况下使用的一种方法。这种方法又可分为顺查方式、倒查方式和抽查方式。

综合法，即上述两种方法相互交替使用的方法，所以也称交替法或分段法。这种方法又分为复

合交替法、间隔交替法。

（3）文献检索需注意的问题

一是在检索前，首先应了解课题的真正含义，吃透课题概念的内涵与外延，这样才能正确确定检索主题与标志，避免走弯路浪费时间。其次要了解课题的背景情况，这方面的情况了解得越多、越具体，效果也就越好。

二是正确地选择检索工具书，这是决定检索成败的关键。选择检索工具书，应从课题需要出发，一般是先选择综合性检索工具书，而后再辅之以专业性、专科性检索工具书。这样根据课题需要检索的文献既范围广、较专深，又不致使主要文献漏掉。

三是要注意获取原始文献。通过检索工具书查得的结果往往仅是文献的线索，如欲获取原始文献，还需一个分析和查询过程。这样就要识别文献类型，判断欲获取的原始文献是图书还是期刊的论文，是科技报告、学位论文还是专利或技术标准等。只有弄清文献类型，方能进一步查找和借阅。

除此之外，大学生在校学习期间也还要了解如何利用计算机进行文献检索。

三、善于利用网络资源

过去人们获取知识的途径主要是广播、电视、图书馆。随着互联网的不断发展，网络已成为当今最大的信息库，上网查询资料成为搜集资料的重要方式。

互联网使世界各地的计算机通过电缆、光缆、无线电波、卫星等传输互相联结起来，使世界各地的人们可以实现数据传递、信息共享等。互联网具有多种功能，常用的是通信、资源共享、电子商务、网络化管理等功能。

通信是人们应用得最多的功能，主要是用电子邮件方式来传递信息，它比传统的邮件快千百倍，在极短的时间里就可到达接收方。

互联网连接着不可计数的电脑，所收集的信息就像浩瀚的海洋。信息可以是各方面和各种形式的内容，既有图书馆目录、产品和市场信息、政府统计数字、博物馆中的藏画、计算机软件、明星的个人档案，又有一些软件、程序。任何人或机构只要连通互联网，就可获得包括文本、图像、声音、动画、视频等多种形式的各种信息。

互联网上的信息之多，使很多人不知从何处寻找自己所需的信息。如何在网上寻找信息？在实践中，网上资源的查询有两种方式。

一是专业网站查询，特点是专业性强。例如进入中国期刊网、万方数据、维普科技信息网、数字化期刊、超星数字图书馆等专业网站和搜索引擎，只要输入关键词或句子就很快能查到与之相关的研究内容。

二是一般网站查询，特点是信息资源丰富。这里也能搜索到专业的知识信息，当然更多的是非专业的知识信息。为了快速高效地找到自己需要的信息，互联网上的一些公司已经开发了许多查询工具（搜索引擎），可以用来提供所需的信息搜索，常用的搜索引擎是百度、搜狐、雅虎等。当你进入查询网站时，通常可以看到一个询问查询内容要求的空格栏，只要你键入一两个关键词或词组，然后按回车键或单击一下查询按钮，查询工具就开始查询，并为你显示一系列符合查询指令要求的清单，在清单上列出网址，单击一下，就可以进入到想要去的网站。

四、注重知识的积累

《周易》说："学以聚之。"聚就是积累。从某种观点来看，积累就是学习、研究。没有对前人知识的积累，就谈不上继承，也谈不上创新，学识渊博就是积累丰硕的结果。只有注意积累，我们才有广博的知识，思想才能真正活跃起来。

积累的方法多种多样，对学生来说，主要有这样几种方式：

（1）心记，即记忆。有些东西如英语单词、著名诗词、科学公式、定理等都必须熟记。没有记忆，脑中空空是谈不上积累的。但是，心记有局限性，受大脑开发程度的限制。笔记，可以弥补心记的不足。

（2）做读书笔记、札记等。通过笔记，手脑并用，可以凝神酌句，促进思考，多次重复，可以记得更牢，因此有“好记性不如烂笔头”之说。记读书笔记的方式有摘录式和评注式两大类。

（3）做资料卡片。将从阅读课外书、期刊、报纸中发现的一些重要资料用卡片摘录或编辑下来，做成卡片。

记笔记仿佛人人都会做，都能做，但真正让笔记发挥作用的人并不多。要懂得笔记的妙用，并真正学会做笔记。在实践中，记笔记、积卡片应当注意以下几点：①要按内容进行科学分类，做到井然有序，尤其是贮存量大时，更要科学地、及时地分类和整理；②记笔记、积卡片一定要注明资料的来源、书名、页码、期刊名称、期刊号等，以便查用；③积累要有明确的目标，原则上是博览精摘、宁缺毋滥，心中要有一条录取线；④藏书要各就各位，存放有序，用时可信手拈来。

此外，学会利用工具书也相当于另一种积累。工具书包括字典词典、年鉴手册、百科全书、情报文献、历史年表、地理图谱等。现代大学生除了利用个人记忆库（心记和笔记）外，还要学会利用这些现成的社会记忆库。

五、自学的相关技巧

（一）自学的基本环节

1. 明确读书目的

人生苦短，学海无涯。面对信息时代铺天盖地而来的知识大潮，任何人想浏览尽各类知识是不可能的。例如，一个化学系学生，每天读一篇化学论文，要把一年中新发表的 40 万篇化学论文读完，就得接近 1100 年。于是，如何有针对性、选择性地读书，就成为大学自学过程中首先要解决的问题。就大学学习阶段而言，大学生在自学过程中的读书，大致有如下几方面目的：通过自学读书以补充、完善、加强其专业学科方面的知识，达到强化专业技能的目的（这是大学生最基本、最重要的目标）；通过自学读书以持续发展自己的优势，张扬自己的个性，成为独具特色的人才的目的（这是大学生各自的特殊目标）；通过自学读书以扩充自己的知识面，开阔视野，提升思想境界，净化自身灵魂，成为复合型人才的目的（这是大学生应努力达到的较高目标）；通过自学读书以达到愉志悦情、消闲逸趣，得以调整身心的目的（这是大学生必不可少的奋斗目标之一）。这就要求大学生在自学时，有选择性、有针对性地读书，才能取得相应的效果。

读书的目的是与读书的具体技巧、方法息息相关的。不同的目的，可以采用不同的技巧与方法。

2. 掌握读书方法

现结合实际，介绍两类常用的读书方法。

学习要循序渐进。程朱理学的创始者朱熹说，读书之法，在循序渐进。求速难以理解，求速难以守恒。古人讲的循序渐进，其内涵是十分丰富的。它包括学习要有顺序，要有计划，要有目的，要由浅入深，由表及里，出简入繁，由近及远地按照人类吸收知识的科学规律进行。有目的地读书，按照既定的目标积累知识，坚持不懈，才能获得系统的有机的完整有用的知识。这就是知识结构的有序性。那种无目标无目的，盲目地读，心中无数，见书就读，或者见异思迁，今天读这个，明天读那个，会碌碌终生，一无所获。

学习要学思结合。对计划阅读的书要进行分类，把“精读”与“粗读”结合起来。精读要“细嚼慢咽”，熟读精思，要消化吸收。古人云：“学而不思则罔。”学习一段之后，要总结一下，看有哪些新收获，哪些问题没有弄懂。对复杂的问题要一层一层地深入思考。这样才能“去尽皮，方见

肉；去尽肉，方见骨；去尽骨，方见髓；渐渐向里寻到那精英处”。

学贵有疑。学习时要敢于质疑，善于发现问题。只有在阅读中善于提出问题并善于思考，才能有所发现，有所创新。对前人写的书，前人的理论，前人的成果，不能盲从，不能迷信，而要经过自己的大脑思考，凡事问一个为什么，问它是否真有道理。古人说，尽信书不如无书。既能“入书”，又能“出书”。千万不能钻到书本里出不来，成为书虫，读死书、死读书。

(1) 快速阅读法。如前所述，在大学生自学读书时，有一部分是为了扩充知识，开阔视野的需要；有一部分则是为了消闲逸趣，调节身心的需要；即使是要自学某些专业书籍，由于书籍量太大，也需要进行选择、筛选。针对这类情况，可以采用快速阅读法，即“泛读法”。其基本技巧（要求）如下：

第一，阅读时眼球要均匀移动。缺乏阅读技巧的人，在阅读时停顿（静止不动）过多，而且有很多往复现象，这样既杂乱，又浪费了许多时间。快速阅读则要求不要反跳、不回看，视线不离开字行，眼球均匀地跳跃而过（这需要一定训练，并养成习惯）。

第二，使用视力引导工具。最常见的视力引导工具是圆珠笔形的器具，阅读时，用其指着所读句子，然后均匀移动。这样，可使注意力集中（不回看、反跳等），从而提高阅读速度。

第三，无声阅读（即默读）。这样，可将文字直接由视觉神经输送到大脑中，使视觉广度增加，加快阅读速度。苏联学者索科洛夫研究证明，在默读时，词法会变成一种形象化的视觉概念，从而有助于直接发现和确定作者的意图和思想。

第四，跳跃阅读。所谓跳跃阅读，是在上述快速阅读的具体方法的基础上所采用的一种阅读技巧。其要点为：一是抓概要（如内容提要、前言、序、跋、目录等）；二是抓逻辑结构；三是抓核心要点；四是抓首尾呼应；五是抓关键词语。这样，就能在很短的时间内，快速掌握一篇文章、一部著作的基本轮廓和主要内容了。

(2) 研习精读法。在大学生自学读书时，有一部分知识是促进其专业技能的完善、强化，促进其创造性思维的塑造，促进其思想境界的升华等的需要的知识。因此，在泛读的基础上经过选择、粗筛后，则应采用研习精读法。应用此法时，主要应把握以下两点：

第一，采用五步阅读法。第一步为浏览，即前述快速阅读法介绍的跳跃阅读。第二步为提问，即针对阅读的重、难点内容设问。第三步为阅读，即带着已设的问题，仔细阅读，并做好相应的记录。第四步为复述，即对所学的内容进行回忆。第五步为复习，即对前述内容进行阶段性或系统复习。

第二，做好读书笔记。在研习精读法中，做好笔记是非常关键的一环。俗话说“好记性不如烂笔头”。一份系统的好的笔记，将会成为一笔宝贵的财富。读书笔记有以下几种：一是书上笔记，即指随着阅读，用自成系统的符号——圆点、直线、曲线、双线、加框、角形、惊叹号、问号等构成书上笔记符号系统，用以表达读者的感受，更好地理解书中的内容；或者在书的空白处，写下自己简短的评语和心得。二是摘要笔记。这是人们常用的一种用于收集重点资料，便于进行仔细钻研的方法。此类笔记可按专题分类，必要时可写上自己的评价和见解。逐渐积累，便可形成专题笔记。三是索引笔记。这主要为了便于查找文献资料而做的一种记录，是学习与研究必不可少的一种笔记。可按门类分别记载，便于查找，一旦需要，信手拈来。四是心得笔记。这是指在阅读完有关文章、著作之后，对某一问题、观点有了自己的一些感受和体会而予以记载的一种笔记。这类笔记对提高自己的理解水平、研究能力以及综合素质是大有裨益的。

(3) 学会积累、归纳与应用文献资料。在上述基础上，大学生就可以进一步培养和锻炼自己积累、归纳及应用各类文献资料的能力。首先，要学会积累与归纳资料。这里包含两层意思：一是要养成长期积累资料的习惯，这是帮助大学生以后成为优秀人才的很重要的一种能力。如果读书学习时缺乏这种能力，则会如俗话所言“狗熊掰苞谷——掰一个扔一个”，最后什么也没有留下。二是要学会对所收集到的文献资料进行归纳、整理和分析。如果只是将资料不断积累，而不对其加以相

应的研究与整合，那只能是一堆无用的死资料。在积累资料过程中，可以按专题、分门类地对这些资料加以研习、整理，既从中感悟对自己有用的信息、观点、思想等，又可在此基础上，进行新的研究，使其创造性地得到应用。具体方法有摘记、笔记、札记、短论等。摘记就是把所需重要资料抄录下来，常用的形式是资料卡片。笔记就是记下资料要点，并写下自己的心得、评价。札记是对某一些资料学习分析，形成一定的系统和看法，综合记录下来。短论就是综合相关札记资料而形成的小论文。我们从恩格斯的《自然辩证法》和列宁的《哲学笔记》可以看到生动的范例。

其次，更重要的是要学会应用文献资料。创造性人才与“书呆子”的区别，正是在于能不能对所占有的资料、所掌握的知识，在整合、分析的基础上，得到科学、合理和创造性的应用。诚如英国哲学家培根所说的那样：我们不应该像蚂蚁，单只收集；也不可像蜘蛛，只从肚中抽丝；而应该像蜜蜂，既采蜜，又加工，这样才能酿出最甜的蜂蜜来。

（二）数字化学习

随着现代科学技术的迅猛发展，数字化学习已经成为现代大学生不可忽视的重要学习形式。美国联邦教育部原部长理查德·W. 赖利在其题为《数字化学习——让所有的孩子随时都能得到世界一流的教育》的报告中指出，所谓数字化学习，“指数字化的内容和网络的应用”二者所构成的一种新的学习形式。这一形式既已成为“国家教育技术目录”，又已成为学生获取知识的有效途径和手段，并日益为各国所重视。因此，如何把握数字化学习（即人们通常所理解的网络学习）已成为大学生应当重视的新课题。

1. 数字化学习的特点及重要作用

数字化学习对大学生的学习具有如下四方面的意义：

（1）可以帮助大学生充分理解难懂的概念。由于缺乏形象化的展示方法，学生在学习时对一些复杂的概念感到很难理解和把握。现在则可以通过即时访问互联网或单机软件上的多媒体资源，更好地理解相关的基础原理。比如，许多学生觉得难以将一个数字表达式的情境联系起来，计算机却能通过图像和其他的数学对象，让学生来“演示”它们，以帮助其将数学表达式同真实的世界联系起来，并获得更清晰、完整、准确的理解。

（2）可以帮助大学生更专注于自学。其原因有二，一是互联网及多媒体技术的展现形式的丰富性与生动性（如有趣的形式、生动活泼的音像动画、独特的设计程序等），可引起大学生的学习兴趣；二是大学生可借助相关的技术资源和工具探索他们自身感兴趣的领域或相应的专题。

（3）可给大学生提供更多的有用的信息和资源。互联网为学生提供的可访问的信息和资源，比以往任何一项科学技术为学生在教室里所提供的都要多得多。进入互联网建立的“虚拟”学习者社区，便能使世界各地的大学生汇聚在一起，相互学习并解决现实世界的各种问题。

（4）可以更好地满足大学生自我成长的个性需要。互联网及多媒体技术除了提供引人入胜的学习资源外，还可以更好地为大学生个性发展、个别需要提供更好的服务，从而有利于大学生张扬个性，发展优势，成为独具特色的优秀人才。

2. 数字化学习应注意的问题

首先，要在教师指导下，实现数字化自学与有计划教学之间的“对接”。这是因为，只有当它真正与课堂教学相互补充、衔接，组成大学生完整的学习系统的时候，它才能成为大学生学习的有效手段和工具。换言之，如果大学生只是利用其作为“消闲”式的工具，它就失去了根本意义。因此，进行数字化自学时，仍然离不开教师的相应指导。如前所述，数字化学习的完整定义是由数字化的内容与网络应用二者所组成。对于前者（数字化的内容）中的许多东西（专业技能的强化与完善、知识结构的构建与思想境界的升华等），总是与老师相应的引导分不开的。

其次，在数字化学习中，要学会对信息的筛择与吸摄。对此台湾学者吴世雄曾指出：“在这个信息爆炸的时代，随便上一个网站，‘爆炸的信息’就会如潮水般地向你冲来。面对汪洋，我们要

找的可能只是一枚针。……因此，在最短的时间内，以最低的成本和最便捷的方式，换取最大限度的信息与服务，才是网络应该给予和我们应该要求的。”大学生在校期间，课堂学习时间已经很紧张，自学时间显得非常有限，如果再将宝贵的自学时间无端耗在“大海捞针”或漫无目的地“漫游”之上，是非常不合算的。因此，在网上学习时，也要采用前述“快速阅读”与“研习精读”相结合的办法，才能取得好的学习效果。

最后，尤为值得一提的是，网上学习既具有新奇性、多样性等特点，又具有非规范性、开放性等特点。大学生在网上学习时，如下两点必须注意并引起警惕：一是切不可被所谓“兴趣”或“娱乐性”所吸引，甚至可能被牢牢吸引住，极可能适得其反，荒废了学业；二是要有对网上信息的选择、分析、批判的能力，吸纳健康有用的，抵制排斥腐朽落后的，识别荒唐虚假的。由于网络学习的非规范性和开放性，目前网上信息还难免存在不少“垃圾”，如果大学生失去了“自律”，或者不具备筛择信息的能力，便有可能被“垃圾”信息所污染，而成为学业的失败者甚至社会所不齿的人。

第三节　论文写作和专题设计

大学生的专业论文写作训练，是高等专业人才人文素养、科学素养和实践能力培养的重要环节。一份工程设计说明书，一篇毕业论文或学位论文，不但体现了撰写者的科学研究成果及其学术水平，而且反映了撰写者的科学态度、科学方法、思维方式、写作能力等人文素养与科学素质。论文写作和专题设计是大学教学中综合性实践和专业能力训练的关键教学环节。

一、论文写作

（一）论文写作的类型与目的

各类专业教学计划中一般都安排了专业论文写作这一教学形式，作为对学生进行综合训练的独立作业。其主要类型有课程或课题论文、学年论文和毕业论文。调查报告的写作、实习报告的撰写也可列入论文写作范围。

学生专业论文写作的目的在于：促进学生掌握专业知识；培养学生的思维能力，把握研究方法；促进学生关心社会、了解社会；提高学生的论述表达能力以及增强学生为社会做贡献的信心。同时专业论文写作还有评价功能。专业论文的质量高低，是学生自己对掌握专业知识的深浅、运用专业知识解决实际问题能力大小的自我考核。

学生专业论文除与一般学术论文一样应具有学术性、创见性、专业性之外，还有练习性的特点，主要表现为：第一，要按规定的质量要求和时间要求完成；第二，在教师和教材（包括文献资料）的指导、提示下进行；第三，紧密联系所学专业知识、理论，并在写作运用中进一步学深学透；第四，要大胆探索、创新，抱着认真练习的态度，不怕不成熟；第五，练习者应有虚心学习的态度，向老师、专家请教，改正缺点，弥补不足，培养自己严肃认真的工作作风、老老实实的科学态度。

（二）写好论文的具体要求

首先，要树立正确的写作指导思想，即以认真虚心的态度，用理论联系实际的精神，运用唯物辩证的方法，从本专业学科实际出发，努力探索本专业学术领域的有关问题，提出自己的见解和建议。

其次，要把握专业论文写作的基本要素及其要求。专业论文写作的基本要素是论点、论据和论

证，然后是论文的结构与语言。其具体要求如下：

（1）论点必须方向正确、明确、新颖，而且要鲜明地集中表现出来，即围绕主要论点展开论述。

（2）论据要真实、充分。论据是论文的基础。论据有事实论据和理论论据两种。对事实性论据要鉴别其真伪。理论性论据要有一定权威性，要能正确理解其意义。

（3）论证要符合逻辑。论文要以理服人，靠的是逻辑力量，即在概念、判断、推理的使用中遵循思维规律，符合辩证逻辑。

（4）要合理地安排文章的结构。国家对论文的格式制定有标准，其基本结构一般由引言、正文和结论三部分组成。在引言中要说明问题提出的背景和现实意义，界定问题范围，阐明基本要领和全文的中心论点。正文是论证的核心部分，论证要围绕中心论点及与其相关的分支论点。结论应成为论文分析的必然结果，对论证的全部内容加以综合、提炼并展望未来。

（5）行文用语要平实准确，简练通顺，严谨规范。

二、专题设计

专题设计是工科专业、农林部分专业、应用艺术专业、新闻传媒类专业采用的一种综合实践课，一般分课程设计及毕业设计等多种形式。

（一）课程设计

课程设计是一种综合性的实践课。一般在学习了本专业主要技术基础课以后安排这一环节，要求运用所学基础理论及相关的实验技能初步练习解决一些局部性的工程实际问题。通过课程设计学生初步树立正确的设计思想、工程技术方法和科研方法。其具体要求是：

（1）培养学生运用所学课程理论知识解决工程问题的能力，以及正确进行工程运算和使用技术文献资料的能力；（2）培养学生树立正确的设计观点和掌握零部件设计、工艺过程设计、工艺装配设计等方面的设计方法；（3）培养学生使用工程语言简明精确地表达设计思想的能力以及绘图、编写说明书和答辩的能力等。

课程设计的内容视课程不同而异，课题不同则课程设计的程序不同。要根据课程设计指导书严格按要求进行。

（二）毕业设计

毕业设计是对大学生进行科学教育、强化工程基本训练和提高综合工程实践能力的重要环节，是对大学生进行综合素质教育，培养严肃认真的科学态度、优良的思维品质和严谨求实的工作作风的重要途径。

毕业设计的主要特点有以下几个：

（1）毕业设计任务的确定首先要考虑专业教学基本要求，同时也要结合社会实际，这也是毕业设计选题的原则之一。

（2）毕业设计具有时间的限定性及学业的规定性。毕业设计任务规定为学生毕业前必须完成的综合训练必修科目。

（3）毕业设计是在教师指导下由学生独立完成的。指导教师可以是学校教师，也可以是厂、院、所的工程技术人员。

毕业设计应满足工程设计的基本要求，即设计思想具科学性、设计内容具新颖性、设计表述具规范性、设计约束具严密性、设计过程具综合性以及设计结果具实用性等。

毕业设计的步骤和工作重点如下：

（1）确定设计题目，明确设计要求。

（2）毕业调查实习，查阅文献，收集有关资料。在调查实习中要向生产实践学习，向生产一线

工人学习，向使用者学习，还要学习技术资料。以上所学内容应概括写入调查实习报告，并在报告中提出设计的基本思路。

(3) 设计阶段。以机械产品设计为例，一般包括方案选择设计和论证，总体设计以及详细计算，局部结构设计计算、试验或编程三个步骤。方案选择及总体设计必须做到周密慎重，以免进入局部设计时发现原则性错误造成重大返工。设计环节应环环相扣、前后呼应。

(4) 编写设计说明书。要在教师指导下严格按规定的格式编写。撰写说明书大体上要经过拟写提纲、写成初稿、修改、定稿等步骤。

(5) 毕业设计答辩。答辩成功与否首先决定于毕业设计过程中的实际成果水平的高低，但也与答辩准备是否充分有关。答辩是一次口头考试，是一次锻炼口头表达能力的机会。艺术类专业一般用毕业创作、毕业演出作为毕业前的综合训练独立作业。

思考题

1. 简述大学课堂学习的特点。
2. 简述大学实验课的学习方法。
3. 简述大学实习课的学习方法。
4. 简述大学社会实践课的学习方法。
5. 大学生写好专业论文有哪些具体要求？
6. 简述大学生毕业设计的主要步骤。

第三十二章　开发学习潜能，提升学习能力

20 世纪初，美国著名的心理学家威廉·詹姆斯就曾断言，普通人只用了他们全部潜能的极小部分。他说："与我们应该成为的人相比，我们只苏醒了一半。我们的热情受到打击，我们的蓝图没能展开，我们只运用了我们头脑中和身体资源中的极小的一部分。"

人的智力有一定的遗传性，但每个人都存在智力潜能。开发智力潜能，是指创造条件，使智力发展的可能性最大限度地转变为现实。学习能力泛指个人理解、应用和批判所学知识的能力，通常包括听课能力、笔记能力、作业能力、考试能力、提问能力等方面。学习能力包括一定的先天因素，但主要靠在后天学习过程中获得和提高。比如记忆和思考能力，不能排除先天因素的影响，但后天的训练同样重要。人的学习能力要靠在学习过程中培养和提高，所以就有"学会学习"的提法。当然，学会学习包含的内容比较丰富，但核心是学习能力的提高问题。在现实世界中，每个人的学习能力有所不同，也有高下之分，但如果能在学习过程中注意提高自身的学习能力，基本上都能够达到创造性学习的目的。创造性学习将学习与探索、研究、实践结合起来，认为学习过程是探索、发现和创新的过程。学习者不仅要接受、消化所学的内容，把它变成自己的，而且要能够分析所学的内容，能够质疑和批判；不仅能够接受新知识、新事物，而且能够探索未知，提出新问题、新观点，从新的角度去看旧的问题。因此，培养能力、发展特长，已成为当今世界教学改革的一个共同趋势。大学生尤其要注重学习能力的开发。

第一节　认识你的智力

哈佛大学教授、发展心理学家加德纳通过多年来对人类智力潜能的大量研究，认为智力并非像传统定义所说的那样是以语言、数理或逻辑推理等能力为核心、以整合方式存在的一种智力，而是彼此相互独立、以多元方式存在的一组智力。人除了言语—语言智力、逻辑数理智力两种基本智力以外，还有其他五种智力。他认为每个正常人都拥有八种以上的智力，我们的智力就像太阳照射在钻石上折射出多彩光谱一样。这就是在美国的教育界产生重大影响的"多元智力理论"。多元智力理论中，加德纳认为我们每个人都拥有的以下这八种智力。

（1）言语—语言智力，主要是指听、说、读、写的能力，表现为个人能够顺利而高效地利用语言描述事件、表达思想并与人交流的能力。

（2）逻辑—数理智力，主要是指运算和推理的能力，表现为对事物间各种关系如类比、对比、因果和逻辑等关系的敏感以及通过数理运算和逻辑推理等进行思维的能力。

（3）视觉—空间智力，指准确的感觉视觉空间，并把所知觉到的表现出来的能力。

（4）身体—运动智力，指善于运用整个身体来表达想法和感觉，以及运用双手灵巧地生产或改造事物。

（5）音乐—节奏智力，指察觉、辨别、改变和表达音乐的能力。

（6）人际智力，主要是指与人相处和交往的能力，表现为觉察、体验他人情绪、情感和意图并据此做出适宜反应的能力。

（7）内省智力，主要是指认识、洞察和反省自身的能力，表现为能够正确地意识到和评价自身的情绪、动机、欲望、个性、意志，并在正确的自我意识和自我评价的基础上形成自尊、自律和自制的能力。

（8）自然观察智力，主要指对植物、动物、矿物进行认知和分类的能力，以及对自然界的特征（如云朵、石头等的形状）的敏感性。

这里还应该明确的一点是，这八种智力在每个人身上以不同方式、不同程度的组合使得每个人的智力各具特点：同样具有较高智力的人，可能是一名作家，可能是一名歌唱家，可能是一名数学家，可能是一名画家，可能是一名运动员，可能是一名思想家，也可能是一名社会活动家。同时，即便是同一种智力，也有着不一样的表现形式：同样具有较高逻辑—数理智力的两个人，其中一个可能是数学家，而另一个可能是文盲，但他有很好的心算能力；同理，两个同样具有较高身体—动觉智力的人，其中一个可能在运动场上有出色的表现，而另一个则可能因为动作不协调根本上不了运动场，但他在棋艺室里却有上乘的表现。所以，加德纳认为不存在适用于任何人的统一的评价标准来评价一个人聪明与否，像丘吉尔、莫扎特、爱因斯坦、毕加索、柏拉图和马丁·路德·金这些世界历史名人，谁更聪明呢？这很难作绝对的评判，我们只能说他们都是具有高度发达智力的人，都是相当聪明的人，他们各自在不同的智力方面、以不同的智力表现方式将自己的聪明才智发挥到了无与伦比的地步。从这个意义上，加德纳的多元智力理论告诉我们，对于世界上的每一个人来说，不存在谁更聪明的问题，只存在不同的个体各自在哪个方面聪明以及怎样聪明的问题。每个人都是独特而出色的。

第二节　培养注意力与想象力

一、注意力

注意，是人的心理活动对一定对象的指向和集中，是伴随着各种心理过程的心理特性。任何实践活动，都离不开注意。根据个体自觉意识的参与程度不同，心理学将注意相对划分为无意注意和有意注意两种。

我国古代思想家荀子说："心不在焉，则黑白在前而目不见，雷鼓在侧而耳不闻。"苏联教育家乌申斯基说："注意是心灵的门户。"这说明，人的心理过程，一旦离开注意，也就无法正常进行。对学生来说，注意是感知的基础，是认真听课、深入理解教学内容、提高学习效率、保证学习质量的必要条件。

提高自己的注意力应注意五个方面。

1. 养成良好的注意习惯

即要养成在任何时候学习，都要集中注意的习惯。例如，在学习一开始，就能立即集中注意；在学习过程中，仍能保持高度的注意，不让其分散；遇到困难或干扰时，能马上动员自己的注意力，强使自己去注意学习；学习结束时，仍能使注意保持紧张状态，有始有终，不虎头蛇尾，等等。

2. 善于运用有意注意与无意注意相互转化的规律

单凭无意注意是不够的，因为整个学习活动过程不可能都有兴趣，若遇到困难和干扰，需要有意注意参加；单凭有意注意则不可能持久，因为用过多的意志来努力维持注意力，会使人很快疲倦。所以，在学习过程中有意注意和无意注意要交替运用，使它们相辅相成。这样，就能使自己始终保持集中的注意，从而有效地学习。我们一方面可以通过各种方式来培养和提高自己的学习兴

趣，从而产生无意注意为学习服务；另一方面，可以通过明确某一学习活动的目的与任务来发挥有意注意的作用。

3. 加强意志的锻炼，加强自制力的培养

在学习过程中，常常会因为碰到一些自己感到枯燥乏味的东西或不感兴趣的学科而不愿意集中注意力，也常常会因为有外界富有强烈吸引力的刺激与干扰而分散自己的注意力。在这种情况下，就需要一个人具有坚强的意志，促使自己注意力的集中和稳定。因此，每一个学生都要有意锻炼自己在纷扰的环境中学习的能力，学会“闹中求静”；要强迫自己去热爱自己所不感兴趣的学科。

4. 用科学的方法保持注意力

在一个问题上集中精力久了，人就会感到疲劳，降低注意效率。所以，该学习时就应当专心地学习，该休息时就应当安心地休息，该活动时就应当痛快地活动。在学习过程中，要学会把“看”“读”“写”“作”“思”结合起来，交替进行。同时，还要培养自己在同一时间内将注意力分配到两种或更多的客体或活动上的能力，就是要学会“一心必须两用”。例如，上课时必须学会一边听、一边记笔记。这样，既能有效地集中注意力，又能使注意力迅速转移。

5. 适当参加文体活动

有益的、适当的文体活动，有助于学生的身心健康，可以陶冶情操、锻炼意志，可以使学生在紧张的学习之余，得到积极、愉快的休息，消除疲劳，恢复体力，保证学习时注意力集中和精力充沛，从而提高学习效率。

二、想象力

所谓想象，就是在过去感知材料的基础上，在头脑中创造出新形象的一种心理活动过程。爱因斯坦曾说过：“想象力比知识更重要。因为知识是有限的，而想象力概括着世界上的一切，推动着进步，并且是知识进化的源泉。严格地说，想象力是科学研究中的实在因素。”想象分无意想象和有意想象。

提高自己的想象力要注意四个方面。

1. 扎实打好基础，创造想象条件

任何想象都离不开基础知识，发展想象力首先要扎扎实实学好基础知识，掌握基本技能，扩大知识面，积累生活经验，为想象创造条件。例如，见过大海、听过潮声的学生，学习《听潮》时就容易在脑海中映现出具体、清晰的大海形象。

2. 语言文字形象化，抽象概念具体化

在学习过程中，要养成善于将一些语言、文字再造成图画和把一些抽象概念用具体的内容来描述的习惯。例如，当学到“点动成线、线动成面、面动成体”时，头脑中就要想象出具体的形象来。要通过实物、图片、参观等来获得足够的表象，使一些抽象的概念具体化。

3. 培养丰富情感，发展好奇之心

想象与情感密切相关，情感可以刺激想象。诗人、作家、音乐家、画家、演员等，在饱满而热烈的激情下，想象力高度发挥，创作获得成功。在学习中，我们也要注意培养自己丰富的情感，激发自己的学习兴趣，丰富自己的想象。另外，好奇心也是发展想象力的基础和起点。我们必须保持自己对周围事物和未知世界的兴趣和好奇，遇事多问几个“为什么”，提倡科学的怀疑精神，使大脑的想象功能不停地运转，持之以恒，必有好处。

4. 参加课外活动，重视课外阅读

课外活动是培养想象力的好天地。因此，我们应积极地参加一些有益的课外活动，例如，文学社团的创作活动和摄影小组、小发明小创造小组等的活动。课外阅读也是发展想象力的重要途径。

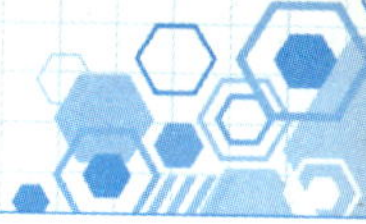

人的想象力是非常之大的。据心理学家估计，一般人只利用了想象功能的15%左右，其余85%想象功能都处于“睡眠”状态，等待我们去开发。因此，我们都要积极地创造条件，努力培养自己的想象力。

第三节 培养观察与记忆能力

一、观察能力

观察，是人们有目的、有计划、比较持久地认识某种对象的知觉过程。简单地说，所谓“观”，就是“看”；所谓“察”，就是“分析”。所谓“观察”，就是通过我们的眼睛来认识事物，联想问题，发现规律。观察是一种能力。具有敏锐、深刻观察能力的人，对事物看得全面，能迅速地抓住事物的重要特征和本质。

观察对于我们的学习，也是必不可少的。观察不仅是我们增长知识的重要途径，又是我们智力发展的重要基础。没有观察，就不可能有丰富的想象和创造性的思维。要养成良好的观察习惯，提高自己的观察能力应注意六个方面。

1. 有目的地观察的习惯

观察是一种有目的的感知活动。在没有明确的感知任务时，对象往往是肤浅的、不完整的；明确了目的、任务去知觉某一事物后，知觉的对象就比较完整、清晰。因此，我们必须养成有目的、有计划、有选择地进行观察的习惯。学习优秀的同学，往往具有很强的观察能力，其主要表现就是观察的目的性很强。观察目的不明确，左看一眼，右看一下，浮光掠影，盲目随意，不可能得到收获。

2. 全面观察的习惯

任何事物的本身都有一定的内在联系，而且与其他事物之间也存在一定的联系。因此，为了提高观察的精确性，把握事物的本质属性，就应该有步骤、有条理地进行全面观察，并分清主要现象和次要现象。一般来说，有这样几种形式。

(1) 按时间来说，观察可以由先到后。

(2) 按空间来说，观察既可以由近及远，也可以由远及近。

(3) 按事物本身结构来说，观察既可以由外到里，也可以由里到外。

(4) 按事物的组成来说，观察既可以由局部到整体，也可以由整体到局部。

(5) 按事物外部特征来说，既可以由宏观到微观，也可以由微观到宏观。

3. 重复和长期观察的习惯

很多事物的发展常常特别突然、非常迅速，由于观察速度跟不上，还没观察清楚，现象就消失了。所以，要一再重复观察，才能使结果可靠。另外，由于观察时，出现的次要现象更吸引人，容易忽视对主要现象的观察，只好再进行重复观察。另外，为了增强观察的持久性，我们还必须培养长期观察的习惯。

4. 应用各种器官和仪器进行观察的习惯

只有尽量应用多种器官进行观察，才能获得完整、鲜明、精确和生动的事物形象，才能对事物理解得更加深刻、全面。

应用各种感官直接进行观察是很重要、很方便的，但有一定的局限性，而且直接观察往往会有误差。因此，只有运用仪器，扩大感官功能，才能推动认识的深入发展。例如，显微镜、望远镜，

大大增强了人的视觉功能；用温度计测量水温比用触觉试水温更能消除误差。

5. 抓住重点进行观察的习惯

任何事物都有多方面的特征，如果观察时不分主次、不突出重点，“眉毛胡子一把抓”，这样不仅浪费时间，而且也抓不住事物的本质与特征。例如，要观察一只猫头鹰的外形，它的眼睛、嘴和爪子就是观察的重点。

6. 养成观察记录的习惯

凭记忆留下的记载难以保证准确，所以，观察时要有观察记录。记录要做到准确、具体、字迹清楚。为了保证记录得好，事先必须制订记录表格和速写符号。表格记录不仅可以节省文字，还有助于使观察者的注意集中到观察的对象上。此外还要注意养成写观察日记的习惯。

二、记忆能力

对经历过的事物能够记住，并能在以后再现或回忆，或者在它重新呈现时能再认识的过程，就叫“记忆”。用通俗的话来讲，记忆就是把看到的事物、听到的事情、学过的知识储存在头脑里，过后有人问到这些事物、这些事情或这些知识时，能准确地回答出来。

记忆是掌握知识的基本手段。记忆的过程，既是知识积累的过程，也是知识深化的过程。如果我们的记忆能力提高了，学习效率就必然会提高；反之，学习效率就必然会降低。记不住旧知识，就会影响新知识的学习；忘了公式、法则、定理，就会影响解题与思考；忘了字词，就会影响读书、写作；记不住必要的知识，就会影响考试。总之，没有记忆，就没有学习。因此，在学习过程中，必须十分重视记忆能力的培养。

提高自己的记忆能力应注意七个方面。

1. 明确记忆的目的或任务

大家都有这么一种体验：无论干什么事情，如果目的或任务明确，积极性就高，效果就好。记忆也是如此，如果老师在讲课前告诉学生，这堂课讲的某些知识课后要提问，或者要测验，或者是今后考试的必考点，那么大家对这些知识记忆的效果就特别的好。所以，要提高记忆效果，必须在记忆前有明确的记忆目的或任务。

2. 树立“能记住”的信心

有些学生在考试时，对某些试题，解题的思路是有的，但是某个知识或某个公式老是回忆不起来，所以考后老是埋怨自己记忆力太差。实际上，除了因某些疾病造成记忆力衰退的人以外，生来记忆力就差的人几乎是没有的。那么，为什么有的学生老是记不住该记的知识呢？主要原因是这些学生没有树立信心和没有明确的记忆目标。所以，我们一定要树立起“我能记住”的信心。另外，还要给自己以明确的记忆目的或任务，强迫记忆，锻炼记忆，磨炼意志，进行艰苦的脑力劳动，相信记忆能力是能够得到逐渐提高的。

3. 提高对记忆内容的兴趣

实践证明，人们对感兴趣的内容记得就快、就牢；对不感兴趣的内容总也记不清，就是一时记住了，也会很快忘记。这是因为，人们对感兴趣的东西，大脑皮层就会处于兴奋状态，能使人全神贯注、精力集中，甚至达到废寝忘食的境地，因而这个学习内容就会在脑子里留下深刻的印象。反之，对不感兴趣的学习，就会产生一种“服苦役”的感觉，大脑皮层会处于抑制状态。所以，大学生要努力提高对记忆内容的兴趣。

4. 要在理解的基础上记忆

理解是记忆的前提。只有理解了的知识，才能抓住实质，记准记牢。所谓理解，就是要懂得记忆内容的实际意义，即对某些知识不仅“知其然”，而且要“知其所以然”；不仅能回答“是什么”，

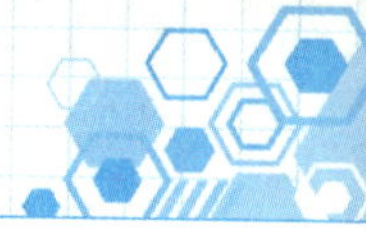

而且能回答“为什么”。要想尽快地理解和记住新知识，就应当在新旧知识之间找到“联系点”，把新旧知识串起来。这样，对新知识的理解既不成问题，记忆也更容易持久。反过来，记忆又能帮助理解，知识多的人也往往是理解能力强的人。

5. 要积极发挥各种感觉器官的作用

记忆是客观事物通过各种感官作用于大脑的结果，而且各种感官协同活动效果明显优于单个器官的个别活动。有人通过实验获得如下数据：单凭听觉获得的知识，一周后能记住15%；单凭视觉获得的知识，一周后能记住25%；视听结合获得的知识，一周后能记住65%。可见，发挥各种感官的协同作用（眼看、耳听、口说、手写），对加强记忆是十分有利的。

6. 要重视练习、复习等学习环节

科学实验表明：人们的遗忘是有规律的，一般表现为“先快后慢”。有关学者做过研究，学一种新的知识后，如果不及时练习，经过1小时后再检查，会遗忘56%；经过1天后再检查，会遗忘79%。这就告诉我们，必须在没有遗忘之前进行练习。通过独立练习，可以加深对知识的理解，可以使知识得到充分的复习。

实践证明，无论记什么事情和知识，光靠理解和练习是不够的，还必须不断地进行复习；复习得越充分，知识记忆得越牢固。因此，在学习过程中，一定要认真完成每天的课内练习和课外作业；同时，还要十分重视课后复习、单元复习、期中复习、期末复习、总复习这些环节。所以，要记住某个知识，科学的、必要的重复也是非常重要的。

7. 要善于分类、归纳和系统记忆

在学习过程中，不可能也没有必要把所有知识都死记硬背下来。记些什么，要有所选择，要抓住每一学科、每一章节的重点内容进行记忆。记住了这些重点内容，其他的内容就可以带起来了。因此，在学习中，要对知识不断进行分类、归纳和整理，使积累的知识不杂乱无章，便于记忆。另外，平时的学习一般是零碎的、分散的，所以要把它们“组装”起来，形成网络纳入系统。这样，就不易失散，便于巩固记忆。

第四节 培养思维与创造能力

一、思维能力

思维，是具有意识的人脑，对客观事物的本质属性和内部规律性的概括的间接反映。简单地说，人的大脑思考问题的这种内部活动，就是思维。

人类认识客观事物，学习基本知识，掌握基本规律，进行创造发明，都离不开思维。思维在学习中具有特别重要的意义。可以说，思维是整个学习活动的核心。通过思维，不仅可以更好地学习知识、理解知识、巩固知识和运用知识，而且还可以培养和提高一个人良好的思维品质和创造性思维能力。

提高自己的思维能力应注意三个方面。

1. 养成良好的思维习惯

在学习过程中，要努力培养自己爱动脑筋的好习惯。预习、听课、复习、作业和考试等各个环节，都要善于思考、勤于思考、独立思考，要多问几个“为什么”，多想几个“怎样办”，做到不依赖、不等待、不偷懒，不断增强好奇心，增加求知欲，增强独立性，增强创造性。

课前、课后，都要敢于并善于提出各种各样的问题，敢于大胆质疑，不断解疑，并学会“于无

疑处生疑”。疑是思之始，进之由；疑就是矛盾，就是问题，疑孕育着创造。

在学习中，要把“听”“看”“做”与“想”紧密地联系起来，不断提高思维能力。要养成边听边思考、边阅读边思考、边练习边思考的良好习惯。

2. 重视培养和训练创造性思维

如果说“学会学习”是大学生进行创造的前提，那么创造则是大学生“学会学习”的目的。创造性思维能力的培养和训练是大学生学会创造的基本途径。什么是创造性思维呢？根据当代心理学和神经生理学最新研究成果，创造性思维主要由发散思维、形象思维、直觉思维、辩证思维、逻辑思维和横纵思维等六个要素组成。这六个要素按照一定的分工，彼此互相配合，共同形成一个有机的整体。在创造性思维结构的六个要素中，发散思维主要解决思维目标指向，即思维的方向性问题；辩证思维和横纵思维为高难度复杂问题的解决提供哲学指导思想与心理加工策略；形象思维、直觉思维和逻辑思维则是人类的三种基本思维形式，也是实现创造性思维的主要过程（即主体）。具体说来，培养创造性思维应注意以下几个方面：

（1）重视发散思维的培养。发散思维（也称求异思维、逆向思维、多向思维）是相对于聚合思维（集中思维、求同思维、正向思维）而言的。没有发散思维就不会有任何创造性的萌芽和成果。可以说，许多发明创造都起源于发散思维。例如，1820 年，丹麦奥斯特已发现通电导线能使旁边的磁针偏转，说明电可以产生磁。同年，法国的安培也发现两根通电导线之间有相互作用，电流同向相斥，异向相吸。法拉第从中得到启发：“既然电可以产生磁，那么磁能不能产生电呢?”在这种逆向思维的指引下，法拉第经过多年的努力，终于用实验证实了这一假说，发现了电磁感应定律。

（2）重视直觉思维的培养。直觉思维在本质上是对事物之间关系（即内在联系）的整体把握，是在瞬间做出快速判断，实践经验愈丰富，知识积累愈宽厚，直觉判断也就愈正确。著名的“阿基米德原理”就是阿基米德依靠直觉思维在坐下浴盆的瞬间突然领悟到的：浴盆中水面升高的体积很可能等于身体浸入水中部分的体积。“水面升高部分的体积”和“身体浸入水中部分的体积”这两件事，从表面上看互不相干，但是阿基米德通过整体把握与直观透视方法，却在瞬间发现了二者之间的内在联系（或称“内隐关系”）——体积相等。

（3）重视形象思维的培养。依靠形象思维也可形成灵感或顿悟。例如，20 世纪初，一些地质学家和气象学家（如美国的泰勒和贝克以及德国的魏格纳等人）在观看世界地图过程中都发现南美洲大陆的外部轮廓和非洲大陆是如此相似，遂产生一种奇妙的想象：在若干亿年以前，这两块大陆原本是一个整体，后来由于地质结构的变化才逐渐分裂开来。在这种想象的指引下，魏格纳进行了大量的地质考察和古生物化石的研究，最后以古气候、古冰川以及大洋两侧的地质构造和岩石成分相吻合等多种论据为支持，提出了在近代地质学上有较大影响的“大陆漂移说”（这一学说到 20 世纪 50 年代进一步被英国物理学家的地磁测量结果所证实）。可见，“大陆漂移说”的提出离不开上述奇妙的想象。

（4）重视辩证思维的培养。辩证思维是指能运用唯物辩证观点来观察、分析事物；用对立统一观点看问题，既看到事物之间的对立，也看到事物之间的统一和在一定条件下事物之间的相互转化。历史上“曹冲称象”的故事包含着深刻的辩证逻辑思维：曹冲吸纳了两位大臣错误意见中的合理因素，设法找一个既能承受大象重量又不用人用手去提的大秤，根据日常的生活经验，船正好能满足这种要求；然后他又想到利用石块代替大象可以实现“化整为零”。正是这种辩证思维加上生活经验积累和敏锐的观察，使曹冲创造性地解决了他所处时代一般人所不能解决的难题。

3. 掌握一些基本的思维方法

（1）分析与综合。分析与综合是最基本的思维方法，是抽象、概括、比较、分类、系统化和具体化等思维方法的基础。

所谓分析，就是对研究的对象进行分解和剖析，以达到认识对象的各个部分或各个方面在对象整体中的性质、作用的思维方法。

综合，就是将研究对象的各个部分或各个方面有机地结合起来，以达到认识对象整体性质的思维方法。

分析与综合是彼此矛盾但又互相紧密联系的思维过程。分析以综合为目的，综合又以分析为基础，它们之间既互相作用又互相制约。事实上，分析与综合是无法分割的，二者总是交织在一起的。

（2）抽象与概括。抽象，是从复杂的事物中，单纯地抽取某种特性加以认识的思维方法。它是使感性认识上升到理性认识的重要手段。

概括，是把抽象出来的若干事物的共同属性归结出来进行考察的思维方法。即从个别推到一般的思维方法。

抽象与概括是不可分割的统一过程。在进行概括时，总要略去个别事物的某些特性，否则就不能突出事物的共同性质。抽象是概括的基础与前提，没有抽象，就无从概括；同时，概括又是抽象的目的，没有概括，抽象也就失去了意义。

（3）比较与分类。比较，是确定有关事物的共同点和不同点的思维方法。比较的过程，是先对有关事物进行分析，区分每个事物各方面的特征，再将有关事物按其特征进行对比，得出哪些方面具有共同性，哪些方面又有区别性，从而鉴别这些事物之间的异同。比较是概括的基础。通过抽象得出的属性，是在比较以后才能认识其共性与个性的。

分类，是以比较为基础，按照事物之间性质的异同，将相同性质的对象归入一类，不同性质的对象归入不同类别的思维方法。每一次分类，都应按照同一标准进行，所取的标准应服从于研究的目的或观察问题的角度。分类的目的，在于使知识形成条理，并进而系统化，促进认知结构的发展。

（4）联想与猜想。联想，是联系已有的知识和经验，由一个事物想到与其相关联的另一个事物的思维过程，是一种由此及彼的思维方法。联想的关键，在于认识事物之间的联系。联想是在分析、综合和比较中展开的；联想是有规律可循的。联想又分接近性联想、因果性联想、相似性联想和对比性联想等。

猜想，是对研究对象或问题进行观察、实验、分析、联想、类比和归纳等，依据已有的材料和知识做出符合一定的经验与事实的推测性想象的思维方法。猜想不是“胡思乱想”，而是一种合情合理的推理。猜想属于综合程度较高的并且带有一定直觉性的高级认识过程。猜想又分类比性猜想、归纳性猜想、探索性猜想和仿造性猜想等。

二、创造能力

创造能力，是人的一种智力因素和非智力因素相结合的高级能力。培养具有创造能力的人，是当今时代的要求、社会的需要。未来社会对人才的标准不是看他掌握知识的多少，而是看他驾驭知识和解决问题的能力，尤其重要的是看他创造性思维的发展水平，他的见地、发明、创造和对社会所做的贡献。

我们要培养创造能力，首先就要牢固树立起为国家、为人民造福的远大而崇高的志向。只有这样，创造能力才有正确的方向和源泉，才能产生战胜困难的顽强意志力。这是因为，无论是社会还是自然界的伟大创造，都不可能是一帆风顺的，都会遇到许多意想不到的曲折、困难、艰险与暂时的失败。只有意志坚强的人，才能战胜困难，取得胜利。提高自己的创造能力应注意五个方面。

1. 增强意识

在学习过程中，我们要在老师的帮助下，增强创造意识；掌握一些新奇独特、超越传统的认识事物的方式和别出心裁地考虑问题的方法；学会从特异的角度来观察问题、提出问题，善于遇事追根问底。对老师讲的、课本上写的、专家权威说的，要敢于提出不同的看法。在任何时候，都要敢于幻想、敢于猜想、敢于联想，进而善于幻想、善于猜想、善于联想。

在学习中，我们必须改变死记硬背的学习方法，不依赖老师，不迷信老师，要运用自己的智慧，积极、主动地和老师共同探索问题、发现真理，从而不断增强创新意识，发展创造才能。

2. 善于观察

观察是人们认识事物的起点，是迈向创造的第一步。从观察向创造迈进，除了要有一般的观察能力外，更重要的是要善于观察。这也就是说，要把眼睛训练成具有望远镜和显微镜的功能，做到“见常人所未见、识常人所未识”。爱迪生一生有近2000项的新发明，无疑是他比别人更善于观察。这种观察能力又是从小就开始培养的。

3. 敢于质疑

敢于质疑是创造活动的特征。我国宋代学者陆九渊说：“小疑则小进，大疑则大进。”质疑，表现了一种求知欲，包含着智慧的火花；质疑是一种探索精神，孕育着创造。因此，在学习和生活中，首先要敢于质疑，做到不迷信、不守旧、不唯书、不唯上，敢于发表自己的见解，敢于“打破砂锅问到底”。其次，要善于质疑，善于发现问题，善于从无疑处生疑。

4. 勤于实践

实践是创造发明成功的重要条件。为此，要做到乐于动手，就是要做实验、操作仪器，制作或改革工具，制作各种模型，修复各种电器、家具、车，甚至洗衣服做饭等；会正确地使用各种工具、仪器和仪表，能够用正确的方法和技术进行实验或实习操作；能正确迅速地得出实验的结果，并加以整理。同时，还要善于用准确的文字、数据和图解，写出实验记录或报告；积极参加学校或班级组织的各种课外兴趣小组活动，如科技活动、小实验、小制作、小发明、学科竞赛等活动，以扩大视野、陶冶情操、激励创新、训练和培养创造才能。

5. 掌握方法

创造方法是创造的手段。目前，常用的有100种创造方法，归纳起来可分为两大类。

（1）扩散发明法。所谓扩散发明法，就是围绕创造发明对象，利用发散思维诱发种种创造性设想从已知向未知扩展的方法。例如，类比创造法，就是根据两个或两类对象在一系列属性上相同或相似，而且已知其中一个或一类对象还具有其他属性，因此推出另一类对象在其他属性方面也相同或相似的方法。再如，联想创造法，就是由某事物而想起其他相关的事物，由某原理联想到其他相关原理，由某概念而引起其他相关概念，由某事物的结果与起因相联系从中找到解决问题的新方法。

（2）集中发明法。所谓集中发明法，就是围绕创造发明对象的所有信息，进行分析、整理，并按一定程序集中思维，从中找出最佳设计与方案的方法。例如，模仿法，就是通过设计与原型相似的模型，再通过该模型间接地研究原型的规律性，可以对事过境迁的自然现象或过程进行实验研究，可以将研究对象在短期内重复出现或放大、缩小，如工具仿制、机器仿制等。再如，移植法，就是把一个领域已经获得的理论成果和研究方法用到其他领域中去，以推动其他领域发展的方法。科学史上的许多重大进展，都是通过移植来实现的。当前，各学科互相渗透，移植尤为重要。相同学科不同方法的移植，从而发现新方法；不同学科不同理论方法的移植，从而产生新学科；不同研究领域的实验仪器、实验技术的移植形成新的分支等。

每个人都是一个潜在的天才，只是经常表现为不同的形式。开发学习潜能、提升学习能力的过程，不仅是人认识自己、实现自身价值的过程，同时也是人不断地与社会相互作用的过程。让我们科学地学习、快乐地学习，在开发学习潜能、提升学习能力的过程中走向人生的辉煌。

第五节　开发学习潜能

一、职业潜能开发的路径

1. 潜能开发的四个方面

促使潜能开发应用的方法、途径有很多，但从成功学的角度而言，主要有四个方面，即“诱、逼、练、学”。

（1）“诱”就是引导。寻求更大领域、更高层次的发展，是人生命意识里的根本需求。“喜新厌旧”是人的根本特性。因此，具有主体自觉意识的自我，有理性的自我，是绝不愿意停留在任何一种狭小的、有限的状态之中的。人总是想不断开拓以取得更大领域、更高层次的发展，从而更好地生存。这种炽热的、旺盛的发展需要，是潜能蓄势待发的前兆。只要对这种意识给予有益的暗示、引发、规划和培育，通过“自我设计”和“自我实现”，就能把潜能很好地调动起来，释放出来。

（2）“逼”就是逼迫。“都是逼出来的”，这样的话在生活中听到的次数实在是太多太多，可是又有谁想过，这平平淡淡的几个字，包含了很多成功的真谛。

人是一个复杂的矛盾体，既有发展的需要，又有安于现状、得过且过的惰性。能够卧薪尝胆、自我警醒的人少之又少。更多的人需要的是鞭策和当头棒喝式的促动，而“逼”就是“最自然”的好办法。人们常说的“压力就是动力”，就是这个意思。因此，被逼不是“无奈”，被逼是福。要么是被“看得起”委以重任，要么是有好运气，否则不会“逼”到你的头上来。你有了，别人就失去了。

被逼，心态就会改变；被逼，就会有明确的目标；被逼，就会分清轻重缓急，抓紧时间；被逼，就会马上行动。不寻求突破，不创新，就休想跨过这道坎，于是潜能在一逼之下因迅速集聚而爆发，如核聚变。

逼自己，一方面要勇于接受挑战，把自己丢进新条件、新情况、新问题中，逼到走投无路，才会想方设法，破釜沉舟；才会背水一战，兵法说“置之死地而后生”。另一方面，要用“自律”来逼，用目标管理、时间管理来逼，用行动结果来逼。以创新之心逼出创新的行为，得到创新的结果。创新是潜能发挥之始，也是潜能发挥之终。

人的潜能也遵循着“马太效应”，越开发、越使用，就越多越强。

生命力是从压力中体现出来的。生命力就是创新能力，就是创造力，就是人的潜能，也就是竞争力。我们一定听说过许多人身处逆境而做出了大成绩的故事，这便是人在被逼情况下潜能得到高度发挥的例子。试想，一个人被派到一个陌生的城市去开拓市场，一无关系，二无门路，该怎么办？有人可能会畏难而退，但有人却不会这样。他们依靠自己的智慧，努力去开拓市场，化解所遇到的一个又一个难题。而在一种安逸的环境中，恐怕就做不到。

“逼出来的”究竟是什么东西？是人的潜能，是人的创造力，是创新，是发展。在日常生活中，人在一“逼”之下而发挥出的超常智能和动力的事例不胜枚举。这是发生在日本的真实故事：一天，一位女士上街购物，把 4 岁的孩子单独留在家中。返回时，她在住宅楼附近碰到熟人，就停下来说话。突然，她看见 12 层楼自己家的窗子开着，孩子爬在窗台上正向她招手，她还来不及惊叫，孩子已经失足掉了下来，她丢下手中的东西，不顾一切地向孩子奔去，就在孩子快落地的一瞬间，她接住了孩子。事后，人们做过一次模拟实验：从 12 层楼窗口扔下一个枕头，让最优秀的消防队员从相同距离跑去接，试了很多次，都没接住，而且距离差得很远。人们常说的“压力就是动力”，就是这个意思。

因此，人不仅不要怕“逼”，而且还应该主动“逼”。自己跟自己过不去，自己逼自己，使自我经常处在一个积极进取、创新求变的良好的紧张状态，使潜能时常处在激发状态。除了在日常工作学习中要有这样的心态，另外就是要订立较高的目标来“逼”自己，来提升自己。生命力是从压力中体现出来的。生命力就是创新能力，就是创造力，就是人的潜能，也就是竞争力。

(3)“练”就是练习。练习是由专家设计开发的包括“潜意识理论与暗示技术”“自我形象理论与观想技术”“成功原则和光明技术”“情商理论与放松入静技术”等的练习、题目、测验、训练，如脑筋急转弯、一分钟推理等。

(4)“学”就是学习。学习是增加潜能基本储量及促使潜能发挥的最佳方法。知识丰富必然联想丰富，而智力水平正是取决于神经元之间信息的连接和信息量。关于学习的问题，在前面我们已经有过专门的论述，因此这里不再赘述。但是，请记住，学习是潜能开发最为重要的基础。

2. 从潜意识里开发潜能

人脑接受信息的方式分为有意识和无意识接收两种方式，我们每天都会受到不同程度的有形或无形的刺激，引起我们的注意而产生不同程度的反应。有意识接收是人脑对于周边事物的刺激有知觉地接收信息。无意识接收是人脑对于周边事物的刺激不知不觉地接收，这就是潜意识。

在你的潜意识中沉睡着无穷的智慧和力量，正等着你去开发和利用。心理学家和精神病专家都指出：当思想传递给潜意识时，在人脑的细胞中会留下痕迹，它会立刻去执行这些想法。为达到目的，它会利用以往的所有经验和任何星星点点的知识；它会萌生无穷的力量和智慧；它会将所有的自然规律都加以总结和利用。有时会立刻解决问题，有时则需要几天、几周或更长的时间，但所有问题最终都会解决。

潜意识确有完美的记忆功能，任何事物，只要你曾经看过、听过、闻过、尝过、触摸过，甚至只是想过，它们都会成为你的潜意识中被永久记忆的内容。一天 24 小时、一周 7 天、一年 365 天，潜意识对这些信息是清醒的，是易于做出反应的。潜意识对提供的信息毫不犹豫地全盘接受，没有任何抗拒和加以分析判断的意思。潜意识接受命令和指示并执行，就像一个打字员敲打那些固定在键盘上的字母那样准确无误。我们向潜意识输入什么信息，它就有无限的潜能和储存力来接纳和包容。

总之，潜意识就是我们“心”的大海。它汇集着一切思想感受的涓涓细流，容纳各种观念心态的百川江河。它是形成我们一切思维意识的源泉。

3. 利用想象力开发潜能

想象力是知识进化的源泉，想象力可以概括世界之一切，它是推动进步的。因此，爱因斯坦下了一个断语：“想象力比知识更重要。”甚至我们可以这样说，世界上所有的事物在开始的时候，都是人们想象出来的。爱因斯坦发明的“相对论”、牛顿发现的“地心引力”、我们现在使用的电脑，无不是人们发挥想象力开发潜能的结果。解决我们生活中的问题可以靠想象力，企业创新产品同样都需要想象力。

刚刚走出校门的大学生，完全可以大胆地创造一个从来没有人想到过的未来景象，以逆向思维的方式去做一些以前不曾做也不敢做的事，创新一些别人想不到的方法与点子，以出奇制胜来超越你的竞争对手。

4. 利用暗示开发潜能

心理学家经过长期研究得出一个基本规律：潜意识服从于暗示，它不做任何对比和判断，自己没有主张，而这些都是意识干的事。潜意识只做出反应，对任何暗示一律平等。

假定你在上船时见到一位看起来很胆怯的乘客，你对他说：“你看起来气色不好，脸色发白，我担心你可能要晕船，让我来帮你去客舱。”这位乘客听到你所讲的话，使他原本的担心更加重了。一想到晕船就是脸色发白，他就不得不接受你的帮助了。这就是消极的暗示起到了作用。有人常常

抱怨自己的脾气不好，易怒。如果一个人每天在心里默念："从今以后，我的脾气会越来越好。幸福、喜乐和平安常伴随着我。我变得越来越可爱，善解人意，我成了他人的快乐中心，我用幽默去影响我周围的人，美好的情绪成了我的自然心态。"一段时间后，他居然脾气变得好起来了，周围的人也开始喜欢他了。这就是积极的暗示起的作用。

在潜能开发时，有意识地使用一些积极的自我暗示，也有类似的效果。在学习自我暗示时，要牢记简洁、积极、假想等原则，假想自己健康，你要有浑身是劲的感觉。假想自己创富，你要有丰富人生的感受。当你朗诵（或默诵）你的语句时，要把感情贯注进去，你的潜意识是依靠思想和感受的协调去运作的。

5. 通过竞争和自我否定开发潜能

竞争对人能起到激励的作用。竞争能产生压力，压力又可以变成动力。在动力的推动下，竞争双方都提高了能力。学生要敢于进行健康有益、互相促进、互相提高的竞争。对于比自己才能高、领导成绩突出的人，要虚心向他学习，并敢于超越他；对于和自己在同一起跑线上、能力相当的人，就要比谁的能力提高得快，谁的领导成绩突出。有了明确的目标，就能激励自己迅速地提高领导才能。

自我否定，就是同自己竞争。"今天的我，一定要胜过昨天的我"，这就是一种自我否定。比如，今天的演说与昨天的演说相比是否有长进？昨天找一个职工谈话，不到 5 分钟就谈崩了，今天再找他谈话，能使他醒悟吗？通过这种自我否定，有助于自己能力的迅速增长。

竞争和自我否定，指出了新的目标、新的方向，提出了新压力、新动力，就会去寻求和探索新的方法、新的途径、新的手段，尝试运用新的思维方式、新的行为方式去从事领导工作。竞争和自我否定是一种特殊的学习和实践，也需要不断地总结成功经验，吸取失败的教训，使自己的能力不断提高，进而开发了自己的潜能。

6. 规划你的脑力

脑力规划的创始者汤尼·布桑曾说："一般企业主管花在学习经济、历史、语言、文学、数学及政治观的时间约有 1000 到 10000 个小时，但这些人花在学习创意思考的时间却不到 1 个小时。"

这样的现实启发他想出最有效的创意思考方法——脑力规划，用整个大脑，将计划以清晰有趣的方式造成视觉印象。无须浓缩大纲，或严格按照部首或数字的顺序排列，一点也不刻板，使信息更自由地流动，并且自动组织，由脑中流泻到纸上。

脑力规划将你的灵感倾注在纸上，刺激联想及思路。它暂缓思考过程中严谨、判断的部分，虽然判断是改革及创造的重点，但过早的判断会扼杀创意。在开始思考一个问题或情况时，应该让思绪漫游、畅通无阻，等所有的组合、联想及形态产生后，我们便能从中选择最有效的应对之道。

脑力规划和潜能开发有什么关系呢？脑力规划更直观地表现你的想法，尤其是那些灵光乍现的想法，使你能更清楚地接触到自己的潜能所在。脑力规划的记录能表明你对自己潜能开发的进度。脑力规划使你的思想更及时地得到传递，让你能够更多地享受思考的乐趣。总之，对于潜能开发来说，脑力规划不失为一种好的方法。

7. 找出你的兴趣所在

一个人潜能的大小往往取决于他的强项。成功者往往是那些能够认识到自己的优势潜能，并且坚信通过自己对潜能的发挥便能实现目标的人。要开发一个人的潜能，最好的办法就是经营其强项。如果能把自己的强项经营得强大无比，无人能敌，那么可以说潜能的开发也达到了极致。经营自己的强项就是要使自己最有优势、最强的能力发展到最高点，让它成为你所有潜能中最完美的强项。最好的经营强项的办法就是做好你所从事的职业，你所从事的职业就是你的强项，而且这种职业就是你的兴趣所在。这种情况下，你就在你的日常工作中不断经营自己的强项，也就是在开发你的潜能，而兴趣可以保证你拥有百倍的热情来完成这一过程。

由此可见，兴趣可以使你集中注意力，使你的工作富有创造性。

据研究，如果可以对某一工作有兴趣，便能发挥他全部才能的80%～90%，并且长时间保持高效率而不感到疲劳；而对工作没有兴趣的人，只能发挥其全部才能的20%～30%，且很容易疲劳。要想发现和准确判断自己的兴趣所在，你可以首先回顾一下过去的经历，看哪些是你感兴趣的。在此基础上，将自己的兴趣归于某种兴趣类型，并与相应的职业对比，这样可以帮助你选择适合自己兴趣的职业，经营自己的强项。

二、采用多样化的学习方式，开发学习潜能

从加德纳的多元智力理论来看，我们的学校学习其实差不多只使用和发展了言语和数学逻辑方面的智力，而我们每个正常人都拥有八种甚至更多智力，且它们又有不同组合，这就使得我们每个人都有不同的智力特点、不同的优势领域，呈现着明显的个性化特征。因此相应地我们可以有多样化的学习方式，以充分发挥我们的智力潜能，使自己能达到最佳的发展境界。

我们会发现有些同学比较擅长记忆与背诵，背出一大段的评论对他们来说并不是太难的事，在闲暇时间他们经常是选择阅读、写作之类的活动。这些同学往往具有良好的语言智力，通过倾听、阅读、写作或讨论等方式进行学习，他们可以收到较好的学习效果。也就是说，他们习惯于运用听、说、读、写进行记忆、沟通、讨论、解释、说明、创造知识等，这是适合他们的学习方式。

逻辑—数学智力强的人喜欢寻找事物的规律及逻辑顺序，经常进行演绎推理，喜欢动脑去思考不同的或更精简的解题方法；视觉—空间智力强的人学习时倾向于用图像、图表来思考，往往喜欢想象，通过看和观察学习，回忆学习内容时常用视觉映象来辅助；身体—动觉智力强的人很难长时间坐着不动，喜欢动手建造东西，用动手、演戏、模仿进行学习；音乐—节奏智力强的人对节奏很敏感，常常一边读书一边听或哼唱音乐，把音乐与其他的学科领域结合起来；人际智力强的人喜欢以合作的方式进行学习活动，当遭遇问题时，比较愿意找人帮忙，也喜欢教别人如何做事，通过教别人而学习；内省智力强的人经常静思，对自己有相当的了解，喜欢独立学习，习惯于把自己所经历的及如何想的写下来，进行反思或讨论；自然观察智力强的人对听、看、触、闻和味觉有特别的敏感度和技巧，能运用自己独特的感官能力去注意并对自然景物进行分类。

每一种智力强势的人都会有自己所习惯、喜欢的学习方式，不同的智力之间难以区分高低，评判优劣，只要是适合你的，就能促进你的学习，并使学习的过程充满兴趣、欢乐。记住，学习可以有多样化的方式。如果我们能发现自己的优势智力并通过合适的学习方式加以发展，我们也许就能在自己的强势领域取得突出的成就。

（1）认识自己，明确目标，建立自己的终身追求。从反问自己为什么上大学开始。现在学生的目的已经更加转向职业和收入。但还应有深层次的思考，如学会如何更好地思考和交流，更好地掌握改变世界的知识和技术，等等。要进一步认识你自己，作自我概念——“我是谁?”——的思考。自我认识的一个十分重要的方面是发现你的学习形式或学习模式，进而制订一个体现你一生追求的计划。

（2）掌握“学习”的经济学，做成功的时间管理者。如果把学习理解为一种经营自己的知识结构和思维的活动，那么我们可以说在学习中也存在一个资源的合理、有利分配的问题，因此也存在着一种“学习的经济学”。时间这种宝贵资源具有一维性、不可逆性、稀缺性、不可储存、无法借贷等特性。大学学习生活其实是短暂的。但我们只要掌握了时间的规律，我们就能有效地支配和运筹自己的时间，在有限的时间里，取得学习的成功。为此要分析时间流向，制订时间计划，掌握时间管理的技巧。

（3）努力提高自己的信息处理能力。在迅速发展的信息化时代，信息的可利用率以如此快的速度持续增长。集中和利用信息的能力已成为一个人的基础生存能力。知识的数字化和编码化是知识革命的一个重要特征。知识的数字化和编码化加速了可用知识存量的增长速度和知识流量的流通速

度。知识活动的计算机化和网络化也是知识革命的又一个特征。当前，计算机和网络技术日益渗入知识活动的全过程，即知识的生产、流通和使用。当代大学生应该跟上知识革命的步伐，努力提高自己的学习技能。随着校园信息化的推进，校园人首先将面临一个学习界面的转换问题。信息平台的搭建也使校园人的学习逐步从印刷界面向数字界面转移。这样，一个更为迫切的任务摆在校园学子们的面前，那就是要学会对信息进行选择。我们至少可以把握以下两点选择的技能：一是利用搜索引擎等数字化工具帮助选择，二是运用信息树的方法。

（4）学与思结合，开发自己的创新能力。学校应该教什么？学生应该学什么？最重要的应当是学习怎样学习和学习怎样思考。大学生不仅要博学、审问，而且要慎思、明辨，做到学与思的结合。学与思结合进而达到创造性学习，提高创新意识、创新能力与创造能力。创造性学习强调学习者的主体性。创造性学习倡导的是学会学习，重视学习策略。创造性学习者擅长新奇、灵活而高效的学习方法。创造性学习来自创造性活动的学习动机，追求的是创造性学习目标。

（5）知与行统一，重在实践中积累经验，提高经验知识水平。在努力实践知与行统一的过程中，要重新审视“实践教学”的价值。不能把实践教学看作是课堂教学的延伸和补充。在当前有关创新教育的改革中，将实践教学作为培养学生创新意识、素质和能力的一个基本途径。

经验知识或隐性知识，或缄默知识是我们传统教育思想中不予重视的一个方面。在全面理解学会学习的内涵时，必须加强被长期忽视的经验知识的学习。这类知识一般都很难通过正规的教育渠道加以传递和掌握，在很大程度上只能通过实践中的个体摸索，顿悟以及同行之间在科学活动中大量随机的相互交流和切磋来进行。在这里，传统手工业时代的“学徒制”可以起到很好的借鉴作用。

（6）重视情绪健康，提高情绪能力、发挥学习潜力。过去十多年来，基于脑科学的成就，国际上学习科学取得了显著的发展。由于对“情绪脑”的理解更为清晰，有可能使教育制度朝着适应“情绪和自我调节能力的教学”的方向变化。要创造良好的教育环境，提高学生的“情绪能力”。情绪能力包括但又不局限于自我认识的能力，还包括能够自我控制和有同情心，解决冲突的能力和与他人合作的能力。大脑中情绪和认知部分之间的协调与均衡，对个人在社会交往中成功与否起着重要作用。一个人的成功不仅取决于认知能力的高低，同样取决于他承受挫折和压力的能力，即自我控制能力。情绪能力指的是特殊的技能、习惯和态度，可以带来高绩效的个人和社会技能。通过开发和提升这些技能，可以显著提高个人的能力，实现个人及事业的成功。因为学习需要发自内心的主动性，需要好奇心，开发情绪脑的潜力，提高人们的情绪能力将十分有利于推进终身教育。

思考题

1. 简述多元智力理论中八种智力的主要内容。
2. 如何开展多样化的学习方式，开发自己的学习潜能？
3. 如何培养自己的注意与想象力、观察与记忆能力、思维与创造能力？

第四篇　中华美德

第三十三章　中华传统美德

第一节　中华民族传统美德

一、中华民族传统美德概述

中华民族传统美德，是指中国五千年历史流传下来，具有影响，可以继承，并得到不断创新发展，有益于下代的优秀道德遗产。概括起来就是：中华民族优秀的道德品质、优良的民族精神、崇高的民族气节、高尚的民族情感以及良好的民族习惯的总和。它标志着中华民族的“形”与“魂”。它也是我国人民处理人际关系、人与社会关系和人与自然关系的实践的结晶。

中华民族传统美德，倡导“格物、致知、诚意、正心、修身、齐家、治国、平天下”的实现人生理想的步骤和模式。这种为人处世的基本道德观念，是人类进行物质生产活动和自身生存发展的基本要求，也是人们共同生活的起码的行为准则。它正确反映了人类社会发展的客观要求，它是人类社会道德关系的具有科学性的优秀的遗产。

加强道德建设必须承接中华民族的传统美德。道德从来就是现实性与历史性的统一。社会主义道德不是无源之水、无本之木，而是植根于民族文化的沃土，是传统美德的延续和升华。承接中华传统美德，就是要以中华传统道德的背景为基础，把传统道德中的这些符合时代要求，有助于经济社会协调发展的内容承接下来，推广到全体人民中去。

二、“仁、义、礼、智、信”的基本内涵

“仁、义、礼、智、信”是中华民族传统美德的核心价值理念和基本要求，带动整个社会道德体系的发展和社会道德水平的提升，在整个中华民族传统美德中具有重要地位。

“仁”，是指同情、关心和爱护这样的心态，即“仁爱之心”。在“仁”的情感范围由家族扩展到社会的同时，“仁”的道德内涵和道德地位也得到了进一步丰富和提升，成为中华民族传统美德的第一要素。

“义”，是指正当、正直和道义这样的气节，即“正义之气”。在这五大要素里最重要的是“仁”和“义”两德，是最核心、最基本的两大要素。

“礼”，是指礼仪、礼貌和礼节这样的规矩，即“礼仪之规”。中国人向来把“礼”放在重要的

位置上，以礼仪之邦来表明我们是文明的，不讲礼仪是不文明的。由此可见，“礼”在中华传统美德中同样有着重要位置。

“智”，是指辨是非、明善恶和知己识人这样的能力，即“智谋之力”。“智”成为对人们思想道德和文明素质方面最基本的要求之一。

“信”，是指诚实守信、坚定可靠、相互信赖这样的品行，即“诚信之品”。“信”不是简单的诚实，信用才是“信”最基本的内涵。《旧唐书》里说“君之所保，惟在于诚信”。《尚书》写道：“信用昭明于天下。”《诗经》里面有一句非常有名的成语叫“信誓旦旦”。像这样一种对“信”的认识、对“信”的提倡、对“信”的崇拜，从古至今像一棵常青树一样存活于中华民族生生不息、世代繁衍的思想文化沃土中，说明“信”作为中华民族传统美德的重要内容，历来被人们所肯定、所推广。

那么，如何看待中华民族传统美德“仁、义、礼、智、信”五大基本要素呢？从五大要素的关系看，它们之间相互关联、相互依存、相互支撑，共同构成了中华民族传统道德大厦的根基，也可以说是道德大厦的支柱。从基本内涵来看，“仁”主要是人与人之间互相关怀、互相尊重和互相爱护的情感，是世间万物共生、和谐相处、协调发展的一种道德规范；“义”是超越自我、正视现实、仗义公道的做人态度；“礼”是建立人际关系、社会秩序的一种标准和规则；“智”是人认识自己、了解社会、解决矛盾、处理问题的眼光和能力；“信”是人们交往和处事的道德准则。“仁、义、礼、智、信”是中华民族传统美德的核心价值理念和基本要求，是我们要很好遵循的、最重要的五种社会道德规范。

三、中华传统美德的主要内容

（1）爱国奉献，以天下为己任。

（2）勤劳勇敢，追求自由解放。

（3）求真务实，敬重诚实守信。

（4）乐群贵和，强调人际和谐。

（5）励志自强，崇尚精神境界。

（6）德性修养，重视躬行慎独。

（7）中华民族优良道德传统还有谦虚谨慎、戒骄戒躁、廉洁奉公、勤俭节约、艰苦朴素、宽厚待人、见义勇为、孝敬父母、尊师敬业等。

传统美德在中国社会的发展中起了十分重要的作用。她集中体现了我们中华民族的共性，具有普遍的和永恒的价值。作为华夏儿女，我们一定要继承和发扬中国的传统美德，把这些美德发扬光大，昭示后人。

四、继承中华传统美德的重大意义

（1）继承和弘扬中华民族优良道德传统，是社会主义现代化建设的客观需要。

（2）继承和弘扬中华民族优良道德传统，是加强社会主义道德建设的内在要求。

（3）继承和弘扬中华民族优良道德传统，是个人健康成长的重要条件。

继承中华传统美德应有的态度：学习、继承，并结合时代要求发扬光大，为社会主义物质文明、精神文明和生态文明建设服务。

第二节　奋进新时代，中华传统美德职教行

一、中华传统美德职教行活动概述

为贯彻落实全国教育大会精神，深入贯彻落实中共中央办公厅、国务院办公厅《关于实施中华优秀传统文化传承发展工程的意见》等文件精神和要求，推进职业院校坚持立德树人根本任务，传承弘扬中华优秀传统文化，践行社会主义核心价值观，教育培养学生坚定理想信念、厚植爱国主义情怀、加强品德修养、弘扬劳动精神、提升综合素质，使其成为新时代德智体美劳全面发展的社会主义建设者和接班人，中国职业技术教育学会牵头组织全国职业院校开展“奋进新时代，中华传统美德职教行”活动，简称中华传统美德职教行活动。

二、中华传统美德职教行活动指导思想

以党的二十大精神为指导，牢固树立“四个意识”，坚持“四个自信”，做到两个“维护”，坚持以中国特色社会主义核心价值观教育为引领，坚守中国文化立场，传承中国文化基因，广泛推动中华传统美德融入职业教育，坚持德技并修，以培养德智体美劳全面发展的社会主义建设者和接班人为根本任务，为加快实现职业教育现代化、建设职业教育强国，实现中华民族伟大复兴的中国梦贡献力量。

三、中华传统美德职教行活动内容与目标

传统美德是中华民族优秀的道德品质，优良伟大的民族精神，崇高的民族气节，高尚的民族情感，健康向上的民族心理，良好的民族习惯和礼仪的总和。传承弘扬中华传统美德，就是要大力弘扬自强不息、敬业乐群、扶危济困、见义勇为、孝老爱亲等传统美德。中华传统美德职教行活动使中华传统美德教育与职业教育有机融合，促进职业院校构建和完善具有职业教育特色，有利于中华传统美德传承发展，德智体美劳全面培养的育人体系；基本形成有规划、有品牌、有载体、有活动、有作品、有影响的工作格局；推出一批美德研究成果和案例，建成一批美德传承基地，开发一批美德教育资源，打造一批美德传承发展的品牌活动和项目，培育一批美德教育名师，培养一批弘扬传统美德的优秀人才，形成职业教育师生自觉践行中华传统美德的良好习惯，营造传承发展中华传统美德的良好氛围，提升职业教育社会影响力。

“为党育人，为国育才”，要坚持把立德树人作为根本任务，在加强品德修养上下功夫，以美育人、以文化人，培养德智体美劳全面发展的社会主义建设者和接班人。是开展“奋进新时代，中华传统美德职教行”活动的根本遵循。全国职业院校将力争从中华民族最深沉精神追求的深度看待中华优秀传统文化；从国家战略资源的高度继承中华优秀传统文化；从推动中华民族现代化进程的角度创新发展中华优秀传统文化。

“中华传统美德职教行”活动对于职业教育界，继承和发扬中华传统美德，推动职业教育走向高质量发展具有重大现实意义。中华优秀传统文化是我国最深厚的文化软实力，是中国特色社会主义植根的文化沃土，是我们在世界文化激荡中站稳脚跟的根基，职业院校要系统设计中华传统美德职教行活动，要大力开展“固本工程”“底色工程”“铸魂工程”。

第三节 弘扬中华传统美德，塑造职教时代新人

中华传统美德是中华传统文化的精髓，是社会主义道德建设的源头活水。中华传统美德蕴藏的中国智慧，既可以为我们今天的道德建设提供有益启发，为治国理政提供有益启示，也为解决当代人类面临的道德难题提供重要启迪，更为当代大学生的成长提供宝贵精神营养。

在落实举措上，要在坚定理想信念上下功夫，教育引导学生树立共产主义远大理想和中国特色社会主义共同理想，增强学生的中国特色社会主义道路自信、理论自信、制度自信、文化自信，立志肩负起民族复兴的时代重任。要在厚植爱国主义情怀上下功夫，让爱国主义精神在学生心中牢牢扎根，教育引导学生热爱和拥护中国共产党，立志听党话、跟党走，立志扎根人民、奉献国家。要在加强品德修养上下功夫，教育引导学生培育和践行社会主义核心价值观，踏踏实实修好品德，成为有大爱大德大情怀的人。要在增长知识见识上下功夫，教育引导学生珍惜学习时光，心无旁骛求知问学，增长见识，丰富学识，沿着求真理、悟道理、明事理的方向前进，要在培养奋斗精神上下功夫，教育引导学生树立高远志向，历练敢于担当、不懈奋斗。要在增强综合素质上下功夫，教育引导学生培养综合能力，培养创新思维。要树立健康第一的教育理念，帮助学生在体育锻炼中享受乐趣、增强体质、健全人格、锤炼意志。要坚持以美育人、以文化人，提高学生审美和人文素养。要在学生中弘扬劳动精神，教育引导学生崇尚劳动、尊重劳动，懂得劳动最光荣、劳动最崇高、劳动最伟大。

在立德树人具体要求上。要把立德树人融入思想道德教育、文化知识教育、社会实践教育各环节，贯穿基础教育、职业教育、高等教育各领域。

作为职业院校，要充分认识中华优秀传统文化全面融入职业教育的时代价值意蕴，进一步坚定师生文化自信、传承弘扬中华传统美德，创新职教特色的中华美德文化育人路径模式，培养具有中华传统美德和精湛技艺、能担当民族复兴大任的时代新人。

中华优秀传统文化全面融入职业教育，是落实立德树人根本任务的必然选择。要加强对中华优秀传统文化的挖掘和阐发，努力实现中华传统美德的创造性转化、创新性发展，把跨越时空、超越国度、富有永恒魅力、具有当代价值的文化精神弘扬起来，把继承优秀传统文化又弘扬时代精神、立足本国又面向世界的当代中国文化创新成果传播出去。

中华优秀传统文化全面融入职业教育，是坚定职教文化自信的不竭源泉。中华优秀传统文化是职业教育文化的根脉；坚定职教文化自信是发展现代职业教育的根基；以文化人、立德树人是提高职业教育质量的根本；德智体美劳全面发展是现代职业教育的历史使命。职业教育文化就是要在中华优秀传统美德文化独一无二的理念、智慧、气度、神韵中去寻找根与魂，去阐释时代价值，推动中华优秀传统文化创造性转化、创新性发展，不忘本来、吸收外来、面向未来，更好构筑职教精神、职教价值，在传承创新优秀传统文化中坚定职业教育文化自信。

中华优秀传统文化全面融入职业教育，是凝聚职教人实现中华民族伟大复兴的精神力量。作为高职院校，要挖掘我们民族悠久的历史文化里面的价值理念、道德观念以及治国理政的大智慧，同时结合职业教育发展特点、要求和进程对传统文化进行创造性的发展和利用，传递中华匠心文化之美，传承职业教育初心，为培养能担当民族复兴大任的新时代大国工匠，凝聚起所有职教师生同心同德、砥砺奋进的强大精神力量。

推动优秀传统文化进校园、进教材、进课堂，以工匠精神为根本，引导广大同学追求精益求精和专注耐心，甘于淡泊的品格，在实践中提升自身职业素养；以弘扬劳模精神为基点，传承中华民族崇尚劳动、尊重劳动、热爱劳动的品格，引导学生解读劳模本质、探究劳模品格、宣传劳模价值

和践行劳模精神。加强对家风家教、民族传统、中国精神和特色文化等传统美德的总结、整理和发掘，构建和完善具有职业教育特色的文化品牌；结合当地的优秀文化、行业文化、院校自身的优秀传统，大力推进中华传统美德进校园、进课堂、进社团、进教材，并将之创造性地融入教育教学实践和丰富多彩的校园文化中，实现美德教育全覆盖，形成各具特色的校园文化。

思考题

1. 试述中华传统美德的主要内容。
2. 新时代大学生继承中华传统美德有何重大意义？
3. 谈谈你对中华传统美德职教行活动的认识与体会。

第三十四章 大学校园文化建设

第一节 大学校园文化概述

一、校园文化的含义和特性

校园文化是高等学校特有的一种文化现象。它伴随着大学的诞生而出现，伴随着大学的发展而丰富和完善，伴随着大学的转型而变化，逐渐成为一种完整的形态。它以社会先进文化为主导，以师生文化活动为主体，以校园精神为底蕴，是由校园中的所有成员在长期的办学过程中共同创造而形成的校园物质文明和精神文明的总和。

(1) 校园文化的继承性与创新性。“发展的历史，流动的师生，久远的大学”，任何一所大学的文化都是历史沉淀的结果，同时也随着学校的发展而不断得以完善和改进。校园文化尤其是其核心——精神文化一旦形成，便可相对独立地在校园内继承、发展和向校园外辐射。大学的教育教学制度一般是渐进发展的，既包含着对传统教育观念和制度的继承，又包含着随着时代变化而进行的观念更新与制度改革，大学精神因此也遵循着继承、发扬传统精神和融会时代精神创新的发展规律。

(2) 校园文化的相互交融性。校园文化在校园环境中独立存在的同时也作为整个社会文化的一部分而存在。任何一个时期的校园文化都形成于大学传统、文化发展和社会运转三种力量的互动之中。大学传统作为历史现象而存在，是校园文化继承性的根据，是保持校园文化相对稳定的因素；文化发展和社会运转则是推动校园文化发展的关键性和变动性因素。随着全球化时代的来临，各国高校交流日益频繁、密切，这会对高校校园文化产生不可避免的影响。

(3) 校园文化的高雅性和多元性。创造高校校园文化的主体是具有较高文化层次、较好人文修养的教师和作为青年才俊的大学生，他们的知识结构和文化修养决定了在价值取向等精神领域的追求上相对较高。因此，校园文化在价值取向上格调更高雅，也更理性和自觉。同时，高校聚集了大量高智商群体，在接受国内外最新思想、最新理论、最新科技方面都走在整个社会的前列，加上日益频繁的学术交流和相对宽松的环境，使得校园文化具有多元性的特征。

(4) 校园文化载体的多样性。作为校园文化的核心和灵魂的思想观念、价值取向和精神风貌等都不可能孤立存在，它们必须通过一定的载体，以物质的、制度的、行为方式的形式表现出来，而且这些载体是多样的，既有教学设施、规章制度、校园景观，又有校园媒介和各种学生社团。

二、校园文化的基本形态

校园文化本身作为一个文化系统，自身呈现出精神文化、物质文化、制度文化和行为文化四种形态。

(1) 校园精神文化。精神文化是一种高层次的校园文化，在学校的长期发展中逐步形成，是带有该校特点的思维方式、价值体系、道德规范、心理氛围和思想观念等内在精神因素的综合，为校园全体成员认同、遵循。它是校园文化的抽象和升华，是一种强大的精神力量。良好的校园精神文

化，有利于浓厚的教育、学习氛围的形成，也能在教育很难直接充分发挥作用的地方产生影响，成为教育的向导和有益的补充。校园精神文化作为校园主体文化的集中体现，还通过其特有的精神环境和文化氛围潜移默化地使校园内每个人在思想观念、价值取向等各方面与社会主流趋同，实现对人的精神、心灵、性格的塑造。积极、健康、向上的校园精神文化，是搞好科学教育研究、培养高素质人才、促进高校建设发展进步的重要推动力量，是建设创新型社会的重要保证。

（2）校园物质文化。物质文化涵盖教学、科研、生活、环境、设施等方面的物质构件，是校园文化的物质基础。校园内的一草一木、亭台楼阁以及教学大楼、科研仪器，都承载着学校的历史、学校精神、学校思想及时代风采，展示了学校的传统、校风，校园人的理想和追求。校园物质文化对师生有感染作用，它能净化人的心灵，春风化雨般陶冶师生；校园物质文化对师生有激化作用，优秀的物质文化所折射出的学校传统、思想、精神，能培育出师生员工共同的信念和奋发向上的热情，能促进师生员工产生一种归属感、自豪感，从而提升学校的凝聚力；校园物质文化具有导向作用，它以特有的象征符号向人们潜在地灌输某种思想、规范和价值标准，对形成良好的校风、人际关系、学校精神都会产生强烈的凝聚力和明确的导向作用。另外，良好的校园物质文化环境，可以改善师生的学习、工作、生活环境，使身处其中的人感到舒适、安心和愉悦。

（3）校园制度文化。制度文化指受政府、社会支配和学校内部运转需要而在长期的自身发展过程中形成和发展起来的校园人的行为准则、道德规范、群体意识等。校园制度文化的实质是反映学校的调控程度、监控原则和管理张力。校园制度可以分为组织管理制度、教学管理制度、人事管理制度和生活行为管理制度。校园制度文化在高校具有至关重要的作用，是约束、规范、引导、保护校园师生员工行为与利益，维护高校正常的学习、生活、工作秩序的根本保证。校园制度文化具有强制性特点，这是由校园制度的特点决定的。同时它也确定了校园制度的应有地位，使校园制度得以维持和发展。社会的进步和学校的发展，都使得校园制度的种类、数量日益丰富。

（4）校园行为文化。校园行为文化是校园其他文化的表现形式，它一方面直接体现了校园文化，另一方面则为校园文化提供重要的载体。在大学校园，多层次、多渠道、全方位的校园行为文化能培养人的健康情感，使人的感性和理性完美结合；能够增强人们对美的追求和生活的信心，不断提高、完善他们的审美修养，培养全面发展的人才；能够活跃人的思维，开发人的形象思维能力，增强人的想象力，有利于大学生成为开拓型、创新型人才；能够为大学思想政治教育提供吸引学生的生动载体，使思政教育发挥更大的作用。

三、校园文化的作用

大学校园文化与大学生的日常学习、生活密切相关，对大学生的思想、行为都产生着潜移默化的持续性影响。良好的校园文化对置身其中的大学生具有重要的育人功能。这种作用主要体现在以下几个方面：

（1）有助于提高大学生的思想境界。大学校园文化是整个社会文化的重要组成部分。优秀的校园文化是诸多社会优秀文化的集合体。校园文化能够有效引导大学生接受爱国主义精神和民族传统美德的熏陶，帮助大学生树立科学的世界观、人生观、价值观。

（2）有助于促进大学生的心理健康。大学是人的一个特殊成长阶段。生理和心理发展的不同步、学业和娱乐的不均衡，都不可避免地给大学生带来沉重的负担。而健康的校园文化活动，可以缓和大学生的紧张情绪，满足大学生的精神需求，从而积极作用于大学生的心理层面，促进大学生心理健康。

（3）有助于规范大学生的日常行为。大学校园制度文化，具体体现为各项规章制度及集体舆论。健全的规章制度是规范大学生行为的外力，而集体舆论则是规范大学生行为的内力。由此形成的校园制度文化，既有批评约束作用，又有引导示范作用，从而有效规范大学生的日常行为。

（4）有助于开拓大学生的综合素质。校园文化是连接课堂教学与社会实践的桥梁，是大学生锻

炼能力和展示才干的舞台。通过参与校园文化活动，大学生不仅得以将课堂所学付诸实践，还开拓了自身各方面的素质，如团体协作精神、实际操作能力、创新创业能力等。目前在高校中，各种讲座、论坛、文化节、科技竞赛的开展极大地丰富了校园文化生活。不管是以参与者的身份，还是以组织者、管理者的身份，大学生都能够在校园文化这个大环境中有效锻炼自己各方面的能力，提升自己的综合素质。

四、建设和谐校园文化的总体要求

建设和谐校园文化要以习近平新时代中国特色社会主义思想为指导，坚持社会主义先进文化的发展方向，遵循文化发展规律，借鉴吸收人类文明有益成果，以实施科学文化素质教育为基础，以建设优良的校风、教风、学风为核心，以优化校园文化环境为重点，以树立正确的世界观、人生观、价值观为导向，弘扬主旋律，突出高品位，加强管理，注重积累，努力建设体现社会主义特点、时代特征和学校特色的校园文化，不断满足大学生日益增长的精神文化需求，为培养社会主义合格建设者和可靠接班人提供强大的精神动力，使高等学校成为发展中国特色社会主义先进文化的重要基地、示范区和辐射源。

具体而言，建设和谐校园文化应突出以人为本、求实创新、明礼诚信、文化活力等特征。

第二节 大学精神与大学校园文化建设

文化是一个民族的精神和灵魂，是国家发展和民族振兴的强大力量。当前，推进大学校园文化建设，必须充分发挥大学精神的导向作用，使其成为大学校园文化发展的价值源泉和精神动力。

一、大学精神是大学校园文化的精神内核

大学精神在大学校园文化建设中具有十分重要的地位和作用。诸如大学精神所蕴含的科学精神、批判精神以及传承与创新精神等。这些精神相互关联，相互促进，表现着大学精神的一般特质，共同构成大学精神文化的精髓。校园文化是一个学校风格和精神的集中体现，承载着课堂教学无法替代的价值功能。大学精神作为校园精神文化中的主体精神，是大学校园文化的灵魂和核心。实践证明，大学精神一旦形成，就会通过各种文化形式和活动载体，内化为师生的一种坚强的内在精神力量，并以其特有的导向、凝聚、激励、塑造等功能，在大学生价值观的培育和形成方面发挥重要作用。同时，校园文化也是大学精神的具体化和表现形式。大学校园文化建设对大学精神的养成有着重要的意义，把握校园文化的特点，加强校园文化建设内容的针对性和实效性，对于提升大学精神有着深远的意义。

二、大学精神在大学校园文化建设中的作用

大学精神对推动校园文化建设所起的作用表现在以下几个方面：

一是弘扬优良传统，实现文化引领，在大学精神的传承与创新中推进大学校园文化建设。大学精神既是大学历史文化的积淀，又是时代精神的升华。大学精神的传承精神和创新精神为大学实现文化引领，推进校园文化建设奠定了深厚的文化根基，提供了源源不竭的精神动力。

二是凸显人文关怀，在人文精神与科学精神的交融中推进大学校园文化建设。在大学，大学生既是大学精神的创新和培育主体，也是校园文化的建设主体。在大学校园文化的建设中，必须坚持以学生为本，凸显人文关怀，大力弘扬和培育人文精神和科学精神。在实践中，既要把教育人、引导人、鼓舞人与尊重人、理解人、关心人结合起来，把人文关怀送到校园的每个角落，又要在大学

校园内营造一种追求真知、崇尚科学的气氛。这样，才能不断提高大学生自身的人文素质和科学素质，并充分发挥其在建设校园文化中的主体作用。

三是秉承公正，在批判精神中推进大学校园文化建设。批判精神是大学精神所固有的精神，作为学术研究和文化创新的重要基地，大学只有秉承公正，对各种学术观点和文化理念作出公正客观的价值评价，才能真正发挥其对学术和文化发展的引领功能。

三、师生共同加强校园文化建设

1. 用社会主义核心价值观引领大学校园精神文化

富强、民主、文明、和谐，自由、平等、公正、法治，爱国、敬业、诚信、友善，传承着中华优秀传统文化的基因，寄托着近代以来中国人民上下求索、历经千辛万苦确立的理想和信念，也承载着我们每个人的美好愿景。校园精神文化围绕社会主义核心价值观体现在办学宗旨、教育思想、校风班风、师生风貌、人际关系、文化活动等多个方面，从整体上反映出一所学校的精神风貌和个性特色。

2. 构建环境优美的校园

环境对人的影响是巨大的，“人创造环境，同样环境也创造人”。校园文化的传播必须借助必要的教学设施和各种文化娱乐设施。现代文化的交流和更新更离不开先进的手段和设施。如配置功能齐全的实验室、图书室、阅览室、体育活动场、阶梯教室、电化教室、艺术活动室、室内娱乐室、劳动技术实习场所、教工俱乐部等，使师生在活动中去感受美和创造美。同时学校要注意组织学生积极动手美化校园。劳动教育是培养学生欣赏美、追求美、造福人类的十分重要的手段。通过劳动教育，学生能认识到劳动创造美的意义。

3. 构建优秀的校园学术活动文化氛围

校园文化建设要注意提高艺术层次的同时，增强学术气氛。不仅在教师中营造浓厚的学术气氛，在学生中也应提倡刻苦钻研的学习和研究精神，使他们接受学术气氛的熏陶，培养钻研学术的兴趣，及早开展学术研究。要多举办一些学术讲座，聘请一些国内外、校内外的专家学者来校讲学；多开展一些学术性社团活动，创造条件并激励学生开展科学实验和学术研究；多开展学生学术论文、科研成果评奖活动等。这样可以培养学生的创造力和刻苦钻研、献身科学的精神，同时也提高了校园文化的层次。同时，组织丰富多彩的校园文化活动能凝聚广大学生。例如开展书法、摄影、演讲、有关知识竞赛等活动，组织文学、艺术、科普等学生社团，组织学生观看爱国主义影片，阅读古今中外的优秀文学作品，这可以丰富学生的课余文化生活，提高学生的精神境界，提高学生的文化素质和审美能力。

第三节　中华传统美德与校园文化建设

弘扬中华优秀文化，传承中华传统美德。中华优秀文化滋养了传统美德，传统美德凝练了中华优秀文化。

中华传统美德是中华民族经过五千年的文明发展，历代流传下来的宝贵的道德文化遗产，它包含了优秀的民族品质、优良的民族精神、崇高的民族气节、高尚的民族情感、良好的民族礼仪等方面。它凝聚着中华民族的“形”与“魂”。

加强中华传统美德教育，首先要优化中华传统美德教育的内容，要把传统美德教育中的知识传授、情操陶冶和培养良好的美德行为习惯有机结合起来。形成现在所提倡的热爱祖国、勤奋节俭、

尊师重教、团结友爱、尊老爱幼、礼貌待人、诚实守信、见义勇为、严己宽人、先人后己、勤学不倦等优良传统美德。大学生继承和弘扬中华民族美德需要做到注重国家利益和民族利益，强调对社会、民族、国家的责任意识和奉献精神。

中国传统文化和传统美德对大学生的人格修养有着不可忽视的影响。中华传统美德博大精深，其具体的内涵和修养的方法对大学生理想人格的培养和塑造有着重要的作用。传统是现代的根基，大学生特别是当代的大学生，掌握着先进的知识文化，是未来的主人。所以，要努力弘扬中华民族传统美德，发展自己，塑造自己。

一、励志爱国，理想远大

青年要理想远大，志存高远。对于每个中国人来说，爱国是本分，也是职责，是心之所系、情之所归。对新时代中国青年来说，热爱祖国是立身之本、成才之基。离开了祖国需要、人民利益，就会陷入越走越窄的狭小天地。我们要把自己的小我融入祖国的大我、人民的大我之中，与时代同步伐、与人民共命运，坚持爱国和爱党、爱社会主义高度相统一，真正把自己的人生、理想同国家的前途、民族的命运紧密联系起来，更好实现人生价值、升华人生境界。

价值追求和责任担当是读书人的真情怀，更是青年学子的立功之源、立身之本。“志不立，天下无可成之事。”不要担心它太遥远，不要畏惧它太艰辛。如果没有正确的思想和人生认知，就没有人生航向，没有正确、高尚的行为和人生过程。可见，立志对一个人的一生具有多么重要的意义。对于大学生来说，立好志，找准新位置、明确新目标至关重要。大学是更广阔的舞台，也面临更加激烈的竞争。所取者远，则必有所待；所就者大，则必有所忍。广大新生一定要立足自己的人生目标，不断提高学生思想水平、政治觉悟、道德品质、文化素养，培养奋斗精神，做到理想坚定，信念执着，不怕困难，勇于开拓，顽强拼搏，永不气馁，形成正确的价值取向，用实际行动展现既是追梦者，也是圆梦人，用实际行动践行“幸福都是奋斗出来的，奋斗本身就是一种幸福”。

每一代青年都有自己的际遇和机缘。“天下兴亡，匹夫有责。”青年的价值取向决定了未来整个社会的价值取向，青年一代有理想、有本领、有担当，国家就有前途，民族就有希望。大学生还要自觉把个人命运同祖国的命运结合到一起。忠于祖国、忠于人民，这是我们成长成才的题中之义。我们平时常讲，做人要有气节、要有人格。气节也好，人格也好，爱国是第一位的。在学习生活中，自觉把社会主义核心价值观贯穿于成长成才全过程，坚持以诚立德、以才辅德、以小积德，用社会主义核心价值观引领修身养性、专业学习、技术技能获取和社会实践，摒弃功利主义和“精致的利己主义”'，为实现中国梦、实现中华民族伟大复兴铺路架桥，为祖国建设添砖加瓦，真正担负起时代赋予的重任。

二、学会学习，求真学问

只有掌握了科学的学习方法，才能在充分认识自身条件的同时，知道怎样去学习，从而达到掌握知识和技术技能的目的。同学们要真正把读书学习当成一种生活态度、一种工作责任、一种精神追求，自觉养成读书学习的习惯，真正使读书学习成为生活的重要组成部分，使一切有益的知识和文化入口入脑入心。我们一定要在美好韶华的大学时期，学习好课业知识，打牢专业基础；多读好书，从经典中汲取内涵、启思明智，同时通过校园活动、社会实践等拓宽视野、增长才干。

无论在学校还是在社会，我们还要把学习同思考、观察同思考、实践同思考紧密结合起来，通过学习知识，求真理、悟道理、明事理，掌握事物发展规律，通晓天下道理，丰富学识，增长见识。人的潜力是无限的，只有在不断学习、不断实践中才能充分发掘出来。“玉不琢，不成器；人不学，不知道”“厚积薄发、天道酬勤”，没有人可以随随便便成功。知识是每个人成才的基石，在学习阶段一定要把基石打深、打牢，水之积也不厚，其负大舟也无力；风之积也不厚，其负大翼也无力。希望广大学生珍惜大好学习时光，不负年华、不负时代，求真学问、练真本领，更好为国争

光、为民造福。

三、务实力行，知行合一

“纸上得来终觉浅，绝知此事要躬行。”从入学的第一天开始，大家就要做到脚踏实地、务实力行。学到的东西，不能停留在书本上，不能只装在脑袋里，而应该落实到行动上，于实处用力、从知行合一上下功夫，立足学业，从自身做起，从点滴做起，学会做事。要把高素质、技术技能与投身实践结合起来，在实践中增长才干，用勤奋的双手、一流的学业成就属于自己的人生精彩。

四、敢于担当，勇于奋斗

新时代我们要担当时代责任，要保持初生牛犊不怕虎、越是艰险越向前的刚健勇毅，要勇挑重担、勇克难关、勇斗风险。人生理想的风帆要靠奋斗来扬起。奋斗不只是响亮的口号，而是要在做好每一件小事、完成每一项任务、履行每一项职责中见精神。奋斗的道路不会一帆风顺，往往荆棘丛生、充满坎坷，强者，总是从挫折中不断奋起。时代呼唤担当，民族振兴是青年的责任。我们要珍惜这个时代、担负时代使命，在担当中历练，在尽责中成长。让青春在新时代改革开放的广阔天地中绽放，让人生在实现中国梦的奋进追逐中展现出勇敢奔跑的英姿，积极勇立时代潮头，争做时代先锋。

五、锤炼品德，练就本领

我们要自觉树立和践行社会主义核心价值观，善于从中华民族传统美德中汲取道德滋养，从英雄人物和时代楷模的身上感受道德风范，从自身内省中提升道德修为，明大德、守公德、严私德。面对复杂的世界大变局，要明辨是非、恪守正道；面对外部诱惑，要保持定力、严守规矩；面对美好岁月，要饮水思源、懂得回报；真正做到把正确的道德认知、自觉的道德养成、积极的道德实践紧密结合起来，不断修身立德，打牢道德根基，在人生道路上走得更正、走得更远。

当今时代，知识更新不断加快，社会分工日益细化，新技术新模式新业态层出不穷。这既是我们施展才华、竞展风采的广阔舞台，也是对我们能力素质提出的更高要求，走出校门要学会学习、终身学习。我们要增强学习紧迫感，求真学问、练真本领，通过学习知识，掌握事物发展规律，通晓天下道理，丰富学识，增长见识，努力提升素养、提高技能水平，努力掌握科学文化知识、专业技能，在工作中增长才干、练就本领，使自己的思维视野、思想观念、认识水平跟上越来越快的时代发展，以真才实学服务人民，以创新创造贡献国家。

思考题

1. 简述大学校园文化的作用。
2. 如何加强大学和谐校园文化建设？

第三十五章　学习和践行社会主义核心价值观

第一节　大学生要了解大学基本职能和精神

大学是培养人才的摇篮，是培养高学历人才的场所，更是培养高素质人才的基地。东西方大学的发展经历了一个漫长而艰辛的过程，在发展的不同历史阶段和社会背景中，有着各不相同的目的，即使在同一时期，具体到不同大学，它们的职能也是有差异的。但是不论古今，还是东西方，所有大学都肩负着人才培养、科学研究、服务社会、文化传承创新的四项基本职能，这是大学的基本使命和责任。我国大学人才培养中必须始终践行富强、民主、文明、和谐、自由、平等、公正、法治、爱国、敬业、诚信、友善的社会主义核心价值观。从总体上看，我国高等教育还不完全适应经济社会发展和人民群众接受良好教育的要求，同国际先进水平相比还有明显差距。我国大学师生必须不断提高质量，必须始终贯彻落实高等学校人才培养、科学研究、社会服务、文化传承创新各项工作目标。

大学的基本职能主要包括人才培养、科学研究、社会服务、文化传承与创新、国际交流合作，其中人才培养是大学的基本使命。大学精神则是大学存在和发展的精神支柱，具有导向和规范作用，体现在理想信念的确立、价值目标的校正、追寻大学精神之功用等方面。

人才培养是大学的核心职能，旨在为社会输送合格的人才。大学通过教学与教育、科学研究、多种形式的社会工作等途径，培养专门人才和发展科学知识，以适应社会分工与社会发展的需要。

科学研究是大学发展的重要组成部分，以 19 世纪初 W. 冯特·洪堡创办柏林大学为标志，标志着教学与研究统一的开始。科学研究不仅是大学精神的重要体现，也是保证社会主义中国巍然屹立世界东方的重要力量。

社会服务是大学的另一项重要职能，通过为社会提供服务，大学参与到社会发展的进程中，发挥着桥梁和纽带的作用。

文化传承与创新是大学精神的体现，大学作为文化和知识的传承者，不仅保存和传播文化，还在此基础上进行创新，推动社会文化的进步。

国际交流合作有助于拓宽大学的视野，促进国际的学术交流和文化理解，提升大学的国际影响力。

大学精神作为一种文化被大学师生内化，成为大学师生的良心和气质，在大学的发展中发挥着凝聚、激励、导向和保障作用。大学精神作为一种高层次的优秀文化，可以辐射到社会中去，对人们的思维方式、价值观念和行为规范产生积极的影响，从而为大学的发展构建适宜的环境。在把建设若干所世界一流大学作为大学教育改革目标的今天，守望大学精神、发扬大学精神，是至关重要的。

大学精神的基本内容包括科学精神、人文精神、批判精神和创新精神等几个相互联系的方面。自 19 世纪中叶科学主义取代人文主义成为在大学中占支配地位的知识价值观以来，大学的科学精神日渐丰满，并成为大学精神的重要组成部分。我们认为，科学精神是科学工作者在科学研究和科

学技术发展过程中所形成的价值准则和行为规范。大学的人文精神就是指大学所倡导的在处理人与自然、人与社会、人与他人、人与自己关系时的价值观以及建立在这种价值观基础上的行为规范。大学的批判精神是指大学以真理为唯一标准的价值观以及在此基础上所形成的追求真理、批判错误、纠正错误的行为规范和精神气质。大学创新精神体现在从它产生之日起，就是探索、发现、传播新知识的场所。正是为了探索和发展高深学问，才有了“教师和学生共同探索学问的行会组织”这一最初意义上的大学。

高等学校是塑造大学生、培育大学生价值观的主阵地。大学要从自身基本职能和精神出发，弘扬和培育大学生社会主义核心价值观。一方面，教师要时刻铭记教书育人的使命。另一方面，大学生要自觉学习和践行社会主义核心价值观，要在勤学上下苦功夫，躬行实践，求得真学问，大学生既要敏于求知，又要学会担当责任。读书是为了明理，学习是为了致用。学习的一个重要目标，就在于经世致用和人格的完善。如果把为学求知与社会责任割裂开来，甚至以读书的名义拒绝社会责任的担当，那么就容易死读书、读死书。学习知识贵在“活”，联系实际，勤于思考，把书读活。唯其如此，所读所学才会内化于心，形成自己的见解，死的知识才会变成活的思想。处于伟大变革时代的大学生，个人的人生价值追求、为学求知的目标，应该自觉与时代潮流、民族命运联结起来。新时代的大学生，不能只关心个人的小天地，而要“家事国事天下事，事事关心”，做一个有远大理想、胸怀天下、勇担责任的人，书写无愧于时代的壮丽篇章。

第二节　大学生要学习社会主义核心价值观

要倡导富强、民主、文明、和谐，倡导自由、平等、公正、法治，倡导爱国、敬业、诚信、友善，积极培育和践行社会主义核心价值观。富强、民主、文明、和谐是国家层面的价值要求，自由、平等、公正、法治是社会层面的价值要求，爱国、敬业、诚信、友善是公民层面的价值要求。

富强即国富民强，是社会主义现代化国家经济建设的必然要求，是中华民族梦寐以求的美好夙愿，也是国家繁荣昌盛、人民幸福安康的物质基础。

民主是人类社会的美好诉求。我们追求的民主是人民民主，其实质和核心是人民当家做主。它是社会主义的生命，也是创造人民美好幸福生活的政治保证。

文明是社会进步的重要标志，也是社会主义现代化国家的重要特征。它是社会主义现代化国家文化建设的应有状态，是面向现代化、面向世界、面向未来的，民族的、科学的、大众的社会主义文化的概括，是实现中华民族伟大复兴的重要支撑。

和谐是中华传统文化的基本理念，集中体现了学有所教、劳有所得、病有所医、老有所养、住有所居的生态局面。它是社会主义现代化国家在社会建设领域的价值诉求，是经济社会稳定、持续健康发展的重要保证。

作为当代大学生的我们，要时刻保持清醒的大脑，明确自己的角色定位。我们是一名大学生，是祖国和社会培育的栋梁，是国家发展和富强的人才储备。因此，在学习中，我们更应努力上进，积极进取，不断提升自己的专业知识能力和专业素质，争取为实现国家的富强贡献出自己的力量。

自由是指人的意志自由、存在和发展的自由，是人类社会的美好向往，也是马克思主义追求的社会价值目标。

平等指的是公民在法律面前的一律平等，其价值取向是不断实现实质平等。它要求尊重和保障人权，人人依法享有平等参与、平等发展的权利。

公正即社会公平和正义，它以人的解放、人的自由平等权利的获得为前提，是国家和社会应然的根本价值理念。它要求政治、法律上的公平公正，任何阶级和集团都不能享有特权。

法治是治国理政的基本方式。依法治国是社会主义民主政治的基本要求。它通过法制建设来维护和保障公民的根本利益，是实现自由平等、公平正义的制度保证。

爱国是一个公民起码的道德，是中华民族的优秀传统，也是调节个人与祖国关系的行为准则。它同社会主义紧密结合在一起，要求人们以振兴中华为己任，促进民族团结、维护祖国统一、自觉报效祖国。

敬业是对公民职业行为准则的价值评价，要求公民要具有积极向上的劳动态度和艰苦奋斗的精神，忠于职守、精益求精、服务社会，充分体现现代主义职业精神。

诚信即诚实守信，是人类社会千百年传承下来的道德传统，也是社会主义道德建设的重点内容，是为人之道、立身之本。它强调做人要诚实劳动、信守承诺、诚恳待人。

友善是人们和睦相处的一种道德行为，是人们之间应互相尊重、互相关心、互相帮助，努力形成社会主义的新型人际关系。

社会实践对于大学生来说是锻炼能力的最好方法，作为学生的我们不光要在学校里学好自己的专业知识和技能，更重要的是要把自己学习的知识和技能去指导实践，在实践中摸索和体会，并在后续的学习中得以改进和加强。对于大学生的社会主义核心价值观的培育也应如此，循序渐进。

培育和践行社会主义核心价值观，是引领大学生成长成才的基本途径，为大学生加强自身修养、锤炼优良品德指明了努力方向。大学生必须在深刻领会和把握社会主义核心价值观的基础上，自觉培育和践行社会主义核心价值观，加强思想道德修养和法律修养，努力成为践行社会主义核心价值观最积极、最活跃的群体。

大学生在形成优秀的道德品质的同时，要时刻反省自己的行为是否符合社会主义核心价值观的基本要求，要随时做到批评和自我批评，不断从反省中提高自己，在自律中发展自己，在社会主义核心价值观的指引下完善自己，做一名社会主义社会的品德良好、专业过硬、素质完善的新时代的大学生。

第三节　大学生要自觉践行社会主义核心价值观

广大青年要树立和培育社会主义核心价值观，要在勤学、修学、明辨、笃实上下功夫。

1. 树立和培育社会主义核心价值观要在勤学上下功夫

要在勤学上下功夫。大学生要深刻领会这一重要论述，躬行实践，求得真学问。为学之要贵在勤奋、贵在钻研、贵在有恒。一个人世界观、人生观、价值观的形成，不可能是一日之功，而是要靠长期的学习、体验、思考。既要有“指点江山，激扬文字”的青春豪情，更要有“上穷碧落下黄泉”的求知韧劲。心无旁骛，勤奋学习，以高洁的学品涵养高尚的人品，以良好的学风锻造做人的风格。学以增智，学以怡情，学以养德。树立和培育社会主义核心价值观，需要广大青年和教育工作者勤奋学习、终身学习，在孜孜不倦的求知中陶冶、锤炼高尚的品德，把求真与行善统一起来，自觉做社会主义核心价值观的践行者、示范者。

2. 树立和培育社会主义核心价值观要在修德上下功夫

树立和培育社会主义核心价值观，实际上与传统文化强调的格物、致知、诚意、正心、修身、齐家、治国是一脉相承的。对社会主义核心价值观的践行路径，实际上也是中华优秀传统文化的精髓所在。既是大学生树立和培育社会主义核心价值观的基本要求，也是重要的途径和有效的方法。修德是一项基本功，因为修不好德，就没有强劲的动力，很难求得真学问；修不好德，就没有坚定的立场，很难做出正确的决断选择；修不好德，就没有明确的方向，很难沉下心来扎扎实实干事、踏踏实实做人。道不可坐论，德不可空谈。从做好小事、管好小节开始起步，这是修德的必然规律。大德是由无数小善构成的，体现在无数的小节之中。学会劳动，靠双手创造美好生活；学会勤俭，一茶一饭当思来之不易；学会感恩，慷慨地向他人施与爱；学会助人，享受“手留余香”的快乐；学会谦让，谦让他人、谦让自然；学会宽容，用微笑来“融化冰雪”；学会自省，见善则迁、有过则改；学会自律，征服自己的弱点。这些都是小节小善，但小节不小，小善实大，小善行多了就积成了大德。

3. 树立和培育社会主义核心价值观要在明辨上下功夫

广大青年树立和培育社会主义核心价值观，要在明辨上下苦功夫，善于明辨是非，善于决断选择。学会思考，明辨是非，正确抉择，牢牢树立和自觉践行社会主义核心价值观。

方向决定命运。树立和践行社会主义核心价值观，需要大学生在明辨是非中选准未来的方向，在正确抉择中走向人生的正道。践行社会主义核心价值观是人生的长跑，广大青年要有足够的定力和耐心，以“苟日新，日日新，又日新”的工夫，把社会主义核心价值观内化于心，见诸行动。树立社会主义核心价值观，要学会思考、善于分析、正确抉择。人生如扣扣子，从一开始就要扣好，如果第一粒扣子扣错了，剩余的扣子都会扣错。大学生只有在面临正确与错误抉择时能明辨是非，在做人做事原则问题上能坚定正确的方向，在大是大非面前能保持清醒的头脑，人生的道路才会越走越宽广。

4. 树立和培育社会主义核心价值观要在笃实上下功夫

广大青年树立和培育社会主义核心价值观，就要笃实，扎扎实实干事，踏踏实实做人。这一要求指明了大学生树立社会主义核心价值观的重要途径，实处着力，知行合一，在为学、创业与做人的过程中，牢牢树立和大力弘扬社会主义核心价值观。

笃实是大学生做人、做事的根本，又是大学生克服困难的金钥匙。如何做人，如何做事，是大学生必须面对的基本问题。知是行的主意，行是在的工夫；知是行之始，行是知之成。大学生只有把社会主义核心价值观内化为自己的精神追求，才能将其外化为自觉的行动。笃实不是空谈，关键要在知行合一上下功夫。知行合一是中国传统文化最为优秀的遗产之一，是理论和实践结合的途径。大学生要认识到实处着手、知行合一的重要性。无论是勤学、修德、明辨，还是笃实，都要落实到实实在在的行动中去，这样才不会变成夸夸其谈的表演。社会主义核心价值观是我们时代的价值取向，更是大学生的共同追求和共同理想，大学生应自觉做践行社会主义核心价值观的先锋。

思考题

1. 简述大学基本职能和精神。
2. 简述社会主义核心价值观的主要内容。
3. 简述践行社会主义核心价值观的基本方法。

第三十六章　适应新的大学校园生活

莘莘学子，十年寒窗，铺就了通往大学殿堂的成功之路。挥别昨日考试的压力，带着对未来美好生活的憧憬，带着对成才无比的渴望，迈进大学的校园。作为一名入学新生，大学环境是陌生的，大学的生活是丰富多彩的，如何顺利地度过大学阶段的学习和生活，已摆在我们每一个大学新生的面前。

第一节　熟悉新的校园环境

新生报到注册后，便成为一名正式的大学生。为了尽快适应大学生活，首先要了解自己的学校、自己所学的专业系，熟悉与自己学习生活密切相关的部门。

熟悉学校，即了解学校的历史、文化、师资队伍情况、学校的教学科研情况、图书资料情况以及学校在社会上的地位或知名度等。同时要了解专业系的情况，了解自己所学专业的体系结构、课程安排等。

新生要迅速熟悉学校的教学、辅助设施和学校的规章制度，如上课地点、图书馆、实验室等。新生进校后，学校会发给每个同学一本《学生手册》，并组织学习、测试。《学生手册》内容非常详细，包含有关国家法律、规章制度，学校规章制度等。熟悉《学生手册》里的内容，有助于新生尽快适应大学生活和学习。

同时，作为一个大学生，有必要了解学校的教学、管理和服务部门，以便在今后的学习生活中直接与他们接触，为自己的成长成才提供保障。

在大学里与学生关系比较密切的部门如下：

(1) 学生工作部（处）。学生工作部（处）是学校党委和行政领导下专门负责大学生思想政治教育与管理的职能部门，负责全校学生的思想政治教育、日常管理（包括奖、助、贷学金的管理等），以及指导院（系）的学生工作。

(2) 教务处。教务处是对全校教学工作进行组织和管理的职能部门。其主要职能是制定并实施教学计划，进行教学管理与研究。

(3) 招生就业指导处（就业指导服务中心）。招生就业指导处负责学校招生工作，为毕业生提供就业指导与服务，包括毕业生升入高一层次学校深造事宜等。大学生就业指导服务中心是主要从事毕业生就业指导服务工作的部门，其主要职责是：宣传贯彻执行国家和上级的就业方针；对学生进行正确的政策导向；开展全校大学生的成才指导教育、择业观念教育和敬业精神教育活动；通过多渠道多形式向社会发布毕业生求职信息、资源信息，建立学校与用人单位的广泛联系；开拓就业市场；广泛收集和发布社会用人单位信息，定期举办不同层次、不同类型的人才交流与招聘活动，逐步建立起较为完善的毕业生就业市场；根据社会需求向用人单位推荐毕业生；开展就业咨询与指导，通过组织开设就业指导必修课程和就业指导讲座等多种形式，为毕业生提供就业政策咨询、就业技巧指导；建立和完善就业信息服务体系和用户联网手段；制定、上报和落实毕业生就业计划，办理毕业生就业及报到等有关手续；负责毕业生跟踪调查及分析工作。

（4）保卫处。保卫处是维护校园良好秩序的职能部门。其主要任务是负责校园内的安全、保密、消防、交通、警卫、巡逻、治安、综合治理、外来人口登记和户籍管理与服务等方面的工作；协助公安机关共同做好校园周边地区的治安管理工作；维护校园的安全和稳定；保障学校教学、科研、生活等各项工作的顺利进行；保护学校公共财产和师生员工的生活、人身、财产安全。

（5）校团委。校团委负责学校的共青团工作。在校党委、上级团组织的领导下，围绕学校的中心工作，结合共青团工作自身的特点，开展生动活泼的大学生思想政治教育工作，促进学生提高素质，为社会培养青年人才。

（6）各院（系）。各院（系）负责具体教学计划工作的实施，下面分设各专业教研室。院（系）党总支具体负责院（系）的学生工作，院（系）设专门分管学生工作的党总支书记或副书记，配备政治辅导员、班主任，负责年级、班级的学生管理和教育工作。

（7）图书馆。图书馆是大学的标志之一，是学校重要的教学、科研服务机构，是开展各种学术活动的重要场所。图书馆里的各种书籍浩如烟海，不但可以为师生专业学习提供参考，而且可以开阔思维，提高修养。

（8）后勤服务中心。学校后勤服务中心主要是为师生员工生活提供服务的部门，如“医”（看病、卫生保健）“食”（食堂、餐厅）“住”（学生住宿、寝室）等，它本着“育人为本，服务至上”的宗旨，把服务学生放在首位，努力为同学们创造良好的学习、生活环境。

（9）大学生心理健康教育中心。大学生心理健康教育中心是隶属于学生工作部（处）的一个为全校学生服务的公益性机构，中心的任务是通过一系列的心理健康宣传教育和心理咨询活动，以及开设心理健康公共必修课等，帮助同学们了解心理健康知识，优化心理素质，增强心理调适能力和社会生活的适应能力，预防和缓解心理问题；帮助同学们处理好环境适应、人际交往、交友恋爱、求职择业、人格发展和情绪调节等方面的困惑，促进个体健康成长。

（10）学生资助管理中心。资助管理中心是为帮助家庭经济困难的学生顺利完成学业而设立的机构。它以广大困难学生为服务对象，以落实“国家助学贷款、勤工助学、奖学金、学费减免、困难补助、社会资助”等帮困助学措施为工作内容，集教育、管理、指导和服务功能于一体，为广大困难学生排忧解难。

需要特别说明的事项如下：

（1）新生入学后，学校在三个月内按照国家招生规定对学生入学资格进行复查。复查合格者予以注册，取得学籍。复查不合格者由学校区别情况予以处理，直至取消入学资格。凡属弄虚作假、徇私舞弊取得学籍者，一经查实，学校取消其学籍，情节恶劣的，应当请有关部门查究。

（2）对患有疾病的新生，一般经学校指定的二级甲等以上医院诊断不宜在校学习的，可以保留入学资格一年。保留入学资格者不具有学籍。在保留入学资格期限内经治疗康复，可以向学校申请入学，由学校指定医院诊断，符合体检要求，经学校复查合格后，重新办理入学手续。复查不合格或者逾期不办理入学手续者，取消入学资格。

（3）学生应当按学校规定办理注册手续。不能如期注册者，应当办理暂缓注册手续。未按学校规定缴纳学费或者其他不符合注册条件的不予注册。家庭经济困难的学生可以申请贷款或者其他形式的资助，办理相关手续后注册。

第二节　适应新的学习环境

从中学到大学，学习和生活环境的变化是非常大的，进入大学后，首先要注意的是增强大学生自身适应能力。人的适应，主要是指人们面对变化复杂的社会环境，能够适当地调整自己的行为，

圆满而出色地处理问题，以求达到一种和谐的关系。

适应，主要是心理适应。任何事物都可以由陌生到了解、到熟悉。可见，陌生并不可怕，通过接触，你会发现其吸引力所在。我们应将兴趣转移到现实中的事物上来，去了解、认识新同学和老师，立即熟悉新环境，而不要依恋过去的同学，因为如果老是陷在过去的回忆中，不愿置身于新的环境、新的学习和新的生活，不敢正视客观现实，就可能阻碍自身对新环境的适应。入学后，首先接触到的是新的老师、新的同学、新的集体、新的学科和新的教材等，这就需要自己必须尽快熟悉新的环境，尽快适应新的要求。只有通过自身的变化去适应变化的环境，才能及时与新的环境相适应。因此，大学新生首先必须注意改变自我现状，尽快适应大学的学习和生活。

一、逐步培养自己独立的生活能力

刚刚跨入大学门槛的新生，生活环境和学习环境发生了重大变化，由父母的“重点保护”对象过渡到适应独立性较强的集体生活；由老师的“重点培养”对象转变为自主性学习；由过去见识、交往、活动范围较狭窄的生活环境置身到大学这个小社会中；等等。诸如此类变化，许多大学生一时难以适应。心理矛盾加剧，学习缺乏动力，人际关系紧张，严重影响了大学生的学习生活。那么，大学生怎样才能尽快适应大学学习生活？首先就要特别强调逐步培养自己独立生活的能力。

新生入学后要有意识地锻炼自理能力。历届大一新生因适应能力差而闹笑话的例子很多，有的新生生病看医生，竟然不知道要挂号；更有甚者冬天洗被子，居然把整条被子拿到水房里去泡了。所以大学新生们应当补习一下生活自理课，可以向母亲讨教洗衣服的要领，用几天时间把有关的生活技能一一实践一遍，洗衣、洗碗、叠被、缝缝补补等。另外上银行存取钱，看地图找路、问路，看火车时刻表、买票等生活中必要的技能都需要平时的锻炼。

二、尽快做好心理调适

上大学本是人生一大乐事，但有些同学进入大学后，面对新的学习环境、新的生活和新的老师同学，不仅没有产生自豪感、愉悦感，反而内心郁闷，情绪低落，无所适从，甚至会出现躯体上的不适症状，进而导致学习及生活能力减退，对学习和生活造成不良影响。这属于大学新生的适应性障碍。适应性障碍是一种心理障碍，主要表现为情绪障碍，也可伴有行为障碍或生理性功能障碍。大学新生适应性障碍主要表现在以下几个方面：

一是情绪障碍，高中阶段的那种奋进精神和激情消失殆尽，对什么事都不感兴趣，出现睡眠障碍、食欲减退等，有些自认为考得不好或录取学校不理想的同学还会产生自卑、自责的心理。

二是焦虑倾向，面对新生活、新环境，有的同学感到不知所措，无所适从，情绪紧张不安，心烦意乱。

三是社会性退缩，不愿融入新的集体，逃避现实，躲避社交活动，怕与陌生人交往，习惯于独来独往，闲暇就喜欢闭门独处，学习能力、生活能力在这种退缩和孤独中减退。

四是行为障碍，出现一些违反校纪校规以及社会道德规范的行为，如逃学、旷课、迟到、寻求刺激等。

五是躯体不适，出现不同程度的头痛头晕、恶心呕吐、腰酸背痛、肢体麻木、食欲缺乏、消化不良、腹痛腹泻等症状。

刚进大学校门的新生心理落差较大，如果调节不当，不能及时排解内心的不良情绪，便会产生心理偏差，继之则会形成心理障碍。大学生要学会情感调节，将不良情绪带来的能量引向比较符合社会规范的方向，转化为具有社会价值的积极行动。如把充沛的精力与丰富的情感引导上升为自我教育的动力，多参加大型集体活动；学会理智调节，无论遇到什么事件，产生什么情绪，都要唤回理智，用理智的头脑分析并进行推理，找出产生不良情绪的原因，从而保持心理平衡；重视注意力转移调节，转移注意力在心理保健中是必不可少的，当你心绪不佳，有烦恼时，可以外出参加一些

娱乐活动，改变环境，交换想法，调整不良的情绪。如果能有意识地强迫自己转移注意力，对于调节情绪有特殊的意义，可以消除适应性障碍。

此外，大学生要树立切实的目标，不要盲目地处处与人竞争，以避免过度紧张。大学生处于青年阶段，青年人在一起容易出现争强好胜、相互攀比的现象。有些学生常暗示并鼓励自己盲目地与他人竞争。然而，每个人精力有限，优势各异，如果处处与他人竞争，不可避免地会受一些挫折、失败。而且，处处竞争会使自己终日生活在紧张状态之中，心理上承受过大的压力，这对心理健康极为不利。因此，每个大学生应根据自己的实际情况，合理、适当地选择竞争的领域。这样，一方面有利于充分发挥自己的优势，获得成功；另一方面也会有助于身心健康发展。

学校一般都建立行之有效、运作灵活的三级心理健康教育网络：一级心理健康网络——由大学生心理卫生协会中的骨干大学生会员，即朋辈辅导员组成；二级心理健康网络——包括院（系）党总支书记，政治辅导员；三级心理健康网络——学校心理咨询中心专职老师及聘请的专家教授。一级心理健康网络起着对心理问题迅速反馈，大学生自助和互助的作用；二级心理健康网络起着跟踪辅导，早期预防的作用；三级心理健康网络制定整体的心理健康教育的目标、计划，给予一、二级心理健康网络学术辅导，有针对性地对大学生心理问题给予咨询。对于每一个大学生来说，有什么问题、困难都要积极主动地向学校心理健康教育网络中的工作人员咨询，及时解决各种问题。

三、尽快培育友情，参与集体活动，建立好新的人际关系

人际交往能力不够强，人际圈子不够广，但又没有什么特长可以引起大家的注意，在社团里也不知道怎么和其他人有效地建立联系。这是一些大学生在人际交往方面经常遇到的困惑。大学里的人际交往，首先不能以个人的好恶为标准。不能以自己的标准来要求他人。如一个寝室住 6 个人，早睡、晚睡、早起、晚起等方面都要以社会公德为标准。其次要正确处理好同学之间日常生活难以避免的一些小摩擦或冲突，要正确看待这种摩擦和冲突，并努力通过交流和沟通来解决矛盾。对于如何在大学期间提高人际交往能力，可以参照以下建议：

（1）以诚待人，以责人之心责己，以恕己之心恕人。对别人要抱着诚挚、宽容的胸襟，对自己要怀着自我批评、有过必改的态度。与人交往时，你怎样对待别人，别人也会怎样对待你。这就好比照镜子一样，你自己的表情和态度，可以从他人对你流露出的表情和态度中一览无余。你若以诚待人，别人也会以诚待你。你若敌视别人，别人也会敌视你。最真挚的友情和最难解的仇恨都是由这种“反射”原理逐步造成的。

（2）培养真正的友情。如果能做到第一点，很多大学时的朋友就会成为你一辈子的知己。在一起求学和寻求自身发展的道路上，这样的友谊弥足珍贵。交朋友时，不要只去找与你性情相近或只会附和你的人做朋友。好朋友有很多种：乐观的朋友、智慧的朋友、脚踏实地的朋友、幽默风趣的朋友、激励你上进的朋友、提升你能力的朋友、帮你了解自己的朋友、对你说实话的朋友，等等。此外，大学时谈恋爱也可以教你如何与异性相处，互帮互助，共同进步。但大学期间应以学业为重，不要把恋爱放在首位。

（3）培养团队精神和沟通能力。社团是微观的社会，参与社团是步入社会前最好的磨炼。在社团中，可以培养团队合作的能力和领导才能，也可以发挥你的专业特长。

第三节　处理好师生关系

师生关系，通常指的就是教师与学生之间的相互关系，是人际关系中的重要关系之一。作为一种人际关系，师生之间自然相互影响、相互作用。但是，这种相互影响、相互作用却具有一定的特

殊性。从总体上看，教师对于学生的影响与作用，主要体现在教书育人、为人师表等方面；而学生对于教师的影响与作用，则主要在尊敬教师、听从教诲、学而不厌、虚心求教等方面得以体现。

作为一名学生，首先应当自觉地尊重老师。老师为培养教育学生呕心沥血，辛勤地劳动，毫无保留地传授做人的道理、讲授科学文化知识和专业技术、解答疑难问题。老师倾其全部心血于教育事业，自然应该得到尊重。不仅如此，学生还要理解老师。因此，学生应经常与老师接触，与老师谈心，遇事与老师商量，征求他们的意见，沟通思想，以便得到老师的理解和帮助。一方面要将自己自始至终地摆放在“学”的正确位置上，另一方面则要在尊敬教师、认真学习、听从教诲等几个主要方面对自己从严要求。

一、尊敬教师

尊师是中华民族的传统美德。平时，教师之所以被人们尊称为“师长”，就是因为中国人讲究“一日为师，终身为父”，一向将教师视作自己的长辈。大学生在从师学习期间，必须从内心真正地尊敬教师。大学生对教师的尊敬理当通过下述具体形式正确地体现出来：

（1）行动上尊敬教师。大学生对于教师的尊敬，一要在自己的日常行动上有所表现。在具体行动上尊敬教师，无疑是对其最好的尊重。在回答老师的提问或者同老师交谈时，不允许学生坐而不立，当老师站立时，此点尤须注意。一同外出行走时，学生应当主动请老师行走在前，或使之居于内侧。与老师一同就座时，学生理应首先请老师就座，并使之居于上座。离开座位时，一般不允许学生抢行在前。出入房门、上下楼梯、乘坐车辆时，学生亦须认真地行“弟子礼”，处处对老师礼让。在任何情况下，学生都要对老师的个人尊严主动加以维护，绝对不允许学生与老师动手动脚、打打闹闹。

（2）态度上尊敬教师。大学生在同自己的老师接触交往时，不论与对方是否熟悉，均应在态度上对对方毕恭毕敬，而绝对不可过分随便。对老师在态度上的恭敬，主要应当在语言以及行礼上得以体现。

路遇自己的老师时，不管双方置身于校内还是校外，学生均应主动问候老师，并向对方欠身施礼。在称呼老师时，务必使用正式的尊称。不论当面或背后，都不许直呼老师的姓名，更不允许学生乱给老师起外号。

在课堂上和老师的办公室内，学生更有必要对老师恭恭敬敬。老师走上讲台时，学生应当向其行注目礼。开始上课和下课时，学生应当全体起立，对老师表示欢迎或者欢送。在课堂上心存疑问时，可以在适当时举手发言，但一定要在获得老师准许之后才可以正式提出问题。回答老师的提问时，应当井然有序，不允许抢答或者拒不回答。课间前往老师的休息室时，进门前要喊“报告”，或事先敲门。不要在老师休息室或者办公室内久留，以免影响老师的工作和休息，不允许乱动、乱翻、乱用老师的个人物品。

当然，大学生对于教师的尊敬，不仅应当在其具体行动、具体态度上认真地得以体现，更要真正地出自内心、发于诚意。形式体现内容，内容依托于形式。唯有从内心尊敬教师，才会使大学生表里如一地在其具体行动与态度上真正做到这一点。

二、认真学习

勤奋学习、早日成才，始终都是老师对学生寄予的最大期望；而好学上进，刻苦读书，则是学生对老师的最好回报。所以，从某种意义上讲，大学生的认真学习也是对教师的一种尊重。

具体而言，大学生在其认真学习方面所涉及的师生关系问题，具体体现在专心听讲、勤学好问、完成学业、帮助老师等几个方面。

（1）专心听讲。课堂教学，一向是通行于世的教育方式。作为学生，不论从学习专业知识的角度还是从尊重老师的角度来讲，在课堂上都必须老老实实地专心听讲。上课时，学生均应先于老师

进入教室。上课期间，不允许学生迟到或早退。当老师进行课堂讲授、辅导或者在做学术报告时，不允许学生交头接耳、搞小动作、看课外书、翻阅报刊、收听音乐、接打手机、收发短信、做其他作业、大打瞌睡，尤其不允许随意走动。从根本上讲，专心听讲是对教师付出心血所表示的最基本的尊重。

（2）勤学好问。在校求学期间，每一名大学生都要养成勤于思考的好习惯。在虚心向老师学习、刻苦读书的同时，还必须勤学好问。要做到勤学好问，具体需要注意三点：一是充分认识到虚心求教对于获得真知的重要意义。在学习之中，不善于求教于人，就难以取长补短。二是善于向老师求教。学生讲究学而不厌，教师则讲究诲人不倦。利用一切机会，及时向老师讨教，是做一名好学生的基本条件。三是勤于独立思考。提倡大学生“每事问”，并非否认独立思考的必要性。要积极地进行独立思考，勇于探索真理。

（3）完成学业。任何一名大学生通过努力学习所取得的优秀成绩，以及走上社会之后在其个人事业方面所做出的贡献，都是对自己老师的最好回报。每一位教师，必定都会为自己的弟子学有所成、报效社会而倍感欣慰。在校学习期间，大学生们一定要端正自己的学习态度，要热爱专业、发奋读书、刻苦钻研，力求使自己不辜负师长的期望，在学业方面取得长足的进步。

（4）帮助老师。不论从完成学业还是从尊敬教师的角度上来讲，每一名大学生都应当在力所能及的范围内积极而主动地帮助自己的老师。帮助老师，主要应在下述几点上有所体现：一是按时完成老师所布置的学习任务；二是主动为老师的课堂教学进行必要的准备；三是在教学与科研的具体过程中自觉对老师的工作进行配合；四是对年老、体弱或者多病的老师给予必要的照顾。

三、听从教诲

教育学生，无疑是每一名教师的天职。古人曾经说过：“教不严，师之惰。”为了使自己的学生在学业与人品上有所长进，在学校生活里，教师对于学生进行批评、帮助，是一桩再正常不过的事情。

教师对学生的批评与帮助，既是其教书育人的神圣职责使然，同时也是其关心、爱护学生的一种十分具体的表现。面对教师的批评、帮助乃至指责，每一名学生均应端正认识、听从教诲。具体而言，在下述四点上，尤其需要每一个大学生自觉地予以注意。

（1）虚心接受教导。一般而言，每一位教师对其学生所进行的批评、教诲，无一不是出自善意。仅仅就此而论，大学生就应当虚心接受，并对教师给予自己的关怀表示诚挚的感谢。当老师对自己进行批评、帮助时，一定要面含恭谨之色，起身站立，并洗耳恭听。绝对不允许对教师的教导表现得鄙夷嘲弄、不屑一顾，尤其不允许对其加以拒绝，甚至扬长而去。

（2）耐心听从教导。当老师对自己进行批评帮助时，无论老师本人的态度如何，大学生都必须表现出应有的耐心。最为重要的是要“有则改之，无则加勉”。对于自己与老师之间所存在的某种误会，以及老师对自己的判断失误，可以在适当时心平气和地向老师做出解释，以求得对方的谅解。但是，一定要注意具体的表达方式。

（3）切勿顶撞教师。由于种种主客观原因，教师对学生所进行的批评、指责不可能一贯正确。此外，某些教师在对学生进行批评、指责时，难免会“爱之深，责之切”，说一些过头的话。遇到以上情况时，大学生一定要冷静地加以对待。要注意维护教师的个人威信，不要直接与教师发生正面冲突。即使与老师产生矛盾，双方观点不同或老师对自己的批评欠妥，也不应当直接顶撞老师，尤其是不应该当众对老师进行顶撞。一般而言，师生之间的情谊纯洁而美好，大学生务必对其加以珍惜。

四、尊重教师的人格

学生对教师应有一个客观的认识。人无完人，教师也不是一贯正确的，自然也会有缺点和错

误，要尊重教师的劳动。如果发现教师的缺点与不足之处，不要大惊小怪，不要失望埋怨，不要在背后发泄对教师不满的情绪，散布无理言辞，不要随便给教师取不雅的绰号，更不要在课堂上顶撞教师或以不恭的言行损害教师的人格，而应以诚恳、谅解的态度，在适当的场合，在尊重教师的前提下，向教师直接或委婉地指出来。尊师不单单指尊重教师的个体，而是对他所承担的工作和所具有的知识的尊重。学生应从心里敬重教师，尊重教师的人格，自觉地维护教师的威信。

五、碰见教师时的文明礼仪

早上见到教师应主动打招呼，说声“老师早”；日常见到教师应说“老师好”；离校时与教师碰上，应对教师说“再见”。和教师打招呼时要求停步、立正，眼睛看着教师，待教师还礼后再离开。若几个同学同时碰到教师，可由一个同学打招呼说“老师好”或“再见”，其他同学可同时鞠躬。同一天中再次与同一位教师见面时，可以不再问好，只需注目微笑或点头示意。对碰到不熟悉的教师或其他工作人员也应打招呼。这样做能充分体现出尊师爱生的精神，有助于师生感情的融洽。

第四节　处理好同学关系

所谓同学，一般是指师从于同一位教师，或者是在同一班级、同一专业、同一学校学习的人。在大学校园内，同学之间朝夕相处，因此，在人际关系中，同学关系历来受到普遍重视。

在大学生活里，同学关系是每名大学生均应认真予以处理的。在大学校园内所产生的同学之间的情谊，往往既纯洁，又长久，它通常被视为人类所拥有的最美好的感情之一。对于每一名大学生而言，处理好同学关系，珍视同学情谊，将对自己的学习、成长乃至今后的事业、生活有极大的帮助。

在新的班级中，有许多同学来自不同的学校，有不少的同学在原校就表现突出。有的具有演说能力；有的富于幽默、风趣，气质洒脱；有的热情大方、乐于助人；有的聪明博学、出言惊人；等等。每个同学身上都有自己的“闪光点”。因此，决不能因为自己不具备别人所具有的长处而感到自卑，更不能因此而产生嫉妒。因为任何一个人都不可能达到完美无缺，而是应该做到“取人之长，补己之短”。

不仅如此，由于同学们都来自不同的学校，大家对新环境都有一个适应的过程。这时，当同学遇到困难时，我们都要主动帮助他，无私地伸出友爱之手。我们相信，友谊是建立在共同的理想、志趣、爱好以及相互帮助、携手进步的基础上的。古罗马政治家、哲学家西塞罗在描述友谊时这样说道：“世界上没有比友谊更美好、更令人愉快的东西了；没有友谊，世界仿佛失去了太阳。”在处理同学关系时，应注意四个方面。

一、和睦相处

在我国，大学生活的一大特点，是同学之间朝夕相处。在这种情况下，能否与同学和睦相处，便成为大学生的一个非常重要的问题。

在大学生活中，大学生彼此之间要真正做到和睦相处，主要应当注意以下四点：

（1）以礼待人。与同学相处，不论自己与对方具体关系如何，均应对其表现出应有的尊重，并时刻对对方以礼相待。对同学以礼相待，就每一名大学生而言，既是为了对对方表示尊敬，也是为了尊重自己。“礼多人不怪”，与同学打交道时牢记处处依礼行事，将有助于为自己营造出一种较为和睦的同学关系。

（2）真诚友善。与同学打交道时，一定要注意以诚待人、与人为善。以诚待人，就是要求自己

心口如一、言行一致，不可以充当口是心非、表里不一、缺乏真诚的“伪君子”。与人为善，就是要求自己在待人接物方面凡事要心存善意，对同学友好相待，切不可心存恶念、以恶待人。大学生必须谨记，善待他人，是一种教养；善待他人，就是善待自己。

（3）谦虚随和。在同学之中要想拥有较好的人缘，须时时处处以谦虚随和的态度对待自己的同学。为人谦虚，主要是要求大学生不要故步自封、狂傲自满、夸夸其谈、卖弄所长、自以为是。为人随和，则主要是要求大学生要虚怀若谷，要善于与别人相处，善于向别人学习，善于听取别人的意见。它既非拒人于千里之外，亦非一味地对别人随声附和。

（4）理解宽容。同学之间，理解与宽容不仅十分需要，而且难能可贵。同学之间的不少误会，多为双方缺乏理解所致。而同学之间的矛盾、纠葛之所以产生，则通常都是因为其中的一方或者双方待人不够宽容。在同学之间提倡理解，就是要求大学生理解他人的立场和态度，懂得别人的思想感情，对对方的喜、怒、哀、乐能够心领神会；提倡宽容，则是要求大学生宽宏大量、善于容人，尤其是要善于原谅别人的过失。所谓“有容乃大”，古今中外能够成就大事之人，通常都具有容人之雅量。

二、团结友爱

在学生时代，与同学加强团结友爱，不但是对每一名大学生的基本要求，也是其完成学业、在今后的事业上有所发展的重要保证。就大学生而言，同学之间的团结友爱，重点需要注意以下三个方面的问题：

（1）加强团结。在大学生活里，由于每一名学生的性格、经历、习惯各不相同，同学之间难免会产生一些矛盾和摩擦。作为一名大学生，理应拥有开阔的胸襟，不要计较同学之间的小是小非，尤其是不要无事生非。在日常生活中，要主动团结同学，特别是要团结本班级、本专业、本宿舍的每一名同学。在任何情况下，都不要制造分歧、挑拨离间，破坏同学之间的团结。应当强调的是，团结同学的主要目的，是为了与之互相帮助、共同进步，而并非要拉帮结派、称王称霸、欺侮其他同学。

（2）相互帮助。对出门在外、远离家人的大学生而言，“在家靠父母，在外靠同学”，同学之间的相互帮助不但是应该的，而且往往也是必不可少的。从根本上说，同学之间的相互帮助，既是大家互相爱护、互相关心、互相体谅、互相照顾的具体体现，也是“人人为我，我为人人”的时代精神的基本要求。在许多时候，只有接受同学的帮助，才有可能战胜困难。遇到困难之时能够获得帮助，对受助者来说是莫大的慰藉，而助人者也会因此而受到对方的感激与尊敬。大学生相互帮助，有四点应予以注意：一是帮助别人应当量力而行；二是对同学的帮助应当涉及思想、生活、学业等方方面面；三是对同学所进行的帮助应当不图回报；四是同学之间的帮助应当有来有往。

（3）尊重异性。在我国的高等院校里，大都实行男女同校学习的制度。男女大学生在进行日常交往时，既要反对“男女授受不亲”、“重男轻女”、鄙视异性的错误观念，又要注意尊重异性，提倡把握好男女同学交往的具体分寸。从总体上讲，要坚持男女平等，鼓励男女大学生之间的正常交往。从具体上讲，则要求大学生尊重异性、尊重自己。与女同学进行交往时，男同学应当心胸开阔、光明磊落，注意体贴和保护对方。与男同学进行交往时，女同学则应当文雅端庄，落落大方，善解人意，给予对方应有的关心与帮助。不论男生还是女生，都绝对不可以利用同学关系在对方面前举止轻浮、有失检点，尤其是不可以调戏对方或玩弄对方的感情。

三、遵时守信

遵时守信，是现代社会对于每一名大学生在处理其人际关系时提出的基本要求。在大学期间，每一名大学生都要自觉地养成遵时守信的良好习惯。在处理同学关系时，对此也不能疏忽大意。

（1）遵守时间。在现代人看来，时间就是生命，时间就是效益，时间就是金钱。有鉴于此，在

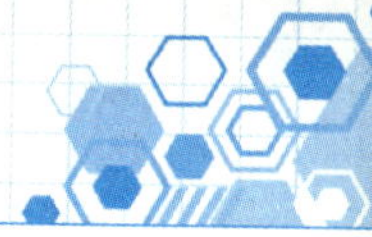

人际交往中，一定要具有良好的时间观念。对于交往双方有关时间方面的约定，务必言出必行，一律无条件地加以遵守。不到万不得已，切勿随意更改，或是在与对方约定的时间里迟到、失约。与同学相处时，一定要对遵守时间的问题高度重视。从根本上讲，一个人对于交往双方所共同约定的时间遵守与否，实际上与其对交往对象的尊重程度直接相关。

(2) 信守承诺。在人际交往中，包括大学生之间的相互交往在内，信守承诺向来都是一条基本的文明礼仪规范。现代人在人际交往中则更是讲究遵守承诺，“言必信，行必果”。在社会上，出尔反尔，言而无信，有约不守，或者守约不严，都被视为严重有损于个人形象的恶习。每一名大学生均应对此引起注意。具体而言，大学生在与同学交往中所具体涉及的信守承诺的问题主要有二：一是许诺必须谨慎。大凡许诺于人，均应经过深思熟虑，并要考虑后果，切勿草率从事、承诺“满天飞”。二是承诺必须兑现。一个人说话要算数，凡是自己做出的每一项承诺，都要努力兑现。只有这样，才有自己的信誉可言。

四、共同进步

在大学期间，同学之间往往都是同呼吸、共命运的。因此，在处理同学关系时，特别应当提倡每一名大学生都与自己的同学共同进步，主要应当在以下三个方面得以体现：

(1) 本人努力进步。在校求学期间，每一名有良知、有自尊心的大学生，均应从各个方面对自己从严要求，使自己“百尺竿头，更进一步”。就同学相处而言，本人努力进步，既是对其他同学给予自己关心、帮助的一种最好的报答，又可以通过自己的以身作则，为其他同学树立起一个良好的学习榜样，从而带动其他同学进步。

(2) 鼓励同学进步。与同学相处时，若是对对方真正地关心、爱护，就应当与对方互相促进，并鼓励对方不断地取得进步。在任何时候，鼓励同学、推动对方不断进步，都是做同学的一种责任与义务。在日常交往里，对同学所进行的鼓励与鞭策，不仅要讲究方式方法，而且还要经常鼓励、永不间断。

(3) 大家一起进步。与同学之间的互相帮助一样，同学之间的进步也应当是互相促进、一道进行的。面对同学的进步，既要为对方高兴，对对方有所鼓励，又要及时地进行自我对比、自我检查，努力使自己比、学、赶、超对方，这才是大学生所应有的健康心态。千万不要对同学的进步心怀嫉恨，暗中阻止对方的进步，或者对对方进行恶意的诋毁、中伤。

第五节　处理好个人与集体的关系

大学生的学生生活，在很大程度上来讲是一种集体生活。刚进入大学的同学都会发现，新环境中的学校管理方式、方法变了，需要以自我管理为主。作为大学生，必须明白老师有意识地培养学生自我约束、自我管理的能力，并有意识地提供各种锻炼机会，是让学生在锻炼中自我认识、自我评价、自我调整，从而进行自我管理、自我调适，以便在未来社会的激烈竞争中，能够充满自信地走向社会、适应社会。因此，大学生应注意自觉性的培养，增强自律意识。

在个人与班集体之间的关系中，每个同学都应以班集体的思想行为准则来要求自己，并以此来对待他人；懂得待同学要友好、谦逊、诚恳、忍让、有礼貌、守纪律；懂得离开了班集体的行为规范和人际关系的准则，就谈不上成为一个合格的班级成员。在新的集体活动中，要培养自己的协作精神和集体荣誉感，要勇于展示自己的才能，锻炼和提高自己的能力。自我表露实际上体现着一种可贵的自尊、自信、开拓和进取的品质。每一个同学都应该勇敢地站出来，锻炼自己这方面的品质。

一、个人与集体的关系

每一名大学生个人与其所在集体之间的关系，实质上属于一种特殊的同学关系。大学生在学校就读期间所接触到的各种形式的集体，就其总体而言，基本上都属于以学生为主要成员的集体。而这种性质的学生集体，往往又是联结同学之谊的一种最好的纽带。没有这种纽带的存在，同学之谊往往难以建立。一般来讲，在处理个人与集体之间的相互关系时，每一名大学生既要注意关心集体，又要始终热爱集体。

1. 关心集体

毫无疑问，大学生活是不排斥每一名学生展现其个性、发展其所长的。每一所大学，只有培养出富有专长与特色的学生，在社会上才会有其良好的口碑与立足之地。每一名大学生，在日常学习与生活里，都必须自觉地关心其所处的集体，并应当在以下三个方面有较为出色的表现：

一是参与集体。大学生对于集体的关心，首先应当以参与集体作为其主要表现。如果与集体保持距离，拒绝参与一切集体活动，对集体的一切事宜不闻不问、漠不关心，是根本谈不上关心集体的。参与集体，在此主要是指大学生对集体活动的参与。在参与集体活动时，大学生一方面应当是积极而主动的，另一方面则应当是不存在任何附加条件的。只有兼顾了这两个方面，大学生参与集体活动才具有真正意义。

二是支持集体。在任何情况下，大学生都要以本人的实际行动对集体表示支持。支持集体，是关心集体的一种重要表现。要支持集体，就要主动为其效力。在力所能及的范围之内，要在精神上、物质上、行动上积极替集体排忧解难。要自觉为集体分忧，严格要求自己，努力完成集体所交付的各项任务，不给集体添麻烦，这些都是为集体分忧的自觉表现。

三是服从集体。个人服从集体，在现实生活中是一条广泛适用的行为准则。在参与集体活动时，倘若个人利益与集体利益发生了矛盾，通常要求个人利益服从于集体的利益；当个人愿望与集体愿望发生抵触时，一般也要求个人愿望服从于集体的愿望。这就是个人服从集体的本质含义。要求大学生个人服从集体，主要是反对其崇尚极端个人主义，反对其凡事“我”字当头、个人至上，反对其不注意维护集体利益、不注意服从集体需要。

2. 热爱集体

身为集体的成员之一，每一名大学生都要爱护自己所处的集体。大学生对于集体的爱护，具体应当在以下两个要点上有所表现：

一是维护集体。置身于集体之内的每一名大学生，都有责任、有义务悉心对其加以维护。大学生对其所在集体的维护，一方面应当表现为对于集体利益的维护。大学生要在为集体创造价值、捍卫集体利益的同时，敢于同损害集体利益的一切行为进行坚决的斗争。另一方面则应当表现为对集体荣誉的维护。在任何时候，大学生都应努力为自己的集体争光，而不应为其抹黑。

二是为集体做奉献。生活在集体之中的每一名大学生，都必须对自己所在的集体具有一种强烈的责任感，既要对于需要自己所承担的集体工作当仁不让，又要努力为集体多做奉献。对于需要自己承担的集体工作，每一名真正热爱集体的大学生都不可以逃避。为此而同集体讨价还价，则更是不应该的。

二、集体与集体的关系

在校园生活里，当大学生参与集体活动时，还会面对集体与集体之间的关系。集体之间的关系，不仅较为复杂，而且其牵涉面也十分广泛。处理集体之间关系时，下述五点务必要慎之又慎。

（1）互相学习。当大学生代表自己所在的集体与其他集体进行交往时，不仅要努力维护自己所在集体的声誉，而且还要注意向其他的集体虚心学习。必须实事求是地看待交往双方的具体情况，学习对方集体的一切长处。这既有利于自己所在集体的成长与进步，也是对自己所在集体的最好的

爱护。

(2) 彼此帮助。集体与集体之间，犹如个人与个人之间一样，如果想要友好相处，就必须互相帮助。互相帮助，不仅在客观上真实地体现着集体与集体之间相互依存的关系，而且也是集体与集体友好相处的重要基础。任何一个集体，如果拒绝对其他集体提供帮助，或是拒绝来自其他集体的帮助，则必将使自身孤立无援、隔绝于世，从而难以在社会上真正立足。

(3) 友好协作。每一个正常的社会集体，只要希望使自身取得成功与发展，就要注意争取、创造机会，与其他社会集体进行友好协作。集体与集体之间所进行的友好协作，可以采用一切合法的形式。只要对双方、对社会有利，各种形式的集体协作均可予以考虑。进行集体协作的主要长处有三：一是可以调动有关各方的积极性；二是可以集中力量将彼此的事情办好；三是可以促进各方之间相互关系的进一步发展。

(4) 公平竞争。集体与集体之间，尤其是同一类型或是面临共同处境的集体之间，难免存在着一定的利益之争。对于集体之间的利益纠纷，重要的并不是有意加以否认，而是应当采取正确的态度予以对待。在一般情况下，处理集体与集体之间所存在的利益冲突时，应当提倡公平竞争。在集体之间提倡公平竞争，有下列两点必须予以注意：一是对于合理竞争要鼓励而不要否定；二是在进行竞争时必须强调公平，并要有规可循。

(5) 共同进步。在提倡集体竞争时，必须明确一点：集体竞争的最终结果并非两败俱伤、你死我活，而是要相互促进、共同进步。这就是说，在正常情况下，集体与集体进行竞争时，都需要事先设定“双赢”“双胜”的终极目标。每一个集体参与集体竞争之时，都必须牢牢记住这一目标，并且围绕这一目标不懈努力。必要时，要善于妥协，要善于“求同存异”。

三、尽快适应新的集体

要想尽快适应新的集体，树立良好的自我形象，就应当主动调整和适应自己。在这个新的集体中，也有不断学习和适应的过程。我们应该认识到，一个真正的班集体，不仅是一个班的同学学习、生活的地方，而且是同学们思想、感情和目标上的总体现，是集体意志和集体利益上的认同，这对每一个同学都具有很大的影响力。因为任何事物都必须通过自身的参与，才能由陌生到了解、到熟悉。因此，每个同学都要努力做到以下几点：

(1) 了解班级、学校的基本情况，如本班辅导员、任课教师、同学的姓名、特点，并努力记住，以便于接触。

(2) 主动、大胆地亮相，适当地展露、表现自己，以便于同学、老师认识和了解自己。

(3) 热心公务、关心他人，带头完成公益劳动任务，塑造良好的自我形象。

(4) 大胆交往，主动向老师、同学伸出友谊之手，适当接触，交心谈心，以便寻找新的朋友，建立正常、友好的同学关系和师生关系。

思考题

1. 如何适应新的大学生活？
2. 如何处理好师生关系、同学关系？
3. 如何处理好个人与集体的关系？

第三十七章　大学生文明礼仪概论

文明礼仪是人们在社会生活中处理人际关系时用来约束自己以示尊重他人的行为准则。文明礼仪的根本内容是“约束自己，尊重他人”；文明礼仪的目的是让人们能轻松愉快地交往；文明礼仪的基本原则是为他人着想。知书达理，待人以礼，应当是当代大学生的一个基本素养。文明礼仪是一个人最好的介绍信，作为生活在高度文明社会的现代人，与人打交道是一门必不可少的生存艺术。礼仪是一个人学识、修养和价值的外在表现，充满魅力的机智、优雅的谈吐、高雅的举止行为是快速建立良好而稳定的社交关系的基础。身在象牙塔内的大学生应该尽可能多地掌握文明礼仪技巧，提高自己的修养。

第一节　大学校园文明礼仪概述

大学担负着教育人和培养人的神圣使命，学生的成长和学校的环境有着密切联系，懂得如何做人和学习知识同样重要。每个人的成长期大多是在学校度过的，学校是人生中至关重要的阶段，在学校中树立的世界观、人生观和学到的知识，将会在未来的工作中受用不尽。同样在学校中掌握和理解的文明礼仪要求，也会成为一生的行为习惯，影响到未来的工作与生活。因此，学生在校期间的礼节礼仪要求就显得尤为重要。目前，重视文明礼仪教育尤为重要，学校是培养人才的场所，它不仅能使学生和教师、员工和谐相处，在举止上注意各种礼节，养成良好的行为习惯，而且能使学生走上社会时成为一个懂文明礼仪、讲修养的文明人打下良好的基础。

大学生校园文明礼仪是指学校的师生员工之间在学校内相处时应该遵守的组织规定和约定俗成的行为准则以及礼节、仪态的总和。它主要调整同学之间、师生之间以及学校人员之间的关系。

学校文明礼仪有其特定的对象，主要是指学生之间、师生之间的文明礼仪。学校文明礼仪不仅是大学生应遵守的日常行为规范，而且是做人的最基本要求。这里所说的基本要求是：要团结友爱，互相帮助，尊敬师长；仪容、仪表要符合大学生的身份；注意树立良好的大学生形象。大学生应具有理解、宽容、诚实待人的态度，庄重大方、谈吐文明、讲究卫生的举止行为，妥善处理好各种人际关系。

一、大学校园文明礼仪的基本要求

学校是一个既严肃又活泼，既庄严又亲切，既紧张又文明的场所，这就要求有合适的文明礼仪规范。学校文明礼仪的基本要求体现在以下四个方面：一是尊重，二是自律，三是适度，四是真诚。

（一）尊重

尊重即尊重他人，这也是文明礼仪的本质。人与人之间最重要的，莫过于最基本的相互尊重了。尊重人，从社会角度而言，也是一种良好的道德品质。尊重他人，方能得到他人的尊重。一个人在学校生活中要想得到别人的尊重，就得先学会尊重他人，要有与人为善的道德观念。在学校里，师生之间没有地位尊卑、高低之别，只有互相尊重。任何一个有自尊品格的学生或教师，必然

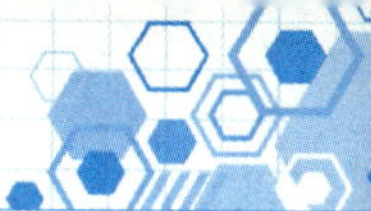

会要求自己去做符合社会、学校道德规范的事，而绝不会允许自己去做有可能会损伤自己尊严的事。

（二）自律

自律是无须强制而又深入人心的自我约束意识及行为，即克己、礼貌待人、自我约束、表里如一。

（三）适度

适度即待人得体、掌握分寸，这样才能保持与他人之间的健康、良好、持久的人际关系。具体可表现在感情适度、谈吐适度、举止适度以及衣着打扮适度等方面，但无论怎样，与人的交往都应根据文明礼仪的行为准则和道德规范进行，合情合理，恰如其分。

（四）真诚

真诚即以诚待人，诚信无欺，言行一致。在校园内，教师是学生最信赖的人。教师就应当像父亲那样真诚地对待学生，当学生遇到困难和挫折时，教师应当满腔热情、循循善诱予以帮助。既教书又育人，教师无论在课堂内外都应有良好的道德形象，给学生以言传身教的文明礼仪教育。只有这样，学生才能在校园这个大家庭中健康成长。同时，学生对教师，学生相互间也都应真诚相待，礼仪成习，营造一个良好的育人环境。

学校文明礼仪涉及学生在校内与同学交往，与老师交往的有关日常行为规范、个人仪容、仪表等方面。让学生了解、掌握文明礼仪的基本要求，从而使学生在学习文化知识的同时，达到提高人的修养、升华人格的目的，这是学校教育的宗旨。教师和学生都是社会中的一分子，作为教师在家庭中可能是为人父母的家长角色，也可能是为人子女的角色，对长辈尽孝对子女尽心，而在学校，要为人师表；作为学生在家要遵循家规孝顺父母，在学校要遵守《学生守则》和学校相关规章制度。当然为不同角色规定的文明礼仪要求也有所差异。尽管他们社会角色不同，但对文明礼仪修养的许多要求却是共同的。所以，对于在校园内的每个人来说，融不同角色的文明礼仪要求于一身是十分重要的。

二、学校文明礼仪的作用

（一）培养学生良好的道德品质

环境影响人，环境教育人，好的教育氛围可以塑造优秀的人才。“孟母三迁”的故事就是典型。古往今来有许多教育学者，都特别强调环境的熏陶作用。学校是学生学习、生活和交往的主要场所，因而学校也就成为培养学生爱国主义情感和养成学生良好文明礼仪习惯的重要阵地。

文明礼仪教育使学生从尊敬国旗、国歌开始培养爱国主义情感，从日常行为中学会以诚待人、以礼待人，在懂得尊重别人的同时赢得自尊；在礼敬别人的同时获得自信；在遵守学校、家庭、社会文明礼仪规范的同时获得自觉，从而形成健康的人格。这要求学生不仅要做到言敬行恭、知书达理，更要重视自身思想道德品德的提高，达到由以自我为中心到心中有他人的转变；由斤斤计较到关心礼让的转变；由在父母面前撒娇任性到恭敬孝顺的转变。

文明礼仪教育是衡量一个学校文明素质的标准，也是展现一个国家国民素质的窗口，且为提升整个民族素质奠定基础。

（二）培养学生良好的形象素质

学生在校学习期间要养成礼貌待人、衣着得体、朴素大方、男女同学交往健康的良好习惯，接受良好的文明礼仪训练，提高个人修养。要塑造良好的形象，就必须讲究文明礼仪，而社会公众的

形象包括个人形象、组织形象和国家形象。在校园内主要注意个人形象，即通过自己的言谈举止在他人心目中树立起关于对其个人的评价。当然个人在生活中要与他人交往，出现在各种不同的场合，要具有良好的修养，树立起良好的公众形象。

（三）使学生懂得如何与他人交往

学校作为家庭和社会中间的过渡，是学生学习人际交往的一个重要场所。自古以来，文明礼仪是人际交往的桥梁。孔子曾说："君子敬而无失，与人恭而有礼，四海之内皆兄弟也。"每一个人均生活在社会大家庭中，人在社会中要生存和发展就一定要学会与人交往，为此，首先要懂得讲礼、守礼，这是促进人际交往的桥梁。可以说，个人自我价值要得到社会承认，从而使个人内在心理目标达到社会化，必须借助一定的行为方式，这个行为方式就是文明礼仪。

具有良好文明礼仪习惯的人首先给人以"赏心悦目"之感，文明礼仪能调节人与人之间的关系。在学校，能使师与生、生与生之间的关系更加和谐、融洽、友善，使校园的文明氛围更浓，树立起学校的良好形象；在家里，使家庭更加充满关爱，更加和睦、幸福，使邻里的关系更加融洽；在社会，使人与人之间的关系更有人情味，少一些矛盾，多一分和谐温情，使人们的行为受到自我约束，使社会更加文明。从而实现学校文明礼仪教育向社会、向家庭延伸，培养具有健全人格的全面发展的人。

第二节　大学生加强礼仪修养的主要途径

人们在社会交往中讲究的礼仪是一种修养，是多层次的道德规范体系中最基本的道德规范，它属于道德体系中社会公德的内容。如文明举止、谦恭礼让、礼貌待人、与人为善、诚实守信、孝敬父母、尊师敬长、遵守公共秩序、维护社会公益、尊重与爱护他人的劳动等，这些既是礼仪规范的要求，又是中华民族的传统美德。礼仪不仅显示出人的道德情操和知识教养，也能帮助人们修身养性，完善自我。因而礼仪也是评价个人道德修养水平的标准之一。同时，道德修养也是礼仪的基础，礼仪是道德的表现形式。任何一种礼仪都离不开道德，"道德仁义，非礼不成"，以礼待人，按礼行事，正是道德高尚的反映。从这个意义上说，礼仪也是待人处世的规矩，是维系社会生活的纽带。它能帮助人们约束自我，正确处理个人与他人以及社会的关系，从而创造出和谐温暖的人际关系和社会环境。人们之所以讲究礼仪，称赞礼仪，并非因为喜欢表面形式，而是看重其中所包含的道德内涵，即对交往对方的真诚敬重。礼仪既依赖道德，又对良好的道德品质的培养具有极为重要的作用。

一、大学生自己要充分认识加强礼仪修养的重要性

大学生是知识层次较高的群体，应对其在道德水准上、在礼仪修养方面提出更高的要求。一个知书不达礼、知识水准和道德水准严重不协调的学生，不可能成为优秀的人才。近年来，我国高校大学生中与礼仪相悖的行为日益加剧，小至缺乏起码的礼仪常识，如不会问候、不会谦让、不会尊重师长、不遵守诚信等。诸如此类不良行为的存在已严重损害了大学生的形象，成为他们健康成长的障碍。因而高校要重视并加强大学生礼仪教育，促进大学生思想水平和综合素质的提高，进而提高全社会的文明程度。通过礼仪教育，让大学生知道言谈、举止、仪表和服饰能反映出一个人的思想修养、文明程度和精神面貌。思想道德素质是个人思想、政治、道德和行为规范的反映，大学生礼仪教育对思想道德素质的培养和提高具有重要意义。礼仪帮助人们约束自我、尊重他人，自觉处理人与人之间、人与社会之间的关系，有助于形成良好的社会公德与职业道德。所以对大学生进行礼仪教育，不断强化礼仪习惯的培养和训练，使他们养成良好习惯，懂得尊重他人，懂得谦恭礼

让，懂得和谐共处，长此以往就可以培养其良好的思想道德素养。所以，在现代社会，任何人都不能轻视礼仪，都应学礼、讲礼。

二、切实完善高校德育体系，制定系统的大学生礼仪规范

课堂教学是系统学习训练的良好途径，礼仪教育与思想道德修养有机结合，既可以丰富大学生的思想道德内涵，又能教会他们如何规范自身行为、塑造良好的仪表形象。事实上受过良好礼仪教育或礼仪行为训练的人，无论是内在素质还是外在行为方式，都与缺少训练的人截然不同。而目前我国大多数高校的礼仪修养教育仍然是一片空白。礼仪教育处于德育的边缘地带：一方面，多数德育工作者对礼仪教育没有给予足够重视，礼仪教育处于德育的盲区；另一方面，在我国高校开设的课程中，重视专业理论和技术，但基本不涉及交往礼仪问题，不进行相应的礼仪教育。结果礼仪教育普遍空缺，部分学生甚至认为上大学与礼仪问题不沾边，学好专业知识就行。所以加强礼仪教育首先必须把礼仪教育引入课堂，对学生进行长期的礼仪修养指导和训练，让他们逐步提高自身的礼仪修养，也让他们认识到礼仪修养的重要性。

三、通过学习，加强礼仪修养

在人际交往中，礼仪不仅反映着一个人的交际技巧和能力，更反映着一个人的气质、风度和教养。通过学习礼仪，大学生可以提高自身的道德修养和文明程度，更好地显示自身的优雅风度和良好形象。人的自觉性不是先天就有的，而是要依靠教师的指点、依靠不断地培养，靠社会健康的舆论导向和良好的环境习染。通过礼仪教育和培训，可以分清是非、树立标准，这使人们礼仪行为的形成有了外因条件，为进一步自我修养的内因打下了基础。通过这一重要基础，促使大学生经过努力，不断磨炼，养成并产生强烈的自我修养的愿望，最后达到处处讲究礼仪的目的。加强文化艺术方面的修养，对提高大学生礼仪素质大有裨益。文化艺术修养的提高可以大大丰富礼仪修养的内涵，提升礼仪品位，并使礼仪水平不断提高。古人云："吾日三省吾身。"说明提高个人修养必须注意自省。学习礼仪，也应时时处处注意自我检查。这样，将有助于发现缺点找出不足，不断总结完善，自我提高。

四、严于律己，从自我做起

一个人要想有良好的素质和修养，就要在心里把礼仪修养放在重要的位置上，只有自己重视它，有意识地去培养，才能取得良好的效果。学校开设的相关课程，老师和同学的言传身教，都是我们可以充分利用的资源，关键就在学生自己能否充分利用。在平时的生活中也要注意自己的言行，从每一件小事做起，如在站立、坐下、行走、握手、递接名片等行为中要注意自己每一个动作细节，不然就会引起别人的反感。在改造客观世界的同时改造主观世界，坚持知和行的统一，从我做起，坚持"躬行实践"的修养方法。在进行道德修养的过程中也会伴随有新旧道德观念的斗争。因此，要严于解剖自己，经常检查自己的言行是否违背道德原则和规范。这就是古人说的"内省"的方法。这是礼仪教育中施教者与受教者的统一。

五、开展丰富多彩的实践活动

在开展丰富多彩的文体活动时，既可寻找一些具体事例来帮助学生学会做人、做事，增强礼仪素养，也可组织学生开展各种喜闻乐见和健康向上的活动，给交往创造更好的机会。如举办礼仪比赛，可设计"礼仪基础知识问答""标准礼仪形象演示""礼仪才艺展示"等模块，在训练及参赛过程中，把平日对学习缺乏兴趣的学生带动起来，取得较好的效果。现代社会，人际交往越来越广泛，大学生仅仅从理论上弄清礼仪的含义和内容，而不在实践中运用是远远不够的，礼仪修养关键在于实践。修养，既要修炼又要培养，离开实践，修养就成为无源之水、无本之木。可以面向全体

学生安排一些礼仪讲座，以提高学生对礼仪重要性的认识，如请著名美容师举办美容专题讲座，带学生到茶圃观看茶道表演，到五星级饭店参观等。这些活动既可开阔学生视野，又可使他们学到许多书本上学不到的知识，也能够让学生从中找出自己的不足和缺点，可以有针对性地完善和提高自己的整体素质，提升自己的礼仪修养。

总之，进行礼仪道德修养，必须从小事做起。也就是说，对一些小事情，也要认认真真、一点一滴地去做，要像古人所说的那样，“勿因善小而不为，勿因恶小而为之”。

第三节　同学交往的基本文明礼仪

在学校里，关系最为亲密的就是同学，交往中应本着真诚友善、互相尊重、互相帮助的原则，照顾他人的生活习惯，多为他人考虑，和睦相处。同学共同生活在一个集体中，应共同创造学校的文明环境，共同创造团结奋斗、生动和谐的气氛，并在这种环境和气氛中携手共进。

在学校生活中，同学之间应以礼相待、互相帮助、和睦相处。①互相尊重，互相帮助。同学间应互帮互助、共同进步，但难免也会产生矛盾，这时候双方的态度一定要冷静，虚心听取对方意见，多为对方着想，不要伤害对方的自尊心。不管错在谁，都要以真诚、友善的态度去对待。当同学遇到困难或生病时，大家应安慰、探望或鼓励他，并提供帮助。②宽容理解，和谐共处。同学之间，个人的兴趣、爱好、个性、生活习惯、为人处世等各方面都有差异，因此理解是化解差异、沟通与协调的润滑剂。不要以己之好去苛求他人，不在小事上斤斤计较，影响团结。

在集体宿舍共同生活中，学习、生活和其他活动是在集体中进行的，大家都要自觉遵守学校的寝室守则，共同创造优美、安静、舒畅的宿舍环境。

一、初次见面文明礼仪

同学之间初次见面应当主动进行简单的自我介绍，还可主动握手，表示热情友好，然后询问对方姓名，来自什么学校、什么地方等。大方得体地对待初次见面的同学，相互熟悉以后便可以彼此直呼其名，但不能用“喂”等不礼貌用语称呼同学。不要把粗鲁的打招呼言行当作是亲近的表示和直率的表现。

二、相处文明礼仪

同学之间的相处应以互相尊重、互相谦让和互相帮助为基本要求。相处中的具体文明礼仪如下：

大学生们在学校生活不可能不需要其他同学的帮助，在有求于同学帮助时要用“请”“谢谢”“麻烦你”等礼貌用语。切不可用生硬的口吻命令他人，而且要看对方是否方便，不要提出别人达不到的要求，也不要妨碍别人正常的学习和生活。得到他人帮助时，必须真诚致谢。

同学之间的互相帮助是必要的，应该提倡，但要注意方式方法。有些同学自尊心较强，遇到困难不愿让人知道和接受帮助，这时，热心的同学要注意，应向他表示诚意，并表示随时愿意提供帮助。总之，要善于关心体察，适时适地地予以帮助。

如果偶尔忘带生活学习用品，而需要向他人借用时，应先征得对方同意，使用后宜及时归还，并向对方致谢。不可未经允许自行取用他人之物。使用他人物品应爱惜，损坏了应说明情况并尽快赔偿。

同学间难免有误会或口角时，应多做自我批评或适当的批评，其态度应诚恳，分析要中肯，让人易于接受。若其中一人主动道歉，请求原谅的话，对方应接受别人道歉，并说一句“能理解”，

这样会让对方如释重负。若其中一人主动打招呼，另一方应给予回应，表示和好，不计前嫌，以利团结。

同学间应多一点宽容，少一点计较。对暂时落后或犯了错误的同学，不应冷淡，更不应该歧视、嘲讽或冷言冷语，而应给予热情的帮助。

三、说话文明礼仪

同学之间的交流，可以增加相互了解、增进友谊和增长知识，但需要注意说话态度和内容。

与同学说话的态度要诚恳、谦虚，语调要平和，注意对方的兴趣和情绪。在听同学说话时，态度要认真，不能做其他事或表示出困倦、漫不经心的样子；不要随便插话，打断别人思路，若要插话或提问，应先打招呼；同学如说错了话要委婉地指出，不要伤害别人自尊心。与同学说话的内容要真实，善于谈自己的看法，不说不利于团结、不文明的话和事。遇到同学思想上有疙瘩解不开时，应主动与他谈心，凭借自己的经验和认识帮助同学从苦闷中解脱出来，做一个心灵美的学生。

在社交场合，大学生都要懂得礼貌待人，有礼貌的人才会得到他人的尊重，有礼貌的人才会为自己带来更多的机会。礼貌是社交礼仪中的一种，大学生若想在社交中脱颖而出，一定不能忽视讲礼貌的作用。我们要懂得运用礼貌语为自己增添魅力。中华民族的传统美德让我们从小就耳濡目染礼仪的重要性。礼貌用语有很多，基本常识应注意三点。

1. “您好”“初次见面，请多关照”等打招呼用语

有修养的大学生在与人初次见面的时候，要学会主动热情地打招呼。一般我们在社交场合都希望结识比自己有能力、有地位的人，那么，我们就既要表现出热情，又不能让人觉得你有阿谀奉承之嫌。年轻人要主动走到对方面前，微笑着说“您好”“很高兴认识您”“请多关照”等开场用语。当对方要离开的时候，你也应及时走到对方身边，礼貌地说“再见”“您慢走”“有机会再见”等告别用语。

2. “谢谢”“对不起”“没关系”等社交用语

在待人接物中，我们都应该把“谢谢”挂在嘴边，这是在社交中一个非常好的习惯，不仅体现了你对他人的感激之情，还表现出你尊重对方的态度。年轻人切忌在社交场合中让自己显得傲慢无礼，你要知道，只有谦逊和蔼的人才会赢得别人的尊重。“对不起”“谢谢”这类礼貌用语常常可以化解你在不经意时制造的尴尬场面，试想，一个对他人很有礼貌，又经常将这些礼貌用语挂在嘴边的人，有几个人能真和他们生气呢？

3. 看场合使用不同的礼貌用语

大学生要想在社交场合中如鱼得水，还应该懂得根据不同的场合说一些礼貌用语。比如，初次见面用久仰；许久不见用久违；客人到来用光临；等待客人用恭候；探望别人用拜访；起身作别用告辞；中途先走用失陪；请人别送用留步；请人批评用指教；请人指点用赐教；请人帮助用劳驾。大学生说再多的礼貌话，若没有一个良好、端正的态度，也会让人产生不是礼貌用语的错觉。一个有修养的大学生在与人打交道的时候会呈现给对方一种尊重他、真诚对他的态度，说话的语调要放轻、放慢，让人感受到你亲切、和蔼的一面。所以，大学生在学会礼貌用语的同时，更要注意你的态度，要用你的态度去感染对方。

四、宿舍文明礼仪

宿舍也是同学相处时间较长的地方，是住校生的公共之家。每个学生都应遵守学校统一的作息制度，不做学校禁止的行为，彼此尊重。

宿舍内的环境靠每个学生的自觉行为来维护，而每个人的箱子、衣服、鞋帽、日用品等应放在指定的位置，共同维护公共卫生。爱护公物，养成节约水电，随手关水龙头、关灯、关门窗的好习

惯；不往窗外、门外或楼下倒水、泼水、扔垃圾、吐口水、乱扔果皮杂物等。

同学之间应按时就寝，熄灯后不得谈话，不得发出太大的响声，以免影响他人的休息。如果有人在熄灯后还在听随身听，应戴上耳机；如果还想看书，需将床头灯灯光调到最小。若有特殊情况不能准时回宿舍就寝，应事前打招呼，请其他同学留门。如果宿舍内有电话，应将作息时间一并告知亲朋好友，避开休息时间来电打扰。

在宿舍内，应注意不随便乱动他人用品，如需使用，应先征得室友同意，用好后归还原处。不能随意翻动他人物品，不能随意翻看他人的日记、信件等，应尊重他人的隐私。

去别的宿舍串门，应注意选择合适的时间，进门前先敲门，经允许后进入房间。进入其他宿舍应与所有人打招呼，经允许才能坐在别人的座位上。串门的时间不宜太长，以免影响其他同学休息。串门时不大声说话，谈话内容要健康。离开时，应与所有人道声“再见”。

住校生难免有亲朋好友来访，首先应在接待室接待，若要请到宿舍做客的话，要先告诉同宿舍其他同学，经允许才能将客人带到宿舍。在宿舍内，用自己的物品接待客人，不要让亲朋好友在宿舍内待的时间太长，更不能留宿。同宿舍的同学也应热情打招呼，然后可选择恰当时候避开，不影响他人交谈。

五、食堂文明礼仪

大学生在校期间，一日三餐基本上是在学校食堂解决的，这是一个充分体现大学生素质的重要场所，一定要注意基本礼仪规范。

到食堂用餐，要有秩序地进入餐厅，不要冲、跑、挤，要排队购买饭菜，不可插队。吃饭要讲文明，要爱惜粮食，要根据自己的食量打饭菜，不要随便剩饭剩菜。如果有吃剩的饭菜，要倒进指定的泔水桶里，不要往洗碗池、洗手池里倒。不要当着食堂工作人员的面抱怨饭菜不好，但可以礼貌地提出意见。坐在座位上吃饭时，要坐有坐相，两脚自然并拢，双腿自然平放。骨头、鱼刺等东西，不要随地乱吐，可以放到餐具里或吐到自己准备的其他盛具里。在食堂吃饭不要大声喧哗，更不能敲饭盆。如果和师长、同学及熟悉的人在一起吃饭，要注意礼让，先吃完离开时要说“大家慢慢吃”。用餐结束，要主动将餐具放到指定地点。

第四节　大学校园常用文明礼仪

一、进校文明礼仪

学生进校门时要检查一下自己的仪表，应衣冠整齐、书包背正、神态严肃、稳步进入。严格遵守学校规章制度；对待值勤的老师和同学应有回敬礼；遇上值勤人员检查应积极配合；迟到的同学要接受考勤，说明缘由。

二、进出办公室文明礼仪

学生进入教师办公室前，应先喊“报告”，得到允许后方可进入；不能旁若无人，不敲门或未经允许就径直进入。学生在办公室说话声音要小，不能影响其他老师办公；如果要找的老师不在，应有礼貌地向其他老师询问。如课代表或迟交作业的同学交练习本可放在任课老师桌上适当位置，不能私自乱翻老师的东西。学生在教师办公室停留的时间不宜过久，该说的话说完、该做的事做好应立即离去，不要影响老师的休息和工作，这也是对老师的关心和爱护。

学生离开教师办公室，应向教师有礼貌地说声“再见”。如果学生是向老师请教问题的，在得

到解答后离开时应向老师道谢。

三、升降国旗、奏国歌文明礼仪

国旗不仅是一个国家标志，也是一个国家及其民族精神的象征。国歌体现了中华民族奋发前进、战斗不息的意志。对国旗和国歌的尊重，实际上就是对我们伟大祖国的尊重。学校必须按照国旗法中的规定严格执行。

举行升旗仪式时，学生一般以班为单位，集合在大操场上，站在指定的位置，队列整齐，面向国旗，肃立致敬。未入队的学生和视线范围内的教职员工，当听到国歌奏起均应肃立，不应走动或说话。升降国旗仪式的整个过程包括以下步骤：

1. 列队

在仪式开始前，全体师生面向国旗列队站好。旗手、护旗手、主持人等做好准备。

2. 升旗

主持人宣布升旗开始，全体肃立，脱帽、行注目礼。当国歌奏响时，升旗手将国旗迎风展开，随国歌奏响同步将国旗缓缓向上升起，所有在场的人都应向国旗行注目礼，做到肃静、庄严，不可随意走动、交头接耳、嬉闹等。当同学们来晚时，恰逢升旗奏国歌要立即停止走路，严肃立正，并驻足行注目礼，一直看着它升到旗杆顶端。

3. 降旗

由旗手、护旗手将国旗降下来，降旗时态度应严肃、认真和恭敬。仪式不限，但对所有经过现场的师生员工要求面对国旗，自觉肃立，待降旗完毕，方可自由行动。国旗降下来后，应叠好，收藏在固定地方。

4. 唱国歌

在某些活动中未进行升降旗仪式，但有唱国歌仪式，全体在场的人应跟着国歌音乐的响起，有激情、曲调准确、声音洪亮地高唱国歌。

四、学生自习室礼仪

自习室是“无声的课堂”，最重要的是维持室内安静的学习氛围，这是取得良好学习效果的保证。自习虽无老师授课却仍然是课堂教学的延续，任何与学习内容不相干的事情都不宜在自习室里进行。所以，自习时在教室里与他人说话、打闹、玩扑克等都是与教室学习环境格格不入的失礼行为。进入教室不管是先来者还是后到者动作都应特别轻，相识的同学见面彼此可以点头或挥手示意，言语的问候是不合时宜的。自习期间要尽量减少走动，离开座位需要坐在外边的同学起立让路时，应向其表示歉意并致谢。有不明白的问题需要与其他同学商量或请教时，最好到自习室外边去交谈，开门、关门、起立、入座动作要轻，尽量避免发出响声影响他人。自习期间在楼道内也要轻手轻脚、低声细语，不能追逐打闹、高声喧哗。上自习时还要遵守学校教学楼的有关规定：一是不要在教室内乱丢废弃物品，保持室内卫生；二是要准时下课，不要拖延过久。在教室里要爱护桌椅，不在桌椅上面乱刻乱画，杜绝“课桌文字”的出现。

五、校园文体活动文明礼仪

文体活动是学校重要的活动之一，除了每天的学习生活外，业余时间的文体活动也是不可少的。每年各个学校都会进行艺术汇演、重大节日的庆祝演出、运动会或运动周等活动，这些文体活动中也有学生应遵守的文明礼仪规范。

（一）文艺活动的文明礼仪

文艺活动中的文明礼仪一般包括组织者、主持人、演员和观众等文明礼仪。整台文艺节目的主

持人的表现应得体、大方，着装应与活动内容相配，这样才能有好的效果。演员在确定节目后，应认真准备，演出时服从统一指挥，多人演出要注意互相配合，切不可突出自己，忘记合作。演出结束应向观众致谢。

作为观众在观看文艺演出时，应提前到场。如果迟到了，要俯身进入，小声有礼貌地请别人给自己让道，边走边谢，速度要快而轻。开演后，应该专注观看，尊重演员；若演员有失误，不要倒喝彩，当节目告一段落时，可鼓掌表示致意；若是听音乐会时，千万不能在一曲中间鼓掌，那样会有失礼貌。不把零食带进演出厅，边观看边吃是不文明的表现，同时可能损害剧场的公共卫生；观看时不交头接耳，那样会妨碍其他观众的观看，既使人听不清对白，又影响了他人视线；场内禁止吸烟；携带的手机应处在“静音”状态；不要无故退场，确需退场应在幕间休息或一个节目结束时；散场应走安全门。

（二）体育活动的文明礼仪

校园内各色各样的体育活动很多，除运动会外，平时以团委、学生会名义组织的各类项目比赛较频繁。参加体育活动不仅能强身健体，而且也可以从中感受体育精神。现代体育精神体现着集体主义的团队精神，遵守体育活动的文明礼仪，是人类社会公平、公正意识理念的积极体现。

1. 裁判文明礼仪

裁判的行为与体育比赛的结果有着至关重要的关系，在担任裁判的整个过程中应注意文明礼仪要求。裁判要公正，一定要严格履行裁判规则进行体育赛事活动。裁判还要尊重运动员。裁判是体育比赛中的执法者，有权在比赛中宣布暂停给予违规运动员以警告等；当运动员有疑问时，裁判应做好解释工作，如属于裁判裁决错误，遭到质疑，裁判应冷静检查自己失误，并向运动员致歉，千万不能利用职权打击报复相关运动员。

2. 运动员文明礼仪

作为运动员应牢记“友谊第一，比赛第二”的体育精神，在比赛中尊重对方，要有良好的个人素养。在比赛过程中，运动员应做到：第一，尊重、服从裁判。一般运动员应具备的起码素质是尊重裁判决定，服从裁判指挥。若裁判出现误判，运动员应冷静，然后按规定进行申诉，千万不能动手动脚，恶语相加。第二，尊重比赛对手。校园内的学生作为运动员是重在参与，不要过分注重结果。有些运动项目存在避免不了的身体接触，如篮球、足球等，但不能故意撞人。若避免不了地撞到人，应主动道歉；若撞倒了人，应上前扶起示意对不起，而被撞的人也要表现出宽容大度的风范，以保证比赛顺利进行。尊重对手就是尊重了自己。第三，尊重队友。在校园内除运动会中有个人参赛外，一般的体育比赛以集体参与居多。集体项目要求在比赛中与队友配合良好，发挥团队合作精神，同时也考验其集体合作的能力。队友的心理素质不是整齐划一的，遇有队友由于压力大，出现了失误，其他队友应持鼓励态度，而不应责怪甚至抱怨。当队友表现突出，取得分数，应给予热情祝贺。若队友受伤，应主动关心，要认识到每个队友的成功都是团队成功的一部分。总之，队友相互之间应互相鼓励、祝贺、帮助，取得团队的最好成绩。

3. 观众文明礼仪

作为观众或作为啦啦队，观看比赛时应注意文明。第一，文明观看。观看比赛时，对观众的着装没有特别的要求，只要整齐。不得制造任何噪声，但必要的欢呼声和呐喊声是允许的，它能为运动员鼓舞士气，又能发泄观众的情绪。但需要注意，如果观众靠近运动场地，呐喊声不宜太响，那会影响运动员听不清裁判的口令，导致运动员不能正常发挥。第二，尊重裁判。在比赛中，不得以任何理由干扰裁判执法，即使错判或有明显偏袒，也不能对裁判有不礼貌行为，而应通过正常的渠道反映。观众应服从裁判的指挥，不影响比赛的顺利进行。第三，尊重运动员。观众有的有自己支持的运动员或参赛队，在为自己队加油的同时也要尊重对方运动员的比赛。在对方取得成绩时同样给予祝贺，不应喝倒彩、起哄。当比赛结果不如意时，不能有过激行为，如向赛场内扔空罐、果

皮、垃圾，不能粗言辱骂裁判等，而应遵守起码的道德要求，做一个文明观众。把人的天生好竞争的“自然属性”通过理性的道德约束提升为精神境界的和谐、和平。

在学校内，运动会的举行是重要活动之一。在运动会的整个过程中都涉及有关文明礼仪。包括开幕式、进行比赛和闭幕式。简言之，所有观众和运动员都要遵守为运动会制定的纪律，这就是文明礼仪的要求。

六、校内公共场所文明礼仪

学校师生员工都会在学校食堂就餐，要尊重食堂工作人员的人格和劳动，对食堂的工作有意见可以通过正当途径反映；就餐时应自觉排队，不要插队，不要敲击碗筷，不要把饭菜撒在桌子上和地上，而应将余物倒入指定的容器中。师生员工都应该自觉保持校园整洁，不在教室、楼道、操场乱扔纸屑、果皮，不随地吐痰等。不在黑板、墙壁和课桌椅上乱涂、乱画、乱刻，爱护学校公共财物、花草树木，节约用水用电。上厕所完毕后应放水冲洗。走道上的灯不要全开，能照明就行，教室无人时应及时关灯，注意节约用电。每个人都应自觉将交通工具停放在指定的车棚或存放地，不乱停乱放，造成他人不便。

在校园内行走，人多时注意不要三人并排走路，以免影响后面人越过。在大楼里上下楼梯应靠右走，避免与对方相撞。

实验室、电脑房和语音室是学校实践操作的场地，有专人管理并制定了有关规则。学生根据教学计划要求，由教学管理部门在每周安排具体课表时做了相应规定，进入上述教室的学生同样需要遵守文明礼仪要求。比如管理老师将每个同学的座位加以固定，要求不乱涂乱画，随意交换机器、器皿使用，不能利用电脑把其他游戏、病毒带入，不能在容器里随意放溶液，以免损坏或产生副作用。

第五节　见面交往文明礼仪常识

见面是人与人之间彼此交往的开始。在交际场合，初识新朋友、自我介绍和介绍他人等是常有的事。不论是自我介绍，还是介绍他人，都要举止庄重、大方，充满自信，并特别注意要自然微笑。下面首先介绍微笑训练的基本方法。

一、微笑训练

微笑所表示的是：“我喜欢你，你使我快乐，我很高兴见到你。”一个面带微笑的人永远受人欢迎。

微笑的基本训练方法是：不发声、不露齿，肌肉放松，嘴角两端向上略微提起，面含笑意，使人如沐春风。

（一）训练内容和方法

（1）心理训练。微笑发自内心，发自肺腑，无任何做作之态，防止虚伪的笑。只有笑得真诚，才显得亲切自然，与你交往的人才能感到轻松愉快。

（2）技术性训练。人们微笑时，嘴角两端向上翘起。训练时，为使双颊肌肉向上抬，口里可念着普通话的“一”字音。

（3）眼睛的“笑容”训练。取厚纸一张，遮住眼睛下边部位，对着镜子，回忆过去的美好生活，使笑肌抬升收缩，嘴巴两端做出微笑的口型，随后放松面部肌肉，眼睛随之恢复原形。

（4）在众人面前的训练。讲一段话，讲话时注意自己的笑容，并请同伴给以评议，帮助矫正。

（二）训练要求

在一切可以利用的场合按照以上方法，自我训练或集体训练，坚持时间越长越好，最终形成一种生活方式。

二、介绍文明礼仪

（一）自我介绍

一般先介绍自己的姓名、专业、院系，如果对方表现出结识的热情和兴趣，视其情况，还可以介绍一下自己的身份、原籍以及简要的学习生活经历，等等。介绍时，可将右手放在自己的左胸上，不要慌慌张张，毛手毛脚，也不要用手指指着自己。

自我介绍时，眼睛应看着对方或大家，要善于用眼神、微笑和自然亲切的面部表情来表达友谊，不要显得不知所措、面红耳赤，或吞吞吐吐、唯唯诺诺，更不要随随便便、满不在乎，或长篇大论。

（二）介绍他人

介绍朋友给另外的人时，介绍之前要了解对方的身份、地位等。如果对方在忙着与别人说话，切不可随意打断别人的谈话，可以点头致意后在一旁等待。只有在合适的情形之下，你的朋友才会被对方重视。介绍时要手心朝上，四指并拢，拇指张开，指向被介绍人一方，并向另一方点头微笑。必要时，可以说明被介绍人与自己的关系，以便新结识的朋友之间相互了解和信任。

（1）将男士介绍给女士。在介绍过程中，要引导男士到女士面前做介绍。要注意女士的名字应先提到。比如："张小姐，我给你介绍一下，这位是刘先生。"

（2）将年轻者介绍给年长者。给同性的两个人做介绍时，应先将年轻者介绍给年长者，表示对前辈、长者的尊敬。如："崔老，我给您介绍一下，这位是治安科小张。"

（3）将职位低者介绍给职位高者。将职位低者介绍给职位高者，主要是遵从职位高者有优先了解对方的原则。如："陈局长，我给您介绍一下，这位是刚调来的贾处长。"

（4）将客人介绍给主人。通常将客人先介绍给主人，是为了使主人了解客人的身份、地位，以便更好地进行接待。

（5）将晚到者介绍给先到者。因为先到者相互间已经被介绍，将晚到者介绍给临近的先到者能够使气氛更加活跃。

（三）集体介绍

将一方的个人介绍给另一方的集体时，说明被介绍者的身份、地位等简要内容后，可让所有的来宾去结识这位被介绍者；把大家介绍给某个人时，可以从年长者或地位比较高的人开始逐一介绍；处于平等地位的集体需要相互介绍，可以按照座次或队次顺序介绍，或者按身份高低顺序进行介绍。

三、称呼文明礼仪

称呼是指当面招呼对方以表明彼此关系的名称。称呼用语最基本的要求即确切、亲切、真切。在我国称呼用语主要有敬称、谦称、美称、婉称等。

（一）称呼的方式

（1）人称敬称。通常的人称敬称有您、您老、您老人家、君等词，多用于对尊长、同辈，而尊长对幼辈一般称"你"，表明说话者的客气与谦敬。

（2）亲属称谓。对非亲属的交际双方以亲属称谓之，通常是在公共场合，如公园、商店、车

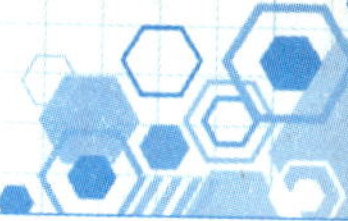

船、码头等非正式交际场合使用。如称大哥、大姐、大伯、大妈、叔叔、爷爷、奶奶等。

（3）职业称谓。在比较正式的场合，习惯于用职业称谓，带有尊重对方职业和劳动之意，也暗示谈话与职业有关，通常有师傅、大夫、医生、老师等，且冠之以姓。

（4）职衔称谓。对国家工作人员，尤其是官员、专业技术人员，在各种交际场所都流行职务（职称）称谓。如厂长、主任、主席、工程师、教授等，在前面冠之以姓。

（5）姓名称谓。通常在正式场合称呼比较熟悉的同辈人为“老＋姓”（老刘、老李等）；对官员、知识分子等老年男性称“姓＋老”（王老等）；长者对小字辈称“小＋姓”（小陈等）。

（6）家属称谓。对别人家属的称谓使用最广的是令、尊、贵、贤、台等敬辞。

（7）泛尊称。先生、女士，这是当今通常在正式场合的称呼习惯，不分职务、年龄、职业、场合，都可称“先生”“女士”。商务往来，以此称呼为佳。在部队，士兵之间互称“战友”；在学校，学生间互称“同学”等。

（8）外国人名的称呼。正式场合的称呼可称其职务或是对方引以为荣的头衔。非正式场合的称呼，对男士可统称为“先生”，对未婚女子称“小姐”，对已婚女子称“夫人”，对年长但不明婚姻状况的女子或职业女性称“女士”。

此外，在我国港、澳、台地区，女性结婚后，其姓氏往往是双重的，即在自己的姓之前加上丈夫的姓，如张杨淑英。

（二）称呼的原则

在社会交往中，称呼很有讲究，须慎重对待。因此，使用称呼语时要遵循下面三个原则：

（1）礼貌原则。称呼必须符合对方的年龄、性别、身份、职业等具体情况，并注意讲究礼貌。

（2）适度原则。称呼要符合交往的场合与当地的风俗习惯。

（3）尊敬原则。在被介绍给他人需与多人同时打招呼时，称呼要注意有序性。一般来说，先长后幼、先上级后下级、先女后男、先疏后亲为宜。特别在涉外场合，称呼的次序更为重要。

四、致意文明礼仪

社交场中除了使用握手礼外，还有举手、点头、脱帽、欠身等见面文明礼仪方式，它们主要适用于已经相识的友人在大众场合中相互致意。

（一）致意礼的基本规则

致意的基本规则同握手礼相仿，男士应先向女士致意，晚辈应先向长辈致意，职位低者应先向职位高者致意。

（二）致意礼的方式

致意可分为欠身致意、脱帽致意、举手致意、点头致意等多种方式。

（1）欠身致意，即全身或身体的上半部分在目视被致意者的同时，微微向前倾一下，意在表示对他人的恭敬，适用的范围比较广泛。欠身行礼时，双手不应拿着东西或插在裤袋里。

（2）脱帽致意。倘若戴帽男士在路上行走时与朋友相遇，可采用一言不发的脱帽礼。一般而言，男士进入室内时，在路上行走遇到长辈或朋友时，应行脱帽礼。

（3）举手致意。举手向朋友打招呼致意，不可在公众场合下大喊大叫，通常不必作声，只需将自己的右臂抬起，向前方伸直，轻轻摆摆手即可，不需反复、大动作地摇动。以此作为见面礼，适用于同与自己距离较远的熟人相逢之际。如行进在人声嘈杂的街道上，会议和会谈正在进行当中，或置身于影剧院或歌舞厅等之中。

（4）点头致意。点头致意也是一种不出声的问候，大多是在与对方不宜交谈的场合下的见面礼。点头致意的要旨即真诚、自然、朴实无华，切忌做作、假相，使人难堪。

五、握手文明礼仪

（一）握手礼及其方式

握手礼是当今世界上最通行的相见礼节，也是人们日常交往最常使用的一种见面礼。

（1）单手握手。单手握手是最为普通的握手方式，是礼节性的，主要是为了表达友好合作的意愿。一般适用于初次见面或交往不深的人之间。

（2）手扣手式握手。手扣手式的握手，一般是用右手握住对方的右手，再用其左手握住对方右手的手背。用这种方式握手，一般适宜于老朋友之间，使人感到热情、真挚、诚实可靠。

（3）双握式握手。双握式的握手，一般适用于情投意合和感情极为密切的人之间，目的是向对方传递一种真挚、深厚的友好感情。

（二）握手需要注意的事项

握手时，应专心致志，切忌左顾右盼，心不在焉。

（1）与上级或长辈握手。遇到上级或长辈时，不必忙着伸手，因为主动权属于对方，他们会做出该不该握手的决定。当对方伸出手时，再伸手也不迟。在跟上级或长辈握手时，应主动把另一只手也伸过去，双手握住对方的手，直到对方松开。

（2）与下级或晚辈握手，应主动地把手伸过去，以示关心和平易近人。

（3）朋友和平辈之间握手，谁先伸手不做计较。

（4）与客人见面或告辞时，不能跨门槛握手，要么进屋，要么走出门外。

（5）穿军、警服装与人握手时，应先敬礼，然后再握手。握手后，不要立即当对方的面擦手，以免造成误会。

此外还要注意与人握手的时间控制，可根据握手双方的亲密程度灵活掌握。初次见面时，握一两下即可，一般控制在三秒钟之内。

六、校园文明礼貌用语

（1）见面问候语：您好；早上好；晚上好；您好，见到您很高兴。

（2）分手辞别语：再见；再会；祝您一路顺风；希望不久的将来还能在这里欢迎您。

（3）求助于人语：请；请问；请帮忙；请帮助我一下；请多指教。

（4）受人相助语：谢谢；麻烦你了；非常感谢。

（5）得到感谢语：别客气；不用谢。

（6）打扰别人语：请原谅；对不起；给您添麻烦了；让您受累了。

（7）听到致歉语：不要紧；没关系；您不必介意。

（8）接待来客语：请进；请坐；请喝茶；再次见到您，真是十分高兴：欢迎光临。

（9）送别客人语：再见；慢走；欢迎再来。

（10）无力助人语：抱歉；实在对不起；请原谅。

（11）礼称别人语：老师；同志；先生；小姐；师傅；朋友。

（12）提醒别人语：请您小心；请您注意；请您别急。

（13）提醒行人语：请您注意安全；过路请走行人道。

（14）慰问语：您辛苦了；让您受累了；给您添麻烦了。

（15）赞美语：您干得很好；太棒了；您真了不起；这太美了。

（16）征询语：我能为您做些什么吗？这样会不会打扰您？您还有别的事情吗？请您让一让好吗？

（17）道歉语：很抱歉！这件事实在没有办法做到；真不好意思；真对不起，让您久等了；对

不起，打扰了；对不起，请稍候。

（18）应答语：行，请您稍候；好，马上就来；您不必客气，这是我应该做的；不用谢，照顾不周的地方请您多多包涵；请您吩咐。

（19）排队语：请大家自觉排队；请您排队好吗？

第六节 开学、毕业典礼的礼仪常识

学校典礼的种类很多，有开学典礼、毕业典礼、颁奖典礼、运动会开闭幕式等，不管参加哪种典礼，都要讲究相应的典礼礼仪。

提前到达集合地点，准时有序地进入会场，迅速、安静、整齐地在指定位置坐好，坐姿端正。手机一律关闭或者调到静音状态。大会开始时，保持会场安静，不要随便走动，不允许接打手机，不要做与会议无关的事情。要保持会场的清洁与干净，不能在会场吃零食，不乱扔果皮纸屑。

听领导、嘉宾或其他发言人讲话时，要聚精会神，保持肃静，不得交头接耳，窃窃私语，不得打瞌睡，更不可起哄、喝倒彩、吹口哨或提前退出会场。每一位发言完毕，都要鼓掌致谢，精彩之处还要适度鼓掌。

学生上台发言要向主席台领导和台下人员鞠躬行礼，发言结束后应道谢。上台领奖时，应面带微笑向授奖者鞠躬行礼，然后双手接捧证书或奖状、奖品，并向授奖者致谢。

如开学典礼，大学生开学典礼礼仪常识主要包括以下几点：

（1）有序入场，安静候场：在开学典礼这样的重要仪式中，学生应有序进入会场，并在等待期间保持安静，以示对典礼的尊重。

（2）跟随议程，认真聆听：学生应遵循典礼的议程安排，认真聆听讲话内容，这不仅是尊重典礼的表现，也是学习的重要机会。

（3）着装得体，整洁干净：参加开学典礼时，学生应穿着得体，保持衣着整洁干净，以展现良好的个人形象。

（4）尊重师长，主动问好：在典礼过程中，遇到老师或其他长辈时，学生应主动问好，以体现对师长的尊重。

（5）遵守规则，不插队不打闹：在典礼现场，学生应遵守各项规则，不插队、不打闹，保持良好的秩序。

这些礼仪常识不仅体现了大学生对开学典礼的重视，也是大学生文明礼仪教育的重要组成部分。通过遵守这些礼仪，大学生不仅能够展现出良好的个人素质，还能够促进校园文明建设的进一步提升。

思考题

1. 简述大学校园文明礼仪的基本要求。
2. 简述学校文明礼仪的作用。
3. 思考自己的日常行为是否符合大学校园日常文明礼仪的要求。

第三十八章　大学生社交礼仪基本规范

社交礼仪，在此是指每一个人在参加人际交往时用以要求自身的有关规范。对于大学生而言，社交礼仪是其待人接物的立身之本，是其自我要求、自我表现之本。社交礼仪的宗旨，是要为人际交往的每一位参加者努力塑造出一种尽可能完美的个人形象。故个人礼仪亦可被视为有关个人形象塑造的常规礼仪。一般而言，一个人的形象主要与别人对他的评价与看法有关。而人们对于一个人的评价与看法，通常又与对他的第一印象直接相关。具体来看，人们对于一个人的第一印象，主要来自对其服饰、语言、交谈等方面的综合认识与印象。因此，社交礼仪主要包括上述内容，而大学生们所要塑造和维护的个人形象亦应从社交礼仪规范着手。

第一节　大学生社交礼仪教育的重要性

礼仪礼节是人际交往中互相尊重、联络感情、增进友谊的文明行为，也是个人文化素养、品德修养和思想境界等精神内涵的外在表现。礼仪，是中华传统美德宝库中的一颗璀璨明珠，是中国古代文化的精髓。身居礼仪之邦，应为礼仪之民。

作为礼仪之邦，大学生有责任也有义务将这些传统美德传承下去，懂得礼仪才能让我们的未来充满希望。新时代的大学生若想通过人际交往达到目的，就必须在人际交往中给对方留下好的印象，这就要求我们懂得与人相处之道，也就是社交中的礼仪。现代社交礼仪泛指人们在社会交往活动过程中形成的应共同遵守的行为规范和准则，具体表现为礼节、礼貌、仪式、仪表等。

礼节是人和人交往的礼仪规矩，是人们在社会交往过程中表示致意、问候、祝愿等的表现形式。礼是发于人性之自然、合于人生之需的行为规范。礼貌是指人与人之间和谐相处的意念和行为，是言谈举止间对别人尊重与友好的体现。它是人们在长期共同生活和相互交往中逐渐形成，并且以风俗、习惯和传统等方式固定下来的。对一个人来说，礼貌是一个人的思想道德水平、文化修养、交际能力的外在表现。礼貌通常表现在用语上，例如我们常说的“您好”“请”“谢谢”“对不起”等。人的潜意识中都渴求得到别人的尊敬和赞赏，于是便有了礼貌待人的行为。恰当地使用礼貌用语能调和及融洽人际关系。

目前，由于国内外形势的变化、市场经济的冲击、家庭环境的影响、个人素质修养的差异及学校礼仪教学的缺位等因素，出现了某些大学生行为不文明的现象。因此，在大学生中开展礼仪教育十分必要。

首先，社交礼仪教育有利于大学生与他人建立良好的人际关系，形成和谐的心理氛围，促进大学生的身心健康。让大学生学习社交礼仪的基本规范和知识，掌握交往技巧，积累交往经验，在交往过程中学会遵循相互尊重、诚信真挚、言行适度的原则，就能很快与交往对象接近，使别人觉得你熟悉他们、理解他们、尊重他们。

社交礼仪教育有利于促进大学生的社会化，提高社会心理承受能力。社交礼仪教育是一个人在社会化过程中必不可少的重要内容。礼仪是整个人生旅途中的必修课。任何一个生活在某一礼仪习俗和规范环境中的人，都自觉或不自觉地受到该礼仪的约束。自觉地接受社会礼仪约束的人，就被

人们认为是“成熟的人”，符合社会要求的人。那么，对大学生进行社交礼仪教育，让大学生掌握符合社会要求的各种行为规范，不仅能满足大学生走向社会的需要，更好地促进大学生社会化，而且，还可以培养大学生适应社会生活的能力，提高他们的社会心理承受力。

其次，文化素养是大学生综合素质的重要组成部分，是一个现代大学生内涵的重要体现。礼仪教育也是社会主义精神文明教育体系的基础内容。因为讲文明、讲礼貌是人们精神文明程度的实际体现。普及和应用礼仪知识，是加强社会主义精神文明建设的需要。通过礼仪教育，让大学生明确言谈、举止、仪表和服饰能反映出一个人的思想修养、文明程度和精神面貌，并且每个人的文明程度不仅关系到自己的形象，同时也影响到整个学校的精神面貌乃至整个社会的精神文明。礼仪的根本目的是要教育、引导全体公民自觉遵循社会主义礼仪道德规范，提高人们的文明意识，养成人们文明行为的习惯，促使良好社会风尚的形成，使人与人之间、人与社会之间达到高度和谐与有序，努力推进整个社会精神文明程度的提高。

最后，随着整个社会的不断进步，讲文明、行礼仪已经成为一个文明社会的象征。中华民族作为一个古老的礼仪之邦，在目前这个稳步崛起的伟大复兴时期，已经意识到了国人的文明素质的重要性，把礼仪提到了一个前所未有的高度上。开展必要的礼仪、礼节、礼貌活动对规范人们的言行举止，有着重要的作用；要提倡在重要场所和重大活动中升国旗、唱国歌，开展入队、入团、入党宣誓、成人仪式以及各种形式的重礼节、讲礼貌、告别不文明言行等活动，引导公民增强礼仪、礼节、礼貌意识，不断提高自身道德修养。

礼仪是人际交往中，以一定的约定俗成的程序方式来表现的律己敬人的过程。礼仪并不是一成不变的，随着社会的变化、时代的变迁，会根据大部分人的生活习性衍生出不同的礼仪规范。大学生在与人交往的过程中，既要认识到礼仪的重要，也要熟悉不同的礼仪方式。只有看准对象，表现出恰当的礼仪，才会让对方体会到被重视的感觉，才能让礼仪起到它应有的作用。每个人都有看待问题、处理问题的准则，虽然有时我们会受到立场、观点、方法的影响，但是原则性的礼仪从不因外界的影响而改变。大学生在社交场合，想要通过礼仪获得他人的认可，与他人建立良好的人际关系，就要遵循礼仪的原则。

总之，在提高全民皆礼的大环境下，大学教育更应该把礼仪教育纳入大学教育体系之中，加强大学生的行为规范教育，把校园礼仪和社会礼仪衔接起来，提高在校大学生的文明素质。礼仪教育的内容涵盖着社会生活的各个方面。从内容上看有仪容、举止、表情、服饰、谈吐、待人接物等；从对象上看有个人礼仪、公共场所礼仪、待客与做客礼仪、餐桌礼仪、馈赠礼仪、文明交往等。在人际交往过程中的行为规范称为礼节，礼仪在言语动作上的表现称为礼貌。加强道德实践应注意礼仪，使人们在“敬人、自律、适度、真诚”的原则上进行人际交往，告别不文明的言行。

第二节　服饰礼仪

服饰，是对人们衣着及其所用装饰品的一种统称。在任何场合，穿着得体的人都会给人留下良好的印象，而穿着不当则有损人的形象。在校园内外，大学生的服饰通常不允许各凭所好，而是有一些特定的要求和限制。对于校园来说，一般不提倡衣着之外佩戴饰品。得体的服饰是对人的一种尊重。所以，青年时期的大学生的衣着应该朴素大方、自然和谐。任何服装都应当以其外观整洁与否作为评价它的重要指标。

TPO 是英文 Time、Place、Object 三个词首字母的缩写。T 代表时间，P 代表地点，O 代表目的。TPO 是世界通行的着装基本原则，其宗旨就是和谐。

1. 着装应与自身条件相适应

选择服装首先应该与自己的年龄、身份、体形、肤色相协调。年轻人着装应突出青春气息，但

要避免过多装饰，“青春自有三分俏”，过分的装饰以衣蔽人，得不偿失。形体条件对服饰选择也有很大影响。如矮胖、颈粗、脸圆者，宜穿深色“V”字领或大“U”领衣服，方脸形者穿小圆领或双翻领服装则能更好地掩盖自身缺陷。

2. 着装应与地点、场合相协调

学习时着装应端庄大方，不宜过于浮华暴露。参加晚会或朋友聚餐，则可以穿得艳丽、出挑些。节假日着装轻松随意，西装革履则过于拘谨。运动时选择舒适透气的运动服，可起到保护身体的作用。居家休闲着便装更利于营造轻松温馨的氛围，但绝不能穿睡衣拖鞋散步或购物。

3. 服装的色彩搭配

色彩有改变人感觉和心情的魔力：暖色如红色，让人亢奋和有激情；黄色感觉开朗明快；橙色给人欣喜和希望；冷色如黑色显得沉稳、庄重；蓝色让人沉静、安详；紫色象征华丽、高贵；而绿色显得清爽平和。还有一些中间色和过渡色，黄绿色活泼、可爱；红紫色明艳、夺目；粉色年轻、娇美；白色纯净、高雅；等等。在所有的颜色中，灰、黑、白几乎可以和任何颜色相配。总之，服装配色以“整体协调”为基本准则，全身着装颜色最好不超过 3 种，太多则显得杂乱无章，破坏了整体美。

着装配色的另外一条重要原则，就是与个人的肤色、体型相协调。肤色偏黑者，不宜选择过深或过浅的服装，最忌明亮的黄橙或黯淡的褐色、黑紫等，而应选用与肤色对比不明显，且色彩比较清晰的粉色、蓝色等。脸色发黄者，不宜选用黄色系列或土灰色服装，否则会显得精神不振。脸色苍白不宜着绿色服装，否则会更显病态。而脸色红润、粉白，则可以和任何颜色相映生辉。

4. 文明着装

大学生务必讲究文明着装。在日常生活中，大学生身着的服装不仅要强调美观问题，而且还要重视雅观与否，要特别考虑实用和规范。

穿着雅观，是对大学生的一项基本要求。所谓着装雅观，主要是指衣着文明，既十分雅致，令人赏心悦目，又不落俗套，不失自己的身份。大学生在身穿正装时要讲究文明礼貌，具体而言，就是要在对其进行选择、穿着时，努力防止使其失之于雅观。当大学生身着的正装是由其自行选择时，这一方面的问题则更为重要。

大学生的服装应要使之表现出自己文明高雅的气质，避免在选择服装时触犯以下四个方面的禁忌：

（1）过分裸露。穿着于正式场合的着装，不宜过多地暴露身体。在这一方面，它与时装截然不同。一般而言，凡可以展示性别特征、个人姿色的身体部位，或者令人反感、有碍观瞻的身体隐私部位，均不得在身着正装时有意暴露在外。胸部、腹部、背部、腋下、大腿，是公认的身着正装时不准外露的五大禁区。在特别正式的场合，脚趾与脚跟同样也不得裸露。

（2）过分透视。着装若是过于单薄或透亮，弄不好就会让自己的内衣甚至身体的要害部位“公之于众”，使人十分难堪。女性大学生尤须高度重视这一方面的问题，否则会使交往对象产生某种错觉，甚至可能引火上身，无意之中遭受“性骚扰”。

（3）过分瘦小。一般来讲，大学生的着装必须大小合身、肥瘦合适。衣着若过分肥大，会显得着装者无精打采、呆板滑稽。服装若过分瘦小，则又有可能让着装者捉襟见肘、行动不便。就现状而言，一些大学生，在自选着装时，往往爱挑过于瘦小者，结果显得自己凹凸毕现，甚至连内衣的轮廓也凸显在外。这种做法未免过于招摇，做得过了头，就会令人反感。

（4）过分艳丽。大学生在有可能自选着装时，需要在其色彩、图案方面加以注意。一般的规则是，大学生着装不宜抢眼，所以其色彩不宜过多、过艳，其图案不宜过于繁杂古怪。通常，最保险的做法是，大学生所选择的着装应当是深色，并且最好不带任何图案。如果反其道而行之，使自己所着正装的色彩、图案过于艳丽花哨，令人目不暇接、眼花缭乱，便会给人以轻薄、浮躁之感。

5. 西服的穿着礼仪

西服线条简洁流畅、立体感强，益于彰显风度气质，因此深受人们喜爱，几乎成为正式场合的通用服装。然而西服的穿着和搭配很有讲究。总的来说，裁剪得体、做工细致、面料质地良好的单色西服最为适用。

穿着西服应遵循以下原则：

（1）西服着装上下装颜色一致。西装、衬衣、领带其中应有两样为素色。

（2）穿西服必须穿皮鞋。

（3）衬衣颜色应与西服颜色协调，不能同色，白色衬衣为“百搭”。正式场合男士不宜搭配格子或花色衬衣。在正式场合必须打领带，打领带时衬衣领扣的扣子必须扣好，不打领带时该扣子解开。

（4）领带的颜色、图案应与西服相协调，领带的长度以触及皮带扣为宜，领带夹应别在衬衫从上往下数第四与第五粒纽扣之间。

（5）西服袖口的商标应摘掉。

（6）西服有单排扣、双排扣之分：双排扣西服应把所有扣子系上；单排扣西服只有一粒扣子的可系可不系，两粒或三粒的，最下面一粒不系。

6. 气质性格与服装风格

（1）夸张风格：指无论骨架和体型所有人都可以打扮得前卫。夸张风格适合外向，有高挑修长的身形，鲜明的个人色彩，有棱有角的五官及某种程度不落俗套的人。作为学生，不提倡此种着装风格。即使是艺术类学生，也不提倡过度地用着装去标榜自己的个性，虽然夸张是艺术作品常用的表现手法。

（2）优雅风格：指每个人根据场合必须具备的一种保守面貌，适合内向、追求完美的人。优雅风格往往适用于具有中等身高，匀称的五官，匀称比例的体形及相当稳重的生活态度的人。优雅风格的服装不会过分的花哨和惊世骇俗，简约而不简单。整洁协调，不追求新、奇、怪，是符合学生面貌的着装，配合丰富学识，有教养的举止谈吐，能体现青春学子的优雅。

（3）浪漫风格：浪漫风格的服装重视色彩，重视穿着者身体走动时的美感，强调饰带、花边、花结等细节装饰，突出女性化特征，强调妩媚、温柔或者性感、奢华。适合性格温顺，情感丰富细腻的性格。大学生在接受浪漫风格服装时，没必要追求其奢华和性感的一面。

（4）自然风格：自然风格的服装偏向休闲面貌，穿着舒适方便，面料柔软适中，色彩清新爽朗，比较适合性格温顺的人。但在庄重的校园仪式或职场场合时，不能穿着太过随便。喜欢自然风格的话，可以选择介于休闲与严肃之间的服装类型。比如休闲西服、小西服，女生可选择平底的设计简洁的深色皮鞋，这样可以搭配深色长袜与小西服或衬衫。

第三节　语言及交谈礼仪

语言文明礼貌，是现代文明社会的标志之一。在与人交往的过程中，恰到好处地使用文明礼貌用语，可以表现出本人的亲切、友好、和蔼与善意，还能够传递出对交往对象尊重、敬佩的信息，因而有助于双方之间互相产生好感、相互达成谅解。在人际交往中，准确而恰当地运用文明礼貌用语，是对大学生的一项基本要求。大学生如不能正确、恰到好处地运用文明礼貌用语，就可能影响大学生自己的声誉。

一、文明礼貌用语

按照交际礼仪的规范，大学生在人际交往中使用的文明礼貌用语，往往有其特定的适用场合。而不同场合里所使用的礼貌用语，在具体内容上又各有其特殊的要求。

如果根据特定的使用场合来进行区别，大学生常用的礼貌用语一般可以分为称呼用语、问候用语、迎送用语、请托用语、致谢用语、征询用语、应答用语、赞赏用语、祝贺用语、推脱用语、道歉用语等十种。

1. 称呼用语

称呼用语主要是指大学生在交往过程中对交往对象所采用的称谓语，在人际交往中，特别是在与陌生人打交道时，人们对于他人对自己的称呼都非常重视。大学生对交往对象的称呼，不但反映了其个人教养与实际心态，而且还客观地反映出对后者尊重情况。

交际礼仪规定，在任何情况下，大学生都必须对交往对象采用恰当的称呼。本书前面已对此进行了详细的阐述，这里再强调一些特别需要注意的地方。

就一般情况而言，在人际交往上称呼他人时，大学生最好是使用各种适用于正式场合的称呼，其中尤以使用各种泛尊称为宜。比如“同志”这一称呼，对于国内的任何人士几乎都可以使用。大学生面对其交往对象使用称呼时，一般的讲究是要分清主次，并由主至次、依次进行。需要区分主次称呼他人时，标准的做法有两种：一是由尊而卑。即在进行称呼时，先长后幼，先女后男，先上后下，先疏后亲。二是由近而远。即先对接近自己者进行称呼，然后依次向下称呼他人。此外是统一称呼，假如几位被称呼者一起前来，应对对方一起加以称呼，而不必一一具体到每个人。例如，“各位”“诸位来宾”“女士们”“先生们”，等等。

2. 问候用语

问候用语主要适用于大学生在公共场所里相见之处彼此向对方询问安好，致以敬意，或者表达关切之意。

问候他人时，具体内容应当既简练又规范。其常规做法，主要是在问好之前加上适当的人称代词，或者其他尊称。例如，“你好”“您好”“各位好”“大家好”“小姐好”“先生好”“纪先生好”“程主任好”等。若考虑时效性，即在一定的时间范围之内发挥作用的问候用语，常见做法是在问好、问安之前加上具体的时间，或是在二者之前再加以尊称，例如，“早上好”“早安”“中午好”“下午好”“午安”“晚上好”“周末好”“小姐早安”“各位下午好”“潘经理晚上好”等。

3. 迎送用语

迎送用语是大学生在正式场合欢迎或送别交往对象时所用语言。具体分为欢迎用语与送别用语。欢迎用语往往离不开“欢迎”一词的使用。在平时，最常用的欢迎用语有：“欢迎”“欢迎光临”“欢迎您的到来”“见到您很高兴”“恭候光临”。在交往对象再次到来时，应以欢迎用语表明自己记得对方，以使对方产生被重视之感。具体做法是在欢迎用语之前加上对方的尊称，或加上其他专用词。例如，“王经理，欢迎光临！”“小姐，我们又见面了！”“欢迎再次光临！”

一般最常用的送别用语，主要有“再见”“慢走”“走好”“欢迎再来”“一路平安”“多多保重”，等等。

4. 请托用语

请托用语是指大学生在请求他人帮忙或是托付他人代劳时用的专项用语。不论需要理解还是寻求帮助时，诚恳地使用请托用语，对大学生而言都是非常必要的。使用时主要就是一个“请”字。将其用于祈使句前，例如，“请稍候”“请让一下”等，往往更容易为对方所接受。

最为常见的还有“劳驾”“拜托”“打扰”“借光”“请关照”，等等。它们是在向他人提出某一具体的要求时才被使用的，例如，请人让路、请人帮忙、打断对方的交谈，或者要求对方照顾一下

自己时。

5. 致谢用语

致谢用语有时又称道谢用语、感谢用语。在人际交往中，使用致谢用语，意在表达自己的感激之情。适当地运用致谢用语，可以使自己的心意为他人所领会，而且也可以展示本人的修养，“礼多人不怪”。但若是应当道谢之时却不说一句致谢用语，则会使人极为不安，甚至产生反感。主要内容通常只包括一个词语——“谢谢”，在任何需要致谢之时，均可采用此致谢形式。在许多情况下，如有必要，还可以在其前后加上尊称或人称代词，如“王先生，谢谢”“谢谢唐小姐”“感谢您”等，这样可使其对象性更为明确。有时，为了强化感谢之意，可在标准式致谢用语之前加上某些副词，此即所谓加强式的致谢用语。对其若运用得当，往往会令人感动。最常见的加强式致谢用语有“十分感谢”“万分感谢”“非常感谢”“多多感谢”“多谢”等。

6. 征询用语

在人际交往中，大学生往往需要以礼貌的语言主动向其交往对象进行征询。进行征询时，唯有使用必要的礼貌语言，才会取得良好的反馈。例如，“我能为您做些什么吗”“需要帮助吗”“您不介意我来帮助您吧”等。

7. 应答用语

应答用语是大学生在其交际应酬中用来回应交往对象的呼唤，或是在答复其询问时所使用的专用语。这一类的应答用语主要有“是的”“好”“随时为您效劳”“听候您的吩咐”“很高兴能为您服务”“我知道了”“好的，我明白您的意思”“我会尽量按照您的要求去做”“一定照办”，等等。它们还有“这是我的荣幸”“请不必客气”“这是我们应该做的”“请多多指教”“您太客气了”“过奖了”，等等。

8. 赞赏用语

赞赏用语是大学生用于人际交往中称道或肯定他人之时所用的言语。经常采用的评价式赞赏用语主要有“太好了”“真不错”“对极了”“太合适了”“您真有眼光”“还是您懂行”“看来您一定是一位内行”“您的观点非常正确”“真是您说的那么一回事”“没错，没错”，等等。

9. 祝贺用语

在交往过程中，大学生往往有必要向其交往对象适时地使用一些祝贺用语。在不少场合，这么做不但是一种礼貌，而且也是一种人之常情。常见的应酬式祝贺语主要有“祝您成功”“祝您好运”“一帆风顺”“心想事成”“身体健康”“龙马精神”“事业成功”“生意兴隆”“生活如意”，等等。在节日、庆典以及对方喜庆之时使用“节日愉快”“活动顺利”“仪式成功”“新年好”“周末好”“假日愉快”“春节快乐”“生日快乐”“新婚快乐”“白头偕老”“福如东海”“寿比南山”“旗开得胜”“马到成功”，等等。

10. 推托用语

在人际交往中，大学生经常会遇上难以满足交往对象某项要求的情况。有时，可能是对方的要求过高，有时则可能是因为我方条件较差。遇到这种情况，在解释原因或回绝对方时，则一定要讲究方式方法。在拒绝他人时，如果语言得体、态度友好、理由充分，拒绝往往便可以“逢凶化吉”，使被拒绝者的失望心理迅速淡化。反之，如果拒绝得过于冰冷、生硬，直言“不知道”“做不到”“不归我管”“问别人去”“爱找谁找谁去”等，则很有可能令对方不满，至酿成口角。

二、谈话礼仪

谈话是人们交流感情、增进了解的主要方式。交谈是人的知识、阅历、才智、教养与其应变能力的综合体现。没有交谈，人与人就不可能进行真正的沟通。中国人讲究“听其言、观其行”，把

谈话作为考察人品的一个重要途径。因此，双方都要注意谈话礼仪。

1. 不要"一言堂"

谈话时不要总是滔滔不绝，容不得其他人插嘴。如果总是以自己为中心，完全不顾他人的情绪，会给人留下傲慢、放肆、自私的印象。古人曾言"愚者善说，智者善听"。在听别人谈话时，要神情专注，并响应别人的谈话，说一些"是吗""真的啊"之类的话，形成有效的双向交流。

当谈话者超过三人时，应注意同大家一起谈，不要只对某个人窃窃私语，凑到他耳边小声说话；不要因为"酒逢知己千杯少，话不投机半句多"而冷落了某个人。

一起聚会时，不论是生人熟人，都要尽可能地说上几句话，哪怕说句问候语也行。遇到有人想同自己谈话时，可热情与之交谈，切莫冷淡人家。谈话中如果出现冷场，应迅速选择对方感兴趣的话题，使谈话继续下去。

2. 谈话双方应互相正视，互相倾听

谈话时双方应互相正视，互相倾听，表情认真，动作配合，应当以点头、微笑等动作表示支持，或是以"是""对""没错"等语言回应。不要东张西望或做其他事情，如玩弄指甲、摆弄衣角、抓痒痒、打哈欠，等等；不要不等人说完就将自己的视线和注意力转向其他方向。出于对对方的尊重，对方讲话时尽量不要在中途打断，干扰对方的思绪。

3. 选择好语种

谈话中使用外语和方言，要顾及谈话的对方以及在场的其他人。假如有人听不懂，最好别用，以免给人以卖弄或故意不让人听懂的感觉。在交谈中尽量使用普通话。

4. 不要抬杠

在谈话中切忌抬杠，抬杠容易造成情绪对立，恶化交际氛围，引起离心倾向，不利于人际交流。如，人家说明天是好天，你偏说可能要下雨；人家说某人唱歌真好，你却说唱得不怎么样，使对方感到扫兴以致不愿再谈下去。

谈话时要注意自己的气量，当你选择的话题不被别人感兴趣，听者面露倦意时，应立即停止。当有人反驳自己的话题时，不要恼羞成怒，应心平气和地与之讨论，或转移话题，如对方是有意寻衅滋事的，可不予理睬。

5. 要注意语气语调和措辞

谈话中要注意语气语调，也可以用适当的动作加重谈话的语气，但动作要适可而止。在交谈中，不应直接陈述令对方不快、反感之事，更不能因此伤害其自尊心。必要时，在说法上应当力求含蓄、婉转、动听，并留有余地，善解人意，这就是所谓措辞委婉。

例如，在用餐时要去洗手间，不宜直接说"我去方便一下"，而应说"我需要出去一下""有点事"，或"去打个电话"。若来访者停留时间过长，从而影响本人，需要请其离开，不宜直接说"你该走了""你待得太久了"，而应当说"我不再占用你的宝贵时间了"，等等，这些均属委婉语的具体运用。在交谈中，运用委婉语采用以下方式：其一，旁敲侧击；其二，比喻暗示；其三，间接提示；其四，先肯定，后否定；其五，多用设问句，不随便使用祈使句；其六，表达留有余地。

6. 要选择好话题

与中国人谈话比较容易选择话题，但同外国人谈话就难了，不知人家喜欢什么话题，如果话题不同，谈话就很难深入。一般地说外国人对体育比赛、文艺演出、电影电视、旅游观光、度假、烹饪等比较感兴趣，在非正式场合我们可以在这几方面选择话题。

在可能的情况下，尽量先了解一下交往对象的兴趣爱好，以便有针对性地选择话题。

在与外国人谈话时，要注意以下话题：一是不要过分关心劝说。中国人讲究关心他人比关心自己为重，而外国人则强调个人独立性，这是不同的文化背景所形成的。如果常建议"天凉了，加件

衣服吧”“去买顶帽子吧”之类的事情，他不认为你是在关心他，而认为你在干涉他的自由。二是不要询问、讨论外宾的个人隐私，如年龄、婚姻、职业、收入、住址、政治信仰、个人经历等，这会使外宾感到难堪，也不要讨论他人的是非。

第四节　大学生通信礼仪

现代社会是一个信息化社会。对于大学生而言，信息就是资源、信息就是财富、信息就是生命。多种多样的现代化通信工具为大学生们获取信息、传递信息、利用信息提供了越来越多的选择。随着信息化时代的到来，通信工具的普及，大学生学习并掌握通信礼仪显得尤为重要。这里介绍目前应用最多、最广的使用电话、收发短信及网络聊天的基本礼仪。

一、电话的礼仪规范

随着人们生活水平的日益提高，电话在人们生活中的使用率也在大大提高，越来越多的人离不开电话的陪伴。它已成为人们生活中不可分割的部分，当我们想念不在身边的朋友时，一通电话就仿佛回到我们围坐在一起闲聊的日子；当我们思念远在家乡的父母时，一通电话就能让我们知道他们是否一切安好。对于大学生来讲，电话不仅是一种传递信息、获取信息、保持联络的通信工具，而且也是展现个人形象的一个载体。电话交流时，双方都看不到对方的表情，唯一交流的途径是听觉，因此，问候时要语气适当、声调适度、咬字清晰，更不要说方言。过慢、大声或者有气无力的问候都会让对方产生不良感觉，从而影响整个电话交流的效果。打电话问候是快节奏生活中拉近人心的最好方式，它不需要你花费大量的时间，也不需要你花费大量的金钱，可以说电话问候是非常适合年轻人的一种方式。它免了见面的尴尬，免去了见面的众多礼节，也免去了跟陌生人的寒暄应酬。掌握电话问候的技巧，能帮助我们消除很多生活中的不便，也能帮助拉近与更多人的距离。在通电话的整个过程之中的语言、声调、内容、表情、态度、时间感等的集合，真实地体现出大学生个人的素质。

1. 选择对方恰当的时间

要想使通话效果好一些，使之不至于受到对方繁忙或疲劳的影响，则通话时间的选择非常重要。要尽量避免在对方休息的时间打电话给他，如周末、节假日、每日的早上 7 点前、晚上 9 点以后的时间段，也不要在对方刚上班、快下班、午休或就餐时打电话。如果有紧急事宜不得不打电话，通话之初先要为此说声“对不起”。早上 10 点以前，可以问声早安，10 点到 12 点问声上午好，12 点到 14 点问声下午好。如果双方约定了通话时间，则不要轻易更改。

2. 设计好通话的内容

如果是跟家里人、同事或者熟悉的朋友打电话，可以不用拘泥于一般的“你好”，而可以用多种方式来问候。给人打电话说完“你好”之后应该马上通报自己的姓名。如果马上说正事，对方会一时反应不过来，或许还会给对方造成困扰。对方可能不好意思问“你是哪位”。因为如果听不出特别熟悉的人的声音，也会让接话者不舒服。打电话时所用的规范的介绍有两种。第一种适用于正式的人际交往中，要求礼貌用语与双方的单位、职衔、姓名“一同到来”。其标准的模式是：“您好！我是 2013 级机械专业的李华，请问是机械系的张明老师吗?”第二种适用于日常交往中，其模式是：“您好！请问是刘老师吗?”为了尽量避免打扰对方，电话接通后，通话过程讲究“通话 3 分钟原则”。有鉴于此，如果通话内容较多，为节省时间，一定要“去粗取精”，条理清晰地预备好提纲。若拨打电话时对方正忙，可以约一个时间，过一会儿再打。

3 接听电话要专心致志

在正确的场合接听电话，不仅是对身边人的尊重，更是对电话另一端人的尊重。通过这一个细节，你身边的人和电话另一端的人就能看清你的人品和素质。当听到自己的电话铃声响起时，要及时接听。礼仪上通常有“铃声不过三声原则”。接听电话时专心致志，不要一边做其他的事一边接听。听对方说话时要附以应和声，如“嗯”“哦”“好的”“这样啊”等，不能一声不吭，否则会让人认为你没在听。大学生在听打电话的时候绝对不能吸烟、喝茶、吃零食。即使是懒散的姿势对方也能够“听”得出来。如果你打电话的时候，弯着腰躺在椅子上，对方听你的声音就是懒散的、无精打采的；若坐姿端正，所发出的声音也会亲切悦耳、充满活力。因此，听打电话时，即使看不见对方，也要当作对方就在眼前，尽可能注意自己的姿势。

4. 要保障公共安全并讲究社会公德

严格遵守相关安全规定，手机应当关机。如在飞机上，为了自己和其他乘客的安全，都不能使用手机，一定要关机；在加油站，为了安全也不能使用手机。在公共场合使用手机，应该使自己的说话声音尽量小，而绝不能大声说话，更不能一边走路一边用手机聊天。这样既不安全也会给其他人造成干扰。在会场、影院、剧场、音乐厅、图书馆、展览馆等需要保持安静的场所，应主动关机或设置为振动、静音状态；如接到来电，应到不妨碍他人的地方接听；当信号不良时，也不宜旁若无人地大声通话，否则会损害大学生形象。可改换通话位置或改用其他通信方式。

二、手机短信的礼仪规范

手机短信是人们日常生活中沟通交流、表达祝福的重要方式。特别是事急通电话不方便的情况下，尤为重要。短信是一个文字最简单的书信。短信的开头首先要输入收件人的称呼，短信的结尾要有署名，以便于收件人识别是谁发送的短信。短信开头没有称呼，结尾没有署名是不礼貌的。收到领导、老师、长辈的短信一定要在第一时间回复，以示尊重。祝福类的短信不要使用现成的短信，尽可能自己编写，短信中一定有对方的尊称，否则就有群发短信的嫌疑。若确实觉得某条短信内容不错，引用其中几句也可，但绝不能完全抄袭。手机短信体现了发信者的文化素养、社会涵养，也体现了发信者与收信者之间的关系，短信内容要针对发送对象选择合适的措辞，对于短信内容的选择和编辑，应该和通话文明一样重视，用字用语要规范准确、表意清晰。使用手机短信同样要注意社会公德，比如上课，或者开会时，若短信声音此起彼伏，也会造成不良的影响。即使用手机接收短信，也要设定成振动状态，并且不能在别人注视到你的时候查看短信。另外一边和别人说话，一边查看手机短信，也是失礼的行为。

三、网络聊天的礼仪规范

使用 QQ 或微信等网络聊天软件聊天时，也要诚实友好交流，即使与互不相识的人交流，也应彬彬有礼、有礼有节、文明交流。网络聊天不需要谁发出正式的邀请，大家自愿凑在一起便可聊起来。人数没有限制，少则两人，多则十几人。没有主持人，发言也无先后次序。聊天的时间没有规定，但大学生要以学习为重，珍惜时间，一般不宜超过半小时。聊天的参与者之间无长幼辈和上下级之分，地位相对平等，这就易于形成融洽和谐的气氛。在这种气氛中，谁也不受拘束、不受限制，大家推心置腹，相互信任、相互启发、相互给予，平等互惠，畅所欲言。如果交谈时剑拔弩张、说话刻薄、盛气凌人，那是绝对聊不起来的。聊天的话题丰富多彩、气氛轻松愉快，这也是它的一大特色。宽容是一种美德，不难发现在人际交往中，凡能做到宽以待人者，一般都深受欢迎，网络中也是如此。聊天中，难免会有些小摩擦，只要是无恶意的，就应该予以谅解。当被问及一个低级问题时，也不要在意。聊天中意见总是有分歧的，矛盾总是存在的，争论是正常的现象，争论是为了寻求统一，争论要心平气和，要以理服人，不要进行人身攻击。一般情况下，聊天并无事先确定的内容。参与者的发言常常是即兴的，具有很大的随意性，凡是听到的、看到的、想到的都可

以讲，比如学习上的困难、个人的打算。特别注意要严格遵纪守法，不在网络上发布或转载违法、庸俗、格调低下的言论、图片、信息等，要坚决抵制黄色、低俗、诽谤、恶意攻击等不健康的网上聊天、交友、游戏等活动，并时刻要有自我保护意识。

思考题

1. 简述大学生社交礼仪教育的重要性。
2. 简述大学生服饰礼仪中要注意的主要事项。
3. 简述大学生电话礼仪中要注意的主要事项。

第三十九章　大学生校园文明礼仪规范

第一节　大学生课堂文明礼仪规范

文明礼仪教育是德育、美育的重要内容，作为学生应当具有一定的文明礼仪常识，学校应当将文明礼仪教育作为一门课程，列入教学计划，通过文明礼仪教育使学生懂得如何做一个符合社会发展需要的人。学生文明礼仪体现在具体的课堂上、学校的各项活动和师生间的交往中。

一、上课

课前做好准备是学生必备的礼貌。学生应在上课铃响前进入教室，做好课前准备，恭候教师的到来。作为一名大学生，遵守课堂纪律是最基本的礼仪。上课时，必须带好上课所需教材及资料，不能穿短裤、背心、拖鞋等进入教室。上课铃一响，学生应端坐在教室里，安静地恭候老师上课。当预备铃一响，课堂中应保持肃静的气氛，这一方面为教师上课创造了良好环境，另一方面也有利于自己专心学习。当教师进入教室，宣布上课时，同学应在班长或值日班长的指挥下，全体起立，向教师问好，待教师回礼后，方可坐下。如果遇到特殊情况，不得已在教师上课后才进入教室，应在得到教师谅解和允许后迅速而轻声地归座。未经报告及允许，不可擅自推门进入教室。若教师问及学生迟到缘由，学生应持诚恳态度向教师如实说明，若不便在众人面前说明的话，可向教师表示需要个别交流。迟到的同学应注意低调回座位尽量不发出响声，以免影响其他同学继续上课；同时应立即将注意力集中起来，端坐静听教师讲课。

教师因为特殊情况（如开会、家长来访、处理紧急事务等）迟到进入教室，学生应以理解、冷静、正确态度对待，静候教师上课，而教师应向学生简单说明原因。

二、听课

学生遵守课堂纪律是最基本的礼貌。教师的辛勤劳动体现在教学上，学生虚心学习，认真听讲，取得良好的学习成绩，就是对教师最大的尊重。教师为一堂课所做的准备，会因为纪律好、学生认真听讲而思路越讲越顺，教学水平也会发挥到最佳状态。

听课时，学生应注意力集中，认真做好课堂笔记。对教师讲述的内容有异议时，最好下课后单独找教师交换意见，让教师在下一堂课中自行更正。如属于明显的笔误或口误而且不影响大家理解的，一般不必计较和纠缠，不要中途打断教师的讲课。若对教师讲课有异议，而必须上课打断的话，应注意方式、态度，谦虚恭敬地提出异议，切不可扰乱课堂秩序，以质问的态度来质疑教师。要姿态端正，坐有坐相，不要趴在课桌上，不要将脚伸到通道，更不能吃东西。要把手机关闭或调到振动状态，上课时不能接打电话。

当教师在课堂上提问时，学生应积极踊跃举手发言，待教师点到名字时，方可站起来回答。发言时，身体要立正，态度要大方，说话声音要清晰响亮，使用普通话回答。若点名回答的问题自己回答不出或没有把握，也应大大方方地站起来，以抱歉等语言请教师原谅。学生回答问题时，其他同学不要随便插话，若回答错了或答不出来了，也不可嘲笑。如果回答的内容和自己的不一致，可

加以补充。

俗话说，不以规矩，难以成方圆。在课堂上学生应自觉遵守课堂纪律，吃东西、听音乐、玩游戏、用手机发短消息等不文明现象不可出现，要严格遵守学校规定的课堂规章制度。

三、下课

下课铃已响，而教师未宣布下课时，学生仍应安心听课，尊重教师，不要忙于收拾书包而弄出响声。教师宣布下课时，全体同学仍须起立，与教师互道“再见”。待教师离开教室后，学生方可离开教室或自由活动。若有教师随堂听课，应待听课教师离开教室后，方可自由活动。

值日生应在下课后及时擦拭黑板，清洁讲台为下一堂课做好准备。要时刻注意保持教室的卫生和秩序，尊重劳动成果。不要在黑板、墙壁、课桌椅上乱写乱画，更不能在课桌椅上刻字。不在教室里乱扔果皮、纸屑，不随地吐痰，下课时将垃圾丢进垃圾桶。维持教室的良好学习环境，课间也不要追逐打闹，以免影响同学的学习和休息。

第二节　大学生实习文明礼仪规范

实习单位对大学实习生在言谈、穿戴、举止、外观等方面的表现非常看重。因此，实习生要努力符合实习单位的标准和要求，做到实习过程中懂礼、讲礼、守礼。

一、严格遵守实习单位规章制度

大学实习生要遵守相关实习单位规章制度。实习实训分为校外、校内实习实训两大类，如果在校外实习基地实习，虽然各个专业学生实习单位不尽相同，但都需要遵守各实习单位制定的规章制度。例如，如果实习单位是科技类公司，那么除了要遵守学校的实习规章制度外，还应当遵守实习公司的保密制度、作息制度。实习生在实习过程中一定要做到有法必依，并认真守法。大学实习生要遵守实习纪律。实习中要认真听讲，善于思考，谨慎操作，在实习车间要注意安全，穿戴规定的劳防用品，着装必须符合生产实习着装规范：如系全纽扣，扎好袖口，长头发女生必须将头发挽到工作帽中。

二、要讲究礼仪规范

大学生在实习中要做到讲文明懂礼貌，相互关心、互助友爱。实习生在日常工作和人际交往过程中，要处理好人际关系，要多使用文明礼貌用语。在工作过程中多用“请问老师”“我明白您的意思了”“请恕冒昧”“劳驾您”等礼貌文明用语。事后一定使用“谢谢老师”等文明用语。多使用敬语、敬辞，如此方能充分体现实习生的综合素质，获得老师的好评。一个穿着整洁、得体的人给人留下的印象总是积极的。所以，作为实习生，注意自己的仪容仪表是非常重要的。保持衣着整洁，衣物风格适合工作场合，避免过于暴露或过于娱乐的服装。另外，要注意个人卫生，保持头发整齐干净，指甲修剪干净。一个良好的仪容仪表给人以自信、专业的印象。

三、虚心学习，认真接受指导

大学生从学校走入社会，面临的将会是全新的挑战。作为实习生，要保持学习的态度和渴望进步的心态。在职场中，学习是一个持续的过程。实习生应该积极主动地学习相关知识和技能，提高自己的专业能力和实践经验。当遇到困难或问题时，要主动寻求帮助和指导，不断学习和改进自己。持续学习不仅能够提高个人能力，还能够为将来的职业发展打下坚实的基础。在实习单位，作为一名新人，应当虚心请教实习单位的领导、指导教师。如实习单位是学校，实习生一定要服从带队教师的领导，主动配合指导教师开展工作。良好的沟通能力是实习生在职场中取得成功的关键。

实习生应该主动与同事和上级沟通，了解工作需要，并有能力准确表达自己的需求和观点。在沟通中，要注意语气和措辞，不使用带有冒犯或攻击性的语言。善于倾听他人，并尊重他人的意见，能够促进团队合作，提高工作效率。要尊重指导教师的劳动，虚心向“师傅”学习，学习他们的敬业精神和教学经验，以丰富提高自己。实习时应保持高昂的情绪状态，即使遇到挫折、饱受委屈，也要振作精神，努力拼搏，认真学习。写好实习报告后，应按时送给实习指导教师审阅，恳请他们给予指导，认真倾听并接受修改意见。要努力完成实习指导教师交给的任务。当自己取得某些成绩，受到赞扬时，应感谢学校为自己提供的实习机会，并感谢指导教师指导有方。

四、遵守保密规定

在职场中，保密是非常重要的，特别是在实习工作中。实习生往往会接触到一些敏感信息，需要严守保密。保密不仅是工作职责，也是一种职业道德。实习生要明确知道公司的保密政策和流程，并严格遵守。不泄露公司机密信息，不随意传播公司内部的事务，以保护公司的利益和声誉。

第三节　图书馆、阅览室文明礼仪规范

在学校里，图书馆、阅览室既是一个公共学习的场所，又是获取知识的宝地，也是精神文明建设的窗口之一。图书馆、阅览室是大学生课余时间常去的地方。在这里可以借阅图书、查看资料、听学术讲座、参加研讨会，既可以增加知识，又可以提高自学能力。因此，大学生在图书馆、阅览室时要遵守图书馆、阅览室的规章制度，尽显礼仪风采。

一、图书馆文明礼仪

大学生在进入图书馆时，对自己的仪容仪表要检查一番，要以干净整洁为标准。要注意着装整洁、规范，在图书馆不能穿着无袖背心、暴露的短裤，也不要穿带钉的皮鞋、拖鞋。要依次进入，不要争先恐后，不要抢占位子，更不要自己占了位子再给别人占一个位子。如果临时离开座位，回来时发现座位上坐了别人，应该自己再找位子坐。如果留有书本仍被别人占据座位，可以礼貌地轻声协商，相互谅解。学生应按规定的时间借还图书。需要借阅者应排队按秩序凭书卡借书，阅毕及时归还，使图书发挥其更大利用价值，不要超过借阅周期。对待借阅的图书应爱护，不可在书上涂鸦，不可撕页损毁，更不能偷窃公家书籍。有些书年代久了，有磨损了，图书馆老师已将书一本本重新修整好，学生借阅时应爱护。

在图书馆这种公共的学习场所，最基本的礼仪就是保持室内的肃静，不要妨碍他人看书。图书馆是一个非常安静的地方，大学生要尽量不说话、接打电话或是不停地发短信，这都会给身边人带来一定的影响。无论做什么事情，都应轻声：走动要轻；入座起坐要轻；与管理员讲话要轻；与人交流、讨论时声音要轻；翻书找资料要轻。手机也应该关闭或者调到静音模式，如确需接打电话，应轻轻走出图书馆再接打，不能站在门口接打，以免影响他人。在室内不要窃窃私语，更不要大声喧哗、打闹。如果有需要向旁边人请教的，一定要轻声细语，尽量简短，这是对他人的尊重，也是图书馆礼仪中最重要的一点。椅子不要在地上拖拽，要轻轻抬起再轻轻放下，避免出现大的响动。

查阅图书目录时，注意不要把图书卡片翻乱或撕坏，也不要在图书卡片上涂抹写字。凡开架书刊，要一本本地取下来看，不要同时占用多份书刊。看书时要将双手清洗干净，翻页时不要手涂唾沫，以免手上的脏污将图书弄脏。不要在图书上写写画画，不可随意将书中插画或其他资料撕下，更不允许撕页，刻挖书刊。如果确实需要某些资料，可以在征得管理员同意后通过复印获取。或是抄写在自己的笔记本上，记好书名、页码，到网上去搜索。借阅图书要按时归还，如不小心遗失应向管理员老师说明，按照规定赔偿。查阅资料时，若遇到自己解决不了的问题，可以有礼貌地向图书馆咨询人员请教。看完的书籍要按照要求放在图书馆的规定位置，或是直接放回取书的位置，这

样既方便图书管理员管理，又方便其他有需要的人取阅。

二、阅览室里的文明礼仪

阅览室是学生学习的又一重要场所，学生应遵守时间进入阅览室，一旦进入阅览室应保持安静，不得在室内喧哗，严禁在阅览室内打手机，以免妨碍他人阅读。另外还要注意保持室内清洁，严禁吸烟、吃东西、随地吐痰、乱扔纸屑等，不可在桌椅上涂写刻画。阅览室是开架展示书刊的，阅览后应放回原处，既便于他人寻找，也不增加阅览室老师的工作量。学生要爱护书刊，不得见到喜欢的插页资料偷着撕下，造成刊物残损。所以，每个学生在求知的同时爱护书刊，遵守阅览室的规章制度，是一个有文化素养的人应有的文明礼仪。

进入电子阅览室须持有效证件。上机前，须在工作台办理上机手续，由管理员指定机号后对号上机。上机过程中要小心使用设备，不能私自带软盘、光盘入室，杜绝在网上截取或传播淫秽、反动、诋毁性质的报道、影视、图片，更不能发布有害信息，不得将阅览室内的光盘带出室外，确实需要下载有用信息须在管理员同意后进行。

总之，要爱护图书馆、阅览室里的公共财物和设备，不要在桌椅上乱刻乱画，不要随意摇动桌椅，离开时，要自觉将桌椅复归到原位。

第四节　上下楼梯及电梯文明礼仪规范

一、上下楼梯的礼仪规范

大学生在校园的活动，也要注意基本行路及上下楼梯礼仪。要在学校的人行道上行走，不要多人并排行走挡住道路，不要践踏草坪，不要在路上打打闹闹。特别是在教学楼同学集中的上下楼梯时要讲究礼仪，注意安全，要塑造自己优雅的形象。

（1）不论是并排行路还是单行行路，都要注意位次与走法。多人并排行路时，中间高于两侧，内侧高于外侧，所以，通常应该让女同学、老师或尊长走在中央或者内侧。与老师单行行路，即成一条线行进时，规则是前方高于后方，以前方为上，也就是说要让老师或尊长走在前面，把选择方向的权利让给地位高的人，这是走路的一个基本规则。

（2）上下楼梯时，千万不要同老师抢行，注意礼让老师和同学。出于礼貌，可请对方先行。当自己陪同引导老师上下楼梯时，则应先行在前引导。

（3）上下楼梯时，坚持“靠右走”原则，应靠右侧单行行进，并遵循前方为上的原则，让老师及尊长走在前面，把选择前进方向的权利交给老师和同学。上下楼梯时，均不要并排行走，而应当靠右侧上下，为有急事的人留出左侧，便于超越。如果并排行进，则应把楼梯内侧让给女同学、老师或尊长，因为内侧的线路距离较短，相对省力。需要注意的是，男女同行，宜女同学居后，特别是女同学身着短裙时。在行进中要通过大门或通道，也应该礼让女士、老师及尊长先进先出。

（4）减少楼梯上的停留时间。楼梯多是人来人往之处，所以不要停留在楼梯上休息、交谈或是慢慢悠悠地行进，这样会使楼梯堵塞，可能发生踩踏事故。

（5）上下楼梯时，不应进行交谈。更不应站在楼梯上或楼梯转角处进行深谈，以免妨碍他人通过。

（6）若是男性，与长者、异性一起下楼梯时，如果楼梯过陡，应主动行走在前面，以防对方有闪失。

（7）上下楼梯时既要注意楼梯，又要注意与身前、身后之人保持一定距离，以防碰撞。

（8）上下楼梯时，应注意姿势、速度。不管自己有多么急的事情，都不应推挤他人，也不要快速奔跑。

二、乘坐电梯的礼仪规范

大学生乘坐电梯时，也需要遵守相应的礼仪规范。遵守“先出后进”的原则。乘电梯时，要等里面的人出来之后，外面的人才能进去。不然，人一旦过多了，就会出现混乱场面。乘坐电梯，应让女士、老师、尊长先进先出。与不相识者同乘电梯，进入时要讲先来后到，出来时则应由外而内依次走出，不可争先恐后。如果电梯无人控制，则应主动上前操控，特别是在人多时，要让电梯门保持恰当的开启时间，以方便他人进出。如果电梯可能会超员时，则应礼让女士、老师、尊长或他人，如果在进入电梯后铃声响起，则应迅速地退出电梯。乘坐电梯时，不管里面的人熟不熟悉，都应该微笑示意，轻声问好。

当电梯开门的时候，大家就蜂拥而上，也不管有没有要出电梯的人，这是非常不文明且不礼貌的事情。乘坐电梯时一定不要在电梯到达的时候站在接近门口的位置，这样你会影响其他人进出电梯。进出电梯时，大都要侧身而行，免得碰撞、踩踏他人。进入电梯后，应尽量站在里边，若人多时，最好面向内侧，或与他人侧身相向。需在大楼中段出电梯，先要做好准备，提前换到电梯门口。当你和老师同乘一部电梯时，等待电梯打开时要先行进入电梯内，然后一手按住“开门”按钮，另一手按住电梯侧门，并礼貌地说“请进”，然后按下老师所要到达的楼层；如果在电梯行驶途中还有其他人进入，要主动询问对方所要到达的楼层，然后帮其按下所在楼层按钮。在电梯内禁止吸烟，尽量避免和他人交谈；电梯都装有摄像头，女性不要在电梯内对着镜子化妆或是整理衣衫，这样看起来很不雅观；在这狭小的空间中，空气也是有限的，所以讲话最好不要有肢体语言。同时，还应注意自己的形象，不能让自己散发出特殊的气味。到达目的楼层后要一手按住“开门”按钮，另一手做出请出的动作，同时还可以说“到了，你先请”。

当电梯到达我们所在的楼层时，我们要站在电梯门两侧，等里面的人先出来，我们再有序地进入电梯。进入电梯后，先进电梯的人要按着“开门”的按钮到大家都进去后再放。如果电梯内人过多，你可以麻烦站在按钮边的人帮你按下要去的楼层，并向对方说“谢谢”。出电梯时，站在电梯门口的人应先出来，如果自己的后面有需要出电梯的人应主动让出位置，节省大家的时间。如果有必要的话，可以先出去，等到后面的人出去后再进来。电梯毕竟存在一定的安全问题，所以我们不要强行进入电梯，人员过多或超载，很容易造成不必要的事故。当电梯关门时，不能强行进入。当你已进入电梯时，要耐心等候身后的即将快步到达的人。如果电梯出现超载也不能心存侥幸，强行进入。

第五节　观看比赛、演出和参加舞会活动文明礼仪规范

一、观看比赛的文明礼仪规范

任何比赛，观众都是赛场的重要组成部分，没有观众，比赛就失去了意义。在赛场上，观众与运动员的互动是十分重要的。而良性的赛场互动能够使运动员振奋精神，更好地投入比赛。然而这种互动对于不同的运动项目是有所不同的。一种是有节制的互动，比如高尔夫球、网球、马术等项目，需要相对安静的比赛环境，观众就应该以一种绅士的态度来观赛，根据比赛规则恰到好处地给予掌声。还有一种是比较热烈的互动，比如篮球、足球、手球等项目，啦啦队可以尽情地助威，不论是喊声震天，还是全场制造人浪，都是可以的。

不同的体育比赛项目是有自己的规则和特点的，观众应该根据具体项目来文明欣赏和参与比赛，重视对赛场礼仪规范的遵守，这可以提高体育项目专业素质的同时提高文明素质。大学生观看比赛应自觉维护公共秩序，遵守赛场礼仪规范，文明观赛。

观看比赛，应提前到达，准时入场，对号入座。着装应整洁大方，可以随气候、场所和个人爱好而定，但也要注意公共场所礼节。即便再热，不能只穿一件小背心，更不能光着膀子观看比赛，

这样不太雅观。

不要携带禁止带入的物品，如刀具、易燃易爆物品、封口饮料瓶、照明弹和信号灯等。凡是运动员有仰视动作、需高度集中注意力的比赛项目，不允许带相机入场，不允许使用闪光灯。

观看比赛时，不要随意吸烟，也不要随意吃零食，吸烟最好到吸烟区去，吃零食也最好到饮食区去。记得不要把果皮纸屑随地乱扔。能产生较大噪声的零食最好别吃，因为大的噪声会影响身边其他观众的情绪。观看比赛，不吃东西是对运动员的一种尊重，所以最好不要带零食前往。

观看体育比赛时，你的言行举止不仅是个人涵养的问题，也关系到社会风气问题。一定要注意自己的言行举止。精彩的体育比赛振奋人心，欢呼和呐喊是很自然的事情。如果是精彩的场面，不管是主队的还是客队的，都应该鼓掌加油，表现出公道和友好。

观看比赛，要尊重裁判，理智对待比赛结果。拥戴偶像、宣泄情感的同时，不要喝倒彩、鼓倒掌、吹口哨，不可随意起哄，乱扔杂物。你可以为你所喜欢的一方喝彩，但不应该用不恰当的语言辱骂另一方。更不能围攻、辱骂比赛对手方的支持者。在自己的支持方失利时，要保持冷静，不可恶语伤人，脱衣裸奔，辱骂选手，冲撞裁判，甚至群殴。啦啦队在入场、退场和助威时要有组织、有秩序地进行，服从大赛组织者的安排。使用的口号、动作手势、标语及所呼喊的口号内容要健康。如果使用锣鼓、乐器助威，要掌握时机，注意节奏，不要影响比赛。

在比赛中起哄、乱叫、向场内扔东西、鼓倒掌、喝倒彩的行为，是违背体育精神的，更是没有教养的表现。在比赛的紧要关头，尽量不要因一时激动而从座位上跳起来，挡住后面的观众。要知道，越是关键的时刻，大家的心情越是一样的。

比赛结束时，所有观众应向双方运动员（或参赛选手）鼓掌致意，并按顺序退场，不要拥挤。要跟着人流一步步地走向门口。挤、推的话，可能谁也出不去，甚至还会出现危险。万一被推挤的观众围困，要记住“向最近便的出口缓行”和“顺着人流前进，切勿逆行或者乱了阵脚”。出场时，应主动把饮料杯、矿泉水瓶、果皮果核等杂物带出场外，还可以把邻座的杂物也一并带走。若要提前退场，应在不打扰他人的情况下迅速离开。

如比赛当中突遇意外停电等情况，观众应保持冷静，坐在自己的座位上，不要随便走动。手中持有小手电或是荧光棒的，可以打开照亮，但不要使用打火机、火柴等明火照明。如发生严重事故，导致比赛延期，要听从工作人员的指挥，借助应急灯灯光，按照安全出口指示灯的指示有序退场。

二、观看演出的文明礼仪规范

观看文艺演出，是深受大学生欢迎的一种娱乐方式，也是一种重要的社交活动。文艺演出通常都是在影剧院、音乐厅、大礼堂等室内场馆举办，也有在广场的露天演出。大学生观看文艺演出，应遵守管理规定，维护公共秩序，尊重演员和工作人员，充分体现大学生应有的文化水平与公德修养。在入场之前应该充分地了解你所观看的演出的性质，做好准备，以免唐突和尴尬的事情发生影响你的观看情绪。大学生观看演出，着正式端庄深色衣着，不宜喷过多的香水；大学生观看演出，要穿戴整齐，注意着装符合演出的环境氛围，不能穿着短裤、背心、拖鞋或者奇装异服前往。运动服、牛仔服及太随便的服饰不适合出现在剧院、音乐厅等场所。落座以后，如果戴着帽子，一定要取下来，以免挡住后面观众的视线。

无论是看电影，还是看戏剧、歌剧、音乐会、演唱会、联欢晚会等演出，都应该提前到达，在演出正式开始前 15 分钟入场，对号入座。入座时，如需从别人面前通过时，要低声道歉，面向舞台并且紧贴着前排座位的靠背行进，同时不要让手提包等物品在别人的脸上或腿上及从前排观众的头顶上拖过去。如果迟到了，应先就近入座，或在外厅等候，在幕间休息时再迅速入场，入座时对被打扰者应表示歉意；如果在电影开演以后进场，由于灯光较暗，应在场内稍等片刻，让眼睛适应黑暗环境时再找座位，或者找服务员领座。在观看演出过程中保持安静，关闭手机。不宜大声说话或交头接耳，胡点乱评，不宜频繁进出走动，不抽烟，不吃带皮、带壳和其他会发出声响的食物，不乱扔垃圾和废弃物品，手机应关闭或调至静音状态，不要接打手机。观看演出时，应尊重演员，

不宜中途退场，如需要退场也要安排在幕间或在单个节目结束后。观看戏剧表演，幕间休息时间可以站起来走动放松一下，而吸烟者则可以到休息室吸烟。在表演中，在每次落幕的时候需要鼓掌。注意演出过程中不与他人交谈；结尾的时候观众如果希望表演者继续表演的话可以延长自己的掌声。但是在别人停止之后还大声地鼓掌却是不礼貌的；主角入场后应鼓掌欢迎直到他们已经开口说话。有时一段出色的表演，可以鼓掌。

在音乐会上，作曲家站在指挥台前时受到人们的鼓掌欢迎，但在独奏和演奏部分曲目时不鼓掌，直到全部完成，在整个节目的最后，作曲家再次受到鼓掌致意。

在歌剧演出中，人们可以在每次咏叹调和每一剧结束之后鼓掌。一位受人欢迎的歌手有时会接受人们对于他头次露面的热烈欢迎。

在芭蕾舞剧演出中，作曲家在入场时受到热烈欢迎，并且在结束时受到鼓掌致意。演出结束后，请起立鼓掌，然后有序退场，一般不应中途退场。

演出全部结束后，起立鼓掌；若演员出场谢幕，应再次鼓掌；如遇嘉宾上台接见演员，应在接见仪式结束后再退场；谢幕结束后按顺序退场。不可挤压踩踏，以免发生意外。

三、校园舞会文明礼仪规范

参加舞会，应仪表整洁，举止文雅。着装要符合舞会氛围，女同学最好要化淡妆，应着便于跳舞的裙装或是晚礼服，搭配色彩协调的高跟皮鞋；男同学应着西装，穿皮鞋。如果应邀参加大型正规的舞会，赴会时，男同学应穿西服或燕尾服，女同学则要穿晚礼服。不能穿运动鞋、短裤、背心等参加舞会，女同学还不应穿过短、过紧、过透、过露的服装参加舞会。一定要注意，参加舞会，不宜吃葱、蒜等有刺激性气味的食物，不宜喝烈酒，不要抽香烟。舞会上通常由男同学主动邀请女同学跳舞，邀舞时，男同学走到女同学面前，微微弯腰，做出邀请姿态，同时微笑着说："请你跳个舞，可以吗?"或"我们一起跳个舞，好吗?"等诸如此类的话。受邀请的女同学应该微笑地接受邀请，如果想要拒绝，要礼貌表达，如可说"对不起，我累了，想休息一下"等话语。切记，女同学在刚刚拒绝一位男同学的邀请后，整个一曲舞都不能再接受另外一位男同学的邀请，否则，将极大伤害前一位男同学的自尊心。如果同时有两位男同学去邀请一位女同学共舞，女同学最好都礼貌地拒绝，如果已经接受其中一位的邀请，则对另一位要表示歉意，可以礼貌地说："对不起，只能请你跳下一曲了。"跳舞时，舞姿要优美，举止要得体，男女舞伴不宜靠得太近，胸部之间应保持30厘米左右的间隔。跳舞时，男同学不可把女同学的手捏得太紧，不可把整个手掌贴在女同学的腰上，不要在旋转时把女同学拖来扯去，或是将腿过分伸入对方两腿之间。女同学不要把双手搂在男同学的脖子上，也不要把头部俯靠在对方的肩上。双方在跳舞时，可以随便交谈，也可以沉默不语，静静享受音乐和跳舞的感觉。舞曲结束后，男同学应向女同学说声"谢谢"，把对方送回原来的座位，当然也可以在原处向女同学告别。

思考题

1. 简述课堂文明礼仪行为规范的主要内容。
2. 简述图书馆、阅览室文明礼仪的主要内容。
3. 简述观看比赛、演出等行为规范的主要内容。

第四十章　大学生日常行为规范

大学生日常行为规范，是根据学生守则制定的国家、社会对大学生日常行为的规范性要求。其目的有两个：一是为了加强对大学生的文明礼貌教育和行为训练，使大学生养成良好的行为习惯；二是加强对大学生基本伦理道德和基础文明行为的训练，提高大学生的思想道德素质。

第一节　大学生进行日常行为规范训练的意义

对大学生进行日常行为规范训练，具有明理（提高道德认识）、冶情（陶冶学生情操）、炼志（锻炼学生意志）、笃行（培养学生的道德行为能力）、养性（培养良好的行为习惯）与形成良好的性格的作用。

一、道德的内化作用

通过制订校规校纪及行为规范教育，将外在的道德规范内化为学生内心的自我要求与道德信念，将外在的约束力内化为学生内心的自我约束力，将外在的调节力内化为学生内在的自我调节力。只有行为规范教育，才具有道德内化的作用；只有在行为规范的内化过程中，才具有道德内化的作用；只有在行为规范的内在过程中，才具有明理、冶情等心理功能。

二、明辨是非、稳定情绪和控制行为

通过制订校规校纪及行为规范教育，形成学生正确的道德观念，培养学生明辨是非的能力，稳定学生的情绪和控制学生的行为。不进行行为规范教育，学生不懂规范，其行为便无所节制，随心所欲，导致思想不稳定，情绪不安，从而无法保证学校正常的学习与生活秩序。行为规范教育，是保证学生认识统一、情绪稳定、行为有序、生动活泼学习的重要条件。

三、促进学生道德良心的形成

道德良心，是一个人内化了的道德责任感，是个人对自己行为所负道德责任带有情感色彩的道德评价。对自己行为好坏的评价，既是一种认识上的评价，也是一种情感上的评价，即人们平常所说的“良心”。通过制订校规校纪及行为规范教育，可以促进外部的道德规范要求内化为学生的道德良心，使学生成为一个有道德良心的人。若不重视行为规范教育，学生就难于形成起码的道德良心。

四、促进学生的社会成熟与个性社会化的发展

通过制订校规校纪及行为规范教育，以及有规律生活的锻炼，学生能逐渐适应社会生活的要求，遵守社会的行为规范，学会正确对待他人，正确处理人际关系，正确进行人际交往。

五、促进学生良好个性品质的形成

通过制订校规校纪及行为规范教育，可以培养学生行为的自觉性、独立性、自制力、坚持性和

诚实、正直、自尊自爱、真诚友爱、认真负责、勤奋学习、勤劳俭朴、积极进取等良好的个性心理品质。

大学生将是新时代的主人，新时代的振兴和发展的使命，自然要落在大学生的身上。21 世纪是一个变幻莫测的世纪，是一个催人奋进的时代，这个世纪科学技术飞速发展，知识更新日新月异，在这个世纪里，希望、困惑、机遇、挑战等多种情况随时随地都可能出现在每一个社会成员的生活之中。面对错综复杂的新时代新环境，大学生们只有认清形势，提高认识，自觉抵制不良影响，处处以一名新时代合格大学生为标准，才能真正地实现自己的人生价值，才能胜任起时代所赋予的使命。

第二节　遵守社会公德

社会公德，又称“公共道德”，是指全体公民在社会公共生活和交往中都应该自觉遵循的行为准则。社会公德的基本规范是：“文明礼貌、助人为乐、爱护公物、保护环境、遵纪守法。”讲究公德，不仅是每个公民的天职，而且也是社会稳定、有序发展的重要保证。

有道德才能高尚，讲礼仪才会文明。要求大学生讲究公德，与要求其讲究礼仪一样，都是意在使之成为一名真正有教养的人、高尚的人、文明的人、有益于国家与人民的人。要真正做到这些，绝对不能只是口头上谈谈而已，而是必须在行动上将这一要求付诸实践。当前最重要的就是要求大学生在维护秩序、关心他人、讲究卫生、保护环境等四个方面身体力行。

一、维护秩序

维护秩序是对大学生讲究公德的首要要求。所谓秩序，在此指的主要是社会秩序。良好的社会秩序是避免混乱与动荡的基本保证。只有全体公民自觉维护社会秩序，社会才有稳定与祥和可言。在维护秩序方面，大学生应当努力做好下列四点。

（一）遵纪守法

作为一名公民，在社会生活中，大学生必须以自己的实际行动遵纪守法，遵纪守法是社会公德的最基本要求。对一个大学生来说，是否自觉维护公共场所的秩序，纪律观念强不强，法律意识强不强，体现着他的精神道德风貌。遵纪守法同时也是保证社会健康、有序发展的基础。遵守这一社会公德，无论对个人还是对社会，都是非常重要的。

遵纪守法的基本要求如下：

（1）提高公民的法律意识，增强法制观念，做到知法、懂法、守法、护法。这些法律包括国家和地方制定的各项法律、法规、条例、规则、章程、纪律等。每个公民必须认真地学，不断提高自己的法律素质。

（2）严格遵守各项法律和纪律，不做任何违法违纪的事，将法律条文内容化作自己的自觉行动，使守法由“要我做”变为“我要做”。人人都这样来做，全社会就会形成自觉守法、护法的良好社会风气。

（3）自觉遵守和维护公共秩序，如遵守交通规则，遵守乘客规则，购物、买票人多要排队，参观游览时爱护公共设施、保护文物，保持居住地环境整洁，不乱倒垃圾、乱堆物品，上下车扶助老、幼、弱者等。争做文明顾客、文明乘客、文明观众、文明游客、文明居民，使我们的社会秩序越来越好。

（4）坚决同一切违法违纪行为作斗争。对那些知法犯法、破坏社会秩序的少数“害群之马”，需要全体公民群起而攻之，同他们做坚决斗争，形成强大的社会舆论，让一切违纪违法现象没有

市场。

（二）保护公物

所谓公物，此处指的是公有、公用处所之中为大众提供服务的、属于社会所有的一切公共设施和物品。保护公物是维护社会公共秩序应有的觉悟。在社会生活中，大学生必须以自己的实际行动保护公物，并积极与一切破坏公物的行为进行坚决斗争。

国家的工厂、矿山、车站、飞机场、铁路、公路、博物馆、图书馆以及各类院校等，都是全体公民长年累月、辛勤劳动创造的财产，是进行社会主义物质文明和精神文明建设的物质条件。目前，我国的一些历史遗迹已被列入世界文化遗产名单，既反映出我国人民对发展人类文化的积极态度，也是整个中华民族文明水平的象征。

关心、保护和珍惜这些国家财产，不让它们流失和被破坏，是每个公民应尽的责任。

大学生应当特别注意，任何公物都不可窃为己有，也不应当以任何形式对其独占或者私用。在公共场所进行活动时，不要四处乱刻、乱画、乱涂、乱抹；不要破坏公有建筑物；不要随意攀援公园内的树木或者偷折偷采其树枝、花卉、果实；不要对公用的桌椅、电话以及其他设施或用具不加爱惜。

（三）礼让有序

大学生在公共场所进行活动时，必须注意慎独，即严于律己，自觉地检点个人行为。对于自己遇到的其他社会成员，不论相识与否，都要谦让，尽量和平共处。

需要与其他人同时使用公用设施或是进行某项活动时，务必要注意先来后到、有先有后，并依次而行。除去按照规定可以给予某些特殊人士以照顾之外，维护现场秩序的最佳良方就是大家自觉排队。在某些不需要排队，但又需要分出先后的场合，大学生切勿争先恐后。要懂得在这类场合里礼让别人，“退一步海阔天空”。

（四）无碍于人

在日常生活中，大学生必须时刻注意，切勿因为自己的粗心大意而在某种程度上妨碍别人。如下三点，特别应当为大学生所重视。

（1）不要在公共场所大声喧哗。在公共场所活动时，不论交谈、行走，都不应当制造噪声。无视别人的存在，甚至大呼小叫、高声谈笑、引吭高歌、打打闹闹，都是极度失礼的。要习惯运用礼貌语言，讲究礼节礼貌。礼貌语言包括称呼语、问候语、答谢语、致歉语和请求语等几大部分。最基本的“十”字文明用语有：“您好”“请”“对不起”“谢谢”“再见”。请别人帮忙时，要说“请问”“请帮忙”“请关照”。另外，在与人交谈时，应诚恳、亲切、简洁、得体，同时还要学会专心倾听，切忌高声说话、喋喋不休或者旁若无人。

（2）不要尾随或围观其他人士。在公共场所活动时，每一位有教养的人士都不可以尾随、围观、窥视或反复打量陌生人。指点、议论别人，甚至不邀而至地自动加入别人的谈话，都是不礼貌的。对异性、少数民族、外国友人或者残疾人，这种做法尤为不妥。

（3）不要与其他人士相距过近。人与人之间相处的距离，往往会因彼此关系不同而有所不同。在正常情况下，与亲密者相处，双方距离可小于 0.5 米。与常人打交道，双方距离宜在 0.5～1.5 米之间。在公共场所与陌生人共处时，若非环境十分拥挤，双方距离不应当小于 1～5 米。若无任何原因而与陌生人相距过近，难免令人感觉不快。

二、关心他人

在社会生活中，人与人之间应当相互关心、互助友爱。大学生在公共场所要做到目中有人，应在力所能及的范围内积极而主动地关心他人。具体来讲，需要同时注意两个方面的问题：一方面，

大学生对别人要真心实意地加以关心。所谓关心别人，就是要对对方加以重视和爱护，并且把对方的事情放在自己的心上。对于需要关心的人而言，来自别人的关心犹如雪中送炭，是不可缺少的。大学生对别人的关心，既要出自真心，发自诚意，又要重在实际行动。另一方面，大学生对别人的关心必须注意适度。在关心别人时，大学生要力戒过犹不及，不要因为自己对别人的关心而有碍于对方的私生活，或者直接干涉到对方的个人自由。关心虽为善举，但亦应适可而止。倘若对别人过分地关心，有时对方非但不会领情，而且往往还会因此而不快。

关心他人是社会主义社会人们共同遵守的最起码的道德规范，是为人民服务精神的直接体现。任何人都是社会的人，都不能脱离他人的帮助而存在，也不能脱离他人的关心而生活。从讲究社会公德方面来讲，在社会生活中，大学生要关心别人，主要需要将重点放在下述四个具体的方面。

(1) 照顾老人。老人既是长辈，又是需要关心的弱者。在任何情况下，大学生都应当主动敬重老人、礼待老人、关照老人。

(2) 尊重妇女。妇女是人类的母亲。没有妇女，就没有整个人类的延续，人类社会也将不复存在。从某种意义上讲，尊重妇女，就是在尊重自己的母亲，就是在尊重人类自己。要平等对待、积极保护广大妇女同志。

(3) 保护儿童。古人曾说："幼吾幼，以及人之幼。"儿童是人类的明天和希望。保护儿童，从广义上来讲，就是保护人类的未来。大学生必须将保护儿童视为一项义不容辞的天职。保护儿童，一是要对其进行正面教育；二是要对其进行全面保护；三是要维护其正当的权利和利益；四是要同对其进行伤害的人和事做坚决斗争。

(4) 帮助病残。在日常的社会生活中，病人、残疾人都是最需要别人帮助与照顾的弱者。在力所能及的前提下，大学生应当对病人、残疾人给予热情的帮助。尊重人格、鼎力相助、体贴入微，均为大学生帮助病人、残疾人时应予注意的重点。

要做到关心他人，需要注意以下几个问题：一是要有善良的动机和出发点，即帮助别人是出于对他人的爱心和关心，是尽己所能，解除他人困难，使他人获得快乐和幸福。出于个人私心杂念，或仅仅为了获得报偿而去帮助别人，都不能算作关心他人。二是关心他人要有实实在在的结果，即关心他人确实是帮助别人脱离了困境，或确实方便了他人，使别人感到快乐、幸福。只有关心他人的良好愿望，却没有在实际中使别人得到有效帮助，也不能算是关心他人。三是关心他人要长期积累，不断去做。要靠长期修养，形成内心自觉的习惯。不能把关心他人理解成一时一刻的群众运动。四是关心他人的形式很多。关心他人可以是在日常生活中经常帮助别人，如同学、同事、朋友、亲戚等；可以是经常参与公益事业，发扬"一方有难，八方支援"的精神，体现自己的爱心、同情心和牺牲精神；可以参加"希望工程"等，救助失学儿童；可以为发生自然灾害地区的人民捐献衣物；可以为需要医疗、救护、看守的贫弱者提供帮助，可以参加青年志愿者行动；等等。

三、讲究卫生

在现代社会里，讲究卫生不仅是一种基本的社会公德，而且也是每一位文明人所必须具有的素质。所谓卫生，指有益于常人健康生活的一种状态，是提高人们生活质量的一种必然要求。卫生、整洁的仪表和仪容，是文明礼貌的最基本要求。它包括面容洁净、头发齐整、早晚刷牙、饭后漱口、经常洗澡、勤换衣物等。讲究卫生，就是要求人们的所作所为合乎卫生的有关要求。对于大学生而言，能不能在平日生活里自觉地讲究卫生，不仅与防止疾病直接相关，而且还会直接影响其个人形象。在任何情况下，不讲究卫生，都不是一名受过良好教育的大学生的正常表现。

大学生讲究卫生，一定要从我做起，从身边做起，从每一件小事做起。最关键的是要主动而自觉地讲究卫生，而并非只是装装样子、走走过场。在个人卫生、生活卫生、环境卫生等三个具体方面，大学生都应当认真地加以注意。

1. 个人卫生

讲究卫生，首先必须从讲究个人卫生做起。假如一个人对自己的个人卫生不甚讲究，那么他在人际交往中就必定难以树立起良好的个人形象。一般来讲，讲究个人卫生，主要有如下三个要点：

(1) 讲究身体卫生。在日常生活中，大学生对于个人的身体卫生务必要多加重视。要养成注意身体卫生的良好习惯，尤其是要养成平日勤于洗澡的习惯。唯有如此，才能保证个人干净卫生，清爽宜人。

(2) 讲究仪表卫生。对于个人的仪表，大学生平日尤须予以注意。与身体卫生相比，仪表卫生更加容易受到交往对象的高度重视。

(3) 讲究服饰卫生。大学生平日所穿戴的服饰应讲究卫生、勤于换洗。一个人穿戴的服饰不论多么高档，如果显得不够卫生、肮脏不堪，也会令人大倒胃口。

2. 生活卫生

在日常生活中，大学生必须认真而细致地讲究卫生。在以下三点上，特别要做到严于律己，不得大意。

(1) 注意作息卫生。人体的生物钟有其自身正常的运行规律。因此，人们平日工作、学习和休息的时间都应当同样地讲究规律性。注意作息卫生，对大学生而言，既有益于自身健康，又有不妨碍他人之效。

(2) 注意饮食卫生。俗语说："病从口入。"大学生在日常生活中一定要牢记此点，认真注意个人的饮食卫生。不要吃、喝不卫生的东西，不暴饮暴食，还应当讲究进食方式，并且不在大庭广众下大吃大喝。

(3) 注意忌烟忌酒。人所共知，吸烟与喝酒都无益于身体健康，吸烟过量、酗酒，更是对身体危害极大。大学生必须自觉地忌烟、忌酒，尤其是不要在公共场所吞云吐雾，酗酒猜拳。

3. 环境卫生

大学生对于环境卫生应当倍加爱护。个人卫生、生活卫生与环境卫生三者相辅相成。假如只注意前两者而忽略了第三者，就不是真正的讲卫生。对大学生来讲，讲究环境卫生，一是要重视环境卫生；二是要积极参与环境卫生建设；三是要保持环境卫生。具体到下述三点，尤须加以注意。

(1) 清理环境。讲究环境卫生，就要积极动手，亲自参与与本人相关环境的打扫与清理。对于环境卫生不理不睬，是一个人缺乏社会公德的表现。

(2) 废物归位。在任何情况下，大学生都应当对废弃之物主动进行收拾、整理、打扫，并将其投入垃圾桶内。不要把自己的废弃物乱丢乱扔，或者擅自对其进行焚毁。

(3) 不乱吐痰。随地吐痰，是一种极其不文明的恶习。它既会破坏环境卫生，又有害于他人的身体健康。因此，大学生必须自觉地做到不随地吐痰。

四、保护环境

在提及讲究公德时，保护环境是人们始终不应当遗忘的。所谓环境，通常是指人类生存的外部条件。它被视为人类社会赖以生存和发展的基础。保护环境，不仅仅是指讲究公共卫生、美化个人生活环境等，还包括减少环境污染，维护生态平衡，合理开发利用自然资源、能源等广泛内容。大学生必须具备一定的环境保护意识，以下三点，尤应予以重视。

1. 节约有限自然资源

自然资源主要包括：水资源、矿产资源和动、植物群，以及绿地、草坪，等等。人类的生存与发展需要利用自然资源，而自然资源往往是有限的。过度地开采、浪费自然资源，实质上是对环境的一种破坏甚至毁灭。因此，大学生要以个人的实际行动节约自然资源。节约自然资源就是对环境的一种保护。

2. 维护自然环境

自然环境是人类生存和发展的基础，大学生应当自觉成为维护环境的卫士，敢于同破坏环境的

行为作斗争，阻止一切有意无意破坏环境的行为。要维护空气、水源，以及一切与人类生存息息相关的自然环境。与此同时，还要自觉保护生物，不允许滥捕、滥杀动物，不允许虐待动物、残害动物，或是随意殴打动物。

3. 保护环境

对广大公民的最基本要求如下：

（1）深刻认识保护环境就是保护人类自己，就是保证子孙后代的幸福，树立“保护环境、人人有责”的观念，从自己做起，从身边的小事做起。

（2）要改变不利于环境保护的生活方式和行为方式，培养符合环境道德要求的生活习惯和行为方式，如自觉节约能源，反对浪费，不乱倒垃圾、污水，不损坏各类环境卫生设施等。

（3）要积极参加绿化祖国的活动，自觉承担植树义务，爱护花草树木，保护绿化成果。

第三节　孝敬父母，尊重长辈

在大学求学期间，大学生尽管不能时刻与家人继续生活在一起，但与家庭的联系却从来不曾间断过。个人与家庭以及其他家庭成员之间的关系，是人际关系中较为特殊的一种。大学生在处理自己的家庭关系时，关键是要摆正本人在家庭中的位置，并恪守自己的本分。具体而言，主要是应当做到孝敬长辈。

孝，是中国传统文化中最具东方特色的伦理思想之一。《孝经》把孝视为德育的根本，孔子把孝视为“仁”的根本。汉代以后，随着儒家被独尊，孝行被倡导，逐渐形成了一个完备的孝道系统。当今我们提倡孝敬父母、老人，对于弘扬优秀传统文化，培养社会主义道德，仍然具有十分重要的意义。在所有的家庭关系里，长辈与晚辈之间的关系始终都是一种最重要的人际关系。就当今的一般家庭而言，父母与子女之间的关系则又是最基本的长辈与晚辈之间的关系。

作为一名晚辈，大学生如何处理自己与家庭成员之中的长辈尤其是父母之间的关系，对于每一个人来讲都是一种考验。常言道：“百善孝为先。”任何一名有道德、有良知的大学生，在处理自己与长辈尤其是父母之间关系时，都必须将孝敬对方作为立身之本。

自古以来，“母慈子孝”就是中国家庭关系的理想模式。作为晚辈，大学生对于自家长辈的孝敬通常具有敬重长辈与孝顺长辈等两个方面的含义。从总的方面来讲，大学生对自家长辈的孝敬，并不应该仅仅见诸言词，更重要的是要将其付诸行动。

在阐述孝的具体内容时，曾子曾经强调：“大者尊亲，其次不辱。”这表明，晚辈在处理自己与包括父母在内的其他一切长辈之间的具体关系时，必须以尊敬为先，做到言行一致、表里如一。

（1）毕恭毕敬。对自家的长辈尤其是父母，大学生必须以礼相待，遵守规矩，处处尊重有加。不论在任何情况下，都不能使自己的一言一行失敬于对方。

不要因为自己的身份有所变化，就变得忘乎所以，指望就此可以与长辈“平起平坐”，而不再顾忌彼此之间尊卑有别。在恭敬长辈方面，大学生作为晚辈永远都不能忘本。

（2）虚心学习。长辈所拥有的丰富的人生阅历，是一笔难以估价的宝贵财富。“家有老，是个宝”，作为晚辈，大学生一定要善于利用一切机会，虚心向长辈讨教，以便开阔视野、增长才干。

（3）听从管教。管教自家晚辈，对长辈而言，既是一项天职，又是一种特殊的关爱。对于自家长辈的批评与指点，晚辈必须洗耳恭听，并且虚心地接受。不论从哪一个方面来看，长辈对自家晚辈的管教，都出自善意和真心的爱护。因此，即便长辈的管教稍有偏差，也不允许对其予以全盘否定。当自家长辈尤其是父母管教自己时，一定要牢记以下三点：一是要虚心服从；二是要表示感激；三是要知错即改。不允许当场顶撞长辈，不可以无理狡辩，不能够阳奉阴违或置之不理。表面

上表现出不耐烦，亦是失敬于长辈的。

（4）奉养长辈。对于自家长辈的“滴水之恩”，尤其是父母的“生身之恩”，晚辈理当以“涌泉相报”。在诠释“孝”的本意时，古人曾说：“其下能养。”由此可见，奉养长辈尤其是奉养自己的父母，是对晚辈的基本要求，同时也是其义不容辞的天职。倘若忤逆不孝、遗弃长辈，或者当其需要帮助时对其不理不睬，是天理不容的。

（5）自立自强。长大成人之后，大学生要尽快地学会自力更生。在今后走上社会时，还要坚持自食其力。要学会主动减轻长辈尤其是父母的负担，不要事事让长辈操心，处处让长辈出力。无限度地寄身于长辈的操劳之下，难免会使自己永远“发育不良”。

（6）体贴长辈。长辈，尤其是年事已高的长辈，随着其年龄的不断增长，体力与脑力往往会有不同程度的衰退。其中的某些人还会因此而百病缠身，或者行动困难。对于处于上述状况的长辈，身为晚辈的大学生们一定要更多地从精神方面对其加以体贴。一是加强联系。人到老年，最害怕的就是孤独寂寞、离群索居。有条件的话，晚辈应当争取与自家长辈在一起居住。没有条件也要与之保持密切的联系，并要经常抽出一些时间去探望长辈尤其是父母。不方便的话，也要多跟他们通电话、多给他们写信，或者委托他人代劳。二是汇报思想。在长辈的眼里，自家的晚辈不论年纪多大，永远都是孩子，都需要自己为之操心。有可能的话，晚辈不仅要“常回家看看”，而且还要多跟长辈谈谈。向长辈汇报一下自己的成绩，与长辈交流一下思想，甚至主动找长辈聊上一会儿天，都会令长辈喜笑颜开，因为这对他们而言无异于一次丰盛的“精神会餐”，而且还会使长辈感到自己“老有所为”。三是报效祖国。从更加广泛的意义上来讲，报效祖国、为国争光，同样也是晚辈对长辈的一种孝顺，而且还往往被视为一种晚辈对长辈最重要的孝顺。当晚辈为社会、为国家做出了一定的贡献并得到了社会的肯定和公众的赞誉时，便会给自家长辈尤其是自己的父母带来莫大的荣誉。因此，晚辈在社会上努力工作，在事业上发愤图强，努力做出替父母争光、使长辈荣耀的成就，实际上也是在尽孝，并且是对长辈养育之恩的最好回报。

孝顺长辈，历来是中华民族的一种传统美德。作为华夏子孙，当代大学生理当将这种美德继承下来，并发扬光大。

第四节　不吸烟，不酗酒

一、不吸烟

烟草燃烧后生成烟气，烟气中包含两类物质：气相物质（气体）和粒相物质（微小颗粒）。烟气的化学成分有4000余种，其中最有害的是尼古丁、一氧化碳、烟焦油，以及多种致癌物质和放射性物质等。正因为烟气中的有害物质多，所以吸烟对人体的危害也很多。

（1）吸烟对身体健康的危害。“吸烟有害于人体健康”，这是众所周知的。概括而言，吸烟对身体健康的危害，主要表现在八个方面：一是吸烟会直接损害细胞和组织器官，干扰破坏人体生理功能，造成多种疾病；二是吸烟容易致癌；三是吸烟容易导致冠心病；四是吸烟能引起呼吸道疾病；五是吸烟能引起高血压；六是吸烟能削弱人体的防御功能；七是吸烟会危害妇女、婴幼儿的健康；八是吸烟会加速衰老，缩短寿命。

（2）吸烟对心理健康的危害。吸烟对人的心理健康是有百害而无一利的。长期吸烟在一定程度上影响人的注意稳定性，降低人的智力水平、学习效率与工作效率，特别是对青少年危害更大。有人对青年学生进行过实验，对吸烟者与不吸烟者的智力情况进行了比较，结果表明，吸烟者的联想、记忆、想象、计算、辨认力等智力效能减低了10%。有人以学生成绩为指标进行研究，结果发

现，吸烟学生的成绩比不吸烟学生的成绩差，不及格的学生中，吸烟者比不吸烟者的比例大些。有的实验还证明，吸烟者与不吸烟者在学习同一种材料时，前者的学习效率远远低于后者；且吸烟的支数越多，学习效率降低得越明显。据此，那种认为吸烟能够促进记忆、唤起灵感、提神解乏的说法是缺少科学依据的。

（3）吸烟对公众和家人的危害。吸烟不仅对吸烟者本人造成损害，还通过污染空气对周围不吸烟者造成损害，这种情况又称为“被动吸烟”。被动吸烟的人对烟中有害物质的抵抗解毒能力比经常吸烟的人要差，因而有部分学者认为吸烟“害人”的作用比“害己”更大。

目前，吸烟已被越来越多的人认为是不文明行为，不仅危害本人健康，也会造成“公害”。在公共场所吸烟，污染空气，污染环境，使不吸烟的人受到烟的危害。人在烟雾中待上一小时，等于吸了 3 支烟。被动吸烟同样会使人体质下降，造成失眠，健康受损，疾病增加，寿命缩短。另外，吸烟还容易引起火灾。

二、不酗酒

酒是由粮食或水果经发酵制成的一种特殊饮料。逢年过节、举家团聚、走亲访友、同学聚会、婚丧嫁娶、宴请宾朋、庆典联欢、饯行接风等，都免不了喝酒。酒是节日和待客餐桌上不可缺少的饮品。酒能给人带来欢乐和友谊，同时也能给人带来忧患与灾难。功过不在于酒的本身，而在于饮酒的人。饮酒过量或成癖，对身心健康会有严重危害。

酗酒的危害，主要包括以下几个方面：

（1）对身体健康的危害。酒的主要成分是乙醇。过量饮酒可造成酒精中毒，产生脑的功能性和器质性变化。

酒精对人体的致病作用，可分为急性和慢性两类。

急性酒精中毒，又称“醉酒”。一次大量饮酒，可能发生急性酒精中毒，轻者会引起头痛、恶心、呕吐，心率加快、血压降低、皮肤血管扩张、面部充血、眩晕、瞳孔反应暂时缓慢，知觉迟钝，动作失衡，语言单调、重复或完全不能表达等；重者会引起知觉消失，大小便失禁，抽搐，呼吸缓慢、脉搏快而微弱、面色苍白、体温下降，出现昏睡、昏迷状态，甚至使神经中枢麻痹而导致死亡。“醉酒”的并发症，主要有吸入性肺炎、胃出血、外伤等，也易诱发脑血管破裂。

慢性酒精中毒的危害，主要表现在胃肠道、肝和神经系统。长期大量饮酒，特别是“一口干”式的豪饮，常使胃肠道黏膜充血、水肿、糜烂，导致多种类型胃炎和消化道溃疡。

长期饮酒是造成肝硬化的重要原因，同时还能造成容易失眠、早醒，性功能减退。长期饮酒造成的慢性酒精中毒，使躯体及神经系统都有许多改变。长期饮酒者以酒代饭，可导致营养不良和维生素缺乏、慢性胃炎、肝功能减弱，并影响心血管系统的功能。长期饮酒可出现各种内脏器官病变和代谢障碍，以及神经系统症状，如手抖、舌颤、多发性神经炎、肌萎缩、瞳孔变化、头晕、头痛、耳鸣、共济失调等。各种各样的心理和身体并发症也与慢性酒精中毒有关，包括青年期不很明显的肝硬化。饮酒可对不少药物效能产生影响，轻则降低药物疗效，重则损害人体脏器，甚至死亡。另外，酒精也可导致癌症，如直肠癌、肝癌、胰腺癌、口腔癌等。

（2）对心理健康的危害。饮酒对人心理健康也有危害。酒精对人的眼、耳、鼻、舌等感觉器官可产生不同程度的影响，使感觉迟钝。酒精中毒能使视力减退，观察力减弱，使听觉灵敏度下降。在运动方面可使人的动作不稳，灵活性降低，运动速度和力量减弱，呼吸产生困难，影响人的运动成绩。酒精中毒可使人的注意力不能集中，注意的稳定性、紧张度、分配能力、转移能力降低，影响人的工作效率。饮酒还使记忆力、思维能力下降，对事物的分析、判断能力减弱，智能衰退，重者甚至会出现妄想、幻觉，诱发人格改变、心理扭曲和反常行为的发生。

（3）对社会的危害。醉酒后常常出现一些很不文明的表现，如情绪冲动、话语不休、语无伦次、口齿不清、狂呼乱叫、动作笨拙、东倒西歪、趺趺撞撞、手舞足蹈、随地呕吐、酒气熏天，既

有害于自己，也使周围人厌恶。酗酒者还经常出现破坏行为、暴力行为和不道德行为，如打架斗殴、酒后驾车出车祸等，容易导致肇事和犯罪，给个人、家庭和社会带来痛苦和悲惨的后果。有人将酒后分为欣快期、冲动期、抑制期三期。冲动期是肇事和犯罪的高发期。酒后谩骂、斗殴、寻衅闹事、亲朋反目为仇的事屡见不鲜。醉酒使人的理解力、判断力、忍耐力降低或丧失。醉汉常妄自尊大，目空一切，对法律和道德显得毫不在乎。醉酒也可使平时压抑的怨恨和不满集中释放出来。所谓“人胆酒后比斗大，敢把皇帝拉下马”。许多凶杀案、抢劫案、强奸案发生在酒后，等肇事者清醒过来时，大错已铸成，懊悔也晚了。因为几乎所有国家法律都规定，醉酒状态发生的罪错，需与非醉状态同等论处，不能像精神病人一样享受豁免权。酒后驾车也是发生交通事故的重要原因。酒后乱闯禁区、扰乱电讯以及毁人名誉等恶作剧屡有发生，有些令人啼笑皆非。不少人从贪杯开始被人攻破缺口，逐渐堕落，最后走上犯罪道路。

（4）人格改变和工作能力降低。慢性酒精中毒者几乎都有不同程度的性格改变，烦躁、粗暴、固执、夸大、刚愎自用是常见的倾向，也有人变得胆小、猥琐、纠缠不清、缺乏自信；语言啰唆使人不堪忍受；小事神经过敏，大事麻木不仁；注意力不易集中，特别难于从事高强度的脑力劳动；近事记忆力比远事记忆力减退更明显；奋发勤勉的人，可逐渐变得马虎懒散，应变力降低；遇事拖沓敷衍，犹豫不决。自我中心、偏执放纵和色厉内荏构成具有特色的酒鬼心态。为了图一杯酒喝，有的人可以唯唯诺诺、卑躬屈膝、认敌为友。酒醉时轻则失态，重则失去羞耻心，发生随地大小便、调戏妇女、乱伦等事件，弄得声名狼藉，遗恨终生。

第五节　公共场所礼仪行为规范

一、公共场所应遵循的礼仪规范

（1）遵守秩序。公共礼仪维持了公共生活的最基本秩序，而公共秩序是社会公众的最低要求和需要；没有了秩序，公共权利就无法保障，各方利益就要遭受损失。

（2）仪表整洁。讲究仪表和形体礼仪，是一种社会公德。仪表整洁，不仅是对自己的尊重，也是对他人的尊重。

（3）讲究卫生。要遵守卫生公约，树立良好的个人形象。不随地吐痰，不乱扔果皮纸屑，不乱涂乱画等。

（4）尊老爱幼。老人和小孩是社会中的弱势群体，应该得到社会公众的关心和照顾。尊老爱幼是人的一种美德。

（5）礼让女士。在公共场所，衡量一位男士是否具有男子汉气质和绅士风度，主要是看他是否礼让女士，是否遵循“女士优先”原则。

二、公共场所应保持的礼仪距离

（1）亲密距离。亲密距离为 45 厘米以内，多用于情侣或夫妻间、父母与子女间、知心朋友间。亲密距离属于非常敏感的区域，交往时应特别注意，不要轻易采用此距离。

（2）私人距离。私人距离一般为 45～49 厘米，表现为伸手可以握到对方的手，但不易接触到对方的身体。一般的朋友交谈多采用这一距离。

（3）社交距离。社交距离为 120～360 厘米，属于礼节上较正式的交往关系。办公室环境中，同事之间多采用这种距离交谈。在小型会议上，与没有过多交往的人打招呼也可采用此距离。

（4）公共距离。公共距离指大于 360 厘米的距离，一般适用于大型会议的讲话者与听众之间、

非正式场合中互不认识或较少交往的人之间。

三、观看演出应遵循的礼仪

（1）应准时到场，对号入座，以免入座时打扰别人。不前呼后拥地闯入剧场，以免引起其他观众的反感。

（2）不干扰其他观众的观看，遵守场所的秩序。

（3）不大声喧哗，不妄加评论，观看时保持安静。

（4）观看演出时不要打瞌睡、打哈欠，如不感兴趣可在幕间休息时离开。

（5）文明退场。结束后要按顺序退场，不要拥挤推搡，以免发生意外。

四、搭乘公共汽车应注意的礼节

（1）遵守秩序。乘公共交通车辆时，要自觉遵守交通秩序。车停稳后，应依次排队上车。

（2）主动购票。上车后应主动购票。若是自动投币的公共汽车，应将准备好的零钱放入投币箱中。身高超过1.2米的孩子要主动购票。

（3）文明乘车。进入车厢后要向里走，不要站在门口而影响他人上车；在乘车过程中，应主动关心老、弱、病、残、孕等弱势人群，并主动让座；在车内不要吸烟，不要乱扔杂物；乘客间要互相礼让，不要因小事而发生矛盾。

五、游览景区应遵循的礼仪

（1）爱护名胜。不乱刻乱画，不随意攀爬名胜古迹。

（2）保护环境。不要在“禁止入内”的草坪、鲜花丛中走动或留影，要爱护景区的一草一木，保持自然环境的优美。

（3）文明拍照。拍照留念时，不要到危险或不宜攀登、不能入内的地方去，以防发生意外。需要别人帮忙拍照或请行人避让，要有礼貌，拍完后向人家道谢。

（4）讲究卫生。在游览区野餐时，要将残羹剩饭、果皮、罐头盒、饮料瓶等废弃物扔进垃圾箱，保持景区的环境卫生。

第六节　大学生站姿、坐姿、行姿行为规范

仪态，指人的姿势、举止和动作。每个大学生的仪态应当力求行为美化，一是仪态文明，要求有修养，讲礼貌，不应在异性和他人面前有粗野动作和行为；二是仪态自然，要求仪态既要庄重，又要表现得大方；三是仪态美观，要求仪态要优雅脱俗，美观耐看，能给人留下美好的印象；四是仪态敬人，要求避免失敬于人的仪态，要通过良好的仪态来体现敬人之意，大学生应该注重体姿仪态的学习。古人云：“站如松、坐如钟、行如风、卧如弓。”可见基本体姿仪态主要表现在站、坐、行、卧等方面。大学生要在日常学习、生活、工作中养成和保持良好的基本体姿，规范与自然结合，运用自如，给人以良好的体态形象。养成良好的举止习惯，我们在参加社交活动的时候，无论是站，是坐，还是行，都要彰显出我们较高的素养和良好的礼仪规范。要让自己的仪态真实地表达出内心的美好，展现大学生应有的素质和风采。

一、“站如松”的站姿

要成为一位在日常生活或社交场合中受人欢迎的人，最重要的是要具备正确的站立姿态，因为

站姿是我们日常生活中正式或非正式场合中第一个引人注视的姿势。优美、典雅的站姿能衬托出美好的气质和风度。站姿的形象要点是挺直、均衡、舒展。正确的站姿要求人们站立应头正颈直，双眼平视前方，嘴唇微闭，下腹微收，挺胸直腰，双肩水平，两臂自然下垂，手指并拢自然微屈，左右手中指分别压在左右裤缝，腿膝伸直，双腿自然挺拔，脚跟并拢，两脚尖张开夹角 45 度，身体重心落在两脚之间。站立后，竖看要有直立感，即以鼻子为中线的人体应大体成直线；横看要有开阔感，即肢体及身段应给人以舒展的感觉；侧看要有垂直感，即从耳与颈相接处至脚的踝骨前侧亦应大体成直线，给人以一种挺、直、高的美感。

男女的立姿略有不同，形成不同侧重的形象。男子站立时身体重心放在两脚中间，不要偏左或偏右；双脚与肩同宽而立；双手可自然下垂，必要时可单手或双手在体后交叉。男子应站得英俊洒脱，挺拔舒展，精神焕发。女子站立时身体重心在两足中间脚弓前端位置，双脚呈“V”字形站立；手自然下垂或向前向后交叉放置。女子应站得秀雅大方，亲切和善，姿态优美，一展贤良淑女的形象。

站立时应克服不雅的姿态，如两腿交叉站立（它给人以不严肃的感觉）；双手或单手叉腰（这种站法往往含有进犯之意，异性面前叉腰，则有性侵犯或性挑逗之意）；双臂交叉抱于胸前（这会有消极、防御、抗议之嫌）；双手插入衣袋或裤袋中（不严肃，拘谨小气；实在有必要时，可单手入前裤袋）；站立时身体不时抖动或晃动（给人漫不经心或没有教养的感觉）；弯腰驼背、腹部外凸（有损形体美）。

二、“坐如钟”的坐姿

坐姿是一种相对静态的造型，动态的美能扣人心弦，静态的美也能令人心动。坐姿文雅，端庄大方，不仅给人以沉着、稳重、冷静的感觉，而且也是展现自己气质与风范的重要形式。人的正常坐姿，在其身后无依靠时，上身应正直稍前倾，头平正，两臂贴身自然，两手随意放在自己腿上，两腿间距和肩宽大致相等，双脚自然着地。背后有依靠时，背部轻挨靠背，但不至后仰；在正式社交场合或有尊长在场时，要“正襟危坐”，臀部只坐椅子的 2/3，上身与大腿之间、大腿与小腿之间均成直角，不能随意把头靠在沙发背上，显出懒散的样子。就座以后，不能两腿摇晃抖动或跷二郎腿。座位前面无遮挡时，男子双脚不要超过肩宽；女子双脚应并拢，特别是穿裙子时更要注意。世人称女人双腿叉开而立、叉开而坐、为“非淑女之举”，均有碍观瞻，有失体面，应当避免。坐时应克服不雅的坐姿，如上体不直，左右晃动（没教养）；猛坐猛起，弄得座椅乱响（粗鲁）；“4”字形叠腿，并用双手扣腿，晃脚尖（人家会觉得你傲慢无礼，目中无人）；双腿分开，伸得老远（不雅观）；把脚藏在座椅下或勾住椅腿（显得小气，欠大方）；将腿抬到桌椅上（太过随意，无礼高傲）；双手置于膝上或椅腿上（容易被人判读示意结束）；脚尖指向他人（非常失礼）；脱鞋脱袜或以手触摸脚部。

三、“行如风”的行姿

行姿是站姿的延续动作，是展示人的动态美的极好手段。无论是在日常生活中，还是在公共场合中，走路都是“有目共睹”的肢体语言，往往最能表现一个人的风度、风采和韵味，有良好行姿的人，会更显青春活力。优美的行姿有助于塑造体态美，排除多余的肌肉紧张，会使身体各部分都散发出迷人的魅力。行走要从容、平稳、轻盈。人的正常走姿应当是身体直立，昂首挺胸，收腹直腰，两眼平视前方，肩平不摇，双臂自然前后摆动，脚尖微向外或向正前方伸出，两腿有节奏地向前交替迈出，并大致走在一条等宽的直线上。走时步履轻捷，两臂随身体自然摆动。行走时，对男女的要求还有一定区别，要求男子步履雄健有力，不慌不忙，展现雄姿英发、英武刚健的阳刚之气。要求女子步履轻捷优雅，步伐适中，不快不慢，展现出温柔、轻盈之美。行走时应克服不雅的行走姿态，如双手插入裤袋（让人觉得拘谨、小气）；双手反背于背后（给人以傲慢、呆板的感

觉）；身体乱晃乱摆（给人轻佻、浮夸、缺少教养的印象）；步子太大或太小（太大不雅观，太小不大方）；避免“内八字”或“外八字”。

第七节　网络行为规范

前面安全稳定篇、心理健康篇均涉及了网络的相关问题。考虑目前不少大学生网络成瘾的状况，希望大学生有一个正确的网络行为，在此再次谈及网络行为规范。

一、网络对大学生健康成长带来消极影响

网络在为大学生带来知识以及方便快捷和无穷乐趣的同时，也对大学生的健康成长带来负面影响。

（1）在世界观方面，价值导向多元化、政治观念淡化。发达资本主义国家利用其掌握的先进信息技术，在网络上大肆宣传他们的意识形态，宣扬他们的文化价值观，宣扬拜金主义、享乐主义和个人主义，对大学生的价值观和理想信念将产生不可低估的负面影响。大学生世界观、人生观、价值观尚未成熟，判断形势、明辨是非的能力较差，大量接受这类信息，势必影响他们的思想道德观念取向，使他们逐渐认同西方民主及文化，进而动摇中华民族传统道德规范和行为准则，造成思想观念重心的偏离。

（2）在道德观方面，道德意识弱化、道德人格缺失。网络言论自由，传播速度快，效率高，而又缺乏有效的监管手段和约束机制，这使得网络空间各种思潮泛滥，暴力、金钱、色情、拜金主义、享乐主义等消极颓废的内容充斥其间，大学生信息选择能力、是非辨别能力和自我调控能力还不足以抵御这些不良信息的影响。网络的匿名性，使部分大学生存有侥幸心理，行为不计后果，在网络上出现道德“失范”，而网络道德的“失范”又往往能发展成为现实道德“失范”的起点。

（3）在人生观方面，个性主义膨胀、人格双重化。网络交往主要是人机对话，难以形成真实、可靠、安全的人际交往，加上网络的虚拟性特征，使得人们在网络中的行为与现实中的表现有很大的差异。网络中频繁的角色转换也会使人的人格统一性受到影响和破坏，致使一部分大学生以自我为中心，出现双重人格及多重人格的极端性表现，甚至产生心理障碍。

二、大学生网络行为的引导

网络对于大学生道德人格的形成、对于大学生的成长产生了巨大影响，高校应抓住机遇，趋利避害，一手抓教育，一手抓管理。通过开展教育活动、制定管理制度，营造良好氛围，引导和规范大学生科学、合理、正当、安全、有效地使用网络，推进网络文明、网络道德及网络文化建设。要善于在尊重学生主体地位的前提下，引导学生正确地分析和利用信息，引导学生以健康的心态开展网上学习交流活动，引导学生合理安排上网时间、正确使用网络。

（一）加强教育引导，营造良好氛围

遵循互联网传播的客观规律，把握网上舆论引导主动权，积极营造健康向上的舆论氛围，是对大学生思想和行为进行有效引导的基础和关键。

1. 加强网上舆论引导

互联网上信息十分繁杂。各种敌对势力把互联网作为渗透、煽动和破坏的重要工具，借助专门网站、网站论坛、聊天室、虚拟社区、新闻跟帖等多种方式，散布资产阶级自由化言论，攻击党的路线方针政策；利用热点和敏感问题，蓄意制造谣言，煽动社会不满情绪，破坏正常社会秩序。

网络强大的互动式参与，吸引了无数的大学生网民积极参与其中。大学生的参与热情和爱国激情使得他们往往会热衷于在网上对一些社会事件，特别是对热点敏感话题进行广泛讨论。而个别大学生认识问题不够全面深入、冷静客观，往往会出现一些偏激的言论。这些言论往往又会左右一部分不明真相学生的认知，久而久之，就会对大学生的现实行为起到错误的导向作用。因此，需要积极营造网络舆论氛围，引领正确的舆论方向，形成网络正面舆论强势，以加强大学生网络行为的思想引导。

2. 开展校园文化活动，加强网络文明建设

寻找网络与校园文化的结合点，针对大学生这个年轻群体的身心特点开展融思想性、知识性、趣味性于一体的网络文明建设活动。一是开展网上校园文化活动，如网上科技知识有奖问答、网上新闻调查等，把学生对网络游戏、网络交友等方面的兴趣逐渐转移到文化学习和科技活动等方面。二是开展以网络文明为主题的校园文化活动，如“文明上网，从我做起”的宣誓或横幅签名活动，“网络文明之我见”主题演讲、征文比赛，以及“网络与我们的生活”等主题的 Flash 大赛、知识竞赛、漫画比赛等活动。通过一系列丰富多彩、生动活泼的校园活动，创造一个积极向上、健康有序的网络文明氛围，在潜移默化中增强大学生的网络文明修养和文明上网行为习惯。

3. 重视网络法制宣传和教育

将网络法制教育与网络道德教育作为高校思想政治教育工作的新内涵。通过教育、宣传、监督、规劝、舆论等形式，建立具有普遍适应性、层次较高的网络伦理和道德规范标准。必须在大学生中大力加强网络法规的宣传，以形成一种扬善惩恶、扶正祛邪的网络环境，努力消除、避免网络消极内容造成的不良影响。

网络法制教育要针对大学生中许多人不知法、不懂法的现象，引导大学生以遵纪守法为荣，引导他们对有关网络法律问题进行思考。向学生渗透介绍网络法律法规的规定，不仅要让学生知道有关网络法律的内容，还要教育学生养成遵守学校网络规章制度的良好习惯。利用典型案例帮助学生了解触犯网络法律所应承担的法律责任，以起到警醒的作用。同时，在学校相关网站上开辟融知识性和娱乐性为一体的法制教育网页，设立在线答疑、在线讨论等栏目，发动学生积极参与对网络违规现象的深入探讨，以提高他们的鉴别力。

（二）加强管理监督，规范网络行为

高校网络的管理工作绝不是单纯的技术性管理，而是融思想政治工作和网络信息技术于一身的新型管理。对网络行为管理，也要与其他日常行为规范一样，教育与管理并重，相辅相成。

1. 运用技术手段，维护网络安全

公安部界定“计算机信息系统及其存储介质中存在的、出现的，以计算机程序、图像、文字、声音等多种形式表示，含有攻击人民民主专政、社会主义制度、攻击党和国家领导人、破坏民族团结等危害国家安全内容的信息，含有封建迷信、淫秽色情、凶杀、教唆犯罪等危害社会治安秩序内容的信息”，均属“有害数据”。运用技术手段，可以强化对网络信息的管理，防范和过滤有害信息，禁止学生浏览反动文章、黄色影片以及会造成不良影响的信息，防止学生思想遭到侵蚀。明文提示和屏蔽一些网络程序功能，使学生中的黑客不能因一时心血来潮而对网络进行破坏性的活动。

学校要建立和完善校园网络安全防护、信息过滤、信息实时监测与跟踪、路由路径控制等系统，构建网络技术防控体系。网络技术除了可以起到良好的安全防范作用，维护网络的安全稳定、正常使用之外，也可以很好地预防网络犯罪的发生，给犯罪分子以极大的震慑。同时，网络技术还可以用于网络犯罪的侦破活动，从而有效惩治网络犯罪。

2. 制定相关制度，规范网络行为

在 2023 年中国网络文明大会上发布《新时代青少年网络文明公约》，内容是：强国使命心头

记，时代新人笃于行。向上向善共营造，上网用网要文明。善恶美丑知明辨，诚信友好永传承。传播中国好故事，抒写青春爱国情。个人信息防泄露，谣言蜚语莫轻听。适度上网防沉迷，饭圈乱象请绕行。远离污秽不炫富，谨防诈骗常提醒。与人为善拒网暴，守好底线不欺凌。线上新知勤学习，数字素养常提升。网络安全靠你我，共筑清朗好环境。只有当学生切实掌握了网络文明公约，认真履行义务，才能提高网络文明行为的自觉性。高校在教育引导学生文明上网的同时，应制定约束大学生网上行为的相关制度，如《校园网络管理办法》《学生宿舍网络管理条例》等规章制度。

3. 建立监管体系，约束网络行为

高校对有害信息实施有效监控和防范。应尽快建立大学生网上行为的监控体系，以强化“网络社会”的安全管理，加大网络安全的管理力度。当前对网络必须实行统一管理，高校要尽快建立网络信息管理的常设机构，来统一协调网上信息的管理工作。一般来说，高校网络中心“网络技术部门”负责建设和维护校园网络与信息安全技术平台，保证校园网络安全平稳运行。党委宣传部以及学生工作部、团委等部门负责专题教育网站和主网站建设、网上舆论引导、网络信息监控、网络文化建设等工作，保证网络信息内容安全。

网络技术人员要规范大学生的网络行为，对涉及政治、军事、宗教、民族、外交和易引发社会争议的焦点问题要及时进行审查；对违反四项基本原则和上级管理部门明确禁止的内容要尽快清理；对发表违规文章和散布不良信息的用户要予以警告，严重时要坚决追究其法律责任。在敏感时期要加强监控并安装电子邮件过滤系统，以抵御境外敌对势力的信息攻击，堵截反动电子刊物对学生的侵扰，维护校园的政治稳定。

（三）引导学生自我教育，强化自律意识

树立大学生自律意识是提高大学生网络文明素养的根本要求。网络文化是一种“自我”的、个性化的文化，长期受这种文化影响，大学生的独立人格与自主意识被唤醒，需要有能够体现尊重自我、维护个性的德育模式与之匹配。

1. 树立大学生的网络文明意识

培养大学生自觉的网络文明意识和责任。要教育引导大学生树立正确的网络信息意识，提高自身的网络安全和防范意识，使他们充分认清网络对他们的影响，自觉树立正确的网络观，自觉强化网络文明自律精神，自觉树立网络文明责任意识。要教会学生保持正常的生活规律和健康的心态，把网络作为获取知识的来源和学习的手段。要引导他们以自觉的态度进行自我监督、自我调节、自我反省和自我批评，真正做到在网络世界里看清真伪，辨出良莠，认明方向。要教育大学生树立良好的网络文明风尚，加强网络文明修养，促进其将网络文明修养内化为高尚的精神追求，提高网络文明的自我教育能力和网络行为的自律能力。

2. 提高大学生运用网络的能力

网络知识和网络技术是网络文明发展的前提、基础与保障。培训大学生的网络知识和网络技术，最终是为了增强学生对网络信息的识别能力、自律能力，自觉地培养网络文明自我教育能力，实现自我保护。因此，要教授大学生在网络技术和网络安全方面的知识，培养学生使用计算机处理信息的能力，以及筛选和阻抗复杂的不良信息的能力。可以通过开展网络安全知识讲座、知识竞赛、实用技术培训等活动，促使大学生合理、规范地使用网络，更重要的是锻炼他们运用网络解决实际问题的能力，促进他们自觉养成积极健康的上网习惯。

3. 成立大学生网络文明自律组织

教育的过程是教育者与受教育者双向互动的过程，对大学生网络行为的规范与管理要通过积极引导学生参加网络信息管理与研究工作，培养其树立自我教育、自我管理和自我服务意识，促使他们成为网络社会中的道德主体，并主动承担起维护网络社会秩序的重任。

三、大学生网络行为规范

（1）遵守宪法的基本原则和相关法规的规定，不散布、传播谣言，不浏览、发布不良信息。

（2）弘扬民族优秀文化，遵守网络道德规范，诚实友好交流，不侮辱、欺诈和诽谤他人，不侵犯他人的合法权利。

（3）自觉维护公共信息安全，维护公共网络安全，不制作、传播计算机病毒，不非法侵入计算机信息系统，自觉维护网络秩序。

（4）正确运用网络资源，善于网上学习，不沉溺于虚拟时空，不在网上进行色情活动，保持身心健康。

（5）增强自我保护意识，不在网上公开个人资料，不随意约见网友，不参加无益身心健康的网络活动。

思考题

1. 简述大学生进行日常行为规范训练的意义。
2. 简述社会道德的主要要求。
3. 简述吸烟、酗酒、赌博等不良习惯的危害性。
4. 简述网络的不良行为给大学生身心健康带来的消极影响。

第四十一章　大学生寝室文化建设

第一节　寝室文化建设的意义及主要内容

一、寝室文化建设的意义

学生寝室是学生日常生活与学习的重要场所，也是学校在课堂之外对学生进行思想政治教育和素质教育的重要阵地。近年来，随着高等教育改革的不断推进，班级的概念日趋淡化，学生活动已逐步向寝室活动转化，这在客观上弱化了班集体的作用，也使学生寝室成为班集体建制新的条件下的延伸和补充。在新形势下，寝室已成为学生感情联络与社交最频繁、最直接、最主要的场所。这说明寝室文明建设非常重要。如果说家庭是社会的细胞，寝室就是校园的细胞。寝室文化建设是整个校园文化建设的一部分，也是高校精神文明建设的重要组成部分。寝室文明不仅表现在生活环境及硬件设施上，更重要的是反映了学生的内心世界和个人综合素质。能否与他人和谐相处是体现一个人文明素养以及处事能力的重要方面，是每个大学生要刻意锻炼的基本素质，学生在寝室中的一言一行，是学校考察学生日常表现的重要依据之一。寝室文明建设既是高校学生精神面貌的直接反映，同时也是衡量一所高校学生综合素质的重要标志。

重视寝室文化建设，充分利用好这一载体开展各类活动，有益于学生养成良好的思想道德观念和生活习惯，促进和谐健康的人际关系；有利于激励学生积极向上，奋发有为，健康成长；也有利于促进学风和校风建设。把学生寝室建设成为学生自我教育、自我管理、自我约束、自我服务的重要阵地，对于加强高校思想政治工作，提高学生综合素质，培养合格人才具有重要意义。

二、寝室文化建设的主要内容

在学生寝室中，各寝室成员要在楼层长和寝室长的协调带领下，以文化为内涵建设与管理，使思想政治教育与管理、服务有机结合起来，做好寝室文化建设。寝室文化建设的主要内容有以下方面：

（1）认真执行学校关于学生寝室文明建设的有关规章制度，配合学校开展各项寝室检查评比工作。

（2）搞好寝室卫生，养成良好的卫生习惯。寝室卫生状况如何，往往是文明程度的直观反映，很难想象一个卫生状况很糟糕的寝室，会有很高的文明程度，脏、乱、差的集体环境是很难培养出优秀的大学生的。因此，搞好寝室文明建设要以卫生为突破口，做到“明确要求，建立制度，奖惩分明”。明确要求就是明确卫生工作要求，“六面光、八角净、物品齐”。建立制度即建立卫生工作的有关规章制度。“奖惩分明”就是对卫生工作搞得好的寝室和个人给予表彰和奖励，对搞得不好的予以批评教育。

（3）以美化寝室为手段，创建良好的育人文化氛围。爱美之心人皆有之，在抓好寝室卫生的基础上，应积极开展美化寝室活动。在美化宿舍寝室活动中，要特别突出思想性、艺术性和专业性，

并使三者有机统一，使大学生生活在优美的环境中，既有美的创造，又有美的享受，从而得到良好的文化熏陶。

（4）积极开展丰富多彩的文化活动。以寝室为单位开展健康有益的思想教育活动、科技文化艺术体育活动、青年志愿者活动、社会实践活动等帮助学生确立正确的理想信念、价值观念和生活态度，培养高尚的情操、良好的精神风貌和健康的心理素质，使其成为社会所需的合格人才。

（5）党员责任区责任人及各寝室长要配合学校有关部门开展各项教育工作和管理工作。首先，要带头执行各项规章制度，以身作则，做好表率；其次，起好桥梁和纽带作用，主动收集信息，向学校反映学生的合理要求和建议；最后，要及时传达学校的有关精神，通过上情下达，沟通思想，化解矛盾，为维护学校的稳定和保障学生安全做出自己的贡献。

（6）树立典型，建立自我激励机制。学校将积极开展争先创优活动，建立和完善寝室评优机制，搞好宣传报道工作，对优秀的楼层、寝室和个人进行宣传和表扬，营造比学、赶超、争先的良好氛围，最终达到搞好寝室文化建设、促进学生成长成才的目的。

第二节 文明寝室的行为规范

大学学生寝室是学生们休息和学习的重要场所，为了维护寝室秩序，提供良好的学习和生活环境，需要制定一些行为规范。以帮助学生们遵守规定，并提高生活品质。

一、入住前注意事项

在入住大学学生寝室前，学生们需要注意以下事项：

（1）熟悉寝室规定：学生应认真阅读并理解大学学生寝室的规定，包括使用时间、行为限制以及安全要求等。

（2）入住须知：学生需了解寝室管理部门对入住的要求，如填写相关表格、提供必要的文件等，并按照要求提交相关材料。

（3）宿舍分配：学生需了解宿舍分配规则，并按照寝室管理部门的要求进行宿舍选择或调整。

二、文明守则

（1）按统一制定的房间、床位住宿。未经允许，不得擅自调换。

（2）遵守学校作息制度，晚上在规定的时间内返回寝室。各值日生须在第二天早上上课前将《晚归、不归人员名单统计表》交值班室。

（3）遵守学校作息时间，保持寝室安静，勿在寝室内溜冰、高声播放音响、大声喧哗和吵闹。

（4）注意寝室内的文明礼貌和仪表举止，充分展现大学生优良形象。

（5）寝室内不得进行不健康的娱乐活动。

（6）同学之间团结友爱，严禁争斗打架。

（7）男女生勿串楼，服从管理。

（8）爱护公物，不擅自移动寝室内设施，若有遗失或损坏请及时申报。

（9）讲究卫生，勿乱泼污水、乱丢垃圾、乱涂乱画等。

（10）勿在房内乱拉网线、电话线，勿在走廊、房间私自拉绳晒衣物等。

（11）节约水电，发现水电设施损坏，请及时到值班室报修（水电使用实行定额，超额部分收费）。

三、安全守则

（1）妥善保管自己的财物，做到人离门关。

（2）严禁私自拉线接灯及使用大功率电器（如空调、冰箱、洗衣机等），严禁使用热得快、电炉等危险电器。

（3）勿在寝室吸烟，不准使用盘式蚊香和明火器具或在寝室内焚烧物品。

（4）勿攀爬入室，不倚坐窗台和阳台栏杆。严禁挪用和破坏消防设施。

（5）严禁将易燃易爆物品带入寝室。

（6）勿留宿校外人员，如校外亲友来访，须交验有效证件，经登记后方可入内，并按规定时间离校。

（7）谢绝小商小贩，谨防上当。

四、卫生守则

（1）讲究公共卫生，保持寝室整洁。

（2）按寝室卫生标准做好清洁卫生工作，安排好寝室卫生值日工作，做到每天一小扫，每周一大扫，争创标准寝室。

（3）勿随地吐痰，勿乱丢瓜皮果壳，养成良好的卫生习惯。

（4）每天早上将房内垃圾放入各楼道垃圾桶内。

（5）室内空间布置整洁、美观、高雅、有序。

寝室建立卫生检查制度，每周公布各寝室的卫生状况等。检查的情况直接与学生的德育考评挂钩。为奖勤罚懒，寝室根据一学期的卫生成绩及遵纪守法情况，按一定比例评选文明寝室并给予奖励。评选结果将作为三好学生、优秀学生干部、奖学金等多项评比的重要依据。

第三节　建立和谐的寝室集体

开学一个多月后，凑到一个寝室里的新同学将面临从最初小心翼翼、客客气气的试探期进入真正共同生活的磨合期。此时，对于这些来自四面八方、有着不同的家庭背景和生活背景的新生来说，将会遇到人际交往中的一些矛盾和摩擦。如家庭经济条件不同的室友，生活习惯上总会有很多不同，如果能彼此宽容，互相体谅，自然可以相安无事，但做起来可不像说的那么简单。来自天南海北不同家庭的新生们在生活习惯上存在差异，比如有的同学要早睡，有的同学却是夜猫子，沟通不好就容易起冲突。又比如有的同学爱在寝室听音乐，这又打扰了喜欢安静的同学。如何协调好生活习惯，友好相处，大家要互相体谅，彼此宽容。

大学生宿舍是大学生在校期间的共同生活的家，是展示高校校园文明成果的重要窗口，大学生大部分时间是在宿舍里度过的，所以要学会正确处理同学之间的人际关系，互相体谅，友好相处。

首先，相互尊重是与室友和谐相处的基石。每个人都有自己的生活习惯、个人空间和隐私需求。我们应该尊重室友的日常生活方式，避免在他们休息或学习时制造噪声或干扰。同样，我们也需要尊重室友的个人物品和隐私，不随意翻动或使用他们的东西，除非得到明确的许可。

其次，有效沟通对于解决室友间的矛盾和冲突至关重要。当出现问题时，我们应该及时与室友进行开放、诚实的对话，表达自己的感受和需求。同时，也要倾听室友的想法和意见，寻求双方都能接受的解决方案。通过积极的沟通，我们可以增进理解、减少误解，从而避免小问题升级为大矛盾。

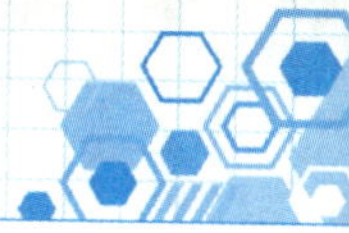

此外，建立共同规则和约定也是促进室友和谐相处的有效方法。在入住之初，我们可以与室友一起讨论并制定一些基本的规则和约定，如作息时间、清洁责任、公共空间使用等。这些规则不仅有助于规范各自的行为，还能增强室友间的责任感和归属感。

与室友和谐相处是确保舒适、愉快居住体验的关键。相互尊重、有效沟通、建立共同规则、参与共同活动以及寻求外部帮助是建立健康、愉快室友关系的要素。遇到问题时保持冷静，寻求双方都能接受的解决方案。保持灵活和包容的心态，尊重彼此的差异，才能共同创造一个舒适、和谐的居住环境。

养成良好的卫生习惯，保持宿舍内外的干净整洁。经常自觉打扫寝室卫生，每天主动整理好自己的内务，床上用品保持干净、整洁，被褥、衣服等叠放整齐，不要让床单露出床沿，床上也不要放置其他物品。蚊帐悬挂整齐一致。其他所有生活和学习用品都要摆放整齐，合理收纳。换下的脏衣服、脏鞋袜等要及时清洗。不要乱扔果皮纸屑，不要随地吐痰，不要乱贴乱画，不要乱倒废水。

如果要到其他寝室去串门，进门后，应主动跟同学打招呼，不要随处乱坐，不要乱翻别人的东西，更不要未经允许乱用别人物品。要注意时间的把握，不要待得太久，以免影响同学的正常作息。学校原则上是不允许进入异性宿舍的，如确需进入，要按学校规定办理手续，同时要注意，必须得到该寝室同学允许后方可进去，并且要选择好时间，不要选择在多数同学要处理生活问题的时候，更不要熄灯后过去。谈吐要文雅，逗留时间要短。如果在寝室接待亲友或外人来访，事先应向同寝室的同学打招呼。进入后，主动为同学做介绍。

寝室是集体宿舍，是大家共同学习、生活、娱乐的场所，同学之间要互相尊重、互相关心，但一定记住不要侵犯同学的隐私权，不要干预同学的私事。要记住：不能私自翻看别人的日记，即使同学的日记本随意摆放也不能私自翻阅；不能私拆、私藏别人的信件；不能随意散布同学个人信息，更不能制造谣言，诋毁同学。

寝室虽小，却是大学生们最直接参与的人际关系场所。牙齿嘴唇都难免打架，更何况朝夕相处的人。一些生活上的小摩擦，处理不当有时会导致室友间长时间的误会和不和睦，或者发展成“冷战”甚至爆发激烈的争执。长此以往，不但导致寝室关系冷漠，也会影响学习的状态和效率。另外，连寝室人际关系都处理不好，将来又如何面对工作、生活中更加庞大的交际圈。正确处理更加复杂的人际关系，对提高大学生综合素质，增强竞争力很有必要。

大学新生做好与寝室内同学相处的关键是要调整好自己的心态。要多看到别人的优点，以诚待人，关心人、帮助人；乐于向人请教，充分尊重人、团结人；同时，要充满自信，要相信自己的能力，肯定自己的才华，多参加集体活动，多发挥自己的特长和优势，博得大家的肯定和认同。总之，良好的人际氛围是需要大家共同营造的，遇到问题要勇敢地面对，不要躲避，把问题拿出来向老师和同学们请教，用你的真诚赢得他人的真诚，用你对别人的尊重赢得大家对你的尊重。和谐的寝室集体能给个人的成长带来积极的影响。

思考题

简述寝室文化建设的意义及主要内容。

参考文献

[1] 江西省教育厅，江西省高校心理健康教育专业委员会编．大学生心理健康教育教程［M］．南昌：江西高校出版社，2019.

[2] 金锦华主编．大学生安全知识读本［M］．杭州：浙江科学技术出版社，2014.

[3] 中共湖南省委高等学校工作委员会宣传部，湖南省高校大学生心理健康教育研究会组编．大学生心理健康教育与指导［M］．长沙：湖南大学出版社，2005.

[4] 陈珍国编著．学校安全管理［M］．上海：复旦大学出版社，2008.

[5] 江西农业大学南昌商学院编．大学新生入学教育手册［M］．北京：北京理工大学出版社，2018.

[6] 蔡炳育，谢奕君编著．新生入学教育［M］．苏州：苏州大学出版社，2023.

[7] 王官成，刘艺主编．阳光心灵伴我成长：大学生心理健康导航 第2版［M］．北京：机械工业出版社，2020.

[8] 李子德主编．大学生安全教育［M］．成都：电子科技大学出版社，2021.

[9] 袁磊，王卓玉主编；陈朝晖，张洁副主编．大学生礼仪［M］．上海：上海交通大学出版社，2017.

[10] 冯刚主编．新时代高校辅导员培训教程［M］．北京：人民出版社，2022.

[11] 本书编委会．新编大学生军事课教程［M］．北京：北京理工大学出版社，2018.

[12] 尹彤主编．大学生安全教育读本［M］．武汉：华中科技大学出版社，2018.

[13] 思人．生活常用礼仪［M］．北京：中国经济出版社，2013.

[14] 张亚．大学生入学教育［M］．天津：南开大学出版社，2012.

[15] 马春庚，梁琳主编．大学生礼仪与修养［M］．北京：北京理工大学出版社，2018.

[16] 安海宾，周秋梅，张莉．大学生心理健康教育［M］．上海：上海交通大学出版社，2023.

[17] 唐娣芬．大学生安全教育 平安进校园 第2版［M］．长沙：国防科技大学出版社，2018.

[18] 周志辉．校园安全常见案例与预防［M］．长沙：湖南科学技术出版社，2022.

[19] 孙平，梁智刚主编；周静茹，林玉蓉，张敏发副主编．大学生突发事件应急处置指引［M］．北京：中国政法大学出版社，2013.

[20] 沈春娥编著．大学生社交礼仪［M］．北京：中国文联出版社，2017.